秦漢時代的簡牘
畫像與政治社會

古月集

邢義田 —— 著

卷二：畫像石、畫像磚與壁畫

目次

卷一　漢代的簡牘

簡牘研究

卷二　畫像石、畫像磚與壁畫

概說

卷三　皇帝、官僚與社會

皇帝

政府與官僚

家、宗族、鄉里風俗與信仰

卷四　法制、行政與軍事

法制

行政

軍事

概說

漢代壁畫的發展和壁畫墓

「史皇作圖（宋忠曰：史皇，黃帝臣也；圖，謂畫物象也。）」
——《世本》

一 漢代以前墓葬的裝飾藝術

要追溯漢代墓葬裝飾藝術的淵源，除了先秦文獻中的片語隻字，不能不依賴豐富的先秦墓葬和文物。最少從新石器時代開始，墓葬本身以及墓中的石器、陶器、青銅器、漆器、玉器或其它材質的器物，不論器物本身的形狀或其上的紋飾，都成為可供研究裝飾藝術的對象。本文在有限的篇幅內不可能全面追究，只能就和漢代裝飾墓相關的部分略作探討。

漢代的裝飾墓以畫像石、畫像磚和壁畫裝飾為主，本文要特別追溯的是壁畫藝術。由於漢墓裝飾的若干母題、表現形式和紋飾早已見於先秦的石、磚和壁畫以外的建築或器物上，如漆器和青銅器，因此以下的討論在必要時也會兼及其它。

近年已有人將中國壁畫的開始追溯到新石器時代山西襄汾的陶寺、陝西神木的石峁古城（圖 1.1）、遼寧牛河梁女神廟壁畫殘塊或甘肅秦安大地灣的地畫（圖 1.2-3）。[1] 這些殘畫或為花紋或有具體物象，但所餘殘跡或甚

1　例如金維諾為賀西林《古墓丹青——漢代墓室壁畫的發現與研究》（西安：陝西人民美術出版社，2001）一書所寫的序（頁 1）即提到秦安大地灣地畫和遼寧牛河梁女神廟的彩繪牆壁殘塊。參高世華，《文明曙光：大地灣遺址與天水遠古文化》（蘭州：甘肅人民出版社，

小如石峁幾何形紋殘畫出現在東北門門道內側牆壁，最大者不過 30 公分見方，據說在「內甕城」東、西、南三面牆體內側也發現了成層、成片分布的壁畫殘塊，唯尚不足以見原壁畫全貌。進入歷史時期，情形好不了多少。1975 年，在河南安陽小屯村北兩座半地穴式房基的遺址中，發現一塊殷商晚期長 22、寬 13、厚 7 公分，塗有白灰面牆皮。牆皮上繪製了帶有圖案意味的紅色花紋和黑圓點。[2] 可是殘塊不大，花紋又甚殘缺，所繪是否如報導中推測是壁畫「主題中的輔助花紋」，或僅僅是某種紋飾，而紋飾是否曾構成整面的壁畫，都並不能十分肯定。不論如何，從新石器時代到殷晚期，即使已有了壁畫，壁畫仍在發展的萌芽階段。

　　一直到西漢，除了宮室或宗廟，壁畫裝飾並未形成普遍的風氣。傳說

<hr>

2000）；程曉鍾編，《大地灣考古研究文集》（蘭州：甘肅文化出版社，2002），李仰松、張朋川、宋兆麟、楊亞長文，頁 195-226；甘肅省文物考古研究所編，《秦安大地灣》（北京：文物出版社，2006）；遼寧省文物考古研究所，〈遼寧牛河梁紅山文化「女神廟」與積石塚群發掘簡報〉，《文物》，8（1986），頁 1-16；郭大順，《紅山文化》（北京：文物出版社，2005），頁 95-96。山西襄汾陶寺居住遺址（H330）發現的壁畫殘跡見於發掘報導，提到的人較少。唯何駑先生曾比較陶寺和石峁古城的關係，指出「石峁東北門門道內側出土幾何紋『壁畫』，實際是門道內壁繪製的裝飾紋樣。陶寺宮城內曾經出土較多的刻花白灰牆皮，也有幾何紋樣者，是陶寺宮殿殿堂建築外牆裝飾。而陶寺宮殿的內牆，則有可能用藍銅礦塗刷彩色牆裙。」參何駑，〈征服、復辟與完敗——陶寺文化晚期聚落形態與社會變化的新認識〉，收入《新世紀的中國考古學（續）》（北京：科學出版社，2015）。另可參社科院考古所山西工作隊、山西省臨汾地區文化局，〈陶寺遺址1983-1984 年 III 區居住址發掘的主要收穫〉，《考古》，9（1986）、〈陶寺遺址七年來的發掘工作匯報〉，《晉文化研究座談會紀要》（1986），收入解希恭編《襄汾陶寺遺址研究》（北京：科學出版社，2007），頁 67、165；宋建忠，《龍現中國：陶寺考古與華夏文明之根》（太原：山西人民出版社，2006）；陝西省考古所、榆林市文物考古勘探工作隊、神木縣文體局，〈陝西神木縣石峁遺址〉，《考古》，7（2013）；邵安定、付倩麗、孫周勇、邵晶，〈陝西神木石峁遺址出土壁畫製作材料及工藝研究〉，《考古》，6（2015），頁 109-120。2020 年 9 月 20 日孫周勇在山西博物院一場演講中提到「在『內甕城』東、西、南三面牆體內側發現了成層、成片分布的壁畫殘塊，專家推測，石峁人使用毛筆之類的軟工具，將以鐵紅、鐵黃、炭黑以及綠土四種顏色組成的各種幾何圖案繪製於白灰面底上」。詳情尚待發表。參 https://www.haowai.today/history/832880.html（2022.2.6 檢索）。

2　中國社會科學院考古研究所（以下簡稱中科院考古所）安陽發掘隊，〈1975 年安陽殷墟的新發現〉，《考古》，4（1976），頁 267。

圖 1.1　神木石峁古城東北門內側壁畫殘片

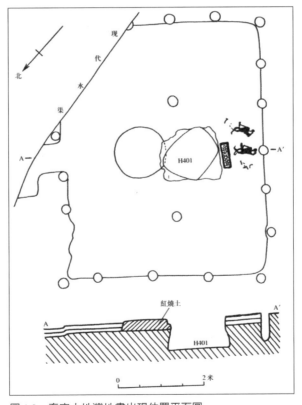

圖 1.2　秦安大地灣地畫出現位置平面圖

圖 1.3　秦安大地灣地畫殘跡

中古代君王的宮室都極其樸素，所謂「采椽不斲，茅茨不翦」，[3] 一般平民的居室可能更簡單，以白堊粉牆即屬講究。白堊粉壁之俗已見於新石器時代的遺址，[4] 殷人承之。1973 年，在安陽小屯南地發現的房屋基址（編號 F4）中就有白灰面的牆壁殘片。[5] 前述殷代的壁畫也出現在白灰面的牆壁上。《韓非子・十過篇》說殷人「四壁惡墍，茵席雕文，此彌侈矣」。

3　王利器，《鹽鐵論校注・散不足》（臺北：世界書局，1970 再版），頁 202；《史記・李斯列傳》（臺北：宏業書局景印中華點校本）：「二世謂李斯曰：『堯之有天下也，堂高三尺，采椽不斲，茅茨不翦』」；《漢書・司馬遷傳》（宏業書局景印點校本）。

4　新石器時代居室遺址發現白粉塗牆的已經很多，例如山東濰縣魯家口所獲龍山文化遺跡房基十一座。其中 F106 殘牆內外側均用白色礓石粉末塗抹一層厚厚約 0.5 公分的牆皮。參中科院考古所山東隊，山東省濰坊地區藝術館，〈濰縣魯家口新石器時代遺址〉，《考古學報》，3（1985），頁 324、346。前述陶寺居住遺址也多有白粉塗過的牆皮發現，參前引解希恭《襄汾陶寺遺址研究》，不一一細舉。

5　中科院考古所安陽隊，〈一九七三年安陽小屯南地發掘簡報〉，《考古》，1（1975），頁 29。

殷、周以降，經濟生活不斷提升，居室漸趨複雜，裝飾亦必更見講求。然而從古人的記述看來，建築修飾的重點似乎一直在於梁柱的雕飾，而不在壁畫。《國語·魯語上》說：「莊公丹桓宮之楹，而刻其桷。」《漢書·貨殖傳》說：「周室衰，禮法墮，大夫山節藻梲。」周代貴賤有等，居室隨之而異。差異之一即在梁柱的雕鏤刻畫。山節指刻飾成山形的斗拱，藻梲指梁上的短柱繪有紋藻。據《禮記·明堂位》山節藻梲乃「天子之廟飾」。因此，當魯大夫臧文仲僭用此飾，即遭孔子批評。[6] 楚靈王為章華之臺，伍舉進諫，以為不應以「土木之崇高，彤鏤為美（注：「彤，謂丹楹；鏤，謂刻桷」）。」[7] 由此可知，周禮未墮之時，諸侯和士大夫的屋室都有一定分寸。他們既不能任意雕梁畫棟，更不可彩繪屋壁。目前所知西周時期的居室遺址，不見壁畫的痕跡，有些頂多像殷人的住屋一樣，或以細泥塗牆，再抹一層白灰面而已。[8]

　　春秋以後，開始有了諸侯壁畫的記載。《左傳》宣公二年（西元前607年）提到晉靈公「不君」，其中一項罪狀是「厚斂以彫牆。」杜預注：「彫，畫也。」[9] 楚國的葉公子高據說好龍，竟在屋牆和其它各處畫滿了龍。[10] 葉公畫龍顯然是出於一己之好。晉靈公不知為何而畫？畫了些什麼？他被斥為「不君」，可能是因為厚斂傷民，也可能是因為所繪不符合時人認可的題材和功能。

　　壁畫，像音樂一樣，在中國從很早就成為為宗教或道德服務的工具。[11]

6　《論語·公冶長》（臺北：世界書局《四書集註》本）。

7　《國語·楚語上》（臺北：里仁書局校注本）。

8　中國科學院考古研究所編，《新中國的考古發現和研究》（北京：文物出版社，1984），頁253-254。

9　也有注家以為彫非畫，而為刻鏤。參竹添光鴻《左氏會箋》（臺北：廣文書局，1963再版），卷10，頁10。實則古人建築多土牆，適合彩繪而不適刻鏤。杜預以畫釋彫，應較合理。

10　《新序》（《四部叢刊》子部）卷5，頁14上、下；劉盼遂《論衡集解·亂龍》（臺北：世界書局，1976三版）。

11　《史記·樂書》太史公曰：「夫上古明王舉樂者，非以娛心自樂，快意恣欲，將欲為治也。」在古人的心目裡，音樂和圖畫都是為「為治」服務的。但太史公的話也暗示了自上古明王之

《孔子家語‧觀周篇》有這樣一個故事：

> 孔子觀乎明堂，睹四門，墉有堯、舜之容，桀、紂之像，而各有善惡之
> 狀，興廢之誡焉。又有周公相成王，抱之負斧扆，南面以朝諸侯之圖焉。
> 孔子徘徊望之，謂從者曰：「此周之所以盛也。夫明鏡所以察形，往古者所
> 以知今⋯⋯。」

自從和《孔子家語》類似的殘篇在漢初墓中發現，[12] 證實今本《家語》實
包含有極多漢以前的傳聞軼事。不論孔子觀乎明堂的故事是否真實，最少
在傳說中，從周代之初已經利用壁畫作為道德教訓和政治宣傳的工具。[13]
另一項常為人引用的記載是《楚辭‧天問》王逸的〈章句〉。屈原遭放逐
時，據說曾「見楚有先王之廟及公卿祠堂，圖畫天地、山川、神靈，琦瑋
僪佹，及古聖賢怪物行事」。從壁畫的內容看，其目的顯然也在於宗教和
道德教訓。[14] 儘管今本《孔子家語》和王逸的〈章句〉都為時甚晚，卻不
約而同揭示出古代中國的壁畫，從一開始就不單純是賞心悅目的藝術，而
是和宗教信仰、政治或道德的需要緊密結合在一起。從以後的發展看，這
些需要仍然是壁畫繼續存在的基礎和發展的動力。

　　對壁畫從殷商晚期到戰國時代的發展，目前所知道的仍然很少。1957
年在洛陽小屯村東北，漢河南縣城東北城角外發現一座有彩繪的戰國墓
葬。這座墓葬殉葬豐富，甚至出土一件墨書「天子」二字的石圭。墓葬形
制龐大，墓坑長 10 公尺，寬 9 公尺，深 12 公尺餘，墓道長 40 公尺，是洛

後，音樂和圖畫也被用於「娛心自樂，快意恣欲」了。

12　參定縣漢墓竹簡整理組，〈定縣四○號漢墓出土竹簡簡介〉，《文物》，8（1981），頁 11-13；
　　〈儒家者言釋文〉，同上，頁 13-19；何直剛，〈儒家者言略說〉，同上，頁 20-22；阜陽漢簡
　　整理組，〈阜陽漢簡簡介〉，《文物》，2（1983），頁 21-23。從河北定縣和安徽阜陽漢簡的發
　　現，可證《孔子家語》的許多記載，最少已見於西漢初年的典籍。

13　《淮南子注‧主術訓》（臺北：世界書局，1958）曾提到：「文王、周公觀得失，遍覽是非，
　　堯、舜所以昌，桀、紂所以亡者，皆著於明堂。（高誘注：「著，猶圖也。」）可見周初明堂
　　有圖畫一事，漢人信之不疑。

14　參孫作雲，《天問研究》（北京：中華書局，1989），頁 52-59。

陽附近有墓道的戰國墓中最大的一座。[15] 報告者相信這即使不是天子的陵寢，墓主也必是個貴族。在墓壙四周牆壁和墓道兩壁上有紅、白、黃、黑四色繪製的圖案殘跡。據發掘報告的作者觀察，認為「這種彩繪應該是具有著帷幕和畫縵作用的壙壁裝飾」。[16]可惜有關此墓的報導中，既無照片，也無摹本。要討論它在壁畫發展上應有的意義和地位，還有待進一步資料的發表。在目前眾多出土的戰國墓葬中，壁上殘留有彩繪的並不多見，有些報導中稱為壁畫的並不能算是壁畫。[17] 主要原因是這時以土坑豎穴為主的墓葬形式，除了棺槨和陪葬物可以加繪上彩，或在槨壁飾以彩帛，棺槨外即為墓葬填土，沒有其它建築空間，也就沒有所謂的「壁」可以容許壁畫存在。

　　不過近年幸運地發現了戰國時代地上建築的壁畫殘跡。秦都咸陽第一和第三號宮殿建築遺址，據碳十四和熱釋光年代測定，年代應在距今（1980）2290±80 年或 2340 年左右，也就是最晚不晚於秦一統天下前夕，早則可早到秦統一天下以前一百七十年。[18] 一號建築營建的時間較早，其中發現壁畫殘塊四百四十餘，能辨識的有一些幾何紋的邊飾。三號遺址和一號相連，三號遺址的壁畫主要出於廊東和西坎牆的牆壁上。在建築倒塌的堆積中也有一些壁畫殘塊。壁畫的內容包括車馬、人物、麥穗、建築以及幾何圖案。壁畫雖然十分殘破，已足以看出其在夯土的牆上先以白粉（蛤粉）打底，再加線描和設色，描繪出連壁大面積的畫面（圖 2.1-4）。這一

15　〈新中國的考古發現和研究〉，頁 282。

16　〈洛陽西郊一號戰國墓發掘記〉，《考古》，12（1982），頁 76-77 及圖七。

17　江陵天星觀一號楚墓，據發掘報告，木槨南室、東室和西室有所謂的「壁畫」，參湖北省荊州地區博物館，〈江陵天星觀一號楚墓〉，《考古學報》，1（1959），頁 653-654。但這些其實是木槨壁上的彩色紋飾，和本文討論的建築物牆壁上的彩繪，性質並不相同。2021 年湖北雲夢鄭家湖出土戰國晚期墓中也有木板彩繪，據報導這些木板為葬具的一部分，本文也不視為建築物壁畫。

18　劉慶柱，〈試談秦都咸陽第三號宮殿建築遺址壁畫藝術〉，《考古與文物》，2（1980），頁 98-99；彩版貳，圖版捌；陝西省考古研究所，《秦都咸陽考古報告》（北京：科學出版社，2004），彩版五一二十四。

圖 2.1 咸陽三號宮殿遺址壁畫四馬一車

圖 2.2 咸陽三號宮殿遺址壁畫人物

古月集：秦漢時代的簡牘畫像與政治社會
　　　　——卷二 畫像石、畫像磚與壁畫

圖 2.3　咸陽三號宮殿遺址壁畫紋飾

發現已毫無疑問證實秦咸陽宮有壁畫裝飾。戰國時代的秦在東方大國眼中
是以質樸著稱，[19] 其宮室尚且以壁畫裝飾，當時東方六國宮室如何裝飾就
不難想見了。2011-2013 年在秦始皇帝陵的 K9901 遺址，陵寢第一組和第
二組建築中部與邊廊相連的小房間壁面上發現了壁畫殘跡。報導附圖僅見
粉白壁面上簡單的墨線條，沒提尺寸，應不大。[20] 這一發現為我們提供了
研究秦代地上建築壁畫的另一件標本。

19　梁叔任，《荀子約注・彊國》（臺北：世界書局，1958）提到荀子入秦，觀其風俗，有謂「入
　　境，觀其風俗，其百姓樸，其聲樂不流汙，其服不挑，甚畏有司而順，古之民也」。《文選》
　　卷三張平子〈東京賦〉：「是時也，七雄共爭，競相高以奢麗，楚築章華於前，趙建叢臺於
　　後。」
20　秦始皇帝陵博物館，〈西安市秦始皇帝陵〉，《文物》，7（2014），頁 50-55。

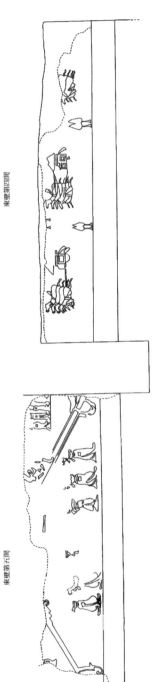

東牆第四間

東牆第五間

圖 2.4　咸陽第三號宮殿建築東壁第四、五間壁畫示意圖。

古月集：秦漢時代的簡牘畫像與政治社會
　　　—— 卷二　畫像石、畫像磚與壁畫

■二 道德宣傳、神仙信仰與漢代壁畫的發展

「圖像之設，以昭勸戒。」
——《後漢書·酷吏傳》陽球條

秦都咸陽的宮室多為項羽所毀，前述一號和三號宮殿遺牆都有明顯火焚的痕跡。漢繼秦而興，定都關中，其宮室亦如其它制度，承襲了秦代的規模。以壁畫而言，西漢宮殿就有不少有壁畫可考。從文獻上看，漢宮壁畫的內容顯然不單純基於裝飾的需要，而是如同楚國的先王廟，基於信仰或道德教訓的目的。

先說未央宮的壁畫。未央宮的麒麟閣以圖畫功臣著名。甘露三年，宣帝詔令圖畫霍光等十一人於麒麟閣，「法其形貌，署其官爵姓名」，[21]以彰功德。圖畫功臣，大約由來已久。武帝時，司馬遷即曾見過「狀貌如婦人好女」的張良畫像，[22] 可惜沒說見於何處，想來也應在宮中某閣。宣帝所為乃師法先帝而已。又《漢書·成帝紀》謂漢成帝「生甲觀畫堂」。王先謙《補注》引周壽昌曰：「《漢宮殿疏》云：『未央宮有畫室、甲觀、非常室。』」此畫室不知是否即漢成帝出生的畫堂。畫室或畫堂中所繪為何，不得而知。

不過，早在漢文帝時，未央宮已有以道德教訓為目的的壁畫。《漢書·霍光傳》王先謙《補注》引《文苑英華》盧碩〈畫諫〉曰：「漢文帝於未央宮承明殿畫屈軼草、進善旌、誹謗木、敢諫鼓、獬豸，益知漢宮殿皆有圖畫也。」王先謙的引文和盧碩〈畫諫〉原文小有出入。據《文苑英華》卷三六二〈畫諫〉原文謂：「漢文帝時，未央宮永明殿畫古者五物。（原注：「《兩漢故事》：『文帝三年于永明殿畫屈軼草、進善旌、誹謗木、敢諫鼓、邂豸，凡有五色物也。』」）成帝陽朔中嘗坐群臣于下，指之曰：『予慕堯、舜理，固

21　《漢書·李廣蘇建傳》。
22　《史記·留侯世家》。

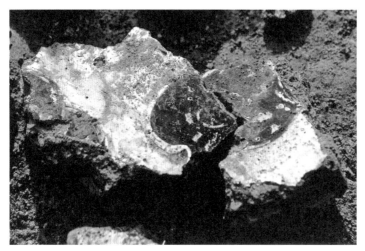

圖 3.1　長樂宮遺址壁畫殘塊

目是以自況。』」按：未央宮無永明殿，應係承明殿之誤，先謙因以據改。
《史記・孝文本紀》二年，上曰：「古之治天下，朝有進善之旌，誹謗之
木，所以通治道而來諫者。」從《史記》的記載看來，文帝在殿中畫進善
旌、誹謗木等物，如《兩漢故事》所說，應是可信的。[23]

　　此外，長樂宮、北宮和桂宮也有壁畫可考。長樂宮壁畫未見文獻記
載，但近年在長樂宮四號建築遺址 F2 發現建築頂部壁畫花紋殘塊（圖 3.1-
2）。[24] 北宮有畫堂，據《三輔黃圖》，乃「宮殿中采畫之堂」。桂宮的明光
殿，「殿以胡粉塗壁，畫古賢烈士」。[25] 以上不論圖畫古賢烈士、今之功臣
或進善旌、誹謗木、敢諫鼓、邂彭等五色物，目的都很明白在於道德教
訓。

　　與神仙信仰有關的壁畫見於武帝的甘泉宮。武帝為求仙，聽信齊人少

23　文帝所為，早有傳說。《文選》卷卅六任彥昇〈天監三年策秀才文三首〉注引《鄧析子》曰：
　　「堯置欲諫之鼓，舜立誹謗之木，此聖人也。」

24　劉振東、張建鋒，〈西漢長樂宮遺址的發現與初步研究〉；社科院考古所漢長安城工作隊，〈西
　　安市漢長安城長樂宮四號建築遺址〉，《考古》，10（2006），頁 22-29、30-39；中國文物局
　　編，《2004 中國重要考古發現》（北京：文物出版社，2005），頁 104。

25　《宋書・百官志上》（臺北：鼎文書局，新校標點本）引《漢官》。

圖 3.2　長樂宮遺址壁畫殘塊

翁之言，「作甘泉宮，中為臺室，畫天地太一諸鬼神」。[26] 除了臺室畫有天地鬼神之屬，據揚雄〈甘泉賦〉，甘泉宮及鄰近的遊觀，「非木摩而不彫，牆塗而不畫」。辭賦之言，或不免誇張。較具體的說，有關甘泉宮的壁畫最少還有兩項記載。一是武帝寵妃李夫人的畫像。李夫人死，武帝思念不

26　《史記・封禪書》（臺北：宏業書局，新校標點本）。

已，令「圖畫其形於甘泉宮」。[27] 另外可考的畫像是金日磾之母。其母教子有方，病死。武帝詔令圖畫其母於甘泉宮，署曰「休屠王閼氏」。金日磾見之，未嘗不哭。[28] 金日磾以降虜親信於武帝，後來他和母親的故事竟然成為道德「樣板」，出現在武梁祠石刻和和林格爾護烏桓校尉墓的壁畫中（圖4）。可惜甘泉宮的壁畫今已不可見。甘泉宮的遺址雖已發現，並有殘高 30 至 50

圖4　和林格爾漢墓壁畫中的「甘泉」、「休屠胡」。

公分的牆壁三處，其上除了粉白的表面，已無彩繪的蹤影。[29]

　　漢宮壁畫當出於宮中畫工的手筆。[30] 畫工或屬尚方，或屬黃門。東漢殤帝時，鄧太后曾「止畫工三十九種」。[31] 屬黃門者，稱黃門畫者。武帝臨終，曾令黃門畫者寫周公負成王朝諸侯圖賜霍光。[32] 武帝賜霍光者雖非壁畫，有一件相關的公案，或應附帶一說。據〈霍光傳〉，燕王旦、上官桀和桑弘羊諸人與霍光爭權，上書昭帝告霍光「專權自恣，疑有非常」。霍光聞之，明旦「止畫室中不入」。[33] 此畫室為何？說法不一。如淳曰：「近臣所指計畫之室也，或曰彫畫之室。」師古：「彫畫是也。」王先謙《補注》

27　《漢書‧外戚傳》。

28　《漢書‧金日磾傳》。

29　姚生民，〈漢甘泉宮遺址勘查記〉，《考古與文物》，2（1980），頁 51-60。

30　參張彥遠，《歷代名畫記》（增補《津逮秘書》本），卷 4，頁 1-3。

31　《後漢書‧皇后紀》（宏業書局，新校標點本）和熹鄧皇后條。

32　《漢書‧霍光傳》。

33　同上。

提到另外幾家的說法：

> 何焯曰：「畫室即武帝畫周公負武王諸諸侯以賜光，光奉之於室中也。」沈
> 欽韓曰：「時蓋已移光祿勳禁止也。《續志》少府屬有畫室署長，然則被告
> 劾者待罪之所。」周壽昌曰：「畫室當是殿前西閣之室。〈楊敞傳〉：『上觀
> 西閣上畫人，指桀、紂畫，謂樂昌侯王武』云云。又云畫人有堯、舜、
> 禹、湯，則知西閣畫古帝王像，故稱畫室。」蔡質《漢官典職》曰：「明光
> 殿省中階以胡粉塗殿，紫青界之，畫古烈士，重行書贊。」《文苑英華》盧
> 碩〈畫諫〉曰：「『漢文帝於未央宮承明殿畫屈軼草、進善旌、誹謗木、敢
> 諫鼓、獬豸』，益知漢宮殿皆有圖畫也。時昭帝御殿內，光止西閣之室中以
> 待命不入，言不入殿也。」先謙曰：「下文光不敢入，至殿前而不入也。如
> 何說，則畫室乃光私室，固非。沈說移光祿勳禁止，此時無詔書，亦非傑
> 等所敢出也。周說是。」

王先謙考量諸說，同意周壽昌，認為畫室是指西閣之室。私意以為此說還
有斟酌的餘地。西閣固然有畫，但是否即霍光所止的畫室，並無證據。又
既然有西閣之名，〈霍光傳〉為何稱之為「畫室」，而不曰「西閣」？再者，
西閣中皆古帝王畫像，時有人告霍光專權，「疑有非常」，如果他逗留在有
帝王畫像的西閣中不出，豈不更貽人口實，指其有非分之想？要澄清這個
問題，不能不注意西閣之室可能的位置。西閣位置，今已無確證可考。據
〈楊敞傳〉裡楊惲的故事，西閣是天子經常出入之地，應在未央宮中。〈楊
敞傳〉說其時楊惲任諸吏光祿勳，為「親近用事」的內朝臣，「居殿中」。
他在西閣觀畫時，對樂昌侯說：「天子過此，一二問其過，可以得師矣。」
西閣所畫乃堯、舜、禹、湯、桀、紂，用意顯然在警惕天子見賢思齊，見
不賢而內自省。這樣的畫最可能存在的地方自然是天子出入的未央宮。如
果這個推測合理，霍光所止的畫室就不可能是西閣之室。因為霍光「止畫
室中不入」，是說他逗留於畫室，而不入未央宮。如此，畫室必在未央宮
外。〈霍光傳〉記載霍光進宮前後的情形甚為明白。霍光不入，昭帝問：
「大將軍安在？」左將軍上官桀對曰：「以燕王告其罪，故不敢入。」有詔
召大將軍，霍光這才入宮謁見。

畫室如非宮內的西閣，那麼是哪一處呢？何焯之說其實已得之，就是奉武帝所賜周公負成王朝諸侯圖之室。只是這一室不必如王先謙所說，在霍光私室中。此圖來自武帝，是霍光輔政大權的重要依據。武帝臨終，受遺詔輔政的雖有數人，但受命行周公之事的只有他。據〈霍光傳〉，武帝病危，霍光泣問：「如有不諱，誰當嗣者？」上曰：「君未諭前畫意邪？立少子，君行周公之事。」少子即昭帝。此畫以周公輔成王的故事為內容，象徵著武帝對霍光的信任和信託，也象徵著霍光輔政權力的來源，其重要性不言可喻。或即因此，專以一室奉畫，名曰畫室。當有人向霍光的權力挑戰，他到畫室中去的用心十分明顯，因為畫室中的圖正是他權力的依據，也是他的護身符。[34]

除了天子的宮殿，漢諸侯王的宮室也有壁畫。據《漢書‧景十三王傳》廣川王惠王條，惠王的孫子劉去為廣川王，「其殿門有成慶畫，短衣大絝長劍。去好之，作七尺五寸劍，被服皆效焉。」師古曰：「成慶，古之勇士也，事見《淮南子》。」殿門圖畫勇士，或與門神風俗有關。又同條，劉去立昭信為后，幸姬陶望卿為脩靡夫人，昭信謂去曰：「前畫工畫望卿舍，望卿袒裼傅粉其傍」云云，可見后妃之室有畫。畫的內容可想而知不是為了道德教訓，甚至是不合乎禮教的。同條即說劉去後人海陽嗣位，「作畫屋為男女裸交接，置酒請諸父、姊妹飲，令仰視畫。」這一類的壁畫必不僅存在於廣川王家，只是事涉淫穢，不見於記載而已。[35]

有關諸侯王宮室壁畫的另一條重要記載是王延壽的〈魯靈光殿賦〉。據《後漢書‧光武十王傳》，景帝成姬之子魯恭王好宮室，起靈光殿，甚

---

34 這頗像傳說中毛澤東臨終前不久，交給華國鋒一張「你辦事，我放心」的字條，成為華國鋒繼承權力的重要依據，一度公開大力宣傳。

35 男女交接圖畫已在山東和四川等地墓葬中發現，應如何解釋仍是問題。參山東平陰孟莊墓前室西側室中立柱石刻、四川成都市新都新龍鄉蒐集之畫像磚和三台郪江柏林坡一號墓彩繪石刻，《中國畫像石全集》3（濟南：山東美術出版社、鄭州：河南美術出版社，2000），圖191；《中國畫像磚全集》四川畫像磚（成都：四川美術出版社，2006），圖211、212；《2002中國重要考古發現》（北京：文物出版社，2003），頁89，行樂圖之三。

壯麗，至東漢猶存。王延壽因作〈魯靈光殿賦〉。賦中對宮殿的布局、雕刻、繪畫有詳細的描述，資料十分可貴。其中關於壁畫的部分如下：

> 圖畫天地，品類群生，雜物奇怪，山神海靈，寫載其狀，託之丹青，千變萬化，事各繆形，隨色像類，曲得其情。上紀開闢，遂古之初，五龍比翼，人皇九頭，伏羲麟身，女媧蛇軀，鴻荒朴略，厥狀睢盰，煥炳可觀，黃帝唐虞，軒冕以庸，衣裳有殊，下及三后，婬妃亂主，忠臣孝子，烈士貞女，賢愚成敗，靡不載敘，惡以誡世，善以示後。[36]

魯靈光殿的壁畫內容和楚先王之廟所見可說一脈相承，不外天地、山海、神靈，傳說中的古聖先賢和神話人物，其作用在「惡以誡世，善以示後」。魯靈光殿更多了忠臣孝子、烈士貞女的圖像。忠孝貞烈是漢代政府刻意提倡的典範道德。提倡的一個方式就是將這方面的典範畫在宮牆上，加以表彰。武帝和宣帝都曾致力於此。《論衡·須頌篇》說：「宣帝之時，畫圖漢列士。或不在畫上者，子孫恥之。何則？父祖不賢，故不畫圖也。」這些話將壁畫宣傳和道德教訓的功效表露無遺。桓譚說：「前世俊士，立功垂名，圖畫于殿閣宮省，此乃國之大寶，亦無價矣。」[37] 立於東漢光和三年的趙寬碑提到先世趙充國時，特別說充國「協霍立宣，圖形觀〔闕〕」，可見後世子孫的確以先祖圖畫宮觀為榮。

以道德宣傳為目的的壁畫藝術到東漢可以說愈演愈盛。明帝效法宣帝，追感前世功臣，圖畫二十八將及王常、李通、竇融、卓茂共三十二人於洛陽南宮雲臺。[38] 靈帝感念舊德，圖畫胡廣、黃瓊於省內。[39] 他又下詔圖畫高彪於東觀，「以勸學者」。[40] 靈帝還曾在他創立的鴻都門學內，描畫

36　見《文選》（《四部備要》本）卷 11。關於魯靈光殿的壁畫，可參繆哲，《從靈光殿到武梁祠：兩漢之交帝國藝術的遺影》（北京：三聯書店，2021）

37　見嚴可均《全後漢書文》卷 13 引《意林》。

38　《後漢書·傳論》。

39　《後漢書·胡廣傳》。

40　《後漢書·文苑傳》。

孔子及七十二弟子像，[41] 又為鴻都文學樂松、江覽等三十二人圖像立贊。[42]
此外據《太平御覽》卷七五〇引孫暢之《述畫》：「漢靈帝詔蔡邕圖赤泉侯
楊喜五世將相形像於省中。又詔邕為讚，仍令自書之。」

　　壁畫風氣之盛除了見於京師宮省，更重要的是遍見於地方郡國。這在
《華陽國志》記載得尤其多。《華陽國志》備載蜀地忠臣孝子、貞女烈士，
並指出他們或被圖畫在地方郡縣府廷、學官，或是列畫東觀。列畫東觀者
如：

1. 元和（顧廣圻校，「和」當作「初」）二年，羌復來……信等將其士卒，力
   奮討，大破之。信被八創，二十五人戰死……五年，天子下詔褒嘆
   信、崇等，賜其家穀各千斛；宗、展、孳等家穀各五百斛，列畫東
   觀。[43]

2. 刺史張喬以竦勇猛，授從事，任平南中……南中清平，會被傷卒，喬
   舉州弔贈，列畫東觀。[44]

3. （純）為益州西部都尉……純獨清廉，毫毛不犯……帝嘉之，乃改西部
   為永昌郡，以純為太守。在官十年卒。列畫頌東觀。[45]

圖像郡縣府廷者如：

1. 廣柔、長郫，姚超二女……隨父在官。值九種夷反，殺超，獲二女，
   欲使牧羊。二女誓不辱，乃以衣連腰，自沉水中死……郡縣圖像府
   庭。[46]

2. 廖伯妻也……伯早亡，以己有美色，慮人求己，作詩三章自誓心，而
   求者猶眾，父母將許，乃斷指明情，養子猛終義。太守薛鴻圖像府

41　《後漢書·蔡邕傳》。

42　《後漢書·酷吏傳》，陽球條。

43　劉琳，《華陽國志校注》（成都：巴蜀書社，1984）卷 2〈漢中志〉。

44　同上，卷 10 上，〈蜀郡士女〉，楊竦條。

45　同上，卷 10 中，〈廣漢士女〉，鄭純條。

46　同上，卷 10 上，〈蜀郡士女〉，廣柔、長郫條。

庭。[47]

3. 楊文妻也……有一男一女而文沒……父欲改嫁，乃自沉水中。宗族救之，幾死得免。太守王方為之圖像。[48]

4. 李餘，涪人，父早世，兄夷殺人亡命，母慎當死。餘年十三，問人曰：「兄弟相代，母能免不？」人曰：「趣得一人耳。」餘乃詣吏乞代母死。吏以餘年小，不許。餘因自死，吏以白令；令哀傷，言郡；郡上尚書，出慎。太守與令以家財葬餘，圖畫府廷。[49]

5. 敬楊，涪郭孟妻，楊文之女也。……父為盛所殺……適孟，孟與盛有舊……盛至孟家，敬楊以大杖殺盛。將自殺……會赦得免。中平四年，涪令向遵為立圖表之。[50]

列畫學官者如：

1. 祐天下高士，年四十二卒。……東觀郎李勝，文章士也。作誅方之顏子，列畫學官。[51]

2. 邠為刺史郤儉從事，使在葭萌……為黃巾賊……所殺。邠聞故哀慟，說馥、胤赴難，二子不可。邠嘆曰：「使君已死，用生何焉？」獨死之。牧劉焉嘉之，為圖像學官。[52]

壁畫從京師宮廷普遍到地方官府和學校，是西漢到東漢的一大發展。從一些記載看來，在地方學校中圖畫聖賢似乎始自景帝末蜀郡太守文翁。《太平御覽》卷五三四引任預《益州記》曾提到蜀郡太守高朕重修遭火焚的文翁學堂，「堂基六尺，夏屋三間，通皆圖畫聖賢古人之像及禮器瑞物」。據《隋書·經籍志》，任預是劉宋時太尉參軍。他說修復文翁學堂畫像，似乎意味畫像自文翁學堂始。《隋書·經籍志》有「蜀文翁學堂畫像題記」二

47　同上，卷 10 中，〈廣漢士女〉，紀配條。
48　同上，卷 10 中，〈廣漢士女〉，正流條。
49　同上，卷 10 下，〈梓潼士女〉，李餘條。
50　同上，卷 10 下，〈梓潼士女〉，敬楊條。
51　同上，卷 10 中，〈廣漢士女〉，王祐條。
52　同上，卷 10 下，〈漢中士女〉，燕邠條。

卷，不著撰人。可見文翁學堂頗以畫像知名。唯畫像之俗是否確自文翁始，卻在疑似之間。《史記·仲尼弟子列傳》《索隱》曾提到《文翁孔廟圖》、《文翁圖》，瀧川龜太郎《考證》又曾引《文翁禮殿圖》，似文翁確曾作圖。實則文翁學堂至漢末屢經重建，其中圖畫是否自文翁始，並不可知。目前較確切的證據僅能追溯到東漢末靈帝或獻帝的時代。《隸釋》有「高朕脩周公禮殿記」，謂碑在成都。《玉海》卷五十七「漢禮殿圖，文翁學堂圖」條引《益州記》云：「成都學有周公禮殿。《舊記》云：『漢獻帝時立，高朕文翁石室在焉。』」（原注：朕再作石室，在文翁石室之東，又東即周公禮殿。益州太守高朕修周公禮殿記初平五年九月，始自文翁開建泮宮，至於甲午文君參增造吏事。）益州刺史張收畫盤古、三皇、五帝、三代君臣與仲尼七十弟子於壁間。（原注：《史記》索隱〈仲尼弟子傳〉引《文翁圖》所記。）」從此可知，司馬貞引用的《文翁圖》，王應麟亦曾得見，其中明白記載文翁學堂壁畫是出自益州刺史張收，而高朕重修學堂是在獻帝時。[53] 不過據《華陽國志》卷三，高朕是靈帝時人。不論如何，高朕與張收是在學堂之夏屋、石室或禮殿作畫，基本上他們的所作所為和東漢以來的風氣相一致。又唐代張彥遠《歷代名畫記》卷三「古之秘畫珍圖」中曾提到「鴻都門圖」（自注：孔聖七十子）、「魯廟孔子弟子圖」（自注：五，是魯國廟堂東西廂畫圖），[54] 可見孔子及七十二弟子圖不僅見於文翁石室，到東漢末似已成一種普見於學校和廟堂的裝飾。

　　東漢壁畫的流行當然不是出於偶然。這和東漢以後儒學發達，儒生士大夫尚名節，好標榜，成為政治勢力的主流，世家大族政治、社會和經濟勢力的興起都有關係。由於可知的資料有限，要全面檢討流行的背景實不

53　嚴可均《全晉文》卷 22 錄王羲之雜帖有云：「知有漢時講堂在，是漢和帝時立此。知畫三皇五帝以來備有。畫又精妙，甚可觀也。彼有能畫者不？欲摹取，當可得不？須具告。」此所謂漢時講堂不知是否即指文翁石堂，姑錄備考。如確指文翁石堂，則其畫像又可上溯至東漢和帝時期。

54　張彥遠，《歷代名畫記》，于安瀾編，《畫史叢書》（上海：上海人民美術出版社，1963），頁 54-56。

可能。不過，顯而易見一個推動圖畫人倫之表的力量，是那群服膺儒教的地方官吏和士子儒生。他們透過畫像來表揚合乎儒教倫理的典型。前引《華陽國志》可以說明蜀地的情形。東漢其他各地也是如此。較早的例子見於東漢初鄧晨為許楊起廟，「圖畫形象」。[55]《後漢書・應劭傳》說：「初，父奉為司隸時，並下諸官府郡國，各上前人像贊，劭乃連綴其名，錄為《狀人紀》。」圖像依例有像贊，如《華陽國志》中所見者，是知司隸所轄郡國官府也圖畫賢人烈士。一個更明白的證據是《續漢書・郡國志》河南尹條李賢注引應劭《漢官》曰：「郡府聽事壁諸尹畫贊，肇自建武，訖於陽嘉，注其清濁進退，所謂不隱過，不虛譽，甚得述事之實。後人是瞻，足以勸懼，雖春秋采毫毛之善，罰纖釐之惡，不避王公，無以過此，尤著明也。」應劭這段話不但道出郡縣官府壁畫的內容與作用，更說明其事或始於東漢之初。桓帝時，朱穆為冀州刺史，徵詣廷尉。「冀州從事欲為畫像置聽事上。穆留板書曰：『勿畫吾形，以為重負。忠義之未顯，何形像之足紀也。』」[56] 可見地方州郡首長圖像官衙應是東漢的習慣。

此外，地方壁畫可考的，如豫州刺史嘉美陳寔之子孝行，「表上尚書，圖像百城，以厲風俗」。[57] 益州刺史張喬因從事楊竦平夷亂有功，不及論功而卒，張喬「深痛惜之，乃刻石勒銘，圖畫其像」。[58] 從張喬以及前引各條資料可知，圖畫忠孝節烈之士，通常由縣令、郡守、刺史為之，或上奏尚書，由天子明令褒揚。不過，漢末也有地方人士私自為之的。例如，南陽延篤遭黨事禁錮，卒於家，「鄉里圖其形於屈原之廟」。[59] 又皇甫規妻立罵董卓，死於車下，「後人圖畫，號曰禮宗」。[60] 蔡邕死獄中，兗州、陳留

55　《後漢書・方術傳》，許楊條。

56　《後漢書・朱穆傳》注引〈謝承書〉。

57　《後漢書・陳寔傳》；《全後漢文》卷78，「蔡邕作陳寔碑」；《全三國文》卷26引《古文苑》邯鄲淳陳紀碑。

58　《後漢書・南蠻西南夷傳》，邛都條。

59　《後漢書・延篤傳》。

60　《後漢書・列女傳》。

間，皆畫像而頌焉。[61] 由此可見，圖畫人物以表揚典型不單靠官方的力量。官方的圖畫不出宮室、宗廟、地方官衙和學校。圖像人物能深入鄉里，真正普遍開來，有賴以儒教為己任的地方儒士。

延篤、皇甫規妻與蔡邕三例不但說明這點，而且還有一值得注意的共同點，亦即這三人都是現實政治下的犧牲者。延篤因黨禍受禁錮，皇甫規妻迫於董卓淫威而死，蔡邕因與董卓關係而為王允所殺。三人皆執著於儒教規範，或忠或節，不苟同於現實權勢。不苟同於現實權勢者反受到褒揚，可見東漢士人品鑑人物，畫像立贊，自有一個以儒家倫理為核心的標準，而超乎現實政治之外。

東漢壁畫的普遍曾經引起王充的注意和批評。他對壁畫的盛行頗不以為然。他在《論衡·別通》篇裡說：「人好觀圖畫者，圖上所畫，古之列人也。見列人之面，孰與觀其言行？置之空壁，形容具存，人不激勸，不見其言行也。古賢之遺文，竹帛所載粲然，豈徒牆壁之畫哉？」[62] 他以為時人好觀圖畫，不如誦讀古賢遺文，更具激勸之效。這是十足迂儒之見。東漢時識字者能有幾人？這雖然不可能精確統計，可以肯定識字者只是人口中的少數。對絕大部分不識字的人來說，圖畫無疑是更有效的教化工具。不但東漢士人和政府加以利用，東漢的道教也極力運用圖畫於傳教。如果承認《太平經》可以在相當程度上反映東漢的社會，[63] 它就曾不斷提到如何利用圖畫以懲惡勸善。[64] 舉一個壁畫的例子來說。卷一〇〇〈東壁圖〉云：

上古神人誡弟子後學者為善圖像，陰祐利人常吉，其功倍增……（頁455）

卷一〇一〈西壁圖〉云：

上古神人、真人誡後學者為惡圖像，無為陰賊，不好順事……善者自興，
惡者自敗，觀此二像，思其利害……固前有害獄，後有惡鬼，皆來趨鬥，

---

61 《後漢書·蔡邕傳》。

62 劉盼遂，《論衡集解·別通》（臺北：世界書局，1976 三版）。

63 參湯用彤，〈讀太平經書所見〉，收入《往日雜稿》（北京：中華書局，1962），頁 43-92。

64 參王明，《太平經合校》（臺北：鼎文書局，1979），卷 52、53、72、101、102、154-170。

欲止不得也，因以亡身。固畫像以示後來，賢明得之以為大誡。（頁457-
458）

所謂「畫像以示後來，賢明得之以為大誡」和靈帝時尚書令陽球所說「圖
像之設，以昭勸戒」，[65] 都表現出漢代一般人對壁畫功能一致的認定。漢代
壁畫由京師流播地方，意味著勸戒的對像不再限於少數的官員、君王、儒
生，而在廣大的庶民百姓。漢末道教流播民間，用圖畫傳教於目不識丁的
百姓，自然比文字更為有效。

　　王充還曾批評當時作畫有尊古卑今的風氣。他在前引〈別通〉篇中
說：「圖上所畫，古之列人」；〈齊世〉篇又說：「畫工好畫上代之人，秦、
漢之士，功行譎奇，不肯圖。（劉盼遂案：不肯圖三字宜重書）今世之人，尊
古卑今也。」東漢壁畫是否尊古卑今？稍一回顧前引《華陽國志》等書的
記載，就可以知道王充的批評不完全是實情。王充在《論衡》〈宣漢〉、〈恢
國〉、〈驗符〉等篇一再認為漢世有不少超邁古代之處，今人不必不如古。
他對當時畫風的指責實是基於同一觀點而來。有些學者認為王充吹捧當世
是另有用心。[66] 不論如何，他尊古卑今的評論，與實情有距離。下文將提
到東漢壁畫實際的例子，從這些例子可以看出，壁畫裡古代與當世的人物
故事其實都有。

　　壁畫的功能應是多方面的，除了道德勸戒，也還為了一些與信仰相關
或其他的目的，出現在別的場合。這方面的資料較少，合而簡述如下。《論
衡‧亂龍》篇說：「今縣官斬桃為人，立之戶側；畫虎之形，著之門闌……
刻畫效象，冀以禦凶。」[67] 官府門闌畫虎，淵源頗早。《周禮‧師氏》：「居
虎門之左，司王朝。」鄭玄注云：「虎門，路寢門也。王日視朝於路寢，門
外畫虎焉，以明勇猛，於守宜也。」[68] 今見漢畫像磚或刻石上的建築，門

65　《後漢書‧酷吏傳》，陽球條。

66　參徐復觀，〈王充論考〉，收入《兩漢思想史》（臺北：學生書局，1976），頁569-574。

67　類似記載又見《風俗通義》、《山海經》、《獨斷》。參王利器《風俗通義校注》（臺北：明文
　　書局，1982），頁370注11。

68　《周禮》（《十三經注疏》本，大化書局），卷14。

上鋪首每作虎形或類似的猛獸，用意相同。漢代「縣官」有二義，一可指天子，也可指地方官府。從《論衡》及《周禮》鄭注可知，門闕畫虎的習慣，在漢代可能遍見於中央宮省和地方官府。其實例可在和林格爾東漢墓壁畫的官府畫像中見到（圖 5）。[69] 又畫虎的用意，除了守護，還為避邪。漢鏡銘文常見「左龍右虎辟不祥」，[70] 青龍和白虎的雕刻或繪畫更常見於漢墓和地上建築的裝飾上（如魯靈光殿即有龍虎雕畫）。漢人相信有趨吉避凶能力的靈獸顯然不限於龍和虎。總之，壁畫中出現的怪獸每每與避邪的功能有關，這裡暫不一一討論。

圖 5　和林格爾東漢墓壁畫幕府東門畫像

69　內蒙古自治區博物館文物工作隊編，《和林格爾漢墓壁畫》（北京：文物出版社，1978），頁48 彩圖 幕府東門之一。

70　阮廷焯，〈羅振玉〈漢兩京以來鏡銘集錄〉撝遺再續〉，《大陸雜誌》，67：4（1983），頁195-197。

另一種功能特殊的怪獸是獬豸。《論衡·是應》篇說：「今府廷畫皋陶、獬豸也。儒者說云：獬豸者，一角之羊也，性知有罪。皋陶治獄，其罪疑者，令羊觸之。」這裡所說的獬豸，即文帝時未央宮承明殿所畫的獬豸。漢自天子以至地方守令皆司獄訟，因此這種能辨疑罪的神獸圖像就在宮省和地方官衙出現了（圖 6.1-2）。[71] 漢人相信「皋陶造獄」，[72] 廷尉寺中即供奉皋陶。[73] 廷尉寺中所奉是圖像，還是人偶，不得而知。不過，從府廷畫像看來，廷尉寺裡的或許也是壁畫吧。

　　此外，據說官府壁畫還曾發揮威懼邊夷的作用。《後漢書·南蠻西南夷傳》提到章帝時，益州刺史朱輔威懷遠夷，「是時郡尉府舍皆有雕飾，畫山神海靈，奇禽異獸，以眩耀之，夷人益畏憚焉」。又《太平御覽》引《華陽國志》曰：「漢嘉郡以禦雜夷，宜炫耀之。迺雕飾城牆，華畫府寺及諸門，作山神海靈，窮奇鑿齒。夷人初出入，恐，騄馬或憚之趑趄。」[74] 按漢靈帝始改蜀郡屬國之青衣縣為漢嘉郡，《華陽國志》所記當為漢末之事。從東漢早期至季世，益州郡尉府舍圖畫山神海靈和奇禽異獸似為西南地區的特制，不見於他處。這種特制可能和西南少數民族的信仰和風俗有關。漢為羈縻統治，遂因應其俗而作畫。《華陽國志》曾提到諸葛亮嘗「為夷作圖譜，先畫天地、日月、君長、城府；次畫神龍，龍生夷及牛、馬、羊；後畫部主吏乘馬幡蓋，巡行安恤；又畫夷牽牛負酒，賷金寶詣之之象，以賜夷，夷慎重之。」[75] 諸葛亮作圖譜的用意即在以其所信而羈縻之。

　　東漢時，除了宮省、官府和學校有壁畫，權門豪貴之家亦競以圖畫為飾。私人宅第的壁畫應較著重裝飾，可惜這方面一無實物可考。《後漢書·

71　甘肅武威漢墓曾出木雕獬豸三件，參張朋川、吳怡如編，《武威漢代木雕》（北京：人民美術出版社，1984），頁 25、26。其形與文獻所說相合。

72　〈急就篇〉（《古經解彙函》本），卷 4，頁 24 上。

73　《後漢書·黨錮傳》（臺北：藝文印書館，王先謙《集解》本），惠棟曰引〈摯虞集記〉，頁 15 下。

74　《太平御覽》（《四部叢刊三編》，臺北：商務印書館）卷 750，頁 9 下。

75　《華陽國志·南中志》（同前劉琳校注本）。

圖 6.1　甘肅省博物館藏木雕彩繪獬豸

圖 6.2　甘肅省博物館藏青銅獬豸

古月集：秦漢時代的簡牘畫像與政治社會
　　　　　── 卷二　畫像石、畫像磚與壁畫

梁統傳》謂：「（梁）冀乃大起宅第，而壽亦對皆為宅，殫極土木…柱壁雕鏤，加以銅漆，窗牖皆有綺疏青瑣，圖以雲氣仙靈。」同書〈宦者傳〉呂強曰：「又今外戚四姓貴倖之家，及中官公族無功德者，造起館舍，凡有萬數，樓閣連接，丹青素堊，雕刻之飾，不可單言。」所謂丹青素堊者，即在素白牆上圖畫五采。又同傳侯覽條：「起立第宅十有六區，皆有高樓池苑，堂閣相望，飾以綺畫丹漆之屬，制度重深，僭類宮省。」前文曾說，自周以來，從天子以至庶人，因身分地位的不同，居室的大小和裝飾都有一定的限制，所謂「大夫達棱楹，士穎首，庶人斧成木構而已」。[76] 漢承古制，不斷有這方面的規定。然而這些規定和限制發生了多少實際的作用，從西漢的詔令和時人的議論看來，顯然頗成問題。[77] 東漢社會僭奢更甚，非僅高宦貴戚，一般富人宅第大概也滿是雕鏤彩畫。西漢時匡衡說：「今長安天子之都……郡國來者無所法則，或見侈靡而放效之。」[78] 長安有諺語謂：「城中好高髻，四方高一尺；城中好廣眉，四方且半額；城中好大袖，四方全匹帛。」[79] 梁冀妻孫壽作愁眉、墮馬髻、折腰步，「京師翕然皆仿效之」。[80] 從匡衡之說，長安諺語及梁冀妻的故事可以知道，統治階層的愛好會成為時尚，影響到一般庶民。壁畫裝飾原可能只是統治階層的特權，但隨著禁令鬆弛，僭越成風，壁畫也就和高髻、廣眉或大袖一樣，成為眾庶爭相模仿的時尚。

　　兩漢宮殿或居室建築壁畫，除了文獻，迄今只有前述未央宮四號建築遺址和長樂宮四號建築 F2 遺址有極少的殘塊可供考察。有壁畫的墓葬卻發現了不少。這些墓中壁畫和地上建築壁畫關係密切，因此成為目前了解漢代壁畫發展的重要線索。

76　《鹽鐵論·散不足》（王利器校注本，臺北：世界書局）。

77　參《西漢會要》（臺北：九思出版公司，新校標點本）卷 17，禁踰侈條，頁 182-184；《漢書》、〈賈誼傳〉、〈董仲舒傳〉及鹽鐵論中的議論。

78　《漢書·匡衡傳》。

79　《後漢書·馬援傳》。

80　《後漢書·梁統傳》，李賢注引《風俗通》。

在討論壁畫以前，必須指出一點，即漢代裝飾牆壁的方式，除了日益普遍的壁畫以外，還有一種可能更早的方式是在牆上張掛織錦文繡。古來建築以土牆為主。土牆不美，則敷以白堊，所謂「古者宮室有制……牆塗而不琱（案：琱同彤，畫也）」。[81] 可是據《說苑》引《墨子》，紂王築鹿臺，不僅「宮牆文畫」，還以「錦繡被堂」。[82]《墨子》的記載不知是否可靠。錦繡被堂實際上很可能是反映春秋戰國中葉以降的情況。《漢書·貨殖傳》謂：「陵夷至乎桓、文之後……富者木土被文錦。」以文錦飾牆在前述秦咸陽宮一號遺址中有痕跡可尋。遺址發掘編號為「一室」的夯土臺上建築，據推測是最大的主體宮室所在。室內除了門道有壁畫外，其餘牆面素白，遺址中有環釘出土。研究遺址復原的陶復先生認為，這可能就是用來張掛錦繡的。[83]

這種裝飾方式到漢代繼續流行。文帝時，賈誼曾說：「白縠之表，薄紈之裏，緁以偏諸，美者黼繡，是古天子之服。今富人大賈嘉會召客者以被牆……帝之身自衣皂綈，而富民牆屋被文繡。」[84] 以文繡被牆的方便處是可以隨時更換，也可以隨意張掛或取下。從賈誼的話看來，富人似乎也只是在招待賓客時才張掛起來充闊。除了富人如此，據東方朔說，武帝所建的建章宮，即是「木土衣綺繡」。[85] 成帝時，寵姬趙昭儀所居之朝陽殿，據班固〈兩都賦〉形容：「屋不呈材，牆不露形，裛以藻繡，絡以綸連。」李賢注引《說文》曰：「裛，纏也。綸，糾，青絲綬也。」[86] 可見也是以絲織錦繡飾牆。《三輔黃圖》說咸陽宮是「離宮別館相望聯屬，木衣綈繡，土被朱紫。」到了東漢，仍然看到以「土木被緹繡」來形容屋室的奢侈。[87]

81　《漢書·貢禹傳》。

82　《說苑·反質》（《漢魏叢書》本，臺北：新興書局）。

83　陶復，前引文，頁36。

84　《漢書·賈誼傳》。

85　《漢書·東方朔傳》。

86　《後漢書·班彪傳》。

87　《後漢書·宦者傳》。

關於漢代以錦繡掛牆為室的一個旁證就是馬王堆一號墓掛在北邊箱四周的帷幔。據該墓報告說帷幔「出土時掛在北邊箱四壁的周圍。全長 7.3 米，寬約 1.45 米。用幅寬 48 釐米的三整幅單層的原色羅綺縫製而成。兩端和上側又加深絳紫色的絹緣。上側的緣邊，另加有幾個長 2.5 釐米，寬 1 釐米的襻，以便用竹釘將帷幔掛在邊箱的壁上。」[88] 這應該就是《鹽鐵論·散不足》說的「今富者繡牆題湊」吧。漢代墓槨邊箱或題湊上懸掛絹綺，很可能就是模仿屋室以錦繡被牆的習俗而來。

不論以文繡或以壁畫裝飾屋室，在兩漢都屬極奢侈之事，一般能以白粉刷牆就已甚美。《鹽鐵論·散不足》篇曾比較古今奢儉，當描述其時富人建築之奢華時，不過是「雕文檻楯，堊幔壁飾」。幔，挩也，摩也，以白堊挩壁為飾。[89] 這裡不但沒有提到壁畫，也沒有文繡。較早的宮殿也不是一律有壁畫，秦咸陽宮一號和三號遺址殘牆有很多即只是白堊素壁而已。西漢宮殿有特別名之為畫堂、畫室者，也意味壁畫非處處皆是。總體而言，壁畫雖然已可追溯到新石器時代或殷商晚期，然而由於經濟的條件、社會身分的限制和其它裝飾方式的偏好和選擇，初興於戰國，真正發達和普遍起來應是西漢中晚期甚至東漢時代的事。

三 壁畫的出現與意義

上述發展的一個旁證就是畫像石、畫像磚和壁畫墓都不約而同的到西漢中晚期才普遍出現。不論雕刻的畫像石或燒製的畫像磚，基本上和壁畫一樣，都是為了裝飾墓室之壁。燒製的畫像磚早已見於秦的咸陽宮遺址，畫像石已見於景帝時期永城的柿園墓，但這些裝飾手法普遍流行都要到西

---

88 《長沙馬王堆漢墓》上集（文物出版社，1973），頁 73-74。又頁 75 有帷幔張掛情形展示圖可參。又參金維諾，〈談長沙馬王堆三號漢墓帛畫〉，《文物》，11（1974），頁 40-44。

89 《鹽鐵論·散不足》（王利器校注本，臺北：世界書局）。

漢中期，甚至西漢末和王莽時代，而且是由社會上層流播於社會下層。

　　現在所知時代最早的壁畫墓是屬景帝時期，河南永城芒碭山梁王陵園中的柿園墓。它和一般認為是梁孝王墓的保安山一號墓遙遙相距五百公尺左右。墓中主室室頂、南壁和西壁門道口南北兩側殘存共約 24 平方公尺的壁畫。其中主室頂部的保存較完整，東西寬 3.27 公尺，南北長 5.14 公尺，以紅白黑綠等色繪有龍、白虎、朱雀、怪獸、靈芝、雲氣紋和邊框裝飾圖案等（圖 7）。[90] 主室南壁和西壁左右側有同樣穿璧紋的邊框裝飾，壁畫下部已殘，留下一片朱砂紅底，上部則有斑豹、朱雀、靈芝和仙山等彩繪。它們都是墓門南北兩側的圖案。此外，在一號側室的頂部，五號側室的四壁及頂部都發現直線紋及朱砂痕跡，畫面內容則已難以辨識，發掘報告說「至少說明在這些室內原來也曾繪有壁畫」。[91] 柿園墓可以說是目前壁畫面積保存最多，時間最早的西漢壁畫墓。

　　稍晚，屬漢武帝時代的廣州象崗山南越王墓是早期壁畫墓的另一例證。南越王墓是多室墓，有前室、東西耳室、主棺室、東西側室和後藏室，迄今只在前室周壁和室頂發現朱墨繪雲紋（圖 8）。[92] 其餘各室是原有彩繪壁畫因遭水漬而失去或根本沒有壁畫，不能確知。我猜想原本可能都有彩繪，因水浸或水氣而損毀殆盡。

　　壁畫在西漢早期似乎還沒有成為流行風氣。因為漢初同樣的諸侯王墓不論河北滿城的中山王劉勝墓，山東曲阜九龍山魯王墓或徐州獅子山、駝藍山、楚王山或北洞山等地的楚王墓都鑿山為室；即使有室，也沒有在壁上彩繪或雕刻。較令人疑心的是北洞山楚王墓。此墓雖沒有發現壁畫，但墓室清楚模仿地上宮室建築，主體墓室的前室、後室、廊和廁所四壁和頂

90　河南省商丘市文管會、河南省文物考古研究所、永城市文管會，《芒碭山西漢梁王墓地》（北京：文物出版社，2001），頁 115-120。

91　同上，《芒碭山西漢梁王墓地》，頁 119。

92　廣州市文管會、社科院考古所、廣東省博物館，《西漢南越王墓》（北京：文物出版社，1991），頁 29。

圖 7.1-2　河南永城柿園墓壁畫及線描圖

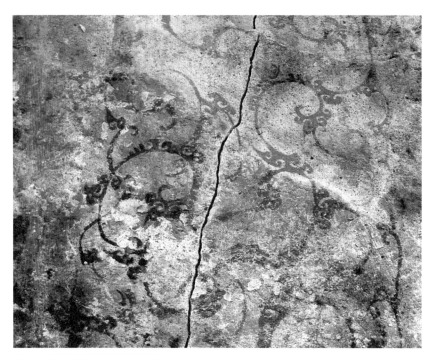

圖 8.1　南越王墓壁畫雲紋殘跡

圖 8.2　南越王墓壁畫雲紋殘跡

　古月集：秦漢時代的簡牘畫像與政治社會
　　　　——卷二　畫像石、畫像磚與壁畫

部均髹漆後塗朱。[93] 前文提到柿園墓室有壁上塗硃沙，再在硃沙層上繪製壁畫的現象。不知北洞山楚王墓壁在硃沙層之上原本是不是曾有壁畫？表層的壁畫因水浸或水氣而損毀？可惜這一點無法證實。

　　如果徐州王陵的壁畫無以證實，則目前確有壁畫可考的西漢早期墓幾乎全集中在洛陽一地。這就意味著一種較具地區性的墓葬裝飾風氣了。例如推定屬昭、宣時期，洛陽的卜千秋墓和屬於元、成帝之間，在洛陽市老城西北角發現的六十一號漢墓。[94] 其餘還有屬西漢晚期或王莽時期的洛陽八里台壁畫墓、洛陽淺井頭壁畫墓和洛陽金谷園村壁畫墓。[95] 這些墓的墓主身分，有些不明，有不少則是地方官員。須要注意的是西漢晚期在漢長安附近也出現了壁畫墓，例如在西安理工大學和交通大學校區分別發現了屬西漢晚期的壁畫墓。西安交通大學漢墓墓主身分不明，理工大學的則可能是二千石一級的地方官員。[96] 2008 年在西安曲江翠竹園也發現了西漢帶

93　徐州博物館、南京大學歷史系考古專業，《徐州北洞北西漢楚王墓》（北京：文物出版社，2003），頁 16-19。

94　洛陽博物館，〈洛陽西漢卜千秋壁畫墓發簡報〉，《文物》，6（1977），頁 1-12；河南省文化局文物工作隊，〈洛陽西漢壁畫墓發掘報告〉，《考古學報》，2（1964），頁 107-125。

95　目前已發表屬王莽時期以前的壁畫墓，除前注提到的兩墓以外，還有在山西平陸、內蒙古托克托、西安理工大學等所發現的。參羅福頤〈內蒙古自治區托克托縣新發現的漢墓壁畫〉，《文物參考資料》，9（1959），頁 43；山西省文物管理委員會，〈山西平陸棗園村壁畫漢墓〉，《考古》，9（1959），頁 462-468；西安市文物保護研究所，〈西安理工大學西漢壁畫墓發掘簡報〉，《文物》，5（2006），頁 7-44。屬王莽時期的有陝西千陽發現的一座，參寶雞市博物館、千陽縣文化館，〈陝西省千陽縣漢墓發掘簡報〉，《考古》，3（1975），頁 178-181、177。其餘所知者俱屬東漢時期，參賀西林，《古墓丹青——漢代墓室壁畫的發現與研究》（西安：陝西人民美術出版社，2001）。

96　陝西省考古研究所，《西安交通大學西漢壁畫墓》（西安：西安交通大學出版社，1991）；西安市文物保護考古研究所，〈西安理工大學西漢壁畫墓發掘簡報〉，《文物》，5（2006），頁 7-44。近年為配合基本建設在長安附近發掘漢墓達三百多處地點，經清理之漢墓數百座。西安市文物保護研究所先後整理出版《西安龍首原漢墓·甲編》（西安：西北大學出版社，1999）和《長安漢墓》（西安：陝西人民出版社，2004），其中甲編收錄西漢早期墓 42 座，《長安漢墓》收錄西漢中晚期至王莽時墓 139 座，沒有一座是壁畫墓，也沒有壁畫殘跡發現。由此看來壁畫墓在長安地區似非主流。

榜題的壁畫墓，墓主應屬二千石以上官員或貴族。[97] 西安和洛陽地區壁畫的關係、時代先後很值得進一步探討。

雕刻的畫像石墓發現的最多，分布也較廣。[98] 以時間而言，已知最早的畫像石出土於上述永城梁王陵墓中的柿園墓。柿園墓第八號側室廁所旁的一塊立石上有陰線刻的長青樹、小鳥和菱形紋飾，和後來漢畫像石的風格十分相似。雕刻面積很小，只有約 40×15 公分大小，而且是用在廁所，卻是迄今所知不折不扣較早的漢代畫像石（圖 9）。[99] 真正以畫像石構成墓室牆面的畫像石墓現在有兩處可考：一是山東滕州市染山西漢畫像石墓，此墓墓室規模甚大，平面呈甲字形，墓道殘長 18 公尺，墓室南北長 12.3 公尺，東西寬 6.2 公尺，深 8 公尺，分前室、南側室、北側室，墓室西側後方又更有一連並排的五室，五室門楣上都是畫像石。從墓之規模和出土玉衣片、玉琀、玉板等看，應是侯王墓，發掘者推定墓主可能是武帝時因酎金被免的鬱郎侯劉驕。[100] 推定如果成立，則畫像石墓就不僅僅是地方中下級官員和富人採取的墓葬形式了。

其餘已知的畫像石墓絕大部分屬於王莽和東漢時期。前文提到燒製的畫像空心磚在秦咸陽宮遺址已經出現，但普遍用於造墓，多見於河南和四川。據目前所知，四川畫像磚絕大部分屬東漢晚期。[101] 另一例是在河南南陽趙寨磚瓦廠發現，時代約屬昭帝時期。因發現較早，討論已多，這裡不再多說。[102]

---

97 西安市文物保護研究所，〈西安曲江翠竹園西漢壁畫墓發掘簡報〉，《文物》，1（2010），頁 26-39；張翔宇，〈西安地區漢代壁畫墓特點淺析〉，《文物》，10（2012），頁 71-76。

98 畫像石墓分布於山東、河南、四川、江蘇、陝西、安徽、山西、內蒙古、湖北、雲南、貴州、遼寧、河北等省。其中以山東、江蘇徐州、河南南陽、四川中部和陝西北部數量較多。參吳曾德，《漢代畫像石》（北京：文物出版社，1984），頁 2。

99 《芒碭山西漢梁王墓地》，頁 96-99。

100 滕州市漢畫像石館，〈山東滕州市染山西漢畫像石墓〉，《考古》，1（2012），頁 34-53。

101 馮漢驥，〈四川的畫像磚墓集畫像磚〉，《文物》，11（1961），頁 35-42；劉志遠等，《四川漢代 畫像磚與漢代社會》（北京：文物出版社，1983），頁 1。

102 南陽市博物館，〈南陽縣趙寨磚瓦廠漢畫像石墓〉，《中原文物》，1（1982）。

```
0            5厘米
|  |  |  |  |  |
```

圖9　河南永城柿園漢墓出土畫像石

　　墓葬能有壁畫的一個先決條件是墓中有室有壁。大約在西漢中期前後，墓葬形式曾發生重大的轉變。[103] 這個轉變使得墓中壁畫的出現成為可能。西漢中期以前，墓葬形式多承先秦，以豎穴土坑木槨墓為主。漢初長

---

103 王仲殊，〈中國古代墓葬概說〉，《考古》，5（1981），頁 449-457；又參王氏 *Han Civilization*
（Yale University Press, 1982），第八、九章。漢代墓葬和早期墓葬形制的關係，參俞偉超，〈漢代諸侯王與列侯墓葬的形制分析——兼論「周制」、「漢制」與「晉制」的三階段性〉，《中國考古學會第一次年會論文集》（1979），頁 332-337。又參吳曾德、蕭亢達，〈就大型漢代畫像石墓的形制論漢制——兼談我國墓葬的發展進程〉，《中原文物》，3（1985），頁 55-62。

沙馬王堆軚侯家族的墓群就屬這一類。這類墓葬的土穴空間在棺槨之外，完全由木炭、白膏泥和泥土所填塞；層層的棺槨之內，除了屍身就是滿塞的隨葬物，其布局設計可以說全無壁畫用武之地。西漢中期以後，橫穴墓室流行。這一類墓葬最大的特色是不論用空心磚、石材或並用磚石，都將棺槨和隨葬物置於一有牆、有柱、有頂和有較槨寬大甚多的「室」內，而以室取代槨放置隨葬物的作用。墓室的構築甚至有主室和耳室之分。這種構築設計使墓穴的空間大增，除了安放棺槨和陪葬品，面積廣大的室壁就使壁畫有了存在的餘地。

墓葬形式為何改變，並不確實知道，其中可能的原因很多。例如，或許由於厚葬的風氣愈演愈盛，陪葬品增加，迫使木槨墓放置陪葬物的「外藏槨」擴大，發展成為耳室。漢代墓葬的耳室，以目前所知，幾乎都是用來放置各類陪葬品。此外，也可能在同樣的風氣下，事死如生的強烈要求使地下墓穴的布置愈來愈接近地上的居室。事實上，從商、周以來的木槨墓構造，就有象徵地上建築的用意。[104] 磚室墓和石室墓出現以後，其格局就更像具有前堂、後室、左右廂房的地上屋室。另一種或許相關的因素是壁畫的流行。為了使墓穴更像有壁畫的地上居室，而原有的墓葬又不適合壁畫，只好調整墓穴結構，創造出可供壁畫利用的牆壁來。當然這種壁畫和墓穴結構的關係並非如此單純，因為很多橫穴墓不一定有任何形式的圖畫壁飾，河北滿城中山靖王劉勝墓有墓室而無壁畫就是顯例。[105] 有室有壁是壁畫能夠出現的先決條件。橫穴墓室普遍取代豎穴墓，對雕刻或壁畫裝飾墓的出現，應有推波助瀾的作用。

墓中壁畫和地上宮殿或居室壁畫有什麼關係？欲了解漢代地上建築壁畫，墓中壁畫能提供多少幫助？要回答這些問題，不能不先考慮兩者是否相應？相應到什麼程度？實則墓中和地上建築壁畫無論在繪製技巧、藝術風格、內容和目的各方面的相應程度並不一定完全一致，因此墓葬壁畫在

---

104 俞偉超，前引文，頁334。

105 中科院考古所、河北省文物管理處，《滿城漢墓發掘報告》（北京：文物出版社，1980）。

各方面能提供的幫助也不一樣，必須分別檢討。

　　以繪製技巧和藝術風格而言，可考的墓中壁畫和宮殿或居室壁畫，可以說殊無二致。現在可以和墓中壁畫比較的地上壁畫只有秦咸陽宮遺址所見者。咸陽宮殘牆所繪是先以白粉打底，以赭色線條勾勒人物車馬等圖像的輪廓，再用朱砂、石綠、石黃、赭石為主的顏料設色。這種打底、線描、設色的繪製方法和表現出來的圖像風格，和漢墓中見到的可以說相當一致。例如昭、宣時期的卜千秋墓，元、成時洛陽市老城西北的六十一號墓，王莽或東漢初山西平陸棗園村壁畫墓，東漢晚期河南密縣打虎亭的壁畫墓，[106] 和林格爾護烏桓校尉墓，[107] 都是以赭色或黑色勾勒線條，再以上述幾種主要的色彩著色。這些墓的壁畫即使是繪製在磚塊上，磚塊表面都先以白粉粉刷過。平陸棗園村墓的磚壁上甚至先塗一層羼雜麥糠，約半公分至一公分厚的泥土，外刷白粉，再於其上作畫。[108] 這應是刻意模仿地上居室屋壁的情況，也為了使牆面平整和便於作畫的結果。壁畫墓分布甚廣，壁畫繪製的技巧有巧拙，藝術美感的成就容有不一，不過整體以紅、白、黃、赭、黑為主的色彩以及隨筆輕重產生線條自然變化，具像又不完全寫實的造型風格卻極其相近。這種風格和漢人器皿上的漆畫或帛畫也相當一致。[109] 漢代繪畫無論畫在墓壁、帛、器皿上既有一致的風格，地上建築壁畫也不例外。因此，在今天漢代宮室宅第裝飾少有可考的情況下，要

---

106 安金槐、王與剛，〈密縣打虎亭漢代畫像石墓和壁畫墓〉，《文物》，10（1972），頁 49-62。

107 內蒙古自治區博物館文物工作隊，《和林格爾漢墓壁畫》（北京：文物出版社，1978），頁 31。

108 這種模仿壁畫的情形亦見於畫像磚。畫像磚燒製完成，整塊畫面很可能先塗上一層白色，再另加彩繪，可惜畫像磚大部分的彩色都已脫落。參馮漢驥，前引文，頁 39。

109 關於漢代壁畫和漆器彩繪的比較，可參東亞考古學會，《營城子》（1934）附錄：濱田耕作，〈漢代の繪畫に就いて〉，頁 39-44；駒井和愛，《遼陽發見の漢代墳墓》（東京：東京大學，1950），頁 22-26。如果以馬王堆漢墓帛畫為例，和漢墓壁畫比較，也可以發現人物造型、設色、線條基本上是一致的。勞榦先生很早即已指出「從戰國到晉，繪畫完全是一個系統」。見氏著〈論魯西畫像刻石三種——朱鮪石室孝堂山武氏詞〉，《中央研究院歷史語言研究所集刊》，8：1（1939），頁 97。這個看法到今天基本上仍十分正確。

了解漢代建築壁畫的繪製方式和風格，墓中壁畫就成為最重要的參考資料。

從內容上說，墓中壁畫若干常見的主題和文獻記載中地上建築壁畫的題材頗多相同，不過因為墓葬裝飾有一定的格套和作用，因此和地上壁畫也必然有不同之處。根據前文所引文獻，漢代地上建築壁畫的內容最少可分為下列五類：（1）天地山海神靈；（2）奇禽異獸；（3）古聖先賢；（4）漢世忠臣孝子；（5）車馬、建築等。這五類內容全可以在墓室壁畫中見到。以色彩而言，可能出於視死如生的考慮，墓中不論壁畫或畫像磚石上使用的色彩，和目前可知的地上建築壁畫使用的色彩（如咸陽宮遺址出土殘畫），沒有明顯的差異。

可是墓葬壁畫中的某些題材，可能是專為紀念死者而設計，或專為死者身後享用，應不會出現於活人的居室中。例如，墓中常有顯示墓主一生作官經歷和功業的場面。通常表現方式是圖畫墓主的屬官（如河北望都漢墓）或描繪墓主出行時，車馬儀仗的排場，或官署（如和林格爾護烏桓校尉墓）。這些畫面上常有文字榜題，標明畫中人物歷任的官銜和官署名稱。這類畫很明白是專為紀念死者，活人在世應不會在牆上如此作畫。其次，如墓中常見的庖廚圖、百戲圖和飲宴圖，畫面或有簡繁，但布局和內容有明顯一定的格套。這種格套不但見於壁畫，也見於畫像石和畫像磚。以百戲圖而言，跳丸、飛劍、繩技、魚龍曼衍、緣橦戴竿、戲車等場面，配上成排吹奏的樂伎，普遍出現於東北、內蒙古、山東、蘇北、河南、四川的墓葬中，這反映漢人喜愛雜技和雜技的流行，但這些圖常和出喪或祭祀場面相聯或合而為一，很可能是描繪喪禮活動的一部分。即使活人居室也可以以百戲、飲宴之圖為裝飾，布局和表現的方式應有不同。這就好像今天不會以殯儀館或祠堂裡的裝飾母題用在一般活人居住的建築上一樣。

墓室圖飾有格套，從不同的墓使用同樣的畫像磚可以看的最明白。馮漢驥在討論四川的畫像磚時曾指出：

> 從已發現的畫像磚來看——以成都區出土者為例——凡是同一題材的，都係一模所製，很少有不同模的，就是有，也不超過兩種模。由此可以證明

在當時僅有一兩家製造此種畫像磚的場所，有如近代的「紙紮店」。喪家在建墓時，即可按照墓主的身分和社會地位，購買與其相合者砌在墓壁上，作為墓主在死後的享用。[110]

畫像磚可大量燒製，有一定的格套，供喪家選購。我相信，即使是不能大量複製的壁畫或畫像石雕，也必有一批專業的畫工和雕刻師，以一定的圖譜，供喪家訂製。[111] 漢代喪葬有人專業經營。例如，漢初周勃原是為人吹簫給喪事的。[112] 昭帝駕崩治喪，有富人以「數千萬積貯炭葦諸下里物」居奇。[113] 西漢末，原涉為人辦喪事，「削牘為疏，具記衣被棺木，下至飯含之物，分付諸客。諸客奔走市買，至日映皆會……乃載棺物，從賓客往至喪家。」[114] 棺木、衣被和飯含等喪葬之具可於一日之內購備，可見有人專營供應。《洛陽伽藍記》卷四提到洛陽城西市北有慈孝、奉終二里，「里內之人以賣棺槨為業，賃輀車為事」。[115]《伽藍記》所涉時代雖晚，里制亦不同於漢，但喪葬有專業確實由來已久。《三輔黃圖》提到長安九市中有「孝里市」，疑其業即如洛陽之慈孝里或奉終里。

漢代墓室雕畫也確有專業工匠，有些甚至名噪一時。例如，山東嘉祥宋山出土永壽三年畫像石墓題記就曾記載，當時如何找來「名工」高平縣之王叔等五人，雕文刻畫，治作連月，用錢二萬七千。[116] 又山東東阿薌他君石祠題記也說「使師操義、山陽瑕丘榮保、畫師高平代盛、邵強生等十

---

110 馮漢驥，前引書，頁42。

111 張朋川氏在〈河西出土的漢晉繪畫簡介〉一文的結語中曾經指出畫稿的存在。他的看法值得參考。他說：「有了現成的圖稿，則能畫得迅速而準確，同時這又是畫工師徒相傳繪畫技藝的一種方法。畫稿的使用亦使畫風趣向定型。」見《文物》，6（1978），頁64。王思禮也提到畫像石中圖譜的存在，參王思禮，〈山東畫像石中幾幅畫像的考釋〉，《考古》，11（1987）；M.J.Powers, "Pictorial Art and Its Public in Early Imperial China," *Art History*, 7:2（1984），pp.135-163.

112 《史記·絳侯周勃世家》。

113 《漢書·酷吏傳》。

114 《漢書·游俠傳》。

115 范祥雍，《洛陽伽藍記校注》（臺北：華正書局，1980），卷4，頁204。

116 李發林，《山東畫像石研究》（濟南：齊魯書社，1982），頁101-102。

餘人」，擔任雕畫，費時兩年，用錢二萬五千。[117] 用錢僱請，可見畫師雕工都是專業工匠。東阿在東郡，卻從山陽郡的瑕丘和高平僱請師傅；高平距今山東嘉祥有五十公里，王叔等受僱到嘉祥去，可見他們必是頗富盛名的師傅，他們的名字也因此才被特別記錄下來。[118] 他們既是專業的工匠，所雕所畫必非隨興之所至，而是根據一定的規格和圖譜。

他們的圖譜是從哪裡來的？這須依圖譜的性質而定。有些如前述的百戲圖、庖廚圖等只供喪葬之用，且因忌諱而不用於地上居室的，大概係職業相傳。在這方面，我們幾一無所知。有些如忠臣孝子、貞女烈士和歷史故事圖，這些有如陪葬的實用器皿，既可用於今世，也無須忌諱其用於地下，可能就和地上建築壁畫一樣，有共同的圖譜來源。

其中一大來源是官方繪製的圖畫。《漢書‧藝文志》論語類列有〈孔子徒人圖法〉二卷。這是文獻所載漢代圖譜最明確和幾乎唯一的例證。西漢末，劉向曾撰《列女傳》、《孝子傳》，並將他們繪為圖畫。[119]《太平御覽》卷七○一引劉向《七略別傳》曰：「臣與黃門侍郎歆以列女傳，種類相從為七篇，以著禍福榮辱之效，是非得失之分，畫之於屏風、四堵。」東漢明帝也曾詔班固、賈逵等人自經史取材，命尚方畫工繪製成圖。[120] 這些取諸經史的圖畫，從此成為圖譜，四方臨摹，既用於地上，也用於地下。東漢中葉，梁商之女，年幼時「常以列女圖畫置於左右，以自監

---

117 同上，圖版 17，又見長廣敏雄，《漢代畫像の研究》（東京：中央公論美術出版社，1965），頁 46。

118 這種名師也見於後世，例如南齊謝赫《畫品》戴逵條謂其：「善圖聖賢，百工所範。荀衛已後，實為領袖，及乎子顒，能繼其美。」

119 《列女傳》有圖，見《後漢書‧皇后紀》順烈梁皇后條，李賢注：「劉向傳《列女傳》八篇，圖畫其像。」劉向作《孝子傳》見《法苑珠林》（《四部叢刊初編》本）卷 62，頁 746 下引；又道光十四年，梅瑞軒藏板《古孝子傳》收馬驌《繹史》卷 10 注引劉向《孝子傳》一則。《太平御覽》卷 411 錄劉向《孝子圖》兩則。

120 張彥遠，《歷代名畫記》卷三漢明帝畫宮圖條：「五十卷，第一起庖羲，五十雜畫贊。漢明帝雅好圖畫，別立畫宮。詔博洽知識班固、賈逵輩，取諸經史事，命尚方畫工圖畫，謂之畫贊。至陳思王曹植為贊傳。」

戒」。[121] 她的列女圖所本為何不可知，不過有可能即源自劉向的列女圖。

我們再以和林格爾墓的壁畫和武梁祠的石刻為例。[122] 兩者所刻畫的人物和劉向《列女傳》、《孝子傳》有密切關係，其圖很可能即淵源自劉向的傳圖。首先可指出的是武梁祠所刻古賢人物和和林格爾墓壁畫中所見者頗多重複，例如：王慶忌、要離、魯秋胡（秋胡子妻）、京師節女、曾子（母子）、閔子騫、丁蘭、刑渠、休屠像騎都尉（休屠胡）、孝孫（孝孫父）。由於武梁祠石刻和和林格爾墓的榜題都有不少殘闕，如果完整，相信可考之重複者還要更多。這些人物刻畫也普遍見於其它東漢墓葬，可證人物選擇確有一定格套。

如果比較以上兩處的雕刻和壁畫人物與劉向《列女傳》，發現以下這些人物故事都可以在《列女傳》中找到：棄母姜嫄、契母簡狄、周室三母、鄒孟軻母、齊田稷母、秦穆公姬、許穆夫人、曹僖氏妻、孫叔敖母、晉范氏母、魯漆室女、楚昭越姬、魯孝義保、周主忠妾、京師節女、代趙夫人（以上見和林格爾墓）、梁高行、義姑姊、楚昭貞姜、梁節姑姊、齊繼母、老萊子妻、無鹽媿女、鍾離春（以上見武梁祠）。劉向《列女傳》只載婦女，其他則見於劉向其它著作。例如，武梁祠的柏愉見《說苑》卷三，董永見《孝子傳》和孝子圖。[123] 和林格爾墓和武梁祠都有的丁蘭則見劉向《孝子傳》。[124] 時代在劉向以後的人物，如武梁祠所見的魏湯（魏陽）、三州孝子、李善等則可分別在《東觀漢記》、晉蕭廣濟《孝子傳》[125] 和《後漢書‧獨行傳》中找到。

忠臣孝子、貞女烈士的傳記和圖畫自劉向以後，在東漢統治者的大力提倡之下，必然曾繼續不斷編繪。即使如武梁祠中伏羲、女媧、堯、舜、黃帝、神農等古帝王與神話人物像，或專諸、要離、荊軻、豫讓、聶政、

---

121 《後漢書‧皇后紀》，順烈梁皇后條。

122 武梁祠石刻參瞿中溶，《漢武梁祠畫像考》（吳興劉氏希古廔刊）。

123 《太平御覽》，卷 411，頁 8 下-9 上；《法苑珠林》，卷 62，〈忠孝篇〉，頁 747。

124 《法苑珠林》，卷 62，〈忠孝篇〉，頁 746 下。

125 《太平御覽》，卷 352，頁 8 上；卷 61，頁 4 下。

曹沫、藺相如等勇武之士的故事和畫像，也都有圖譜，供官方或民間的畫工依樣畫葫蘆。[126] 只可惜明帝時以及後人陸續所繪都已失傳，否則更可證明東漢圖譜和壁畫、雕刻題材之間的關係。唐張彥遠《歷代名畫記》卷三「漢明帝畫宮圖」條謂有「五十卷，第一起庖羲」。既說第一起庖羲，可見還有一系列庖羲以降的人物畫像。今本《曹植集》即錄有〈畫贊序〉、〈庖羲〉、〈女媧〉、〈神農〉、〈黃帝〉、〈少昊〉、〈顓頊〉、〈帝嚳〉、〈帝堯〉、〈夏禹〉、〈殷湯〉、〈湯禱桑林〉、〈周文王〉、〈周武王〉、〈周公〉、〈周成王〉、〈漢高祖〉、〈漢文帝〉、〈漢景帝〉、〈漢武帝〉、〈姜嫄簡狄〉、〈班婕妤〉、〈許由巢父池主〉、〈卞隨〉、〈商山四皓〉、〈古冶子〉、〈三鼎〉、〈赤雀〉、〈吹雲贊〉的全文或殘文。[127] 這一系列人物的畫贊始自庖羲，實非偶然。這是壁畫根據一定圖譜而來的結果，而這些圖譜毫無疑問源出漢代。[128]

墓葬壁飾有圖譜和格套存在，使我們不能不考慮墓中壁畫所反映的到底是墓主生前真實的生活？還是死者和死者家屬所期望的理想生活？理想生活與真實生活之間的差距，對某些人而言，或許不大，可是對其他人來說，可能不小。不少考古報告以墓中壁畫所見，作為墓主生前生活的證據，不一定可靠。[129] 漢代厚葬成風，所謂「虛地上以實地下」，整個喪葬活動都有濃厚炫耀的成分。[130] 一方面炫耀死者的地位、成就、財富和家屬的孝行，一方面也寄託死者與家屬的夢想於死後世界。因為炫耀，一切不

---

126 孫文青先生早已指出漢代民間畫仿自宮本，見孫文青，《南陽漢畫象彙刊》（金陵大學中國文化研究所叢刊甲種，1936），序，頁5。

127 趙幼文，《曹植集校注》（臺北：明文書局，1985），頁67-92。

128 張彥遠以為曹植畫贊是為漢明帝畫宮圖而作（見注120引），恐非。參趙幼文，《曹植集校注》，頁69按語。曹植畫贊應是為曹操在鄴所建的宮室壁畫而作。左思〈魏都賦〉云：「丹青煥炳，特有溫室，儀形宇宙，歷像賢聖」云云（《文選》卷6）。可知鄴都宮室也有聖賢題材的壁畫。

129 例如《和林格爾漢墓壁畫》，頁23-24，即以壁畫所見作為墓主生前生活的直接反映。其餘類似的例子很多，不贅舉。

130 楊樹達，《漢代婚喪禮俗考》（臺北：華世出版社，1933 初版，1974 臺一版），頁105、111-112、116-117、124-129。

免誇大,《太平經》卷卅六,「事死不得過生法」曾直截了當地指出:

生者,其本也;死者,其偽也。何故名為偽乎?實不見睹其人可欲,而生
人為作,知妄圖畫形容過其生時也,守虛不實核也。[131]

《太平經》所說的「偽」是指圖寫死者容貌,虛偽不實,「過其生時」。東漢大儒趙岐自造塚壙,「圖季札、子產、晏嬰、叔向四像居賓位,又自畫其像居主位。」(《後漢書‧趙岐傳》)趙岐的作法,也可為《太平經》之說添注腳。這種圖像的炫耀誇大,其實和漢代以降,墓碑或墓志的浮誇出於相同的心理。[132]

　　至於墓中所見的庖廚圖、百戲圖、飲宴圖、莊園圖等也並不意味墓主生前的生活就如圖中所示。這些圖不可能憑空虛構,有真實的成分,也必然有誇大和夢想的成分。墓主升仙圖就十分明白是夢想的寄託。不論是寄託夢想或為了炫耀,墓室和地上壁畫在這些方面的目的可以雷同。例如,漢人求仙和求長生的風氣極盛,無論生前死後,對此都鍥而不捨。[133] 武帝為了求仙,在甘泉宮圖畫天地太一諸鬼神。生前求仙不得,則寄望死後與仙人為伍;求長生不得,卻希望身後「壽如金石」。在馬王堆三號墓中發現的帛畫「導引圖」,圖前有文字〈卻穀食氣〉篇,[134] 都明白顯示墓主對長生持續不斷的盼望。這種盼望在蒼山元嘉元年畫像石墓以及嘉祥宋山祠堂永壽三年的畫像題記裡也都表示得十分明白。[135]

　　墓葬雕刻或壁畫和文獻記載裡宮室、學校壁畫內容相同的一部分是忠

---

131 《太平經合校》,頁53。

132 《洛陽伽藍記》卷二謂晉時「碑文墓志,莫不窮天地之大德,盡生民之能事,為君共堯、舜連衡,為臣與伊、皋等跡。牧民之官,浮虎慕其清塵;執法之吏,埋輪謝其梗直。所謂生為盜跖,死為夷齊,妄言傷正,華辭損實」(頁89)。這種華辭損實的情形自漢碑已然,只是愈演愈烈而已。

133 Ying-shih Yü, "Life and Immortality in the Mind of Han China," *Harvard Journal of Asiatic Studies*, XXV(1964/65),pp. 80-122.

134 參中醫研究院醫史文獻研究室,〈馬王堆三號漢墓帛畫導引圖的初步研究〉,《文物》,6(1975),頁14-15。

135 參李發林,前引書,頁95-107。

臣孝子、貞女烈士以及歷史故事圖。地面上這類壁畫是為了道德宣傳和教訓，那麼墓中這類壁畫或雕刻是否也是如此呢？是否有公私之別呢？以下擬再以內容豐富，榜題較明確的和林格爾護烏桓校尉墓為例，說明墓中歷史故事和人物圖的內容和目的。此墓人物故事圖出現在中室南、北、西三面牆上。其中榜題尚可辨識的，南壁有「晏子」二桃殺三士、「五子胥」、「孟賁」、「王慶忌」、「要離」、「魯漆室女」；西壁有孔子問禮圖，圖像三人，榜題為「老子」、「孔子」，另一殘榜為「大項橐」。其側有孔門弟子二十八人，題名可識的依次是「顏淵」、「子張」、「子貢」、「子路」、「子游」、「子夏」、「閔子騫」、「曾子」、「仲弓」、「曾賜」、「公孫口」、「冉伯牛」、「宰我」等。西壁圖還有「曾參」母子、「后稷母姜嫄」、「契母簡狄」、周室三母「王季母大姜」、「文王母大任」、「武王母大姒」、「秋胡子妻」、「周主忠妾」、「許穆夫人」、「曹僖氏妻」、「孫叔敖母」、「晉楊口姬」、「晉范氏女」等；北壁有「丁蘭」、「刑渠」父子、「伯禽」母子、「鄒孟軻母」、「齊田稷母」、「魯之母」、「京師節女」、「秦穆姬」、「魯孝義保」、「楚昭越姬」、「蓋將之妻」、「代趙夫人」、「休屠胡」、「孝孫父」、「三老」、「慈父」、「孝子」、「弟者」、「賢婦」、「慈母」、「仁姑」。這些人物和故事在漢墓中十分普遍。賢婦、慈母、孝子之事在前文曾經提過。孔子問禮和弟子圖也很常見，《水經注》早有記載。[136] 1954 年在山東沂南、1977 年在山東嘉祥齊山、1978 年在嘉祥宋山發現的畫像石墓以及清初即為人知的武梁祠石刻中都有。[137] 這些圖反映墓主對儒家思想和倫理道德體系的服膺，其宣揚忠孝節義的目的，和地上宮室或學校的壁畫並無不同。問題是人死入地，難道還要向死人作道德宣傳嗎？這些畫是為死者而作？還是為活人而作？要回答這些問題，我們不能不注意漢人對死後世界的看法。

---

136 《水經注》（文淵閣《四庫全書》本），卷 8，頁 27 上下，記漢司隸校尉魯峻墓石祠刻石。關於孔子問禮和弟子圖，參邢義田，《畫外之意——漢代孔子見老子畫像研究》（臺北：三民書局，2018；上海：三聯書店，2020）。

137 參南京博物館等，《沂南古畫像石墓發掘報告》（1956），頁 41；蔣英炬等，《山東漢畫像石選集》（濟南：齊魯書社，1982），頁 25，圖版 79；頁 26，圖版 82。

在漢代一般人的想像中，死後世界和今世並沒有什麼差別。[138] 雖然生死異路，大家對死後不確然知道，看法也不盡一致，甚至頗多矛盾，但一般人多相信死後有知，會像今世一樣，繼續生活。死後生活在想像中幾乎就是今世的翻版。人死化為鬼，皆歸於地下。縱然神仙思想盛行，以為人能成仙則升天不死，絕大部分的人仍不能不面對殘酷的事實，承認死之必然性，不能不為死後的歲月作準備。因而，根據地上的居室構築墓室，以今世生活中的必需品陪葬。這些陪葬物不論是實用器或明器，用意都是在供身後享用。從考古所見漢墓陪葬之豐富以及文獻記載所記漢代厚葬的風行，都可以證明：即使儒家對死後世界採取不可知的態度，道家認為人與物無異，否認死後有知，絕大多數人對身後世界的態度顯然是寧信其有。[139] 他們根據今世想像身後。於是現實世界有統治者——漢天子，地下世界也有一位主宰——泰山君（泰山府君），所謂「生屬長安，死屬太（泰）山」。[140] 天子以下郡、縣、鄉、里、有層層的組織和官僚，「下里」或「蒿里」相應也有二千石、丞、令、亭長、游徼、獄史、卒史、父老等地下吏。生時名列簿籍，為編戶之民；死則由地上丞行文，將死者爵里姓名財產轉知「地下丞」，納入「死人籍」，此之謂「死生異簿」。[141] 在世會作奸犯科，進入地下同樣會犯罪，因此一樣有維持秩序的亭長、游徼和獄吏。地上的世界是以忠孝等道德來維繫，地下世界自然不能例外。今世流行以忠臣孝子之圖供教訓，墓中有這類圖，在地下世界發生類似的作用，也就十分自然了。

墓中壁畫或雕刻的作用當然是多方面的。忠臣孝子之圖在地下固然繼續發生道德勸戒的作用，還有其它相當複雜的功能。壁畫或雕刻的一個好

---

138 參吳榮曾，〈鎮墓文中所見到的東漢道巫關係〉，《文物》，3（1981），頁 56-63；余英時，〈中國古代死後世界觀的演變〉，《聯合月刊》，26（1983），頁 81-89。

139 一般人的態度可參《論衡・薄葬篇》起首一段。

140 參吳榮曾，前引文，頁 59-60。又見池田溫，〈中國歷代墓券略考〉，《創立四十周年紀念論集》（東京大學東洋文化研究所，1981），頁 220、223、224。

141 參陳直，〈關於江陵丞告地下丞〉，《文物》，12（1977），頁 76。

處是可以將死者與神仙或道德的典範在虛擬的畫面上聯繫在一起，使死者在今世不曾實現的願望，在圖畫中實現。例如，在和林格爾墓壁畫裡，死者夫婦的圖像與孔子、孔門弟子以及其它忠臣、賢婦、孝子等出現在中室同一面牆壁上。夫婦二人，正襟危坐，畫的比其他人物都要大，使其他人物在畫面上成為他們的陪襯（圖 9.1-3）。這就好像趙岐畫像自居主位，以古賢居賓位。如此，他們與歷史上古聖先賢同列的期望，在彷彿之中可以得到滿足。而他們的親屬家人也藉圖畫誇示死者成為後人追思的典型。蒼山元嘉元年畫像石墓題記提到畫上有玉女、仙人、各式神獸與死者相伴；[142] 嘉祥宋山永壽三年石刻題記則說死者「大興輿駕，上有雲氣與仙人，下有孝及賢仁，遵（尊）者儼然，從者肅侍」。[143] 藉著圖畫，不論死者的夢想或

圖 10.1　和林格爾東漢護烏桓校尉墓中室北東兩壁連續的墓主夫婦及孔門弟子、忠臣烈女等畫像 2018.10.24 作者攝於呼和浩特盛樂博物館 1：1.5 比例複製的和林格爾東漢護烏桓校尉墓。

142　李發林，前引書，頁 95。
143　同上，頁 102。

圖 10.2　和林格爾東漢護烏桓校尉墓中室北東兩壁連續的墓主夫婦畫像局部，羅豐提供照片。

圖 10.3　前圖左側局部，採自陳永志、黑田彰、傅寧編，《和林格爾漢墓壁畫孝子傳圖摹寫圖輯錄》，（文物出版社，2015）。

圖 10.4　前圖右側局部，採自陳永志、黑田彰、傅寧編，《和林格爾漢墓壁畫孝子傳圖摹寫圖輯錄》。

生人的期望，似乎都實現了。前述和林格爾墓的壁畫上有「孝子」、「弟者」、「賢婦」、「慈母」等榜題，未指明為何人，不知是否即墓主家屬的自我標榜？漢代喪葬一方面炫耀死者，一方面死者的家屬也藉機顯示自己的財富、孝行和地位。這種情形和今日沒有大的差異。總之，墓中壁畫和雕刻的目的是多方面的，死者和家屬親人都藉此得到不同需求的滿足。也正因為如此，墓中壁畫有它相應於喪葬和死後信仰的特殊功能，其內容和目的也就不可能和地上居室壁畫完全一致了。

四 結論

　　總結而言，壁畫在古代中國的發展雖然已經可能追溯到新石器時代，不過根據日增但仍有限的資料看來，由於經濟的條件、社會身分的限制、其它裝飾方式的偏好和選擇等種種因素，壁畫一直要到戰國，甚至西漢中晚期才真正發達和普遍起來。

　　壁畫在中國古代能夠存在和發展，並不完全由於它能滿足審美或裝飾的需要，而在它和宗教、道德或政治的要求有密切的關係。不論依據文獻或考古的資料，較早的壁畫幾全出現在城門過道、宮室和宗廟，而非私人的宅第。其內容不外幾何紋飾或天地神靈和古聖先賢，後者的目的很清楚在於警懼和借鑑。兩漢大體承繼了這樣的傳統。除了紋飾性圖案，從漢人的記載看來，漢代中央宮省、諸侯王宮殿或宗廟的壁畫同樣充滿了道德教訓或宗教信仰的意味。南齊謝赫《畫品》序謂：「圖繪者莫不明勸戒」可以說是總了古來圖畫功能最被認可的主流傳統。當然與此不相干，而以享樂為目的的壁畫必然也曾存在，或許還不少，只可惜幾無記載可考。

　　兩漢最明顯以政治宣傳為目的的壁畫就是西漢宣帝於麒麟閣，東漢明帝於南宮雲臺圖畫功臣。王充說：「宣帝之時，圖畫漢列士，或不在於畫上者，子孫恥之。」他的話頗能反映這種壁畫宣傳的功效。東漢以後，壁畫漸由中央普及到地方官府和學校。地方壁畫以忠孝節烈事蹟為主。熱衷

於此的是以儒教傳統為己任的地方官員和士子儒生。他們圖像人物的標準不在政治上的功罪，而在是否合乎他們服膺的儒教典型。從這一點來說，東漢壁畫的普遍發展和儒學流行的關係可能比和政治的關係更為重要。

壁畫裝飾原先可能只是統治階層的特權，不過隨著社會財富的累積，禁令的鬆弛，一般平民居室也有了壁畫，尤其是東漢以後，更成為普遍的風氣。所謂普遍應也只限於有能力如此的富人。平民或私人宅第的壁畫當然不必為了政治或道德的目的，或許較偏重裝飾，為了賞心悅目、炫耀財富或趨吉避邪，內容和目的可能都更為複雜。奈何這方面的文獻與考古資料兩缺，只能如此猜測而已。

壁畫到西漢末和東漢成為風氣的一個旁證是畫像石、畫像磚和壁畫墓都不約而同到這個時期才普遍出現。在地上建築和壁畫可考資料尚少的情況下，墓中壁畫遂成為了解漢代壁畫藝術的主要資料。墓中壁畫最能幫助我們了解的是繪製技巧和藝術風格方面。在這方面，墓中和地上居室壁畫應相當一致。在內容上，墓中壁畫也頗能幫助我們印證文獻中地上建築壁畫偏重宗教信仰和道德教訓的特色。此外，由於墓葬特殊的功能和圖飾的格套，墓中壁畫的內容和表現的方式也必然有不同於地上居室壁畫之處。此外，由於格套和圖譜的存在以及漢人藉喪葬炫耀誇示和寄託理想的風氣，我們似乎不應不加分辨地將壁畫中所見當作墓主生前生活真實的證據。本文僅就漢代壁畫的發展和特色作概括性的描述，諸多不及，則有待來日。

附記

本文多承陳槃、嚴耕望、楊聯陞、余英時先生、石守謙、蕭璠兄惠賜寶貴意見，謹此致謝。

原刊《中央研究院歷史語言研究所集刊》，57：1（1986）；收入《秦漢史論稿》（1987）。

97.2.23 修訂；105.2.13 再訂；111.2.5 訂補

漢碑、漢畫和石工的關係

一 石工的地位

漢代碑刻畫像的製作，從刻畫內容的決定到完成，至少關係到墓主本人、墓主家屬、時代流行風尚和實際製作的石工或石工作坊四個方面。

身前開始造墓，在秦漢時代十分普遍。大家都知道，秦始皇在位時即修驪山，漢代皇帝繼續這個傳統。從西漢開始，已有不少達官貴人預修墓園，東漢更為普遍。[1] 如果於身前造墓，墓主就有機會依照己意，決定身後相關的安排，包括墓中應如何刻畫裝飾。東漢大儒趙岐「先自為壽藏，圖季札、子產、晏嬰、叔向四像居賓位，又自畫其像居主位，皆為讚誦」就是最有名的例子。[2] 死者身前未造墓，也可以遺囑（漢代稱作「先令」、「遺令」），交代家人自己下葬的地點、儀式、陪葬品、墓的大小和裝飾方式等等。[3] 當然也有來不及交代，而由家屬代為決定一切。不論墓主本人或家屬決定這些事情，又都不免受到時尚和地區習慣的影響。習慣是指較長時期存在的慣常風俗；時尚則指較有時間性，流行於某一時期或某一地區的變化。

除了這些因素，影響到碑刻或畫像成品最後形式的，還有實際執行製作的石工、石師或畫匠。石工或畫匠一方面有自己的職業傳統，一方面須要配合造墓者的要求。不過，他們並不一定完全聽命於造墓者，常常可以

---

1 這類例子很多，可參楊樹達，《漢代婚喪禮俗考》（臺北：華世出版社，1976 臺一版），頁 147-149。

2 《後漢書・趙岐傳》（中華書局點校本）。

3 參楊樹達，《漢代婚喪禮俗考》，頁 86-89、100-102、109。

有自己創作發揮的空間。尤其是一些有名的師傅，各方爭相禮聘，不僅可能自主創作，甚至可能帶動流行，建立典範，形成傳統。今人解讀畫像資料，不能不將這些因素放在腦海之中。近年閱讀碑刻和畫像，注意到石工和碑刻、畫像之間的關係，十分複雜，很值得細細思索。

這一關係，過去金石學者討論的很少。近人曾毅公曾輯《石刻考工錄》，蒐羅歷代碑刻石工名字。[4] 其中於漢代，僅錄十一名，於可考之數，尚多可補。金石大家葉昌熾在《語石》卷六曾有石工一則云：「撰書雋勒，各題姓氏，造碑之匠，亦閒得附名簡末。通稱曰石匠，曰石工，亦稱都料匠。……有稱石師者，如漢之白石神君碑，石師王明。魏石門銘，石師武□仁是也。」其下附注引：「王惕甫《碑版廣例》曰：漢碑不列書撰人姓名。而市石募工、石師石工，必謹書之。樊敏碑建安十年造，石工劉盛、息懆書。書人居石工之下。」[5] 王惕甫謂於石師、石工「必謹書之」，言過其實，不書者亦不在少。不過，他注意到漢碑不必書撰書者之名，反有石工之名，石工名反居書者名之前的現象，誠屬有見。葉氏云「造碑之匠，亦閒得附名簡末」，所謂「附名簡末」，有一間未達。「附名簡末」一語不無因緣附驥，無足輕重之意。事實上或非如此：

第一，碑有碑陽、碑陰。碑陽地位自較碑陰為重。石工之名照例在碑陽，不見例外。

第二，石工之名照例在主持立碑者之後，此葉氏所謂「簡末」。然而捐貲造碑的門生故吏之類反在碑陰。葉氏提到白石神君碑，即為其例。碑陽石師王明與常山相、元氏令等主持立碑之七人同列；捐錢的諸神君、主簿、祭酒等廿七人列名碑陰。山東曲阜出土陽嘉二年殘碑，[6] 碑陽有「工牪□」，碑陰為捐貲故吏之名，其例相同。所謂「簡末」只能就碑陽而言；若通碑兩面（有時碑兩側亦有刻畫，則共計四面）言之，石工的地位似不宜僅

4　曾毅公，《石刻考工錄》（北京：書目文獻出版社，1987）。

5　葉昌熾，《語石‧語石異同評》（北京：中華書局，1994），頁417。

6　方若雨，《校碑隨筆》（上海：上海朝記書莊本，無出版年月），頁6下。

以「附名簡末」視之。祀三公山碑末謂:「長史魯國顏
沰、五官掾闒祐、戶曹史紀受、將作掾王筭、元氏令茅
厓、丞吳音、廷掾郭洪、戶曹史翟福、工宋高等刊石紀
焉。」[7]此碑不見碑陰,但石工宋高得與長史、五官掾等
人同列,共同「刊石紀焉」,隱隱然也是立碑大員之
一,不僅僅是卑微不足道的工匠而已。

　　於石工地位有最明白描寫的殆為山東出土的兩種祠
堂題記。一是嘉祥縣宋山村三號墓發現的「安國祠堂題
記」(圖 1.1-3)。題記對立祠堂經過有如下記述:

> ……以其餘財,造立此堂,募使名工高平王叔、王
> 堅、江胡、綣(欒)石。連車採石縣西南小山陽山,溧
> 瘱摩治,規矩施張,塞帷及月,各有文章,調文刻
> 畫,交龍委蛇,猛虎延視,玄螭登高……作治連月,
> 功扶無亟,賈錢二萬七千。父母三弟,莫不竭思,天
> 命有終,不可復追……冢以永壽三年十二月十六日大
> 歲在癸酉成。

題記一開始即說招募高平的「名工」王叔等人。「名工」
二字值得注意。這表示他們不是隨便找些當地的石匠,
而是特地從外地找來知名的師傅。據譚其驤的《中國歷
史地圖集》,從高平到嘉祥約五十公里,相當於漢代一百
六十里左右,三天步行的距離。題記中還將四位名工的
名字一一羅列出來。為什麼會如此?一個顯然的理由是
造祠堂者要藉聘請這些遠近知名的工匠,在鄉里之中炫
耀自己對死者的孝心。這些工匠在高平、宋山一帶必享有
盛名,能請到他們修墓或造祠堂,是足以誇耀的一件事。

7　永田英正編,《漢代石刻集成》(以下簡稱《集成》)(東京:同朋舍,
　　1994),no. 41。

圖 1.1　安國祠堂題
記原石局部「名工高
平王叔、王堅、江胡、
綣石」,2010.6.30 作
者攝於山東石刻藝術
博物館。

圖 1.2　安國祠堂題記原石，2010.6.30 作者攝於山東石刻藝術博物館。

圖 1.3　安國祠堂題記拓本，作者藏拓。

古月集：秦漢時代的簡牘畫像與政治社會
　　　　── 卷二　畫像石、畫像磚與壁畫

這些石工從外地來，受到僱主小心周到的招待。僱主甚至日夜侍候，不敢稍有怠慢，失其歡心。這種情況在山東東阿縣西南鐵頭山出土的薌他君石祠堂題記（圖2.1-5）中有最生動的描寫：

> ……起立祠堂，冀二親魂零有所依止。歲臘拜賀，子孫懽喜。堂雖小，徑日甚久。取石南山，更逾二年。迄今成已，使師操象、山陽蝦丘榮保、畫師高平代盛、邵強生等十餘人，假錢二萬五千。朝莫侍師，不敢失懽心。
>
> 天恩不謝，父母不報，兄弟共居，甚於親在。財立小堂，示有子道……

據譚其驤的歷史地圖，從山陽瑕丘到東阿直線距離約130公里，從高平到東阿約140公里，等於漢里四百至四百五十里，八、九天的步行行程。為了父母的祠堂，一對兄弟從山陽和高平請來師傅十餘人，從採石到刻石建造，歷時達兩年以上。這段時間他們小心翼翼地侍候著這十餘位師傅（「朝暮侍師，不敢失其歡心」）。這些師傅的名氣和雕作的精美必然是令僱主足以炫耀的，否則不會遠道招請，更不會在祠堂中作這樣的題記。北京石景山出土和帝興元元年秦君墓闕題刻中提到「魯石工巨宜造」，魯地石工竟然被請到今天的北京造闕，並在墓闕上留名，可見魯地石工之名播遠近，甚受歡迎。這是目前自遠地招請名工，距離可考最遠的例子。[8]

前述安國祠堂題記在桓帝永壽三年（西元157年），薌他君祠堂題記在桓帝永興二年（西元154年），時代極為接近。當時不同地方的人，不約而同都到高平募請石工，可以想見高平一地工匠的聲譽必不同凡響。他們為人造墓，遊走各地，因此也不免形成這一區域在雕刻風格上的特色。有些畫像石上沒有工匠之名或任何題記，如果它們時代相近，風格相近，出土地點相近，加以集中分析，也許能辨認出他們是否是出自同一石工集團，建立起我們對區域性藝術和工匠傳統特色的認識。這似乎是進一步研究漢畫像石刻可以嘗試的路子。[9]

8　關於石工遠走他鄉或留在本地，楊愛國先生近年已作較詳細的討論，請參所著，《幽明兩界──紀年漢代畫像石研究》（西安：陝西人民美術出版社，2006），頁132-135。

9　例如1978、1980年在山東嘉祥宋山村三座墓中先後出土兩批畫像石。這些畫像的風格和東北約24公里外的武氏祠畫像頗多類似。宋山三號墓有永壽三年（西元157年）的明確題

圖 2.1   圖 2.2

圖 2.3　　　圖 2.4　　　圖 2.5　祠堂題記拓本

圖 2.1-4　薌他君石祠堂題記原石及局部，2018.12.5 作者攝於北京故宮雕刻館。

此外，山東嘉祥武氏祠以精美的畫像著名。我們非常幸運可以從武梁
碑知道其中武梁祠建造的時間，也從碑中知道為祠堂刻畫的師傅是「良匠
衛改」。武梁碑已佚。根據洪适《隸釋》卷六〈從事武梁碑〉的著錄，碑文
有云：

> □故從事武掾，掾諱梁……年七十四，元嘉元年，季夏三日，遭疾隕靈，
> 嗚乎哀哉。孝子仲章、季章、季立，孝孫子僑，躬修子道，竭家所有，選
> 擇名石，南山之陽。擢取妙好，色無斑黃。前設壇墠，後建祠堂。良匠衛
> 改，雕文刻畫，羅列成行，攄騁技巧，委蛇有章。垂示後嗣，萬世不忘。

這一段碑文記錄子孫如何盡孝心，竭盡家財，在南山採擇沒有雜斑的好石
料，請來好的工匠衛改，為父親修造祠堂。碑文不惜費辭，描述衛改的雕
文刻畫。刻上工匠之名，費辭描述，很清楚不只是為了表彰工匠，更在於
張揚祠堂刻畫出於「良匠」之手和造祠堂者為了父母不惜工本的孝心。這
和前兩個祠堂題記的用意完全一致。武梁祠畫像之精美，可以代表漢代魯
地石刻藝術的極致。碑中稱衛改為「良匠」，的確不折不扣。

碑闕或祠堂題記中常常記錄用錢若干萬千，也是出於誇耀的心理。[10]
武氏石闕值錢十五萬（圖 3.1-2），石獅子值錢四萬；和武氏祠石闕時代（西
元 147 年）先後的如莒南孫氏石闕（西元 85 年）值錢一萬五千，[11] 南武陽功
曹闕（西元 87 年）值錢四萬五千。[12] 以上是石闕的造價。祠堂造價則有永元

記，和修造武氏祠石闕的西元 147 年，只差十年。它們是否屬於同一石工集團的作品，很值
得細心研究。參朱錫祿，《嘉祥漢畫像石》（濟南：山東美術出版社，1992），圖 43-45、47-
50、62-65。這一點已有 Jean James 提到，參所著 "The Dating of ther Left Wu Family Offering
Shirne," *Oriental Art*, 31（1985），pp. 34-41. 近年已有陳秀慧在這方面作了一些努力，參其碩
士論文《滕州祠堂畫像石空間配置復原及其他地域子傳統》（國立臺北藝術大學美術史研究
所，2002）。又楊愛國也注意到地域風格特色和工匠集團間的關係，參所著，《幽明兩界——
紀年漢代畫像石研究》，頁 127-129。

10　對於東漢崇喪以邀名的現象，當時人有極多的批評，可參楊樹達，前引書，頁 124-131。又
　　可參巫鴻（Wu Hung），*Wu Liang Shrine*, pp. 226-227.

11　《集成》，no. 21。

12　《集成》，no. 23。

圖 3.1　武氏石闕題記，2010.7.5 作者攝於嘉祥武氏祠。

圖 3.2　武氏石闕題記拓本

八年（西元 96 年）祠堂值錢十萬，[13] 文叔陽祠堂（西元 144 年）值錢一萬七千，[14] 蕭他君祠堂（西元 154 年）值錢二萬五千，[15] 安國祠堂（西元 157 年）值錢二萬七千。[16] 比較以上造價，可以推知武氏祠石闕是耗費金錢特別多的。

以上造闕和造祠堂價格的意義如何？這須要和當時其他的物價相比較。一個不十分理想，勉強可用的材料是四川郫縣犀浦出土的簿書殘碑。[17] 此碑出土於三國墓，但明顯是利用東漢末年墓的石材。其上提到牛一頭值一萬五千，田畝一畝錢從五百至約近八千，奴一名四萬，屋舍一區約七萬四千至十七萬。東漢四川和山東或其它地區的物價不會相同。例如據河南偃師出土的侍廷里父老買石約束石券，田一畝約七百五十錢。[18] 奴婢價一般在一萬五至二萬左右。[19] 這樣一比，不難想見武氏祠石闕花費十五萬，約值十頭牛，三、四至十名奴僕或一區上等的屋舍，是何等地高昂。一對石闕花費如此，其它陵墓和祠堂的修造，花費只會更多。[20]

記錄修祠造墓花費的風氣最主要見於魯西南和毗連的蘇北一帶，這不能不說是一項帶有區域特色的風氣。[21] 這一方面出於喪家不惜工本，為父

13　《集成》，no. 25。

14　《集成》，no. 61。

15　《集成》，no. 72。

16　《集成》，no. 76。

17　《集成》，no. 144。

18　關於兩漢物價，可參林甘泉編，《中國經濟通史秦漢經濟卷》下（北京：經濟日報出版社，1999），頁 565-582。

19　同上，頁 581。

20　陳橋驛復校，《水經注疏》卷 31，渜水條：「蜀郡太守姓王字子稚，南陽西鄂人，有三女無男，而家累千金。父沒當葬。女自相謂曰……各出錢五百萬，一女築墓，二女建樓，以表孝思。」（上海：江蘇古籍出版社，1989，頁 2599-2600）這是耳目所及地方官墓花錢較多的一例。

21　加藤直子曾列表東漢墓及祠堂有花費記錄者共十例，除了四川南川和綦江有二崖墓題記提到花費錢數，其餘八例全屬魯西南。參加藤直子，〈ひらかれた漢墓—孝廉と「孝子」たちの戰略〉，《早稻田大學美術史研究》，35（1997），頁 70。其表所列不全，山東曲阜、滕州、平邑、微山、蘇北銅山漢王鄉最少另有漢墓或石闕題記提及花費數者六例以上。參楊愛國，

母親人盡孝的誇示心理，另一方面，石工作坊或名匠之流恐怕也希望藉著公開「價碼」，自抬身價，甚至作為一種宣傳，以「物超所值」的姿態，招徠潛在的主顧吧。司馬遷描述各地風俗時曾這樣勾勒鄒魯之地的風氣：

> 鄒、魯濱洙、泗，猶有周公遺風，俗好儒，備於禮……地小人眾，儉嗇，
> 畏罪遠邪。及其衰，好賈趨利，甚於周人。（《史記‧貨殖列傳》，頁3266）

「俗好儒，備於禮」、「儉嗇」、「好賈趨利，甚於周人」等語正好說明了魯西南一帶為何會出現上述大事修墓，又要宣揚造價的特殊風氣。好儒備禮，因此特別用心於喪葬；因為節儉吝嗇，更希望他人知道自己如何不惜血本；又因為好賈趨利，連墓闕祠堂都不放過，成了廣告工具！[22]

說到這裡，不能不一提蒼山元嘉元年畫像題記（圖4）。近年這件題記甚受海內外學者重視，或者用以比對和了解墓室內的畫像，或者據以論證畫工石匠刻畫營造墓室可能本諸有韻的口訣。[23] 大家都注意到它不同於一般題記，第一，它完全沒有提到造墓者或墓主的姓名或造墓的因由。全篇除了第一句指出槨室於元嘉元年八月廿四日完成，祈求魂靈有知，保佑子孫生活如意，壽皆萬年，接著就以最主要的篇幅描述槨室內各部分的畫像，最後以幾句祝禱之詞結尾。第二，題記一開始「以送貴親」的措詞和口氣，不像出自喪家立場，反而像是旁人。因此，令人懷疑這並不是墓主或造墓者所作的題記，而出自工匠之手。然而喪家為什麼會允許工匠的題記出現於墓中？我推想這或許和題記具有多重廣告的性質有關。一方面造墓者意欲誇示孝心，卻不便自我吹噓，因此借工匠之口，向關心造墓和參加喪禮的親友張揚畫像的豐富精美。另一方面工匠也有意利用題記，宣傳

《幽明兩界——紀年漢代畫像石研究》，頁37-66。以目前可考之例而言，魯西南及周邊無疑是漢代習慣在墓、闕及祠堂題記中記錄花費最主要的地區。

22 楊愛國先生提到東漢造墓石匠作坊間存在著商業競爭的關係，參所著《幽明兩界——紀年漢代畫像石研究》，頁129。

23 巫鴻和曾藍瑩都認為這篇題記出自設計墓葬的工匠之手，曾藍瑩甚至認為可能是源自工匠的口訣。參巫鴻，〈超越「大限」——蒼山石刻與墓葬敘事畫像〉，《禮儀中的美術》（北京：三聯書店，2005），頁214；曾藍瑩，〈作坊、格套與地域子傳統——從山東安丘董家莊漢墓的製作痕跡談起〉，《國立臺灣大學美術史研究集刊》，8（2000），頁45。

圖4　蒼山元嘉元年畫像題記拓本

自己的作品，以廣招徠。如果更深一層看，當時不少喪家對畫像的內容可能並沒有特定的要求，只求合乎身分，隨俗成禮。如此，富於經驗和名氣的石工畫匠就有了較大左右畫像安排和設計的機會。蒼山漢墓以石匠的口氣刻成題記，應即反映了石工畫匠在相當程度上的主控地位。

　　不過，不是所有的石工都基於上述的理由而留名於碑石之上。恐怕有更多的石工是因戰國以來「物勒工名」的習慣，為示負責，而在石上刻下自己的名字。兩漢陶、銅、漆等器物上常有製作者的題名，磚、石之上也

不例外。最明顯的例子是河北定縣北莊漢墓墓頂封石上的題字。這些題字基本上只是表明這些石材是誰負責完成的：

> 望都石魯文陽工許伯作
>
> 北平石北新城王文伯作
>
> 北平石工衛文作
>
> 望都梁郡鄭丹
>
> 富成[24]

此外，漢代所出黃腸石上多有「某某治」之銘刻，亦屬物勒工名之類。[25]

戰國時代經濟大幅發展，專制的君王和由平民躍升的新貴，都極力追求奢華的宮室、車馬、器物、服飾等，以裝點他們的權勢和地位。這種需求刺激了工藝技術的進步和各種巧匠的產生。因此春秋戰國以來，有不少名工傳名於後世。例如春秋戰國之際，吳有干將，越有歐冶子善作劍；[26]魯有公輸般以木為鳶而飛之。[27]《世本》更有〈作篇〉，將各種器物之製作發明歸於歷史上之某一人。〈作篇〉應該是出現在這樣一個工藝高度發展，對百工技藝十分重視，名工備出的時代。《周禮・考工記》成於戰國之世，專記各種工藝製造之事，也是同樣風氣下的產物。「奇巧淫技」，「雕文刻鏤」雖為衛道之士所反對，由此而產生的精美器物卻是富貴和權力的象徵，有錢有勢者徵逐的對象。[28]能夠製作這些的巧匠，就特別受到權貴的注意和爭取。

戰國的風氣到漢代仍然不改。《淮南子・脩務》謂：「昔者蒼頡作書，容成造歷，胡曹為衣，后稷耕稼，儀狄作酒，奚仲為車，此六人者皆有神明之道，聖智之跡，故人作一事而遺後世……」此處將作衣、作酒、作車之巧工與蒼頡、后稷等聖人並列，說他們都有「神明之道，聖智之跡」，

---

24 《集成》，no. 174。

25 《集成》，no. 69。

26 李步嘉，《越絕書校釋》，卷 11（武漢：武漢大學出版社，1992），頁 266。

27 《淮南子・齊俗訓》。

28 參杜正勝，《編戶齊民》（臺北：聯經出版公司，1990），頁 406-408。

仍然延續了自戰國以來對百工技藝的重視。專記西漢長安軼聞的《西京雜記》卷一、卷二曾提到很多長安的巧匠，如何受到權貴之家的重視。這些巧匠有紡織工、器物工、建築師、畫家。西漢初，「匠人胡寬」為高祖於長安「作新豐，并移舊社，衢巷棟宇，物色惟舊……移者皆悅其似而德之，故競加賞賜」；匠人丁緩、李菊「巧為天下第一」，不但為趙飛燕築昭陽殿，丁緩更能作常滿燈，「七龍五鳳，雜以芙蓉蓮藕之奇」，「又作臥褥香鑪……作九層博山香鑪，鏤為奇禽怪獸，窮諸靈異，皆自然轉動」（圖5）。昭、宣帝時，有鉅鹿陳寶光妻善作蒲桃錦、散花

圖5　滿城漢墓出土博山鑪

綾，霍顯召入其第，使作之，「六十日成一匹，匹直萬錢」（圖6）。此外，元帝時宮中還有一批各有特色的畫工：杜陵毛延壽「為人形醜好老少，必得其真」，安陵陳敞、新豐劉白、龔寬「並工為牛馬、飛鳥、眾勢，人形好醜不逮延壽」，下杜陽望「尤善布色」，樊育「亦善布色」（圖7）。可惜畫工因收受後宮賄賂，同日被殺。據說，從此「京師畫工於是差稀」。

長安巧工知名於當世，騰於人口。他們共同的特點是為社會上層權貴服務。他們的名字偶因《西京雜記》而傳於後世，其餘知名一時而淹沒於後世者想必更多。我們於千百年後，不難想像在東漢的齊、魯之地，原也

圖6　長沙馬王堆漢墓出土絲織錦繡

圖7 西安理工大學西漢墓出土壁畫

曾有一批享譽一時，為有錢有勢者服務的石工畫匠。權貴的孝心需要他們的刻畫和建造技巧來表彰。造墓、造祠堂，刻上知名工匠的名字和所費的鉅資，都足以為造墓者臉上增光。

■二 石工、格套和創作變化

目前我們對漢代畫像的製作過程還不是完全清楚，已有的研究也不夠徹底。這裡只舉些例子，證明當時的石工的確有固定的粉本或底稿，可以依樣葫蘆。高明的石工也可以在不改變格局，不失畫旨的情形下，作極富技巧的變化。格套可以方便一般的石工，對巧匠似乎並沒有造成創作上的限制。

1992 年 10 月 5 日有機會參觀徐州的漢畫像石藝術館。館中有兩方上下排列展出，令我印象深刻的畫像石。這兩方畫像石是 1986 年在徐州銅山縣漢王鄉東漢章帝元和三年墓中所發現的十塊畫像石中的兩塊。[29] 現在被嵌入牆中，各只有一個正面和一側面可以看得見（圖 8.1-6）。正側面畫像的布局和內容幾乎一模一樣，可以肯定是依據同一個設計粉本刻出的。這兩石大小相近。正面畫像分上下三層。上兩層是庖廚圖，最下層是車馬圖。如果仔細看，則不難察覺以下細微的差異：

第一，兩石分為三層，三層的分割不是十分平均，其中一石的中層明顯較窄，畫面也就變得較為局促。

其次，仔細看畫中的人物、器物或車馬，似乎大體相同，但各部分的細節和各部分的間距又都不完全一樣。

同樣的情形也見於側面的亭和人物畫像。亭和人物造型基本相同，但又不完全一模一樣。這就使我疑心在製作的程序上，恐怕不一定是先依粉本在石上描線打樣，再刻。如果是據同一粉本打樣，像陝北畫像那樣，兩石不該有這麼大的差別，三層的間距不致有這樣明顯的出入。我猜想一個熟練的石工，應付格套式的內容，反覆刻製過若干以後，不必先打樣描線，就可以開刻。刻出的細節即使有出入，卻可大致不離。或許因為如此，在山東地區到目前還找不到兩方完完全全相同的畫像石或壁畫。在一定的格套下，高明的師傅施展巧技，可以作出很不一樣的變化。武氏祠的畫像可以說是最好的例證。

以目前可考的材料看，武氏祠的畫像算得上是漢代石刻藝術的極致表現。刻工精緻固為一端，難能可貴的是其於規律中曲盡變化之妙。武氏祠的畫像題材在前後建造的三個石室中，有不少重複出現，卻沒有一幅完全相同。有些甚至是刻意求變化。例如三座石室裡的伏羲女媧圖、荊軻刺秦王圖和山牆上的西王母、東王公圖都是巧匠各逞精妙的絕佳例證。

以通常被稱為後石室第五石、左石室第四石以及武梁祠西壁的伏羲女

---

29 參徐州博物館，〈徐州發現東漢元和三年畫像石〉，《文物》，9（1990），頁 64-73。

圖 8.1

圖 8.2

圖 8.3

圖 8.4

圖 8.1-4　徐州銅山漢王鄉出土畫像原石，1992.10.5 作者攝。

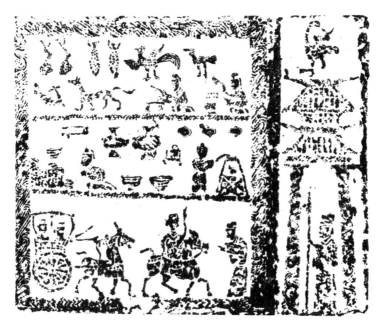

圖 8.6 前石正側面拓本

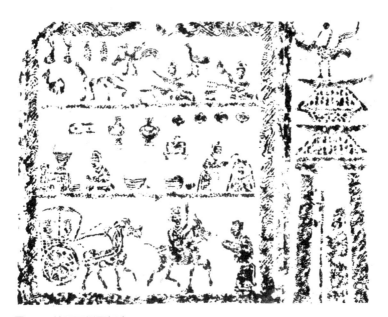

圖 8.5 前石正側面拓本

古月集：秦漢時代的簡牘畫像與政治社會
—— 卷二 畫像石、畫像磚與壁畫

圖 9.1　武氏祠左石室伏羲女媧圖

媧圖來說。三圖都是伏羲、女媧交尾,手中各持一規、一矩,伏羲、女媧
兩側各有蛇尾仙人和雲鳥。左石室的伏羲、女媧兩尾相交,兩兩相背,一
面朝向左,一面朝向右。交尾上方的空處,刻上兩位同樣交尾,卻相向攜
手的羽人(圖 9.1)。武梁祠和後石室的一幅伏羲、女媧手持規矩、交尾,
卻面對面拱手。這兩幅和左石室的比較,在視覺上帶給觀者內容相同,構
圖卻不同的感受(圖 9.2-3)。但這兩幅本身又有不同。第一,伏羲、女媧的
左右位置正相反;其次,武梁祠在相對的伏羲、女媧之間還加上了一個有
雙尾的小羽人,後石室的一幅將陪伴的羽人安排在伏羲、女媧的身後。

　　類似求變化的手法也見之於武梁祠、左石室和前石室的三幅荊軻刺秦
王圖(圖 10.1-3)。三圖的基本構成要素都類似:畫面中央有一被匕首洞穿
的柱子,柱下有盒蓋半開,盒中盛有樊於期的首級。柱子一側是衣袖已
斷,正倉皇逃脫的秦王和持刀盾來援的武士,另一側則是已擲出匕首,巾
髮已散,和後退的秦舞陽跌撞在一起的荊軻。兩圖都企圖表現刺殺行動最
關鍵和驚心動魄的一刻。但是在三幅畫面上,秦王和荊軻的位子,卻是左
右相反,匕首的方向也相反。兩幅有榜題,一幅沒有。持刀盾的武士也安
排在不同的位置上。修造三座石室的石工顯然曾刻意避免雷同,營造變
化。

　　三個石室的山牆上都有成對的東王公、西王母圖。粗看構圖內容都相

圖 9.3　武氏祠後石室伏羲女媧圖

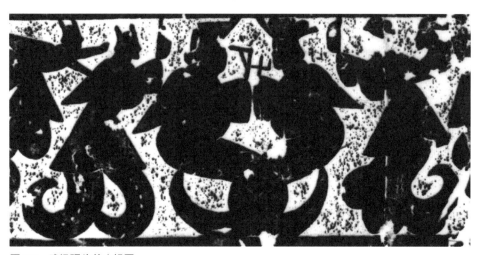

圖 9.2　武梁祠伏羲女媧圖

古月集：秦漢時代的簡牘畫像與政治社會
　　　　——卷二　畫像石、畫像磚與壁畫

圖 10.1　武氏祠左石室荊軻刺秦王圖

圖 10.2　武梁祠荊軻刺秦王圖

圖 10.3　武氏祠後石室荊軻刺秦王圖

似，細看卻沒有任何兩幅完全相同。這個例子，不再細說。總之，依樣葫蘆的僅是一般的石工。這在漢代應是比較多的情形。少數高明的巧匠，卻能在不失畫像旨趣的情況下，作出許多創造性的變化。

討論格套和創作變化之間的關係，還須注意到構成格套的單元和同一題材畫像在整個建築中的位置。不論是畫像墓或祠堂，其畫像總是由若干部分組成。這些部分例如西王母東王公圖、車馬圖、庖廚圖、歷史或神話故事圖、歌舞飲宴圖等等，如果由格套式的布局或內容組成，可以說就構成一個格套的單元。以上所說武氏祠畫像的創造變化，是以荊軻刺秦王或伏羲、女媧圖為單元來說的。在一個單元之中，石工作了布局和構圖上的變化。

可是如果再細分，將圖中的構成人物如荊軻、秦王、伏羲、女媧、羽人等分別看待，也就是說將他們看作各自的單元，就可以發現他們的造型或姿勢基本上一樣，伏羲、女媧、羽人等各有頗為固定的造型，仍舊不脫格套式的表現。由於這些「基本單元」的造型頗為相近，不論整個墓室或祠堂畫像的構成或布局如何變化，仍然能保持各組畫像風格的一致性。這是討論變化時不能不加注意的。

其次，石工不但對同一畫像單元，在格套內作布局和構圖上的變化，為求視覺上的變化感，實際上還將同一題材的畫像安排在建築的不同位置或和不同的其它畫像搭配在一起。當一個觀者用眼睛掃描祠堂內各壁，視線接觸祠堂內相同的空間時，卻看見不同的畫像。以前文所談的荊軻刺秦王圖為例。近年蔣英炬和吳文祺發表了他們對武氏祠各石祠的復原。[30] 依據他們的復原，武梁祠的荊軻刺秦王圖是出現在西壁的左側，和一連串歷史故事圖在一起。其上為牆壁中段的花紋裝飾，其下為車馬圖。前石室和左石室的荊軻刺秦王圖都在後壁的右側，不過一在三層畫像的上層，一在中層，而其上下搭配的畫像又完全不同。前石室在荊軻刺秦王圖之下是兩層車馬，左石室的荊軻刺秦王圖之上是另一歷史故事畫像，其下是伏羲和

30　參蔣英炬，《漢代武氏墓群石刻研究》（濟南：山東美術出版社，1995）。

女媧圖。因此，如果一個人注視這兩個祠堂，當視線落在後壁的右側，會發現荊軻刺秦王圖不但本身有不同，位置不同，相鄰位置上的其它畫像也不同，這在視覺上造成的變化效果，應該十分明顯。

三 結論：傳統與變化

　　名工不但創造變化，也形成典範和格套，帶動流行，進而也塑造了職業上的傳統。這種情形應普遍存在於中國傳統的工藝和藝術傳統中，並不限於本文討論的漢代石工。石守謙兄最近討論曹魏以降的洛神賦圖，一開始有幾句極有啟發性的話，現在抄錄在這裡，作為本文的結束和進一步思考的起點：

> 在中國藝術的發展歷史中，「傳統」的存在扮演著極其重要的角色。如果更仔細一點說，整個中國的藝術歷史根本是由各種門類中的一些「傳統」，如書法中的二王傳統，繪畫中的顧愷之傳統等等組成，這可一點也不為過。它們的存在係以一種於時間軸上不斷重複出現的某一「形象」為表徵，不過，這個重複出現的「形象」卻在實質內上永遠與前一次出現時有所不同，因此，「變化」遂被視為某一種傳統之得以長時期維繫於不墜的關鍵。[31]

二王與顧愷之是中國傳統藝術主流論述中的大師。在他們之前，應該也曾有過名動一時，形成典範或傳統而未為後世所知的巨匠。本文僅約略提到數人，如何將他們更全面地發掘出來，應該有助於從一個不同的角度去認識漢代甚至漢代以前中國藝術傳統的形成和發展。[32]

31　石守謙，〈洛神賦圖：一個傳統的形塑與發展〉，《國立臺灣大學美術史研究集刊》，23（2007），頁 51-52。

32　戰國時代的工匠可參楊寬、吳浩坤主編，《戰國會要》下（上海：上海古籍出版社，2005），頁 947-950。

原刊《故宮文物月刊》，14：4（1996），頁 44-59；98.8.1 改訂；105.2.13 三訂
111.3.1 補圖

漢代畫像內容與榜題的關係

　　漢代畫像不論石刻或壁畫常見標示畫像內容的榜題。也有些石刻預留了榜題的位置，實際上並未刻字。還有很多畫像沒有任何榜題。這些榜題的作用到底如何？和畫像的內容有什麼關係？為什麼有些畫像有榜題，有些又沒有？稍微仔細分析，就可以發現這些問題並不容易回答。[1]

一　格套與榜題

　　為什麼畫像有些有榜題，有些沒有？一個嘗試性的解釋是：因為漢代的畫像有一定的格套，不同的內容會依一定的格式化的方式呈現，因此觀者只要熟悉這些格套，不需要文字榜題的幫助，就能夠了解畫像的內容。凡是常見的內容，大家所熟悉的，就較不需要榜題。例如：三足烏、九尾狐、雷公、雨師、蒼龍、白虎、朱雀、玄武、西王母、東王公都有相當固定的格套表現形式；它們或者從無榜題，或者極少標示榜題。凡是較不熟悉，或是不以榜題幫助，無法明確傳達畫像特定意義的，就需要標以文字，加強說明。以上只是就大體而言。像西王母這樣出現最多的畫像，也偶爾有榜題。[2] 偶然出現的榜題，對當時的人來說，或許可有可無。可是千百年後，我們已不熟悉漢代家喻戶曉的「熱門故事」和「熱門人物」。要

1　我對榜題作用一些新的思考，請參本書所收〈格套、榜題、文獻與畫象解釋——以失傳的「七女為父報仇」漢畫故事為例〉、〈漢畫解讀方法試探——以「撈鼎圖」為例〉等文。
2　如《山東漢畫像石選集》（濟南：齊魯書社，1982），圖3、229。

了解畫像的內容，這些偶然出現的榜題就成了不可或缺的指引。

透過榜題，今人才可能比較確定地知道畫像的內容和意義，避免無謂的猜測。山東畫像中常見的牛車、鹿車和羊車即為其例。曾有學者以山東滕縣所出一石為例，認為牛、鹿、羊車組成的畫面是反映了佛教《法華經》中以牛車代表大乘，鹿車代表中乘，羊車代表小乘，三乘歸一的教義。[3] 雖然作者無法證明東漢晚期已有《法華經》的譯本，但他推測大乘的《法華經》在桓、靈時可能已口傳於中土。自山東蒼山元嘉元年畫像石墓發現，已可證明此說不確。石墓題記清清楚楚說明，畫像中的羊車實際上是象徵載送墓主至墓地的槤車。這一畫像收在《山東漢畫像石選集》圖四〇七和四〇八。圖四〇七的畫像中有車馬由東向西過橋（圖1）。橋下有打魚的漁人和載著二人的渡船。橋的左側有頭戴尖帽，騎在馬上，正彎弓射箭的胡人。圖四〇八的左側是祠堂，祠堂前有門者俯首迎著正朝西前來的車隊（圖2）。車隊前有一人騎在馬上。其後有一馬車，馬車之後即羊車。畫像上羊角下彎，很清楚是一隻羊。這輛羊車應即題記中的羊車。畫像中的車隊上有飛翔雲中的鳥，符合題記中所說「上即聖鳥乘浮雲」。

這個畫像石墓的時代經李發林、方鵬鈞和張勛燎的考證，應在東漢桓帝的元嘉元年（西元 151 年），而不屬劉宋時期。[4] 此墓出二石，共十五行三

圖1　《山東漢畫像石選集》圖四〇七

3　賴非，〈漢代畫像中所見牛、鹿、羊車及其反映的社會意識〉，收入《漢代畫像石研究》（北京：文物出版社，1987），頁234-245。

4　參李發林，《山東漢畫像石研究》（濟南：齊魯書社，1982），頁68-77；方鵬鈞、張勛燎，〈山東蒼山元嘉元年畫像石題記的時代和有關問題的討論〉，《考古》，3（1980），頁271-278。

圖2　《山東漢畫像石選集》圖四〇八

百二十八字的題記兩則。[5] 題記主要記述墓中畫像的內容，用題記中的話說是「薄疏（簿書）郭（槨）中畫觀」，也就是將槨中的刻畫內容一一記錄列出。其中有一段說：「上衛橋，尉車馬。前者功曹後主簿，亭長騎佐胡便弩；下有深水多魚者，從兒刺舟渡諸母。便坐上，小車軿，驅馳相隨到都亭，游徼候見謝自便。後有羊車橡（像）其轊（槥），上即聖鳥乘浮雲……」。將這一段記述和出土的畫像石相對照，可以證明題記和畫像的內容十分吻合。[6]

　　李發林在前引書中已引證《漢書・成帝紀》及顏師古注，指出「後面一輛羊車，象徵他的棺材」。永田英正《漢代石刻集成》本文篇曾引李發林之說，沒有進一步評論。[7] 這裡要作的一點小小修正是羊車並不是棺材本身，而是載運棺材的車。畫中看不出有棺材，反而像是死者坐在車中，從車窗中露出臉來。按載棺之車，在漢代有一種稱之為槥車。《漢書・韓安國傳》王恢曰：「……士卒傷死，中國槥車相望。」顏師古注：「槥，小棺也……載槥之車相望於道……。」又《三國志・文帝紀》延康元年十月裴注引應璩〈百一詩〉曰：「槥車在道路，征夫不得休。」墓中題記部分為七

5　見本書〈漢碑、漢畫與石工的關係〉一文圖4。

6　關於這一題記的討論可參巫鴻，〈超越「大限」——蒼山石刻與墓葬敘事畫像〉、〈從哪裡來？到哪裡去？——漢代喪葬藝術中的「柩車」與「魂車」〉，《禮儀中的美術》（北京：三聯書店，2005），頁205-224、260-273。不同意見參孫機，〈仙凡幽明之間——漢畫像石與「大像其生」〉，《仰觀集》（北京：文物出版社，2012），頁165-217。

7　永田英正，《漢代石刻集成》（東京：同朋舍，1994），頁78。

字一韻。所謂「後有羊車像其樟」，即指羊車象徵其樟車也。

　　此墓畫像只見馬車和羊車，不見鹿車和牛車。雖然如此，我相信在其它牛、鹿、羊車一起出現的場合裡，羊車可能仍是樟車的象徵。羊與祥諧音，象徵吉祥，漢墓刻飾中以羊象徵吉祥的例子很多。《徐州漢畫像石》收有徐州邳縣燕子埠漢墓出土一石（圖一五〇）。石上除有榜題之畫像騏驎、朱鳥、玄武，還有「福德羊」。居巢劉君墓頂石羊題記有「大吉羊，宜子孫」之句，這明顯是以羊、祥相通假。[8] 劉熙《釋名》：「羊，祥也；祥，善也。善飾之車，今犢車是也。」鹿或象徵「祿」、「官祿」，也可能象徵升仙。漢畫中仙人騎鹿的甚多。牛車通常在三車的最前端。牛車上多載有二或三人，必有意義，其意義尚難確指。總之牛、鹿、羊三車應與佛教三乘歸一之說無關。

　　再舉一個例子。漢畫中常見的一種格套畫面是一株枝葉盤繞的大樹，大樹上有鳥或猴，樹下一旁有車馬，另一旁有持弓箭，仰身昂首而射的人。這株樹是什麼樹？不少學者利用世界各地民族誌的資料，認為是神人溝通的通天樹或宇宙樹。也有人根據古代文獻，推測是連理樹，或扶桑樹。現在看來這些猜測都離了題。和林格爾壁畫墓在這樣形態的一株樹旁有墨書「立官桂〔樹〕」四字（圖3）。「樹」字不全，殘存左半而已，但應為樹字

圖3　和林格爾墓壁畫立官桂樹榜題

8　小石羊第一石，《漢代石刻集成》，no. 175。

無疑。這個榜題清楚提示了樹的性質。樹是桂樹;桂者,貴也,取其諧音,意為射官取富貴。

古有射侯、射官之說。《禮記·射義》:「故天子大射,謂之射侯。射侯者,射為諸侯也;射中則得為諸侯,射不中則不得為諸侯。」鄭玄注《周禮·司裘》:「所射正謂之侯者,天子中之則能服諸侯,諸侯以下中之則得為諸侯。」楊樹達《居微居金文說》增訂本謂:「蓋草昧之世,禽獸逼人,又他族之人來相侵犯,其時以弓矢為武器,一群之中,如有強力善射之士能保衛其群者,則眾必欣戴之以為雄長。古人質樸,能其事者即以其事或物名之,其人能發矢中侯,故謂之侯也。」陳槃先生不同意楊氏之說,認為射侯初義並非如此。[9] 不過我覺得應關注的不是射侯一事的初義,而是漢人對此事的理解。因為會左右畫像表現的應是漢代人所相信和認識的,而不一定是射侯原始的意義。以鄭玄為代表,他認為能射而中侯者方得為諸侯。鄭玄為東漢集儒學之大成者,其說足以代表漢代讀書人的認識。這樣的認識以圖像表現,就成了人在樹下射猴(圖4、5)。猴、侯諧音,「射猴」即「射侯」,這和「桂樹」即「貴樹」一樣。樹下射猴的人,象徵射取官位,盼能封侯富貴也。漢代一般人不見得會像學者一樣,去深究射侯的古義或初義,古義和初義也會隨著時間而轉變、淡化或丟失。因此,有些在樹上畫猴,更有許多畫成鳥。畫上沒有猴,只有鳥,或既有猴又有鳥,所要傳達的意思仍然是射「侯」取「爵」。[10] 鳥即是雀,雀、爵諧音。漢宣帝時有神雀來集於京師,宣帝因之改元「神爵」。這應該是漢人以雀為爵最明白的證據。

射侯和漢代常見的射策的「射」同義。兩漢有很多「以射策甲科為郎」者。《漢書·蕭望之傳》顏師古曰:「射策者,謂為難問疑義,書之于策。量其大小,署為甲乙之科,列而置之,不使彰顯。有欲射者,隨其所取,

---

9　上引俱見陳槃〈重論「侯」與「射侯」〉,收入氏著《舊學舊史說叢》(臺北:國立編譯館,1993),頁112。

10　關於射爵射猴,已另成文專論,請參〈漢代畫像中的「射爵射侯圖」〉,《中央研究院歷史語言研究所集刊》,71:1(2000),頁1-66;收入本書卷二,頁161-219。

圖4　《山東漢畫像石選集》圖四

得而釋之，以知優劣。射之言投射也。」《後漢書‧順帝紀》注引《前書音義》曰：「作簡策難問，列置案上，任試者意投射，取而答之，謂之射策。上者為甲，次者為乙。」漢代的射策雖已非射箭，但射策為郎的「射」顯然淵源於古來「射侯」之「射」。

　　山東微山縣北兩城山曾出一石，石上刻有盤枝大樹，左側有二人仰身射箭，樹右有一人牽一馬。射箭者身旁有榜題「伯昌」、「長卿」，意即此二人射官入仕；牽馬者也有榜題曰「女黃」（圖6）。馬是什麼意思，還待研究。[11] 這一類的馬，照例沒有人騎在馬上，或由人牽著，或繫在樹旁，正

11　關於馬的意義請參〈「猴與馬」造型母題──一個草原與中原藝術交流的古代見證〉，收入本書卷二，頁 545-575。

吃著吊掛在樹幹上的草料，有時旁邊還有空著的馬車。這些車馬可能有兩種象徵意義。一是為官的象徵，為官者才能乘馬車。空的車馬正等待射官成功者去乘坐。另有一個可能，樹的一側象徵著墓主射官入仕，另一邊則以空車象徵墓主告老，懸車致仕（圖7）。

格套式的畫像，如不加榜題，所要傳達的應該是當時一般人所共同理解的意思。但是如果特別加上了榜題，格套的內容就有了特定的涵義。例如，漢代畫像中常見六博圖。兩人在博局兩側對奕，棋盤的上方，有時為了表現得更清楚，另刻一方正面朝前的博局，有時在上方還置一酒杓和酒樽。對奕者可以是帶羽的神仙，也可以是凡人。畫像中六博圖的意義可以有不少不同的解釋。不過，《山東漢代畫像石選集》圖二二九的一石，右下角有一個六博的場面，博局旁兩人各有榜題「武陽尉」、「良邪（琅邪）丞」（圖8.1-2）。1990年我曾親見此石於山東省博物館的走廊上。刻畫淺細，字劃卻十分清晰。加上人名榜題，很清楚是要觀者了解，對奕的不是任何人而是特定的武陽尉和良邪（琅邪）丞。

還有些畫像可能是因為題材不是那麼為人所熟知，或還沒有固定可循的格套，單以圖畫，不加榜題說明，無法使觀者明確理解圖象中的故事。因此，不得不在畫旁都加上榜題。例如《漢代畫像全集》二編收錄一方殘石（編號圖五十四）。圖中人物不論姿勢、形貌、衣

圖5　《南陽漢代畫像磚》圖164

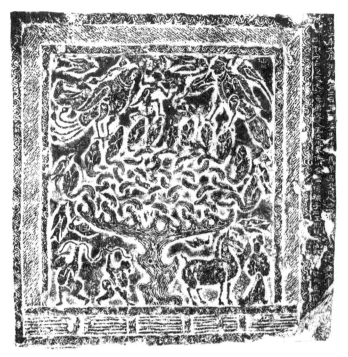

圖 6　《山東漢畫像石選集》圖卅二

圖 7　史語所藏山東嘉祥武氏祠前石室小龕後壁畫像拓本局部

古月集：秦漢時代的簡牘畫像與政治社會
　　　── 卷二　畫像石、畫像磚與壁畫

圖 8.1　《山東漢畫像石選集》圖二二九

圖 8.2　前圖局部 榜題「良邪（琅邪）丞」、「武陽尉」。

飾、布局都沒有明顯的特徵，觀者只能依賴「管仲」、「管仲妻」、「苔子」、「苔子母」、「苔子婦」、「大鴻臚（臚）」、「司空」、「司徒？」、「車騎□□」、「太尉」來認識畫中人物的身分。

有些時候，雖然刻畫某類的內容，已有固定為人熟知的格套，但是石工為了某些原因，作了超乎格套的變化，為了不使觀者產生誤解，就以榜題解決問題。一個例子是原石現藏日本東京國立博物館東洋館，《漢代畫像全集》二編曾著錄的一幅周公輔成王圖（二編圖二一四）。周公輔成王圖在山東的漢畫中有明確一致，格式化的表現方法（圖 9）。成王身形較矮小，居中，正面朝前，頭戴山形冠；兩旁各有側面拱身的人物，其中一人或持華蓋，遮在成王的頭頂上。但是出土於山東臨沂附近的這件畫像，圖中一人正面朝前，榜題「成王」；其左側有一人戴冠，側面朝向成王，榜題「周公」（圖 10.1-2）。這些布局都和常見的周公輔成王圖相近。

但是成王右側的一人，卻一手後揚，一手牽一隻身有虎紋的老虎，朝左面對著成王，榜題曰「南公」（圖 10.3）。在周公的左側還有跪著的一人，面朝左，伸手向前，榜題曰「使者」（圖 10.4）。再向左，有一人，石殘，榜曰「門亭長」（圖 10.5）；其左又一人，無榜。這方畫像石並不完整，左端似乎仍有其它的刻畫。以殘存的部分來說，如果沒有榜題，單從常見的格套，我們實無法肯定畫中周公和成王的身分。我原本不解畫象之意，不久前讀李學勤先生大文〈試說南公與南宮氏〉，認識到南公即南宮，覺悟畫象應是描繪西周初南宮氏征虎方而後向周公獻俘一事。[12]

基本上來說，漢代畫像有大量須要顯示身分的人物。可是當時的石匠

---

12 按：讀此畫象久久不解其意。從李學勤先生〈試說南公與南宮氏〉（《出土文獻》第六輯（2015），頁 6-10）一文得知山西曲沃北趙晉侯墓地出土的鼓罍有「惟十又二月王命南宮伐虎方」事。《尚書·君奭》有周初名臣南宮括，伐虎方的應是南宮括同氏族之人，遂悟畫像牽虎者實象徵著南公征服虎方，向周公獻俘。一時不及寫成文稿，姑錄初步臆想，以待識者研究。關於南公即南宮，還可參黃鳳春、胡剛，〈說西周金文中的南公——兼論隨州葉家山西周曾國墓地的族屬〉，《江漢考古》，2（2014），頁 50-55。韓巍，〈從葉家山墓地看西周南宮氏與曾國——兼論「周初賜姓說」〉（北京大學出土文獻研究所編，《青銅器與金文》第一輯（上海：上海古籍出版社，2017），頁 98-118。

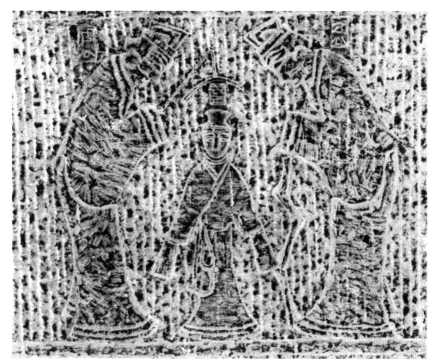

圖9　周公 召公 成王 1998.9.3 作者攝於嘉祥

圖 10.1　2009.1.20 作者攝於東京國立博物館東洋館

圖 10.2　前圖局部榜題「周公」、「成王」。

圖 10.3　局部榜題「南公」

古月集：秦漢時代的簡牘畫像與政治社會
——卷二　畫像石、畫像磚與壁畫

圖 10.4　局部榜題「使者」

圖 10.5　局部榜題「門亭長」

似乎無意就人物作維妙維肖的外貌刻畫，使人一望即知所刻畫的是某一特定人物。他們通常借助榜題，衣飾特徵（如子路）或其它布局上格套化的安排（如二桃殺三士）。秦漢的造形藝術中有相當寫實的作品，但沒有真正刻或畫的人物肖像。秦始皇陵和陽陵的陶俑，面目不同，但仍不脫若干程式化人像的重複出現。《西京雜記》說長安的畫工圖寫人形，可以「好醜老少，必得其真」，可是以目前可考的漢畫來說，還沒有見到這樣的作品。

即使曾有畫工有寫真的本事，並不表示一般的畫工都有此能力，也不意味當時的風尚真的在乎維妙維肖。畫像格套的存在，一方面是便利一般工匠去依樣葫蘆，另一方面也是石刻技巧未臻成熟前，增加畫像可了解度的一個方式。榜題則是另一個方式。

二 榜題是否可靠？

最後還要一問榜題是否完全可靠。也就是說有無榜題和畫像內容不符的問題。討論這個問題的先決條件是能夠確知某一畫像的內容。我會提出這樣的問題，是因為 1992 年 10 月 3 日在山東滕州舊漢畫館看見一幅畫像，其上除有「孔子」、「老子」，還有乘鹿車的「泰山君」和乘坐魚車的「東王父」。此石線刻，刻紋極淺細，東王父的部分殘泐較嚴重。當時我和滕州市博物館的萬樹瀛館長曾再三仔細觀察，「東王公」三字清楚，筆劃都全，沒有疑問。當時也曾拍照，但是照片欠佳，字跡幾乎無法分辨（圖11.1-4）。由於東王父或東王公在東漢的畫像上經常出現，其構圖特色幾乎可以確認。這一幅在魚車上的神仙，為何題為「東王父」？一直使我納悶。我相信在魚車上的神，應該解釋作和其它畫像中也出現過的河伯才合理。石工題上東王公，會不會是一個偶然的錯誤？換言之，不能不警覺漢代石工也有刻錯的可能，不能完全不假思索地接受榜題。這一石的這一部分特別漫漶，當然也不無可能原本沒錯，是我為漫漶所困，弄不清畫面和

圖 11.1　滕州漢畫館藏孔子見老子畫像石拓本

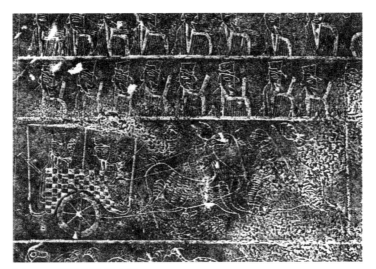

圖 11.2　前圖局部 泰山君

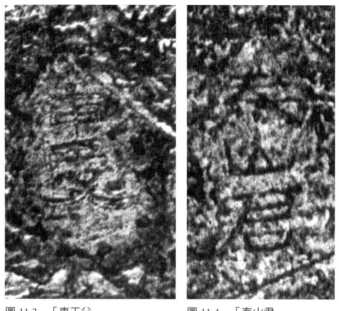

圖 11.3 「東王父」　　　　　圖 11.4 「泰山君」

榜題的對應關係。[13]

　　以下再舉兩個不同性質可能刻錯的例子。山東沂南北寨畫像石墓以刻
畫精妙著稱。其中有不少人物故事畫像有榜題。中室北壁東段有一幅圖上
欄，刻畫二佩劍武士相對而立，二人之間有桃，二人伸手去爭，從畫面看
應是二桃殺三士的故事。雖然畫面中只有二人，據其它同一故事畫像的例
子，這個故事畫面有時也會減省為二人。照文獻記載，所謂的三士是古冶
子、田開疆和公孫接。可是這幅畫像的榜題卻是「令（藺）相如」和「孟犇」

13　陳秀慧小姐曾指出我的觀察有誤。參所著，《滕州祠堂畫像石空間配置復原及其地域子傳統》
　　（臺北：國立臺北藝術大學美術史研究所碩士論文，2002），頁 121 注 53。如有機會再去滕
　　州，將再查考。按：2010 年再訪滕州考察此石，發現榜題應曾漏刻，為補救而加刻「東王
　　公」三字於稍下方的空處而引發誤會。詳參邢義田，《畫外之意——漢代孔子見老子畫像研
　　究》下編，〈過眼錄〉13（臺北：三民書局，2017，頁 284-285；上海：三聯書店，2020，頁
　　278-279）。

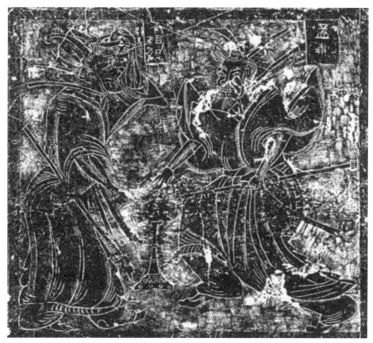

圖 12　山東沂南北寨漢墓畫像榜題「令相如」、「孟犇」。

（圖 12）。[14] 除非另有類似的故事，主角不同，否則這兩個榜題即與文獻牴
牾。

　　今山東微山一帶是漢代畫像石主要產地之一，已蒐集出版的畫像有上
百之多。可是微山畫像中有一個奇特的現象，即西王母極少出現。在較新
出版的《微山漢畫像石選集》（2003）中收有畫像一百零八種，西王母只有
一幅（圖 13.1-2）。[15] 這幅畫像石出土於微山兩城鄉。如果仔細看這位西王
母，可以輕易發現她的頭飾和相伴元件和魯西南一帶常見的西王母都不相
同。這位西王母不戴勝，頭頂梳起中央稍大，左右稍小的三個半圓形的髮
髻。其髮髻型式和其右側的蛇尾女媧（？）以及微山兩城鄉另一石上的一

14　南京博物院、山東省文管處編，《沂南古畫像石墓發掘報告》（北京：文化部文物管理處，
　　1956）。

15　馬漢國主編，《微山漢代畫像石選集》（北京：文物出版社，2003），圖二。

圖 13.1 山東微山兩城鄉畫像拓本 作者藏拓

圖 13.2 榜題「西王母」

古月集：秦漢時代的簡牘畫像與政治社會
　　　　——卷二 畫像石、畫像磚與壁畫

般婦女髮型幾乎一樣（圖 14）。可以幫助觀者去辨識西王母身分的是她正面朝前，位居中央的位置和在其兩側有交尾的蛇身女媧（？）和伏羲（？）。另一奇異之點是其頭頂有一隻小鳥。這隻小鳥不見足部，無法確定它是青鳥或三足烏。西王母為何被刻畫成這般模樣？無法了解。有趣的是她身旁偏偏有「西王母」榜題三字。如果沒有榜題，單從造型看，恐怕沒有人敢確認她就是魯西南一帶畫像中常見的西王母。我猜想這件畫像會特別加上榜題，一個主要的原因是畫中的西王母和當時一般人理解的西王母造型出入太大，為了彌補造型上不可挽回的偏差，只好加上榜題以確定畫中人物的身分。[16]

圖 14　《山東漢畫像石選集》圖一五

16　其它誤刻的例子還有不少，其中又以山東泰安大汶口漢墓所出畫像石榜題之誤最有名，因已有前賢提及，不贅。參王恩田，〈泰安大汶口漢畫像石歷史故事考〉，《文物》，12（1992），頁 73-78。

三 後人增刻的榜題

　　還有一個情況是榜題為後人所刻，非原畫像所有。一個例子是 1992 年
9 月 25 日在嘉祥參觀武氏墓群石刻。在石刻館一排陳列室中展出附近出土
及收集來的漢畫刻石。其中有一齊山村出土，長條形孔子、老子及弟子
圖，題有「孔子也」、「老子也」、「顏回」、「子路」、「子張」的榜題。其
中「子張」榜題是刻在長石右側的邊框上，字跡較為草率，和其它隸書的
榜題都不同，看來較可能是出於補刻。

　　另外一個例子是有名的「朱鮪石室」畫像。為何定此石室的主人為朱
鮪？基本原因是《水經注・濟水二》「濟水東過東緡縣北」條提到「濟水
東逕平狄將軍扶溝侯淮陽朱鮪冢，墓北有石廟」，[17] 又宋代沈括《夢溪筆
談》卷十九云：「濟州金鄉縣發一古冢。乃漢大司徒朱鮪墓，石壁皆刻人
物、祭器、樂架之類。人之衣冠多品，有如今之襆頭者，巾額皆方，悉如
今制，但無腳耳。婦人亦有如今之垂肩冠者，如近年所服角冠，兩翼抱
面，下垂及肩，略無小異。人情不相遠，千餘年前冠服已嘗如此，其祭器
亦有類今之食器者。」[18] 沈括對墓室畫像的描述和今天所見畫像拓本相近。
可能因為宋代所發的古冢上已有了「朱長舒之墓」、「朱鮪」或「漢朱氏」
的題刻，因此將墓主定為朱鮪。從此相沿，無人懷疑。美國學者費尉梅
（Wilma Fairbank）指出，現在從拓本上尚可見的榜題只有「朱長舒之墓」，
其餘見於《金石萃編》卷廿一和《山左金石志》卷八。[19]

　　史語所藏有這一石室的畫像拓片。從拓片看，「朱長舒之墓」題刻字
劃十分草率。再說「朱長舒之墓」這樣的措詞說法，基本不合漢代題刻的
慣例。這些題刻應屬後代所加，幾可斷言。畢沅、阮元《山左金石志》卷
八已指出「朱長舒之墓五字夭斜不工」，又云：「今以拓本驗之，全與武祠

17　陳橋驛復校本（江蘇古籍出版社，1989），頁 772-773。

18　吳道靜校證本（上海古籍出版社，1987），頁 630。

19　參 Wilma Fairbank, "A Structural Key to Han Mural Art" in *Adventures in Retrieval*（Harvard
University Press, 1972），p. 107.

諸刻異。其中人物衣冠，蕭疏生動，頗類唐宋人畫法。或是扶溝後人追崇先世而作耳，因附漢碑之末。」[20]翁方綱《兩漢金石記》卷十四，〈朱長舒墓石室題字〉條指出「以其畫像驗之，與《夢溪》所說不甚合」。[21] 換言之，翁方綱懷疑此石室並非《夢溪筆談》提到的朱鮪墓。費尉梅女士同樣懷疑榜題為後人所加。不過，費尉梅仍相信奧圖・菲雪（Otto Fischer）在斷代上定在西元後一世紀中的看法。[22] 今年（1996 年）4 月芝加哥大學藝術史教授巫鴻來史語所所參觀，指出這不是朱鮪石室。他的《武梁祠》一書指出其時代當在西元後一世紀中期。[23] 現在因為有了密縣打虎亭的資料，可以比較確定地說，這一石室的時代既不是唐宋，也不是東漢中期，而可能是東漢晚期或三世紀初。1993 年安金槐發表《密縣打虎亭漢墓》報告。其中一號墓和這個石室的線刻畫像風格相當接近。此外，我特別注意到金鄉和打虎亭兩處畫像中，婦女的髮型和裝束幾乎一致（圖 15、16）。據安先生考證，打虎亭一號墓應屬東漢晚期。[24] 山東和河南相鄰，畫風可能相互影響。山東金鄉「朱鮪」石室畫像的風格以定在東漢晚期，較為合適。如果是這樣，金鄉石室的主人就不可能是朱鮪。這些後人加上的榜題，反而擾亂了我們對畫像的認識。這是不能不小心的。

原刊《故宮文物月刊》，14：5（1996），頁 70-83。

97.2.25 修訂；111.3.10 再訂

20　石刻史料叢書影印本，藝文印書館，頁 25 上下。

21　乾隆五十四年刻本，頁 14 下。

22　Wilma Fairbank, "A Structural Key to Han Mural Art," p. 107, note 26.

23　Wu Hung, *The Wu Liang Shrine*（Stanford University Press, 1989），p. 31, 圖 23 所附說明。

24　《密縣打虎亭漢墓》（北京：文物出版社，1993），頁 355。

N⁰ 1180

N⁰ 1181

N⁰ 1182

圖 15　山東金鄉朱鮪石室畫像線描

　古月集：秦漢時代的簡牘畫像與政治社會
　　　　──卷二　畫像石、畫像磚與壁畫

圖 16　《密縣打虎亭漢墓》圖版十二

個
論

格套、榜題、文獻與畫像解釋
——以一個失傳的「七女為父報仇」漢畫故事為例

　　1998 年 9 月 7 日，在山東莒縣博物館有機會見到兩方業已公布，海外卻少有人知道的畫像石。那年旅行途中，與山東石刻藝術博物館的研究員楊愛國先生討論到武氏祠中一些畫像的解釋問題。他認為武氏祠兩幅有名的橋上戰爭圖或水陸攻戰圖，應該是描述七女為父報仇的故事，並舉出和林格爾壁畫墓中「七女為父報仇」壁畫和榜題以及莒縣有「七女」二字榜題的一方畫像為證。這引起了我極大的興趣，因而有莒縣之行。同年，楊先生寄下其大作《不為觀賞的畫作——漢畫像石和畫像磚》（四川教育出版社，1998）。書前第一幅附圖是武氏祠的水陸攻戰圖，附圖並有如下的簡短說明：「山東嘉祥武氏祠畫像石上的緹縈救父和七女為報仇故事」。書中第221 頁對莒縣一石作了簡短的介紹：

> 1993 年在莒縣東莞鎮一座宋代墓葬中，發現了幾塊漢畫像石（三國以後，人們利用漢畫像石造墓或直接將死者葬入漢畫像石墓中是常有的事），其中一塊石闕上刻著和上述嘉祥武氏祠的兩圖內容相同的圖像，右上角有榜題「七女」。將其與內蒙古和林格爾漢墓壁畫上的「七女為父報仇」圖相對照，我們可以看出，這兩幅圖與武氏祠中的兩幅圖像的內容，都是七女為父報仇的故事。但這個故事卻不見於迄今所見的文獻，以收錄列女故事為對象的《列女傳》中也沒有。

楊先生的話寥寥數語，卻明確以莒縣的新材料為據，對武氏祠西壁戰爭圖的解釋提出了新看法。

　　今年（2000）5 月，楊先生又寄下 1993 年齊魯書社出版，蘇兆慶、夏

兆禮、劉雲濤編《莒縣文物志》上相關的資料介紹和王思禮所著〈從莒縣東莞漢畫像石中的七女圖釋武氏祠「水陸攻戰」圖〉一文（見《莒縣文史》第 10 輯，1999，頁 201-218）。我才知道楊先生的看法乃承蘇、劉、王等先生而來。由於《莒縣文物志》和《莒縣文史》外界較難見到，也較少人注意，以下根據這些資料和我參觀時所拍的照片和筆記，先作些介紹；再以此圖為例，談談利用格套、榜題和文獻作畫像解釋一些方法上的問題。

一 山東莒縣東莞出土「七女」畫像簡介

1. 石闕的形制

　　1993 年 5 月，莒縣東莞鎮在修路時，於東莞鎮東莞村西南約一公里的一座宋墓中發現了十二方畫像石。其中兩方形制基本一致，殘石上端雕飾成半圓形，下有底座，中央稍高處有像是「穿」但未穿透的孔，和一般帶穿漢碑在外形上有相似之處（圖 1.1-2）。[1] 楊愛國引用莒縣博物館人員的說法，稱此二石為石闕。《莒縣文物志》稱之為「闕門」。劉雲濤在出土簡報中將之稱為一、二號石，認為「原本是石闕，二號石與一號石為一對，三號石和四號石是其基座。該石闕原為墓主孫熹墓前的闕門，立於東漢靈帝光和元年（西元 178 年），後被他人築墓利用，所以闕銘被破壞，畫面被抹上石灰，這種情形在山東地區多見。」[2] 的確，在半圓頂上還存在一些突出不規則的殘石，上端肯定原本還有其它的部分，可惜現在已無法看出是否即闕頂部常見的重簷頂蓋。

　　如果將二石稱之為闕，現存外形和一般所知的漢闕（如山東武氏祠闕、南武陽皇聖卿闕、功曹闕、四川的諸漢闕、河南中嶽漢三闕）都有不同，最大不同

1　本文寫於山東美術出版社和河南美術出版社《中國畫像石全集》第三冊（2000 年 6 月）出版之前。現在已可在第三冊，圖 137-140 見到該兩闕四面及側面的清晰拓影。出土簡報參劉雲濤，〈山東莒縣東莞出土漢畫像石〉，《文物》，3（2005），頁 81-87。

2　劉雲濤，前引文，頁 87。

圖 1.1　七女畫像闕正側面線描圖（劉曉芸摹）

圖 1.2 1998.9.7 作者攝於山東莒縣博物館

古月集：秦漢時代的簡牘畫像與政治社會
　　—— 卷二　畫像石、畫像磚與壁畫

在於兩石中央有未穿透的孔。兩石在中央兩面略偏高處，一有未鑿穿的圓孔（為方便區別，以下簡稱為「圓孔闕」），另一件則為方孔（以下簡稱為「方孔闕」）。方和圓孔（尤其是方孔）外緣有規整的邊框，從畫像分在孔的兩側毫無破壞的痕跡可知，畫像雕刻和方、圓孔應該是同時完成，非經後世改鑿。為何闕中央會有這樣方或圓形未穿透的孔？一時未得其解。[3]

　　兩闕石質和畫像風格一致。圓孔闕頂額有東王公，方孔闕頂額有西王母畫像，可證原本應是一對。圓孔一石另一面上額有鳳鳥、仙人畫像。畫像下方中央原本有八行銘題。銘題前有較大的隸書「門大夫」三字，字跡完整清晰。但銘題原刻各行文字的中央部位被刻意鑿損，各字殘留少許兩旁的筆畫（圖 2.1-2）。從殘存的筆畫還可勉強釋出部分內容。今錄劉雲濤簡報中所作釋文如下：

惟光和元年八月十日□□琅琊東莞□孫熹　　　（1）

年六十四故世□□故□□諸曹（？）掾□縣主簿　（2）

□□升離□□情意□此大門闕□□歸　　　　　（3）

于□千秋萬歲□□□□□□□山□　　　　　　（4）

□□□□有刻□□□者游魂□無不□　　　　　（5）

其□□□□□□□□□□孫□　　　　　　　　（6）

東□命行事承□□升太知播惠康　　　　　　　（7）

□□□□□□□□□□永無疆　　　　　　　　（8）

第一行「光和」二字殘筆不是十分清楚，刊布的拓本也不明晰。[4] 我在現場看時，覺得釋為「光和」二字算是較為合理的推敲。如果無誤，漢靈帝光

3　未穿透的方、圓孔是否能稱為「穿」？如果視同穿，就不得不檢討碑穿用於麗牲引紼之說。未鑿穿的孔明顯無法穿過繩索以繫住牲口，也無法施用轆轤。兩孔一為方形，一為圓形，似乎為王思禮和賴非認為碑穿象徵「天圓地方」之說增添了證據。即使這兩石成對，其孔一方一圓，象徵天圓地方；但漢碑一般並不成對，似乎無法由此去解釋其它漢碑的穿也有同樣的象徵意義。請參葉昌熾，《語石》卷三（北京：中華書局），頁 73；王思禮、賴非，〈漢碑的源流和分期及碑形釋義〉，《書法》，4（1988），頁 10-15。

4　題記釋文又見劉雲濤，前引文，頁 81；題記拓影見劉雲濤，前引文，圖六，頁 83。

圖 2.1　被鑿損的銘題（1998.9.7 作者攝）

和元年即西元 178 年。這為石闕的時代提供了消息。

　　又《莒縣文物志》和出土簡報之所以將畫像石定名為「闕門」，看來主要是因為銘文中有「闕門」二字，而銘前又有「門大夫」三字。武氏祠闕和南武陽（今平邑）皇聖卿闕上也都有類似的銘題。南武陽功曹闕的銘題右側也有極為類似的門吏畫像，因此認定這兩方畫像石為闕門有一定的道理。可是銘題中的「闕」字，中央的部位不存，實難確認。《莒縣文物志》原釋文在「闕」字旁也加了問號。又漢闕一般成對，一闕有門大夫或門吏的畫像，另一闕也應有相對的畫像。皇聖卿東、西兩闕的南面最下層即是相對的門吏畫像。莒縣這兩石並沒有這樣相對的畫像。為何如此，仍待解釋。本文暫從原報導，名之為闕。

2. 畫像內容簡介

以下先介紹**圓孔闕**。此闕不含底座，高 170 公分，寬 68 公分，厚 37 公分。姑以有銘題的一面為正面。正面上下分成寬度不一的七層。畫像頂端部分呈半圓形，外圈有連雲紋邊飾，中心為鳳鳥、樹及帶羽的仙人。其下層右側是一位體形甚大，面朝右，帶冠持盾的「門大夫」。「門大夫」三字榜題刻畫淺細，未遭毀損，十分完整清晰。這三字的書體和其左側八行遭毀損的題銘殘畫相比，不論刻畫深淺、筆勢都十分一致，應是同時同人所刻。不過「門大夫」三字明顯是榜題，指右側的拱身持盾的畫像人物，而不是左側銘文的標題。八行銘文占據中央的部分，目前原刻僅

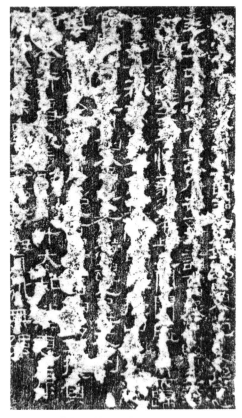

圖 2.2　被鑿損的銘題拓本

存第七行的「大」或「太」字較完整，其餘文字僅若干兩側殘筆可見。銘文釋讀見前。

其下第三層即圓孔及其兩側部分。圓孔右側一人向右彎弓射箭，其前方一人正攀上一建築的階梯，肩上扛著一畚和籠。[5] 類似的畫像也見於嘉祥宋山畫像第四石、第八石、南武山畫像第二石、紙坊鎮敬老院畫像第九石（以上見朱錫祿，《嘉祥漢代畫像石》）、武氏祠左石室小龕東壁、南武陽皇聖卿闕等。圓孔左側有一人正在餵食一匹有韁繩繫住的馬。

5　此圖之相關研究參蔣英炬，〈漢代的起土工具和籠——兼釋漢畫像石「負籠荷鍤」圖像及耒、耜、畚的演變〉，《故宮學術季刊》，11：4（1994），頁 81-91。

第四層從左到右有一排人物並各有榜題。榜題分別是「堯」、「舜」、「侍郎」、「大夫」。這些字刻寫得十分淺細，但還算清楚，不難辨識。侍郎、大夫朝左拱手站立，堯身後有樹、與舜相對而坐。

再下第五層也是一排人物，自左至右也各有榜題；除最右二榜漫漶難識，餘為「禹妻」、「夏禹」、「湯王」、「湯妃」。榜題字刻畫淺細，尚可辨。

第六、七層分別是樂舞圖及庖廚圖。樂舞圖從左至右有人物七人。左側有二人跪坐，正欣賞一舞者揚袖而舞，右側有樂人四人正吹竽或鼓瑟。庖廚圖左側有人在燒灶，其旁有吊掛的豬頭、鳥禽等肉食，其下畫殘，有一人手持刀，右上端有鳥站在桔槔上；其右有二人，一人揚手持刀，其餘部分殘漶較甚。

圓孔闕背面畫像也分七層。頂端畫面部分殘漶，中央無疑為戴冠有背羽的西王母。西王母無戴勝，但幫助辨識的是其頭左側有青鳥，右側有搗藥的玉兔。此外在左側還有一人首鳥身，另一人站立手捧一物，其下身殘。

其下第二、三層為狩獵圖。第二層自左至右有一正自上而下捕捉兔子的獵犬，右側有另一由人牽繫的獵犬。中央部分殘漶，右側則有肩上扛著畢的獵人。第三層左側有一奔鹿及狗，右側主要畫面描寫兩人分用弓箭及戟圍捕一頭野豬。畫面中點綴有樹一株和鳥三隻。

第四層中央為圓孔，兩側各有戴冠立像人物三人；左側人物朝右拱手，右側二人相對拱手，另一人則較漫漶，姿勢較難確定。有題榜三，無字。

第五層又是狩獵圖。左側樹木之間有兩頭相對的虎，右側有一人正彎弓射之。上端有飛鳥。

其下第六層為二桃殺三士故事畫像。最左側一人拱手而立應是使者。右側二武士，一人手持劍，正與相對的另一人爭論，兩人中間有二桃。與一般二桃殺三士畫像不同之處在於只畫了兩位武士，另一人省略。

最下一層殘漶較嚴重，但仍可看出有一輛向左行駛的牛車，車上有二人；車前另有一人為導引。此層畫像下半截幾全漶。

圓孔闕一側畫像從上而下為二隻四足異獸，兩隻猴子。另一側上端有一人持篲，其下有兩隻猴子。

　　方孔闕高 172 公分，寬 62 公分，厚 37 公分。此石正面分為六層。頂端有幾乎和圓孔闕正面相同的半圓邊飾以及鳳鳥仙人圖，保存情況較差，尚可辨識。

　　其下第二層右側有兩層樓建築，樓上飾一懸掛的弩；弩旁立柱上有可清楚辨識的隸書榜題「隸胡」二字。樓下有人手持杖，領著兩名頭戴尖帽，反綁跪著的胡俘，正謁見建築物中的人物。建築左側，有三位朝左奔馳中的騎士，其中一人手持戟，一人正彎弓而射。他們面對著自左側山巒間冒出騎在馬上，頭戴尖帽，彎弓而射的胡人。這種以獻俘和胡漢騎交戰為主題的畫像常見之於山東的漢代祠堂，孝堂山者即為一例。

　　第三層中央為方孔，兩側各有拱手而坐的人物三人，其旁有未題刻的空榜。

　　第四層即為占據較大面積，右側題有「七女」二字榜題的「七女為父報仇圖」（圖 3.1-3）。此層畫像除極小一部分漫漶，大部完好。畫像採取中央對稱的構圖。

　　畫像的主體可分為橋上、橋下兩大部分。畫像中心是一座漢畫中常見中央拱起，有欄杆的木橋或石橋。橋上中央有一輛向左行的馬車，拉車的馬因遭前方二女子持盾和劍攻擊，脫離車軛，正要下橋而無法前進。原石上的馬較為漫漶，不易看清。車轅上佇立著一隻鳳鳥，另一隻飛在車蓋前方。車上有一人戴冠，面朝右揚手，右側橋上有一人似亦揚手與其呼應。這個人也漫漶不清，似乎應該是另一位攻擊他的女子。這女子身後另有一人正引馬上橋。在馬車的兩端各有一位相向而行的騎士，他們都正面對一位持盾女子的攻擊。右端騎士後背上方有清楚以隸書所刻「七女」二字。橋下中央有一戴冠者掉落水中，兩側各有一女子乘船向他進逼；畫面中央空隙之處則有漁人捕魚。

　　捕魚的畫面可以和第五層的捕魚圖以及最底層的大魚分開看，因為三者之間有界欄。但也可合在一起看。最底層是三隻朝左相連的大魚，第五

圖 3.1　1998.9.7 作者攝於莒縣博物館

圖 3.2　左圖拓本

古月集：秦漢時代的簡牘畫像與政治社會
　　　　　　　——卷二　畫像石、畫像磚與壁畫

層是兩艘相對的漁船，船上各有二人正在以
叉捕魚。漁船和人物的大小不及那三隻大
魚，卻又比第四層中出現的人物及船為大。
石工藉用魚、漁船及人物的大小，作近大遠
小的安排，成功地營造出視覺上由近而遠立
體的景深效果。

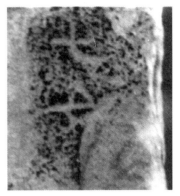

圖 3.3　榜題「七女」1998.9.7 作
者攝於莒縣博物館

　　方孔闕背面分上下七層。頂端為東王
公，東王公造型和西王母似無明顯差別，唯
其兩旁無青鳥及玉兔，各有一背上有羽，頭
梳髻的女仙跪侍其側。

　　第二層為人物七人。右側四人，左側三人，皆戴冠，相對拱手而立。
有榜七，空無一字。

　　其下第三層有兩位身形稍大，戴冠有鬚配印綬的人物相對坐於榻上。
他們身後各有一人隨侍。兩人之間另有一位站立著的侍者，正向右側的人
物進奉几案上的食物。這是漢畫中常見的墓主受祀圖。有一榜無字。

　　第四層中央為並未穿透的方孔，兩側有相對的立馬。馬後有樹。右側
馬前另有一鳥。

　　第五層自左至右有一騎士朝左持戟前導，後有一馬車，馬車上方有兩
隻相背，背面朝下的鳥。畫面左邊有一空榜。

　　其下第六層自左至右有一拱身持盾門吏，正迎接著前來騎在馬上的前
導及隨後的馬車。這一層和上一層雖分為兩層，但從許多山東地區漢畫的
布局可知，這兩層其實是描繪連續的出殯車隊。門吏是祠堂或墓園的守護
者，死者的柩車，或槥車正在眾車的前導下進入人生最後的歸宿。

　　最下一層是典型的「射爵射侯圖」。[6] 左側雙層有鋪首的建築是祠堂。
祠堂裡有側面的人物三人，後二人較不清楚。祠堂前有枝葉盤繞的大樹；

6　參拙著，〈漢代畫像中的「射爵射侯圖」〉，《中央研究院歷史語言研究所集刊》，71：1
　　（2000），頁 1-66。本書卷二，頁 161-219。

樹上有鳥，樹幹有猴。樹左側正有一人彎弓仰射上方的鳥和猴。

　　方孔闕一側上蹲一人，雙臂已殘。下四周有框格，內飾連弧紋。其下有三怪獸，中間者肩生雙翼。另一側自上而下是兩隻有翼的怪獸和一隻猴子。

二 從「時間」因素看東莞、和林格爾漢墓 「七女為父報仇」畫像的異同

　　東莞「七女」畫像的出土，已使王思禮和楊愛國等學者聯想到武氏祠的橋上戰爭圖及和林格爾壁畫中有「七女為父報仇」榜題的畫像。他們的觀察為纏訟近一世紀的武氏祠戰爭畫像的解釋帶來了曙光，意義非同小可。

　　本文基本同意王、楊等先生的看法，並打算在他們的觀察和新材料的基礎上，對畫像與榜題、格套、文獻的關係，提出一些個人淺見，就教於方家。過去我曾指出榜題和格套應是認識漢代畫像寓意較可靠的出發點。[7]但如果榜題相同，畫像布局卻有所差異時，該如何理解？東莞「七女」畫像、和林格爾「七女為父報仇」畫像和武氏祠所謂的戰爭圖，可以為檢驗敝說，為認識榜題、格套的關聯提供進一步討論的素材。

　　第一個問題是東莞和和林格爾畫像榜題一作「七女」，一作「七女為父報仇」，它們到底是不是描繪同一個故事？如果稍一比對畫像，就可發現兩者在畫像布局上有同也有異。以下先來看看東莞七女畫像的布局關鍵：

　　（1）馬車自橋上而過，

　　（2）有人落入水中，

　　（3）橋上、橋下有七位女子手持武器對馬車及落水者進行攻擊。

7　同上，頁 2-4。本書卷二，頁 162-164。

畫像雖只有「七女」二字榜題，但比對畫像內容，的確可以找到七個
手持武器戰鬥的女子。女子身分可從髮髻看出。橋上左側有三人，右側有
二人，橋下船上有二人。她們應該就是和林格爾壁畫榜題所說「為父報仇」
的七女。落入水中遭受攻擊的人應是七女報仇的對象。和林格爾漢墓壁畫
又是如何描繪這一場面呢？

　　和林格爾墓這一部分原有的壁畫剝損已甚，原報告雖附有照片圖版，
除橋的部分，其餘幾乎已難以辨識。此墓據說已回填，一時無法進行實地
考察。[8] 現在的討論基本上只能根據出土時所作的摹本（圖 4.1-3）。據與原
發掘人相熟的黃展岳先生見告，發表的摹本應屬可靠。依摹本，在中室西
壁甬道門上方畫有一座橫在門洞上的橋。橋的形式和東莞七女圖中所見相
類。橋下兩旁有樹，中央橋墩間有兩艘各載有三人的船。橋下並有榜題
「渭水橋」三字。故事發生的地點因而明確。橋上有左行的馬車兩輛，前
導馬車已下橋，主車正在橋上中央的位置，其旁有稍殘榜題「長安令」三
字。長安令應即是報仇的對象。畫工以散點透視技巧，安排九匹奔騎在馬
車的四周，對馬車形成包圍之勢。在奔馬的上方有清晰完整的「七女為父
報仇」六字榜題。值得注意的是馬上騎士的髮髻形式不同。其中最少有五
人較明顯梳著高髻（主車前一人，車後第二、三人，車右上方之二人）。其餘騎
士的髮髻形式有兩人因畫殘不明，其他則和主車、前導車上人物的髮髻相
同。因此，不難推知畫工是以髮髻分別男女，上述梳高髻的五人應該是七
女中的五人。另外兩人可能在船上。兩船上各有三人，兩人在船兩端撐
船，中間一人體形稍大，應該是他們搭載的主人。可惜中間一人的頭飾部
分殘缺，無法明確分辨。

　　如果比對以上兩者畫面，就不難發現幾點明顯的不同：

　　（1）和林格爾七女或騎在馬上，或乘船在橋下；東莞七女全不騎馬，

　　（2）和林格爾七女沒有武器在手，東莞七女皆手持刀、盾、勾鑲等武

8　按：在內蒙古呼和浩特盛樂博物館有一放大尺寸 1：1.5 和林格爾壁畫墓的複製，2018 年 10
　　月 24 日曾去參觀，有助於了解原墓各室壁畫結構。

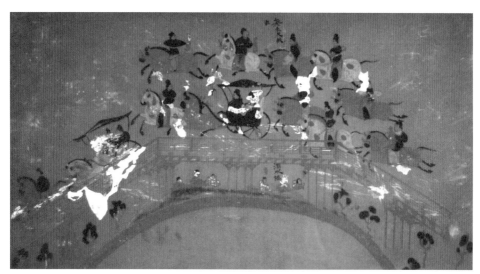

圖 4.1　和林格爾漢墓壁畫七女為父報仇部分摹本照片，羅豐先生提供。

圖 4.2　作者線描圖

古月集：秦漢時代的簡牘畫像與政治社會
　　　　　—— 卷二　畫像石、畫像磚與壁畫

器，

（3）和林格爾的長安令在馬車上，東莞受攻擊
者則在橋下。

這樣一比較，不禁要問：如果「七女」和「七
女為父報仇」的榜題是指同一故事，又如果同一故
事應有相同的格套布局，那麼為何這二者會出現這
樣明顯的差異？既有差異，是否意味著格套之說不
確，或者說它們描繪的故事不同？

圖 4.3　七女為父報仇榜題

解決這些問題的一個關鍵似乎在釐清畫像中的
「時間」因素，也就是仔細找出畫像所呈現的是故事的那一個或那些情
節。簡單地說，故事必有情節，情節必在一定的時間序列中發生。畫工如
何選擇情節？是選擇單一的情節或選擇在若干不同時間點上發生的先後情
節？如果選擇的是後者，如何利用畫面描繪出故事的先後情節？又如何作
內容或布局的調整變化？陳葆真曾以同發式構圖、單景式構圖和連續式構
圖三種類型，十分細緻地分析了漢代敘事畫（narrative paintings）在「時」、
「空」上的不同表現，[9] 信立祥同樣敏銳地指出漢代已有運用「具有時間差
的幾幅畫像來表現同一事件發展過程的藝術表現手法」。[10] 本文想要以「七
女為父報仇圖」為例進一步討論，在同一幅畫像中，也就是陳葆真所說的
同發式構圖中，如何以「時間差」來表現故事情節的發展。

在討論「七女為父報仇圖」的時間因素以前，或許值得先回顧一下過
去學者談得較多的荊軻刺秦王圖。學者早已指出，漢代荊軻刺秦王圖描繪
的是荊軻擲出匕首，誤中桐柱，秦王奔逃，整個故事最緊張高潮的一刻。[11]

9　Pao-chen Chen（陳葆真），"Time and Space in Chinese Narrative Paintings of Han and the Six
　　Dynasties," in C.C. Huang and E. Zürcher ed., *Time and Space in Chinese Culture*, Leiden: E.J.
　　Brill, 1995, pp. 239-285.

10　信立祥，《中國漢代畫像石の研究》（東京：同成社，1996），頁 97；或同書中文增修本，《漢
　　代畫像石綜合研究》，頁 115。

11　如蔣英炬，《漢代武氏墓群石刻研究》（濟南：山東美術出版社，1995），頁 116；顧森、劉

基本上，大家的注意力一向集中在畫像如何表現故事的高潮，較少留意畫工以怎樣的技巧去呈現情節的發展以及其中可能包含的「時間差」或「時間幅度」。

如果稍稍留意，就不難發現武氏祠左石室、前石室和武梁祠三幅刺秦王圖所表現的並不僅僅是故事中的某「一剎那」，而是將不同時間點，先後發生的若干情節壓縮表現在同一個畫面中（圖 5.1-4）。依照《史記·刺客列傳》的描述，見秦王時，荊軻親捧盛有樊於期頭顱的盒子，秦舞陽捧著督亢的地圖，匕首藏在地圖中。秦舞陽來到殿下，害怕，荊軻受命代為奉上地圖。圖窮而匕首見。荊軻左手握秦王之袖，右手以匕首行刺，僅斷衣袖，秦王驚走。依秦宮的規矩，任護衛的郎中在殿下，非召不得上殿。隨侍在旁的夏無且曾以藥囊擊荊軻。秦王後因左右叫嚷提醒，才拔出佩劍還擊，斷荊軻左股。荊軻失去行動能力，不得已擲出匕首。匕首僅中桐柱。秦王復擊軻，軻自知事敗，倚柱笑罵，「左右既前殺軻」。

司馬遷記述的情節和《戰國策·燕策》相近，和漢畫中的描繪則頗有出入。畫像中既沒有關鍵性的地圖，也沒有侍醫以藥囊擊荊軻一節。或者說，畫像較突出表現的是一個盛有頭顱，開著的盒子，秦王奔逃，荊軻被人攔腰抱住，以及匕首洞穿或插入立柱的情景。依情節的時間序列，武氏祠三幅刺秦王圖所描繪的最少包括五個先後的時間段落：[12]

興珍，〈論漢畫像磚與畫像石的表現性〉，《漢代畫像石研究》（北京：文物出版社，1987），頁 98-100; Pao-chen Chen, op.cit., p. 241-242。此外，劉敦愿先生曾舉十例概論中國古代繪畫藝術中的時間與運動。他也強調古代平面藝術如何捕捉並表現運動中的「一頃刻」。請參氏著〈中國古代繪畫藝術中的時間與運動〉，收入《美術考古與古代文明》（臺北：允晨出版公司，1994），頁 64-76。另有許多研究者只是引用文獻，述說故事，並未仔細比較畫像和文獻的異同或指出畫像的高潮，如吳增德，《漢代畫像石》（北京：文物出版社，1984），頁 141-142；楊愛國，《不為觀賞的畫作》，頁 131-133；長廣敏雄，《漢代畫像の研究》（東京：中央公論美術出版，1965），頁 89；林巳奈夫，《石に刻まれた世界》（東京：東方書店，1992），頁 100-103；信立祥，《中國漢代畫像石の研究》，頁 105-106；《漢代畫像石綜合研究》（北京：文物出版社，2000），頁 126-128。

12　五個時間段落的分析和陳葆真的看法不謀而合，請見陳氏前引文，頁 242。

圖 5.1　武氏祠左石室拓本

圖 5.2　武氏祠後石祠拓本

圖 5.3　武梁祠拓本

圖 5.4　原石照片，2010.7.5 作者攝於武氏祠。

　　（1）秦舞陽害怕，匍匐在地（武梁祠、後石室兩幅最明確，匍匐者身旁有榜題「秦舞陽」）。荊軻打開盛樊於期頭的盒子（三幅皆有盛有人頭已打開的盒子），請秦王驗看，

　　（2）荊軻揮匕首，僅斷秦王衣袖（後、左石室二幅可見已斬斷的衣袖），秦王奔逃，

　　（3）荊軻欲追，卻遭攔阻，被人攔腰抱住（三幅皆同），

　　（4）荊軻擲出匕首，匕首洞穿立柱（三幅皆同），

　　（5）持盾握劍的武士前來救秦王，從前後包抄荊軻（左、前石室）。

　　不論根據那一種故事版本，上述情節中，荊軻獻上盛樊於期頭顱的盒子，秦王觀看一節必發生在前。畫像中有一個已清楚打開，露出頭顱的盒子，又有一截已斷的衣袖，清楚交代出故事較早的情節。接著依《史記》的記述，荊軻擲出匕首是發生在左股斷廢之後。畫像中的荊軻還能站立，還能追，被人攔腰抱住。抱住荊軻的人手中並沒有藥囊之類的東西，不能確定他就是夏無且。單從畫像無法知道荊軻是否因左股斷，無法追，才被迫擲出匕首。只見畫像中的匕首急速洞穿柱子，匕首尾端的纓繐還處於飛飄的狀態。這時或隨後，秦王的衛士持盾劍而上，終取荊軻性命。這無疑

是故事最後的一幕。

過去大家為洞穿立柱的匕首所吸引，而忽略了打開的盒子和斷袖所代表的「時間」上的意義。如果注意到這些，就可以領會武氏祠畫工所企圖表現的不僅是故事中那最緊張的一瞬間，而是故事前後的發展過程。布局的重點無疑是放在畫面較中央位置的立柱和穿過柱子的匕首，以及圍繞柱子各人物的動作上。這樣的重點布局，能成功地吸引今天的觀者，相信在漢代也同樣能吸引目光。不過，他們想要表現的不僅如此。他們利用佔空間不多的盛有頭顱的盒子和斷袖，很技巧地交代出較早的情節。前石室的一幅在秦王身旁地上甚至還有一雙並排的鞋子，似乎也在提示某些失傳的情節。[13] 這些都不是漫無目的的點綴，而是引導觀者去想像情節的一步步發展，達到最後的高潮。

武氏祠的畫工有此巧思，其他作坊的匠人則似乎寧可利用更精簡的畫面，單單捉捕那最精采的一刻：沒有盛樊於期頭顱的盒子，沒有斷裂的衣袖，沒有鞋履，也沒有上殿的衛士，只有匕首刺入立柱的一剎那（如沂南北寨畫像石墓所見）。因此，以荊軻刺秦王圖為例，可以說漢代畫工在處理畫像的時間因素上，最少有兩種手法：

（1）一是在畫面上僅掌握並提示最精采的一刻，使觀者一望即知畫像所要述說的故事，而將故事的前後情節留給觀賞者自己去想像和補充；

（2）二是將先後的情節，以布局輕重的技巧，同時呈現在畫面上，引導觀賞者利用畫中出現的人物、物件或場面，解讀出故事一幕幕的發展。

有了這樣的認識，不免要進一步追問：是否還有「時間」處理上其它的技巧？例如以連環圖的方式展現情節的發展，或選擇故事裡不同的情節段落，隨著情節而變化畫面的呈現。以個人耳目所及，在漢畫中似乎還沒有較明確的連環圖。[14] 勉強可算是連環圖的或許是若干說明墓主經歷的畫

---

13 容庚認為這雙鞋是秦王未及穿上的，見容庚，《漢武梁祠畫像考釋》（考古學社專集第 13 種，1936），頁 29；朱錫祿認為這雙鞋是秦王脫落的，見朱著，《武氏祠漢畫像石》（濟南：山東美術出版社，1986），頁 112。

14 周保平曾以徐州漢畫石藝術館陳列的一方「邀看比武圖」為例，認為漢畫上已有連環圖。他

像，例如和林格爾漢墓前室西、南、東、北壁有連續重疊的車馬出行畫面，畫面中的墓主重複出現。出現時，配上「舉孝廉時」、「郎」、「西河長史」、「行上郡屬國都尉時」、「繁陽令」、「使持節護烏桓校尉」等榜題。觀者環顧四壁，即讀到一幕幕墓主的生平經歷。同樣的設計也見於武氏祠前石室東、西、後壁和前壁東西兩段承檐枋內側連續環繞的出行圖。圖中出現「君為郎中時」、「君為市掾時」、「為督郵時」等榜題，也使觀者在環顧時，一段一段閱讀了墓主的經歷。這種處理「時間」方式的特點是主角須重複出現在不同時段的畫面裡，而產生了「連環圖」所要達成的「連續敘述」（continuous narrative）的效果。[15]

如果以上對漢畫中時間處理的看法是正確的，那麼，和林格爾和東莞看似相同卻有差異的兩幅七女為父報仇圖，就可以得到解釋。這兩圖中的主角並不重複出現，因此與上述的連環圖不同。它們最主要的特色在於選擇了同一故事不同「時間點」上的情節，並變化了畫面的呈現。因為是表現同一個故事，因而有大致相同的布局；因為截取的情節不同，因而出現了上述畫面表現的差異。

前文提到兩圖最明顯的不同是和林格爾壁畫中的長安令遭女子騎馬追趕包圍，也有女子乘船在橋下布置，但畫面上並沒有攻防格鬥的跡象。東莞畫像描寫的卻是戰鬥開始以後，人馬受攻擊，人物落水，攻守最激烈的一刻。不論進攻者或遭受攻擊的，手中都正握著刀、矛、勾鑲或盾牌，捉對廝殺。換言之，畫工從同一個故事取材，卻對所要描繪的情節，作了不同「時間點」上的選擇。車主遭七女包圍，尚安坐車中的情節，無疑應發

甚至認為長沙馬王堆一號漢墓漆棺上的「土伯吃蛇」、「羊騎鶴」也帶有連續故事性。見所著〈漢畫像石中的連環圖〉，《中國文物報》，1993.2.7.。其實徐州一石上下四欄畫像之間的關係如何，無榜題，可隨人想像作出不同的解釋，實難證明它是連環圖。漆棺上者為連續性故事也無證據。劉敦愿認為馬王堆一號墓漆棺上曾有羊與鳥相嬉戲的繪描，「確是連續性的故事，不過沒有畫在一處罷了」（劉敦愿，前引文，頁75）。劉氏認為這些描寫「明確無疑地可以看作是連環圖畫的開始」（頁76）。問題是沒有畫在一處，且畫在內棺上，明顯不是如祠堂之畫供公開觀賞，是否能稱之為連環圖仍不無疑問。

15 請參陳葆真，前引文，頁246。

古月集：秦漢時代的簡牘畫像與政治社會
　　── 卷二　畫像石、畫像磚與壁畫

生在七女自橋兩端和橋下進擊，車主已自車中落到橋下之前。理解這一層，也就解開了這兩件畫像布局和內容看似有異，故事和榜題卻相同的疑惑。換言之，相同的故事雖有類似的格套布局，因情節選擇的不同即必然有畫面呈現上的變易調整。

三 武氏石祠、孝堂山石祠、臨沂吳白莊漢墓和安陽曹操墓「七女為父報仇」畫像的推定

在確定和林格爾和東莞畫像屬於同一個七女為父報仇的故事以後，就可以進一步討論並沒有「七女」榜題的武氏祠橋上戰爭圖或水陸攻戰圖了（圖6.1-2）。正如王思禮和楊愛國等人所指出，武氏祠兩幅橋上戰爭圖描繪的無疑也是七女為父報仇的故事。武氏祠畫工選擇的情節或故事的「時間點」和東莞七女一圖幾乎完全一致。武氏祠的兩圖出現在前石室和左石室西壁。兩者布局和東莞所見者基本雷同：

（1）畫面以一座中央拱起，有欄杆的橋為中心，
（2）橋上中央有一輛遭受女子前後包圍攻擊的馬車，
（3）車主已跌落橋下，
（4）橋下有兩船，分載兩位女子正從兩側攻擊落水的人。

這些女子的身分和其它漢畫中常見的一樣，可以從她們所梳的髮髻清楚地辨識出來。除了這四位女子，其他三女出現的位置則不盡相同。在前石室畫面上，一位出現於「功曹車」下方，第二、三位在橋上主車的上方。左石室的另三位很清楚出現在橋上主車的上方、左上方以及畫面最上層右側馬車的前端。從基本布局和女子的人數，可以肯定武氏祠的這兩幅必是「七女為父報仇」圖無疑。這兩幅雖然沒有「長安令」、「渭水橋」、「七女」或「七女為父報仇」這類榜題，前石室一幅卻有「游徼車」、「功曹車」、「賊曹車」、「主簿車」、「主記車」的榜題。游徼、功曹、賊曹、主簿、主記等全是縣令的屬吏。畫中的落水者頭戴前高後低的進賢冠。漢畫

圖 6.1　武氏祠前石室七女為父報仇畫像，作者線描圖。

圖 6.2　武氏祠左石室七女為父報仇畫像，作者線描圖。

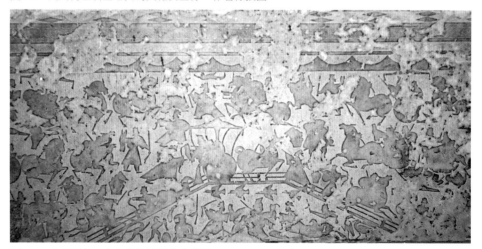

圖 6.3　武氏祠左石室七女為父報仇畫像原石，1992.9.3 作者攝於嘉祥武氏祠。

中多以此冠標示官員或兼儒士的身分。換言之，這位人物應該就是和林格爾壁畫標明的長安令。

值得注意的是武氏祠的兩幅在場面上要比東莞所見者浩大。不僅人數和車馬增加了許多，有些情景也是東莞畫像所沒有的。簡單地說，參加報仇的人除了七位女子，在武氏祠的畫面裡還出現不少其他手持武器的男性兵士，左石室橋下右側的船上，在女子身後甚至有一位披髮的小孩。這些人物應和七女復仇故事的情節有關。武氏祠畫像與其它山東出土的漢畫相比，交待內容往往是最細緻的。許多武氏祠畫像可見的故事細節，在其他畫像中常常省略。因此不宜因這些細節不見於東莞或和林格爾七女復仇圖，而認定武氏祠這兩幅是另一個故事。

由於以上四件七女為父報仇畫像的認定，我對格套在畫像製作上的意義有一番新的體認。格套並不是一套單一，固定不變的形式框架，而是最少包含概念、空間和時間向度，既具規範作用，又允許相當程度形式甚至內容變化的製作習慣或依據。它們是畫像製作者和需求者之間長期互動下的產物。所謂概念向度包括當時的人在那些概念的指導下（例如對死後世界的認識、孝道倫理觀……），使用那些「類型」的畫像（例如升仙、避邪、彰顯墓主的功業生平、歷史故事、奇禽異獸……）去裝飾墓室或祠堂；這些畫像在流行風氣的影響下，又以那些基本構圖元件的組合和形式，來傳達必要的意義訊息等。空間向度是指不同地域的流行風尚和作坊集團，使得同一寓意的畫像在不同地區可能有不盡相同的表現；也指如何將不同類型的畫像安排在祠堂或墓室不同的空間，以及在各空間內的畫像安排等。時間向度則指某一區域不同時期的畫像題材、技法和風格變化等。小而言之，也指題材故事在時間情節上的選擇等。

基於這樣的認識，或許又可以推定孝堂山石祠三角梁西面畫像和 1972 年於臨沂城南吳白莊公社漢墓出土一方畫像，都可能是描繪七女為父報仇的故事。孝堂山石祠和臨沂吳白莊畫像我曾兩度前去察考。孝堂山石梁西面畫像拓片可見於史語所傅斯年圖書館、沙畹《中國兩漢石刻》（É. Chavannes, *La sculpture sur pierre en chine au tempts des deux dynasties Han*, 1893, pl.

XLI）或傅惜華《漢代畫像全集》初編圖 18-20（圖 7）；吳白莊一石現藏臨沂市博物館，拓片收入《山東漢畫像石選集》圖 369、《中國畫像石全集》第三冊圖 12（圖 8），出土報告見《東南文化》。[16]

我們先來辨識孝堂山石祠三角梁西面的一件。這一幅大家耳熟能詳。在三角梁的中央尖頂部分有一兩頭龍形成的拱形，拱形下坐著一位面朝右的人物。在三角斜頂的左右兩邊有成排朝右的飛鳥。飛鳥之下即是以橋為中心的七女為父報仇圖。中央拱起有欄杆的橋居於畫面中心，這和其它的七女為父報仇圖一無二致。橋上兩端各有若干上橋的騎士。橋中央有馬車，馬車前後遭人攻擊，馬受驚，脫離車軛，車箱傾斜，車中之人翻落到橋下。橋下則有四艘船，每船載有兩人。其中兩船上的人正以長矛刺殺落水者。這樣的布局和武氏祠、東莞七女報仇圖基本一致。

圖 7　長清孝堂山石祠七女為父報仇畫像　作者線描圖

圖 8　臨沂吳白莊漢墓畫像 作者線描圖

---

16 管恩洁、霍啟明、尹世娟，〈山東臨沂吳白莊漢畫像石墓〉，《東南文化》，6（1999），頁 45-55。

在橋上馬車的馬身下，欄杆之間有榜題二字，第二字只剩左半，已不可識；第一字似是「安」字。這個榜題應是後人的手筆。孝堂山畫像上有太多後人的題刻。在這一石右端即另有一「安」字，左邊橋下還有長篇後人的題刻。這些晚出的文字基本上都不能成為認識畫像的根據。

儘管孝堂山這幅畫像就布局來說應是描繪七女為父報仇的故事。解釋上最大的困難在「七女」不易辨識出來。整體來說，孝堂山畫像中的女性和男性，除了西王母，在外觀上區別十分不明顯。例如保存較好，細節仍清晰可見的後壁樓闕上層並排而坐的婦女，頭上也戴冠，冠式的特徵似僅在冠後有一簪（？）。如果不知道漢代祠堂樓闕上層常畫婦女，恐怕很少人能真正分辨出她們的性別。石祠梁下有刻畫精美，保存完好清晰的織女圖。[17] 織女的服裝和髮式（似乎戴冠）也沒有明顯女性的特徵。由於石祠低矮，光線甚暗，石面光滑易反光，極不易拍照。參觀時我雖曾攝影，效果甚差。史語所收藏的拓片以及過去著錄出版的拓影也都不夠清楚。因此除非再去查看原石，手邊一時還沒有足以看清人物性別的資料。以史語所拓片看，只有橋上右側以長矛刺馬的一人，頭上似梳髻，未戴帽，橋下左端船首一人也似梳髻。他們二人在髮髻上較明顯，似為女子。其他人物或戴冠，或頭部漫漶，不易辨別，服裝也無明顯差別。石祠畫像的製作者或許認為從布局已足以表現一個大家熟知的故事，因此不那麼有意去做性別細節上的刻畫了。

吳白莊漢墓畫像中的「七女」則可以十分明確地加以辨認。她們被安排在畫面的右端。七女分為上下兩排，上排三人，下排四人。七女的身分可從七人一致，且與畫中其他人不同的造型辨認出來。七女有一致的高髻髮式和飄起的裙角，七人中有六人一律左手握環首刀，下排四人右手一律持勾鑲，上排頭一人雙手握長矛，後二人右手持盾。儘管她們沒有騎馬，也沒有出現在橋下，但從畫面上可以明顯看出，她們是經刻意刻畫七位奔走追趕中，帶著各式武器的女子。其所以認定這幅為「七女為父報仇」

---

17 參傅惜華，《漢代畫像全集》初編，圖 24。

圖，這是第一點證據。

　　其次，七女手中從持的武器有環首刀、長矛、盾和勾鑲。這樣的武器也見於武氏祠、孝堂山和東莞的七女畫像。這雖不是絕對的證據，可以當作參考。

　　第三，從畫面上也可看出七女緊追在橋上的車隊之後。橋上有朝左行的三輛車：右側一車正從橋的斜坡上橋，另一車在橋的中央，車上有駕車者和體型稍大，頭戴進賢冠的車主。這無疑就是七女意欲報仇的對象——長安令。如果與武氏祠、和林格爾的相較，吳白莊畫像選擇的故事「時間點」明顯與和林格爾的一樣：七女還在追趕馬車，報仇的對象尚未落到橋下。不過吳白莊的藝匠用了不同的手法表現出追擊的緊張氣氛。車隊最前方的一車正在下橋，馬匹受驚，脫開了車軛。車尚在橋上，馬卻已昂首張蹄，奔跑到了橋下。不但如此，一個車輪還在奔逃中脫落，掉到橋下，橋下的漁夫正在打撈輪子。孝堂山和東莞七女圖橋上的主車都有馬受驚，脫離車軛的場面。吳白莊畫像運用相同的表現手法和形式，只不過將受驚嚇的從主車轉移到前行的導車上。

　　吳白莊畫像比較不同的部分一是畫像左側上方手持簡冊，坐著的八個人物。他們席地而坐，雙手拿著展開一半的簡冊。其次是最左端下方的馬車。從車的外形看無疑是輂車，[18] 但車前不見人駕車，車後卻有一人朝後坐在車上。這些人物和車馬一時還不知該如何解釋。畫像右端上排有和三女背對的兩人，一人執笏向右而拜，一人似正面朝前而坐，頭部殘；右端下排四女之右還有一戴平巾幘的男子，未持武器。他們的身分不明。或許像武氏祠七女為父報仇圖橋下船中的小孩一樣，只能暫時將他們歸諸「七女為父報仇」故事中某些我們尚不明白的情節。

18　輂車車形較徹底的研究見王振鐸著，李強整理、補著，《東漢車制復原研究》（北京：科學出版社，1997），頁 6-12。

四 安徽宿縣褚蘭兩座石祠西壁上「七女為父報仇」畫像的推定

除了山東，在安徽宿縣褚蘭出土的兩座石祠西壁上，也有兩件七女為父報仇的畫像可以依循以上的方式推定出來。

一件見於褚蘭西南墓山孜出土，東漢建寧四年（西元 171 年）「辟陽胡元壬墓」（編號二號墓）南側石祠西壁。[19] 石祠為單開間，祠頂已失；牆壁用整塊石板砌成，上部殘毀。北壁為正面，東西兩端為山牆。七女為父報仇畫像即在西壁下層。王步毅在《考古學報》發掘簡報中曾刊布西壁畫像拓片。《中國畫像石全集》第四冊刊布了完整且清晰的拓片（圖 9）。西壁畫像可分為上下四層，上三層畫像左半部有多少不等的殘損，最下一層，王步毅曾對畫像內容作以下的描述：

> 第四格與第五格之間，以一架橋梁相隔，可視為一幅畫。橋為板橋，中段平直，兩頭斜坡及岸，橋上未設欄杆，橋下中間立柱，柱頭之上以櫨斗承托橋身。一輛牛車正在過橋，車上坐著一人，一人牽牛，一人奮力推車。牛車前後有女子多人，手中皆執兵器。橋下橫著一條漁船，一群人正興致勃勃地捕魚……

須要補充說明的是橋上左端的畫面也有殘損，牛頭的部分和三個人物中段身子的部分不可見，幸好從左右尚完好的人物的頭飾和這三個人物殘存的頭飾比較可以確知，這三位殘損的人物也是手執兵器的女子。牛車右側有執兵器的女子二人，牛車前有五人，合在一起正是七女，她們向左向右面朝牛車，正前後包圍，準備攻擊。從過橋和七女執兵器包圍牛車上人物格套式的布局，可以知道這應該也是一幅七女為父報仇畫像。唯一不同於山東地區所見的是馬車換成了牛車。為何是牛車，不是格套中的馬車？

這個問題幸好從 1991 年褚蘭褚北鄉寶光寺出土的另一熹平三年（西元 174 年）石祠同一形式的畫像可以得到參證。[20] 這一石祠早已破壞，祠主從

19　王步毅，〈安徽宿縣褚蘭漢畫像石墓〉，《考古學報》，4（1993），頁 515-549。

20　王化民，〈宿縣出土漢熹平三年畫像石〉，《中國文物報》，1991.12.1。

圖9　安徽宿縣褚蘭胡元壬石祠畫像線描圖（劉曉芸摹）

題記可知叫鄧季皇。東西山牆畫像保存尚稱完整。同樣在西牆畫像的最下層，有一雕刻技法、風格、布局幾乎和上述建寧四年墓石祠一樣的七女為父報仇圖（圖10）[21]。山牆最上層照例是東王公、西王母的畫像，中層是九位姿勢各異，或揚手或甩袖，梳髻的女子。下層中央橫隔一兩側有斜坡，由三柱支撐的橋，橋上中央有一輛朝左行的馬車，車上有一人駕車，一人坐車。車後有兩女子，手持武器正在攻擊車上戴冠的人物，人物頭部伸出車外，似乎是因受攻擊而歪斜。馬前也有一女子手持刀劍和勾鑲，面朝馬車正在攻擊，有一人倒臥馬下。其左端另有一女，一手持勾鑲，另一手似

21　湯池主編，《中國畫像石全集》4，圖171。

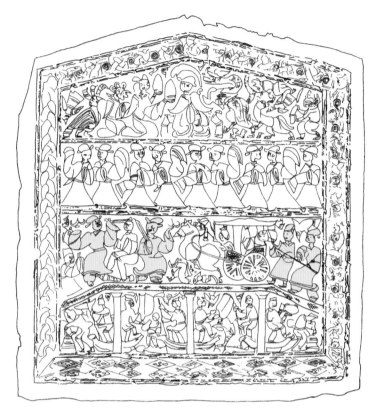

圖 10　安徽宿縣褚蘭熹平三年石祠畫像線描圖（劉曉芸摹）

正拉扯住一著褲裝男子的頭髮，準備攻擊。這一女子之左側還有一人，可惜不夠清楚。橋下則是熱鬧的捕魚場面。

這裡須要說明的是橋上的女子不足七人，這是不是描繪七女報仇的故事呢？褚蘭兩地石祠建造年代僅差三年，從畫像幾乎一致的內容、雕刻技法和風格看，它們很可能是出自當地同一作坊工匠之手。如果這個推測可以成立，這是一個很好的案例，幫助我們了解這些工匠在刻畫同一題材時，如何在格套中求變化：

第一、兩幅七女為父報仇畫像以橋為中心，橋上有車和持兵器的女子的基本布局完全一致，也合乎常見的格套，這樣就保證了畫像主題的可辨識性。

第二、在不影響故事主題呈現的原則下，畫面元件的構成可以作不少變化。例如斜橋可為單柱或三柱，橋下捕魚可有一船或三船，漁夫人數可多可少。橋上的馬車甚至可變化為牛車。[22] 如果進一步比較，可以發現橋上除了車上的人物，車前後同樣共有七人，也同樣車前安排五人，車後二人。但胡元壬祠刻畫的是七個手持武器的女子，攻擊的行動較不明顯。鄧季皇祠將七女中的兩人改成男子，刻畫成為受攻擊的對象，一人被扯住頭髮，一人甚至已被擊倒在地，戰鬥正在進行的緊張氣氛遠為濃厚。或許因為考慮到空間的限制，石匠沒有在七女之外增刻兩名受攻擊者，而是在七人中求變化，分為五人對抗二人，營造出較緊張的畫面。

　　如果以上對畫像內容和構成的理解尚可成立，那麼利用格套以及可能存在的畫面變化，又找到了兩件沒有榜題的七女為父報仇畫像。

五 疑出河南安陽曹操墓的「七女為父報仇」畫像

　　現在必須再補一件近年河南安陽曹操墓新出土的七女為父報仇畫像石（圖 11.1-3）。2012 年我有緣到安陽考察這件由警方追回，原應出自曹操墓的畫像石。我在其他論文裡已論證這件畫像石不論是否出自曹操墓，必屬東漢原刻，不是後世偽仿之作。[23] 這一畫像主體結構和前述者幾乎完全相同，畫面中心為一拱橋，從髮型和髮飾可以清楚辨識橋上橋下持武器的女子有六人，但其為七女為父報仇的故事無疑，刻工有可能遺漏或省略了一人。由畫像榜題可知較特別的是遭報復的對象是「咸陽令」而非「長安令」。我猜想這有兩種可能：一是同一個故事，但傳聞異辭，二是故事或許淵源甚早，已流傳於秦代。漢代秦有天下，故事的主角和地點也由咸陽

---

22 由於畫像中拉車「牛」的牛頭部分全殘，臀部也有殘損，是不是確為牛，並不能完全確認。姑從報告暫定為牛。

23 邢義田，〈漢畫、漢簡、傳世文獻互證舉隅〉，《今塵集》卷 3（臺北：聯經出版公司，2021），頁 29-32。

圖 11.1　安陽七女為父報仇畫像原石照片,馬怡提供。

圖 11.2　《曹操高陵》附圖 154,畫面中六女子灰底色由作者所加。

格套、榜題、文獻與畫像解釋　141

圖 11.3　原石照片局部「咸陽令」榜題，馬怡提供。

改成長安。無論如何，這一畫象的發現，為七女為父報仇故事在漢代的流播增添了新的證據。

六 格套、創作空間與榜題

　　從以上的分析不難發現，當時的藝匠雖受格套的規範，卻仍擁有相當大在創作上求變化的空間。

　　第一，在空間上，同一個故事可以被安排在祠堂或墓室不同的位置上。武氏祠、胡元壬和鄧季皇祠的七女為父報仇圖都位於山牆西壁的下方，和林格爾一件在中室西壁甬道的門框上，東莞出土者不在建築的壁面而在一方獨立的「闕」上，孝堂山者則在石祠三角隔梁上。吳白莊的一石

位於前室北壁東墓室上的橫額。又從報仇圖畫面的空間形式看，各圖皆以一座形式相近的中央拱起的橋為中心，但武氏祠、胡元壬和鄧季皇祠的畫面整體為橫向長方形，和林格爾和孝堂山者呈三角形，東莞畫面幾近正方，吳白莊則是極長的長條形。換言之，在空間上一個共同遵守的規律僅是一座居於中心位置的橋，其餘「元件」的多少和空間安排皆可由石工或畫匠頗為自由地調整變化。

其次，在畫像故事的時間選擇上，畫工可以集中呈現故事最精彩的一刻，也可以選擇故事中不同的片段。胡元壬祠、鄧季皇祠、和林格爾和吳白莊墓畫像可歸為同一組，表現七女正攻擊尚坐在車中的長安令；東莞、武氏祠和孝堂山石祠中的則將焦點集中在攻擊開始，馬車受驚，車主落到橋下，遭受圍攻的一刻。由於對這個故事的若干情節還缺少較完整的了解，尚不易判定是否也有將不同的片段壓縮表現在同一個畫面裡的情形。

第三，歸納以上幾件七女報仇圖，可以在內容和布局上找出共通的構圖元件：

（1）一座在畫面中央的拱橋，

（2）橋中央的馬車或牛車，

（3）七女子，

（4）遭報復的車主。

實際上除了武氏祠和褚蘭的各兩件在整體外觀上較為相似，應出於兩地各自的同一個作坊以外，其餘都各有變化，營造出很不同的視覺效果。撇開雕刻或壁畫的表現技巧不談，畫面中出現的人物、車馬數目不同，姿勢動作各異，整體布局則有長方、長條、幾近正方和三角形的不同，有些有小孩，有些有手持簡冊的人物和輦車。簡單地說，同一個題材在不同作坊工匠的手中，面目鮮活，各有一套。即使同一作坊的工匠應用格套也有靈活，不靈活之別。例如我以前曾介紹過的徐州漢畫像石藝術館所藏的兩石，依照粉本翻刻，幾乎一模一樣；但也有巧為變化的，如武氏祠各石室

有不少相同題材的畫像，卻沒有任何兩件在布局上完全相同。[24] 褚蘭兩石祠的工匠也表現了在格套中力求變化的功力。

以前我曾簡單談到過格套和榜題的關係，現在想想還有更仔細思考的必要。以七女為父報仇圖為例，東莞有「七女」二字，和林格爾有「長安令」、「渭水橋」、「七女為父報仇」三榜，吳白莊和孝堂山者無題榜，武氏祠左石室亦無，前石室卻有榜題「游徼車」、「功曹車」、「賊曹車」、「主簿車」、「主記車」。為什麼同樣的故事，可以有如此不同的榜題題法？同樣是武氏祠的石室，為何一加榜題，一不加？榜題的有無與榜題的題法到底依據什麼原則？榜題、格套、創作者和觀者之間到底有何關係？這些都是還待解決的問題。過去我相信榜題是製作者有意的提示，希望觀眾正確掌握畫像的寓意；如果創作者依據一定的格套去描繪大家熟知的事物或故事，觀眾就不一定須要榜題的幫助。[25] 現在看來，情況並不這樣簡單。因為這仍不能解釋為何武氏祠兩幅七女報仇圖，一不加榜題，一加上「游徼車」、「功曹車」等與主題寓意並不直接相關的榜題。擔任製作的工匠在這方面似乎有相當大「題榜」的自由。

工匠有相當大的自主和自由，應該是一個前提；否則，不好解釋有些漢畫部分有榜題，部分留榜，卻空無題刻的現象。當然，這可以從畫像與刻寫榜題分別由不同的工匠擔任，能識字刻字的工匠較少，[26] 或在製作程序上先刻畫再題榜，但為時限所迫，不及完工等因素去設想。我們不時發現漢畫有未完工的，但很多明明完工，也有空榜。另外可能的因素還有：漢畫像石原本上彩，榜題文字可能用墨書。隨著歲月，墨書的文字和色彩都消失了。[27] 不過這又不能解釋為何有些畫像上的榜題只部分用刻，部分

---

24 參拙著，〈漢碑、漢畫和石工的關係〉，《故宮文物月刊》，14：4（1996），頁 44-59。

25 參拙著，〈漢代畫像中的「射爵射侯圖」〉，頁 3。

26 王思禮先生發現今天山東金鄉的老石工不識字，也須等待別人寫字再刻，否則榜也是空著。見氏著，〈從莒縣東莞畫像石中的七女圖釋武氏祠「水陸攻戰圖」〉，《莒縣文史》第 10 輯（1999），頁 214，注 30。

27 關於漢畫像石原上彩一事已由陝西神木大保當出土帶彩畫像石所證實，參《陝西神木大保

卻因用墨書而消失？同一幅畫像的榜題，一部分用刻，一部分用墨書的可能性似乎不大。其次的一個可能，榜題基本是為大家較不熟悉的畫像主題而設計，由於觀眾不是那麼熟悉，在觀賞時才須要榜題的幫助。[28] 凡眾人最熟悉的景物或主角，如西王母、三足鳥、九尾狐、祠堂等，就不那麼須要榜題。這不是一個絕對的理由。武氏祠有許多眾人熟知的主題，榜題甚至更多。同一故事畫像可以有榜題，也可以全無。因此，不得不說工匠在這方面享有的自由度，恐怕才是關鍵。

此外，榜的作用可能不完全在供題刻文字，也發生間隔畫面的視覺效果。一旦達成間隔的效果，榜題文字可有可無，刻不刻字有時反倒次要。以下先就可考的榜題試作分類，再進一步分析。榜題依內容，或許可以粗分為四種類型：

（1）**標題型**。以簡單幾個字總括畫像所描繪的故事或畫旨。「七女」其實是「七女為父報仇」標題的縮簡，兩者都屬故事標題。這種標題型的榜題也見於武氏祠，例如武梁祠後壁的「邢渠哺父」、西壁的「曹子劫桓」等。

（2）**元件標示型**。以文字標示畫像中的各元件。榜題並不說明整個故事，僅標明畫像內容所涉的地點（如「渭水橋」）、人物（如「荊軻」）、時間（如「為孝廉時」）、景物（如「功曹車」、「太倉」、「市東門」）等。

當漢彩繪畫像石》（重慶：重慶出版社，2000）；相關討論見信立祥，《中國漢代畫像石の研究》，頁 13-16；《漢代畫像石綜合研究》，頁 25-26。近年河南南陽陳棚，四川郫江、和山東鄒平等地也都出土了帶彩畫像石。陳棚見蔣宏杰等，〈河南南陽陳棚漢代彩繪畫像石墓〉，《考古學報》，2（2007），頁 233-266；郫江見國家文物局編，《2002 中國重要考古發現》（北京：文物出版社，2003），頁 87-92；四川省文物考古研究所等，〈四川中江塔梁子崖墓發掘簡報〉，《文物》，9（2004），頁 4-33；鄒平見《2004 中國重要考古發現》（北京：文物出版社，2005）、〈山東鄒平發現漢代墓地〉，《中國文物報》（2007.9.14）。但各地畫像石是否必然都上彩，仍待證明。因為有些極淺細的陰線刻如沂南東漢墓、嘉祥武氏祠和河南密縣打虎亭漢墓，其陰線刻皆十分淺細，所有的線條都費工心刻出；如上彩，細緻的線條即遭遮蓋，失去精工細刻的意義。這種情形和陝北以彩筆和墨線交代畫像細節的方式不同。

28 參拙著，〈漢代畫像內容與榜題的關係〉，頁 70-71。

（3）**內容簡介型**。以稍多的文字，簡要說明畫像的內容，而不僅僅是標示元件的名稱。例如武氏祠所見「讒言三至，慈母投杼」等。

（4）**畫贊型**。畫像配以文字對偶或有韻的贊頌，如武梁祠梁高行圖側所見「高行處梁，貞專精純，不貪行貴，務在一信。〔不受〕梁聘，劓鼻刑身，尊其號曰高行」等。從文獻可知，漢代人物圖像例有像贊。武梁祠所見的和《曹植集》中的像贊形式基本相同。[29]

以目前可考的漢畫而論，榜題無疑以元件標示型為最普遍。武梁祠則是榜題最多，運用類型也最多的一處。它不但運用了以上四型，許多畫像更常常既標示元件名稱，更簡介畫像的內容。必須補充的是，以上榜題的分類僅以與個別畫像內容有關的為限，並不包含記述造墓經過和經費等等之題記。

其次，從題刻的外觀形式看，則可粗分為以下三型：

（1）**在預留的長方形榜上題刻**。山東地區出土的漢畫像石，畫面景物之側常常有預留的長方形榜。這些榜一方面供題刻之用，一方面也發生填補空隙，間隔畫面的視覺效果。或題或不題，情形不一。目前還看不出規律何在。由於有榜無題的情形很多，或許可以說，榜原本不單為榜題所預留，或原本為榜題預留但後來發現它也有其它的效果，如已達成這些其它的效果，題銘也就可有可無了。這樣推測的另一個理由是：東莞七女圖在「七女」二字的左側明明有預留的榜，七女二字不題在榜裡，反題在畫像右側的邊緣。[30] 如果審視七女圖一石的背面，上下各層有不少預留的榜，卻空無一字。從這方石碑的工匠喜歡利用鳥、樹等填滿畫面的作風看，這些空榜也起了填補空隙和間隔的作用（請參本文各附圖）。由此可見，榜題多少是一種當時製作上的習慣，其作用一部分在供題刻文字，最少也有一部分在製造填補畫面的視覺效果。

29　趙幼文，《曹植集校注》（臺北：明文書局，1985），頁 67-92。

30　「七女」二字刻寫較深，二字周圍石面與「地」幾乎平齊，不像其旁空榜有明顯高於「地」的長方框。王思禮發表的拓本，「七女」二字似在榜子內，是以意摹拓所造成。我所攝照片「七女」二字周圍顏色較深，是因為有人拓製拓片，在石面上留下了餘墨。

（2）**榜題直接題刻在石面上，沒有預留的長方形榜。**這種情形也不少。它們通常出現在畫像的空檔處，並不破壞畫面。東莞七女畫像的上一層有「隸胡」二字刻在建築物的立柱上。這種情形也曾見於嘉祥焦城村等畫像上。[31]

（3）**部分題在預留的長方形榜內，部分則直接刻在石面上。**這似乎是較特殊的情況。一個例子是嘉祥齊山畫像第三石。[32]上層為孔子見老子畫像。只有孔子、老子、顏回、子路旁有預留的榜，「孔子也」、「老子也」、「顏回」、「子路」四榜皆題在榜內，其餘人物根本沒有榜。但在最右側邊緣卻有「子張」二字直接刻在石面上。這很可能是畫像雕畫完工後，才行補題的。但也不能排除「子張」二字為後人所增刻。

此外從榜題書法，也可分出草率或工整俊秀的不同。以上這些分類應都有助於思考榜題製作的問題。前文談到畫像和榜題文字是否由相同的工匠去完成，我估計相同和不相同的情形應該都有。例如和林格爾墓的壁畫和榜題文字，比較像是成於同一人之手。第一，此墓的榜題文字在字形書體上相當一致。榜題文字的墨色和其旁勾勒畫像的墨線無明顯差異。畫工似乎是在完成一段壁畫後，即進行題榜。第二，壁畫的用色與線條，在整體風格上也頗一致。此墓壁畫可能有不少工匠同時進行打底、上稿，但主體畫面的勾線、上彩、題字從頗高的一致表現看，很可能是出於相同的人。總體來說，壁畫要比石刻畫像省時、省工和省錢得多，比較可能由較少數的工匠完成。但河北望都東漢墓中的壁畫和題榜卻明顯非同一人所

31　山東焦城村畫像建築的立柱上有「此齋主也」四字榜題，參朱錫祿編，《嘉祥漢畫像石》（濟南：山東美術出版社，1992），圖3。此外，山東肥城欒鎮出土一石的畫像闕身上出現長篇的題記「建初八年八月」云云二行（參《山東漢畫像石選集》圖472），因非畫像榜題性質，應另作討論。又1981年在嘉祥五老洼出土畫像之第三石，現藏濟南山東石刻藝術博物館，在主角人物身上刻有隸書「故太守」三字，在右側二人物身上，分刻字體大小不一的「十一月」、「丁卯」。將字刻寫在畫像人物身上的另一個例子是四川郫縣犀浦三國墓出土所謂的貲簿殘碑。但這明確是後人重複利用石材。「故太守」等字體為標準漢隸，但破壞了畫面，字為後人所刻的可能性較大。參朱錫祿，《嘉祥漢畫像石》，圖87。

32　朱錫祿，《嘉祥漢畫像石》，圖83、84。

作，墓中題字甚至出於多人之手。《望都漢墓壁畫》報告指出「銘贊、壁畫上題字和券上的文字，在書法方面，都極有筆力。壁畫上的題字書法比較謹嚴，銘贊和券上文字的書法就比較洒脫」。[33] 報告中還指出當清理墓室北壁的壁畫後，發現「主簿」題榜的東邊原有「門下功曹」，「主記史」題榜的東邊原有「主簿」的字跡，「當是誤寫後用白灰塗蓋」。[34] 這種誤書的情形意味著書寫榜題的人可能並不太了解畫工所畫人物的身分；如果是畫工自畫自題，發生這種錯誤的機會應會小得多。此外，「門下功曹」和「主簿」榜題書法不一（見原報告圖版十七），可見原題字者和改題的人可能也非相同的人。

石刻畫像須要動員遠為龐大的金錢、人力和時間。工序和分工的方式和製作壁畫也可能不同。石材備妥後，石工先在石上刻製圖畫，將應預留的榜刻出，然後即由他們之中略識文字者，書丹並刻出榜題。山東畫像石榜題書法一般不甚精美，有很多甚至草率低劣，遠非漢碑之匹。漢碑書寫雖也有不佳者，一般十分講究，書者常為名家，蔡邕即其著例。當時人對畫像榜題文字之審美要求，明顯不如碑。因此，石工、畫匠刻畫兼書榜的情形應比較多。以負責雕刻嘉祥宋山安國祠堂的高平「名工」王叔、王堅等人來說，他們應如題記所說善於「雕文刻畫」，可是從祠堂題記書法的稚拙看，可以肯定他們絕非精於書法。從高平請到宋山的「名工」都不能兼擅書畫，更遑論一般的工匠。已有學者指出蒼山元嘉元年畫像石墓題記，多半是由工匠自行起草上石。[35] 東莞兩碑闕上也有不少榜題和一段碑銘，刻字淺細，書法非精，很可能也是由刻畫的石匠兼刻文字。較值得注

33　北京歷史博物館、河北省文物管理委員會編，《望都漢墓壁畫》（北京：中國古典藝術出版社，1955），頁14。

34　同上，頁13。

35　Wu Hung（巫鴻）, "Where are they going? where did they come from?-hearse and 'soul-carriage' in Han dynasty tomb art," *Orientations*, 29:6（1998）, p. 22; 曾藍瑩，〈作坊、格套與地域子傳統：從山東安丘董家莊漢墓的製作痕跡談起〉，《國立臺灣大學美術史研究集刊》，8（2000），頁45。

意的是「七女」二字若和碑上其它的榜題比較，字非刻在榜內而是在碑的邊緣，字劃也刻得較工整、較深，與另一碑上「堯」、「侍郎」等榜明顯不同。「七女」二字是否與其它榜題、碑銘同時或同人所刻，不無疑問。

由於石匠水準參差，書榜與刻畫又非出自一人之手，不免發生文字錯誤或榜題和畫像內容不合的情形。這種情形在沂南北寨漢墓和泰安大汶口出土的畫像上曾出現，並已有學者指出，這裡不再重複。[36]

總之，關於漢代畫像和榜題製作者的身分和分工，榜題的作用以及為何時有時無，目前還缺少較徹底的研究，也缺少較明確的資料。以上初步的觀察，必然會隨今後新的資料和新的認識而修正。

七 文獻與畫像解釋：漢代報仇文化中的女性

綜合以上的畫像和榜題，「七女為父報仇」的故事可部分復原如下：長安（或咸陽）令大概曾冤殺了七女的父親，七女因此決定報殺父之仇。她們利用長安（或咸陽）令車馬經過渭水橋的機會，七人分為兩組：一組或步或騎，跟蹤長安（或咸陽）令，在橋上包圍攔阻，迫其跌落河中；埋伏橋下的另一組則乘船，伺機進擊，達成報仇的目的。

這個故事於文獻一無可考，卻出現在東漢中晚期的墓葬和祠堂中。孝堂山石祠的時代約在東漢中期，即順帝以前；武氏祠、和林格爾漢墓和吳白莊漢墓都屬東漢晚期。東莞畫像石出於宋墓，時代難定。從畫像風格和技法看，比較可能也是東漢晚期之物。褚蘭兩石祠則明確屬東漢靈帝時。七女為父報仇的故事發生在關中長安（或咸陽）的渭水橋，畫像流行的區域卻在漢代關東的豫、青、徐之地和邊郡。

---

36 王建緯，〈漢畫「董永故事」源流考〉，《漢代畫像石磚研究》（鄭州：中原文物 1996 年增刊），頁 174-180。文中指出大汶口漢畫像石墓所出有「孝子趙苟」等榜的畫像，實際應是董永行孝，以鹿車載父的故事。

女性報仇故事受到青睞，應該怎樣去理解這些於文獻無考的畫像故事呢？在討論這個問題之前，或許應該先檢討一下有文獻可考的畫像的解釋問題。

這似乎是一個不成問題的問題。過去的漢畫研究者幾乎無不利用文獻的線索去建立對畫像的解釋，並且得到良好的成績。或許正因為如此，反而少有人去作方法上的省思，進一步追問其中可能存在的問題。漢畫研究最常用的一個方法就是將畫像中見到的事物或故事與文獻相比對。比對之下，若有相近或相合，就有了進一步討論的可能；如不合或無可考，只好存而不論。不少學者或不甘心，強加比附。

這種勉強比附的情形可以說比比皆是。例如自和林格爾壁畫墓發現以後，有些學者就想找出墓中這位護烏桓校尉是否見於文獻。首先認定壁畫中的「使君從繁陽遷度關時」和「七女為父報仇」二圖和墓主的生平有關。前者是記墓主由繁陽令遷雁門長史時，度過居庸關的景象；後者則是說明墓主可能死於仇殺，因此有子女為其報仇。接著將文獻中可考的東漢護烏桓校尉悉數列出，一一比對。儘管有諸多不合，還是得出結論，認為「從時間和死的情況來看，公綦稠與死者的幾個重要情節，是大致相符的」，[37]進而推定這位護烏桓校尉應是公綦稠。現在知道七女為父報仇是一個流行的故事，畫像出現在不只一座漢墓中，因此與墓主個人的經歷必然無關。勉強湊合文獻，將墓主定為公綦稠的說法就失去了意義。再如，《戰國策》和《史記》在荊軻刺秦王的故事裡都提到侍醫夏無且以藥囊擊荊軻。畫像並沒有這樣的場面。但是學者仍將抱住荊軻的人推定為夏無且；[38]《史記》說秦王曾在旁人的提醒下，自背後拔劍。畫像也沒有這樣的描繪。有人卻將畫像裡秦王手中握的璧，勉強解釋成不見劍身的劍之圓首或劍柄的刻飾。[39] 在有關信仰、神仙的討論裡，牽強附會的情形更是多的不勝枚舉。

37　金維諾，〈和林格爾東漢壁畫墓年代的探索〉，《文物》，1（1974），收入氏著，《中國美術史論集》（北京：人民美術出版社，1981），頁79。

38　例如朱錫祿，《武氏祠漢畫像石》，頁112、123。

39　朱錫祿以為秦王「左手抽身背後的長劍，但劍身未刻出，只見像小璧似的圓首」（《武氏祠

這裡不再細說。

　　姑不論這些比附，即以所謂相近或相合的來說，大家常為若合符節的部分所吸引，不知不覺忽略了那些差異的部分。例如前文提到的荊軻刺秦王圖與《史記》一比，頗多吻合。大家不免興奮，有意無意之間也就不再追問是否有相異之處。實則，文圖相異之處反而更值得注意。前文提到荊軻刺秦王畫像中並沒有獻督亢地圖的畫面。[40] 據《史記》，荊軻所用的匕首是藏在收捲的督亢地圖中。秦王展圖觀看時，「圖窮而匕首見」。如果畫工依據的版本和司馬遷相同，似不可能只畫盛樊於期頭的盒子而置地圖於不顧。打開地圖是刺殺行動展開的關鍵，關鍵畫面豈可缺少？從此一例即可知道，荊軻的故事在漢代應曾有不同的傳本。在這個不同的傳本裡，盛裝樊於期頭的盒子也許才是關鍵（匕首藏在盒子裡？）。

　　再舉一例。武氏祠三幅荊軻刺秦王圖中的秦王手中都持有一中央有孔的環形物，武梁祠和後石室畫像中的環形物都已殘缺，左石室的仍完整清楚。如果稍一比對武梁祠「完璧歸趙」圖（有榜題「藺相如趙臣也，奉璧於秦」）中藺相如手裡所持「璧」的造形，就可發現荊軻刺秦王圖中秦王所持的無疑也是璧。[41] 為何秦王奔逃，手中持璧？這背後必然有一段漢代畫匠所熟悉，而為《史記》不取，今人所不知的故事。

　　如果再注意一下山東地區流行的孔子見老子畫像，不難發現畫匠習慣將文獻中提到的孔子見老子，項橐七歲為孔子師本不相干的兩個故事合在

漢畫像石》，頁 123）；鶴間和幸也認為秦王手中的玉環是「劍柄上所刻的東西」（見氏著，〈秦始皇帝諸傳說の成立と史實—泗水周鼎引き上失敗傳說と荊軻秦王暗殺未遂傳說—〉，《茨城大學教養部紀要》，26（1994），頁 1-23。承籾山明教授代為影印此篇論文，謹謝。）這個說法可商。因為原刻十分清晰，刻出秦王的手，手中握著一環形物，其旁一士兵手握環首刀，其環首之形與秦王所握者大小形狀皆不同。而且從前石室所刻可以看清楚，這個環形物甚大，只可能是璧，不可能是刀的環首、圓首或劍柄上的刻飾。

40　鶴間和幸前引文中提到江蘇泗陽打鼓墩樊氏墓畫像的荊軻刺秦王圖中，在柱的左側有簡冊地圖（鶴間文，頁 18）。可惜原考古報告發表的拓片極其不清，鶴間文所附圖也不清，無以判斷是否為地圖。如果確是地圖，則和山東地區一般所見不同，值得注意。

41　同注 37。

一起，甚至加上晏子或周公。[42] 因為孔子和晏子、周公之間也各有不同的故事。因此，似乎順理成章地以孔子為中心，將幾個與孔子有關的故事都湊合在一起。四川江安一號石棺上有荊軻刺秦王和泗水撈鼎兩個與秦王有關的畫像置於一處的情形。[43] 陝西神木大保當十六號墓的門楣上有荊軻刺秦王和藺相如完璧歸趙兩個故事刻在一處。[44] 這不禁令人可以合理地推測：武氏祠的畫工是否也有意將荊軻刺秦王、藺相如完璧歸趙，這兩個與秦王（儘管是不同的秦王）有關的故事串連在一處？

以上兩例提醒我們，許多故事在漢代社會中流傳，傳本可以和今人所熟知的並不一樣。例如《太平御覽》卷七〇一〈服用部〉引《三秦記》曰：

> 荊軻入秦為燕太子報讎，把秦王衣袂曰：『寧為秦地鬼，不為燕地囚。』
>
> 王美人彈琴作語曰：『三尺羅衣何不掣？四面屏風何不越？』王因掣衣而
>
> 走，得免。[45]

此事亦見於《燕丹子》。[46]《燕丹子》所記更有「鹿盧之劍，可負而拔。軻不解音，秦王從琴聲負劍拔之」一節。《三秦記》、《燕丹子》或《列士傳》（見《史記・鄒陽列傳》〈集解〉引）等書中有不少流傳於民間，但沒有受到太史公青睞的故事情節，例如烏頭白、馬生角、進金擲鼃、膾千里馬肝、截美人手、白虹貫日等。《燕丹子》謂秦王曾斷荊軻雙手，這和《戰國策》、《史記》或漢畫像所見又都不同。《史記》多擇縉紳之雅言，《燕丹子》等

---

42 晏子的例子見蔣英炬，〈晏子與孔子見老子同在的畫像石〉，《中國文物報》（1998.10.14）。原石藏山東省博物館，1990 年 8 月 18 日曾有緣一睹並攝影；周公的例子見大村西崖，《支那美術史雕塑篇》（1915），圖 270。拓本藏法國吉美（Guimet）博物館。1997 年 6 月 30 日曾往吉美一觀並攝影，原石惜不知所在。

43 龔廷萬、龔玉、戴嘉陵編，《巴蜀漢代畫像集》（北京：文物出版社，1998），圖 243。

44 韓偉主編，《陝西神木大保當漢彩繪畫像石》（重慶：重慶出版社，2000），圖 73、74。該書圖版說明（頁 5）將畫像右端解釋為荊軻拜別燕太子丹，不確。最右端一人，揚手持璧，是典型藺相如的造型，常見於漢畫，難以理解成拜別燕太子的荊軻。圖說明將圓形的璧說成是鼗鼓，為何荊軻要持鼗鼓拜別？有何典據？或另有傳說？未見解釋。

45 《太平御覽》（臺北：臺灣商務印書館，1997 七版）第四冊，頁 3259。

46 關於《燕丹子》成書的考證可參前引鶴間和幸文，頁 15-16；李學勤，〈論帛書白虹及《燕丹子》〉，收入《簡帛佚籍與學術史》（臺北：時報出版公司，1994），頁 329-337。

書則不免收錄街巷之談。《漢書・藝文志》錄小說家一千三百八十篇,並謂「街談巷語,道聽塗說者之所造也」。在一個讀書識字屬於少數人專利的時代裡,「街談巷語,道聽塗說」這樣的口耳相傳,應是「民間故事」或故事的「民間版本」流傳的主要形式。石匠或畫工所接觸和熟悉的應該是這些,而不是如太史公所能見到,藏於秘府,屬於統治階層的高文典策。[47]

《史記・刺客列傳》的「太史公曰」裡就提到,世上有「天雨粟,馬生角」之類和燕太子、荊軻有關的傳言,又說荊軻曾刺傷秦王。[48] 但是太史公認為這些傳言不是「太過」,就是「皆非」。他根據的是「與夏無且游,具知其事」的公孫季功和董生為他所說的故事。[49] 可想而知,太史公受故事來源的影響,不免強調了夏無且在事件中的角色。民間畫匠石工聽聞的故事不同,描繪上自然有出入,甚至可以完全沒有夏無且這個人物!王充在《論衡・書虛篇》裡曾舉了不少例子,斥責世間有許多「虛妄之書」與「聖賢所傳」不同,並譴責「俗語不實,成為丹青,丹青之文,賢聖惑焉!」[50] 在他看來,依「不實」的俗說畫成圖畫,這些圖畫會令賢聖之士感到困惑。同書〈感虛〉、〈是應〉、〈變動〉曾駁斥如「荊軻為燕太子刺秦王,白虹貫日」等世俗之說。漢末應劭在態度上和王充很類似,其《風俗通》有〈正失〉之篇,大力抨擊種種他認為不實的「俗說」,其中也包括

---

47 《漢書・藝文志》雜家有荊軻論五篇。原注:「軻為燕刺秦王不成而死,司馬相如等論之。」這些荊軻論當藏於秘府。由此亦可見荊軻故事在漢代廣受議論和注意。

48 後世又有一說以為荊軻是故意不殺秦王,因為秦王有仁義。敦煌所出唐雜曲《十二時》詠史:「日昳未,荊軻報讎燕太子,不殺秦王為仁義,如今反作秦地鬼。」見任半塘,《敦煌歌辭總編》(上海:上海古籍出版社,2006),卷5,頁1276。

49 司馬遷發憤著史,離荊軻刺秦王的時代已有上百年,幾不可能親耳聽到「與夏無且游」的公孫季功和董生講荊軻之事。〈太史公曰〉中之「為余道之如是」的「余」,似較可能是司馬遷的父親司馬談或更早的太史。《史記》〈太史公曰〉非同一人的問題,論者已多,略見朱榴明,〈《史記》「太史公曰」抉疑〉,《人文雜誌》,3(1986),頁88-93;黃覺弘,〈公孫季功即公孫弘考〉,《中華文史論壇》,4(2008),頁13-18。

50 黃暉,《論衡校釋》卷4(北京:中華書局,1990),頁184。

了和燕太子、荊軻相關的傳言。[51] 王充和應劭從士大夫「衛道」的立場所作的這些斥責，正好證明當時有不少民間傳聞和士大夫所熟悉或認可的版本之間，確實有不小的距離。如果拋開「聖賢之士」衛道的立場，就不難了解這些「俗說」非必「不實」，只是傳聞異辭而已。如何從畫像中找到與文獻有異的俗說，或文獻所無的民間故事，應是一項既富挑戰性又有趣的課題。[52]

接著就來談談文獻無考的七女為父報仇故事。七女為父報仇一事固然不見於傳世文獻，並不意味它從不曾見於文字。或許它曾存在於某些失傳的文獻裡。不論如何，幸好有畫像出土，而我們又不乏其它女子復仇的故事，可以為七女報仇勾勒一個約略的時代背景。

兩漢社會報仇之風極盛。當時一般認為報仇乃男子之事，[53] 不過女子為父，為夫或為子報仇，也受到高度的讚揚。女性報仇的畫像頻頻出現於齊魯地區的漢墓與祠堂中，在武氏祠左石室、前石室、鄧季皇和胡元壬祠甚至占據西壁主要的位置，令人不能不對漢代社會的性別觀有一番新的省思。

容我先從呂榮和趙娥的故事說起。《後漢書‧列女傳》有為夫報仇的呂榮和為父報仇的趙娥。趙娥的故事又見於《三國志‧龐淯傳》，而以裴注引皇甫謐《列女傳》近千字的記述為最詳：父為同縣人李壽所殺，娥有

---

51 王利器，《風俗通義校注》（臺北：明文書局翻印本，1982），卷 2，頁 90-92。

52 畫像與文獻傳統當然不是截然兩分，互不相涉。漢畫中眾多與儒家有關的畫像，幾無不可與文獻相印證，這裡無法多談。王繼如在 1992 年一篇題為〈漢畫研究前瞻〉的論文中已以王陵母的故事為例，注意到文獻與畫像的出入，以及與民間故事版本的關係，見《漢畫研究》，2（1992），頁 48-49；類似意見又可參周保平，〈對漢畫像石研究的幾點看法〉，《中國漢畫學會第七屆年會論文選》（中國漢畫學會，2000），頁 153-160 及前引鶴間和幸文，頁 11-21。也有些學者以《史記》為準，發現畫像所呈現的聶政故事與《史記》不合，而與《淮南子》、《大周正樂》相合，即以為「《大周正樂》和《淮南子》的記載明顯出自後人的杜撰和附會」（信立祥，《漢代畫像石綜合研究》，頁 255）。如果換個角度看，就可以了解畫像故事與《史記》有出入是很自然的事。其它文獻中的記載只是傳聞異辭，不必然是後人的杜撰和附會。

53 可參彭衛，〈論漢代的血族復仇〉，《河南大學學報》，4（1986），頁 35-42。

兄弟三人，欲復讎，遭疫而亡。讎家大喜，以為「趙氏彊壯已盡，唯有女弱，何足復憂？」那知趙娥卻購刀，伺機報父仇。鄰婦諫止，娥謂：「父母之讎，不同天地共日月者也。」家人及鄰里咸共笑之。娥謂左右曰：「卿等笑我，直以我女弱不能殺壽故也。要當以壽頸血污此刀刃，令汝輩見之。」光和二年她終於得償心願。

　　故事中讎家以及鄰里的的反應十分值得注意，這表示當時的人以為報仇乃男子之事，非弱女子所能或所當為。班昭《女誡》謂：「陰陽殊性，男女異行⋯男以彊為貴，女以弱為美。」這和緹縈救父的故事裡，其父有五女而無男，感嘆道：「生子不生男，緩急非有益」（《漢書・刑法志》），反映的都是同樣男女有別的觀念。[54] 趙娥卻有不同的想法，認為父母之讎，凡子女不分男女都應承擔報仇之責。皇甫謐《列女傳》說她原本有兄弟，意欲報仇，遭疫早死；另一說，則是她的兄弟「志弱不能當」（詳見下文），趙娥才奮不顧身，以女兒之身為父報仇。不論如何，報仇原本是男子之事，男人不可或不能，女子才有機會。緹縈無兄弟，也才有了救父的機會。

　　其次，可注意的是中央和地方官員對趙娥為父報仇的反應。趙娥報仇得手後，到縣中自首，縣長嘉之，陰縱其逃亡。趙娥後遇赦得免：

> 涼州刺史周洪，酒泉太守劉班等並共表上，稱其烈義，刊石立碑，顯其門閭。太常弘農張奐貴尚所履，以束帛二十端禮之。海內聞之者，莫不改容贊善，高大其義。故黃門侍郎安定梁寬追述娥親，為其作傳。玄晏先生（皇甫謐）以為父母之讎，不與共天地，蓋男子之所為也。而娥親以女弱之微，念父辱之酷痛，感讎黨之凶言，奮劍仇頸，人馬俱摧，塞亡父之怨魂，雪三弟之永恨，近古已來，未之有也。《詩》云：「修我戈矛，與子同仇」，娥親之謂也。

周洪、劉班、張奐皆東漢末人，梁寬和皇甫謐乃魏晉間人。他們一方面為

54　參 Lin Wei-hung（林維紅），"Chastity in Chinese Eyes: Nan-nü Yu-pieh"，《漢學研究》，9：2（1991），頁 13-38。

國家執法的官員，另一方面又視「經義」高於「國法」；國法與經義不能兼容，則寧以經義為準，棄印綬而縱人犯。這種做法在漢代不但被允許，甚至得到鼓勵。在呂榮為夫報仇的故事裡，她之所以能夠報仇，就是因為刺史尹耀在她的要求下，竟然將捕到的人犯交出，助她私下了斷。《後漢書·申屠蟠傳》中緱玉為父報讎，縣令因諸生申屠蟠之言，竟不殺而減死，情形相似。在傳為左延年所作的樂府〈秦女休行〉中，身為燕王婦的秦女休為宗族報仇殺人，繫於詔獄，甚至得到皇帝的赦免。[55] 這對習於現代法治觀念的今人而言，誠屬不可思議。可是如果理解了漢代士大夫「父母之讎不共戴天」這種報仇文化下的價值傾向，[56] 就能明白當時地方官員的祠堂或墓室畫像中，為什麼會出現這麼多報仇的故事。

　　漢代畫像頻頻以女性報仇為題材，似乎與當時的性別觀和女子報仇較為不易，較罕見有關。皇甫謐在《列女傳》中評論趙娥為「女弱」，認為她的行動「近古已來，未之有也」，就反映了這樣的觀念。[57] 魏末晉初，傅玄歌頌趙娥，謂「雖有男兄弟，志弱不能當。烈女念此痛，丹心為寸傷……百男何當益，不如一女良。」[58] 這似乎又有藉女子之烈行，激勵天下男兒之意。《史記·扁鵲倉公列傳》〈正義〉引班固詠緹縈詩有「百男何憒憒，不如一緹縈」的感嘆；漢樂府詩〈隴西行〉描寫一婦人持家待客，有「取婦得如此，齊姜亦不如；健婦持門戶，亦勝一丈夫」這樣四句。[59] 接待賓客，主持門戶，依當時的觀念，本屬「主外」男性的事，這位健婦居然內外兼主，豈不勝過一丈夫！以女子之行激勵男性，最少有以上三

55　《太平御覽》卷 481，人事部仇讎上，頁 2332.1-2，又見逯欽立，《先秦漢魏晉南北朝詩》（北京：中華書局，1983），頁 563-564。

56　可參呂思勉，《呂思勉讀史札記》（上海：上海古籍出版社，1982），〈復讎〉條，頁 380-386。較詳盡的研究見周天游，《古代復仇面面觀》（西安：陝西人民出版社，1992）。廖伯源兄示知並借閱此書，謹謝。

57　周天游曾詳細統計漢代復仇可考見的事例 103 件，其中女子復仇有 6 件，見前引書，兩漢復仇一覽表，頁 140-163。

58　逯欽立，《先秦漢魏晉南北朝詩》，頁 563-564。

59　同上，頁 267-268。

例。[60] 女性在當時的觀念裡又是「弱者」。如果男子反不如弱女，則恥莫大焉。皇甫謐和傅玄的時代較晚，思想觀念與東漢士大夫實相一貫。七女為父報仇的畫像頻頻出現在山東嘉祥、臨沂、長清、莒縣、安徽宿縣、河南安陽和內蒙古的和林格爾等東漢的祠堂或墓室中，應該是這種報仇文化和性別觀念背景下的產物。[61]

八 結論

漢畫受到重視，研究漸多以來，如何反省既有的研究方法和取徑，得到較合乎實際，也較能為人所接受的結論，是一項還待努力的工作。榜題、格套、文獻和畫像之間的關係，在畫像製作的過程中，藝匠、僱主、地域習慣和流行風氣等因素所起的作用，以及畫像和時代文化思想之間的關係，如何在文獻傳統之外，為漢代圖像傳統勾勒出其存在、延續與轉變的樣貌，都是有待進一步考索的課題。本文不過是藉著介紹一件較不為人知的七女為父報仇畫像，作一些與上述課題相關的嘗試。

莒縣「七女」畫像的出土，證明了格套與榜題對正確掌握漢畫像內容與寓意的重要性。透過構圖格套的解析，使我們能夠利用有榜題者去追索沒有榜題的同類畫像，甚至將山東武氏祠、孝堂山、吳白莊和安徽宿縣褚蘭的「水陸攻戰圖」正名為「七女為父報仇圖」。當然這樣的正名是否無

---

60 北魏酈道元《水經注》（陳橋驛復校本《水經注疏》，上海古籍出版社，1989）卷 28「沔水」條提到一地名五女激，乃五女之父為人所害，五女「思復父怨」故立激以攻城（頁 2364）。唐詩人李白《李太白集》卷 4 中最少有〈東海有勇婦〉和〈秦女休行〉兩首歌詠女子為夫報仇，前首並謂「十子若不肖，不如一女英」；宋代《太平廣記》卷 491 有謝小娥為父報仇故事；清代燕北閒人著《兒女英雄傳評話》以俠女何玉鳳為父復仇事為主線，其概可參魯迅《中國小說史略》（臺北：風雲時代出版社，1992），頁 101、334-335；王刻十八卷本《聊齋》卷 1 的第一個故事〈商三官〉即描述一位女子為父報仇。篇末異史氏的贊語也以女子之行激勵男子。可見這類故事似乎已形成了一個傳統。

61 李隆獻，《復仇觀的省察與詮釋》（臺北：臺大出版中心，2012），第三、四章，頁 127-226。

誤，仍有待方家檢驗。

如何理解格套在畫像製作過程中所起的作用，以及在格套規範下，藝匠又如何找到發揮的空間，是本文嘗試思考的另一個問題。格套不是一套僵硬的規範，而是隨概念、空間和時間有不同的變化。本文分析七女為父報仇和荊軻刺秦王畫像中的「時間」因素，即在證明漢畫工匠如何深諳斯旨，曲盡其妙。從榜題的有無和形式，也可看出石工或畫匠在畫像製作的過程裡，有頗大的自由和自主性。工匠角色的重要性，大家過去注意得很不夠。

今人研究畫像多喜以文獻比對畫像，強畫像以附和文獻。文獻的重要性無庸置疑。不過，應該注意畫工石匠創作時所依據的可能並不是由士大夫所掌握的文字傳統，而較可能是縉紳所不肖的街巷故事。個人深信，在一個讀書識字是少數人專利的時代，除了文字傳統，應另有民間的口傳傳統。兩者不是截然兩分或互不相涉，但傳聞異辭，演變各異應該是十分自然的事。七女為父報仇之事不見於傳世文獻，卻流播於齊魯豫和邊塞。荊軻的故事在文獻中版本不一，其畫像分布則自齊魯到巴蜀，面貌有同有異。[62] 這證明七女報仇和荊軻刺秦王等應是漢代報仇風尚中不分社會階層、地域，全民共享的文化資產；文字、口傳和圖畫都是對同一資產的不同形式的表述。

最後，本文想要一提的是，由於七女為父報仇發生於橋上，令我們不得不重新評估漢畫中「橋」的意義。橋似乎只是不同單元畫像裡，常用以表示場所的一種「元件」。除了單純的車馬過橋圖，七女為父報仇、胡漢戰爭都可以以橋為場景，山東鄒城曾出土一件意義尚待考查的車馬過斷橋，橋下有龍探頭向上的畫像，[63] 南陽甚至有建鼓百戲、撈鼎在橋上或橋

---

62 關於荊軻刺秦王畫像的分布，可參鶴間和幸，前引文，頁 5。但他認為河南唐河針織廠西漢墓畫像中也有荊軻刺秦王圖（其文附圖 29），是否可靠，可商。

63 《山東漢畫像石選集》，圖 100。按此畫像，作者已另文討論。詳見前引邢義田，〈「豫讓刺趙襄子」或「秦王謀殺燕太子」？——山東鄒城南落陵村畫像的故事〉，《今塵集》，頁 203-218。

下進行的畫像磚。[64] 劉敦愿曾認為山東蒼山蘭陵鄉出土的一件過橋圖（《山東漢代畫像石選集》圖 420）是描繪「豫讓刺趙襄子」的故事。[65] 和林格爾漢墓壁畫則有榜題「居庸關」；名稱為「關」，畫的卻是一座外形和七女為父報仇圖中的橋幾乎一模一樣，不折不扣的橋。過去學者或粗糙地將「過橋圖」視為一類，或想像橋象徵陰陽之界，過橋為跨越生死之界。[66] 現在看來，橋是一種構圖元件，有些或有生死之界的意義，有些則未必。橋可以出現在不同的主題脈絡裡，有不同實質或象徵上的意義，應該分別看待。

89.3.20/90.6.30/93.11.9 修訂

後記

舊作曾為莒縣石闕的形制所困，名之為「碑闕」。再經思考，放棄舊說，仍以稱之為闕較妥。

原刊《中世紀以前的地域文化、宗教與藝術》（中央研究院第三屆國際漢學會議論文集歷史組）（臺北：中央研究院，2002），頁 183-234。

97.4.15 改訂；112.3.24 三訂

64　參南陽文物研究所編，《南陽漢代畫像磚》（北京：文物出版社，1990），圖 139-143。

65　劉敦愿，〈漢畫像石未詳歷史故事考〉，《美術考古與古代文明》，頁 368-370。

66　例如 A.Bulling 即將「過橋」（the crossing of a bridge）當作一類，認為過橋象徵死者靈魂進入另一世界，見所著 "Three Popular Motives in the Art of the Eastern Han Period: the lifting of the tripod, the crossing of a bridge, divinities," *Archives of Asian Art*, 20（1966-67），pp. 25-53; Wu Hung（巫鴻）, "Where are they going? Where did they come from?-Hearse and 'soul-carriage' in Han dynasty tomb art," *Orientations*, 29:6（1998）, pp. 22-23.

漢代畫像中的「射爵射侯圖」

> 「雀者，爵命之祥。」──《陳留耆舊傳》
>
> 「射侯者，射為諸侯也。」──《禮記‧射義》

　　兩年前曾為文討論如何從榜題去理解漢代畫像的內容。舉例時曾談到山東、河南畫像中常出現一株大樹，樹下有人仰射樹上的鳥或猴。因為和林格爾漢墓壁畫在類似的樹下有「立官桂〔樹〕」四字榜題，我曾推測這類圖的意義或許是指射官取富貴。[1]

　　近日讀信立祥君大著《中國漢代畫像石の研究》，見他稱此圖為「樹木射鳥圖」。[2] 日本學者土居淑子《古代中國の畫像石》一書稱同樣的圖為「樹木之圖」或「巨樹之圖」。[3] 林巳奈夫認為漢畫中枝葉交纏的樹應是神話中具有世界樹性質的建木，也是帝休之木；樹下有人射鳥，「鳥」與「壽」字音通，射鳥意味著獲得長壽。[4] 曾布川寬以為樹下有人射鳥，乃是描述崑崙山西王母世界內的事。他稱此樹為聖樹，沒有進一步討論射鳥的

1　邢義田，〈漢代畫像內容與榜題的關係〉，《故宮文物月刊》，14：5（1996），頁 70-83。

2　信立祥，《中國漢代畫像石の研究》（東京：同成舍，1996），頁 75-85、177。此書現在已有中文本，參《漢代畫像石綜合研究》（北京：文物出版社，2000），頁 94-102。

3　土居淑子，《古代中國の畫像石》（東京：同朋舍，1986），頁 79-92。土居認為巨樹是扶桑樹，射鳥者是射日的后羿。請詳見其書，頁 83。

4　林巳奈夫，《石に刻まれた世界》（東京：東方書店，1992），頁 131-137。拙文完稿後又見林氏大文〈漢代畫像石の神話的樹木について〉，《泉屋博物館紀要》，15（1998），頁 1-24。林氏於此文中有更詳細的陳述。

意義。[5] 美國學者琴‧詹姆斯（Jean James）認為射鳥是為墓主驅除惡兆之鳥，李淞採其說。[6] 此外巫鴻曾特別討論到四川新津等地出土的射猴圖，認為是後世《白猿傳》的早期版本，包括猿精劫持婦女和二郎神降伏猴精兩個主題故事。[7] 他討論的畫像主題和本文所論有不同，也有些重疊。面對紛紜眾說，月餘之前，適巧與劉增貴兄論及此圖。增貴頗有所見，於我心有戚戚焉。因而收拾材料，草此小文，一方面想證明這類圖應正名為「射爵射侯圖」，以補舊說未周之處；另一方面也想以此圖為例，談談理解漢畫寓意的方法。

一 榜題、格套是理解漢畫較可靠的出發點

留下畫像較多的東漢時代距今已近兩千年。當時的人以壁畫、畫像磚或石刻裝飾墓室或祠堂，背後的許多社會、政治、藝術、信仰和心理因素，現在已難有足夠的材料去掌握。如果從今天的眼光恣意忖度畫像的寓意，很容易流於主觀，言人人殊。有些研究者因此從風格入手。解析風格有助於分辨畫像創作者個人、作坊、流派、時代或區域的特色，但對確認寓意，助益較為有限。還有些學者喜歡從神話、生死觀或宇宙觀出發，建立頗為動人的學說。生死或宇宙觀的確影響漢人如何修建和裝飾墓園，不容忽視。可惜我們對這些的了解太過概略。例如無法較確切地知道漢代不同時代、地域、階層、身分、性別或不同信仰的人，曾有多大觀念上的相

5　曾布川寬，〈漢代畫像石について昇仙圖の系譜〉，《東方學報》，65（1993），頁 62-64、112、159-160、168-170。信立祥對林、曾布川、土居之說都曾有所評論，林氏（1998）對信立祥的評論亦曾回應。為免重複，本文將僅討論信君之說。

6　Jean James, "Interpreting Han Funerary Art: The Importance of Context," *Oriental Art*, 1985, p. 287; 李淞，《論漢代藝術中的西王母圖像》（長沙：湖南教育出版社，2000），頁 75。

7　Wu Hung, "The Earliest Pictorial Representations of Ape Tales," *T'oung Pao*, LXXIII（1987），pp. 86-112；中譯本〈漢代藝術中的「白猿傳」畫像——兼談敘事繪畫與敘事文學之關係〉，收入巫鴻著，鄭岩等譯，《禮儀中的美術》（北京：三聯書店，2005），頁 186-204。

似和差異。學者限於認識，常基於概略甚至同一種生死觀或宇宙觀，以偏概全地去建構解釋。這樣造成的迷障有時比解答還多。[8]

在方法上，我認為依據榜題和格套是解讀畫像寓意較為可靠的出發點。漢畫的圖像構成常有一定的格套，有些甚至有文字榜題，使今人可以依據當時人的提示，從當時人的角度去理解他們創作的旨意。

漢代壁畫、畫像磚或石刻上常有文字榜題。這是畫像製作者幫助觀眾掌握畫像內容的一種方式。除了武氏祠等極少數的例外，漢畫榜題一般僅僅標示畫中的人物、時間、場地等，並不直接敘述故事。例如荊軻刺秦王圖，並沒有榜題作「荊軻刺秦王」，而是在人物身旁以文字注明某人為「荊軻」、「秦王」或「秦舞陽」。觀賞者從畫面人物身分的提示、動作、裝束、人物間的相互關係、場景和其它搭配出現的物件，即可知道畫像所要呈現的故事。有時標明地點、時間如「天門」、「東市」、「渭水橋」、「居庸關」、「為市掾時」、「使君從繁陽遷度關時」、「舉孝廉時」。借助榜題，觀賞者得以準確掌握製作者意欲傳達的信息，免於無謂的猜測。如果先清理榜題，從榜題和畫像的對應關係中找出規律，不僅可以確立榜題的可靠性，[9]也可以在較可靠的據點上，去推斷那些沒有榜題的作品。

如何推斷？解析畫像構成的格套是一個方法。前賢早已指出漢畫存在格套。[10]漢畫基本上是由許多套裝的主題以一定的構圖方式組合而成。一般的石工畫匠墨守成規，依樣葫蘆，高明的可以巧施變化。不過，萬變不離其宗，經過解析，套裝的基本元件多能找出。

解析格套的基礎在於確立圖像構成的單元（unit），分析構成單元的元

8　這一類的例證很多，參信立祥《中國漢代畫像石の研究》對畫像學說的評論，頁 74-75 及本文注 11。

9　榜題可靠性和與畫像內容對應的問題，請參前注 1，頁 80-82。

10　據我所知最早討論到漢畫格套的學者可能是 1912 年 Berthold Laufer 在《通報》上發表的一篇論新近發現的五件漢畫的文章。他認為它們都是工匠依據固定的程式（fixed ready-made models）製作出來的，請參 B. Laufer, "Five Newly Discovered Bas-Reliefs of the Han Period," *T'oung Pao*, 13（1912）, pp. 107-112.

件（elements），區分其中必要、次要和非必要的部分。所謂必要，是指關乎畫像主題寓意的核心元件，缺少即不足以顯示圖像的用意。核心元件也是一個畫像單元成立的要件，無之則不能構成某一有獨立意義，具有單元性的畫像。所謂次要，是指與主題意義有關，但其作用主要在使主題更為突顯周延，無之並不會使基本主題無法呈現，也不會使其單元性喪失。非必要部分則是一些可有可無，為豐富視覺效果而作的增飾。有些增飾有時也會延伸出新的涵義，因此也不能全然忽視。增飾對研究美學、時代或區域風格，尤其不可忽視。

解讀畫像可從榜題出發，也可從歸納材料，確立格套及其變化出發，再以榜題為輔，確立內容和意義。這種方法的一個基本假設是：依據同樣格套製作的畫像，其基本寓意應大致相同。格套當然不會一成不變。時代、地域、流行風氣和供求雙方的特殊意圖或個人的品味都可能使某些格套發生形式和寓意上的變化。如果能掌握格套的基本形式和變化，則有可能依據有榜題的畫像去推斷那些屬於同一格套卻無榜題者的寓意。以下即以信立祥所謂的「樹木射鳥圖」為例，嘗試作一次不同的解讀。

二 所謂的「樹木射鳥圖」

信立祥先生討論樹木射鳥圖，基本上是為了確定山東地區漢代祠堂後壁「樓閣拜禮圖」所顯示的場所性質和意義。他以影響東漢墓葬的主導思想（道家升仙、儒教禮制）和純圖像學的分析為出發點，先檢討了曾布川寬、林巳奈夫和土居淑子等學者的看法，正確地指出畫中的大樹只是普通的樹，不是仙界的神樹或聖樹；車和馬是普通的車、馬；射鳥的人也只是普通裝束的凡人，不是仙人或后羿之類傳說中的偉大人物。[11]

11　除了信立祥所評論日本學者的看法，中國學者較流行的說法是以此圖為描寫后羿射日或羿射十日，例如《南陽漢代畫像石》（北京：文物出版社，1985），圖 333、334 之解說；王建中、

古月集：秦漢時代的簡牘畫像與政治社會
——卷二　畫像石、畫像磚與壁畫

他又指出樓閣旁的雙闕是墓地的門闕，雙層樓閣是墓地中有寢、廟等供祭祀之用的祠堂。樓閣中受拜者和匍匐的禮拜者是墓主和墓主的子孫，樓上的婦女則是墓主的妻妾。漢代墓地普遍植樹，樓閣旁的樹木即是墓地的樹木。樹下停繫的車馬是墓主的乘具，象徵墓主自地下的墓室乘坐來到祠堂，接受子孫的祭祀。射鳥是表示孝順的子孫於祭祀前，在墓地周圍樹林射獵，以獵物為犧牲。信先生認為這樣可以將樓、闕、馬、車、樹木和射獵幾個部分有機地聯繫在一起。祠堂後壁的樓閣拜禮圖因此整體上是在展現祭拜祖先這一主題（以上見該書頁 75-85）。信先生的說法比過去許多附會之說要合理得多。樓閣是祠堂。樓閣中那位通常體型較大，受禮拜的人物即是墓主；樓上婦女為其眷屬，匍匐行禮者為其屬吏或親朋子孫。這些結論應可成立。我曾利用和信先生大致相同的材料，作過類似的論證，這裡不再多說。[12]

有待進一步討論的是車馬和所謂射鳥的部分。樹下的車馬是否為樓閣中墓主所乘坐？是否象徵墓主自墓室來到祠堂的乘具？樹下彎弓射鳥是否象徵子孫為祭祖而狩獵？確切的證據似乎不足。基本的問題是樓閣、車馬和射鳥三個部分之間是否必然有關聯？三者是否必然形成一個有機的整體，必須合在一起解釋？

如果檢查一下山東、河南、江蘇、安徽、四川、陝西、遼寧等地所出相關的畫像，就可以發現樓閣、車馬和射鳥三部分有很多不同組合的情況。如果以信先生所標示的「樹木、射鳥」為核心，最少可有下列六種類

閃修山，〈南陽漢代畫像石三圖釋證〉，《漢代畫像石研究》（北京：文物出版社，1987），頁282-284；張秀清、張松林、周到編，《鄭州漢畫磚》（鄭州：河南美術出版社，1988），頁146；閃修山、王儒林、李陳廣編，《南陽漢畫像石》（鄭州：河南美術出版社，1989），頁163；李國華，〈朝聖安樂圖——沛縣栖山漢畫像石淺析〉，《考古與文物》，3（1991），頁100；高文、高成剛編著，《中國畫像石棺藝術》（太原：山西人民出版社，1996），頁84；周到、王曉，《漢畫——河南漢代畫像研究》（鄭州：中州古籍出版社，1996），頁86-87。

12 參邢義田，〈武氏祠研究的一些問題——巫著《武梁祠——中國古代圖像藝術的意識型態》和蔣、吳著《漢代武氏祠墓群石刻研究》讀記〉，《新史學》，8：4（1997），頁207-214。蔣英炬和吳文祺的看法基本也相同。

型的組合。[13] 以下從最簡單的組合說起：

一、樹木射鳥圖單獨出現。樹、鳥和射鳥的人構成一獨立的畫像單元：

1. 《山東漢代畫像石選集》（以下簡稱《選集》）[14] 圖 163 有樹和鳥，樹下有兩人張弓仰射；無車馬、樓閣等。（圖 1.1-2）1998 年 9 月 2 日在曲阜孔廟得見原石，確定知道此畫像在單獨的一面石上。背面及一側另有不同內容的畫像。另一側因砌入牆中，是否也有畫面不可知。總之，此石上的樹木和兩人射鳥，構成獨立的畫面，我們可以將這樣的內容看成是一個獨立的畫像單元。以下幾件的情形也是如此。

2. 《漢代畫像全集》（以下簡稱《全集》）二編[15] 圖 41，畫面中央為大樹，樹上有飛鳥，樹下左右各有一人張弓仰射。無車馬、樓閣等。（圖 2）

3. 4. 《南陽兩漢畫像石》（以下簡稱《南陽》）[16] 圖 148、149，兩石上都只有一人仰射，樹上有鳥，沒有車馬、樓閣或其它的東西。（圖 3.1-2、4）

5. 《鄭州漢畫像磚》[17] 頁 146，磚上右側有一大樹，樹上有鳥四隻；

---

13 土居淑子曾作過類似的分類解析，請參所著《古代中國の畫像石》（同朋舍，1986），頁 86-87。她分為八種，又歸為：（A）樹木＋鳥＋馬，（B）樹木＋鳥＋弓人兩大類，後者又是前者的派生型（頁 86-87）。鄙意以為兩者寓意可能有別，應分開解釋，詳見下文。

14 山東省博物館、山東省文物考古研究所編，《山東漢畫像石選集》（濟南：齊魯書社，1985）。

15 傅惜華編，《漢代畫像全集》（巴黎大學漢學研究所，1950）。按此石原殘存相連的畫面兩格，在郭泰碑的碑陰。《全集》收錄拓本切割為二（圖 41、42）。完整本見關野貞，《支那山東省に於ける漢代墳墓の表飾》（東京：東京帝國大學工科大學紀要第八冊第一號，1916），附圖 181-183。相連兩格畫像之間有甚寬的紋飾帶隔開，內容並無關聯，因此可視左側一格的樹木射鳥圖為一獨立的畫像單元。

16 王建中、閃修山，《南陽兩漢畫像石》（北京：文物出版社，1990）。

17 張秀清、張松林、周到編，《鄭州漢畫像磚》（鄭州：河南美術出版社，1988）。

圖 1.1　1998.9.2 作者攝於曲阜
孔廟

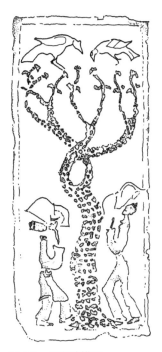

圖 1.2　作者線描圖

圖 2　作者線描圖

| 圖 3.1　2004.7.13 作
者攝於河南博物院 | 圖 3.2　《南陽》圖
148 | 圖 4　《南陽》
圖 149 |

樹旁還有一小樹，兩樹之旁有一人腰佩一劍，張弓仰射。[18]（圖 5）

6. 《中國畫像石棺藝術》[19]（以下簡稱《石棺藝術》）頁 104-105，四川新津寶子山崖墓石函一側中央刻畫一樹枝蜿蜒的大樹，樹枝上左右各有一隻鳳，樹枝間另有十隻鳥，樹下有一人彎弓仰射。（圖 6）

7. 《陝北漢代畫像石》[20]（以下簡稱《陝北》）圖 171，綏德王得元墓前室北壁的左豎框畫像分上下六層，最上層為二人對立，其下為二人與另一人相對拱手，再下三層分別為帶羽異獸、虎、狐逐兔

---

18 此磚之出土報告見鄭州博物館，〈鄭州新通橋漢代畫像空心磚墓〉，《文物》，10（1972），頁41-48。

19 高文、高成剛編，《中國畫像石棺藝術》（太原：山西人民出版社，1996）。

20 見李林、康蘭英、趙力光編，《陝北漢代畫像石》（西安：陝西人民出版社，1995）。

圖 5　《鄭州漢畫像磚》圖 146

圖 6　作者線描圖

（？），最下層中央有一盤枝大樹，左側一人揚手，右側一人持弓仰
射。這六層之間各有橫線分隔，內容並無關聯，因此可以將最下
層視為獨立的畫像單元。（圖 7）

8. 《南陽漢代畫像磚》（以下簡稱《南陽磚》）[21]圖 109，上層有樹，樹
上有鳥；樹下右側一人彎弓仰射，左側一人昂首，一手上指。中
層為二人對坐而談；下層為樂人、百戲。此圖上層和中下層之間

21　趙成甫主編，《南陽漢代畫像磚》（北京：文物出版社，1990）。

圖7　作者線描圖　　　　圖8　《南陽磚》圖109

有橫線分隔，內容上並無關聯，因此可將上層視為獨立的畫像單元。（圖8）

9. 1998年9月5日參觀滕州漢畫像石館，見滕州官橋鎮善莊出土一石，畫面中央有一樹，枝葉向兩側彎曲，樹間有飛鳥。樹下左右側各有一人昂首張弓而射。他們身後又各立一人，右側者扶杖，左側者一手上舉。（圖9）

10. 在滕州漢畫像石館見到另一石，兩側各有一株圖案式的柏樹，柏樹頂各立一鳥；兩樹間有三人；右側一人拱手而立，左側一人一手似上舉，中央一人張弓仰射，天上有飛鳥五隻。此石刻畫淺細，部分線條不明，但為射鳥圖可以確識無誤。（圖10）

圖 9　作者線描圖

圖 10　作者線描圖

11. 1985 年山東莒縣沈劉莊出土一漢代畫像多
    室磚石墓。[22] 墓中畫像十分豐富。其中前
    室西面方形立柱上有一幅獨立的射鳥畫
    像。（圖 11）畫面中央有一枝繁葉盛的大
    樹，樹上有很多小鳥，樹下一側有一人正
    仰首張弓而射，樹幹的另一側則有一猴正
    攀援而上。

12. 安徽淮北市北山鄉出土一原置於墓門前的
    畫像石，兩面有畫。[23] 其中一面刻畫兩樹，
    右邊一株曲幹之上有稀疏的樹枝和樹葉，
    枝葉間有小鳥。樹下一側有拴牛，另一側
    有人張弓仰射。另一樹類似柏樹，樹頂有
    鳥。（圖 12）

圖 11　《中國畫像石全集
3》圖 130

二、樹木射鳥僅和樓閣一起出現，也就是：樹
木射鳥＋樓閣：

1. 1998 年 9 月 7 日參觀山東莒縣博物館，看見一方莒縣東莞出土的
   畫像石。其中一面最上層為西王母，其下兩層分有站立的人物七
   人和五人，再下兩層分有馬兩匹（兩匹馬之間有一未穿透的方孔）和
   馬車、騎士。最下層右側有樹，樹上有鳥及猴，樹下有人張弓仰
   射，左側為一二層建築，樓下有二鋪首銜環為飾的門。下層和上
   層之間用橫線隔開，上下層在內容上並無關聯，因此下層可以看
   成是獨立的單元。（圖 13）

2. 《漢風樓藏漢畫像石選》[24] 著錄山東滕縣一石，上層為有橫格隔開
   的樂舞圖，下層左側有人物坐於閣樓中，兩側有人拱手進謁；右

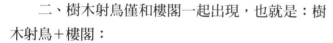

22　蘇兆慶、張安禮，〈山東莒縣沈劉莊漢畫像石墓〉，《考古》，9（1988），頁 788-799。《中國
　　畫像石全集 3》（濟南：山東美術出版社、鄭州：河南美術出版社，2000），圖 130。

23　《中國畫像石全集 4》，圖 195、196。

24　江繼甚編著，《漢風樓藏漢畫像石選》（上海：上海書店出版社，2000），頁 87，圖 51。

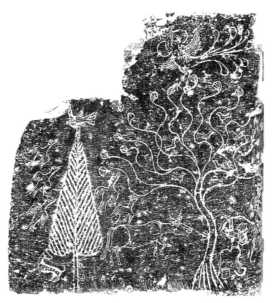

圖 12　《中國畫像石全集 4》圖 195

圖 13　作者線描圖

側有相交枝葉繁茂的兩樹，樹上有鳥，兩樹幹之間有一人正張弓昂首而射，其左有一羊伏於樹下，右有一人或某種動物，不能確辨。（圖14）此圖和上例相同，下層也可視為獨立的單元。

圖14　江繼甚《漢風樓藏漢畫像石選》圖51

3. 和林格爾漢壁畫墓[25] 後室的北壁上，樹木射鳥和樓閣是自成單元的一幅畫像。它和東側的武成城圖之間以紅色豎線明顯區隔開來。大樹之下，樓闕之間有墨書「立官桂〔樹〕」四字。此圖內容詳見後文分析。（圖15.1-2）

三、樹木射鳥僅和馬一起出現，也就是：樹木射鳥＋馬：[26]

1. 《選集》圖4有樹、鳥，樹下左側有一人彎弓仰射，右側有一繫

---

25 內蒙古自治區博物館文物工作隊編，《和林格爾漢墓壁畫》（北京：文物出版社，1978）。感謝羅豐提供照片。

26 關於射爵射侯圖和馬的關係，請參拙文〈「猴與馬」造型母題——一個草原與中原藝術交流的古代見證〉，本書卷二，頁545-575。

圖 15.2　和林格爾漢墓
壁畫立官桂樹

圖 15.1　前圖榜題放大

馬。（圖 16）

2. 《選集》圖 32 有樹、鳥，樹下兩人彎弓仰射，一人牽馬；無車，無樓閣。（圖 17.1-2）

3. 《選集》圖 479 有樹和鳥，樹下一人張弓仰射，其旁有一馬；無車，無樓閣。（圖 18.1-2）

4. 《選集》圖 9 畫面分三層，最上層有鳥及三獸，中層為六博圖，下層中央有一枝葉相交的大樹，樹上有鳥。樹下右側有一人持弩仰射，一人隻手上舉，一人坐；樹下左側有二立人，二人之間有一人騎在馬上。上中和下層之間有分隔線，畫像內容上下之間並無關聯，因此可將下層視為獨立的單元。（圖 19）

5. 《陝北》圖 512、513，綏德四十里鋪出土墓室左右豎框，畫像左右對稱，內容相同。畫像分上下四層：上層共四人，左右拱手對

圖 16　作者線描圖

圖 17.2　作者線描圖

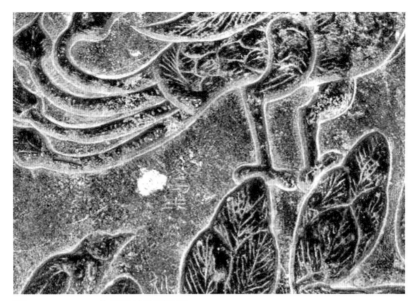

圖 17.2 　1998.9.2 作者攝於曲阜孔廟

圖 18.1 　1992.9.22 作者攝於泰安岱廟

圖 18.2 　前圖拓本

圖 19　《選集》圖 9

坐；下層為比武、百戲；再下層有立人五，中二人張手作對談
狀。最下層中央有一盤枝大樹，樹上有鳥及飛鳥，樹下一側有一
馬，馬前有一食槽；另一側則是一人持弓仰射。此層與上層分隔
無內容上的關聯，因此可視為獨立的單元。（圖 20.1-2）

6. 《全集》二編圖 63，此圖拓本殘缺，不知全圖如何，暫歸入此
類。中央有大樹，樹上有鳥，樹下左側有殘缺左半身的一人，正
張弓仰射；右側有一人持戟騎於馬上；無車，無樓閣。（圖 21）

7. 1998 年 9 月 5 日參觀滕州漢畫像石館，見滕州東寺院出土一石，
其上左側有枝葉蜿蜒的大樹，樹下有一馬，馬上立一人，似正攀
枝欲擒樹上的鳥。其右有二人，一人拱手而立，一人正張弓仰
射。2010 年再訪，攝得較佳照片（圖 22）。

四、樹木射鳥和樓閣、車馬一起出現，也就是：樹木射鳥＋樓閣＋車馬。
　　信先生在書中舉出的例子，有些只有樹木、樓閣或車馬，並無射鳥。[27]
以下舉三例：

27　見信立祥，前引書，頁 72-81，圖 44、47、48、49、50。

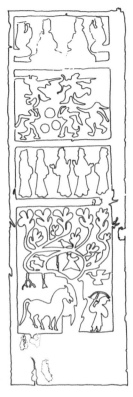

圖 20.1　作者線描圖

圖 20.2　作者線描圖

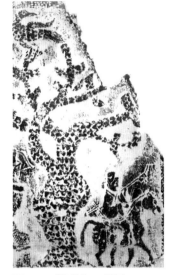

圖 21　《全集》二編圖 63

圖 22　2010.7.6 作者攝

1. 《選集》圖 172 為曲阜西顏林村一石。此石雖將車馬射鳥和樓閣、禮拜、車馬出行分刻在上下左右四格，從其它漢畫可知四格內容實際是相互聯繫的。四格左側還有殘畫，內容不易辨識。（圖 23）

2.3. 《嘉祥漢畫像石》（以下簡稱《嘉祥》）[28] 所收嘉祥宋山第二批畫像第十四、十五石，風格和武氏祠所見幾乎一致，雙層樓閣旁有馬（或和車），有樹、鳥（或和猴），樹下有人持弓仰射。第十五石射鳥者不在樹下，而在樓闕的屋簷上（圖 24.1-2）。

五、除了樹木射鳥、樓閣或馬、車馬，還有其它的畫像主題；主題畫面之間並無明顯分隔，也就是：樹木射鳥＋樓閣（或＋馬、車馬）＋其它：

1. 《河南漢代畫像磚》[29] 圖 243，上層左側為行進中之馬車及騎吏一人，右側有門衛守闕及樓閣人物；下層左端有一樹，樹上有鳥，樹下一人張弓仰射，其右為百戲圖，有跳丸、長袖舞及樂人三

圖 23　《選集》圖 172

28　朱錫祿編著，《嘉祥漢畫像石》（濟南：山東美術出版社，1992）。

29　周到、呂品、湯文興編，《河南漢代畫像磚》（上海：上海人民美術出版社，1985）。

圖 24.1　《嘉祥》圖 62

圖 24.2　《嘉祥》圖 63

人。這些不同主題的畫像本可各自獨立，但它們之間並無明顯的
分隔，尤其是百戲和射鳥圖構成左右連續的畫面（圖 25）。同樣的
情形亦見於以下三例。

圖 25　《河南漢代畫像磚》圖 243

2. 江蘇沛縣棲山漢畫像石墓石棺壁畫像，[30] 畫像右端有人比武，其左
　為雙人擊建鼓；中央為一樹，樹上有三鳥，另有長頸長足之一鳥
　口銜一魚；樹下右側有一人腰間佩劍，手持一鳥；左側一人正張
　弓仰射。射鳥圖之左，上有九尾狐、三足鳥，下有四佩劍面左之
　神人：自右至左依序為人首蛇身、馬首人身、鳥首人身及一人，
　朝向最左端之雙層閣樓。閣樓上層一人憑几而坐（可能是西王母），
　下層有一鳥，口中銜食。（圖 26）
3. 江蘇睢寧墓山漢畫像石一號墓第二石，[31] 畫像約略中央的位置有亭

---

30 徐州市博物館、沛縣文化館，〈江蘇沛縣棲山漢畫像石墓清理簡報〉，《考古學集刊》，2
　（1982），頁 106-112；徐毅英等編，《徐州漢畫像石》（北京：中國世界語出版社，1995），
　圖 1；《中國畫像石全集 4》（山東美術術出版社、河南美術出版社，2000），圖 4。
31 全澤榮，〈江蘇睢寧墓山漢畫像石墓〉，《文物》，9（1997），頁 36-40；田忠恩、陳劍彤、武
　利華、全澤榮，《睢寧漢畫像石》（濟南：山東美術出版社，1998），圖 14。

圖 26　《中國畫像石全集 4》圖 4

圖 27　《睢寧漢畫像石》圖 14

閣，亭閣中有二人對坐；右側上層有飛鳥及漁人捕魚，下層右端
有三人朝左著冠拱手，其前有二人以扁擔共抬一壺、一豬腿及一
大魚向亭閣而行。亭閣左側有一樹，樹上及天空有鳥；樹右有一
進食的馬，左側一人彎弓仰射，身後另一人手持一鳥。（圖 27）

4. 《選集》圖 472，上層自右至左有騎鹿之仙人、鹿車、魚車、馬
車、胡漢交戰及狩獵的場面；畫像中央為樓閣，樓頂右簷有二人
彎弓射鳥，樓頂兩端分有伏羲、女媧；樓下右側有一樹一馬；右

闕有人釣魚，闕外有柏樹及鳥，闕上有題記；左闕外則有魚、柏樹及一人持戟搏虎。此圖射鳥之人和樹、馬分隔，而與其它畫面主題交織在一起的情形，頗似下文將提到的孝堂山石梁東面的畫像，我們將於下文進一步討論。（圖28）

5. 1943年，李文信在遼陽北園瓦窯子村東南調查發現一座東漢晚期壁畫墓。據他1947年發表的報導，[32]在墓後小室東面壁上有三組壁畫。左側一組為屬吏圖，中間為樓閣圖，右側為樂舞圖。三組之間並不見區隔，實可視為同一壁上的連續畫面。中間樓閣圖的部分，李文未附全圖，據他記述在三層樓閣的頂上有「銅鳳」及飄

圖28　作者線描圖

32　李文信，〈遼陽北園畫壁古墓記略〉，《國立瀋陽博物館籌備委員會彙刊》，1（1947），頁122-163。此刊印刷極劣，許多文字不清，記述樓閣圖部分，有不少字難以辨認。1944年，北野正男曾去調查，其簡報刊日本《世界美術全集月報》第14號（1952），惜此刊不得見。相關記述轉見 Wilma Fairbank and Masao Kitano, "Han Mural Paintings in the Pei-yuan Tomb at Liao-yang, south Manchuria," *Artibus Asiae*, XVII（1954）, pp. 238-264；部分壁畫可參徐秉琨、孫守道編，《東北文化》（香港：商務印書館，1996），圖104-109。李文信著作現在已有《李文信考古文集》（瀋陽：遼寧人民出版社，2009）可參。

揚的旗幟，中層坐婦人，「上層左□□（原報告印刷不清，凡不清處以□號代之）上立一鳥，長尾□目，作回首□□欲飛狀，遠方立一人，裸而著蔽，滿弓□矢，向鳥作欲射勢，蓋『有窮氏射日』傳說之象徵描寫也。」[33] 樓閣右側則為場面頗為盛大的樂舞百戲圖。此圖沒有車或馬。李文沒提到樓閣旁是否有樹，費慰梅（Wilma Fairbank）的報導中說，樓閣右側有一株枝葉盤繞像武氏祠所見一般的大樹。[34] 又據李文報導，在屬吏圖左題有「小府史」三字，在樓閣圖左題有「教以勤化以誠」六字。不過，這六字當 1944 年日本北野正男再去調查時已杳不可見。李文對題字的位置描述不清，現在已難以確實查證題字和畫像之間的關係到底如何。[35]

6. 《密縣打虎亭漢墓》[36] 一號墓南耳室南壁中部有一方畫像在配置上和山東漢墓所常見的有些不同（圖29）。《密縣打虎亭漢墓》報告命之曰收租圖，並曾作這樣的描述：「收租圖的內容是：畫面西側劇一座重檐歇山式頂的高大倉樓⋯⋯樓頂和樓的平台沿上各停一鳥⋯⋯樓前刻有一牽馬人，馬上騎著一個兒童，拉弓欲射樓頂上的小鳥。從兒童穿著看，當為地主的孩子在樓前玩耍射鳥。」[37]

六、為了突顯樹木射鳥和樓閣之間的關係，特別將樹木射鳥和其它畫

---

33 李文信，〈遼陽北園畫壁古墓記略〉，頁 127。

34 Wilma Fairbank and Masao Kitano, "Han Mural Paintings in the Pei-Yuan Tomb at Liao-Yang, South Manchuria," p. 262. 《東北文化》所收局部壁畫有樓閣、百戲的部分，但不包括 Wilma 所說的大樹。

35 Wilma Fairbank and Masao Kitano, "Han Mural Paintings in the Pei-Yuan Tomb at Liao-Yang, South Manchuria", p. 255. 李文信原文作「樓閣圖（在上圖左題有「教以勤化以誠」一行六字）」（頁 127）。此「上圖」不知是指其先前所述的屬吏圖或樓閣圖，文中未再說明題字和樓閣的相關位置，Wilma Fairbank 文雖附此壁畫全圖（附圖 10），惜題字已不可見，目前已難以確知這些榜題的位置以及和畫像之間的關係，十分遺憾。因未見原畫，目前刊出的圖版或不全或不夠清晰，難以描摹，本文暫不附圖。

36 河南省文物研究所，《密縣打虎亭漢墓》（北京：文物出版社，1993），頁 106，圖 81。

37 同上，頁 104。

圖 29　《密縣打虎亭漢墓》圖八一

像單元或元件（人、狗、猴、羊等）一起出現，卻無樓閣的情形別為一類，
也就是：樹木射鳥＋其它－樓閣：

1. 山東長清孝堂山石祠的石梁東面有畫面頗完整的畫像。上層係以
   撈鼎圖為中心，下層有成排的車馬。在撈鼎圖右側除雙頭怪獸，
   還有一株大樹，樹前有兩隻飛鳥，一人正張弓迎面而射。在構圖
   上兩隻雙頭怪獸和樹木及射鳥人兩兩交叉相對，可以說交融成一
   個畫面。（圖 30.1-2）

2. 《選集》圖 41，畫面分三層，最上層為四隻異獸，中層為人首鳥
   身的扁鵲針灸圖；下層大樹下有二人仰射，樹上有鳥有猴，樹旁
   左右有一羊、一馬，兩樹幹中間坐一人。此圖上中和下層之間並
   無關聯，但多了羊和樹幹中坐著的人。（圖 31.1-2）

3. 《選集》圖 537，畫面分上下兩層，上層右端有大樹，樹上有鳥，
   樹下左側繫一馬，一人彎弓射鳥；樹右側有人、鳥、狗。此景左
   端則為一場景盛大複雜，有人，有獸，有狗，有山巒的狩獵圖。
   樹下的馬朝向左側的狩獵場景，使左右兩個原本獨立的主題畫面
   似乎有了聯繫。下層有一隻大象，八隻翼虎和兩位長耳帶翼羽人
   的神仙異獸圖。（圖 32）

圖 30.1　作者線描圖

圖 30.2　前圖局部

4. 《全集》二編圖 21，畫面上層、中層各有八位拱手坐姿的人物，下層中央為大樹，樹上有鳥，樹下右側有一人張弓仰射，其旁有一馬；左側坐著一男一女，很可能是夫妻。圍繞在有頭飾的女子周圍的最少有九個小孩。其中五人有頭有部分的身體，其餘四人在後只露出頭來。（圖 33）

5. 《全集》初編圖 112，上層有大樹，樹上有鳥及飛鳥，樹下左側有一人張弓仰射，右側地上伏著一羊或狗。中層為孔子見項橐及老子圖，下層為一輛向左行的馬車。中下層和上層無關，但上層多了羊或狗。（圖 34）

圖 31.1　1998.9.2 作者攝於曲阜孔廟

圖 31.2　作者線描圖

古月集：秦漢時代的簡牘畫像與政治社會
　　　　—— 卷二　畫像石、畫像磚與壁畫

圖 32　《選集》圖 537

圖 33　《全集》二編圖 21

圖 34 《全集》初編圖 112

圖 35.1　2004.7.13
作者攝於河南博物院

古月集：秦漢時代的簡牘畫像與政治社會
　　　──卷二　畫像石、畫像磚與壁畫

圖 35.2　前圖局部線描圖

圖 36　《南陽磚》圖 101

6. 《南陽磚》圖 99，磚上不但有鳥，還有猴；樹下沒有車馬，卻有一隻仰首的狗；一人仰射，另一人手提一鳥。（圖 35.1-2）

7. 《南陽磚》圖 101，最上層中央有樹，樹上有鳥和爬在樹幹上的人（或猴？），樹下左側有一人張弓仰射，右側一人一手上指，一手提一鳥。中層有二人對坐而談，下層為百戲場面，有長袖舞及其它表演。中下層和上層無關，上層多了人或猴。（圖 36）

8. 《南陽磚》圖 164，上層有一樹，樹上有鳥及猴；樹下右側有一人彎弓仰射，左側有一昂首而視的狗，一人抬頭仰視，一手上指，一手提一鳥。其下有搗藥的玉兔，一背羽仙人朝左側的西王母禮拜。這兩層之間雖無橫線分隔，但內容上毫無關聯可言。再下層則有相搏的虎、熊及鳳凰；最下層則是一輛四馬的馬車和一匹雙峰駱駝。（圖 37）

9. 《石棺藝術》頁 84，四川新津鄧雙鄉龍岩村崖墓一號石棺棺側外壁右端刻一人帶劍面左，一人一手持幡，一手指前而行；左端有三人向左而行，左角有所刻畫但不明為何物。左右兩端這些人物之間有一大樹，樹上有鳥有猴，樹下有一人彎弓仰射。（圖 38）

10. 《漢風樓藏漢畫像石選》頁 87，山東鄒城臥虎山出土石槨一側有三格畫像，[38] 右格刻畫一有

圖 37 《南陽磚》圖 164

---

38 1991 年在鄒城市郭里鎮以西臥虎山發現西漢末至東漢初石槨墓兩座。其中二號墓石槨北槨板外側右端也有射爵射侯圖。原附圖不甚明晰，據報告原文謂：「右格畫面正中立有一巨樹（扶桑），樹幹為巨人形，一臂下垂，右側上身處刻一猿作回首攀援狀。巨人頭上生長雙角，枝椏茂密，枝杈上有棲息的八隻鳥。樹下左側一人側身援弓射鳥，一手提一隻射死的鳥，另一人跪坐仰望。樹右側刻一人側身回首援弓射鳥，身前有一犬；其後一人跪射，另一人扶杖

圖 38　作者線描圖

頭、眉眼和手的「樹人」，頭頂有樹枝，樹枝上有鳥，有一猴正攀援上樹榦。樹下兩側有狗和三位張弓仰射的射手及旁觀者。中格刻畫有雞頭和牛頭人、力士和其它無以名之的人物，意義不明。左格則是山東地區常見的樓闕、車馬和樹木。（圖 39.1-2）

11. 《考古發掘出土的中國東漢墓（邠王墓）壁畫》插圖 36，[39] 陝西郇邑百子村出土東漢末至三國初墓之後室外側西壁上，左側有一站立著黑色衣冠的人物，有榜題曰「丞主簿」，其右有一開滿花朵的樹上，樹上有臉部繪成紅色的猴子，十分清晰，樹下左右側各有一人，右側一人頭部已殘，左側一人站立，正昂首彎弓而射。（圖40）

　　以上六類四十一例雖然沒有窮盡遼寧、山東、河南、江蘇、四川、陝西等地所有的資料，[40]「樹木射鳥圖」單獨出現，或和馬，或與其它主題

回首觀望。」（頁 48）出土報告參〈山東鄒城市臥虎山漢畫像石墓〉，《考古》，6（1999），頁 43-51。

39　蘇珊娜・格萊夫（Susanne Greiff）、尹申平（Yin Shenping），*Das grab des Bin Wang wandmalereien der östlichen Han zeit in China*（考古發掘出土的中國東漢墓（邠王墓）壁畫）（Mainz, 2002），Abb. 36.

40　例如：2014 年 4 月 10 日承武利華先生電郵賜告並傳下拓本照片，在沛縣博物館藏有一件射猴射鳥畫像石，樹上有鳥有猴，空中有飛鳥，樹兩側各有一人朝上彎弓射箭。其基本造型十分典型，僅樹根部分較粗較常例為大。其他例證還有很多，不再列舉。

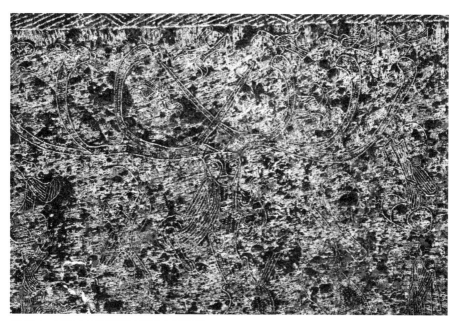

圖 39.1　1998.9.4 作者攝於鄒城市博物館

圖 39.2　作者線描圖

　古月集：秦漢時代的簡牘畫像與政治社會
　　　　　　　　── 卷二　畫像石、畫像磚與壁畫

一起出現的例子（以上 1、3、6 類，共 30 例），在數量上明顯要比樹木射鳥與樓閣一起出現的例子為多（以上 2、4、5 類，共 11 例）。更值得注意的是，如果射鳥是為了祭祀樓閣中的祖先，射鳥和樓閣圖有如此重要意義上的聯繫，應該常常同時出現，甚至兩者單獨一起出現才是。然而，這樣的例子目前僅能在莒縣、滕州（縣）和林格爾東漢墓找到三個。這意味著樹木射鳥和樓閣之間的關係不是必然的；樓閣和車馬之間的關係也非必然。三者可以被安排在一起，也可以分開。信先生的解釋

圖 40　《考古發掘出土的中國東漢墓（邡王墓）壁畫》插圖 36

是建立在三者構成一有意義整體的假設上。這適合少數的例子，可是無法解釋三者不同時出現，或與其它畫面同時出現，反而不和樓閣同時出現的多數情況。這是我對其說有所保留的第一個理由。

　　其次，為什麼說信先生之說只是「或許說得通」呢？樹下的人彎弓仰射，樹上依山東微山兩城山一石的榜題來說，有「烏生」（圖 17.2）、「蜚鳥」和「山鵲」。[41] 除了鳥，在前文所舉的例子中，樹上還有信先生未提的猴子（圖 11、12、23、30、34、36～40）。從圖像上看，樹下的人只可能是在射鳥、鵲或猴。烏、鵲或猴是漢代祭祀中所用的祭品嗎？我們從文獻、墓葬出土實物或漢畫中的描寫可知，漢代較常用的祭品不外牛、羊、豬、雞、魚、

41　信立祥君在書中提到榜題「山鵲」刻在樹右側「人頭鳥」之旁（頁 79），似乎暗示山鵲是指人頭鳥。如果仔細看，可以發現山鵲似應指人頭鳥右上方另一隻有長尾的鳥，而不是人頭鳥。可參《山東漢畫像石選集》圖 32 及本文所附線描圖。

犬，不見用烏、鵲或猴的例子。[42] 獵取烏、鵲或猴以供祭祀，可以說沒有文獻證據。除非如信先生在書中採取的解說方式，將射鳥擴大解釋成是射獵、狩獵（頁82-85），再將射獵解釋成是為準備祭祀用的犧牲。漢畫表現的手法中，不乏以某一部分象徵或代表全體的（例如：以柏樹或門闕象徵整個祠堂和墓地）。因此，以射鳥象徵有較全面意義的狩獵不是沒有可能。這是為什麼說信先生之說「或許說得通」的理由。

然而不要忘記，漢畫中有很多真正的狩獵圖。這些狩獵圖的場面或極為浩大，或十分簡單，有些和樓閣圖一起出現（如《選集》圖47、472、473，《全集》初編，圖9、10，《陝北漢代畫像石》圖78、186、246、476），有些和「樹木射鳥」圖一起出現（如《選集》圖472、江蘇沛縣棲山石棺之射鳥圖和狩獵圖分別出現在同一棺之東西壁）。[43] 信先生在書中曾十分強調古代狩獵和軍事、祭祀之間的緊密關係，認為漢代祠堂中的狩獵圖正淵源於此。[44] 姑不論漢代除了皇室宗廟，是否還持續著古來以獵物供祭的習慣；依信先生之說，這樣的狩獵圖豈不更能表達真正的狩獵？更符合他狩獵以供祭祀的解釋？如果東漢已創作出這樣大場面的狩獵圖，又何須另外創作樹木射鳥圖，以表

42　《左傳》隱公五年：「鳥獸不登於俎，皮革齒牙骨角毛羽不登於器，則公不射，古之制也。」依據文獻，漢從周制，祭祀仍然以牛、羊、豬三牲為太牢，牛、羊為少牢。一般人祭祀則常用豬、羊、雞（鴨）或魚。參 K.C. Chang ed., *Food in Chinese Culture*（New Haven: Yale University Press, 1977），pp. 55-62; 韓養民，《秦漢文化史》（臺北：里仁書局翻印本，1986），頁133-142。據乙瑛碑，元嘉時祭孔子，河南尹給牛、羊、豕、雞各一。以漢畫中所見而言，徐州銅山青山泉供案石上有三盤，盤中各有一魚（《徐州漢畫像石》，1987，圖165）；河南南陽市出土供案石刻有盤，盤中有魚和雞或鴨以及其它食品（《南陽漢代畫像石》文物出版社，1985，圖222）；山東嘉祥武氏祠也有一石，石上刻二耳杯，分盛兩魚，又有兩圓盤，盤中有宰殺好的雞（《漢代武氏祠墓群石刻研究》，山東美術出版社，1995，圖版50）。馬王堆漢墓出土的肉食品中雖有豬、牛、羊、狗、馬、兔、鹿、雁、野鴨、鵪鶉、天鵝、斑鳩、鷸、鴛鴦、竹雞、鵲、喜鵲、麻雀等走獸和鳥禽，但這些多半裝在七十個竹笥和十一個麻袋中，主要是當作供墓主地下享用的食物看待。從洛陽燒溝、河南陝縣劉家渠、甘肅武威磨嘴子、徐州賈汪漢墓墓中出土的祭奠之物看來，有雞、羊、豬、牛之骨，沒有鳥、鵲或猴。參李如森，《漢代喪葬制度》（長春：吉林大學出版社，1995），頁62。

43　見前引〈江蘇沛縣棲山漢畫像石墓清理簡報〉，頁109。

44　信立祥，《中國漢代畫像石の研究》，頁115-118。

達同樣的寓意？兩圖寓意如果相同，又何須同時出現？

三 從榜題、格套辨識「射爵射侯圖」

「樹木射鳥圖」可以單獨存在，成為獨立的畫像單元，就應該有它獨立存在的意義。它和其它畫面相連時，當然很可能衍生更豐富的內涵。不過，不妨先確定樹木射鳥圖作為一個獨立畫像單元的意義，再談其它較複雜的組合變化。根據前文提出的方法，樹木射鳥圖的必要構成元件應包括以下三者：

（1）一株大樹
（2）樹上有鳥或猴
（3）樹下有張弓射箭的人

沒有這些，即不能稱之為樹木射鳥、射猴圖。本文圖 1 至 12 可以說是合乎此圖要件最簡明的代表。有些圖中增添了車馬、羊、狗、魚等。這些可以有不同層次的意義（見下文），但都屬次要。樹木本身或枝繁葉茂，或僅有簡單的枝葉；樹上鳥、猴同時出現，或僅有猴或鳥；鳥、猴的數目或多或少，仰射者一、二或三人，這些數量多少和描繪的繁簡都不影響此圖的基本寓意，在圖像意義和格套的解析上似乎都可以看作是非必要的增飾或變化。

找出產生畫像意義的核心部分後，接著即可注意榜題，依據當時人所刻的文字，去認識畫像的確實寓意。我在舊作中已經指出和林格爾壁畫墓中有一幅枝葉纏繞的大樹，樹上的鳥禽可能因為壁畫色彩和線條剝落，無法清楚辨識，但樹下左右清楚有兩人，其中右邊一人正彎弓仰射，左側一人也作射箭狀，但弓箭或亦因剝落而不可見。從他們的姿態，可以假設樹上應有目標物。樹前有樓閣及雙闕。此圖具有樹木射鳥圖的必要構成元件，和山東出土的樹木射鳥圖具有同樣的格套特徵。因此可以此圖為準，推定其它樹木射鳥圖的意義。在這幅圖的樹下有「立官桂〔樹〕」四字榜

題。據《和林格爾漢墓壁畫孝子傳圖摹寫圖輯錄》,「立官桂」三字十分清晰(圖 15.1-2)。[45]「樹」字殘存左側偏旁「木」的部分,在原摹本上也清晰可辨。這字似只可能是樹。這是目前可考,這一類樹唯一的榜題。

由此榜題,應可推斷同一格套中的大樹,雖姿態有異,應該都是取義於桂樹,其義殆與「立官」有關。「立官」為古代常詞。《商君書・算地》:「立官貴爵以稱之,論勞舉功以任之」,《呂氏春秋・孟春紀》本生:「立官者以全生也。今世惑主,多官而反以害生」,《史記・龜策列傳》:「立官置吏,勸以爵祿」,《論衡・非韓》:「重本尊始,故立官置吏」。立官意為命官、設官或置吏。立官與桂樹連言,可見桂樹與官位、為官有關。漢樂府古辭〈相逢行〉:「黃金為君門,白玉為君堂。堂上置樽酒,作使邯鄲倡。中庭生桂樹,華鐙何煌煌。兄弟兩三人,中子為侍郎。五日一來歸,道上自生光……。」[46] 黃金、白玉為君之門和堂;堂上有酒,有倡,中庭有桂樹,此皆官家豪門富貴之象。桂樹之所以象富貴,蓋其象漢家,富貴之所出也。《藝文類聚》卷八十九及《太平御覽》卷九五七引《春秋潛潭巴》云:「宮桂鳴下土,諸侯號有聲」,「桂好木,植於宮中,猶天子封有聲譽者為諸侯。今乃鳴,是乃成其聲名於下土之祥也。」[47] 此謂桂樹植於宮中,宮乃漢天子之宮。宮桂以喻天子;宮桂鳴,猶天子發號令,封有賢稱者為侯,以成其聲名於天下。得封者遂位貴而名顯。又《漢書・五行志》中之上:

> 成帝時,謠又曰:「……桂樹華不實,黃爵巢其顛。故為人所羨,今為人所

---

45 和林格爾漢墓發掘於文化大革命期間,發掘過程據說不是十分嚴謹,材料的可靠度因此也須視情況而定。此墓早已封閉回填,發表的材料無由重新檢證。對利用材料的學者而言,這是十分無奈的情況。據黃展岳先生面告,主持發掘者是張郁,原壁畫圖版應可靠無誤。此墓壁畫,現在有陳永志、黑田彰編,《和林格爾漢墓壁畫孝子傳圖輯錄》(北京:文物出版社,2009),陳永志、黑田彰、傅寧編,《和林格爾漢墓壁畫孝子傳圖摹寫圖輯錄》(北京:文物出版社,2015)可參。

46 逯欽立輯校,《先秦漢魏晉南北朝詩》上(北京:中華書局,1983),頁 265。

47 參中村璋八編,《重修緯書集成》卷四下,(東京:明德出版社,1992),頁 76;夏劍欽、黃巽齋點校,《太平御覽》第 8 冊(石家莊:河北教育出版社,1994),頁 631。

憐。」桂，赤色，象漢家；華不實，無繼嗣也。王莽自謂黃象，黃爵巢其顛也。

這裡明白說出是以桂樹象徵漢家，而黃爵即黃雀。黃雀巢於桂樹之頂，樹開花而不能結實，暗喻成帝久無子嗣，號稱當土德（其色黃）的王莽將奪取當火德（其色赤）之漢家天下而居之。漢人措詞用字好用諧音，以羊為祥，以鹿為祿，以雀為爵，其以桂諧貴，亦可推定。如此「立官桂樹」四字旁的大樹，必是加官進爵，成就富貴的象徵無疑。[48]

為什麼要射樹上的猴和鳥呢？關於古代射官和射侯之義，舊作已曾解釋，[49] 這裡僅就「侯」與「猴」相通假，稍作補充。揚雄《法言・重黎》：「曰：『生捨其木侯而謂人木侯，亨不亦宜乎？』」汪榮寶《義疏》引《音義》：「木侯，《漢書》作沐猴」，[50] 是「侯」與「猴」通。舊作對射鳥曾勉強解釋，須要補正。舊作和信立祥先生之書都曾用過前文提到有「烏生」、「蜚鳥」和「山鵲」榜題的那方畫像。這些榜題舊作未及討論，是一大疏漏。這方畫像出於山東微山兩城山，現藏曲阜孔廟，著錄見《漢代畫像全集》初編圖 252 及《山東漢畫像石選集》圖 32（圖 17.1）。1998 年 9 月 2 日特去曲阜孔廟考察原石。「蜚鳥」和「山鵲」字跡清晰可辨。「烏生」二字則較難辨識（圖 17.2）。「烏」字也有可能是「鳥」，林巳奈夫、曾布川寬即引作「鳥生」。劉敦愿引葉又新之說，認為應作「倉生」，何者為是，難以完全確認。[51]

---

48 和林格爾漢墓壁畫報告將立官桂樹榜題解讀為「可能是表示把棺台放了『貴地』，古代『立』、『位』相通，『官』、『宮』相通，『立官』或許就是『位宮』，『立官桂樹』也可能是表示古代設社祭祀土地神，立樹為位。」（《和林格爾漢墓壁畫》，頁 24）土居淑子引此說，並推論此樹乃有多重意義之生命樹，也是扶桑樹，見所著《古代中國的畫像石》，頁 113。「位宮」之說迂曲，於義實難通解。又原榜「官」字十分清晰，實不宜捨官而釋為宮字。

49 邢義田，〈漢代畫像內容與榜題的關係〉，頁 73-75。

50 汪榮寶，《法言義疏》（臺北：世界書局，1958），卷 14，頁 21 上。又參高亨，《古字通假會典》（濟南：齊魯書社，1989），頁 323。沐猴見《漢書・陳勝項籍傳》。

51 傅惜華在《全集》此圖的敘錄中認為此圖的榜題和兩行題記「皆出後人偽刻」。他沒有說明理由。從題記文辭和字體看，應係原刻，傳說並無根據。1998 年 9 月 2 日曾至曲阜孔廟大

以可確認的榜題而言，樹上有鳥或鵲。在漢代鳥、雀二字常互用。同事林素清所輯漢代鏡銘中，「朱雀」、「朱鳥」互用的有數十例。[52]「雀」與「爵」相通假則極通常，漢代鏡銘及高亨《古字通假會典》中例證極多。[53]總之，樹下之人射鳥，其實是射雀或鵲，也就象徵射爵，獵取官爵。《陳留耆舊傳》謂：「雀者，爵命之祥也」，《漢書‧食貨志》：「學于大學，命曰造士。行同偶能，則別之以射，然後爵命焉。」師古曰：「以射試之。」按《禮記‧射義》：「故天子之大射，謂之射侯。射侯者，射為諸侯也。射中則得為諸侯，射不中則不得為諸侯。」射與爵命之關係，由此可見。圖中之人在桂樹下彎弓射猴或射雀、鵲，應是取其射爵、射侯，以達富貴之義。[54]

　　這類畫像的樹上，有時僅有鳥，或僅有猴，或同有鳥和猴，其義相同。鳥、猴寓意爵、侯。漢代二十等爵之最高級曰徹侯和關內侯；射爵射侯，都是象徵著追求富貴。如鄙說可通，則「樹木射鳥圖」實宜正名為「射爵射侯圖」。

成殿東廡漢畫像石陳列室考察原石。「山鵲」、「蜚鳥」、「伯昌」、「女黃」、「長卿」榜刻字皆淺細，右側題記刻字筆劃較深，但比較題記「男女四人」和「女黃」的「女」字書法相類，「弟兄悲哀」和「蜚鳥」的「非」皆作「ㄅㄟ」，似可說明題記與榜題似由同一人作於同時。「鳥生」兩字，筆劃清楚，唯難以確辨。林巳奈夫、曾布川寬引作「鳥生」見前引所著〈漢代畫像石の神話的樹木について〉，頁 22 注 31；〈漢代畫像石における昇仙圖の系譜〉，頁 168。劉敦愿說見所著〈扁鵲名號問題淺議〉，《美術考古與古代文明》（臺北：允晨出版公司，1994），頁 402-411。

52　見中央研究院歷史語言研究所文物圖像研究室，〈簡帛金石資料庫〉 http://saturn.ihp.sinica.edu.tw/~wenwu/（2008.1.28）。

53　參高亨，《古字通假會典》，頁 802「雀與爵」、「雀與鳥」條。

54　射鳥為射雀、射爵之義得之於劉增貴兄，特此聲明並申謝。雀為爵命之祥見《太平御覽》卷 959 引《陳留耆舊傳》魏尚故事：「圉人魏尚，高帝時為太史，有罪繫詔獄，有萬頭雀集獄棘樹上，拊翼而鳴。尚占曰：『雀者，爵命之祥，其鳴即復也。我其復官也。』有頃，詔還故官。」《三國志‧管輅傳》另有燕爵（雀）入居懷中為「遷官之徵」的故事，不贅。

四 射爵射侯圖的變化與多重寓意

前文分析射爵射侯圖，僅僅是從構成圖像最必要部分的本義出發。圖上有時還有其它的內容，例如樹上除了猴和鳥，有時還有鳳鳥、人首鳥身或仙人。沛縣棲山所出一石之樹梢上不但有鳥，鳥嘴中還啣有一魚；樹下有時有停繫的車、馬，有時僅有馬，或有羊，或有人騎在馬上，在河南南陽新野樊集三十七號墓所出畫像磚上，沒有車、馬、羊而有一隻仰首而望的狗，[55] 這些該如何理解？

從必要元件觀之，這些車、馬、羊、狗或魚有豐富畫面的效果，並不影響此圖基本主題的呈現。例如狗和狩獵有關，漢畫狩獵圖中經常見到獵狗。射鳥而由狗代取獵物，狗的出現使畫面更為豐富、活潑。羊表示吉祥，自不消說。鳥啣魚或鳥魚圖在漢畫、漢銅洗中經常出現，其意義乃在富貴吉祥，除災去殃。漢代銅洗習見雙魚圖，其銘常作「大吉羊」；也有魚鳥為飾的洗，其銘常作「富貴昌宜」、「富貴昌宜侯王」、「君高遷至三公」等。[56] 山東蒼山元嘉元年畫像石墓的南壁橫梁上畫有龍、鳥，兩鳥相對，口中啣魚（《選集》圖 409）；而題記裡正有一段「龍爵（雀）除央（殃）（鶴）嚼（啄）魚」的記述。這表明除了龍，雀也可去除災殃，「鶴啄魚」當亦與此意有關。另外，此墓之門額上層有龍、虎、兔等獸，獸與獸之間有鳥，下層則是車馬出行的行列（《選集》圖 406）。題記對這一段的描述是：「堂硤（牆）外，君出遊，車馬道（導）從騎吏留，都督在前後賊曹，上有虎龍銜利來，百鳥共侍至錢財。」[57] 由此可知在漢人的觀念裡，龍、虎、鳥都能帶來財利。徐州漢畫像石藝術館藏有一銅山呂梁鄉出土畫像石上有一列車馬，成排的飛鳥口銜銘刻「五銖」二字的五銖錢與車隊同行（圖 41）。這些增添使射爵射侯圖的畫面意義更為豐富多重，不僅意味著加官封爵，更

---

55 《南陽漢代畫像磚》（北京：文物出版社，1990），圖 164。

56 參容庚編，《秦漢金文錄》（臺北：史語所專刊之五，1992 影印一版），卷 5。

57 參信立祥，《中國漢代畫像石の研究》，頁 199-203。楊愛國，〈山東蒼山城前村畫像石墓二題〉，《華夏考古》，1（2004），頁 45-49 轉 59。

圖41　2010.7.8 作者攝於徐州漢畫像石藝術館

和吉祥富貴，去災避凶聯繫起來，更完整地反映了漢代人的人生夢想。

　　畫像裡的樹一般立於地上，可是山東鄒縣大故縣村發現的兩石，卻有大樹根部作雙虎共一虎頭之形的（圖 42.1-3）。雙虎共一頭或相對的雙虎在山東漢畫中常見於建鼓的鼓座（稱作「跗」）。[58] 畫匠或石工為何如此安排？目前還難確言。一個推測是漢代官寺之前置有建鼓，[59] 和林格爾壁畫墓即於題有「莫府東門」建築的門的兩側，各畫一建鼓。據《漢書・何並傳》顏師古注，官寺前之建鼓是「所以召集號令，為開閉之時」。官寺以鼓號令，因鼓而開閉，鼓代表著權威，因而成為一種官寺的象徵。鼓跗常作虎形，其上本用來立鼓。好求變化的工匠將虎跗借用過來立樹，以強調這株樹與官寺、官府有關；樹下有人張弓射箭，意思仍然是求官爵富貴。虎跗

58　參孫機，《漢代物質文化資料圖說》（北京：文物出版社，1991），頁 378。

59　見《漢書・何並傳》。相關討論見劉志遠，《四川漢代畫像磚與漢代社會》（北京：文物出版社，1983），頁 4-5；羅哲文，〈和林格爾漢墓壁畫中所見的一些古建築〉，《文物》，1（1974），頁 33。

圖 42.1　　　　　　　圖 42.2　　　　　　　圖 42.3

不過是使畫面更為豐富熱鬧而已。

　　前文所說微山兩城山的一石上，樹下仰射的兩人身旁有「長卿」、「伯昌」榜題，樹右側牽馬者旁有「女黃」榜題，他們應都是墓主的子女。題記中說他們昆弟男女四人，如何為思念過世的父母而造祠堂。孝順之餘，沒有明說的話應該是希冀先人保祐他們晉爵封侯，享受榮華富貴。他們將題記刻在射爵射侯圖的右側邊框，用意不言可喻。另有一件兩城山所出，風格十分相近的畫像（圖33），樹下右側有一馬，一人仰射；左側則有一對夫婦，母親的身前身後圍繞著九個小孩。這幅畫似乎蘊含了祈求先人保祐多子多孫，子孫富貴的心意。[60]

　　射爵射侯圖中的馬可以有人乘騎（圖19、21），也可停繫。滕州漢畫像石館藏滕州東寺院出土一石，人甚至站在馬背上（圖22）。[61] 車、馬或馬、

60　劉雲濤最近發表的山東莒縣雙合村漢墓中出土一件銅造像。一婦人坐於中央，身旁兩側圍繞
　　著小孩，正前方跪著一個小孩，雙手還懷抱著一個嬰兒。其整體造型和兩城山畫像上所見十
　　分類似，其意義應也類似。見劉雲濤，〈山東莒縣雙合村漢墓〉，《文物》，12（1999），頁
　　25-27。

61　這一畫像的意義，請參邢義田，〈「猴與馬」造型母題——一個草原與中原藝術交流的古代

羊、狗也有不同的組合變化，可見這些部分並沒有固定的構成模式，很難說有固定的寓意，可是也非毫無意義。例如車、馬，在漢代本是官員身分的重要象徵。[62] 取得官爵即可乘馬坐車。因此繫在樹下的車、馬，可能是為射侯射爵者所準備。1992 年參觀泰安岱廟時，曾親見肥城北大留村出土的一石（《選集》圖 479，圖 19.1-2）。這一大塊石頭上僅在中心偏右的部位刻了一樹、一鳥、一射鳥人和一馬。石面其餘的部分打製成菱形的細紋斜線，沒有任何其它刻畫。在這種情況下，這匹馬的意義似乎只可能和射爵人有關。[63]

再者，由於車、馬和大樹，或鳥、馬和大樹在漢畫中經常單獨出現，土居淑子注意到它已出現在戰國時的瓦當上；[64] 既以獨立的形式存在，應有其特定的意義，就須要當作一種獨立的格套看待。車和馬除了少數例外，多數分在樹的兩側，車停著，馬繫於樹上；有時沒有車，而有雙馬，吃著草料，表現出一種停息的狀態。此圖寓意何在？由於缺少榜題，一時恐難斷言。[65] 樹、車或馬單獨出現或和其它主題畫面搭配時，我相信應有

見證〉，本書卷二，頁 545-575。

62　參劉增貴，〈漢、隋之間的車駕制度〉，《中央研究院歷史語言研究所集刊》，63：2（1993），頁 371- 449。

63　當然我們也不能排除這是一方尚未完工的畫像石，刻好一部分後即未繼續。這一點現在已無從證實。

64　土居淑子，《古代中國の畫像石》，頁 86，附圖 72。除了土居淑子注意到的齊瓦當，咸陽出土的秦瓦當上也有以樹、雙馬和鳥為圖案的，參徐錫台、樓宇棟、魏效祖編，《周秦漢瓦當》（北京：文物出版社，1988），圖 30。另一個例子見 1972 年四川滎經發現的東漢石棺。石棺一側刻有一馬繫於一樹，一人餵馬，另有一人以肩擔兩籃。石刻拓影參高文、高成剛，前引書，頁 18。

65　在歐亞草原受斯基泰文化影響的游牧民族藝術中，常見一種以樹、停息的人和馬為飾的飾牌。研究斯基泰藝術的學者多認為這是象徵生命的生命樹或宇宙中心的世界樹。這種母題以及其它一些母題是否曾影響到戰國至秦漢時中國的造型藝術，是值得注意和進一步討論的課題，本文暫不處理。土居淑子曾以《淮南子‧天文》「爰止其女，爰息其馬，是謂縣車」，《楚辭‧離騷》「飲余馬於咸池兮」為證，認為這是古代與太陽神話有關的扶桑樹。參前引書，頁 81-83；又可參 Esther Jacobson, "A Reconsideration of the Origins of Chinese Landscape Representation," *Bulletin of the Museum of Far Eastern Antiquities*（*BMFEA*）, 57

不同於射爵射侯的意義。這類圖很多，我曾稍作蒐集，列於文後為附錄，供今後研究。

　　漢代的畫匠或石工常常將一些畫像的元件作不同的組裝，以表現不同的主題。最明顯的例子是本文圖 14 和 43（圖 43）。兩者都出土於微山兩城山，兩圖大樹的姿態和雕刻手法、風格一致，可能是同一石工集團或作坊的作品。[66] 圖 14 樹旁有人仰射，表現射爵射侯的場面；圖 43 樹下有灶，有俎，完全是山東漢畫中常見庖廚圖的場面。由此可以認識到，這株大樹在石工手上可能只是一個可以應用在不同場合的元件。樹本身的造形無定規，枝葉可繁可簡，姿態各異（參本文各附圖），很難說它有什麼較特殊的

圖 43　1998.9.2，作者攝於曲阜孔廟。

（1985），pp.133-180; E. Jacobson, "The Stag with Bird-headed Antler Tines: A Study in Image Transformation and Meaning," *BMFEA*, 56（1984），pp.113-180; Anatoly I. Martynov, *The Ancient Art of Northern Asia*（Urbana and Chicago: University of Illinois Press, 1991），pp. 49-50, 90-91, 99-111; 不同的意見辯論見 Emma Bunker, "The Steppe Connection", *Early China*, 9/10（1983-85），pp. 70-76; E. Jacobson, "Beyond the Frontier: A Reconsideration of Cultural Interchange Between China and the Early Nomads," *Early China*, 13（1988），pp. 201-240.

66　同樣風格的大樹還見於《選集》圖 4、6，《全集》二編圖 21。它們也都出於兩城山。

意義。[67] 過去學者將此樹比附成扶桑、建木、通天樹、生命樹或世界、宇宙樹，都不合適。信立祥先生以普通樹視之，較為可取。

漢代畫匠和石工除了對元件作不同的組裝，運用格套也十分靈活。在一定的格套中，他們會巧作變化，甚至將格套的元件分割拆散，安置在畫面不同的部位。前述孝堂山石祠石梁東面畫像中的樹、鳥和射鳥人即被一對雙頭怪獸拆開，形成相互交叉的畫面結構。如果格套拆散，觀者不能有效掌握分散後元件之間的關係，原有的寓意即有可能無法充分傳達。山東肥城欒鎮村的一石即可為例（《選集》圖472，圖28）。此石畫面中央為樓闕，樓右側下層有一樹，樹上有鳥，樹旁繫一馬。射鳥的兩人不在樹下，而在樓右端的屋簷和屋頂上。兩人持弩向右，射向迎面而來的三隻飛鳥。（射鳥者不在樹下而在樓簷上的安排法，在前述宋山第二批畫像第15石或本文圖24.2也曾看到。）他們左邊有兩人正向左行，另一人在另一頭持戟朝右圍獸，布局上是典型的狩獵圖。構圖上射鳥者與圍獸者相背對立；射鳥者似不屬於狩獵圖，只可能是射爵圖格套中的一部分。畫工卻將射鳥者和樹、馬分置於不同的地方。畫工或許是企圖將規模較小的射爵圖拆散，以便溶入較大較複雜的整體構圖中。然而這樣安排的結果，觀者是否還能掌握射鳥人和樹、馬原本有的格套關係就成了問題。

此外，靈活的組裝也表現在將原本不同的格套組合在一起，使組合後的畫像單元可能蘊含有多重的意義。例如「樹＋鳥（或和猴）＋馬」（齊、秦瓦當）和「樹＋鳥＋射鳥人」（曾侯乙墓漆箵，詳見下文）兩組格套在戰國時本可各自獨立存在。西漢時，在居延肩水金關出土的一方木板上，還可見到樹上有鳥、猴（？），樹下繫一馬，旁有一看馬人的圖畫（圖44）。[68] 到東

67　江蘇連雲港市尹灣六號墓出土〈神烏賦〉中曾形容烏所棲之樹為「高樹綸棍（輪囷，高大貌），支（枝）格相連」。這樣的樹和我們在漢畫中所見的樹形十分相似。但從賦中可知此樹毫無神秘的意義。參裘錫圭，〈《神烏傅（賦）》初探〉，《尹灣漢墓簡牘綜論》（北京：科學出版社，1999），頁1及注7。

68　較佳的圖版見大阪近つ飛鳥博物館，《シルクロードのまもり》（大阪：近つ飛鳥博物館，1994），圖38。關於此木板畫的可能寓意，請參拙文，〈「猴與馬」造型母題——一個草原

圖 44　居延肩水金關出土木板畫

漢，石刻畫像中出現了許多不同格套的多重組合，畫像的寓意遠較以前為複雜。

　　因此，漢畫中的樹木射鳥圖雖然是以射爵射侯為主要寓意，這並不能排除它同時蘊含其它意義的可能性。例如本文圖 6、14 和 35，在樹頂之上除了有一般的小鳥，還有較大的鳳鳥或人首鳥身，它們的身形比樹上或天空中的鳥大得多；鳳鳥口中或銜珠，或有帶羽的仙人在旁。它們也是樹下仰射者獵取的目標嗎？還是有其它的意義？由於銜珠鳳鳥和人首鳥身也常常出現在其它的場合，應該別有意義。[69] 換言之，這幾幅圖整體而言，就可能有了多重的意義。

　　更要注意的是，漢畫中的射鳥場面並不都適合以「射爵射侯」來理解。例如，四川成都出土著名的弋射收獲畫像磚（圖 45），[70] 其上有二人在

　　　與中原藝術交流的古代見證〉，本書卷二，頁 567。

69　例如林巳奈夫即認為「珠」、「壽」古音通，鳳鳥銜珠應與鳳鳥授予人長命、長壽有關，見前
　　　引書，頁 132-133。

70　高文編，《四川漢代畫像磚》（上海：上海人民美術出版社，1987），圖 4。

圖 45

樹旁張弓仰射飛鳥，其下有農人揮鎌收割。這應該是單純農耕漁獵生活的
描繪。今日四川地區漢畫的一大特色正是諸如市井、宴飲、煮鹽、採桑、
耕作等日常生活的描寫，如以射爵射侯去理解此磚畫，即不免是附會。

五 射爵射侯圖溯源

　　在古代的圖像藝術中，和射鳥有關的描繪可以追溯到春秋戰國之世。
1998 年 9 月 11 日，在上海博物館看見一件戰國早期橢圓形的宴樂畫像銅
杯（圖 46.1-2），器口外側邊緣刻有一圈圖畫。[71] 圖畫中有閣樓，兩側有階，
有人上階，樓上有三人似在備辦食物；閣樓左側有樹，樹上有棲息的鳥，

71　關於此器的報導見馬承源，〈漫談戰國青銅器上的畫像〉，《文物》，10（1961），頁 26-30。

天上也有飛鳥六隻。兩樹之間有一人張弓仰射。其左有人跪著，手持一竿，似在點燃什麼東西，薰煙上騰。再向左，又有一樹，樹旁有二射手正在備弓。有趣的是在樹的上方有一中了兩箭的箭靶——「侯」。小南一郎以為戰國青銅器上的這類紋飾是在表現古來的射禮或鄉飲酒禮。[72] 小南之說甚有見地。愚意以為漢畫中的射爵射侯圖或即淵源於此。這件銅器上射侯的侯是寫實的箭侯，鳥在樹上，箭侯在旁，鳥和侯分開表現。[73] 到了漢代，箭侯變成以樹上的猴來象徵，人在樹下既射樹上的鳥，也射樹上的猴。

這種變化的軌跡目前還找不到十分清晰的線索。不過湖北隨州擂鼓墩出土的曾侯乙墓中有一件以射鳥為飾的漆箅（圖 47.1-3），或許可以視為過渡時期的產物。在漆箅蓋頂的兩端，各繪有兩株樹，樹榦上有九或十一個像是太陽光芒或花瓣的花形物，樹頂有雙鳥及異獸；樹下有人弋射，被射中的大鳥正下墜之中。樹側還有兩隻交纏雙頭的蛇。此圖不見前述銅杯上的侯，卻有並立於樹端的鳥和獸。鳥獸似乎都是樹下弓手獵取的對象。

學者過去幾乎一致認為這幅「射鳥圖」

圖 46.1　上海博物館王樾提供照片

圖 46.2　前圖紋飾部分線描圖，上海博物館王樾提供照片。

72　小南一郎已指出上海博物館藏戰國銅杯上的射鳥圖母題後來為東漢畫像石所繼承。參氏著〈射の儀禮化をめぐって—その二つの段階—〉，《中國古代禮制研究》（京都：京都大學人文科學研究所，1995），頁 47-116。

73　參林巳奈夫，《春秋戰國時代青銅器の研究——殷周青銅器綜覽三》（東京：吉川弘文館，1989），頁 340，圖 8-11；小南一郎，前引文，頁 99、102、107、109 所附圖。

圖 47.1　作者線描圖

圖 47.2　作者線描圖

圖 47.3　作者線描圖

　古月集：秦漢時代的簡牘畫像與政治社會
　　　　　　　　──卷二　畫像石、畫像磚與壁畫

應是后羿射日圖。樹上的花形物是太陽，被射中的是金烏，射箭的人即是后羿。[74] 雙頭蛇不少人以為即伏犧、女媧。[75] 漆箙邊側有銘二十字。這二十字如何解讀，古文字學家意見尚未統一，或曰與古代樂論有關。這和漆箙上的畫有何關係？未見較徹底地討論。[76] 這究竟是不是后羿射日圖，個人頗覺懷疑。樹上除了花形物，明明有鳥和獸，弋射者射中下墜的明明也是鳥，被射中的鳥為何一定是花形物所象徵的太陽呢？如果說太陽是金烏，畫工大可在樹上畫九或十隻金烏，其中一隻被射中，而不是在樹上既畫鳥又畫上象徵太陽的花形物。從圖像學上說，在同一樹上畫兩種不同造形的東西（花形物和鳥），用來象徵同樣的太陽，這會令觀賞者困惑的。如果說象徵太陽的花形物會幻化為金烏，當時的觀賞者都能了解這一點；那麼，樹上有九或十一個花形物，加上樹頂兩隻金烏，再加被射下的一隻，就有十二至十三隻金烏，這和羿射九日、十日，在數目上並不相合。[77] 這些問題，尚未見到有令人信服的解答。因此，漆箙上所畫的是不是后羿射日，令人不無疑慮。

這裡提出另一個推測：在圖像構成上此器之圖有可能是射爵射侯圖，從前述上海博物館藏銅杯到漢代之間的一個過渡代表。它的過渡性表現在以獸取代了過去實物的箭侯，而樹上的獸後來又轉變成較易從諧音聯想，象徵意義較明確的猴。在戰國禮壞樂崩的時代，發生這樣表現形式的變化

---

74 郭德維，〈曾侯乙墓中漆箙上日月和伏羲、女媧圖像試釋〉，《江漢考古》，1（1981），頁97-101；湖北省博物館，《曾侯乙墓》（北京：文物出版社，1989），頁355；陳惠明，〈漆畫圖像考〉，《曾侯乙墓文物藝術》（武漢：湖北美術出版社，1992），頁178-180；稻畑耕一郎，〈曾侯乙墓の神話世界〉，《曾侯乙墓》（東京：東京國立博物館，1992），頁50-55。

75 如郭德維，前引文，頁97；稻畑耕一郎，前引文，頁51。

76 參前引《曾侯乙墓》，頁355-357；銘文釋讀不同的意見參劉國勝，〈曾侯乙墓E61號漆箱書文字研究——附「瑟」考〉，收入《第三屆國際中國古文字學研討會論文集》下冊（香港：香港中文大學，1997），頁691-705。此一資料承顏世鉉兄檢示，謹謝。

77 蕭兵曾蒐集中國少數民族中有關射日月的神話，太陽數從二至十三都有，以九為多，但和楚文化有關的記載中只見九日或十日之說，參蕭兵，《楚辭與神話》（上海：江蘇古籍出版社，1987），頁89-140。

不難理解。《周禮·司裘》謂:「王大射,〔司裘〕則共虎侯、熊侯、豹侯,設其鵠;諸侯,則共熊侯、豹侯;卿大夫,則共麋侯,皆設其鵠。」鄭玄注曰:「侯者,其所射也。以虎、熊、豹、麋之皮飾其側,又方制之以為翠,謂之鵠,著于侯中,所謂皮侯。」又謂:「鵠者,取名於鳱鵠。鳱鵠小鳥而難中,是以中之者為雋。」以虎、熊、豹、麋的皮為飾做成侯,以小鳥鳱鵠為鵠的,原本即取象於所射的大小動物。因此工匠並不難將侯、鵠改換,以更直接的動物形象呈現。漆笥上的人面獸,其身軀即有些像豹或麋。隨著封建時代古禮的衰微,其原本的意義漸漸為人所遺忘。於是樹上的豹、麋又轉變、簡化成了一般人較易從諧音去想像和了解的猴。

樹上的花形物則可能有我們尚不明白的意義,但也可能僅僅是裝飾。漆笥畫旁的文字如確和樂論有關,似也可旁證漆笥上的此圖其實是和古代的射禮有關。《禮記·射義》和《周禮·春官·樂師》都一致提到行射禮時,天子、諸侯、卿大夫和士須配合以不同的音樂。如〈射義〉謂:「天子以騶虞為節,諸侯以貍首為節,卿大夫以采蘋為節,士以采繁為節。騶虞者,樂官備也;貍首者,樂會時也;采蘋者,樂循法也;采繁者,樂不失職也。」小南一郎另曾引證金文,知西周中期的周懿王射於射廬,即曾用「象樂」二章。[78] 比較懿王的用樂和《禮記》、《周禮》中記載的樂名,可知射禮中的用樂顯然因時因地而可有不同。漆笥上文字和圖畫的關係似可從這一角度再作進一步分析。[79] 至於漆笥上交纏的雙頭蛇,前述上海博物館藏銅杯底也有交纏的蛇。[80] 小南一郎曾蒐集大量資料並指出在表現射

78　參小南一郎,前引文,頁72。

79　劉國勝隸定銘文為「民祀隹此,日辰於維,與歲之四,辰尚若陳,琴瑟常和。」他引《荀子·樂論》「君子以鐘鼓道志,以琴瑟樂心……故樂行而志清,禮修而行成。耳目聰明,血氣和平,移風易俗,天下皆寧」云云,證明古代音樂和政治及天道緊密關聯的意識形態。這種樂論和荀子想要達到的「禮修而行成」或《禮記·射義》所說射者必節以樂,「進退周還必中禮」,「射者所以觀盛德也」的目的是相一致的,因此它出現在射侯圖之旁並非不能理解。參劉國勝,前引文,頁 692-693、698。如果將衣箱上的畫理解為羿射十日,反與這段樂論難以關聯。

80　小南一郎,前引文,頁 92-93、96、99-100、102-103。又葉小燕也早曾指出同一現象,參

禮的戰國銅匜或銅盤的底部經常看到這樣的裝飾。漆篋是盛衣之衣箱和供注水洗手用的匜、盤器形不同，交纏蛇形紋飾安排的位置或許因此也有了不同。漆篋蓋上另有「紫錦之衣」四字。[81] 這是怎樣的衣服？是否與射禮或某種特殊的場合有關？也還須要研究。

　　從戰國到西漢的發展不明。迄今我只找到一件包頭召灣 47 號西漢墓出土的陶樽紋飾中不但有西王母，也有射爵射侯畫像（圖 48.1-2）。[82] 為何射爵射侯畫像會出現在西王母、九尾狐、玉兔、雞首人、牛首人及其它異獸這樣的圖畫脈絡中？尚不能了解。總之，射爵射侯圖的淵源問題有待更多的材料，作更深入的探討。以上所說，不過臆測，非敢自信，盼能拋磚引玉。

六　結論

　　圖像藝術的形式和內涵會隨著時代而變化。某一個畫像傳統和主題有可能綿延甚久，但很難一成不變。數百年中的畫匠或石工，一方面追隨典型，墨守成規；一方面在不同的需求和風尚下，一點一滴增刪變易。漢代「射爵射侯圖」的樹上已不再見到花形物，樹下卻多了車馬和其它的物件。同一個格套經過變化增減，可以保有其基本寓意，也可能改變或蘊含了更多樣的意義。

　　漢代畫像的製作者在多重多樣的意義範疇內，依據自己和需求者的認知去製作。從需求者（造墓的墓主及其家人等）的角度看，射爵射侯圖似乎反映了漢代人一種頗為普遍的願望。出現射爵射侯圖的墓和祠堂，其墓主的

〈東周刻紋銅器〉《考古》，2（1983），頁 159。

81　饒宗頤，〈曾侯乙墓篋器漆書文字初釋〉，《古文字研究》，10（1983），頁 190-197。

82　王磊義編，《漢代圖案選》（北京：文物出版社，1989），頁 198-199，圖 624。《漢代圖案選》末註明來源，經查考係出土自內蒙古包頭召灣 47 號漢墓的一件黃釉陶樽。參信立祥，《漢代畫像石綜合研究》，頁 151。

圖 48.1　包頭九原區召灣 47 號漢墓出土黃釉陶樽線描展開圖

圖 48.2　包頭九原區召灣 47 號漢墓出土黃釉陶樽，作者 2018.10.27 攝於包頭內蒙古博物館。

身分雖多數不明，不過和林格爾壁畫墓的墓主明確是使持節護烏桓校尉；微山兩城山有榜題及題記的一石上有昆弟男女四人，沒有提到他們或他們的父親有任何官銜；陝西綏德王得元墓前室南壁中柱上僅題「永元十二年四月八日王得元室宅」，[83] 王得元也沒有任何官銜。依漢代碑銘題記有官爵，例書官爵的習慣看，這些墓主應該是平民。換言之，射爵射侯畫像的出現似乎並不局限於某一特定的社會階層，而代表了社會各階層一種共通的願望。這和漢代鏡銘中看到普遍祈求富貴的情形是一致的。

辨識射爵射侯圖，使我體會到漢墓及祠堂畫像的構成，固然有其整體性，畫像之間意義上的有機聯繫須要注意，可是如果將原本有獨自主題寓意的畫像一味地貫串起來解釋，有時反而誤入歧途。事實上，漢墓或祠堂畫像除了少數經過刻意經營，多半無非受到一時一地流行風氣的左右，由若干格套式的畫像湊合而成。其排列組合或有約略的規律，也有不少並無章法。[84] 在這種情況下，刻意探求墓室或祠堂畫像的整體性結構和意義，有時不免緣木求魚或求之過深。

組成整體畫像的格套式單元（射爵射侯圖可為一例），由於其本身有約定俗成，較為固定、基本的形式和寓意，較易於確實掌握，作為解析畫像的起點似乎較為合適。漢代的畫匠或石工當然並非一味固守格套。他們也常常增減、分割格套中的元件或聯繫其它的主題，以營造不同的視覺效果或創造多重多樣的內涵。因此，辨識基本的格套及其變化並不是一件單純的事。我相信，借助榜題，掌握了畫像單元的意義和格套變化以後，再考慮一座墓或一座祠堂畫像的整體性，應該較有把握。

最後想要強調，這篇小文使用的方法並不能解決所有漢畫理解上的問題。它的限制十分明顯：第一，漢畫中有很多沒有榜題，造型獨特，或不易歸納出格套的。這些只能用其它的方法去探求其寓意。第二，類似的格

83　《陝北》，頁 61。

84　現在的研究者多半努力於找出漢墓或祠堂畫像布局的規律，較少人注意其中不規則的現象。不規則的現象其實同樣值得重視。

套在不同的地域、時代，不同工匠的手中，或不同需求者的心中是否必然有一致的寓意呢？製作或需求者的用意和觀賞者的領會也許不必然一致。觀賞者是依其本身的認知，感受一幅幅的畫像。這就像一本小說，一首歌曲，儘管作者有其用意，讀者和聽眾的領會可以有一致之處，卻不必盡然相同。因此拙文雖然作了寓意一致的假設，實際上除非起古人於地下，又能從製作者、需求者與觀眾等多方面去考察，恐怕很難得到真正的答案。反過來說：如果我們不假設某種程度的一致性，而如某些學者所主張一切「文本」的意義全隨觀者或讀者而浮動，那麼所有窺探古人心意的努力都可能歸於虛幻。

87.11.19

後記

拙文先後承劉增貴、石守謙、紀安諾、曾藍瑩、丁瑞茂指教。1998 年 8 月底至 9 月中在山東、江蘇各地參觀畫像，承蒙焦德森、蔣英炬、鄭岩、楊愛國、胡新立、馮毅、李錦山、石敬東、李世勇、萬樹瀛、劉雲濤、楊建東、邱永生諸先生協助，在此一併致謝。又拙文成稿多得力於本所簡帛金石資料庫檢索系統及電子文獻資料庫，特此聲明。

88.5.3

原刊《中央研究院歷史語言研究所集刊》，71：1（2000），頁 1-66。97.10.25
訂補：105.2.13 再訂；111.2.7 三訂

附錄：樹木車馬圖

這類畫面中央有一株大樹，樹上或有鳥，樹下有車或有馬，或有其它的人物、動物或活動，其旁或有樓閣，但沒有彎弓仰射的人：

1. 《選集》圖 6，畫面分兩層，上層大樹上有猴有鳥，樹幹左右各有一馬一羊，右立一人但未持弓射箭，樹右側還有一異獸；下層有拱手而坐者五人。

2. 《選集》圖 81，圖左上端似有一人持戟，右側有一樹，樹下繫一馬，右側立一人。

3. 《選集》圖 89，上層有鳳鳥及一人正面而坐；下層自左至右有二人、樹、仙人及鳳、馬車。

4. 《選集》圖 124，左側有一蜿蜒的樹，樹下有一馬。

5. 《選集》圖 237，中有一大樹，樹下右側有一馬，左側有一人，樹頂有仙人及鳳鳥。

6. 《選集》圖 333，上層為亭閣人物禮拜圖，下層中央有一樹，樹上有鳥，樹下左右側各有一進食中的馬。

7. 《嘉祥》圖 51，上層為孔子、子路等見項橐、老子圖；中層為晉獻公與驪姬的故事；下層中有一樹，樹上有鳥；樹下右有一馬，左有一車。

8. 《嘉祥》圖 102，上層有兩人比武，另兩人立於比武者之後；下層中央有一樹，一車一馬停在樹下兩旁。

9. 《嘉祥》圖 138，上層為雙層樓閣及闕，下層右端有正面朝前的馬車及騎吏；左端有一樹，樹下有一馬。

10.江蘇邳縣白山故子村二號漢墓前室南壁西邊畫像石，[85] 右側有舞人，中央為樓閣，樓閣中有人撫琴；樓閣左有一樹，樹下息一馬。樹與樓

---

85 南京博物院、邳縣文化館，〈江蘇邳縣白山故子兩座東漢畫像石墓〉，《文物》，5（1986），頁 26。

閣之間有二飛鳥。

11.《徐州漢畫像石》[86][以下簡稱《徐州》]圖 232，上層為百戲，中層為兩人在亭閣中六博，下層中有一樹，天上有飛鳥；樹左側有一馬，右側停有一車及車夫。

12.《徐州》圖 254，上層有人物四人，下層有一樹，樹上有鳥，樹下有一馬。

13.《徐州》圖 262，畫面中央有閣，閣中人物正在彈瑟；右側有人物四人；左側有樹，樹下右側繫一馬，左側有一人，未射箭。

14.《徐州》圖 263，有閣及閣中人物；閣上有交龍。閣左側有樹、鳥及馬一匹樹，無人射鳥。

15.四川彭山雙河鄉崖墓出土二號石棺一側有雙闕，[87] 雙闕中間上層中央有二人並立。其左有一帶羽怪獸，其右有樹，樹下右側繫一馬，左側有一人雙膝跪地，似在料理馬食。下層兩端各有一持盾門吏，門吏之間有相對立之朱雀與帶羽仙鹿。

16.陝北米脂官莊出土墓前室南壁兩側豎框最下層有對稱之畫像：[88] 中央為一大樹，一側為一馬，馬前有一食槽，右側樹下多一長耳仙人，另一側有一人拱手而立。

17.陝北綏德王得元墓前室西壁左右豎框，[89] 第四層畫像為對稱之樹及繫馬，樹上有鳥。

18.陝北綏德四十里鋪墓門左右豎框，[90] 底層畫像有對稱之樹與馬，但左側另有鳥及狐（狗？），右側為一人拱手而立。

---

86 不著編者，《徐州漢畫像石》（上海：江蘇美術出版社，1987）。

87 原石圖版見高文、高成剛，前引書，頁 56-58；拓片見高文編，《四川漢代畫像石》（成都：巴蜀書社，1987），頁 71。拓片未能拓出原石上清晰可見的馬的繫繩。

88 《陝北漢代畫像石》，圖 89、90。

89 同上，圖 188、189。

90 同上，圖 225、228。

19.陝北綏德延家岔出土墓前室北壁左右豎框，[91] 下層有對稱之樹下繫馬，樹上有鳥。

20.陝北綏德園子溝徵收之畫像石，[92] 中有樓閣，左側有一樹，樹旁有一人騎馬，後有一馬車。

21.陝北綏德五里店徵收永元十五年郭稚文墓室左右豎框，[93] 下層有對稱之樹下息馬。

22.陝北綏德張家砭出土墓門左右豎框，[94] 右框下層為玄武，左框下層為樹下繫馬。

23.陝北綏德蘇家圪坨出土墓門左豎框，[95] 最下層有一樹，樹上有鳥，樹下有一馬，馬後有一人似在清除馬糞。

24.史語所傅斯年圖書館收藏一張有董作賓先生題字的漢畫殘石拓片。據題字，民國 22 年殘石存於山東臨淄縣第一小學。畫像的右側有一樹，樹上有兩鳥，一鳥立於樹梢，一鳥臥於鳥巢中。樹上還大小兩猴，正援樹而上。樹下繫一馬。樹下還有一人，手中握有一鳥。其左側則為樂舞百戲圖。再左側有殘存的屋簷一角。（中央研究院歷史語言研究所編，《來自碧落與黃泉》，1998，圖 71）

91　同上，圖 297、298。
92　同上，圖 451。
93　同上，圖 492、493。
94　同上，圖 520。
95　同上，圖 528。

古代中國及歐亞文獻、圖像與考古資料中的「胡人」外貌

一 前言：左衽的孔子像

　　南宋孝宗淳熙年間（1174-1189）奉使金國的陳益，和寧宗開禧二年（1206）入金國犒北征宋軍的岳珂，不約而同注意到金國廟宇中的塑像一律左衽。《日知錄》卷廿九「左衽」條云：

> 宋周必大《二老堂詩話》云：陳益為奉使金國屬官，過滹沱光武廟，見塑像左衽。岳珂《桯史》云：至漣水宣聖殿，像左衽。泗水塔院設五百應真像，或塑或刻皆左衽。此制蓋金人為之。迄於國初而未盡除。[1]

《日知錄》引錄較為簡略。如果翻查《二老堂詩話》〈光武廟左衽〉條，可知陳益是南宋孝宗淳熙間奉使金國使者的屬官，出使後曾留下這樣的詩句：「早知為左衽，悔不聽臧宮。」[2] 臧宮是東漢光武帝時開國名將，建武

---

[1]　顧炎武，《原抄本日知錄》（臺北：明倫出版社，1970），頁 826-827。據清初鮮朝人記載，滿清入關前，滿人所塑孔子像「皆薙髮左衽」，轉見葛兆光，〈從「朝天」到「燕行」〉，《中華文史論叢》，1（2006），頁 46 注引李德懋《青莊館全書》卷 67〈入燕記〉上，《燕行錄全集》卷 57，頁 231。又據陝西蒲城縣洞耳村出土元代至元六年（1269）宣德州人張按答不花夫婦墓壁畫，其中男女不分主僕，衣服全為左衽。參陝西省考古研究院編，《壁上丹青——陝西出土壁畫集》（北京：科學出版社，2009），頁 400-406。同樣情形也見於山西屯留康莊工業園區出土三座至元十三至至正八年的元代壁畫墓，參山西省考古研究所等，〈山西屯留縣康莊工業園區元代壁畫墓〉，《考古》，12（2009），頁 39-46 及圖版捌至拾陸。此外可參西安市文物保護考古所，《西安韓森寨元代壁畫墓》（北京：文物出版社，2004），圖 22、37、41、彩版 11。

[2]　周必大，《二老堂詩話》（上海：商務印書館，叢書集成初編，1936），頁 10-11。

廿七年曾與馬武上書，力主棄文用武，北擊匈奴。[3] 陳益藉臧宮之典，感歎宋人若奮以武力，阻金人南下，則華夏之民不必從金人淪為左衽。滹沱則是光武入河北起兵發跡之地，故有廟，在今山西繁峙附近。[4] 又查《桯史》卷十四〈開禧北伐〉條，南宋寧宗開禧二年（1206）北伐，岳珂奉命犒軍，至漣水（今江蘇清江市東北），「城已焚蕩……獨餘軍學宣聖一殿，巋然瓦礫中。余謁宣參，錢溫父廷玉方病，臥一門板上，在十哲之傍，視像設皆左衽，相顧浩歎。」[5] 從宣聖殿名及十哲配享可知，此殿乃孔廟之殿。又從「像設皆左衽」可知孔子亦不免於左衽。不獨此也，岳珂到泗州（今洪澤湖南，盱眙附近），「親至僧伽塔下。……塔院在東廂，無塔而有院，……中為巖穴，設五百應真像，大小不等，或塑，或刻，皆左其衽。」[6] 五百羅漢像或塑或刻，其衣襟亦皆左衽。

這兩件事發生在南宋不同的時間和地點，兩位官員不約而同為金國塑像的左衽特點所吸引，為之作詩，感傷浩歎。佛教源自域外，羅漢像衣飾異乎中原，無可厚非；孔子本以左衽喻戎狄，而漢光武本儒生，以復漢家衣冠聞名；女真人竟令孔子、孔門十哲和漢光武帝俱衣戎狄之服，誠使講究夷夏之防的南宋士人觸目心驚。

陳益和岳珂二人一字不提塑像其餘部分的狀貌，將觀察和記述幾乎全集中於左衽，彷彿這就是所有值得觀察、記錄和感歎的。他們對衣衽的敏感和關注，不能不說是受到自孔子以後儒家一套特殊夷夏觀薰陶的結果。自孔子說「微管仲，吾其被髮左衽矣」（《論語·憲問》），[7] 「被髮左衽」一語，尤其是「左衽」從此成為千百年來華夷論述中最具典範性的用語之一。

3　《後漢書·臧宮傳》（本文所引四史概據中華書局點校本），頁695-696。

4　《後漢書·光武帝紀》，更始二年正月條，頁12-13。

5　岳珂，《桯史》（北京：中華書局，1981），頁163。

6　同上，〈泗州塔院〉條，頁164-165。

7　《尚書》〈畢命〉有云「四夷左衽，罔不咸賴」，似左衽一詞首見於此。然〈畢命〉篇一般列入偽古文尚書，成篇時代難定。參屈萬里，《尚書釋義》（臺北：中華文化出版事業社，1968五版），頁190。

陳益和岳珂的記述有沒有因使用陳言套語而描述失實呢？從其它的文獻和出土實物來看，契丹人建立的遼或女真人所建的金，的確都是以左衽為常服。《遼史‧儀衛志》謂遼自太宗「定衣冠之制，北班國制，南班漢制，各從其便焉」。〈儀衛志〉接著分遼代服制為國服、漢服兩大類，其國服類「田獵服」條謂：「皇帝幅巾，擐甲戎裝……蕃漢諸司使以上並戎裝，衣皆左衽，黑綠色。」契丹本來就是游牧狩獵民族，左衽戎裝的田獵服正是他們原本的民族服式。庫倫二號、六號遼墓壁畫中出獵的男子外著小袖圓領衫，內衣為左衽。內蒙古興安盟代興塔拉遼墓出土絲綢服飾的上衣也是左衽。[8] 再看金人。宋高宗紹興八年，秦檜主張與金人議和，樞密院編修官胡銓抗疏反對，他在上疏中沉痛地表示：「陛下一屈膝，則祖宗廟社之靈盡污夷狄，祖宗數百年之赤子盡為左衽，朝廷宰執盡為陪臣，天下士大夫皆當裂冠毀冕，變為胡服……」（《宋史‧胡銓傳》）。他的話，初看像是以左衽作為夷狄化的象徵，事實上金人之服也是左衽。寧宗開禧二年，金人陷大散關。十二月金人封賞向金求和之四川宣撫副使吳曦為蜀王。三年，吳曦僭號，稱王於興州。《宋史‧叛臣傳》記載他僭位後所做的第一件事是「議行削髮、左衽之令。」從吳曦所令可知，金人之服確為左衽。這一點考古實物可以證實。黑龍江阿城巨源金代齊國王墓出土一件男用窄袖醬色織金絹綿長袍，一件駝色絹單男用上衣都是清清楚楚的左衽（圖1）。[9]

8　參杜承武，〈談契丹小袖圓領衫為左衽──兼談圓領衫的款式變化和衣衽關係〉，收入陳述主編，《遼金史論集》第三輯（北京：書目文獻出版社，1987），頁 203-212。本條資料承洪金富兄示知，謹謝。內蒙古遼墓服飾資料參《文物》，4（2002），頁 61-63。遼墓出土壁畫、石刻和木俑可證遼代男女衣裝確多為左衽，但也有右衽者。這和墓主為漢人或契丹人是否直接相關，還待更進一步研究。參中國歷史博物館、內蒙古自治區文化廳編，《契丹王朝──內蒙古遼代文物精華》（北京：中國藏學出版社，2002），頁 78、116；河北省文物研究所，《宣化遼墓》上下冊（北京：文物出版社，2001）所附各圖；李清泉，《宣化遼墓──墓葬藝術與遼代社會》（北京：文物出版社，2008）；劉未，〈遼代契丹墓葬研究〉，《考古學報》，4（2009），頁 497-546。李、劉之文討論到遼代漢人和契丹人或貴族墓葬形制和等級的異同，但都未觸及衣衽左右問題。

9　徐秉昆、孫守道編，《東北文化》（香港：商務印書館，1996），圖 268。原出土報告見黑龍江省文物考古研究所，〈黑龍江阿城巨源金代齊國王墓發掘簡報〉，《文物》，10（1989），頁

圖1　金代齊國王墓出土左衽長袍

　　陳、岳二人的話如果信而有徵，孔子說戎狄「被髮左衽」是否也言而有據呢？千百年來，為孔子這句話作注腳的很多，卻似乎從沒有人懷疑它的可靠性。戎、狄種屬不一，其服飾以「被髮左衽」一語概括是否適當？被髮左衽原指春秋時代的戎、狄，後人用以形容游牧民族為主的胡人，是否符合事實？孔子像陳、岳二人一樣是依據親身的觀察？還是襲用當時慣常的語言？或僅僅以「被髮左衽」作為異文化的象徵？

　　針對這些問題，這篇小文希望作些初步的探討。過去研究胡服的學者不少。王國維寫〈胡服考〉，考證自趙武靈王以下，各朝各代的胡服。他利用傳統文獻，考證惠文冠、具帶、華履、上褶下袴等，完全未提髮式和衣衽之左右，也沒討論趙武靈王採胡服，是否曾變右衽為左衽。[10] 江上波夫

　　1-10、45 及圖版 2、3。本條資料承徐蘋芳先生示知，謹謝。

10　王國維，《王觀堂先生全集》，〈觀堂集林〉（臺北：文華出版公司，1968），卷 22，頁 1051-1095。町田章曾指出王國維未討論左衽的問題，參氏著〈胡服東漸〉，《奈良國立文化財研究所創立 40 周年記念論文集》（京都：同朋舍，1995），頁 839。町田文提到《史記‧趙世家》有一段預言式的傳奇故事，預言有一位「脩下而馮〔上〕，左衽界（介）乘」的「亢王」，也就是後來的武靈王會「奄有河宗，至于休溷諸貉」。這似乎意味著武靈王的胡服為左衽。可是武靈王在說服王公大臣接受胡服的議論裡，曾說：「夫翦髮文身，錯臂左衽，甌越之民也；黑齒雕題，卻冠秫絀，大吳之國也，故禮服莫同，其便一也。」他明確以左衽為南方甌

以研究騎馬游牧民族著稱，曾論及匈奴和歐亞內陸其它游牧民裝束上的共通處。他指出他們都左衽、辮髮，惜未更加深入。[11] 林巳奈夫〈春秋戰國時代の金人と玉人〉一文利用大量商周以降的考古材料，討論古代的服飾，對被髮左衽也僅點到為止。[12] 沈從文在《中國古代服飾研究》中，利用和林巳奈夫大致相同的材料，得出這樣一個結論：

> 春秋戰國以來，儒家提倡宣傳的古禮制抬頭，寬衣博帶成為上層階級不勞而獲過寄食生活的男女尊貴象徵。上層社會就和小袖短衣逐漸隔離疏遠，加上短靴和帶鉤，一并被認為是游牧族特有的式樣了。事實上所謂胡服，有可能還是商周勞工人民及戰士一般衣著。由於出土材料日益增多，「胡服騎射」一語，或許重點應在比較大規模的騎兵應用，影響大而具體。（頁16）

沈先生沒有細論孔子所說的被髮左衽，不過推測所謂的胡服，可能原本是商周「勞工人民及戰士」的一般衣著。目前除了商周的甲冑，一般勞動人民的衣飾還很缺乏實物或圖像資料去證實。他和林巳奈夫一樣，並沒有徵引中國以外的材料。周錫保著《中國古代服飾史》，書中指出「左衽是胡人衣式的特點」[13]，並引用山西侯馬出土的人像陶範，以為武靈王採胡服「諒即取此式」。[14] 可是從武靈王以後的出土衣物或圖像來看，採胡服似乎

越之民的服裝特點，並沒有提到他所採的胡服是否也是如此。武靈王既要採胡服，不可能不知胡服是左或右衽。從上下文意看，胡服似應有不同於甌越之服的特色，才能呼應他「禮服莫同，其便一也」的論旨。因此，他所採的胡服是否為左衽仍不無疑問。

11 江上波夫，張承志譯，《騎馬民族國家》，頁 41；俄羅斯學者 V.I. Sarianidi 在其《阿富汗：無名國王的秘寶》（*Afghanistan:The Secret Treasures of the Unknown Kings*, 1983, Moscow）一書中曾提到左衽式的衣服是從斯基泰世界的東緣到阿爾泰地區最普遍的形式，參見加藤九祚日譯本，《シルクロ-ドの黃金遺寶—シバルガン王墓發掘記》（東京：岩波書店，1988），頁 110。又參李國棟，〈兩漢時期匈奴服飾文化初探〉，《西北大學學報》，1993：4，頁 117-122。李文於衣衽左右僅簡略提到匈奴為左衽，沒有進一步引證或討論。

12 收入林巳奈夫編，《戰國時代出土文物の研究》（京都：京都大學人文科學研究所，1985），頁 1-145。

13 周錫保，前引書，頁 68。

14 同上，頁 72 圖五說明。

並沒有改變華夏右衽的傳統。

　　本文的旨趣不完全在於胡服本身，而是打算比對文獻、圖像資料和考古出土的服飾等實物，看看從商周到漢代，中國人為戎狄或胡人塑造了怎樣的形象，這些形象和實際有何差距？文獻強調被髮和左衽，圖像中是否也是如此？如有異同，理由何在？其背景淵源又如何？中國人所模塑的「胡人」形象和胡人實際的外貌服飾或胡人自我展現的形象有無差距？差距何在？彼此可能有怎樣的關係？這一連串問題的解答，不僅有助於認識古代華夏與周邊民族的文化交流，也有助於我們去認識古代中國人如何建構自我認同，如何去塑造所謂的「華夏邊緣」。[15]

　　本文所說的形象是以外在的服飾和容貌為限，並不涉及諸如性情等內在的品質。這個時期曾與華夏有過交涉的民族很多，本文暫以與華夏關係最密，生存競爭最烈的北方及西北方游牧民族以及較早的戎狄為對象。即使如此，問題仍十分複雜，目前能掌握的材料相當有限，其中不少富於爭議性。因此，以下的討論不過是一個初步的試探，旨在拋磚引玉而已。

■二 中國古代文獻中「戎狄」、「胡人」的外貌

　　春秋戰國以來，以華夏自居的中國人即有不少區別「華夏」與「夷狄」的描述。這些描述多從飲食、衣服裝束、居住方式、生業、言語或是否知「禮義」著眼。[16] 以衣著裝束區別華夷，最為人所知，影響也最大的應即孔子（西元前 551-479 年）。在夷狄交侵的春秋時代，管仲助齊桓公內合諸侯，

15　參王明珂，《華夏的邊緣——歷史記憶與族群認同》（臺北：允晨文化出版公司，1997）。

16　以服飾、飲食、語言區分者如《左傳》襄公十四年；以服飾、飲食、居住方式區分者如《禮記・王制》；以禮義、詩書、德行區分者如《戰國策》魏策三、趙策三；一個較全面可總結古人對華夷之別意見的見《漢書・匈奴傳》贊：「夷狄之人貪而好利，被髮左衽，人面獸心，其與中國殊章服，異習俗，飲食不同，言語不通，辟居北垂寒露之野，逐草隨畜，射獵為生，隔以山谷，雍以沙幕，天地所以絕外內也。」

外禦戎狄，孔子讚美他：「微管仲，吾其被髮左衽矣。」被髮是指頭髮披散而下，諸夏貴族的成年男子一般束髮戴冠。[17] 左衽是指胸前兩片衣襟交叉，其中外側的一片由右肩向左腋斜下；諸夏右衽之制則方向正相反，自左肩向右腋斜下。[18] 姑不論諸夏與戎狄的裝束是否還有其它的不同，孔子特別標舉「被髮」和「左衽」，意味著髮式和衣襟的左右，在他看來似乎最足以標示當時華夏和戎狄在服飾外觀上的差異。

孔子以「被髮、左衽」比喻戎狄，並非偶然。早在周平王東遷之初，辛有到伊川，見有人「被髮而祭於野者」，就說：「不及百年，此其戎乎，其禮先亡矣。」（《左傳》僖公廿二年，西元前 638 年）可見周人已視被髮為戎人裝束的重要特徵。辛有見微知著，見伊川之人被髮祭於野，失周禮用戎俗，因而預測其地不過百年就會變成戎人之地。魯襄公十四年（西元前 559 年），諸戎的戎子駒支對晉國的范宣子說：「我諸戎飲食、衣服，不與華同，贄幣不通，言語不達⋯⋯。」[19] 如果這確實是戎子的話，意味著西元前七、六世紀之間，不論華夏之人或戎人都十分清楚彼此在飲食、衣服、言

17　被髮即披髮或散髮參《韓詩外傳》：「（趙）簡子披髮杖矛而見我君」，《太平御覽》卷 436 引《韓詩外傳》作「被髮」。又《莊子・漁父》：「有漁父者⋯⋯被髮揄袂⋯⋯」，成玄英疏：「散髮無冠，野人之貌。」還有將被髮釋為剪髮者。《淮南子・原道》：「九疑之南⋯⋯民人被髮文身」，高誘注：「被，翦也。」王引之曾辨其非，參劉文典《淮南鴻烈集解》卷一注引王引之說及劉之補證，又見王念孫，《讀書雜志》九之一〈淮南子・內篇第一〉（臺北：廣文書局，1963）「被髮文身」條，頁 767。唯陳奇猷釋《韓非子・說林上》「越人被髮」謂「被，《說苑》作剪。案越人剪短其髮而被之，故古書或云越人被髮，或云越人剪髮，其義一也。」見《韓非子集釋》（臺北：河洛圖書出版社，1974 景印再版），頁 441。按《說苑》〈善說〉篇作「鬜」，〈奉使〉篇作「剪」，《太平御覽》卷 437 又卷 464 引作「翦」。是漢代人確有以越人被髮為剪髮者。陳奇猷之說應可通。不過，以本文關注的北方草原民族而言，被髮應指長髮披散而下，而非剪髮。

18　顧頡剛先生曾有一說以為左衽之衽有襟義，亦有袖義。據其所見蒙藏諸區人民雖衣有兩袖，但為工作便利，僅穿左臂，「故知『左衽』云者，謂惟左臂穿入袖中耳，其襟固仍在右也。」（《史林雜識初編》「被髮、左衽」條，中華書局，1963，頁 150-152）其說童書業先生早已修書質疑，見顧書此條。如自考古材料審視，西元三世紀以前似沒有資料可證顧說。考古資料反而證實「衽」指衣襟之舊說。其詳請見下文。

19　《左傳》襄公十四年。

語上的差異，因而戎子駒支並沒有必要進一步說明到底有何不同。從這些先例可知，孔子以髮式和衣襟區別戎狄華夏，在當時或許不是什麼新鮮的提法。

孔子以被髮和左衽形容戎狄，除了可能是依循當時的語言習慣，是否也有可能是出自他親身的觀察呢？齊桓、晉文相繼攘夷，戎狄在孔子之世卻仍然存在。前引戎子駒支的談話發生在孔子出生前八年。魯昭公元年（西元前 541 年），晉中行穆子敗無終（杜預注：無終山戎）及群狄于大原。這是孔子十歲左右的事。[20]《新序・雜事五》則記載孔子曾北之山戎氏，遇婦人哭之甚哀，引發他苛政猛於虎的感歎。此事亦見於《禮記・檀弓》。〈檀弓〉記此事發生的地點在泰山。呂思勉和史念海因而推定這些山戎或在今山東泰山。[21] 姑不論此事是否可信，孔子一生周遊列國，在魯國之外也不無機會目睹戎狄之人。那麼「被髮左衽」不無可能是他依據親身觀察而作的事實陳述。問題是：齊桓公所征伐者不限山戎。春秋時代的山戎、北戎、西戎、赤狄、白狄、盧戎、驪戎、犬戎、伊雒、陸渾之戎、東山皋落氏等等，種落不一，互不統屬。他們是否都被髮和左衽呢？他們與華夏服飾之別是否僅在於衣衽和髮式？孔子所說的被髮左衽，到底有幾分是寫實？能否找到圖像或實物證據？這些應該是有趣，值得進一步探索的問題。

更有趣的是，從孔子的春秋時代到戰國之世，華夏諸邦所面對的異族已頗有不同。戰國之世戎狄逐漸消失，游牧騎射的胡人代之而起。深受東胡威脅的趙武靈王（西元前 325-299 年）為了便於騎射，甚至下令改採胡服。

20　《左傳》昭公元年。

21　呂思勉，《呂思勉讀史札記》（上海：上海古籍出版社，1982），〈山戎考〉條，頁 180；史念海，〈西周與春秋時期華族與非華族的雜居及其地理分布（上篇）〉，《中國歷史地理論叢》，1（1990），頁 22-23。按《新序・雜事》「孔子北之山戎氏」，《禮記・檀弓下》作「孔子過泰山側」，《論衡》〈遭虎〉、〈定賢〉謂「孔子行魯林中」、「魯林中婦哭」，呂、史因而以為山戎當在魯或泰山。一般通說以為山戎在今河北東北境，非在山東，參陳槃，《春秋大事表列國爵姓及存滅表譔異》（臺北：中央研究院歷史語言研究所專刊，1988 三版），頁 505 上下。

孔子「被髮左衽」一語原本針對桓公曾征討的戎、狄而說，戰國以降的文獻不但用此語形容游牧民族，更擴大應用在中國周邊其它民族的身上，使「被髮」、「左衽」加上「椎髻」、「文身」等少數語彙，愈來愈像一種加貼在非華夏民族身上，既方便又籠統的定型標籤：

《戰國策・趙策二》：「被髮文身，錯臂左衽，甌越之民也」

《韓非子・說林上》：「越人被髮」

《禮記・王制》說東方的夷和西方的戎都「被髮」

《淮南子・原道》：「九疑之南……民人被髮文身」

《說苑・善說》林既見齊景公，說：「西戎左衽而椎結」

揚雄《蜀王本紀》曰：「蜀之先稱王者有蠶叢、折權、魚易、俾明。是時椎髻左衽，不曉文字」（《太平御覽》卷一六六引）

《後漢書・西羌傳》東漢班彪上書謂：「羌胡被髮左衽」

《後漢書・南蠻西南夷傳》謂西南夷「其人皆椎髮左衽」，筰都夷「被髮左衽」

《後漢書・西域傳》移支國：「其人勇猛敢戰，以寇鈔為事，皆被髮，隨畜逐水草」

這些文獻對不同的外族還有飲食、生業、婚姻、社會政治組織、性情等各方面的描述，但在服飾外貌的描寫上往往偏重衣襟或髮式。

令人意外的是《史記》和《漢書》都沒有以「被髮」和「左衽」形容匈奴。匈奴、烏桓、羌和鮮卑等威脅漢帝國如此之鉅，接觸如此頻繁，《史記》等四史卻僅十分簡略地描寫他們的服飾外貌。以匈奴而言，《史記・匈奴列傳》僅說匈奴「自君王以下，咸食畜肉，衣其皮革，被旃裘」。完全不提他們的外貌長相。《漢書・匈奴傳》照抄《史記》，未增易一字。[22]《三國志》無匈奴傳。《後漢書・南匈奴傳》雖言及「匈奴俗」，也一字不

---

22 《漢書・匈奴傳》提到武帝時漢使者王烏使匈奴，「匈奴法：漢使不去節，不以墨黥其面，不得入穹廬。王烏，北地人，習胡俗，去其節，黥面入廬，單于愛之」這似乎意味著匈奴有黥面之俗，但也有可能黥面僅是針對漢使而設。目前尚難斷定。

提他們的服飾外貌。《漢書・李陵傳》提供一些零星的消息。漢使任立政往匈奴見李陵和衛律,「後陵、律持牛酒勞漢使,博飲。兩人皆胡服椎結。立政大言……動之,陵墨不應,孰視而自循其髮,答曰:『吾已胡服矣。』」兩人所謂的胡服與椎結應當就是匈奴的裝束。這裡沒有說明胡服的樣式,但知匈奴的髮式之一應為椎結或椎髻。

關於烏桓和鮮卑的外貌,較早的記載見於《三國志》裴注引王沈《魏書》,其後的《後漢書》基本照抄。王沈《魏書》又謂烏丸「食肉飲酪,以毛毳為衣……父子男女,相對蹲踞,悉髡頭以為輕便。婦人至嫁時乃養髮,分為髻,著句決」(《三國志・烏丸鮮卑東夷傳》),鮮卑與烏桓(或烏丸)同屬東胡族,「其言語、習俗與烏丸同」。一個差異在鮮卑「嫁女娶婦,髡頭飲宴」,婦人至嫁時並不養髮。這裡說鮮卑髡頭,也就是說剔去頭髮,但據《晉書・載記》禿髮利鹿孤條,東晉時鮮卑人鍮勿崙卻說其先君起自幽朔,「被髮左衽」。他的話從下文將談到的和林格爾東漢護烏桓校尉墓中的壁畫看,知其借用套語的成分應多於寫實。至於西羌,《後漢書・西羌傳》謂其祖爰劍遇劓女於野,遂成夫婦。女恥其狀,被髮覆面,「羌人因以為俗」。同書班彪上書則說「羌胡被髮左衽」。

總體而言,中國傳統史籍掌握在士人之手,對異族服飾外貌的描述基本上反映了士人官僚階層對外族的觀感。他們只略述外族的頭髮和衣飾,幾乎完全不提匈奴、羌、烏桓、鮮卑等的體質容貌特徵。其中的原因可能是多方面的:

第一,這些外族在體質特徵上可能和蒙古種的中國人並沒有值得一提的差別。如果有,史官不會完全無動於衷。例如《漢書・西域傳》大宛國條即說「自宛以西至安息國……其人皆深目,多須顄……」。更明顯的一個例子見北齊魏收所寫的《魏書・西域傳》于闐國條:「自高昌以西,諸國人等深目高鼻。唯此一國,貌不甚胡,頗類華夏。」他以「深目高鼻」作為胡貌的特徵,而以華夏容貌作為相對照的另一種類型。由此可知,相對於大宛以西的胡人,以東的匈奴、鮮卑、烏桓和羌等雖也被稱為胡,應並不具備深目高鼻,多鬍鬚的面貌特徵,而且面貌上應和于闐人一樣「頗

類華夏」。當時的史臣因而也就不覺得有必要特別去記述他們的面貌。

　　另一個原因是傳統士人深受孔子「被髮左衽」一語的影響，將注意力集中在髮式和衣式等較具文化意義的特徵上，而較不注意體質上的特徵。被髮左衽之語雖甚簡略，對後世士人卻是經典性權威。漢代士人議論，每以「左衽」、「左衽之虜」或「被髮左衽」象徵非華夏之民或文化。或許因為華夏之人在某些情況下也常被髮，「左衽」一詞用得遠較「被髮」為多。[23]例如東漢時，王充謂：「蘇武入匈奴，終不左衽；趙他入南越，箕踞椎髻。」[24] 大將耿秉說：「匈奴援引弓之類，并左衽之屬。」[25] 西羌反，邊章、韓遂作亂，朝臣議棄涼州，傅燮反對曰：「若使左衽之虜得居此地……此天下之至慮，社稷之深憂也。」[26]《華陽國志・巴志》：「羌復入漢，牧守遑遑，賴板楯破之。若微板楯，則蜀、漢之民為左衽矣。」[27] 從表面看，似乎匈奴、西羌都是左衽，南越則箕踞椎髻。事實上，這些深受儒家薰陶的作者在下筆之時，有很大成分是在套用成說。前引〈巴志〉的一段話「若微板楯，則蜀、漢之民為左衽矣」完全套用孔子「微管仲，吾其被髮左衽矣」的句式，即為明證。

　　他們利用這些語詞主要是取其文化象徵的意義。我們再舉《漢書・終軍傳》為例。武帝時獲白麟、奇木等瑞物，終軍因而上對，曰：「殆將有

23　被髮一詞較少單獨用來指稱或象徵非華夏之民，因為古代中國人一般平民也常被髮，如《莊子・漁父》中之漁父「被髮揄袂」。在許多情況下中國人也被髮，如想像中治世之民即被髮，見《淮南子・本經》、《春秋繁露・王道》；狂人、高士、獨行之士或被髮，如箕子、屈原、《後漢書・獨行傳》中之雷義、向栩；行某些養生之道時須被髮，見《黃帝內經・素問・四氣調神大論第二》；童子被髮（《史記・日者列傳》司馬季主曰），如漢畫像中常見的項託；施法術時須被髮，如息夫躬（《漢書・息夫躬傳》）、解奴辜（《後漢書・方術傳》），又見《後漢書・光武帝紀》注引魏文帝《列異傳》秦文公伐樹故事。又古人夢中所見鬼神常為被髮，如《左傳》成公十年「晉侯夢大厲被髮及地」，《莊子・外物》宋元君夢人被髮闚阿門，占之乃神龜等不一而足。

24　黃暉，《論衡校釋》，〈譴告〉（北京：中華書局，1990），頁642。

25　周天游，《後漢紀校注》（天津：天津古籍出版社，1987），卷10，頁278。

26　《後漢書・傅燮傳》。

27　任乃強，《華陽國志校補圖注》（上海：上海古籍出版社，1987），頁24。

解編髮，削左衽，襲冠帶，要衣裳，而蒙化者焉。斯拱而竢之耳。」這裡的編髮、左衽並未指涉任何特定的外族。終軍用之與中國的冠帶、衣裳相對，無疑是以其為異族文化的象徵。杜篤〈論都賦〉謂：「若夫文身鼻飲緩耳之主，椎結左衽鐻鍮之君，東南殊俗不羈之國，西北絕域難制之鄰，靡不重譯納貢，請為藩臣。」[28] 杜篤將文身、鼻飲、緩耳、椎結、左衽、鐻鍮依文體的需要串聯在一起，也無非取外族異域殊俗的象徵意義。這樣象徵性的用法意味著不過是以傳統上既方便又富威權的語詞，表達一些既定的概念和印象。他們和他們的讀者，似乎並不那麼在意這些語詞和事實是否存在著差距。

從而不難設想一個更根本的原因，深具文化優越感的中國士人對異文化可能缺乏真正的興趣和好奇。中國古代的士人官僚雖和周邊民族有不少接觸和第一手觀察的機會，例如趙充國、李廣、李陵、班超等著名的將軍或邊郡太守以及張騫等數不清曾出使異邦的使者。他們對所接觸的外族必知之甚明，甚至有詳細的紀錄或報告。張騫即是如此。但是令人驚異的是《漢書・藝文志》收錄天下圖籍一萬三千餘卷，有傳世，也有當世的著作，其中除雜賦〈雜四夷及兵賦〉二十篇在篇名中提到四夷，其餘從篇名上看不出有任何篇卷和當時的異國鄰邦相關！

這是因為當時有關四夷風俗文化的著述，不在《漢書・藝文志》的門類之中因而不傳？還是根本就少有人去論列和著述？今已無法考知。不論如何，從以上少數可考的例子，已可見到史官如何襲用前代史書，以刻板化的語言去描述外族的風俗和文化，反映的不只是史官的慣性和惰性，更反映了作為主要讀者群的整個官僚群體對異族風俗文化的漠視與興趣缺缺。如果稍稍對照一下古希臘民族誌（logography）的傳統，以及如希羅多德（Herodotus）《波希戰爭史》中對希臘周邊的埃及、波斯、斯基泰等民族長篇累牘，鉅細靡遺的記述，[29] 羅馬時代凱撒（Julius Caesar）《高盧戰記》

28　《後漢書・文苑傳》杜篤條。

29　有關希臘民族誌的傳統可參 L.Pearson, *Early Ionian Historians*（Oxford, Clarendon Press,

對高盧、日耳曼人，塔西佗（Tacitus）《日耳曼民族誌》對日耳曼民族的記錄，[30] 中國士人官僚對外族文化的冷漠與缺乏好奇就更為明顯了。

三 漢代圖像資料中的胡人外貌

春秋以前，中國古代文獻主要是以戎、夷、蠻、狄稱述非華夏的民族，戰國以後，新名稱──「胡」逐漸取而代之。[31] 從戎夷蠻狄到胡的出現，到底意味著什麼變化？仍然是一個至今未解的謎。一般相信一個主要的變化是大約在西元前八、七到三世紀間，華夏西北及北方的一些民族或部落（不論白種或黃種），從狩獵或亦農亦牧，轉而採取了以騎射游牧為主的生活方式。[32] 這樣的民族或部落依中國文獻的記載主要有東胡、樓煩、林胡、義渠、月氏和匈奴等（《史記‧匈奴傳》）。他們在人種上和華夏諸邦是否相同，至今仍多爭議。一般相信游牧民族的血統十分複雜，華北匈奴的人種成分和華夏諸邦較為接近，同屬面孔較扁平的黃色蒙古種，而月氏則

1939）；A. Momigliano, "History and Biography" in M.I. Finley ed., *The Legacy of Greece-A New Appraisal*（Oxford, 1981）. A. Momigliano 在其文中曾深論希臘人對周邊民族風土文化的興趣以及民族誌傳統對希羅多德的影響。此文中譯見邢義田譯，〈歷史與傳記──古代希臘史學新估〉，《史學評論》，7（1984），頁 1-46，收入邢義田編譯《西洋古代史參考資料》（一）（臺北：聯經出版公司，1987），頁 87-134。

30 羅馬人記述異民族風土文化雖有抄襲的情形，一般而言比中國傳統正史的記錄要廣泛詳細得多，甚至正面肯定異族文化的優越之處，塔西佗的《日耳曼民族誌》就是最佳例證。

31 關於「胡」的含義，可參呂思勉，〈胡考〉，見林幹編《匈奴史論文選集》（北京：中華書局，1983），頁 37-53，或呂思勉，《呂思勉讀史札記》（上海：上海古籍出版社，1982），頁 1177-1194；饒宗頤，〈上代塞種史若干問題〉，《中國文化》，8（1993），頁 165-170。關於胡與戎狄的關係，一篇重要的論文是林澐，〈戎狄非胡論〉，《金景芳九五誕辰紀念文集》（吉林：吉林文史出版社，1996）。

32 參王明珂，〈鄂爾多斯及其鄰近地區專化遊牧業的起源〉，《中央研究院歷史語言研究所集刊》，65：2（1994），頁 375-434；《游牧者的抉擇》（臺北：聯經出版公司，2009）。

較可能屬於深目高鼻多鬚，白色的高加索種或塞種。[33] 戰國時期的北方諸國以及秦、漢王朝和這些民族有頗為頻繁的接觸，對他們的真實面貌和裝束必然有第一手的觀察和認識。

以當時的繪畫或雕塑技巧來說，如果要為「胡人」留下較為寫實的形貌，應不是問題。《韓非子‧外儲說左上》有一個畫工答齊王之問，認為畫鬼最易，畫犬馬最難的故事。犬馬難畫是因為「犬馬人所知也，且暮罄於前，不可類之」。類似之說又見《淮南子‧氾論》「今夫畫工好畫鬼魅，而憎圖狗馬」。這類說法意味著當時相當注意「類之」，也就是像不像的問題。犬馬的樣子大家都熟悉，不能隨意描畫，否則會「不類」、「不像」。鬼的樣子沒有人真正見過，沒有像不像的問題，因此最容易畫。此外，《國語‧越語下》提到：「王命工以良金寫范蠡之狀而朝禮之」，韋昭注：「以善金鑄其形狀」；《戰國策‧燕策二》提到一個木人像的故事：「秦欲攻安邑，恐齊救之，則以宋委於齊，曰：宋王無道，為木人以寫寡人，射其面」云云。錢鍾書指出「寫范蠡之狀」、「以寫寡人」的「寫」字，都是「傳移、模寫」，「移於彼而不異於此之謂」，[34] 由此或可推想戰國工匠已能以

---

33 關於中國北方匈奴的人種分析，較可靠的研究仍屬潘其風和韓康信對內蒙古桃紅巴拉古墓、青海大通匈奴墓、內蒙古烏蘭察布盟東南涼城毛慶溝墓葬群人骨的分析以及與貝加爾湖地區人骨材料的對照。據他們研究所得，從西元前三世紀到西元後二世紀，匈奴人種成分雖然複雜，體質類型基本上與蒙古人種的北亞型較接近。參兩位所著，〈內蒙古桃紅巴拉古墓和青海大通匈奴墓人骨的研究〉，《考古》，4（1984），頁 367-375；潘其風，〈毛慶溝墓葬人骨的研究〉，見田廣金、郭素新編，《鄂爾多斯式青銅器》（北京：文物出版社，1986），頁 316-327。關於月氏及匈奴人種又可參戴春陽，〈月氏文化族屬、族源芻議〉，《西北史地》，1（1991），頁 12-20；韓康信，〈新疆古代居民的種族人類學研究和維吾爾族的體質特點〉，《西域研究》，2（1991），頁 1-13；〈塞、烏孫、匈奴和突厥之種族人類學特徵〉，《西域研究》，2（1992），頁 3-23；〈新疆古代居民的種族人類學研究〉，《十世紀前的絲綢之路和東西文化交流》（北京：新世界出版社，1996），頁 335-350；余太山，《塞種史研究》（北京：中國社會科學出版社，1992），頁 63-64；陳健文，〈試論月氏考古的相關問題〉，《中國上古秦漢史學會通訊》，4（1998），頁 41-55。關於匈奴人種幾類較早期的爭論可參林幹編，《匈奴史論文選集（1919-1979）》（北京：中華書局，1983）；較晚近的意見可參烏恩，〈匈奴族源初探〉，《周秦文化研究》（西安：陝西人民出版社，1998），頁 832-841。

34 錢鍾書，《管錐編》第一冊（臺北：蘭馨室書齋翻印本，無年月），頁 254。

木料、金屬等，相當真實地去模寫和鑄造人像。《說苑》佚文中有一則畫工敬君圖畫妻像的故事。敬君為齊王畫九重之臺，去家日久，其妻貌美，思念之，遂畫其像。齊王聞之，以錢百萬求其妻。[35]《太平廣記》卷二一〇引作：「君久不得歸，思其妻，畫真以對之。齊王因睹其美，賜金百萬，遂納其妻。」[36] 這是戰國畫工以壁畫「畫真」的例子。陶塑則有秦始皇陵兵馬俑坑出土上千的人俑。這些陶俑的臉孔各異，不過都頗為真實地反映了華北蒙古種人的面孔特徵，相當反映出這個時代寫實的技巧。[37]

到了漢代，司馬遷曾親見張良的畫像「狀貌如婦人好女」（《史記·留侯世家》太史公曰）。張良這樣的開國功臣，外貌居然像婦人，出乎一般人的想像之外。司馬遷才因此特別提到自己觀看畫像的印象。這幅畫像顯然不是根據相書，刻畫典型，而是能相當寫實地表現出張良的狀貌特質。景帝

35　向宗魯，《說苑校證》（北京：中華書局，1987），頁 536。

36　同上，頁 536。

37　有學者以「寫實主義的佳作」形容兵馬俑的特色，見王學理，《秦俑專題研究》（西安：三秦出版社，1994），頁 424-430；王玉清甚至認為秦俑曾以真人為模特兒。他曾仔細區分秦俑面形的三種情況：有部分相同，是模製的；也有五官基本相同，面部輪廓不同的以及面形不同的，其中以面形不同的占多數。參王玉清，〈秦俑面形和表情〉，收入袁仲一、張占民編，《秦俑研究文集》（西安：陝西人民美術出版社，1990），頁 174；秦始皇兵馬俑博物館編，《秦俑學研究》藝術編各文（西安：陝西人民教育出版社，1996）。西方學者如畢梅雪（Michèle Pirazzoli-T'serstevens）也以寫實主義（realism）形容秦俑和馬王堆西漢初葬出土帛畫上的人物。不過她認為秦俑在寫實中帶有理想的成分，而馬王堆帛畫上的老婦則不能不令人重新評價中國古代畫工寫真的能力。參 Michèle Pirazzoli-T'serstevens, *The Han Dynasty*, trans. by J. Seligman（N.Y.: Rizzoli, 1982），pp. 18, 212-213, 216-218. 楊泓以戰國帛畫為例，認為中國自戰國對人物的形貌已力求寫實，寫實的技巧達到了一定的水平。參楊泓，〈戰國繪畫初探〉，《文物》，10（1989），頁 53-59、36。又參 Mary H. Fong, "The Origin of Chinese Pictorial Representation of the Human Figure", *Artibus Asiae*, XLIX, 1/2（1988/1989），pp. 5-38. Dietrich Seckel 認為中國真實表現人物個性的肖像畫要到唐代才出現，不過他也同意早在西元前六至四、三世紀，合乎自然比例的人物描寫已經開始，儘管這樣描繪的不是特定的個人。參所著 "The Rise of Portraiture in Chinese Art," *Artibus Asiae*, LIII, 1/2（1993），pp. 7-21；Ladislav Kesner 則檢討了中外學者對秦俑是否寫實的正反意見以及「寫實」的定義，參所著 "Likeness of No One:（Re）presenting the First Emperor's Army," *The Art Bulletin*, vol. LXXVII, no.1（1995），pp. 115-132.

陽陵出土的上千陶俑，雖不及秦陵者龐大，面貌卻也栩栩如生。[38]《西京雜記》卷二說漢元帝時，畫工毛延壽「為人形，醜、好、老、少，必得其真」。他為王昭君畫像的故事不論是否可靠，基本上可以證明能否「得其真」曾是漢代評價畫工的一個標準，而當時顯然也有過能「必得其真」的畫工。[39]

以上所謂的寫實並不意指「必得其真」或表現個性，追求惟妙惟肖的肖像畫，而是指有據實描繪的意圖和能力，可以相當明確地呈現某一民族容貌和服飾的一般特色。那麼，漢代畫工是否曾為胡人留下寫實的外貌呢？答案是否定的。除了極少數例外，絕大多數的漢代畫工似乎並無意利用他們的技巧，描繪出匈奴、烏孫、氐、越、羌、烏桓或鮮卑等的真實形貌，或展現這些民族在容貌服飾上可能有的差別。他們反而比較可能是依循職業中的傳統，世代相傳，不斷翻版著一種籠統化、模式化了的印象中的胡人。[40] 這種情形和自《史記》、《漢書》以後文獻中對四夷風俗、性情、外貌的記述有模式化和抄襲的傾向，其實是相當一致的。

此外，也必須強調，從先秦到漢代的畫工即便有寫實的能力，在可考的漢代造型藝術中，事實上絕少可以說得上寫實的作品。不論胡、漢，人物形貌衣飾都有格套化、當代化（先漢人物的衣飾外觀與漢代人基本無別）或者說定型化的傾向。因此，漢畫中胡人形象的模式化可以說只是整個時代造型藝術風格特色的一環罷了。

---

38 陝西省考古研究所漢陵考古隊編，《中國漢陽陵彩俑》（西安：陝西旅遊出版社，1992）。

39 關於寫真可以參考的另一個例子見《舊五代史·馮道傳》：「時有杜玄豹者，善人倫鑒，與〔馮〕道不洽。謂〔劉〕承業曰：馮生無前程，公不可過用。時河東記室盧質聞之，曰：我曾見杜黃裳司空寫真像，道之狀貌酷類焉。」可見所謂寫真是能得狀貌之真。正因為寫真能得狀貌之真，白居易《白氏長慶集》卷十七曾有詩〈贈寫真者〉謂：「子騁青丹日，予當醜老時，無勞役神思，更畫病容儀……區區尺素上，焉用寫真為？」

40 關於古代工匠世傳其業的情形參邢義田，〈從戰國至西漢的族居、族葬、世業論中國古代宗族社會的延續〉，《新史學》，6：2（1995），頁1-44。漢代石工的情形參邢義田，〈漢碑、漢畫和石工的關係〉，《故宮文物月刊》，14：4（1996），頁44-59。

一、胡人形象典型的辨識

以下先來辨識一下漢代造型藝術中胡人形象的特徵。[41] 要確定那些人是所謂的「胡」，可以借助西漢武帝茂陵霍去病墓前的石雕和東漢畫像石的榜題。

霍去病墓前曾有巨型石人、石馬等雕像，舊稿未曾言及，是重大疏漏。這批石雕歷代頗見著錄，至今尚存一部分，其為漢時舊物，一無可疑。[42] 二十世紀初，歐美和日本學者來華調查古蹟，曾為當時尚存的石雕及所在的位置留下不少照片。如今這些石雕已全被移置於茂陵博物館室外的廊廡下。其中和本文最有關係的就是俗稱「馬踏匈奴」的一件（圖2.1-2）。2004年7月，有幸參觀茂陵博物館並拍照。馬踏匈奴這一件全高168公分，長190公分。在一匹站立的馬身下，有一位仰臥的人。頭在馬頭下，兩腿彎曲，一手握弓，兩眼圓睜，張口露齒。比對二十世紀初和我拍的照片，可以發現石雕經歷九十多年，保存大體完整，石刻線條有些因風化而較為漫漶而已。額頭和鼻梁已有不同程度的磨損，但對照突出的眼球和厚唇，這一人頭像似乎並不像東漢畫像中的胡人那樣深目高鼻，比較缺

---

41 可參杉原たく哉，〈漢代畫像石に見られる胡人の諸相―胡漢交戰圖を中心に―〉，《早稻田大學大學院文學研究科（文學藝術編）紀要別冊》，14集（1987），頁219-235；高現印，〈淺論南陽漢畫中「胡人」特徵及相關問題〉，《漢代畫像石磚研究》（中原文物1996年增刊），頁316-321；Zheng Yan, "Barbarian Images in Han Period Art," *Orientations*, June 1998, pp. 50-59；中文增修版見鄭岩，〈漢代藝術中的胡人圖像〉，《藝術史研究》，1（1999），頁133-150。

42 這批石雕歷代及中外著錄及報導可參水野清一，〈前漢代に於ける墓飾石彫の一群に就いて―霍去病ての墳墓―〉，《東方學報》，第三冊（1933），頁324-350；滕固，〈霍去病墓上石迹及漢代雕刻之試察〉，原刊《金陵學報》四卷二期（1934），收入沈寧編《挹芬室文存》（瀋陽：遼寧教育出版社，2003）頁134-143。這批石雕雖為漢物，但其上不乏後世增改的痕跡。例如石牛背上有線刻的鐙，畢士博即指出應出後人之手。參 Carl W. Bishop, "Notes on the Tomb of Ho Ch'iu-Ping," *Artibus Asiae*, 1（1928），p. 39. 近年賀西林先生對霍去病墓是否屬霍去病表示質疑。確如他所說，只有等發掘後才能定案。本文暫時接受其為霍墓舊說。參賀西林，〈「霍去病墓」的再思〉，收入范景中、鄭岩、孔令偉編《考古與藝術史的交匯》（杭州：中國美術學院出版社，2009），頁105-114。

圖 2.1　二十世紀初馬踏匈奴像所在位置

圖 2.2　馬踏匈奴石像

古月集：秦漢時代的簡牘畫像與政治社會
　　——卷二　畫像石、畫像磚與壁畫

少高加索種的特徵（圖 2.3-5）。[43] 其它較具特色的部分，莫過於他一頭的披髮和極長的鬍鬚。

　　馬下之人的族屬沒有任何榜題可以證明。然而，霍去病一生的功業莫過於征匈奴。這一石雕在他墓前，無疑是為彰顯他的軍功而作；馬下之人是匈奴，應該是較合理的推定。這可以說是漢代巨型石雕存世最早的作品，也是有關匈奴形象最早的資料。其可供辨識的特點除了長鬍和披髮，還有已不明顯的褲裝和窄袖衣著。石人仰臥，兩腿朝上彎曲，兩腳裸露，腿部似著褲，可惜已不清楚。1924 年 3 月 26 日，美國波士頓美術館的畢士博（Carl W. Bishop）曾親訪霍去病墓。據他描述，馬下屈身之人「身著短褲和無袖上衣，其手腳明顯皆裸露」。[44] 他認為身著短褲，不知何據；又謂上衣無袖，其實在其中一手的手肘附近，有表示衣袖的刻痕，並不是完全無袖，現在的刻痕仍稍可辨識（圖 2.5）。總之，不論有袖無袖，其衣著明顯和漢式衣裳不同，而有胡服窄袖（袖極窄貼身，以至於狀似無袖）窄褲的特點。這樣的「胡服」常見於東漢的畫像。

　　東漢畫像中的胡人十分常見，且最少有兩件有榜題，可以幫助今人確認他們的身分。一是山東孝堂山石祠畫像中的胡漢交戰圖，二是山東微山出土的一件「胡將軍」畫像石。孝堂山石祠是現存最早的一座漢代祠堂。依據題記，應建於東漢順帝（西元 126-144 年）以前。在其西壁，有一幅規模頗大的胡漢交戰圖（圖 3）。交戰圖東端，在一位憑几而坐人物的背後有「胡王」二字榜題。過去僅有拓片刊布，蔣英炬先生曾發表榜題摹本，[45] 但從不見有原石照片刊布。1998 年 8 月到孝堂山，有幸攝下榜題的清楚照片

43　畢士博認為馬下人物有南俄斯基泰民族面容特徵而不像蒙古種人，亨采（Carl Hentze）認為是閃米族（Semitic）。水野清一利用漢代其它雕塑品的特徵則指出，這個人像僅是圖式化和類型化的「異人」樣貌，不足以言種族面貌特徵，也無法據以討論族屬問題。請參 Carl W. Bishop, op.cit., p. 37; Carl Hentze, "Les influences etrangeres dans le monument de Houo-k'iu-ping" *Artibus Asiae*, 1（1925），pp. 31-36; 水野清一，〈前漢代に於ける墓飾石彫の一群に就いて─霍去病ての墳墓─〉，頁 333-335。

44　Carl W. Bishop, op.cit., p. 37.

45　蔣英炬，〈孝堂山石祠管見〉，《漢代畫像石研究》（北京：文物出版社，1987），頁 215。

圖 2.3　2004.7.18 作者攝
石像正面，圖版倒置。

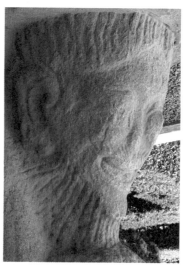

圖 2.4　2004.7.18 作者攝
石像正面，圖版倒置。

圖 2.5　2004.7.18 作者攝

圖3　孝堂山石祠西壁畫像摹本（劉曉芸摹）

（圖 4.1-2），不但可以證明「胡王」二字無誤，而且可知二字明確為原刻。
這位側面，憑几而坐的胡王，在外貌上最大的特徵是戴著一頂向前微彎的
尖頂帽，帽後有飄帶，下巴有鬍鬚。其身前身後共有二十餘戴著同樣尖帽
（但無飄帶）的胡兵，他們或站立，或騎在馬上，身上穿著短衣，束腰帶，
下穿長褲。「胡王」二字明確告訴觀賞者，這樣裝扮的人就是胡。

　　另一件「胡將軍」畫像，曾經刊布於《山東漢畫像石選集》（圖 13），
可惜圖版中的榜題幾乎完全無法辨識。1998 年 9 月到微山，承當地文管所
楊建東先生厚意，得見原石。不但見到清晰完整的「胡將軍」三字榜題，
而且得知《選集》所錄拓影不全，〈山東微山縣漢代畫像石調查報告〉和

圖 4.1 1998.8.29 顏娟英攝於孝堂山石祠

圖 4.2 作者線描圖

圖 5　有「胡將軍」榜題的微山畫像石

《微山縣漢畫像石精選》則曾刊布較完整，但不甚清楚的拓片（圖 5）。[46] 依據殘石拓本，可知這也是一幅胡漢交戰圖。畫像中的將軍騎在馬上，頭旁右側有「胡將軍」榜題三字，十分清楚（圖 6）。他裝扮上的特徵也是一頂帽尖前彎的尖頂帽。在其前後則有戴著同式尖帽，或騎或步的兵卒。前方行進中的一位兵卒明顯穿著長褲。

　　另一件可供參考的資料是山東蒼山元嘉元年畫像石墓中，那篇有關畫像內容的題記，以及相對應的胡人騎射畫像。題記提到「前有功曹後主簿，亭長騎佐胡使弩」。畫像中正有一車馬過橋圖，其左端有一騎馬回首拉開弓弩的胡人，高鼻深目，頭戴尖帽（圖 7）。[47] 由於出土畫像中

圖 6　楊建東拓「胡將軍」榜題

46　《微山縣漢畫像石精選》（鄭州：中原出版社，1994），圖 3。原調查報告見王思禮、丁沖、萬良，〈山東微山縣漢代畫像石調查報告〉，《考古》，8（1989），頁 699-709。參觀原石時惜未拍照。幸而微山文物管理所楊建東先生慨贈拓片，得見「胡將軍」清晰三字。

47　參《山東漢畫像石選集》，圖 403、407；相關研究見趙超，〈蒼山元嘉元年畫像石墓題記注釋〉，《中原文物》，3（1991），頁 18-24；Wu Hung, "Beyond the 'Great Boundary': Funerary Narrative in the Cangshan Tomb," in John Hay ed., *Boundaries in China*（London: Reaktion Books, 1994），pp. 81-104.

圖7　《山東漢畫像石選集》圖407

只見到這樣一位裝扮的人物，他應該就是題記中所說使弩的胡。從以上三件人物裝扮上的共同特徵可以證明，他們應是漢畫像中典型的胡人。

其典型性可以從其它漢代圖像資料中大量同類裝束人物的存在得到證明。這樣的圖像資料，在山東、河南、江蘇、四川可以找到一、二十例。以下只舉幾件為代表：

1. 河南洛陽金村出土模印畫像磚射鹿圖（圖8）。[48] 在略呈三角形的磚面上模印著二、三位騎士，騎在奔馳的馬上，張弓瞄向正拚命逃走的鹿群。這些同模所製的騎士，頭戴帽尖前彎的尖頂帽，上身穿窄袖短衣，腰束帶，下身穿長褲。還可注意的是這位騎士的衣衽是清楚的左衽，表明他是漢人眼中的胡人。

圖8　洛陽金村畫像磚上的獵鹿胡騎

48　W.C. White, *Tomb Tile Pictures of Ancient China*（The University of Toronto Press,1939）, plate 2, 3.

2. 河南南陽出土畫像磚胡人圖（圖
9）。[49] 畫面中僅有一位立姿的胡人。頭戴
一頂帽尖前彎的尖頂帽，兩手前伸，手中
似握有一袋物品，身穿長衣。比較值得注
意的是他的面貌。製模者明顯刻意以內縮
的嘴和突出的下巴，突顯他的高鼻。此圖
在刻畫一位高鼻深目的胡人殆無可疑。他
戴的尖帽也是典型的胡帽。

圖9　南陽畫像磚上的胡人

3. 山東青州出土一件高 3.05 公尺東漢
的巨大石胡人像（圖10）。[50] 1998 年夏到濟南山東石
刻藝術館曾有幸得見原石。此石人為跪姿，雙手抱於
胸腹之前。頭戴典型尖頂帽。尖頂略有殘損，唯其微
微前彎的特點仍很清楚。面貌上兩目深凹，鼻梁已
損，但可明顯看出原本高鼻深目的樣子。臉的兩腮似
有殘損，但從腮及下巴仍可看出原本似有意表現茂密
的落腮鬍鬚。更可注意的是他的衣袵。上身衣著的刻
紋已不甚清楚，稍仔細則其左袵仍可明確無誤地辨識
出來。此為一胡人像殆無疑問。1996 年臨淄也出土
一件高達 2.9 公尺戴尖帽的胡人立體石雕像，跪姿，
雙手抱於胸腹前，報導中且說其衣為左袵。[51]

4. 1998 年 9 月 6 日在山東臨沂參觀白莊漢墓畫
像石。畫像中出現的胡人頗多。他們服裝與面貌上共

圖10　楊依萍線描　作
者修改

49　《南陽漢代畫像磚》（北京：文物出版社，1990），圖91。
50　此石已由鄭岩發表，見 Zheng Yan, op.cit., pp. 50-59；中文版見鄭
　　岩，〈漢代藝術中的胡人圖像〉，《藝術史研究》，1（1999），頁
　　133-150。
51　參王新良，〈山東臨淄出土一件漢代人物圓雕石像〉，《文物》，7
　　（2005），頁91。

圖 11 　作者線描圖

同的特徵和在山東其它地方所見相同：頭戴微微前彎的尖頂帽，身穿窄袖短衣和長褲，腰束帶。有一位一手揚鞭，一手控轡，騎在駱駝上的胡人即是如此。他的面貌清楚表現出大眼高鼻和多鬍鬚的特點。不過他的上衣並沒有兩片衣衽，而似乎是一種套頭的尖領衣。可是他前方另一位手持長勾驅象的人，光頭，身穿窄袖上衣及長褲，他的上衣清楚表現出來是左衽。他的顏面特徵一樣也是大眼高鼻和多鬍鬚（圖 11）。

　　5. 1998 年 9 月 2 日在山東泰安岱廟看見一石柱上有一擁篲的胡人立像（圖 12）。畫刻在十分粗糙的石面上，以粗重的陰線刻出輪廓。胡人頭戴微向前彎的尖帽。帽後部似有一向上彎翹無以名之的裝飾。側面臉部凹凸有致的線條特別表現出人物的深目高鼻。如果仔細看，臉上有以陰線刻出一幾乎合口的圓圈，這和下文將提到河南方城臉上帶圓形黥記的胡人十分相像。胡人雙手持篲。身上的衣著線條簡單，除了腰中束帶，並無胡服的特徵。

　　6. 1954 年發掘的山東沂南北寨畫像石墓

圖 12 　作者線描圖

的門楣上有一幅著名的橋上胡漢交戰圖,橋的左端有很多形象清晰,或步或騎,張弓射箭的胡人。他們深目高鼻,頭戴同式尖頂帽(圖13)。[52] 1998年9月7日參觀原石,畫像的細節較拓片更清楚,有些胡人甚至有細線刻出的鬍鬚。

　　7. 1964年在徐州十里鋪漢畫像石墓中出土甚多陶俑。[53] 其中有男俑深目高鼻,頭戴帽頂微微前彎之尖頂帽,作蹲坐狀(圖14)。

圖13　沂南北寨漢墓門楣畫像局部

圖14　徐州十里鋪漢墓出土陶俑

52　南京博物院、山東省文物管理處編,《沂南古畫像石墓發掘報告》(1956),圖版24。

53　江蘇省文管會、南京博物院,〈江蘇徐州十里鋪漢畫像石墓〉,《考古》,2(1966),頁66-81。

8. 1988 至 1992 年伊盟文物工作站在內蒙伊克昭盟托克前旗三段地鄉西南發現近三十座西漢中晚期至東漢初墓葬。其中六號墓出土一件彩繪陶俑（圖 15），高眉弓，眉目外下斜，眼窩深陷、鼻垂而鼻梁高，顴骨突出，尖下頷，八字鬍，兩手合抱胸前，內穿長袍，寬腿褲，外披拖地披風，頭戴尖頂風帽。[54] 其風帽特色在帽簷周迴耳部及頸部；從側面看，帽尖微微向前。

圖 15　彩陶胡俑摹本

9. 1996 年陝西省考古所和榆林地區文管會聯合在陝北神木縣大保當發掘漢墓二十四座，其中十三座於墓門及甬道兩側有石刻帶彩畫像。三號墓（M3）墓門的門楣上有一幅尚稱完整的車馬及狩獵圖。[55] 圖上方有左行馬車三輛，車前有導騎二人。前端一人回首仰射。圖下方兩端有山頭、樹木、手執便面的人三人，前端還有一騎彎弓射鹿。十分特殊的是在這個行列中有一人一手牽一駱駝，一手握一曲頭杖（圖 16）。他的帽子形式和其他的人都不同，是漢畫中胡人常戴的尖頂帽。由於刻工並非十分細緻，這方石上的人物都沒有較細緻的面部或衣飾刻畫。

10. 1998 年周原博物館清理發掘陝西扶風縣官務村兩座西漢中晚期至王莽時代漢墓。[56] 在一號墓前室出土了兩件胡人吹簫陶俑。胡人面容深目高鼻，頭戴帽尖前傾的尖頂帽（圖 17）。造型幾乎完全相同的胡人吹奏俑在東漢的墓中出土極多，四川彭山東漢墓所出者即為一例（圖 18）。[57]

---

54 魏堅編，《內蒙古中南部漢代墓葬》（北京：中國大百科全書出版社，1998），頁 150-152，圖 15.1、17.3。

55 韓偉、王煒林編，《陝西神木大保當漢彩繪畫像石》（重慶：重慶出版社，2000），圖 21、22。

56 周原博物館，〈陝西扶風縣官務漢墓清理發掘簡報〉，《考古與文物》，5（2001），頁 17-29。

57 南京博物院編，《四川彭山漢代崖墓》（北京：文物出版社，1991），圖 23。

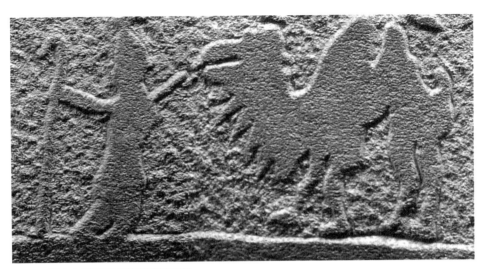

圖 16　神木大保當三號漢墓畫像局部

圖 17　扶風官務陶俑

圖 18　彭山胡人俑

圖 19　郪江塔梁子三號墓出土彩色胡人石刻

11. 2002 年四川郪江塔梁子三號墓出土彩色胡人石刻。石刻上刻有五人大眼高鼻，側臉，十分清晰的黑色落腮鬍，手牽手，狀似舞蹈，頭戴紅色尖頂帽（圖19）。[58]

漢代圖像資料中所見對「非漢人」形象的刻畫有定型化的傾向，然而並不是千篇一律只有上述一種高鼻深目戴尖帽的樣子。有些一時還辨別不出來；有些高鼻深目，卻戴不同形式的帽子，也有以其它服式或髮式出現的胡人。以下試舉數例：

1. 河南方城於 1985 年發現一方墓門柱石畫像（圖20），其上一人站立，一手持斧，扛於肩上，一手持筹。側面的人臉可以看出高高的鼻子，臉上有一圓圈，劉玉生和鄭岩認為是奴隸的黥記。頭未戴帽。頭上有線條，

圖 20　作者線描圖

58 國家文物局編，《2002 中國重要考古發現》（北京：文物出版社，2003），頁 87-92；四川省文物考古研究所等，〈四川中江塔梁子崖墓發掘簡報〉，《文物》，9（2004），頁 4-33；王子今、高大倫，〈中江塔梁子崖墓壁畫榜題考論〉，《文物》，9（2004），頁 64-69、73；王子今，〈中江塔梁子崖墓石刻畫像榜題「襄人」考〉，《中國歷史文物》，3（2008），頁 30-35。

清楚描繪出一些頭髮身上的衣式不是很清楚，似乎是一種長及膝的深衣，膝以下露出長褲。這位人物的造型不同於上述典型的胡人，但這方石上有「胡奴門」三字榜題，其為胡人無疑。畫像以陰線刻出，筆法簡率，難以論其細節。可以肯定的是其髮並非披下的長髮，而似乎是有意剪過，只剩稀疏的短髮。這樣的髮型似乎和古來戰俘施刑之後為奴之俗有關。[59]

2. 和林格爾漢墓前室至中室甬道北壁和中室東壁有連續的壁畫，即著名的寧城圖（圖21）。圖中展現一群光頭垂首的人，魚貫由城外進入城內，兩側有成排手持戟或刀劍的官兵以及成排的武器。光頭垂首的人由幕府南門進入以後，由兩官吏押至墓主，也就是某一護烏桓校尉（從榜題知此為東漢某一使持節護烏桓校尉之墓）座前。護烏桓校尉坐在一敞門的建築內。門前正有百戲表演，四周有圍觀的官吏和持戟的士兵。從孝堂山及其它許多漢畫可知，這是頗為典型用以彰顯墓主戰功的獻俘圖。由於我們確知墓主身分是護烏桓校尉，這群俘虜很可能就是烏桓。他們的光頭特徵在畫中表現得十分清楚，與《後漢書》所說烏桓髡頭之俗十分相合。[60]

3. 被髮的胡人可見於1967年山東諸城前涼台出土的東漢孫琮墓畫像。[61] 此墓石刻上原有完整的題記，原石題記部分在出土後殘損。幸好王恩田先生發表了1967年調查時所作的記錄，根據記錄中的題記，可知墓主孫琮是漢陽太守。[62] 這一點對理解畫中的胡人身分極為重要。畫像中有一幅被定名為髡笞圖的畫像（圖22）。畫像的下半部是漢畫中常見的樂舞百戲，上半部的上端及右側外圍有一圈頭戴進賢冠，持笏而坐的官員。他們的面前放著酒樽和耳杯等物；左側外圍站著兩排拱手持笏的官吏。中間則

59　劉玉生，〈淺談「胡奴門」漢畫像石〉，收入《漢代畫像石研究》（北京：文物出版社，1987），頁286-288；鄭岩，前引文（1998），頁57。

60　《後漢書·烏桓鮮卑傳》：「烏桓者，食肉飲酪，以毛毳為衣……以髡頭為輕便。」

61　相關考古報告及研究見任日新，〈山東諸城漢墓畫像石〉，《文物》，10（1981），頁14-21；黃展岳，〈記涼台東漢畫像石上的「髡笞圖」〉，《文物》，10（1981），頁22-24；王恩田，〈諸城涼台孫琮畫像石墓考〉，《文物》，3（1985），頁93-96。

62　同上，王恩田文，頁93。

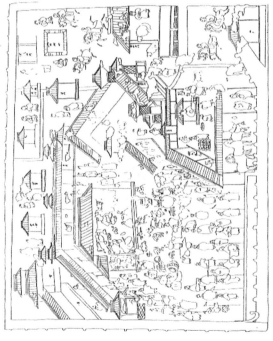

圖 21　作者線描圖

古月集：秦漢時代的簡牘畫像與政治社會
—— 卷二　畫像石、畫像磚與壁畫

圖 22　林蕙敏線描圖

有一群或站或坐或跪被髮的人。有些被髮人的頭髮正被兵士抓著，似乎是要被削去頭髮的樣子。因此過去有學者認為這是進行髡刑的「髡笞圖」。王恩田加以修正，正確地指出這些被髮的人應是《後漢書‧西羌傳》中所描述以被髮為俗的羌人。東漢明帝永平十七年（西元 74 年）以後，今甘肅天水一帶的天水郡改稱漢陽郡，三國曹魏以後復稱天水。因此這位孫琮必是東漢中晚期羌患正烈時代的漢陽太守。如果將此圖和前述和林格爾護烏桓校尉墓中的獻俘壁畫對照，就不難發現它們在細節上或有不同，但都是透過百戲、飲宴圍觀俘虜的場面，彰顯墓主的戰功。圖中的俘虜應該就是羌人。他們受髡刑，除去長髮，其中有三人頭髮已削，露著光頭。

　　4. 1992 年在鄂爾多斯高原西部毛烏素沙漠北端，鄂托克旗巴彥淖爾鄉境內鳳凰山發現西漢晚期至東漢初墓十三座。[63] 其中一號墓墓門、墓室東西後壁及墓頂共有保存尚稱完好的彩色壁畫十餘組。壁畫中人物的服飾，尤其是帽式極具特色，不僅為內蒙古一帶漢墓所僅見，也不曾見於其它漢代圖像資料（圖 23.1-2）。在墓門、墓室後壁和東西兩壁中的人物多戴一種寬沿圓頂帽。圓頂旁或插一羽翎。人物面貌清楚，並沒有特別強調高鼻深目。較特殊的是髮式。東壁宴飲圖中坐著的兩人，頭戴插翎寬沿圓頂帽，帽下左右兩耳前有清楚的垂髮。寬沿插翎帽常見於時代屬漢代前後的新疆墓葬，但形式並非完全相同。[64] 這樣髮式和帽式的人到底是那種外族？目前還沒有可供比對的資料。我們較可確定的是他們應是非漢人，而且從壁畫的內容、風格和人物穿著右衽衣服看，他們有可能是某種漢化的胡人。

　　以上四例是漢畫中少數變通格套去刻畫胡人的例子。由於第二、三例有榜題或題記，可以確知墓主是職掌外夷的護烏桓校尉，或是邊郡的太守。以他們的職守而言，他們生前必曾與烏桓或羌有過交涉。用圖畫表彰

---

63 魏堅編著，《內蒙古中南部漢代墓葬》，頁 161-175。

64 新疆伊犁新源縣出土一尊銅武士俑，頭戴尖頂寬沿帽；蘇貝希古墓出土一頂牛皮質尖頂，大圓盤式帽緣的尖頂帽，其有寬的帽沿與鳳凰山所見近似，但尖頂不類。另新疆樓蘭、孔雀河皆曾出土插翎的帽子，但無寬沿。以上各式帽子圖影請參李肖冰著，《中國西域民族服飾研究》（烏魯木齊：新疆人民出版社，1995），頁 48、60、64、66。

圖 23.1　鳳凰山一號墓墓門壁畫摹本

他們的武功，應不無若干真實的成分。兩幅獻俘圖的布局雖然仍受格套的左右（關於表彰武功的畫像格套，詳見本文下篇〈漢畫中的胡漢交戰圖〉），為了描繪得較真實些，畫工刻意擺脫固定的模式，在人物形象上多多少少展現出烏桓和羌人在外貌上與文獻描述相合的特色。第四例沒有榜題，比較難以確定墓主的身分。但是從西漢晚期

圖 23.2　2018.10.27 作者攝於內蒙古包頭博物館

到東漢初，鄂爾多斯西部鄂托克旗一帶，也就是兩漢朔方、上郡、北郡之間的區域。在這裡漢與外族不斷拉鋸爭奪。當地人對外族有太多親眼目睹的機會，因此當地的畫工在描繪外族上較為近乎實際，不同於一般格套是不難理解的。

　　另外還有例子表現出在中國為奴的胡人，改穿了漢服。湖南衡陽出土

圖 24　衡陽出土牽馬胡俑　　圖 25　和林格爾漢墓壁畫休屠胡

一東漢銅質牽馬胡俑（圖 24）。[65] 銅俑高鼻深目，唇上有向兩邊飛翹的鬍子，下巴則有向左右捲曲的髭鬚，其為胡人無疑。但是他衣服除了腰帶，則是標準右衽的漢式長袍，頭上戴的也是漢代奴僕常戴的平巾幘。[66] 胡人來到中土，體質的特質無法改變，服裝卻不難改換。武氏祠和內蒙和林格爾東漢壁畫墓都有著名匈奴休屠王子金日磾的畫像。和林格爾東漢墓壁畫甚至有「休屠胡」和「甘泉」榜題，可以確認無疑（圖 25）。金日磾初入中國為奴，為武帝養馬，後來深深漢化，以孝著稱。他在衣著上和祠堂畫像中其它的漢人一無二致。[67]

65　參藝術家雜誌社編，《漢代文物大展》（臺北：藝術家雜誌社，1999），圖 56。

66　關於平巾幘，參孫機，《漢代物質文化資料圖說》（北京：文物出版社，1991），頁 229-232。

67　武氏祠休屠像已殘，以《隸續》卷六（北京：中華書局據洪氏晦木齋刻本影印，1985）所錄摹本為準。和林格爾壁畫見陳永志、町田章編，《和林格爾漢墓壁畫孝子傳摹寫圖輯錄》（北京：文物出版社，2015）。

此外，在一些銅、陶器的器座上我們可以看到裸體的胡奴。例如 1989 年在雲南箇舊市黑馬井村出土的一件東漢銅俑燈座。銅俑跪坐，裸身、尖臉、深目，有連腮鬚和十分尖挺突出的高鼻，頭上所戴卻是一種形式較為特殊，在前額上呈前突圓椎狀的頭飾（圖 26）。[68] 1955 年在廣州珠海區大元崗出土一西漢後期陶燈。燈座由一位大眼高鼻，頭上梳髻，裸身吐舌的胡人一手撐著燈（圖 27）。[69] 雲南箇舊和廣東廣州出土的這兩件「胡人」像，不覺令人詫異這樣高鼻大眼的胡人怎會出現在南方？他們到底是刻畫當地土人？還是工匠習慣地以他們心目中定型化的胡人形象製造燈器？這些問題或許還值得以後進一步討論。

圖 26　雲南箇舊銅燈座局部　　圖 27　廣州珠海出土陶燈

　　總結以上所說，漢代造型藝術中呈現的胡人外貌雖說是形形色色，不過除了體質上大眼高鼻或深目高鼻或多鬚的特徵，服飾上除了改穿漢人之服或裸體，內蒙古鳳凰山出現一個戴寬沿圓頂帽的例子，可以說大部分以尖頂帽為服飾上最主要的特色。以下針對漢畫中胡人的尖頂帽稍作進一步的討論。

<hr />

68　《中國文物精華》（北京：文物出版社，1992），圖 120。
69　《漢代文物大展》，圖 86。

這種尖帽的共同特色在於帽頂呈尖狀，微微朝前彎。如果細分，又可分出稍有不同的三種型式：

1）第一型是單純的尖頂帽，除了尖頂，帽簷部分並沒有其它附屬物。其微微前彎的尖頂有時清楚地呈現出來，有時並不特別明顯。

2）第二型則是帽簷另有類似護耳的部分。最清楚的例證就是在前述孝堂山石祠中所見到的。「胡王」和其前後胡兵所戴的帽子，在帽簷兩側都明顯有可遮住雙耳的部分。

3）第三型則在帽子後方有微微下垂或微微飄起狀的帶子。在前述臨沂白莊的漢墓中可以見到這樣的胡帽。

這三種型式的尖帽對我們探討漢畫中胡人和中亞、黑海北岸，甚至希臘或羅馬圖像資料中的斯基泰文化的關係甚有幫助。詳見下章。

二、圖像與文獻資料中胡人外貌的比較

接著比較一下這些圖像中所見的胡人和文獻中所描述的異同。首先要指出以圖像和文字描述人物的外貌，有一基本上的不同：文字可繁可簡，也可只作重點或局部交代，例如只描述髮式和衣式，完全不提容貌或其它。以圖畫描繪人物雖也可有重點和粗細，或只及局部，但比較須要將人體的體形和服飾的主要部分呈現出來，例如可以只刻畫頭部，卻不能只刻畫身軀，或者只畫衣飾而無頭，要畫身軀或腿腳，除非裸體，也就必要交代上下身的衣飾。因此在先天的性質上，文字幾乎可以隨意「留白」，傳統的造型藝術卻不能。也正因為如此，除非文字刻意作詳細的描述，否則不易如圖像那樣傳達較多的形貌信息。比較一下圖像資料中所見的胡人外貌和文獻裡所強調的，其間的差異十分明顯：

1. 以衣飾而言，文獻強調胡人左衽，有時提到衣服的質料以毛皮為多。幾乎完全不提衣襟以外服裝其它的形式和特色。石刻或壁畫比較不易表現衣物的質料，漢畫似乎也不在意表現這些。青州胡人石像、河南畫像磚和山東臨沂白莊漢墓是較清楚呈現左衽的例子。其餘漢畫也不太在意表現衣襟的左右，反而常常描繪他們下

著長褲，上著窄袖短衣，表明這些方面和華夏上層貴族官僚衣裳冠冕之制的不同。

2. 文獻從來不提胡人或戎狄戴什麼樣的帽子，只說他們被髮、椎髻或辮（編）髮。漢畫卻以帽頂微向前彎的尖頂帽作為胡人形象的主要標記。內蒙鳳凰山漢墓壁畫甚至細緻地描繪出他們戴著寬沿圓頂帽。我們不難想像在冰封的草原上，保暖頭部的帽子必不可少。圖像呈現了文獻所不當忽略的重要部分。當然在器物的紋飾中也有不少著漢裝的「胡奴」。

3. 《史記》、《漢書》等漢代文獻從未提到匈奴、烏桓、鮮卑、羌等外族容貌上的特色。如前所說只有《漢書·西域傳》大宛國條提到「自宛以西至安息國……其人皆深目，多須顏……」。而漢畫中的胡人面容常常以深目或大目、高鼻、多鬚為典型。不過，有時又並不特別強調深目高鼻，而以髮式、尖帽或長褲區別畫中的胡漢，如上述和林格爾護烏桓校尉墓壁畫中的烏桓、諸城孫琮墓中受刑的羌人和孝堂山石祠胡漢交戰圖中的胡人。換言之，漢畫中的胡人容貌基本上有兩種可能：一是依據烏桓、鮮卑、羌或匈奴人的長相，另一種是以蒙古種以外，某種有深目、高鼻、多鬚面容特徵的民族為藍本。

漢代的畫師工匠如依照和漢人接觸最密切的烏桓、鮮卑、羌或匈奴人為胡人容貌的藍本，應該是較自然的事。但漢畫中深目、高鼻和多鬚模樣的胡人偏偏遠多於面貌「頗類華夏」的胡人。當時僱請畫工的社會大眾，似乎也能接受這樣與現實中常見的匈奴、鮮卑等形象不同的「胡人」。畫像中為何又要去強調那頂尖帽？這尖帽又從何而來？

這迫使我不能不去猜想古代中國在由士大夫掌控的文字傳統之外，是否另有一個由畫師工匠主導，具有相當自主性的造型工藝傳統？[70] 在這個

---

70 關於工藝傳統以及傳統之自主性，限於材料，過去的研究極為有限。隨著出土資料的大量增加，相信這是一個值得注意的課題。我過去曾稍稍討論漢代的石工作坊集團和漢代畫像之間

傳統內，畫工可以在一定程度上超脫儒家「被髮左衽」經典權威的限制，而依循本身職業的傳統（例如世傳的圖譜、作坊的行規）和圖像呈現的需要（例如圖像上必須突顯胡、漢在外觀上的差異，也必須使這樣的差異定型化，使觀眾易於辨識），去塑造「胡人」的形象。這樣的形象不一定於事實無據，也不一定完全貼合事實，卻符合漢代社會集體記憶中的胡人，能使當時的顧客和一般觀者接受和滿意。

四 斯基泰文化和漢畫中胡人形象的關係

漢畫中胡人長褲、窄袖短上衣以及尖頂帽的裝束，使我們不得不注意這樣裝束的胡人和歐亞草原上受斯基泰文化影響的民族之間的關係。古代中國與歐亞草原游牧世界的關係是一個已有無數學者關注的大問題。商周以來中原地區玉器、青銅器在質材、製作技法、若干母題及表現形式上和西亞、北亞出土品的相似處，幾乎無人能夠否認。只可惜限於材料，這一段重要的文化交涉史裡仍有極多模糊不清的地帶。舉例來說，那時北方燕、趙、秦等國接觸的胡到底是何模樣？戰國時代的人物畫已甚為發達，各國的畫匠如何去描繪他們？諸胡之中，又是那些「胡」留給春秋戰國時代中國人最深刻的印象？這些印象又如何左右了後來漢畫中對胡人的描寫？老實說，目前並沒有足夠的材料去回答。以下的探討無非是略作嘗試，提出一些有待驗證的假說而已。

依目前的材料來看，從極古遠的時代，中原地區即直接或間接和廣大的北亞及中、西亞一帶有著文化上的接觸，否則不易解釋譬如殷商的戰車，商周墓葬中北方式的青銅器和來自新疆和闐的玉。此處想要強調的是這些接觸很可能不是持續不斷，而是斷斷續續的。西元前的一、兩千年裡，綿延數千里的歐亞草原上曾有太多至今不明的變動。考古證據目前還

的關係，參〈漢碑、漢畫和石工的關係〉，《故宮文物月刊》，14：4（1996），頁44-59。

沒有辦法將這些變動勾勒出一個大家都同意的面貌。而這些變動在相當程度上影響了中國與這一地帶的接觸和接觸的頻率。張騫通西域曾被司馬遷喻為「鑿空」即可為證（《史記・大宛傳》）。司馬遷以當時人言當時事，他在《史記》中曾十分明白地描述了張騫通西域前後，中國對西域的認識如何從稀少、模糊到豐富而具體。如果我們再對照《穆天子傳》、《山海經》、《逸周書》和《史記》對西方世界的描述，就更可以證明「鑿空」二字並非虛語。[71] 往西域的通道的確早已存在，只是受環境左右，通斷無常。漢武帝以前必曾中斷過，張騫才歷經艱險，重新打通。

　　不知因何種機緣，循著怎樣的途徑，帶有歐亞草原斯基泰動物紋飾特色的器物如金銀銅飾牌、青銅獸頭刀、柳葉形短劍、折背刀和管銎斧等出現在商周的墓葬中。[72] 這些受斯基泰文化影響的民族必曾和華夏諸邦，以

---

71 司馬遷曾在《史記・大宛列傳》太史公曰中評論《禹本紀》、《山海經》「所有怪物，余不敢言之也」。又認為《尚書》所記九州山川較近實。可見司馬遷即曾比較過古籍所記與張騫得到的新認識。他以鑿空二字形容張騫開通之功，必非任意輕率之言。關於張騫「鑿空」前後，古代中國與中西亞之關係可參陳慶隆，〈論「張騫鑿空」〉，《第二屆國際漢學會議論文集》歷史與考古組（臺北：中央研究院歷史語言研究所，1989），頁 403-416。

72 自 1922 年，俄國史家 M. Rostovtzeff 首創以「動物紋樣」表述斯基泰文化的特色以來（*Iranians and Greeks in South Russia*, Oxford, 1922; *The Animal Style in South Russia and China*, Princeton, 1929），已有難以計數的相關研究發表，一個代表性的書目可見 V. Schiltz, *Les Scythes et les Nomades des Steppes*, pp. 443-459. Rostovtzeff 已注意到斯基泰動物紋樣和中國商、周青銅裝飾母題之間的關係，幾十年來也引起無數的討論。相關討論略舉若干如下：Emma Bunker, C. Bruce Chatwin, Ann R. Farkas, *"Animal Style" Art from East to West*（The Asia Society Inc., 1970）；烏恩，〈我國北方古代動物紋飾〉，《考古學報》，1（1981），頁 45-61；同上，〈中國北方青銅透雕帶飾〉，《考古學報》，1（1983），頁 25-37；同上，〈論我國北方古代動物紋飾的淵源〉，《考古與文物》，4（1984），頁 46-59；Emma Bunker, "The Steppe Connection," *Early China*, 9/10（1983-85），pp. 70-76; Lin Yün, "A Reexamination of the Relationship between Bronze of the Shang Culture and of the Northern Zone," in K.C.Chang ed., *Studies of Shang Archaeology*（Yale University Press, 1986），pp. 237-273；同文中文本〈商文化青銅器與北方地區青銅器關係之再研究〉，見蘇秉琦編，《考古學文化論集》（北京：文物出版社，1987），頁 129-155；Esther Jacobson, "Beyond the Frontier," *Early China*, 18（1988），pp. 201-240; 杜正勝，〈歐亞草原動物文飾與中國古代北方民族之考察〉，《中央研究院歷史語言研究所集刊》，64：2（1993），頁 231-408。

及和華夏諸邦交雜的戎狄有所接觸。除了器物交流，他們之間還發生了什麼互動？至今仍不十分清楚。[73] 較可確定的一點是齊桓公（西元前 685-643）所曾面對的戎狄，其「被髮左衽」的服飾特徵和受斯基泰文化影響的民族有相類之處。更明確的是到西元前四、三世紀，趙武靈王（西元前 325-299）曾改採胡服和騎射之術來應付

圖 28　扶風召陳村蚌雕人頭像

游牧民。所謂的胡服，王國維已清楚考證，主要就是便於騎射的窄袖短衣和長褲。這些恰恰是斯基泰服裝的特色。

　　這樣裝扮的胡人不知是在怎麼的情況下，打動了華夏畫工的心，形成難以磨滅的刻板印象。印象似乎不是一開始就定型化。各式各樣的「胡」原本可能是以各自不同的面貌出現在華夏的造型藝術中。譬如說，陝西扶風召陳村西周建築遺址乙區灰坑曾出土兩件蚌雕人頭像（圖 28）。[74] 兩像頭頂都戴著形式類似的平頂帽，但帽頂的部分曾被削去。原形如何，目前已難以確實復原。[75] 一號人像頭頂刻有一「巫」字。更值得注意的是人像的面形——高鼻深目，明顯非蒙古種。[76] 甘肅省博物館藏有一件據信屬春秋時代

73　許倬雲師即曾劃分三期，概論歐亞大陸民族大移動和商周歷史文化之間的關係，詳參《西周史》，頁 68-70；又可參張廣達，〈古代歐亞的內陸交通——兼論山脈、沙漠、綠洲對東西文化交流的影響〉，《文本 圖像與文化交流》（桂林：廣西師範大學出版社，2008），頁 117-130。

74　尹盛平，〈西周蚌雕人頭像種族探索〉，《文物》，1（1986），頁 46-49；陳全方，《周原與周文化》（上海：上海人民出版社，1988），頁 20。

75　劉雲輝先生根據帽子下大上小的趨向以及帽子上刻畫的豎線推測，「最初帽子頂部是尖的，完整的帽子形狀應是帶護耳的尖頂硬高帽」。見劉雲輝，〈周原出土的蚌雕人頭像考〉，《周秦文化研究》（西安：陝西人民出版社，1998），頁 486-491。

76　關於人種推測的各種意見參劉雲輝，前引文，頁 487-488；水濤，〈從周原出土蚌雕人頭像

的線刻射獵紋骨管，骨管上刻繪一位
正張弓射箭的人。他身著窄袖短上
衣，腰束帶，下著燈籠式的長褲，面
孔刻畫有意強調了大眼和鼻部，頭戴
一頂尖帽（圖29）。[77] 林巳奈夫曾以傳
世的戰國青銅、玉人像為例，談到北
方的非中國人及白狄等族不同的衣飾
與面貌。[78] 其中一例就是波士頓美術
館（Museum of Fine Arts, Boston）所藏手
握一雙鳥頭柱的青銅立人像（圖
30）。此人面形圓大扁平，辮髮垂於
兩肩，穿套頭及膝襦衣，腰繫帶，下
穿長褲及靴。從臉形上看應屬蒙古
種。他（她）既不被髮，也非左衽，
其非華夏之民似可斷言，然其族屬則
難確定。值得注意的是這樣造型的
「胡人」並無它例可考。要辨別先秦
遺物圖像中人物的族屬，極為不易。

　　以下再舉兩件近年甘肅出土的金
屬人俑，人物造型也各具特色。一件
是甘肅禮縣博物館藏，禮縣永興鄉趙

圖29　線刻射獵紋骨管

圖30　波士頓美術館青銅立人像

　　看塞人東進諸問題〉收入陝西省考古研究
　　所編，《遠望集——陝西省考古研究所華誕
　　四十周年紀念文集》（西安：陝西人民美術
　　出版社，1998），頁373-377。

77　甘肅省博物館編，《甘肅省博物館文物精
　　品圖集》（西安：三秦出版社，2006），頁
　　93。

78　林巳奈夫，前引書，頁72-73。

坪村出土，可能屬戰國時代的銅人。這件銅人一手上舉，一手置於腰股間，兩腳向外微屈站立。上身赤裸，腰股間僅著前後緊縛的丁字褲。眉眼清晰，大眼，張口微笑。頭上有整齊披下及於頸部的長髮（圖31.1-2）。[79] 另一件出土於甘肅張家川馬家塬。2006 年在甘肅張家川回族自治縣縣城西北 17 公里的馬家塬清理出三座戰國時代墓葬，出土金、銀、銅、陶、骨、瑪瑙等裝飾和車馬器兩千餘件。其中引人注意的是三號墓出土大量具有北方草原文化特色的金、銀和銅飾物如金虎箔和大角銅羊飾片。更有趣的是同墓出土一件錫製人俑。人俑上身著窄袖短衣，下身著褲，雙手旁伸，兩腳分張，頭部面孔因鏽蝕不清，但頭上清清楚楚戴著一頂帽尖微向前彎的尖頂帽（圖32）。[80] 發掘者注意到墓葬形式和內容具有秦人和秦周邊少數民族極為複雜的文化關係，雖然目前還說不清這件銅人俑的族屬。[81]

以上這些大致屬春秋戰國間的例子可以說明華夏之人在描繪「異族」時，還沒有完全定型化。人物姿勢和動作各異，造型上或披髮，或戴尖帽，或垂辮，或赤裸，或著窄袖長褲的衣物。這些金屬或骨蚌製人物造型可以證實孔子所說的「披髮」，無一例可以證明左衽，卻有孔子完全沒提及的尖帽。

不過，從戰國起胡人造型似有定型化的趨勢。定型化的指標可在河北燕下都出土的戰國陶器和金飾件，以及戰國時代齊臨淄出土的半瓦當上見到。燕下都辛莊頭墓區戰國晚期三十號盜洞出土彩繪雙人陶盤，盤兩側各有一立人像。報告對人像的描寫是：「人頭戴尖帽，身穿圓領長袍，寬袖。領緣、袖邊飾花邊，腰繫塗朱寬帶。」細查《燕下都》報告所附線描圖，還可以看出其帽尖後仰，向一側傾斜，帽簷包住雙耳（圖33）。[82] 同一墓又

---

79 禮縣博物館、禮縣秦西陲研究會編，《秦西陲陵區》（北京：文物出版社，2004），頁 146，圖 35。

80 國家文物局編，《2006 中國重要考古發現》（北京：文物出版社，2007），頁 95；甘肅省文物考古研究所、張家川回族自治縣博物館，〈2006 年度甘肅張家川回族自治縣馬家塬戰國墓地發掘簡報〉，《文物》，9（2008），頁 4-28，圖 52。

81 同上，《2006 中國重要考古發現》，頁 97-98。

82 河北省文物研究所，《燕下都》（北京：文物出版社，1996），頁 698，圖 405.2，彩版 23。

圖 31.1　銅人正面　　　　　　　　　圖 31.2　銅人背面

 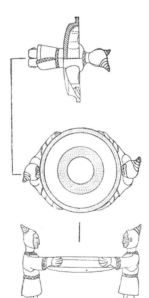

圖 32　馬家塬金屬人像　　　　圖 33　燕下都雙人陶盤

出一件人像金飾，報告中描述道：「平面略呈兩端尖的橢圓形，中部隆起較高，頭戴氈帽，彎眉突目，高鼻，闊口，有鬚。頭像兩側飾對稱連弧紋和卷雲紋。……背面刻記重銘文……『四兩十六朱四分分朱三』」（圖34）。[83] 可能受飾件造型的影響，其帽後仰，頂為尖形。1997年參觀北京大學沙克樂博物館時親見兩件未說明出土地的半瓦當（圖35.1-2）。瓦當中央有一樹，樹兩側各有一面面相對的騎士。模造的瓦當刻畫不是十分細緻，騎士的面容並不清楚，但頭上明顯戴著帽尖前彎的尖帽，騎士鼻子高聳。同樣形式和紋飾的半瓦當，關野雄在其《半瓦當の研究》中也曾收錄一件（圖35.3）。這件是昭和十五年（1940）關野雄在臨淄齊城調查時所獲。當時他不能理解這是什麼形式的帽子，僅說瓦當上的人物「戴著一頂奇妙形狀的帽子」。[84] 1976年臨淄桓公台工地第五十二探方出土同樣模式騎馬人物紋的圓瓦當（圖35.4-5）。[85] 李發林曾描述道：「畫面分兩個半圓，內容相同。正中一樹，樹幹粗壯有結節，不直，樹枝僅一對。樹左右各有一騎。騎者雙手執武器，似矛或劍，面面相對。騎者頭戴尖頂帽，雙足垂于

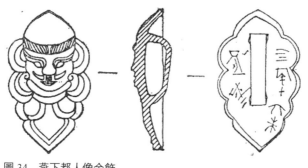

圖34　燕下都人像金飾

燕下都資料承杜正勝兄提示，謹謝。

83　同上，頁719-720，圖417.1；彩版32.1、2。

84　關野雄，《半瓦當の研究》（東京：岩波書店，1952），頁25、73，圖版VII.19。又參李發林，《齊故城瓦當》（北京：文物出版社，1990），頁39-40。

85　同上，李發林，頁113，圖138；又見安立華編著，《齊國瓦當藝術》（北京：人民美術出版社，1998），頁63、64，圖54、55。

圖 35.1　沙克樂博物館藏半瓦當

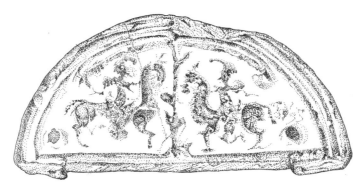

圖 35.2　作者摹本

圖 35.3　關野雄採集半瓦當

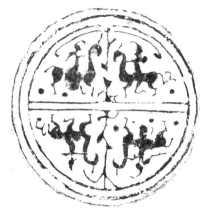

圖 35.4　臨淄桓公台瓦當拓本　　　　　圖 35.5　臨淄桓公台瓦當拓本

馬腹下，可知當時尚無馬鐙。」[86] 這些瓦當是以模具大量製造，比個別製造的青銅、金、玉器更容易成為圖像定型化和模式化的載體。因此這幾件戰國瓦當，可以說是斯基泰人物造型和東漢胡人畫像在形象關聯上頗有意義的連接線索。瓦當上人物的衣飾雖不夠清楚，但他們

（1）騎在馬上

（2）頭戴尖帽

（3）鼻子高聳

這三點特徵相當清楚。儘管漢代面對的外族以蒙古種的匈奴為主，瓦當上這種帶有高加索白種人面貌特徵的胡人提醒我們，漢畫中胡人容貌的藍本最少應可追溯到戰國時某些具高加索白種人特徵的民族。

86　同上，李發林，頁 113。

五 從考古資料看被髮、左衽與帽式

「被髮左衽」在傳統文獻中，固然常常只是象徵性的措詞，可是孔子說這話也有可能是依據對戎狄的親身觀察。換言之，所謂的被髮左衽也有若干事實的根據。那麼，是否也能像尖頂帽一樣在中國和中國以外找到考古證據呢？拜近百多年考古之賜，目前已有不少值得討論的線索。以下將這些線索粗分為：（1）華夏中原及附近地區出土以及（2）在中原地區以外出土者兩大部分。經初步考察，被髮左衽確有證據，較堅強的證據多見於長城以外。

在進入討論以前，或許應該先確定古代華夏諸邦以右衽為特色的服裝習慣。這一點可以說證據確鑿。商、周至戰國末墓葬中有不少人形的金、銅、玉、石器。這些人形器的衣著，有些有衣襟，有些分不出衣襟。只要是胸前有兩片衣襟的，幾乎全為右衽。沈從文《中國古代服飾研究》一書收有三十餘件，[87] 林巳奈夫〈春秋戰國時代の金人と玉人〉一文收錄四十五件左右。[88] 其中除少數衣襟形式不明或為對襟者，其餘凡屬商、西周時期的全為右衽，東周、戰國以下則有少數為左衽。山西侯馬牛村曾出土西元前六世紀末至五世紀初人形陶範（圖36.1-4）。[89] 人形陶範有女子人形、武士、戴冠男子、裸身人物等數件，或全或殘。其中衣衽可辨的四件，衣式基本相同，其中兩件沈從文稱之為「齊膝曲裾短衣」（沈，頁15），另兩件下半殘，不明。從陶範看，衣襟都是左衽，但從陶範翻製出來則成了右

87　沈從文，《中國古代服飾研究》（臺北：南天書局，1988），頁2-92。

88　見林巳奈夫，前引書，頁57-145。

89　沈從文，前引書，頁15，插圖三；又參林巳奈夫，前引書，圖2、3，頁88-89，圖5，頁91。有關考古發掘報告見侯馬市考古發掘委員會，〈山西侯馬東周遺址發掘大批陶範〉，《文物》，1960：8、9；侯馬市考古發掘委員會，〈侯馬牛村古城南東周遺址發掘簡報〉，《考古》，1962：2；張萬鍾，〈侯馬東周陶范的造型工藝〉，《文物》，1962：4、5；山西省考古研究所，《侯馬鑄銅遺址》（北京：文物出版社，1993）；山西省考古研究所，《侯馬陶範藝術》（普林斯敦大學出版社，1996）。

圖 36.1　侯馬牛村陶範

圖 36.2　侯馬牛村陶範

圖 36.3　侯馬牛村陶範

圖 36.4　侯馬牛村陶範

衽。[90]

　　接著還須要檢討若干戰國至漢左衽的人形玉器和石雕。左衽曾出現在不少戰國至漢代玉雕舞人的身上。可是稍一考究即可發現，這些應該是基於藝術設計上追求對稱之美所造成，並不能反映常人的衣衽方向。例如傳

90　沈從文的線描圖作右衽，林巳奈夫的線描圖雖作左衽，不過他在論文中明確提到實際的方向
　　應是右衽（林，頁 60）。周錫保，《中國古代服飾史》（臺北：南天書局，1989），頁 72，圖
　　五說明謂此二陶範人像之上衣一作左衽式，一作右衽式，實誤。

為洛陽金村韓墓出土，美國佛瑞爾藝術館（Freer Gallery of Art）所藏的長袖曲裾衣舞女玉雕。[91] 兩舞女正面朝前，左右並立，姿勢上顯然作對稱的設計，一手在腰前，一手甩袖上揚。衣襟也是左右對稱，因此其中一人的衣襟成了左衽。1975 年北京大葆台二號西漢後期墓出土的一對玉舞人，[92] 其舞姿和上述兩件相類，姿勢和方向左右完全對稱，衣衽也左右對稱。1983年陝西西安市西郊三橋鎮漢墓所土一對玉舞人，長袖舞姿和前述三件相類，二人衣襟呈左右衽。[93] 1986 年河南永城芒山鎮僖山西漢墓所出二玉舞人。[94] 這兩件整體姿勢上雖是左右相對，但刻飾不完全相同，原來可能分屬兩組玉飾。這兩組玉飾照漢代工藝的慣例，應該也是各自工整對稱的。因此仍然是左右衽對稱的情形（圖 37.1-5）。出土或傳世的玉舞人，或單件或成雙，還有很多，不再細舉。總之，可考見的玉舞人在頭尾多有穿孔，它們本是某種成串飾物的一部分。為了飾物的對稱之美，這些舞人的衣服才作了左右衽相對的特殊設計。

衣衽的對稱設計也見於漢畫像石刻。1998 年 9 月訪山東臨沂，在吳白莊漢墓的石刻立柱上看見左右相對，頭戴尖頂帽，高鼻大目的胡人。他們的衣襟十分清楚，一為左衽，一為右衽（圖 38）。從他們的帽式和面貌，可以很清楚知道當時的石工是要刻畫他們心目中的胡人，衣衽之所以一右一左，應該也是出於藝術上的對稱設計，而非完全寫實。

依文獻及考古資料來說，孔子及其以後，華夏諸邦的衣式以右衽為主可以說不成問題。[95] 秦漢時仍然如此。秦漢墓葬出土的彩繪或著衣俑極多，壁畫和石刻中的人物衣飾亦多可辨。舉例言之，秦始皇陵所出上千的

91　沈從文，《中國古代服飾研究》，頁 33，圖八上；又見林巳奈夫，前引書，頁 125，圖 26；傅舉有，〈戰國漢代的長袖舞玉佩〉，《湖南省博物館館刊》，6（2009），頁 216-217。

92　《北京大葆台漢墓》（北京：文物出版社，1989），頁 71，圖六九。

93　盧兆蔭主編，《中國玉器全集》（河北美術出版社，1993），圖二二八。

94　同上，圖一八五、一八六。

95　許倬雲師指出由商代石刻人像到戰國木俑，古人上衣下裳，上衣右衽，基本上無大差別。參所著《西周史》，頁 260。

圖 37.2

圖 37.3

圖 37.1

圖 37.4

圖 37.5

圖 38　作者線描圖

兵馬俑，凡有衣衽可辨的全為右衽；武威磨嘴子四十八號墓出土四件衣服，馬王堆一號墓出土十餘件衣服都是右衽，就是有力的證明（圖 39）。漢代隨葬的衣物既為右衽，可見生前所穿應該也是右衽。《禮記・喪大記》說人死，斂衣左衽。這在漢墓中還沒有例證可考。[96]

一、中原及附近地區出土者

相對來說，戎狄為「被髮左衽」的可靠物證，在中原及附近地區發現的相當有限：

1. 左衽人像目前可考，時代最早的可能要屬四川廣漢三星堆祭祀坑所

96　相關討論參顧炎武，《原抄本日知錄》（臺北：明倫出版社，1970 三版）卷 29，〈左衽〉條論喪服左衽謂「死而左衽者，中國之法；生而左衽乃戎狄之製耳。」（頁 826-827）；彭美玲，《古代禮俗左右之辨研究——以三禮為中心》（臺北：臺灣大學文學院，1997），頁 123-124；李如森，《漢代喪葬制度》（長春：吉林大學出版社，1995），頁 15-16。

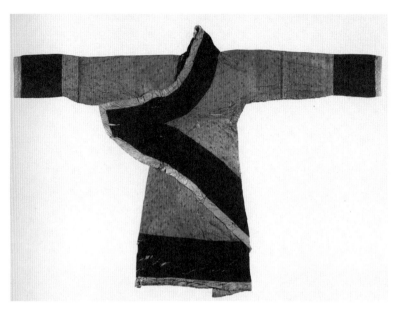

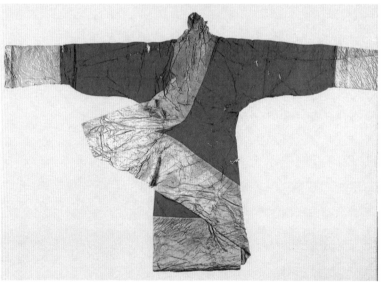

圖 39.1-2　馬王堆一號墓衣服

古月集：秦漢時代的簡牘畫像與政治社會
　　——卷二　畫像石、畫像磚與壁畫

出的青銅人像。[97] 二號坑所出那尊連座通高 262 公分的立人（神？）像，穿著一件十分奇特的衣服，時代約在西元前一千三、二百年（圖 40）。從銅像側面的衣褶和領口可以看出，衣服最少有內外兩層甚或三層：內層較長，至膝蓋以下，後身下襬兩側稍長彎下，呈燕尾之形。領口正背面都是倒三角的對襟。由於手臂有花紋，兩手手腕處又有環狀物，這樣的環狀造型可以理解為袖口裝飾，也可以是手環一類飾物。因此，不容易判定衣袖的長短。我推斷內衣較像是長袖，長及手腕。應注意的是外層衣。從正和背面可以清楚看出外衣下襬平直，長度只到臀部以下。外衣開領的部分如同佛僧的袈裟，由右肩斜下到左腋。[98] 著長袖內衣的左手及臂，伸出於外衣之外。這種外袒一臂的袈裟式上衣，也見於河北滿城劉勝墓出土的一件坐姿銅人。三星堆銅人從正面看，領口處內層為倒三角對襟，外層則像是左衽，實際上和華夏或戎狄之服因兩襟相覆造成的左右衽並不同。

2. 較明確的左衽人形器是雲南晉寧石寨山古墓群所出許多銅器上的立體人像。晉寧石寨山墓群的年代約在戰國末至西漢中、晚期之間。數十座墓中出土了不少具有滇西當地各部族及帶有北方草原文化特色的器物。如從十三號墓出土，帶有斯基泰式動物文飾的銅飾牌、馬銜、銅泡釘等馬具和一件具有北方游牧民窄袖長褲衣著特徵的銅人像扣飾（圖 41）。[99] 此扣飾上的銅人是兩男子，手握圓盤，作跳舞狀，腰繫長劍，身穿窄袖上衣，腰繫帶，下著長褲。他們上衣的衣襟都是清楚的左衽。張增祺指出他們可能不是雲南當地的土著，而是《史記・西南夷列傳》中的巂人，與中亞斯基

---

97 杜正勝，《人間神國——三星堆古蜀文明巡禮》（臺北：太平洋文化基金會，1999），頁 13；陳德安、張光遠撰，賴玉人總編，《三星堆傳奇》（臺北：太平洋文化基金會，1999），頁 52-54。

98 相關描述可參屈小強、李殿元、段渝編，《三星堆文化》（成都：四川人民出版社，1993），頁 323-324；杜正勝，《人間神國》，頁 13-14。

99 雲南省博物館，《雲南晉寧石寨山古墓群發掘報告》（北京：文物出版社，1959），圖版陸捌：1。相關研究見 Tze-Huey Chiou-Peng, *The "Animal Style" Art of the Tien Culture*, unpublished Ph.D. dissertation of University of Pittsburgh, 1985.

圖 40　三星堆銅立人

古月集：秦漢時代的簡牘畫像與政治社會
——卷二　畫像石、畫像磚與壁畫

圖41　林蕙敏線描圖

泰人有文化上的關係。[100]

　　石寨山古墓群出土的所謂貯貝器上有場面極浩大，人物及場景極眾多複雜的立體銅鑄像。這些男女銅像，十分寫實生動地呈現出當地部族複雜多樣的服飾。其複雜程度遠遠不是《後漢書‧南蠻西南夷列傳》所說「椎髻左衽」四字所能形容。依《雲南青銅器》一書的報告，髮式主要有梳髻和辮髮兩大類，也有披髮的情形。髻的形式又有「螺髻」、「椎髻」、「銀錠式髻」、「小髻」、「長髻」、「雙髻」、「圓髻」、「尖長形髻」、「尖角狀高髻」等之不同。[101] 衣服樣式極為複雜多樣，難以盡述。有許多衣服是所謂貫頭式的，根本沒有衣衽。有衣衽的，則有對襟、左衽等不同的形式。是否有右衽的，報告未明確提到，從圖版也不太看得出來。穿左衽衣的可在石寨山一號墓的紡織場面貯貝器和十三號墓納貢場面貯貝器上見到。[102] 此二器

---

100 張增祺，〈關於晉寧石寨山青器上一組人物形象的族屬問題〉，《考古與文物》，4（1984），頁 88-92。

101 參雲南省博物館編，《雲南青銅器》（北京：文物出版社，1981），頁 194-205。

102 同上，圖 14-17、24；解說見頁 194-195。

的時代分別當西漢或西漢中期。

3. 林巳奈夫曾討論到一件未注明出土地的戰國銅人立像（圖42）。[103] 銅人頭戴一種緊包住頭部呈圓形的帽子，兩手合於腰前，身穿窄袖長袍，腰部繫帶。衣襟從右肩斜披而下向左至袍底的邊緣。林先生認為這一件反映了夷狄的衣著風俗。[104] 此銅人未被髮，出土地點不明，林先生將其時代訂在西元前四世紀，但未說明證據。

4. 還有一個頗有爭議性的，這裡必須一提的是傳為洛陽金村韓墓（李學勤先生指出實應為周墓，見下引孫機文）出土，如今藏於日本的銀人。這件銀人頭頂似有一種形式和質地不明的冠或頭罩，其後有髮髻露出，身穿窄袖右衽齊膝上衣，腰束帶，下身穿長褲，跣足（圖43）。梅原末治和容庚以為此為胡人像（見下引孫機文），江上波夫認為此人衣飾及面部的體質特徵表現的是匈奴人，[105] 林巳奈夫則從衣飾及跣足以為係「非中國人」。[106] 長期以來，中外學者多認定此像為非中國人之像。如果此說正確，則戰國時的非中國人也有穿右衽衣的。但沈從文認為這是中國古代統治階層形成初期，「統治階層人物尚未完全脫離勞動，為便於行動的衣式」。[107] 他雖然沒有明說此像人物的族屬，但無疑暗示他應是中國人。孫機則曾特寫一文，從面部

圖42　戰國銅人立像

103 林巳奈夫，《戰國時代出土文物の研究》，頁133，圖36。

104 同上，頁60。

105 江上波夫，《ユウラシア古代北方文化》（東京：山川出版社，1950再版），頁11。

106 林巳奈夫，前引文，頁72。

107 沈從文，前引書，頁16。

特徵、髮式、服飾、跣足各點，
辯正此像為一華夏之人。[108] 孫先
生的一部分論證或有爭議（例如他
認為匈奴為白種人，詳見後文），我認
為其說可取。

以上這些資料，嚴格說，或
出土不明，或時代難定，或是否
為「非中國人」尚有爭議，並不足
以成為華夏北方戎狄為「被髮左
衽」的有力證據。

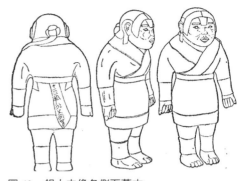

圖 43　銀人立像各側面摹本

如果轉移目光到長城以外廣闊的歐亞草原上，情況就不同了。在歐亞
草原的斯基泰文化遺物中、甚至波斯、貴霜、希臘和羅馬的圖像藝術裡都
可以找到許多耐人尋味的線索。

二、中國域外出土者

關於從多瑙河下游、南俄、中亞到西伯利亞草原帶上的斯基泰文化，
過去一個多世紀以來已有極豐富的出土及研究。這一草原地帶，民族極為
複雜，文化交流十分頻繁，不少人稱之為草原絲路。[109] 然而代表這一地帶
的斯基泰文化，最令學者驚異的是其特徵上的一致性和延續性。[110] 此一文

---

108 孫機，〈洛陽金村出土銀著衣人像族屬考辨〉，《考古》，6（1987），頁 555-561。

109 例如張志堯編，《草原絲綢之路與中亞文明》（烏魯木齊：新疆美術攝影出版社，1994）；盧
　　連成，〈草原絲綢之路——中國同域外青銅文化的交流〉，收入上官鴻南、米士光編，《史念
　　海先生八十壽辰學術文集》（西安：陝西師範大學出版社，1996），頁 713-723。

110 談到這一點的學者很多，例如江上波夫，張承志譯，《騎馬民族國家》（北京：光明日報
　　出版社，1988），頁 22；Esther Jacobson, "Beyond the Frontier: A Reconsideration of Cultural
　　Interchange Between China and the Early Nomads," *Early China*, 13（1988）, p. 228; V. Schiltz,
　　Les Scythes et les Nomades des Steppes（Paris: Gallimard, 1994）, p. 3; Sophia-Karin Psarras,
　　"Pieces of Xiongnu Art," *Central Asia Journal*, 40: 2（1996）, pp. 234-259, esp. 235. 江上波夫
　　曾逐一討論歐亞草原游牧民在剺頭皮、髑髏杯、葬禮中劖面、截耳、剪髮等共通之俗，參

化特徵如果較概括地說，可以武器、馬具和其它金、銀、銅、木、皮、角器、石刻及紡織品上出現的動物紋飾（animal style）為代表。它們不是全然相同，卻相當普遍地存在於西元前八世紀至西元後一、二世紀的草原地帶，甚至周邊綠洲或農業社會的墓葬遺存中。[111] 從這些隨葬器皿、石刻和紡織實物中見到的人物衣飾特徵，不能不使人聯想到中國古代被髮左衽的戎狄，以及此後所謂的胡服。

　　過去似乎還沒有學者從斯基泰文物中找「被髮左衽」的證據。[112] 大家的目光一般集中在斯基泰文物（包括紡織品）紋飾的本身，以及這些紋飾和希臘、伊朗、埃及藝術，甚至中國商周青銅器之間的關係，少有人注意草原民族和中國古代戎狄服飾之間的可能關聯。[113] 因此，以下羅列若干斯基

〈內陸アジアの自然と文化〉，《江上波夫著作集》第 10 冊（東京：平凡社，1985），頁 298-318；莫任南曾簡略綜述歐亞草原游牧民在歃血為盟、婚姻喪葬習俗、多神崇拜、占卜和思想文化上的共同特色，詳參其〈古代歐亞草原游牧民族的風俗和文化〉，《史學月刊》，3（1994），頁 80-86；匈牙利的中亞語文學者 J. Harmatta 在其主編的《中亞文明史》的結論中說，「在草原帶由於交通接觸的便利和頻繁，促使一種相當一致的游牧文化（a fairly uniform nomadic culture）的興起和散播」，見 J. Marmatta ed., "Conculsion," *History of Civilization of Central Asia*（Paris: UNESCO Publishing, 1994），vol. II, p. 486。不過隨著考古材料的增加，也有不少學者認為「斯基泰文化」不是一個單一的文化，而是在草原地帶由不同民族所創造一系列不同的文化。他們彼此影響，在文化上有類似之處，也各有獨特的面貌。參見 A. Abetekov and H. Yusupov, "Ancient Iranian Nomads in Western Central Asia" in J. Harmatta ed., op.cit, vol. II, pp. 28-30.

111 參注 72。

112 張末元，《漢朝服裝圖樣資料》（香港：太平書局，1963）；周汛、高春明，《中國服裝五千年》（香港：商務印書館香港分館，1984）；原田淑人原著，常任俠、郭淑芬、蘇兆祥譯，《中國服裝史研究》（合肥：黃山書社，1988）；華梅，《中國服裝史》（天津：天津人民美術出版社，1989）；周汛、高春明，《中國歷代服飾》（上海：學林出版社，1984、1991 第四版）；黃能馥、陳娟娟，《中國服裝史》（北京：中國旅遊出版社，1995）；高春明，《中國古代的平民服裝》（北京：商務印書館，1997）。

113 曾有學者討論安息人和游牧民族的髮式，但完全沒有提到中國記載中戎狄的被髮，參 Paul Bernard, "Plutarque et la Coiffure des Parthes et des Nomades," *Journal des Savants*,1980, pp. 67-84. 1909 年，B. Laufer 曾在其著作 *Chinese Pottery of the Han Dynasty*（reprint by Rutland, Vermont and Tokyo, 1962）裡討論西伯利亞藝術對漢代藝術的影響，並認為漢陶器及石刻中胡服騎士所戴的尖帽為斯基泰帽（Scythian cap）（pp. 217-220）。唯江上波夫曾反對其說，見楊鍊編譯《中

泰文化中的服飾材料，並論證中國古代文獻中以被髮左衽為特色的戎狄裝束，和歐亞草原斯基泰文化可能有淵源上的關係。

斯基泰服飾可注意之處，從頭到腳大約可分為六部分：

（1）帽式、（2）被髮、辮髮或椎髻、（3）窄袖上衣、（4）腰帶、（5）長褲、（6）皮靴。王國維和一般服飾史的作者多少都已觸及男性的窄袖上衣、腰帶、長褲和皮靴，對衣衽形式、髮式、帽式較為忽略。下文將集中討論衣衽、髮式、帽式這三方面。又由於各地出土資料以男性為主，女性服飾雖不少，分布較不平均，也更複雜，以下的討論暫時主要以男性的衣衽、髮式和帽式為限。

〔1〕衣衽形式

受斯基泰文化影響的民族衣飾，不但有實物，也有不少器物上的圖像可以參證。從實物和圖像觀之，上衣以衣襟形式而論，可粗分為三大類：

第一大類是對襟，兩片衣襟不交疊，相對合於胸前，腰間繫帶，下身穿長褲。

1. 最早的例子見新疆南道且末扎滾魯克墓地出土西元前九世紀的一件圓領毛衣（圖 44）。[114] 全衣用毛線織成，長 53 公分，腰圍 74 公分，窄袖，袖長 20 公分。衣襟兩片對開，圓領下端有兩條供栓繫衣襟用的同質料毛繩。從繫繩所在的位置可知，衣服穿上後，兩襟僅能於身前合攏，並不交疊。

2. 其次是於義大利羅馬西北弗耳奇（Vulci）地方出土，西元前六世紀末的陶罐（圖 45）。[115] 罐上十分細緻地描繪著一位頭戴尖帽，手持戰斧，穿對襟上衣及長褲的斯基泰人。

國歷代社會研究》（上海：上海商務印書館，1935 初版，1937 年再版）所收江上波夫〈漢代狩獵及動物圖樣〉一文，頁 7-28。江上日文原文見《アジア文化史研究》論考篇（1967）。左右衽的問題未見討論。

114 參朝日新聞社編，《樓蘭王國と悠久の美女》（東京：朝日新聞社，1992），圖版 206。

115 Schiltz, *Les Scythes*, p. 393, 圖 317。

圖 44　且末圓領毛衣

圖 45　弗耳奇陶罐

古月集：秦漢時代的簡牘畫像與政治社會
—— 卷二　畫像石、畫像磚與壁畫

3. 另一個例子是黑海北岸庫耳吉普（Kourdjips）塚墓出土屬西元前四世紀的一件金飾（圖46）。[116] 金飾上有一位被髮，一手持矛，一手握一人頭，衣穿對襟上衣、長褲及短靴的武士。

4. 第四個例子是 1992 年新疆鄯善縣蘇貝希一號墓地 4 號墓出土的一件完整褐製淺黃色長袖立領對襟，長 96 公分的上衣。時代屬西元前 500-300 年（圖47）。[117]

5. 第五個例子是外蒙古諾音烏拉六號墓所出絲和毛質的完整上衣，衣長 117 公分，窄袖口寬約 24 公分，兩襟對稱（圖48）[118]。時代屬西元一世紀初。

圖 46　庫耳吉普金飾

116　Ibid, p. 432, 圖 365。

117　馬承源、岳峰主編，《絲路考古珍品》（上海：上海譯文出版社，1998），頁 90，圖 12。其餘對襟式衣服出土的例子還可見於李肖冰編，《中國西域民族服飾研究》，頁 51-53、57、60-62。

118　梅原末治，《蒙古ノイン・ウラ發見の遺物》（京都：東洋文庫論叢第 27 冊，1960），頁 55 及圖版 53、54。

圖 47　鄯善縣蘇貝希一號墓褐衣

圖 48　諾音烏拉六號墓毛質上衣

古月集：秦漢時代的簡牘畫像與政治社會
　　——卷二　畫像石、畫像磚與壁畫

第二大類是套頭式，領口在上，沒有衣襟，也無翻領。

1. 最好的代表是西伯利亞巴澤雷克（Pazyryk）二、三號塚墓所出毛及麻製上衣（圖 49）。[119] 二號墓出土兩件，三號墓出土一件。除了窄的長袖，衣體本身是由前後身共四片織物縫合，胸前無襟，上端有形式不同，供套頭的開口。衣長在 104-90 公分之間。

2. 這種套頭式衣服在新疆尼雅也出土一件。1995 年在民豐尼雅一號墓地八號墓中出土一件綴邊黃絹衣。衣長 130 公分，套頭、直領、窄袖、下襬開衩。這一帶屬古代的精絕、鄯善國，此墓時代在東漢末至魏晉之間。（圖 50）[120]

3. 套頭式衣服在石刻資料中還有很甚多。中亞一帶出土，貴霜時代的人像石刻中有很多穿套頭上衣的。其中頭戴尖帽、身穿長褲和窄袖套頭上衣的，貴霜藝術史學者羅森福（J.M. Rosenfield）稱之為「印度—斯基泰式服」（Indo-Scythian custume）[121]（圖 51.1-2）。

4. 青銅人像資料也有一件。在義大利羅馬以南卡蒲阿（Capua）出土，屬西元前六至五世紀，伊特拉士坎人（Etruscans）的青銅骨灰罐的罐蓋邊緣上有四位騎射之姿的「亞馬遜人」（Amazon）鑄像。她們頭戴尖帽，衣穿短上衣及長褲，腰繫帶。其衣領清楚屬套頭式。[122]（圖 52.1-2）亞馬遜人據希臘史家希羅多德的說法是與斯基泰人相鄰

119 S. Rudenko, *Fronzen Tombs of Siberia*（University of California Press, 1970）, pp. 83-86, plate 63.

120 《絲路考古珍品》頁 136，圖 49。考古報告見新疆文物考古研究所，〈新疆民豐縣尼雅遺址 95MN1 號墓地 M8 發掘簡報〉，《文物》，1（2000），頁 4-40。另外新疆洛浦縣山普拉古墓遺址從 1983 至 84 年發掘 19 座墓，出土大量衣物。這些毛織為主的衣物在形式上「多套頭式，和所謂的漢式服裝，左衽胡服相差很大」。這些墓的時代分二期，第一期據碳十四測定年代在距今 2295±75 至距今 2000 年左右，第二期距今 1960±80 年至 1715±100 年左右。參新疆維吾爾自治區博物館，〈洛浦縣山普拉古墓發掘報告〉，收入新疆文物考古研究所編，《新疆文物考古新收獲》（1979-1989）（烏魯木齊：新疆人民出版社，1995），頁 421-469。

121 J.M. Rosenfield, *The Dynastic Arts of the Kushans*（University of California Press, 1967），plates 22, 38, 58, 59, 136, 137, 137a, 138, 157, 158.

122 S. Haynes, *Etruscan Bronze Utensils*（British Museum Publication, 1974），封面及圖 3、4。

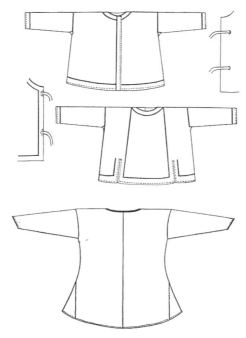

圖 49　巴澤雷克毛麻上衣

圖 50　民豐尼雅一號墓黃絹衣

古月集：秦漢時代的簡牘畫像與政治社會
　　　——卷二　畫像石、畫像磚與壁畫

圖 51.1　貴霜石刻　　　　　　　　　圖 51.2　貴霜石刻

圖 52.1　伊特拉士坎青銅骨灰罐　　　圖 52.2　作者線描圖

通婚，一種擅長騎射，以狩獵為生，極為剽悍的民族。[123]

　　第三大類是兩襟相覆，在胸前交叉，而右襟總是在左襟之上，向左斜下形成所謂的左衽。

1. 這類例子很多，分布頗廣。當我留心到衣衽形式的問題時，這些幾乎一律左衽的上衣，確實令我驚訝，不能不令人想起孔子所說的左衽戎狄。先列舉幾件在黑海北岸塚墓中出土，由希臘工匠所製，屬西元前四世紀左右著名的金、銀或合金器上的人物裝飾：

   （1）梭羅卡（Solokha）塚墓出土的一把金梳頭上有三位武士，其中一希臘騎士在馬上，正持矛與一持盾及短劍的武士戰鬥。騎士身後有一被髮，同樣持盾及短劍的武士。這位武士身穿長褲，窄袖短上衣，中繫腰帶。他的衣襟左右兩片，右襟稍稍疊壓在左襟上，形成左衽的形式（圖53.1-2）。[124]

   （2）庫耳‧歐巴（Kul Oba）塚墓出土一人物立像金飾牌。此人被髮，一手握杯，一手持一弓袋。身穿長褲、短衣，衣襟明顯交叉，成為左衽。（圖54）[125]

   （3）庫耳‧歐巴塚墓出土金項圈的末端各有一騎馬人像。兩人被髮，衣穿長褲，上衣為窄袖短衣，衣襟兩片疊壓，明顯為左衽。（圖55）[126]

   （4）庫耳‧歐巴塚墓出土一時代稍晚，約屬西元前四至三世紀的合金罐。罐四周有人物浮雕裝飾。七位斯基泰的武士，或跪或坐，四人披髮，三人頭戴尖帽，但都身穿一式的長褲窄袖短衣。其中兩位因姿勢剛好露出衣襟，可以明顯看出屬左

---

123 Herodotus, bk.iv. 110-117.

124 Schiltz, op.cit., pp. 135-6, plate 102; p. 414, plate 359.

125 Ibid., p. 192, plate 142.

126 Ibid., p. 120, plate 163.

圖 53.1　梭羅卡金梳　　　　圖 53.2　金梳背面局部

圖 54　庫耳・歐巴金飾人像及 E.H. Minns 摹本

圖 55　庫耳・歐巴金項圈兩頭末端

圖 56.1　庫耳‧歐巴合金罐　　圖 56.2　合金罐局部

圖 57.1　查斯帖合金罐　　圖 57.2　作者線描圖

圖 58　蓋‧默古拉金銀合金缶

衽。（圖 56.1-2）[127]

（5）頓河（Don）上游沃羅列（Voronej）附近查斯帖（Tchastye）塚墓出土一西元前四世紀金銀合金罐。罐四周為人物浮雕裝飾。六位斯基泰的武士，或坐或跪，皆披髮，身穿長褲、窄袖短上衣，其中四人衣襟形式清楚，都是左衽。（圖 57.1-2）[128]

（6）黑海北岸蓋・默古拉（Gaïmanova Moguila）塚墓出土一金銀雙耳合金缶。缶四周有人物浮雕裝飾。缶上最少有七位斯基泰武士。他們都披髮，身穿一式的長褲和窄袖短上衣，其中兩位衣襟可見的都是左衽。（圖 58）[129]

2. 其次是 1970 年在巴爾喀什湖（Balkhash）之南伊塞克（Issyk）地方，發現了西元前五世紀的墓群。其中有一座墓出土一具男屍，穿著極其富麗，除了高聳尖頂的金冠，窄袖的上衣及腰帶上有數千大小的金片裝飾。發掘者依據遺存的金片作了服飾的復原（圖 59）。根據復原圖，可知死者所穿是十分典型草原游牧民族的窄袖短上衣和較貼身的長褲。其衣襟是清楚的左衽。[130] 墓主的族屬雖難確定，一般認為是沙卡人（Saka）或塞種。

圖 59　伊塞克服飾復原

---

127 Ibid., pp. 171-175, plate 124-126.

128 Ibid., pp. 390-391, plate 312.

129 Ibid., p. 176, plate 128.

130 Renate Rolle, *The World of the Scythians*, p. 49 附有復原圖，但方向顛倒，容易使讀者誤認其衣為右衽。正確的圖版可參見東京國立博物館、大阪市立美術館、日本經濟新聞社編，《シルクロードの遺宝─古代・中世の東西文化交流》，圖版 18。

3. 此外，安息時代的石刻和青銅人像中也有衣襟明顯為左衽的。一件是在今伊朗東南邊境夏米（Shami）神廟出土屬西元前二世紀的青銅王子立像（圖60）。[131] 這位王子身穿寬鬆長褲，左衽短衣，腰繫帶。

4. 另一件是在今伊拉克境內哈特拉（Hatra）出土不明身分的神像石刻（圖61）。[132] 此神背有羽翼，右手持一短劍，身穿長褲和左衽窄袖上衣。同一地出土的另一件石刻中的人物，頭戴鷹冠，一手持斧，一手握劍，身穿長褲及窄袖左衽上衣（圖62）。[133]

5. 1978 年在今阿富汗巴克特瑞亞（Bactria）西北不遠的西伯爾罕（Sibergham）發掘到六座約屬西元前後一世紀間的貴霜墓葬，出土金器達二萬件以上。其中四號墓為男性，其身上衣物已朽壞，但從原鑲在衣著上的金飾，仍可完整復原出其衣著的式樣。他的衣著是貴霜統治者所穿典型的窄袖短衣，腰繫帶，下著長褲。衣衽形式據復原圖及發掘者的描述則是「貴霜游牧民典型的左衽」（folded over to the left in typical nomadic Kushan fashion）（圖63）。[134]

6. 俄國一位專門研究古代服飾的考古學者 2012 年以蒙古諾音烏拉（Noin-Ula）塚墓出土的衣物和掛氈中刺繡人物的衣飾為據，歸納他

131 J.M. Rosenfield, plate 130; J. Harmatta ed., *History of Civilizations of Central Asia*, vol. II（UNESCO Publishing, 1994）, p. 148, fig. 11.

132 Ibid, plate 145.

133 Ibid, plate 143.

134 Victor I. Saridanidi, *The Golden Hoard of Bactria*（New York and Leningrad, 1985）, *Bactrian Gold*（Leningrad: Aurora Art Publishers, 1985）, "The Golden Hoard of Bactria," *National Gregraphic*, 177（1990）, pp. 50-75, esp. 62-63. 較詳盡之報導見 V.I. Saridanidi 原著，加藤九祚譯，《シルクロードの黄金遺宝—シバルガン王墓発掘記》，頁 110。中文報導可參林保堯，〈西伯爾罕遺寶記〉，《藝術家》，4（1983）；吳焯，〈西伯爾罕的寶藏及其在中亞史研究中的地位〉，《考古與文物》，1987：4，頁 90；林梅村，〈大夏黃金寶藏的發現〉（上、下），《文物天地》，1991：6，1992：1，收入林梅村，《西域文明——考古、民族、語言和宗教新論》（北京：東方出版社，1995），頁 267-278；陳健文，〈試論月氏考古的相關問題〉，《中國上古史秦漢學會通訊》，4（1998），頁 41-55。

圖 60　夏米銅立像　　　圖 61　哈特拉神像石刻

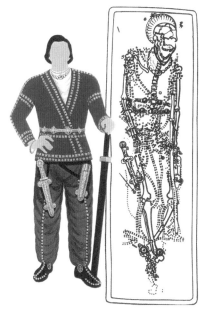

圖 62　哈特拉鷹冠人物石像　　　圖 63　西伯爾罕服飾復原

圖 64　採自 Sergey A. Yatsenko, 2012, p. 41

們的服飾特點，認為最像大夏月氏人或貴霜的服裝。他在論文中線繪了典型的上衣和長褲。值得注意的是上衣或為對襟，或為左衽，腰有束帶（圖 64）。[135]

7. 1980 年新疆樓蘭考古隊在樓蘭古城東北孤台墓地發掘屬東漢時代的墓葬兩座。二號墓（MB2）出土絲織品錦、綺、絹、刺繡等達七十五件。其中一件絹質冥衣身長 15 公分，寬 8.5 公分，袖長 6.5

135　Sergey A. Yatsenko, "Yuezhi on Bactrian Embroidery from Textiles Found at Noyon uul, Mongolia," *Silk Road*, 10（2012）, pp. 39-48.

圖 65　樓蘭孤台墓冥衣

公分。腰部兩側各有三根供繫結用的絹帶，領、袖和下襬以黃色絹貼邊，中為褐色絹，其衣襟為左衽。（圖 65）[136]

在上述所涉及的廣大區域內，民族眾多。其民族服飾在衣襟上的變化必多於以上所說的。[137] 有沒有和中原華夏同樣右衽的呢？以我耳目所及，也有不少：

1. 第一例是南西伯利亞貝加爾湖西側，時代遠在西元前第三千紀前半期，位於茵亞河（Inya R.）中游左岸的列比笛二號墓葬群（Lebedi II cemetery）。[138] 發掘七座墓中的第七號墓，出土六十歲左右完整男

---

136 附圖見《中國西域民族服飾研究》，頁 78，圖 129；考古報告見新疆樓蘭考古隊，〈樓蘭城郊古墓群發掘簡報〉，收入穆舜英、張平主編，《樓蘭文化研究論集》（烏魯木齊：新疆人民出版社，1995），頁 106-121。

137 王方，〈論新疆地區漢晉服飾的式樣——以上衣的裁製方法和裝飾工藝為中心〉，收入社科院考古所新疆考古所編，《漢代西域考古與漢文化》（北京：科學出版社，2014），頁 158-170。

138 Vladimir V. Bobrov, "On the Problem of Interethnic Relations in South Siberia in the Third and Early Second Millennia B.C.," *Arctic Anthropology*, 25: 2（1988），pp. 30-46.

屍一具。身上衣物已朽爛不
存，但成排原縫在衣帽上裝飾
用的熊、鹿、狼牙仍在，衣服
部分的牙飾從頸椎向下排列，
到骨盤處向右斜至橈骨，再下
至於膝。考古家根據這樣的排
列復原出一件窄袖，右衽及
膝，腰部束帶的毛皮衣（圖
66）。這樣的衣式在當地有多少
代表性？資料不足，暫難評
斷。但可以肯定右衽在南西伯
利亞極早即已存在。

2. 其次是 1992 年新疆文物考古研
究所在鄯善蘇貝希墓群一號墓
地，發掘一批時代屬戰國至西

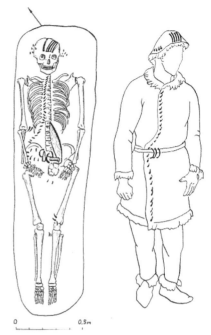

圖 66　列比笛遺骨及衣飾

漢，衣服保存甚好的殘骸。在一號墓地的第十號墓（M10）中出土
一具成年男性乾屍，身穿「開襟長袖毛織衣，外套皮大衣，下身穿
毛織褲」。據所附線描圖，其皮大衣是清楚的右衽。但同一墓地的
第十一號墓（M11）葬成年男女及小孩各一人，其中成年男性所穿
的同式皮大衣從線描圖看來又是左衽。[139] 這種左衽皮大衣在同地
三號墓地的六號男女合葬墓（M6）中也可看見。[140] 這些左衽皮大
衣應歸入前一大類，為行文方便，附錄於此。值得注意的是同一

---

139 新疆文物考古研究所，〈鄯善蘇貝希墓群一號墓地發掘簡報〉，《新疆文物》，4（1993），頁
　　2-3，收入王炳華、杜根成主編，《新疆文物考古新收獲（續）1990-1996》（烏魯木齊：新疆
　　美術攝影出版社，1997），頁 138-149。

140 新疆文物考古研究所，〈鄯善蘇貝希墓群三號墓地發掘簡報〉，《新疆文物》，2（1994），頁
　　2-4，收入王炳華、杜根成主編，《新疆文物考古新收獲（續）1990-1996》，頁 138-149。此
　　墓地其它一些墓的衣物亦保存良好，惜附圖十分不清，文字未交代，難以斷定衣襟的形式。

墓中的人分穿左右衽的衣袍（圖67.1-3）。

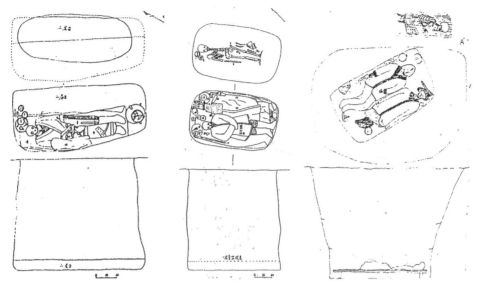

圖 67.1-3　鄯善蘇貝希墓群平面圖

3. 其次是前述新疆營盤十五號漢晉之際墓所出的兩件冥衣和墓主身上所穿之衣。兩件非實用的冥衣，據報導在形式上一件是「圓領、右衽、直裾」（編號M15：7），另一件是「交領、右衽」（編號M15：8）（圖68.1-2）。此墓墓主頭戴面罩，身穿長袖紅地對人獸樹紋，交領、右衽、下襬兩側開衩罽袍，下身著長褲。報導者據死者面罩，隨葬冥衣、四肢纏帛的習俗推測，墓主「可能是一位來自西方從事貿易的富商」。[141] 如果這個推測可信，則西土亦應有穿右衽衣裝的民族。此衣右衽雖與中國同式，但其下襬開衩至胯，內著長褲，衣式又與中土判然有別。

4. 1995 年在新疆尼雅一號墓地三號墓中出土完整錦袍兩件，分穿於

---

141 新疆文物考古研究所，〈新疆尉犁縣營盤墓地 15 號墓發掘簡報〉，《文物》，1（1999），頁15。

圖 68.1　營盤冥衣

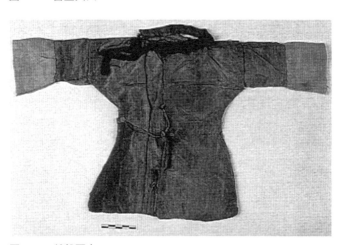

圖 68.2　營盤冥衣

古月集：秦漢時代的簡牘畫像與政治社會
　　　　　　——卷二　畫像石、畫像磚與壁畫

男女墓墓主身上（圖69.1-2）。[142] 同墓還出一雙有「世毋極錦宜二親
傳子孫」漢字的織錦手套。男夾錦袍錦面絹裡，斜交領，窄袖，
寬襬，兩側開衩，長 122 公分；女絲綿錦袍錦面絹裡，錦、絹間
薄襯一層絲綿，斜交領，窄長袖，長 135 公分，兩件外衣衣衽方
向都是右衽。據研究，此墓墓主係尼雅綠洲精絕國的統治貴族，
時代當在漢晉時期，或如王炳華分析應在東漢中晚期。[143] 另外在
男屍身旁的木杈上掛著一件長期穿用過的錦面深衣，斜交領，左
衽，[144] 長袖，直裾，腰繫絹帶，繫連衣襟。女屍另有一件貼身絹
上衣，高領，右衽，衣短，袖長。出土時，女屍身上除了外面的
錦袍和貼身的絹上衣，兩衣之間還有一件綢夾衣。這件夾衣絹面
絹裡，斜交領，長袖，衣長 85 公分，袖通長 190 公分。可注意的
是這件衣服的衣領卻是左衽（圖70）。換言之，同一人身上所穿的
內外衣，同時可有左衽的也有右衽的。同一墓地八號墓出土同棺
男女乾屍各一具。他們身穿極其華麗的織錦及絹質衣袍，男下身

---

142 附圖照片承王炳華先生贈送，謹此致謝。又據出土照片及王先生來函（88.7.11），才知《絲
    路考古珍品》收錄圖版（頁 111，圖 31）顛倒，看起來像左衽，實為右衽。圖版說明說是左
    衽也是錯誤的。發掘報告見新疆文物考古研究所，〈尼雅 95 一號墓地 3 號墓發掘報告〉，《新
    疆文物》，2（1999），頁 1-26。近見王先生大文，再度澄清。參氏著，〈精絕王陵考古二三
    事〉，《西域歷史語言研究集刊》第一輯（北京：科學出版社，2007），頁 112-113。

143 《絲路考古珍品》，頁 55。參加發掘的王炳華先生相信一號墓地「很可能就是漢精絕王室的
    墓地」，這些紡織品「均屬漢代風格」，在斷代上，他雖然認為整個尼雅遺址文物可晚到晉，
    但我們所討論的這一部分應屬漢代，參所著，〈尼雅考古收獲及不足〉，《中國歷史博物館館
    刊》，30（1998），頁 70-79。又林梅村最近根據大英博物館藏斯坦因最後一次在尼雅發掘所
    得尚未發表的漢簡證明，現在的尼雅遺址雖以三、四世紀以後鄯善時期的文物為主，但此地
    原為漢代的精絕國所在，遺址時代有可能可以上推到西漢中期以後，參所著〈漢代精絕國與
    尼雅遺址〉，《文物》，12（1996），頁 53-59；尼雅出土書寫有「漢精絕王」字樣的漢簡簡影
    可見林梅村，《漢唐西域與中國文明》（北京：文物出版社，1998），彩圖 18。

144 〈尼雅 95 一號墓地 3 號墓發掘報告〉圖一三.1 的線描圖是右衽，報告文字卻作「左衽」，頁
    18。據王炳華先生來信（2000.3.24）見示，附圖一三.1 有誤。信云：「圖有誤。據聯綴之衣
    帶，平日服用，應為左衽。」

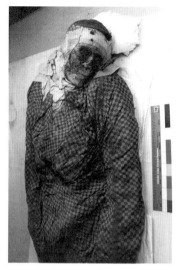

圖 69.1　尼雅男墓主　　　　　　圖 69.2　尼雅女墓主

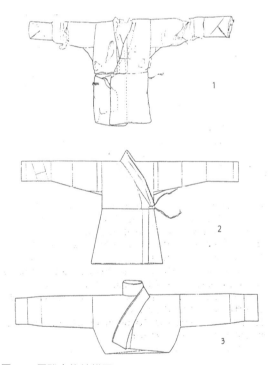

圖 70　尼雅衣物線描圖

古月集：秦漢時代的簡牘畫像與政治社會
　　　——卷二　畫像石、畫像磚與壁畫

穿棉質，褲角緣錦的長褲，女則
著裙。男女上衣長袍都是右衽。[145]

5. 另一例見於羅森福所著《貴霜的
王朝藝術》（The Dynastic Arts of the
Kushans）一書。書中收有一百六
十餘圖，絕大多數為人物像。其
中衣衽可考而且為右衽的有一
件。這是一件時代較晚，屬西元
三世紀末，秣荼羅（Mathura）出土
的人物坐像殘石（圖71）。[146] 頭部
已殘，身體上的衣飾十分完整。
其衣襟為清楚的右衽。這一件為
何如此？是特例？或還有其它右衽的例子？目前能掌握的資料太
少，有待進一步查考。

圖 71　秣荼羅出土坐像殘石

　　長城以外的左或右衽衣式資料，目前能蒐集到的還極不完整。[147] 不過
從時間和地域的跨度看，我們恐怕必須承認，從西元前第三千紀的南西伯
利亞到西元後三世紀的新疆和中亞，衣衽的形式極其複雜。籠統分成左、右
衽、對襟和套頭等形式，實不足以窮盡其變化。我目前所見到的材料似以
左衽者稍多；但還不容易斷言何者可說是主流。鄯善蘇貝希一號和尼雅一
號墓地同時存在左衽和右衽衣服，這表明最少在戰國至東漢這一階段，當
地人的衣式特徵也許不在於衣衽的左右，而在其它方面。[148] 我懷疑早期的

---

145 新疆文物考古研究所，〈新疆民豐縣尼雅遺址 95MN1 號墓地 M8 發掘簡報〉，《文物》，1
　　（2000），頁 4-40，圖 14、15、63、65。

146 J.M. Rosenfield, op.cit., plate 48.

147 近年新刊布的資料不少，本文不再一一列舉，請參新疆文物考古研究所編，《中國新疆山普
　　拉》（烏魯木齊：新疆人民出版社，2001）；〈新疆羅布泊小河墓地〉，《文物》，10（2007）等。

148 王炳華先生認為尼雅一號墓男屍的衣服是生前穿著左衽，死後變作右衽，遵循《禮記》的規
　　定，見〈尼雅 95 一號墓地 3 號墓發掘報告〉，頁 25。但這難以解釋女屍身上內外衣同時有
　　左衽也有右衽的情形。這反而證明精絕國人衣著兩襟交疊，可左可右，不像漢人非右衽不

毛皮或其它質料的衣服，在衣襟的剪裁上有些可能有左右衽之別；有些則很可能左右襟形式一致，穿著時可左右隨意交疊，因此根本不存在形式上必須左衽或右衽的問題。以後者而言，穿成左或右衽，可能只是習慣而已。

〔2〕髮式

從斯基泰遺存中所能見到的髮式似不外披髮、辮髮和椎髻三種。所謂披髮，長長的頭髮任其披散而下。披髮的例子在前節中已看到很多，不再多舉。須要補充的是其中又可分為兩種情況：

（1）頭髮披散而下，不加任何約束，

（2）雖披髮，在頭上加一環狀髮帶或髮箍，使頭髮可以稍受約束。

前文提到庫耳‧歐巴出土合金罐上有披髮的武士。其中兩人對坐，左側一人雙手握矛，披髮。仔細看則可見其頭頂有一圈髮箍或髮帶。這種披髮加髮箍或髮帶的情形，在另一件屬西元前四世紀在黑海北岸托‧默古拉（Tolstaïa Moguila）塚出土的金質頸圈雕飾人像的頭部也可看得很清楚（圖72）。兩人相對跪著，正在整理一件毛皮的衣服。右側一人完全披髮；左側一人亦披髮，但頭上有一圈清楚的髮帶。貴霜石刻中也有不少戴髮帶或髮箍的例子，前文所引夏米出土的青銅立像即是其中之一。[149] 1984 年從新疆洛浦縣山普拉一號墓出土一件，時代斷為漢代的武士像壁掛（圖73）。[150] 原物被剪斷，縫接在一條褲子的下端。出土後經拼對復原，得知它應是毛織壁掛的殘片。上端有一希臘風格的馬身人首怪物，正吹奏一長管樂器。下方是一三分之二臉朝右，手持矛的武士。武士大目高鼻，額頭束帶，繫住披下的頭髮。

此外，1924-25 年蘇俄考古家在內蒙古烏蘭巴托北約 130 公里的諾音

可。王先生在 2000 年 3 月 24 日的來信中表示：「關於尼雅三號墓的衣服，我的觀察是：各種式樣（左衽、右衽、套頭等）均見，同時存在。其文化內涵應作怎樣的透析，則可以討論。」另參前引王炳華，〈精絕王陵考古二三事〉，頁 112-116。

149 其它的例子可參 Paul Bernard, op.cit., pp. 77-79 及附圖。

150 《絲路考古珍品》，圖 65。

圖 72　托‧默古拉金項圈及其上人像紋飾

圖 73　山普拉壁掛

烏拉發掘到墓葬二百餘座。墓葬曾
被盜，出土文物仍極豐富。這些墓
中曾出土西漢末及王莽時之漆器銘
文，時代應屬西元一世紀初。其中
出土的衣服和帽子已見本文它節，
其中一件毛織殘片出自第廿五號墓
（圖74）。此件甚殘，衣服除部分尖
形的領口，基本上已無法看出衣服
的樣式。所幸頭部大致完整。頭髮
頂部稍殘，從額上的髮箍及耳、頸
後的髮髻可以推知他應沒有戴帽，
而是用髮箍約束頭髮的頂部，背後
的長髮則梳成髻。這樣的髮式在前
述黑海北岸出土的合金飾片上已曾
見過。

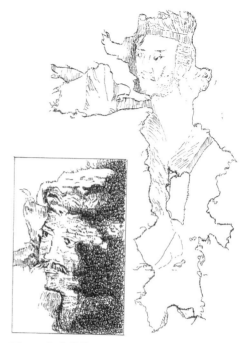

圖 74　作者線描圖

　　椎髻則是將長髮梳起，盤結於頭頂或腦後，而形成兩種不同的外觀。
高聳於頭頂者像秦始皇兵馬俑坑所出士兵頭上所梳之高髻。這正是《史
記・陸賈傳》〈集解〉引服虔所說：「魋音椎，今兵士椎頭結」（頁 2698）。
梳於腦後者則如孫機所說像錘，中國古書中皆名之曰椎髻或椎結。[151]《漢
書・李陵傳》提到匈奴的髮式即為椎髻。[152] 斯基泰人梳髮為髻的習慣可於
文獻中考見。羅馬史家蒲魯塔兒（Plutarch，約西元 46-120 年）在其《希臘羅

---

151 《漢書・西南夷傳》顏注：「為髻如椎之形也。」同書〈陸賈傳〉顏注：「椎髻者，一撮之
　　髻，其形如椎。」《後漢書・度尚傳》李賢注：「椎，獨髻也。」孫機引《尚書帝命驗》注：
　　「椎，讀如錘」，認為椎與錘通，並以西安客省莊 140 號墓所出金飾牌為證，認為椎髻是「一
　　種單個的，像一把錘子一樣拖在腦後的小髻」（孫機，前引文，頁 556）。
152 《漢書・李陵傳》：漢使任立政往匈奴見李陵、衛律，「後陵、律持牛酒勞漢使，博飲，兩人
　　皆胡服椎結。立政大言……動之，陵墨不應，孰視而自循其髮，答曰：『吾已胡服矣』。」兩
　　人之胡服與椎結當即匈奴之裝束。

馬名人傳》的〈克拉蘇傳〉第廿四節中曾提到：

> 安息人（Parthians）的樣子十分可怕。他們像斯基泰人一樣，將散亂的頭髮
> 結成一團在頭上。[153]

這個記載僅說安息人和斯基泰人一樣梳髻，對髮髻的形狀說得並不夠清
楚。列寧格勒冬宮博物館收藏一件金飾牌，刻畫一人騎於馬上，正張弓射
向一頭奔逃的野豬，另一騎士似站在樹上拉著樹下的馬。如果注意看張弓
騎士的頭髮，就可以發現其垂在腦後的髮髻（圖75）。

　　另一件梳髻的例子是從庫耳・歐巴出土的人物金飾牌。金飾牌上兩位
持弓而射的武士背對背跨足而立。他們身穿窄袖短上衣、長褲和靴子，衣
式和其它黑海一帶出土的金器上所見的完全相同。唯一不同的是他們的髮
式。兩人都不披髮，而將頭髮梳起，在腦後束成略呈尖椎狀高高的髻（圖
76）。[154] 中國古書和圖像中所呈現的「椎髻」，從這兩方金飾牌可以得到印
證。椎髻的圖像資料雖然僅見兩例，卻十分珍貴。這證明斯基泰人不完全
只是任由頭髮披散而下或加髮箍、髮帶而已。

　　此外，內蒙古諾音烏拉六號墓墓室壁上懸掛的一件毛織殘塊（圖77）
也可見到椎髻。殘塊上有頗為寫實，織出的人馬圖像。前方是四匹或回首

圖75　楊依萍摹本

153 Edmund Fuller ed., *Plutarch*（N.Y., 1959），p. 169. 有關這段話的理解，學者間有些不同，可參
　　Paul Bernard 前引文。
154 Schiltz, op.cit., p. 180, plate 130.

或低頭，繫有韁繩的馬，其後有三人。其中左端一人僅見部分上身，另二人則可見頭臉和上半身。二人身穿對襟的衣服，衣服上似有菱形的花紋。這種花紋和貴霜王所戴尖頂帽上的花紋十分類似。右側一人臉朝前約三分之二，眼鼻約略可見，頭上似戴有略呈圓形的帽子，但也有可能僅是頭髮。前額頂露出一些蓬鬆的頭髮，頸後露出髮髻。中間一人臉為正側面朝左，頭頂前方也有一些蓬鬆的頭髮，腦後有同樣式樣的髮髻。這種髻的形式和黑海北岸出土金飾牌上所見的椎髻（參圖75、76）相近。俄國考古學家持續在蒙古諾音烏拉墓地從事發掘。近年來曾復原毛織碎片成一件刺繡掛氈，其上刺繡有大致完整的一排人物，據研究這些人物很可能是行祭的貴霜或月氏人，他們沒有明顯的髮髻，但很清楚使用織成的髮繩或髮帶箍住披散的頭髮，箍帶飄在腦後勹（圖78.1-2）。

辮髮也是重要的一類髮式。為引證和行文的方便，這一類將於後文再說。不論辮髮或椎髻都須要先用梳子梳理頭髮。梳子也曾出土，前文所引那件有武士格鬥裝飾的金梳即為一例。

綜合以上對衣衽和髮式的追索，或許可以暫作如下結論：孔子說戎狄或山戎被髮左衽，應非憑空虛構。目前雖然還找不到任何戎狄被髮左衽的直接可靠證據，但這些中國域外的線索頗有助於想像歐亞草原上的服飾特

圖76　庫耳·歐巴金飾牌

圖 77　作者線描圖

圖 78.1　諾因烏拉墓地出土人像刺繡掛氈局部，
採自維基百科。

圖 78.2　前圖局部

色，以及與戎狄服飾的可能關係。其次，這些域外的資料多少可以證明，孔子的話只是舉戎狄服飾的一二特徵而言。戎狄的服飾樣式應非全然披髮，也不僅是左衽，應遠比孔子所說的複雜很多。

〔3〕帽式

受斯基泰文化影響的民族很多，他們的帽式正如他們的衣式和髮式，應該是多種多樣的。即以草原游牧及周邊地區出土的實物和圖像資料而言，在質料和形式上就很不一律。[155] 不過，其中有一種尖頂帽特別值得注意。因為它出現的較多，也較為普遍，幾乎可以當作斯基泰帽式的代表。

最早提到這種帽式特徵的是希臘史家希羅多德。他在記述波斯軍隊的組成分子時，曾提到斯基泰人的裝束和裝備：

> 沙卡人（Sacae，Saka）或斯基泰人，穿著長褲，頭戴一種高而尖頂的帽子。他們配備具特色的弓和短劍。此外，他們也使用一種稱之為沙格瑞的戰斧。他們事實上是阿米奇·斯基泰人。可是波斯人稱他們為沙卡人，因為波斯人稱呼所有的斯基泰人為沙卡人。[156]

他對裝束的描述可以說相當準確。從希臘、義大利、黑海北岸、中亞一直到中國的新疆都可以找到相關的物證。沙卡或斯基泰人的青銅短劍和戰斧，也有不少實物出土。[157] 波斯人稱他們為沙卡人也完全得到證實。波斯

---

155 Elis H. Minns 曾收集游牧民族的服裝資料，繪成圖，可參其 *Scythians and Greeks: A Survey of Ancient History and Archaeology on the North Coast of the Euxine from the Danube to the Caucasus*, 1913, reprinted by Biblo and Tannen（New York: 1971），chapter IV, 圖 8、12.新疆也曾出土不少西元前約一千年至三、四百年左右西域民族的衣帽，可參李肖冰編，《中國西域民族服飾研究》（烏魯木齊：新疆人民出版社，1995），頁 50-67；巴音格楞蒙古自治州文管所，〈且末縣扎洪魯克古墓葬 1989 年清理簡報〉，《新疆文物》，2（1992），頁 1-14；新疆文物考古研究所，〈鄯善蘇貝希墓群一號墓地發掘簡報〉，《新疆文物》，4（1993），頁 1-13；新疆文物考古研究所、吐魯番地區博物館，〈鄯善縣蘇貝希墓群三號墓地〉，《新疆文物》，2（1994），頁 1-20、32；前引《中國新疆山普拉》，頁 160、441。

156 Herodotus, *The Persian Wars*, translated by G. Rawlinson（N.Y.: the Modern Library, 1942），bk.vii.64.

157 例如 Max Loehr, "Ordos Daggers and Knives," *Artibus Asiae*, 12（1945），pp. 23-83；杜正勝，

圖 79　畢西斯屯崖壁雕刻及局部線描圖（E.H.Minns 線描）

王大流士（Darius）於西元前 510 年以前，在今伊朗畢西斯屯（Behistun）地方留下有文字題記的紀功石刻畫（圖 79）。[158] 這幅巨大的崖壁雕畫描繪成列被綑繫的俘虜出現在大流士王的面前。俘虜的最後一人穿著和其他的人都不同，長袖短上衣配長褲，頭戴高高的尖頂帽。他的身旁有多種語文的榜題「Sakuka Saka」，指明他是「戴尖帽的」沙卡人的王 Sakuka。[159]

　　自 1920、30 年代以後，陸續有不少新材料出土，也有許多新的研究。本文只打算補充若干較新或較為大家所忽略的資料，說明這種帽式不但在草原游牧民族間有代表性，也深深印在周邊農業、綠洲民族，尤其是古代地中海、中亞人群和東亞中國人的腦海裡，成為造型藝術傳統的一部分。以下列舉的材料大致以所屬時代的早晚為序：

1. 1985 年新疆且末縣扎滾（或作洪）魯克五號墓出土一頂尖頂棕色氈帽（圖 80）。[160] 1998 年 9 月在上海博物館的絲綢之路的特展上有幸親見目睹。帽子高 32.7 公分，口緣直徑 28 公分。用兩片不等邊三

前引文。

158 Schiltz, op.cit., p. 367, plate 274；較清楚的原石圖版見 Renate Rolle, *The World of the Scythians*（University of California Press, 1989）, p. 50.

159 對石刻銘文較早的研究見 A. Campbell Thompson, *The Sculptures and Inscriptions of Darius the Great on the Rock of Behistun in Persia,* 1907. 此書不得見，相關研究轉見 Ellis H. Minns, *Scythians and Greeks*, pp. 58-61; Renate Rolle, *op.cit.*, p. 47; Julius Junge, *Saka-Studien: der ferne Nordosten im Weltbild der Antike*（Leipzig: Dieterich, 1939, 1962）, pp. 62-66.較新的討論見 M.A. Dandamayev, "Media and Achaemenid Iran" in J. Harmatta ed., *History of Civilizations of Central Asia*, vol. II, pp. 43-52.

160 《絲路考古珍品》，圖 11。

角形的棕色毛氈，以黃色毛線對縫而成，形成一個不等邊細長的尖頂。尖頂內填充有氈塊，口緣兩側有外翻的邊。由於尖頂斜向一邊，我曾希望判定此帽戴在頭上的方向，但難以斷定。展覽圖錄說：「這種尖頂向後彎曲的氈帽是扎滾魯克墓葬出土的多種樣式帽中的一種，是古代游牧民族喜愛的一種帽子樣式。」[161] 為何說這是一頂「向後彎曲」的氈帽，並不清楚。不過在前引畢西斯屯石刻中的斯基泰俘虜，的確戴著一頂帽尖向後彎的尖帽。這種向後彎的尖頂帽在更早亞述人的石刻中也曾出現。因此我們可以知道尖頂最少有朝前彎和朝後彎兩式。[162] 扎滾魯克尖帽的時代據判定屬西元前八百年。如果這個斷代可靠，這可能是歐亞草原出土品中較早的一頂尖帽實物。[163]

這頂尖帽對印證西元前五世紀希羅多德的記載和希臘陶瓶上戴尖頂帽的斯基泰人可以說有極大的幫助。新疆且末和希臘人所熟知的黑海北岸雖相隔甚遠，但在活躍的草原絲路上，人群移動和文化流播不可謂不頻繁。相類似的帽式在兩地出現，應該不是偶然的巧

---

161 同上，頁 246-247。其餘帽式請參李肖冰編，前引書，頁 58。

162 向後彎的帽式可參 Julius Junge, *Saka-Studien: der ferne nordosten im weltbild der antike*（Scientia Verlag Aalen, 1939, 1962），附圖一：沙卡與斯基泰人帽式之對照圖。

163 據新疆考古學家王炳華在〈孔雀河古墓溝發掘及其初步研究〉一文中的報導（見《新疆社會科學》，1（1983），或其論文集《絲綢之路考古研究》（烏魯木齊：新疆人民出版社，1993），頁 183-201），指出 1979 年在孔雀河下游羅布泊地區古墓溝發掘古墓 42 座，其中較早的墓群中有死者頭戴尖頂氈帽，氈帽上或插鳥羽，據 C14 測定時代屬距今 3800 年左右；1978 年在哈密五堡發掘古墓 29 座，C14 年代為距今 3000 年上下，死者頭戴尖頂氈帽，身穿皮大衣，腳登高筒皮靴。所言如屬可信，則尖帽實物之時代可上推到西元前一千餘年。可惜同墓出土不同物件的C14 年代測定數值差距頗大，是何原因，不明。墓葬時間因此至今仍有不同的意見。據王炳華文所附插羽的尖頂帽圖，尖帽之頂較低矮，在形式上和扎滾魯克所出之高聳尖頂頗不相同，反與樓蘭出土的插羽尖帽極為類似（古墓溝出土尖帽較佳圖影見朝日新聞社，前引書，頁 73，圖 180；樓蘭尖帽有多件，可參 F. Bergman, *Archaeological Researches in Sinkiang*, Stockholm, 1939, pl. 10, 11, 26; Vivi Sylwan, *Woollen Textiles of the Lou-lan People*, Stockholm, 1941, pl. VII, VIII）。樓蘭古墓時代據信在西元前二世紀至西元後四世紀之間。

合。因為在廣大的草原區和周邊世界還可以找到其它的證據。例如黑海北岸出土西元前四世紀的金銀器上，就有不少戴尖帽的斯基泰武士圖像，前文已及，不再重複。

2. 大英博物館藏西元前 510-490 年間伊特拉士坎骨灰罐罐蓋青銅騎士像（圖 81），[164] 義大利卡蒲阿（Capua）出土。1997 年 12 月參觀大英博物館時得見實物。骨灰罐已失，僅餘蓋上的騎士像，其中類似造型的共四件，置於同一展覽櫃中。頭戴長尖帽的騎士坐在前腿躍起的馬上。騎士作出回身彎弓射箭的姿勢。這種回身射箭的姿勢也見於前文提到同出於卡蒲阿的伊特拉士坎骨灰罐。俄國古史學者羅斯托夫茲夫（M. Rostovtzeff）曾對此姿勢作過特別研究，指出這是斯基泰藝術的特色，稱之為「安息式射法」（Parthian shot）。[165] 這一點很重要，因為在下文中，我們將會看到這種騎射

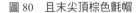

圖 80　且末尖頂棕色氈帽

圖 81　作者線描圖

---

164 大英博物館藏品編號：GR 1856.12.26 796-800。

165 M. Rostovtzeff, "The Parthian Shot," *American Journal of Archaeology*, 47:nr2（1943）, pp. 174-187；T. Sulimirski 認為這種姿勢的斯基泰騎士已出現在西元前九世紀兩河流域寧祿（Nimrud, 885-859B.C.）王宮的浮雕裡，參所著 "Scythian Antiquities in Western Asia," *Artibus Asiae*,17（1954）, pp. 282-318; 較新的研究可參 Esther Jacobson, "Mountains and Nomads: A Reconsideration of the Origins of Chinese Landscape Representation," *Bulletin of the Museum of Far Eastern Antiquities*, 57（1985）, pp. 133-180, esp. 137-138.

之姿在漢代的畫像石中也經常出現。這裡
想強調的是西元前六至五世紀伊特拉士坎
人印象中的亞馬遜人是戴著高而尖的帽
子。這種帽子的特點在於稍稍呈弧形往前
彎曲。這個特點在前引庫耳‧歐巴出土的
合金罐上，以及中國境內出土的戰國瓦當
和青銅器上也可以看見。後二者請詳見下
文。

圖82　作者線描圖

3. 巴黎羅浮宮藏西元前四世紀銀質鎏金野豬
頭形角杯（圖82）。[166] 此器原出土地不明，
一度收藏於德國，後流入羅浮宮。其造型
風格和列寧格勒冬宮博物館所藏黑海北岸
希臘殖民地所出金銀杯器基本一致。杯底
作野豬頭形，杯口部分有斯基泰裝束之人物裝飾。其中一人手持
矛，腰繫弓袋，頭戴一微微前彎的三角尖帽。其帽式與前文提到
庫耳‧歐巴出土合金器上者基本相同。值得注意的是他們的尖帽
有同樣形式的護耳。

4. 1995 年在新疆尼雅一號墓地第八號墓中出土一頂完整織錦尖頂
帽，帽後有兩條軟質的帶子（圖83）。帽頂呈尖形，並沒有微微前
彎的帽尖，但帽的前部較陡，後部較緩，仍給人一種帽尖前傾的
感覺。這種帽式和許多漢畫中所見的極為類似。據王炳華先生之
說，其時代當屬漢代。但考古簡報認為應在魏晉前涼時期。[167]

---

166 此件資料承畢梅雪教授（Michèle Pirazzoli-T'serstevens）示知，謹此致謝。相關報導見J. Charbonneaux, "Rhyton Greco-Scythe," *Revue du Louvre*, 12（1962），pp. 295-296.

167 見注 142 王炳華文。1987 年湯池在〈孔望山造像的漢畫風格〉一文中（《考古》11，1987，頁 1013）曾蒐集不少材料，並進一步分出無翅、單翅和雙翅三種。翅似乎意指一種硬質的帽飾，畫像中的表現方式有些也容易使人產生這樣的印象。現在從出土實物可知所謂的帽翅應該是軟質的帽帶。

圖 83　尼雅織錦尖頂帽

5. 頭戴尖帽的人物圖像在西元前、後一世紀的西亞、中亞及印度的
　貴霜王朝錢幣和石刻中甚多。他們尖帽的帽頂微微前彎的特徵和
　我們在義大利卡蒲阿、黑海北岸、山東臨淄所見十分相近。舉例
　言之：

　（1）西元前一世紀中期，在今土耳其寧祿‧達（Nimrud Dagh）地
　　　　區，由安提歐克一世（Antiochus I, 69-34 B.C.）修建的眾神及陵
　　　　墓石刻建築群中，有許多安提歐克一世為紀念其先祖而修的
　　　　巨大神像及國王的立像。立像旁有些榜題尚存。從安提歐克
　　　　自己和其波斯先祖（可能是 Xerxes）的像，我們可以清楚看見
　　　　他們都戴著尖頂，頂尖向前彎的帽子（圖 84.1-2）。[168] 帽子上
　　　　有類似菊花瓣的圖案裝飾。

　（2）波士頓美術館（Museum of Fine Arts, Boston）收藏有一件安那托
　　　　利亞高原東部出土青銅製之尖帽，其形制和寧祿‧達石刻上
　　　　所見國王戴的尖帽，極為相近（圖 85）。[169]

168　J.M. Rosenfield, op.cit., plates 151, 152.

169　此件照片承杜德蘭教授（Alain Thote）贈送，謹此誌謝。

圖 84.1　寧祿・達石刻　　　　圖 84.2　寧祿・達石刻

（3）在恆河上游新德里東南秣荼羅（Mathura）出土西元一世紀人
物戴帽頭像殘石（圖 86）。[170]其帽表面有菱形及圓圈構成的紋
飾，帽形高聳，帽頂呈尖形而微微前彎。這樣的帽式在秣荼
羅出土的石刻人像中頗為不少（圖 87.1-4）。[171] 值得注意的是
秣荼羅另一立柱上的全身立像。此一人物身穿套頭窄袖短衣、
長褲，腰繫帶，頭戴一尖頂帽，帽尖亦微微前彎（圖 84.2）。
從此像人物的全身穿著更能看出和斯基泰文化之間的關係。

（4）在印度河上游，史瓦特（Swat）南方龐尼耳（Buner）一佛教建
築出土三件階梯扶手上的浮雕。其中一件是一群著斯基泰裝
束的樂人（圖 88）。[172] 這些樂人手中拿著不同的樂器，衣上穿
著窄袖短衣，長褲，頭上戴著微微前彎曲的尖帽。時代屬西
元一世紀。他們所戴尖帽的一個特色是帽子口緣近兩耳處有

---

170 J.M. Rosenfield, op.cit., plate 16.

171 Ibid., plates 4, 14, 15, 19, 22, 73.

172 Ibid., plate58; S. Czuma, *Kushan Sculpture: Images from Early India*（The Cleveland Museum of
Art, 1985）, plate 87.

圖 85　青銅製尖帽　　　　圖 86　秣菟羅戴帽頭像殘石

圖 87.1-4　秣菟羅出土石刻人頭像

圖 88　龐尼耳浮雕

長長的帶子，似是護耳或可繫在頸部的帽帶。同樣帽式和裝束的斯基泰人除了可見於西元前六、五世紀的希臘陶瓶，也見於西元一至三世紀羅馬帝國時代的石棺裝飾雕刻中（圖89）。

（5）在貴霜及貴霜建立王朝以前中亞的錢幣上有許多統治者的肖像或騎馬像。這些人物裝束上的一大特色就是身穿和上述石刻人物同式的衣服，頭上戴著尖頂帽（圖90.1-4）。[173]

圖89　作者線描圖

圖90.1-4　貴霜錢幣人像

---

173 J.M.Rosenfield, op.cit., 附錄錢幣圖版: nos. 14, 208-250, 281。

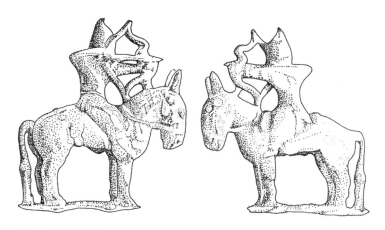

圖 91　作者線描圖

6. 江上波夫著《ユウラシア古代北方文化》一書中曾著錄一件他稱之為「匈奴騎馬像」青銅像兩面（圖 91）。[174] 書中未說明出土地及時代。護雅夫在《世界考古學大系》中認為此像為西元前五至二世紀之物，來自內蒙古之綏遠地方。[175] 從刊布的不甚清楚的圖版看，這確是一件北方游牧民族的遺物。一位騎士騎在一匹停息狀的馬上，正張弓射箭。其弓的形狀和在黑海北岸出土的騎射像（圖 92）以及前文提到義大利卡蒲阿青銅骨灰罐上的那位騎士所用的弓相當類似。更有趣的是他的衣裝。他的衣裝不是很清楚，不過尚可辨認出上身穿窄袖短上衣，下身穿長褲，腰部有束帶。頭上的帽子和臉部已分不清，但帽子微微前彎的尖頂尚清晰可見。這位騎士是不是「匈奴」則難斷言，下文將再細論。

現在我們可以再將前文所說漢畫胡帽的三種類型和斯基泰藝術品上所

---

174 江上波夫著《ユウラシア古代北方文化》圖版四。我向多位日本學者以及江上波夫氏打聽這件器物的下落，迄今無結果。

175 《世界考古學大系》卷 9（東京：平凡社，1962），頁 150。Otto J. Maenchen-Helfen, *The World of the Huns*（University of California Press, 1973）, p. 205 謂此像來自鄂爾多斯地區。中國歷史博物館主編，《中國古代史參考圖錄——秦漢時期》（上海：上海教育出版社，1990），頁 57 說明此器出土於諾音烏拉匈奴王墓，則顯然有誤。

圖 92　作者線描圖

見的帽子作一對比，可以發現它們在帽型上有頗為對應的關係：

例如第一型最單純的尖頂帽，沒有護耳或帽後的飾帶，不但可見於秣菟羅出土的石刻人像、義大利卡蒲阿出土的騎射人像上（圖 81），也見於羅馬圖拉真皇帝（Traianus，西元 98-117 年）紀念擊敗多瑙河下游達西亞人（Dacians）的錢幣上（圖 93）。[176] 從錢幣背面銘文（Dacia capta）可確知錢上描繪的是被俘虜的達西亞人。他低頭坐著，一手支著臉頰，另一手旁放著戰斧，兩腿交疊，身上衣

圖 93　作者線描圖

服的形式不很清楚，頭上卻明白戴著一頂形式簡單的尖帽。達西亞人所在的多瑙河下游正是斯基泰文化分布的西緣。

第二型尖頂帽有護耳，可見於西元前六世紀末義大利弗耳奇出土的彩

176　Lino Rossi, *Trajan's Column and the Dacian Wars*（London: Thames and Hudson, 1971），p. 40.

圖 94.1　貴霜錢幣戴帽人物像　　　　　　　　　　　圖 94.2　作者摹本

繪陶罐（圖 45），黑海北岸庫耳・歐巴出土的合金罐（圖 56.2）和羅浮宮所藏的羅馬石棺雕像（圖 89）。這些護耳頗長，垂下的部分似乎可以繫於頸部。這樣戴護耳尖帽的斯基泰人像在西元前六、五世紀的希臘陶瓶上出現的十分普遍，可見之例超過四百。[177]

　　第三型尖帽在帽後部有可飄起的帶子，可見於尼雅出土的錦帽實物（圖 83），也見於許多貴霜錢幣（圖 94.1-2）。[178] 以圖 94 所見這枚貴霜銀幣來說，兩面各有一戴帽的人像。一位騎在馬上，一手前舉，頭戴前彎的尖頂帽，帽後有二飄帶；另一面的人為立姿，一手前伸，一手握杖，頭戴完全同形有二飄帶的尖帽。這枚錢幣上刻畫的帽形十分明晰。而有這樣戴飄帶尖帽人物的錢幣可以上推到貴霜入主印度的早期，也就是西元一世紀的早期。據羅森福研究，這類的銅錢分布甚廣，在印度的秣荼羅、白夏瓦（Peshawar）和俄屬土耳其斯坦（Russian Turkestan）都曾大量發現，證明發行此幣的貴霜王朝在中亞一帶必曾一度甚有勢力。[179] 他們的影響力也一度深入中國的新疆，已有無數出土物可以證明。[180] 在新疆南路的尼雅出土幾乎完全同型的帽子，並不令人驚訝。

177　Maria F. Vos, *Scythian Archers in Archaic Attic Vase-Painting*, J.B.Wolters/Groningen, 1963.

178　轉見 J.M. Rosenfield, op.cit., plate XV, no. 281.

179　Ibid., pp. 18-19.

180　可參王炳華，〈古代新疆塞人歷史鉤沉〉，《絲綢之路考古研究》，頁 210-230；小谷仲男，〈關於在中國西域發現的貴霜硬幣的一些想法〉，收入《十世紀前的絲綢之路和東西文化交流》，頁 383-391。

三種帽式比較表

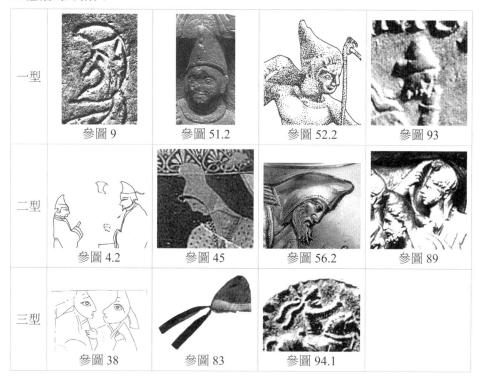

一型	參圖 9	參圖 51.2	參圖 52.2	參圖 93
二型	參圖 4.2	參圖 45	參圖 56.2	參圖 89
三型	參圖 38	參圖 83	參圖 94.1	

　　以上新疆尼雅出土的尖頂帽實物以及貴霜錢幣上所見到的尖帽，令人
不能不注意到月氏。匈奴興起前，勢力原本甚大的月氏可能正是戰國及漢
畫中胡人形象的一個藍本。月氏原居地何在？學者間頗多爭議。不過據文
獻，戰國時月氏原居敦煌、祁連（此祁連指天山，非今日之祁連山）之間，[181]
東與匈奴、東胡為鄰，匈奴一度受其節制。後匈奴之冒頓擊敗月氏，月氏
西去，匈奴才成為西域及華北草原帶的盟主。換言之，在匈奴興起前，月
氏的勢力應曾一度遠遠東伸，[182] 而與華夏諸邦活動的區域相鄰，並有頗多

181　參王建新，〈中國西北草原地區古代游牧民族文化研究的新進展——古代月氏文化的考古學
　　探索〉，《周秦漢唐文化研究》第三輯（西安：三秦出版社，2004），頁 237-253。

182　按：從西邊甘肅張家川馬家塬到東邊河北燕下都出土尖帽人的造型物，江上波夫在綏遠所獲

的接觸。月氏人高鼻深目、戴尖頂帽的特徵很可能令蒙古種的華夏諸邦印象特別深刻。中國的畫工和石匠就以他們的外貌特徵為典型，留下了像齊臨淄半瓦當上所見那樣的騎馬尖帽胡。

月氏西遁，草原盟主易為匈奴。中原的畫工並沒有太多機會見到真正的胡人，似乎也無視於歷史的流轉而固守職業中的傳統，仍以月氏的形象代表胡人。在漢代邊塞如內蒙古的和林格爾或鳳凰山地區，不論是畫工或僱請他們的主人，則有機會見到真正的胡人，因此描繪胡人就有可能較近乎真實。目前資料不夠充分，姑立此說，以待後考。

在更早的西周甚至殷商時期，華夏民族即可能已和高鼻深目的白種人有所接觸，並在藝術品中留下痕跡。例如前引陝西扶風召陳村西周建築遺址中所出的具有白種人特徵的蚌雕人頭像。[183] 由於商周時代這樣的資料太少，我們尚難以估計這件雕刻在造型藝術傳承上的意義。有一派意見認為中國史上的月氏可能即是斯基泰人的一支。如果此說可信，又如果饒宗頤先生認為「胡」係來源於最早利用馬和戰車的胡里安人（Hurrian，Hrw，Hur），商、周時之混夷或緄夷即胡之說可信，則華夏之民與白種人之接觸可以上推得更早，[184] 那麼漢畫胡人形象的來源也就要跟著上溯。這樣的線索目前畢竟太過模糊，須要等待更多的材料來證明。

綜合而言，在漢帝國出現以前，凡曾與受斯基泰文化影響的游牧民接觸的周邊民族，不論是地中海的希臘人、羅馬人、西亞的波斯人、中亞的

之戴尖帽張弓騎士不知是否也是他們的身影？待考。

183 Victor H. Hair, "Old Sinitic Myag, Old Persian Magus, and English Magician," *Early China*, 15（1990），p. 32 曾引用一件安陽出土的骨雕頭像，被髮高鼻深目大嘴，面型上有白種人的特色。但此頭像的來歷不甚清楚，是否必為商代之物，有待查證。

184 初步討論可參 K. Enoki, G.A. Koshelenko and Z. Haidary, "The Yüeh-Chih and their Migrations," in *History of Civilizations of Central Asia*, vol. II, pp. 171-189, esp. 174; A.K. Narain, "Indo-Europeans in Inner Asia" in Denis Sinor ed., *The Cambridge History of Early Inner Asia*（Cambridge: Cambridge University Press, 1990），pp. 151-176; 饒宗頤，〈上代塞種史若干問題〉，《中國文化》8（1993），頁 165-170；陳健文，〈月氏民族及其與早期東西交通的關係〉（國立臺灣師範大學碩士論文，1996），頁 105-113。

貴霜和東亞的中國人，都曾相當一致地注意到這些不同游牧民在裝束上的類似特徵。類似之處約而言之不外：

（1）被髮、辮髮、椎髻或戴尖頂帽

（2）上身穿窄袖短衣，衣領有套頭、對襟、左右衽交疊為主的三式。以受斯基泰文化影響的遺物而言，左衽者似乎較多。

（3）腰束帶

（4）下身穿長褲

（5）腳穿靴

這樣的裝束特點不但在草原游牧民族間延續極久，有些為周邊農業或半農半牧的民族所接受（如中國的趙武靈王、波斯的統治者），甚至在周邊民族的圖像藝術中留下記錄。兩漢時期壁畫和石刻中所描繪的「胡人」，從其面貌和衣裝可以證明當時的畫工並不是如實地描繪當代的胡人，而是依據一種自漢代以前即已形成，深植於漢朝人記憶中的「胡人典型」。這個典型很可能是與斯基泰文化有關的某些白種人群。他們可能是月氏或更早於月氏的人群。

〔4〕漢畫中「胡人」的種屬問題

限於資料，目前還無法較明確地掌握不同時代、不同地域游牧民族在外貌和服飾上的特徵，要認定漢畫中的胡人到底是誰？十分困難。過去有不少學者認為漢畫中的胡人是匈奴，[185] 也有人認為是烏桓、鮮卑，[186] 還有人但以胡名之，不特別指實其種屬。[187] 如果前文所說漢畫中胡人的形象多出自格套之說尚可接受，一個不可避免的結論是：漢畫中的胡人，除少數例外（如霍去病墓前馬下石雕人），並不能真實反映特定的匈奴、烏桓、鮮卑

---

185 孫機，〈洛陽金村出土銀著衣人像族屬考辨〉，《考古》，6（1987），頁 555-561；李衛星，〈論兩漢與西域關係在漢畫中的反映〉，《考古與文物》，5（1995），頁 55-56；趙成甫、赫玉建，〈胡漢戰爭畫像考〉，《中原文物》，2（1993），頁 13-14。

186 李逸友，〈略論和林格爾漢墓壁畫中的烏桓和鮮卑〉，《考古與文物》，2（1980），頁 109-112。

187 Zheng Yan, op.cit., pp. 50-59.

或其它種屬民族的外貌，我們只能含糊籠統以胡人去認識他們。

漢代胡人的形象，絕大部分見於西元二世紀的石刻、壁畫和器物。其造型淵源則見於先漢的歐亞草原及周邊國家的文化遺存。令人困惑的是，戴著各式尖帽的胡人並不見於時代屬戰國至西漢初的鄂爾多斯式金屬飾牌。過去幾十年從鄂爾多斯到遼東出土了不少這時期游牧民族的墓葬和文化遺存。腰帶飾牌有些以游牧民的形象和活動為內容，最能反映出草原牧民如何塑造自我的形象，或者說草原周邊社會的工匠依游牧民的喜好，去塑造他們的形象。

依目前所能考見的，飾牌上的人物幾乎都披髮或辮髮，沒有戴帽的。例如遼寧西豐西岔溝出土的飾牌上有左右相向的二人，二人騎在馬上，一手握轡，一手上舉，衣飾不清，無法看出左右衽，但頭髮都清楚是披髮（圖95）。[188] 同地所出另一件飾牌（另盧芹齋舊藏一件，J. Rawson，E. Bunker 編《中國古代與鄂爾多斯青銅展覽》（*Ancient Chinese and Ordos Bronzes*）收錄一對），其上有二人坐在馬車中，一人站立於車前。站立的人穿窄袖上衣、長褲、靴，衣衽不明，腰佩短劍，披髮；車中兩人身體不可見，亦為披髮；西岔

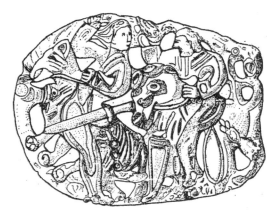

圖95　西岔溝出土飾牌摹本

188　《鄂爾多斯式青銅器》，頁73；孫守道，〈匈奴西岔溝文化古墓群的發現〉，《文物》，8、9（1960），頁25-35。

溝另一件飾牌上只見一人騎於馬上，約略可見其人為披髮（圖 96.1-6）。[189]
陝西灃西客省莊一四〇號戰國末至西漢初墓中出土兩件內容相近的銅飾牌
（另盧芹齋有兩件，J. Rawson，E. Bunker 前引書收錄一件），兩側有兩馬，中間有
二人相抱角力。二人上身衣飾不明，下身皆著長褲，兩人的頭髮也是披髮
（圖 97.1-5）。[190] 在這些游牧民自己製造或由其他民族為他們製作的銅飾牌
上，[191] 披髮可以說是典型的髮式。

圖 96.1　　　　　　　圖 96.2　　　　　　　圖 96.3

---

189 《鄂爾多斯式青銅器》，頁 96；Alfred Salmony, *Sino-Siberian Art in the Collection of C.T. Loo*
（Paris, C.T. Loo, Publisher, 1933），pl. XXI; Jessica Rawson, Emma Bunker. Ancient *Chinese and
Ordos Bronzes*（Hong Kong, The Oriental Ceramic Society of Hong Kong, 1990），pl. 228.

190 中國科學院考古研究所編，《灃西發掘報告》（北京：文物出版社，1962），頁 138-140 及
圖版 103。《鄂爾多斯式青銅器》，頁 83。M.I. Rostovetzeff, *Le Centre de l'asie, la Russie, la
Chine et le style animal*（Prague, 1929）著錄的一件銅飾牌（該書圖版 XI, no. 55），和灃西
客省莊 140 號出土者（K140: 7）幾乎一樣。又見 A. Salmony, op.cit., pl. XXI; J. Rawson, E.
Bunker, op.cit., pl. 221.

191 關於游牧民的冶金技術可參 Karl Jettmar, "Metallurgy in the Early Steppes," *Artibus Asiae*, 33
（1971），pp. 5-16. Emma C. Bunker 以河北燕下都第 30 號墓出土的為例，認為有些應該是
燕人為了和游牧民交易，特別依游牧民的需要和喜好的式樣製造的，這正如同希臘工匠為
黑海北岸斯基泰人所製的金銀器一樣。他也提到燕的工匠也可能在燕亡之後北入草原，為
游牧民服務，而製造月氏和匈奴墓中飾牌等物的工匠則可能游牧民和中國人皆有，參所著
"Dangerous Scholarship: On Citing Unexcavated Artefacts from Inner Mongolia and North China,"
Orientations, June 1989, pp. 52-59, esp. 58-59; "Gold Belt Plaques in the Siberian Treasure of Peter
the Great: Dates, Origins and Iconography" in Gary Seaman ed., *Foundations of Empire: Archaeology
and Art of the Euroasian Steppes*（Los Angeles: University of Southern California Press, 1992），pp.
201-222. Bunker 之說現在多了一個旁證。1999 年在西安北郊發現一個戰國鑄銅工匠墓，墓中
出土人物、馬和鷹虎搏鬥紋飾之飾牌模具，可以證明這類銅飾牌的製造者是華夏的工匠。參
陝西省考古研究所，〈西安北郊戰國鑄銅工匠墓發掘簡報〉，《文物》，9（2003），頁 4-14。

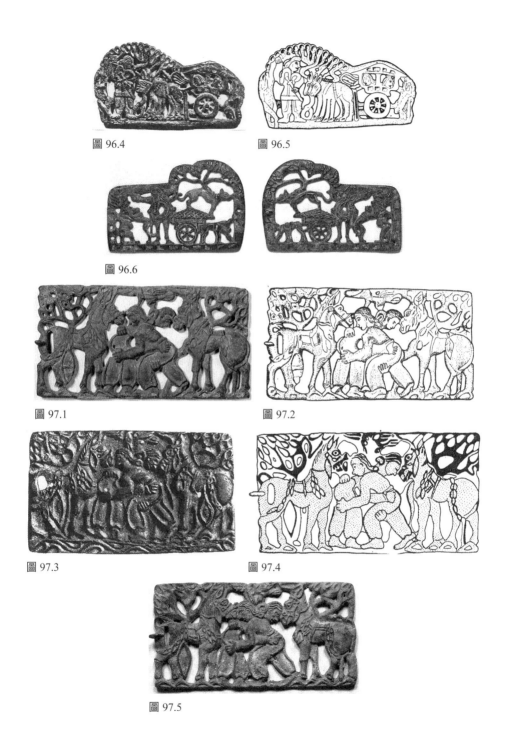

圖 96.4

圖 96.5

圖 96.6

圖 97.1

圖 97.2

圖 97.3

圖 97.4

圖 97.5

圖 98

圖 99

　　此外，辮髮也是重要的髮式之一。最近《文物》報導，1973 年在內蒙古翁牛特旗解放營子鄉泡子村出土一對透雕長方形銅牌飾，邊框內有馬車，馬車前立一人。[192] 構圖形式和前述西岔溝出土及盧芹齋舊藏者十分相似。不同的是站立者的長髮，很清楚不是披下，而是梳成長長的辮子拖在腦後（圖 98）。在遼寧平岡出土的一件幾乎和解放營子鄉泡子村一模一樣，但僅存右半的銅飾牌上，也可以看見腦後拖著長辮的人物立像（圖 99）。[193] 這幾件銅飾牌加上前文提到波士頓美術館所藏手持鳥頭柱，垂辮的青銅立人，以及內蒙古諾音烏拉（Noin Ula）六號墓中所出四條剪下的髮辮實物，[194] 說明中國北方的游牧民除被髮、梳髻，毫無疑問也辮髮。[195]

　　有人或許會指出在諾音烏拉發掘的西元前後的匈奴墓中曾出土了尖

---

192 龐昊，〈翁牛特旗發現兩漢銅牌飾〉，《文物》，7（1998），頁 42-43、78。

193 徐秉琨、孫守道編，《東北文化》，圖 146，頁 127。

194 參梅原末治，前引書，圖版 83。

195 另一件值得注意的例子是雲南晉寧石寨山一號墓出土的銅斧上有一刻畫清晰，作風十分寫實高鼻深目的人頭像。參雲南省博物館編，《雲南青銅器》，圖 121。這個人頭上梳著兩條又長又大的辮子。此人面貌絕非當地土著，而應屬高加索白種人。這樣裝束的人為何會出現在西漢中晚期中國西南部墓葬出土的青銅器上，十分值得玩味。

帽，[196]可見匈奴人也戴尖帽，只是未見於飾牌而已。可是在此地發掘的上百座大小型墓葬中，出土的幾頂帽子沒有一件和漢畫所見的相近，有人以「尖帽」形容這些帽子並不正確。梅原末治曾對諾音烏拉的發掘有較詳盡的報導。[197] 根據他的報導，諾音烏拉六號墓出土兩頂毛皮帽，一頂絲帽。兩頂毛皮帽兩側有護耳，帽頂皆幾乎為平頂（圖100）。絲帽兩側有繫帶，帽頂從正面看狀若尖頂，從側面看則接近梯型，平頂較窄，前後呈弧形向下擴大成為帽簷（圖101.1-2）。第十二號墓也出土絲帽一頂，帽子周圍為圓形，頂完全為平頂，梅原末治稱之為平圓帽（圖102）。第四號墓所出殘帽帽蕊，因過於殘碎，帽形已難辨認。漢畫中的人物通常都是側面，戴的帽子也是側面形象，和諾音烏拉以上所見帽形可以說完全不同。

　　近幾十年在內蒙古鄂爾多斯一帶發掘了不少從春秋至兩漢之際，被認為是戎狄、林胡、樓煩或匈奴的墓葬。[198] 這些墓葬沒有出土衣服或帽子，但出土不少動物紋的金、銅、鐵質帶勾、腰帶牌飾和一件精美的金冠飾（圖103）。這件金冠飾出土於內蒙古伊克昭盟阿魯柴登以南的古墓中。此地分布著密集的早期匈奴墓葬。金冠飾包括鷹形冠頂飾和冠帶兩部分。冠頂鷹體以金片打成，鷹頭及頸部則是松綠石所製。冠帶部分為厚金片錘打成半球面體，其上有浮雕的狼咬羊圖案四組，前後左右對稱。[199] 本文關心的是這樣的冠飾如果復原，應是一頂什麼樣的帽子？有助於推測帽形的是，鷹形冠頂底部的扇形斜面和金冠帶之間的關係。事實上《鄂爾多斯式青銅器》一書的附圖（該書附圖一（1））已依斜面的角度和冠帶的關係擺出帽形可能的面貌。從附圖看，這頂帽子應有一個緩緩的金質尖頂，頂不可能太

---

196 例如林幹編，《匈奴史論文選集》，頁398提到諾音烏拉六號墓在「通道南邊還有一頂相當粗劣的帽子。它的形狀，道爾吉蘇榮認為與現時蒙古人戴的尖頂帽差不多」。

197 梅原末治，《蒙古ノイン・ウラ發見の遺物》。

198 參《鄂爾多斯式青銅器》一書所附桃紅巴拉、水澗溝、呼魯斯太、毛慶溝、阿魯柴登、西溝畔、玉隆太、補洞溝墓葬發掘報告，頁204-402；秋山進午著，魏堅譯，〈內蒙古高原的匈奴墓葬〉，《內蒙古文物考古文集》第二輯，頁375-392。

199 同上，頁343。

圖 100　諾音烏拉毛皮帽

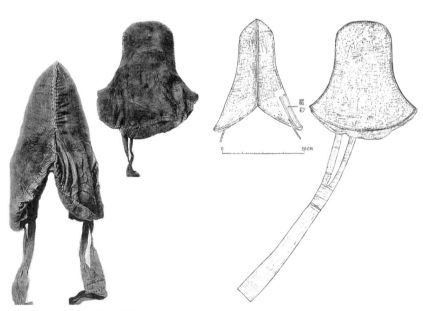

圖 101.1-2　諾音烏拉絲帽及摹本

高，其上站一隻鷙鷹。

這樣貴重的帽子不可能是一般游牧民所戴，只可能屬於他們的領袖。發掘報告認為金冠主人可能是林胡或匈奴的王或酋長。如果此說可信，或許可以暫作結論：林胡或匈奴王所戴的帽和孝堂山漢畫中所見「胡王」的前彎尖頂帽十分不同。漢代畫工偏好胡人戴著微微前彎的尖帽。[200] 這種帽子在迄今所謂的匈奴墓遺存中一無所見。這是我不能不否定漢畫中的胡人為匈奴的一個原因。

其次，如鄭岩所指出，漢畫中的胡人，除了出現在胡漢交戰圖中的，也有任守門奴、騎或牽駱駝、馴或騎象的、表演百戲的、狩獵的、懷抱小孩或飛昇在天作神仙狀的。[201] 他們以不同的身分，出現在不同的場合，除了部分在服飾刻畫

圖 102　諾音烏拉絲帽

圖 103　阿魯柴登金冠飾

上較不明確，一般有著甚為相近的裝束外貌。外貌上最易辨認的共同點即是他們頭上戴著帽尖微向前彎的尖頂帽。這些相關的畫像分布在山東、江蘇、河南、陝西、四川等地，分布如此之廣，與其說這些胡人都屬於某一特定的民族，不如說他們原本的服飾或相近或不同，但在漢代畫工和石工

---

200 畫工畫胡人著尖頂帽，顯然是有意的選擇。因為迄今從諾音烏拉到新疆山普拉或羅布泊小河墓地出土的帽子各種形狀包括尖頂、圓頂或平頂都有，但漢代畫像只見尖頂一種。參前引《中國新疆山普拉》，頁 160、233 所列各種帽子。

201 Zeng Yen, op.cit., p. 52.

的刀筆之下，卻以幾乎相同格套化的外形出現了。在這種情況下，今人勢必無法從畫像去指認畫中人物的族屬。

除了格套，漢畫常以榜題標明內容。榜題是我們理解漢畫內容較可靠的另一依據。不論傳世或出土的漢畫，以屬於各種外族入侵頻繁的東漢時代為最多。匈奴之外，還有羌、烏桓、鮮卑等等。理論上，如果漢畫要真實刻畫這些不同的外族，不但可以在外形上加以表現，也可以以榜題標示他們是匈奴、羌或其他。可是迄今出土的畫像中不見任何匈奴、羌、烏桓或鮮卑這樣的榜題，[202] 反而只有較籠統的名稱「胡王」、「胡奴門」、「胡將軍」、「胡使弩」或「隸胡」。[203] 由此看來，除了少數例外，漢畫呈現的似乎只是當時一般人概念中典型化的「胡」。他們有共通外形上的特點（窄袖短衣長褲、深目高鼻、多鬚或再加上尖頂帽），這樣的外形特點並不能反映或區別真實的匈奴、烏桓、羌或鮮卑。

七 結論

以上將傳統文獻、圖像和考古出土中有關非華夏之民，尤其是北方游牧民族的外貌形象作了一次初步的比對，企圖找出其表現的特點和異同。

---

202 《隸續》卷 18 提到荊州刺史李剛石室殘畫像「……少前六騎，形狀結束，胡人也。其上亦刻數字，惟『烏桓』二字可認。漢長水校尉主烏桓騎，又有護烏桓校尉。此以烏桓為導騎，必二校中李君嘗歷其一」（北京：中華書局影印洪氏晦木齋刻本，1985，頁 2 上）。惜未錄畫像，不知烏桓外貌如何。《隸續》卷 6，頁 9，錄武梁祠堂畫像有「休屠像」。榜題與畫像俱全，今石已泐。據《漢書·金日磾傳》及《論衡·亂龍》，此休屠是指匈奴休屠王子金日磾。如果《隸續》所錄畫像尚屬準確，則畫像中的匈奴人金日磾已著右衽寬袍大袖之漢人服飾，與武梁祠中其餘人物無別。這是迄今我所知和族屬有關的榜題，可惜都無以核驗。

203 1998 年 9 月 7 日我在山東莒縣博物館見到一方莒縣東莞出土的「畫像闕」。畫像中有胡騎及清晰隸書榜題「隸胡」二字。關於此畫像，請參劉雲濤，〈山東莒縣東莞出土漢畫像石〉，《文物》，3（2005），頁 81-87；相關研究參本書〈文獻、榜題與畫像解釋——以一個失傳的「七女為父報仇」漢畫故事為例〉一文。

根據以上的比對，或許可以暫作以下的結論：

第一，孔子以「被髮左衽」描述戎狄，並非毫無根據，只是實際的情況應遠為複雜。戎狄以及後來的胡在裝束特徵上和北亞、中亞或西北亞受斯基泰文化影響的游牧民應有文化上的關係。「被髮」和「左衽」在受斯基泰文化影響的文化遺存中可以找到蹤影。但他們也椎髻、辮髮，甚至穿右衽之衣。這使我們不得不考慮孔子所說的「被髮左衽」應該只是戎狄在裝束上的部分特徵，並不表示當時的戎狄都是如此，或僅作如此裝扮。

第二，服飾不是孤立的文化現象。在民族文化接觸的過程裡，服飾的流播和相互影響，必然是和其它的文化因素牽連在一起。因此戎狄被髮左衽的服飾問題必須放在整個古代中國和歐亞草原民族文化互動的大框架中來看待。要解決服飾的淵源問題，必須和諸如中國古代北方式青銅器的斷代和淵源、草原帶出土文物與族屬辨認等問題一併考慮，才可能得到較妥善的答案。[204]

第三，從春秋戰國到秦漢，中國儘管曾面對種種裝束和面貌都不相同的外族，但是大約從戰國開始，一種頭戴帽尖微向前彎尖頂帽，身穿窄袖短衣和長褲，高鼻深目的胡人變成中國圖像藝術中胡人外貌的典型。到了漢代，除了少數例外，大多數的畫工似乎並無意以他們具備的寫實技巧，描繪出匈奴、烏孫、越、羌、烏桓或鮮卑等的真實形貌，或展現這些民族在容貌服飾上可能有的差別。他們反而依循職業中的傳統，世代相傳，不斷翻版著一種可能自戰國時代即漸形成的籠統化、模式化了的印象中的胡人。漢畫胡人形象的格套化，使得胡人的真實面貌反而只能在少數較特殊的情況下被保留下來。

第四，這也使得漢代造型藝術傳統中的「胡人」形象，和由士人掌握的文獻傳統所呈現的有了一定的差距。文獻傳統較注意衣襟和髮式，偶爾

---

204 杜正勝在研究中國北方古代民族和歐亞草原動物文飾的關係後，也指出「在歐亞草原帶考古年代學未精確化之前，獸頭刀劍原鄉的爭議，恐怕還不會停止」，見杜氏，前引文，頁327。

提到衣服的質料，面容上僅提及某些胡人（如大宛以西民族）有高鼻深目，多鬚的特徵。漢代造型藝術中呈現的胡人外貌雖說形形色色，不過除了體質上大眼高鼻、深目高鼻或多鬚的特徵，服飾上除了改穿漢服或裸體的，最主要的特色在於那頂文獻從來不提的尖頂帽。漢代文獻雖然繼續以「被髮」、「椎髻」、「左衽」形容非漢民族或胡人，可是漢代的畫工、石匠或其它造型藝品的工匠似乎並不刻意以此為特徵去描繪他們。

第五，由此可以推知，在代代相傳的工藝傳統內，畫師工匠似乎較少受到儒家「被髮左衽」經典權威的限制。他們可以依循本身職業的傳統（例如世傳的圖譜、作坊師徒家傳的行規）和圖像呈現的需要（例如圖像上必須突顯胡、漢在外觀上的差異，也必須使這樣的差異定型化，令觀眾易於辨識），去塑造「胡人」的形象。這樣的形象不一定於事實無據，也不一定完全貼合事實，卻符合漢代社會集體記憶中的胡人，令當時僱請他們的人能夠接受和滿意。

我們今天所見到的漢代畫像背後牽涉到委造者、工匠、觀賞者彼此複雜的互動和流行的風氣。他們和掌控「文字傳統」，委託他們裝飾刻畫墓室或祠堂的士大夫關係如何？漢代以石、陶、銅器為代表的藝匠以及從事石刻、壁畫的畫工是否自有職業上的傳統？他們享有多少程度專業的自主性？這些問題很大而且複雜，值得文化史家和藝術史家從不同的角度切入分析。以上所說不過是一點極初步的觀察。[205]

最後，更有趣的是，若以出土的游牧民族服飾實物與前述文字與圖像描述的特點對照，則可以看出中國的文字和圖像傳統之間雖各有所尚，但對異族文化顯露的態度，卻有相當一致印象化、簡約化、刻板化和頑強持續的特點。草原游牧民族的髮式和服飾都十分複雜，中國文獻和圖像傳統不約而同都只截取和強調不同的一部分，而置其它於不顧。某種刻板的記述或呈現方式一旦形成，即相沿成習，甚難改變。《史記》和《漢書》以降，傳統文獻描述域外民族的風俗文化都相當簡略，甚且抄襲。這是因為

---

205 初步探討見邢義田，〈漢碑、漢畫和石工的關係〉，頁44-59。

士人、工匠的慣性和惰性？或是古代中國人傲慢的文化優越感造成了不分階層，對異文化普遍地的冷感？這是值得深思和玩味的。

88.8.15/89.5.31

後記

本文得以完成必須感謝顏娟英、謝振發、林聖智辛苦代攝許多照片，前輩徐蘋芳、王炳華先生，好友杜正勝、鄧淑蘋、洪金富、陳光祖、陳健文、丁瑞茂、杜德蘭（Alain Thote）、畢梅雪（Michèle Pirazzoli-t'Serstevens）提供頗多寶貴的資料和意見，學棣施品曲、紀安諾（Enno Giele）、助理姬健梅代閱法、德文資料，林蕙敏、楊依萍小姐代摹拓本。唯論文中一切錯誤由作者自行負責。

原刊《國立臺灣大學美術史研究集刊》，9（2000），頁 15-99。
97.3.31 增訂；105.2.13 再訂；111.2.9 三訂

漢代畫像胡漢戰爭圖的構成、類型與意義

　　胡漢戰爭或胡漢交戰在漢畫中經常出現，也引起很多中外學者的注意和討論。然而什麼是胡漢戰爭圖？如何證明它是在描繪胡和漢之間的戰爭？是否有其它的戰爭圖？胡漢戰爭圖的單元構成包含那些要素或元件？它和其它畫像主題之間有什麼關係或區別？它在漢墓或祠堂中出現的作用或意義何在？過去的學者由於引用的材料、關注的焦點、角度和解讀的方法不盡一致，得到許多歧異甚大的結論。本文希望在上篇〈古代中國及歐亞文獻、圖像與考古資料中的「胡人」外貌〉的基礎上，[1]首先檢討中外學者一些歧異的說法，接著以榜題、類型、格套和意義脈絡分析的方法，釐清過去的分歧，並提出對胡漢戰爭圖意義的理解。

　　近幾年漢畫研究可用的材料大增。尤其是 2000 年出版的《中國畫像石全集》八冊，2001 年出版的《綏德漢代畫像石》，2006 年出版的《中國畫像磚全集》三冊刊出了許多過去曾發表，但更清晰或更完整的拓本，也增刊了很多極重要的新材料。這些新材料使我警覺到所謂的胡漢戰爭畫像，在構成的複雜性和變化上，遠遠超乎我原本的認識，甚至使我不得不將過去習慣上籠統以「胡漢戰爭」或「胡漢交戰」命名的一些漢畫，就其具體內容和意義的不同，作較細緻的分類和命名。有些固然是描寫胡漢戰爭，有些顯然蘊含有多層不同的寓意，應該另立更妥當的稱呼。

1　請參拙文，〈古代中國及歐亞文獻、圖像與考古資料中的「胡人」外貌〉，《國立臺灣大學美術史研究集刊》，9（2000），頁 15-99。本書卷二，頁 221-333。

一 戰爭圖的研究與認識

　　自上個世紀初，武氏祠畫像引起海內外學者的注意以後，漢畫中的戰爭圖就成為一個經常被討論的主題。巫鴻在其大作《武梁祠》的卷首曾對過去中外學者如何解釋漢畫的內容作了很有用的分類。[2] 第一類屬於「歷史之特定事件主義」（historical particularism），亦即認為畫像是用以描繪特定的人、事、觀念或背景。以戰爭圖為例，不少中外學者認為戰爭圖是用以描寫墓主身前的經歷並表彰他們的戰功。較早的如乾隆時，阮元在《山左金石志》中引述申兆定之說，推測孝堂山石祠斬馘獻俘和覆車墮河二段「即為墓中人實錄未可知也」。葉昌熾又引之，以為「此說奇而確」，並謂：「漢時，公卿墓前皆起石室，而圖其平生宦跡於四壁，以告後來，蓋當時風氣如此。」[3] 道光年間《石索》的作者馮雲鵬和馮雲鵷認為前石室六石下層「水陸攻戰之狀雖有橫線隔斷，寔一時事也，與後石室之第七石大同小異」。又謂「車騎戰士題名而不載人名，疑當日武氏有軍功者，故圖于壁，今不可考」。[4] 容庚《漢武梁祠畫像考釋》引《石索》說，未作它釋。[5] 法國漢學家沙畹（É. Chavannes）認為武氏祠的戰爭圖是描繪漢與非漢人之間的戰爭並紀念敦煌長史武斑在西北的戰功。[6]

　　近世學者持類似觀點的很多。例如葉又新和蔣英炬注意到武氏祠戰爭圖中沒有胡人卻有女子，於是將之與東漢末遍及青、徐等州的黃巾聯繫起

2　Wu Hung, *The Wu Liang Shrine: The Ideology of Early Chinese Pictorial Art*（Stanford University Press, 1989），p. 59；巫鴻在中文稿中分別名之為「特殊歷史現象論」和「象徵主義的解釋」，參所著〈國外百年漢畫像研究之回顧〉，《中原文物》，1（1994），頁 45-50。

3　葉昌熾撰，柯昌泗評，《語石 語石異同評》（北京：中華書局，1994）卷 5，頁 330。

4　馮雲鵬、馮雲鵷，《金石索》，〈石索〉（臺北：德志出版社，1963 景印邃古齋本）卷 3，頁 446-447。

5　容庚，《漢武梁祠畫像錄》（北平：燕京大學考古學社，1936），頁 27。

6　É. Chavannes, *Misssion Archéllogique dans la Chine Septentrionale*（Paris: Ernest Leroux Éditeur, 1913），pp. 180-181.

來，認為畫像歌頌的是武氏祠主鎮壓「盜賊」或「起義農民」的功績。[7] 曾昭燏、蔣寶庚和黎忠義在沂南北寨漢墓的發掘報告裡，認為墓門楣上的胡漢交兵畫像「主題思想是寫出墓主生前最重要、最值得人景仰紀念的事蹟」。[8] 以上學者都認為圖中所描繪的，和墓主生前事蹟有關。

另外一些學者認為戰爭圖有特定的背景或指涉特定的事件，但不一定和墓主有關。例如荷蘭漢學家戴文達（J.J.L. Duyvendak）論證山東孝堂山石祠西壁的胡漢交戰圖是以陳湯誅郅支單于的戰役為背景。[9] 美國學者蘇伯（A.C. Soper）指出武氏祠的戰爭圖中並沒有胡人。他據武斑碑，認為應是描繪武丁伐鬼方的故事。[10] 趙成甫和赫玉建認為用胡漢交戰畫像磚建造墓室，一方面是褒讚漢政府平靖邊鄙之功，一方面也旌記曾參與其事者的「閃光事跡，以志不忘」。他們並沒有明白說參與其事者是否即墓主。[11] 包華石（Martin Powers）提到武氏祠的水陸交戰畫像，和葉、蔣一樣認為和攻打盜賊有關，但也沒有說是否即墓主的事功。[12] 日本學者土居淑子則認為這件水陸交戰圖是描繪王莽天鳳時東海呂母聚眾數千人為子報仇之事。[13] 杉原たく哉認為胡漢交戰圖反映了兩漢曾面對不同的胡人。孝堂山石祠胡漢戰爭圖中的胡是以西漢時所認知的蒙古種的「匈奴本族」為基礎而作的描繪，西元二世紀以後，戰爭圖中頻頻出現的胡人變成了歐羅巴種「西域

---

7 葉又新、蔣英炬，〈武氏祠「水陸攻戰」圖新釋〉，《文史哲》，3（1986），頁 64-69；蔣英炬，《漢代武氏墓群石刻研究》（濟南：山東美術出版社，1995），頁 102-106。

8 南京博物院、山東省文物管理處編，《沂南古畫象石墓發掘報告》（北京：文化部文物管理處，1956），頁 30。

9 J.J.L. Duyvendak, "An Illustrated Battle-Account in the History of the Former Han Dynasty," *T'oung Pao*, 34（1938）, pp. 249-264.

10 Alexander C. Soper, "King Wu Ting's Victory over the 'Realm of Demons'," *Artibus Asiae*, 17: 1（1954）, pp. 55-60.

11 趙成甫、赫玉建，〈胡漢戰爭畫像考〉，《中原文物》，2（1993），頁 13-16。

12 Martin Powers, *Art and Political Expression in Early China*（New Haven: Yale University Press, 1991）, p. 102 圖 49 說明。

13 土居淑子，〈武氏祠畫像石「水陸交戰圖」の一解釋〉，《古代中國考古‧文化論叢》（言叢社，1995），頁 228-252。此文原發表於《史林》，48：3（1965）。

系的胡人」，可以沂南北寨漢墓畫像為代表。[14] 杉原雖沒有直接說這樣的畫像和墓主的經歷無關，不過很顯然他認為胡漢戰爭圖是以兩漢王朝與北方胡人的關係為特定的背景。李衛星和俞偉超的看法與此類似，但俞偉超先生認為這個特定的背景僅限於西漢對匈奴的戰爭。[15]

不從特定事件去作解釋的則有貝・勞佛爾（Berthold Laufer）。他敏銳地觀察到戰爭圖十分普遍，而且多依固定的模式構圖，因此不可能是反映墓主身前的特定事蹟。[16] 近年，王思禮和楊愛國等依據和林格爾東漢墓壁畫上的「七女為父報仇」榜題，及莒縣東莞出土漢畫像石上「七女」的榜題，有力地指出武氏祠有橋和有女子的戰爭圖，應是描述一個久已不可考，流行於漢代的故事——七女為父報仇，因而與墓主事蹟無關。[17]

另一類屬於象徵主義（symbolism），認為畫中的事和人物都是象徵性的。阿・布林（A. Bulling）認為漢畫中的場面是喪禮中象徵死者靈魂之旅的表演，戰爭圖象徵著宇宙混沌，死者的陰靈被迫與今世的生活永遠分離。[18]

14　杉原たく哉，〈漢代畫像石に見られる胡人の諸相—胡漢交戰圖を中心に〉，《早稻田大學文學院文學研究科紀要別冊》，14 集（1987），頁 219-235。

15　李衛星，〈論兩漢與西域關係在漢畫中的反映〉，《考古與文物》，5（1995），頁 55-62；俞偉超，〈中國畫像石概論〉，《中國畫像石全集》第一冊，頁 12。俞先生認為全部漢畫像中的歷史故事下限只到西漢昭、宣，不見東漢中期以後故事，因此胡漢交戰圖描繪的也應當是西漢擊敗匈奴的故事。這一點和杉原不同。

16　Berthold Laufer, "Five Newly Discovered Bas-reliefs of the Han Period," *T'oung Pao*, 13（1912），pp. 107-112.

17　1998 年和楊愛國先生一起走訪山東漢畫像石時，曾聽他談起他的看法。後來在其專著《不為觀賞的畫作》（成都：四川教育出版社，1998）中也曾簡單地提到，見頁 221。後來承楊先生寄下《莒縣文物志》（濟南：齊魯書社，1993）和《莒縣文史》，才知他們的意見在 1993 年已經發表，王思禮其後又有進一步的闡述，見所著〈從莒縣東莞漢畫像石中的七女圖釋武氏祠「水陸攻戰」圖〉，《莒縣文史》，10（1999），頁 201-218。我追隨在後也表示了一些淺見，見〈格套、榜題、文獻與畫像解釋——以一個失傳的「七父為父報仇」漢畫故事為例〉，宣讀於中央研究院主辦第三屆國際漢學會議，2000 年 6 月 29～7 月 1 日，收入會議論文集《中世紀以前的地域文化、宗教與藝術》（臺北：中央研究院歷史語言研究所，2002），頁 183-234。

18　A.G. Bulling, "Three Popular Motifs in the Art of the Eastern Han Period: Lifting the Tripod, the Crossing of the Bridge, Divinities," *Archives of Asian Art*, 20（1966-67），pp. 25-53; "Historical

帕‧伯爾格（Patricia Berger）則以為戰爭圖表現的是大儺的儀式。[19] 琴‧詹姆詩（Jean M. James）認為是描繪靈魂在升天的旅途中發生的「重大意外」（important incident）。[20] 中國學者如信立祥，日本學者如林巳奈夫、土居淑子也都不認為戰爭圖是反映墓主身前實際的戰功。林巳奈夫指出戰爭圖不是在記錄或為紀念墓主的從軍經驗，圖中描寫打敗胡人等異民族其實和許多銅鏡銘文一樣，是反映「當時大多數人的願望」。[21] 土居淑子認為武氏祠的水陸交戰圖與東海呂母的事蹟有關，但她又相信「人身供養」是古代祭祀的主要因素，戰爭圖只可能與古人狩獵，以所獲之獵物，供祭祀犧牲之用有關。胡漢戰爭圖中常見的獻俘場面無非是以俘虜作為犧牲，奉獻給神。[22] 信立祥則以為胡人在中國北方，象徵陰或陰間，胡人是陰間或冥界的守護者；墓主率軍戰勝胡人，渡過橋梁（奈何橋或渭水橋），象徵墓主可往還於生死兩界之間，或「衝破守橋冥軍的阻攔，趕赴祠廟去接受祭祀」。[23]

不論基於什麼主義或觀點，在討論戰爭圖時大家有一個共通處，即認定這類圖是指涉「某一件」特定的事件或具有「某一方面」象徵性的意涵；同時自覺或不自覺地否定了其具有其它意涵的可能性。認定與墓主身前事蹟有關的學者，通常不再去追問它是否可能同時有其它象徵的意涵；強調象徵意涵的學者又一般排除了此圖和墓主之間的直接關聯。基本上，大家

Plays in the Art of Han Period," *Archives of Asian Art*, 21（1967-68），pp. 20-38; "All the World's A Stage: A Note," *Artibus Asiae*, 31: 2-3（1969），pp. 204-209.

19 Patricia Berger,"The Battle at the Bridge at Wu Liang Tz'u: A Problem in Method," *Early China*, 2（1976），pp. 3-8.

20 Jean.M.James, "The Iconographic Program of the Wu Family Offering Shrines（A.D. 151-ca. 170），" *Artibus Asiae*, XLIX: 1/2（1988/89），pp. 39-72, esp. 69.

21 林巳奈夫，《石に刻まれた世界》（東京：東方書店，1992），頁 84。

22 土居淑子，《古代中國の畫像石》（京都：同朋舍，1986），頁 110；〈武氏祠畫像石「水陸交戰圖」の一解釋〉，《古代中國考古‧文化論叢》（東京：言叢社，1995），頁 228-252。

23 信立祥，《中國漢代畫像石の研究》（東京：同成社，1996），頁 250-251，同書之中文增修本《漢代畫像石綜合研究》（北京：文物出版社，2000），頁 333；Wu Hung, "Where are they going? Where did they come from?-Hearse and 'Soul-carriage' in Han Dynasty tomb art," *Orientations*, 29: 6（1998），pp. 22-23。

比較沒有從一幅圖可能寓有多重意義的角度去思考，或者說比較沒有注意到類似的畫像因時代和地域，可以有不同的意義堆疊、延伸或重組。

過去的研究除了取徑有異，引用材料也不盡一致。有時不管爭戰雙方的身分，將戰爭的場面籠統稱為戰爭圖，或僅分為水陸攻戰和胡漢交戰兩大類。有些則將狩獵、庖廚、祭祀，甚至完全沒有爭戰場面的過橋圖也納入論述。換言之，大家對戰爭圖的基本構成和內容認定不一，這為真正理解圖像的寓意帶來不小的困難。[24]

二 胡漢戰爭圖的構成

要從過去紛亂的認識中理出頭緒，一件必要的工作似乎是先釐清胡漢戰爭圖的基本構成，分辨其可能的類型；對構成和類型不同的戰爭圖分別對待，各作解釋。

此外，正如我在其它研究中所提出，同一個畫像題材的寓意常常是多重的，單一的解釋有時反而落入認識上的片面。[25] 本文想進一步說明一個

---

24 例如信立祥的《中國漢代畫像石の研究》或中文增修本《漢代畫像石綜合研究》，即將戰爭、狩獵和庖廚圖合在一起討論，並將戰爭圖分為兩大類型，名之為「胡漢戰爭圖」和「水陸交戰圖」。他認為胡漢戰爭圖多見於後漢中期以前的祠堂，孝堂山石祠西壁之圖可為代表；水陸交戰圖見於中期以後的祠堂，可以武氏祠西壁為代表。兩者之不同除流行的時期有先後，在構圖及內容上也有差異。胡漢戰爭圖是漢與異民族對壘，戰場是在荒野，有時和獻俘圖連結在一起。他相信此圖仿自漢代宗廟的裝飾。戰勝胡人而在宗廟獻俘原本是漢代宗廟中的重要活動，與墓主的生平毫無關係。可是水陸交戰圖中對壘的是漢人，戰場則是在河川之上或橋的上下。他認為此橋即奈何橋，墓主車馬過橋，意味從陰間到陽間的祠廟接受祭祀。他企圖解釋為什麼東漢中期以前的祠堂要去模仿和墓主生平無關而原屬於漢室宗廟中的胡漢戰爭圖，後來又為什麼發生了變化。不過現在已有學者明白指出，武氏祠西壁畫像並不是描繪陰陽界間的交戰，而是述說一個「七女為父報仇」的故事。參拙文，〈信立祥著《中國漢代畫像石の研究》讀記〉，《臺大歷史學報》，25（2000），頁 267-281。本書卷二，頁 659-676。

25 拙文，〈漢代畫像中的「射爵射侯圖」〉，《中央研究院歷史語言研究所集刊》，71：1（2000），頁 1-66。本書卷二，頁 161-219。

畫像主題在創作之初，應該有它原本想要表達的寓意，然而因人因時因地域流行的風氣，同一個主題的畫像構成元素會增減變化，其寓意也會浮動或多重化；有時原意漸晦，新意喧賓奪主，或者甚至變得裝飾性多於實質，又有些則可能被借用到不同的意義脈絡裡，成為其它主題構成的一部分。二千年後，當初創作畫像的時空脈絡只餘蛛絲馬跡，甚至完全不可追索，要判別何為創作的原意，那些又是隨著時空而出現的多重意義變奏，十分不易；要釐清多重變奏之間的關係，更難。

以本篇而論，目前能找到的較早的漢代戰爭圖，時代相差有限，地域卻相距遙遠，內容分歧而又複雜。它們是否共有較早的源頭，一時尚難求索。因此，目前僅能挑出若干有時代可據，具有類型意義的例子作「定點」，據以尋繹其構成和內容上的變異，並指出其可能有的多重寓意。對原意與變奏只能稍作猜測而已。

胡漢戰爭圖的畫像構成可以說相當複雜。它最少包含可以組合在一起，也可以獨立存在的兩大部分：一部分是「交戰圖」；另一部分是「獻俘圖」。交戰圖在描繪對胡人戰爭的勝利，因勝利才有進一步的告捷和獻俘。兩者相輔相成，傳達著相同的基本寓意。

此外，「狩獵圖」有時也和胡漢戰爭圖出現在共同或相鄰的畫面中。交戰、獻俘和狩獵三部分的畫面有時甚至交雜在一起，成為內容十分繁複的一個整體結構。狩獵圖和前兩者在意義上的聯繫不如前兩者之間那樣緊密。胡漢戰爭圖中的交戰和獻俘圖目前見於山東、河南、陝北和內蒙古的漢墓或祠堂。狩獵畫像除了上述地區，也出現在四川、蘇北等幾乎所有有畫像磚、畫像石或壁畫的漢墓、祠堂和各式明器圖飾中。狩獵和戰爭圖的關係以及原意似乎必須放在古代「寄戎事於田獵」的大傳統中才能說得清楚。不過，當狩獵圖出現在漢墓與祠堂中時，已可能在原意之外增添了其它象徵性的意義，或與其它圖像發生了聯繫，造成寓意的挪用和多重化。

為了方便分析，以下先分別討論「交戰圖」、「獻俘圖」和「狩獵圖」的構成特徵，再分析三者可能有的組合變化和意義上的關聯。

1. 交戰圖

交戰圖以目前所可考見的例子來說，必須具有以下兩項畫面構成上的特徵：

(1) 在人物構成上，必須有足以表現胡人與漢人不同裝束或面貌的官兵。例如孝堂山石祠西壁有「胡王」榜題的胡漢戰爭圖（圖1），「胡王」及其手下和對壘的漢軍在衣裝外形上即有明顯的區別。最

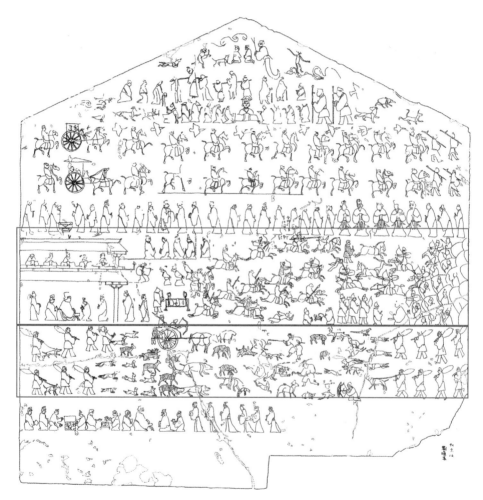

圖 1　劉曉芸線描圖，紅框上半為胡漢戰爭，下半為狩獵圖。

明顯之處在於胡王與胡卒，不分步騎，頭戴頂部微向前彎的尖頂帽，漢軍則戴平巾幘。

（2）在畫面布局上，必須表現出或步或騎的胡漢兵，正在對壘，或正以武器（弓箭、刀、戟等）進行戰鬥，甚至有傷亡的描繪。再舉孝堂山同一畫象為例，不但描繪胡漢騎兵正在衝鋒對陣，以弓箭互射，甚至描繪胡兵自馬上翻落，橫臥在地，有些則已失去首級。這些傷亡表明這是一場真正的戰鬥，而不是操演性的「都試」。[26]

如果沒有以上兩項特徵，則是其它的戰爭圖，必須分別對待，另作討論。例如武氏祠前石室和左石室西壁、孝堂山石祠三角梁西面和和林格爾東漢壁畫墓中的「七女為父報仇」圖，就必須另案處理。[27] 又如滕縣西戶口一石，[28] 描寫兩方車馬兵卒交戰，甚至有已失去首級的屍體倒臥在地，但雙方人物衣飾幾無不同，分不出胡、漢（圖2）。類似的情形也見於陝西綏德白家山漢墓前室西壁，[29] 都必須暫時排除在胡漢戰爭圖的討論之外。

至於學者討論甚多，用以呈現戰爭發生地點的山頭、橋、闕或其它建築等，就畫像基本寓意的呈現而言，僅屬次要或不必要。因為有很多胡漢交戰圖可以完全沒有背景的陪襯。不過畫像的寓意可以多重，在某些情況下這些背景似乎又不僅僅是點綴。這些問題將於後文詳論。

圖2　作者線描圖

26　勞榦，〈論魯西畫像三石——朱鮪石室、孝堂山、武氏祠〉，《中央研究院歷史語言研究所集刊》，8：1（1939），頁93-127。

27　詳參拙文，〈格套、榜題、文獻與與畫像解釋——以失傳的「七女為父報仇」漢畫故事為例〉，頁183-234。本書，頁111-159。

28　《山東漢畫像石選集》（濟南：齊魯書社，1982），以下簡稱《選集》，圖226。

29　《綏德漢代畫像石》（西安：三秦出版社，2001），以下簡稱《綏德》，圖29。

圖3　作者線描圖，紅框上半為獻俘，下半為狩獵圖。

2. 獻俘圖

　　獻俘圖的畫面構成基本元件和特點在於：

（1）最少有一個或若干下跪或站立，雙手反綁的胡虜。

（2）或有若干展示的胡人首級。這些首級或懸於架上，或置於几案上。胡人的特徵可以從面貌或裝束反映出來。

（3）至少有一位面對胡虜，受降的官員。

　　獻俘的場面可繁可簡。簡單的只由以上三項中的兩項構成（圖3），較為繁複的不但俘虜和受降者的人數眾多，畫面上有懸掛或展示的胡人首級，有表現受俘場地的建築，甚至有成群的騎士、百官，宴飲或百戲慶賀的場面（圖1、4、5）。這裡要指出的是，有些獻俘圖除了有向漢官獻俘的場面，也偶爾有胡兵晉見「胡王」的場面（如孝堂山祠堂），然而還不曾見到有向胡王獻漢俘的。

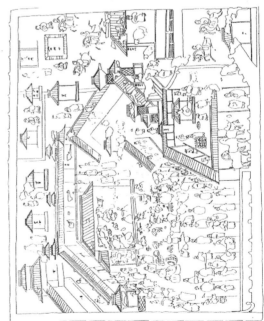

圖 4　作者線描圖

圖 5　作者線描圖，此兩壁在墓道和墓室轉角處，畫面可連續成一整體。

3. 狩獵圖

狩獵圖畫面構成的必要元件如下：

（1）奔逃或已中箭的走獸或飛禽。

（2）打獵的人或騎在馬上，或乘於車中射箭，或正拿著其它打獵的工具（如罼），或正驅趕著獵犬或帶著獵鷹，追捕野獸（圖1、3）。

狩獵圖在漢畫中是一個十分常見的主題，出現的地域也極廣。畫面可繁可簡。其繁者，人物和鳥獸眾多，也有山巒等背景描繪；簡單者，不過一人一獸。

具有上述構成全部或一部分要素的胡漢戰爭畫像目前可以追溯到：

（1）河南南陽新野樊集吊窯三十七號西漢墓出土的畫像磚（武帝以後，王莽之前）

（2）山東濟寧蕭王莊一號墓石槨側壁上的獻俘畫像（王莽時代）

（3）山東肥城欒鎮村建初八年（西元83年）畫像

（4）現藏於山東平邑縣立第三小學的東漢早期南武陽皇聖卿東西闕（西元86年）和功曹闕（西元87年）

以上四者內容都十分複雜，各有特色。它們應有更早的淵源，可惜一時還沒有材料可以追索。

河南南陽新野樊集吊窯三十七號墓是一座僅墓門使用畫像磚的雙室墓。[30] 畫像磚共五方，三方為立柱，二方內容不同的為門楣橫梁。胡漢戰爭畫像磚出現在西側門楣上（圖6），另一側的內容為拜謁和二桃殺三士。樊集漢墓的橫梁常重複使用同樣內容的畫像磚，此墓兩方內容不同，且彼此無關，值得注意。這一方胡漢戰爭畫像磚可以說是目前可考時代最早，也是河南僅見的一件。

---

30 參南陽文物研究所編，《南陽漢代畫像磚》（北京：文物出版社，1990），頁5-30。37號墓外觀見《南陽漢代畫像磚》圖版5。

圖6　作者線描圖

　　此磚畫像以交戰和獻俘場面為主，又整合有其它的內容。磚的左端有和山東畫像中所見類似的山巒，胡騎自山間奔出，山前有成排張弓射箭的尖帽胡人。不同的是山巔之上，有拉強弩的蹶張一人，盤腿而坐，持杖或某種武器，鬚髯怒張的武士一人，其旁還有身分難辨的另一人。這樣的組合不見於山東胡漢戰爭圖，其意義不明。磚畫中央部分刻畫胡漢雙方騎兵正對峙，以弓弩互射。地上有倒臥無頭的屍體，也有三騎提著首級在手。在交戰戰場的右側，有一漢卒正持刀押解一名被反綁，戴著尖帽的胡虜，另一被反綁的胡虜正被押解著，跪在一位官吏的面前。這位官吏身後有蘭錡，其上可見斧等武器。布局上較不同的是接受獻俘的官吏不憑几而坐，戴著武弁大冠，手持著刀或劍，以極高大的形象站立在一台子上，其前方有官員三四人執笏向他跪拜。跪拜人物的身後還有三、四顆帶髮的首級。另一不同是畫面中夾雜一位較高大的人似正在整備弓弩。值得注意的是與獻俘場面相連的右端上方有持戟的兵士和一形體甚高大，正揮著棒槌的擊鼓人。從下文將談到的複合型獻俘圖可以知道，擊鼓和百戲表演也是獻俘圖組成的一部分，表現出對勝利的慶祝。這從以下山東濟寧蕭王莊漢墓石槨畫像也可得到證明。

　　1997年在濟寧市北郊蕭王莊村東北發現兩座石槨墓，一號墓石槨四側外表刻有畫像。其中北槨壁外側有所謂的凱旋圖（圖7）。相關報導有如下的描述：

　　北側板畫像也是三幅，自右而左分別是凱旋、謁見和歌舞。凱旋圖上下三
　　層，人物、車、馬均面左。上部是兩輛軺車急馳而來，車上二人，一馭一

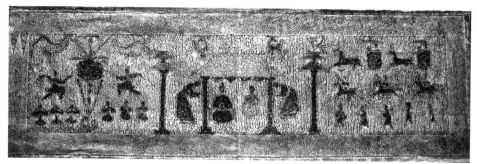

圖7　楊愛國提供照片

主。中層是三單騎,騎者均持長戟,也呈奔馳狀。下層步行者五人,四位
士兵、一名俘虜。前三人各持兵器前行,後人以繩索牽一俘虜,俘虜披頭
散髮,雙手反綁,跟在後邊。中格畫面是拜謁圖。堂中也坐著兩位主人,
屋頂上左右是兩隻朱雀……堂外左右兩人躬身下拜。

　　左格主題是建鼓舞。建鼓豎立在虎形鼓座上,建鼓頂端是羽毛等裝飾華麗
的傘蓋。兩擊鼓者邊鼓邊舞,樂隊和歌者則分別坐在建鼓兩側……。[31]

據報導者判斷,此墓屬王莽時期。如果判斷無誤,這可以說是山東地區目
前所見最早的獻俘圖。畫像雖分為左右中三格,內容其實相互關聯。向左
行的車馬和兵士用繩索牽著前進的俘虜正朝著畫面中央的主人,主人左側
的建鼓和樂人和前文所說新野畫像磚上的相同,都在表現慶祝勝利。三格
畫面旨在呈現獻俘告捷。可惜據原刻拓片,不足以辨識俘虜是否具有胡人
的特徵,報導者也沒有說明。

　　1956 年在山東肥城縣西南九十里安駕莊欒鎮村東頭水坑的北岸發現一
座已遭破壞的畫像墓。[32] 此墓用青石建成,有前後室。後室為棺室,前室
有石柱,室頂中央有藻井,藻井東西兩邊為平面石板蓋頂。東面蓋頂石板
上刻有畫像,並有「建初八年(西元 83 年)八月成」等二十六字的題記。

31　張從軍等,《漢畫像石》(濟南:山東友誼出版社,2002),頁 50。圖版見頁 51。圖版極模糊,
　　本文拓片電子版承楊愛國先生慷慨提供,謹此致謝。
32　王思禮,〈山東肥城漢畫像石墓調查〉,《文物參考資料》,4(1958),頁 34-36。

圖 8　作者線描圖

另一件畫像則見於前室東壁。兩方畫像的布局與內容十分相近。[33] 它們的基本布局都是下方中央為雙闕和建築，上方橫列一排人物與車馬。與孝堂山石祠以及其它的東漢祠堂後壁的內容相比較，可以確知欒鎮村這兩石是後人修墓挪用，原本是兩座不同祠堂的後壁無疑。

　　有建初八年紀年的一石（圖8），其建築的上層有舞人和奏瑟的樂人，下層則有擊鼓、吹笙等樂人，建築之下左側有一體型稍大，正面憑几而坐，戴冠的祠主，兩側有分持不同武器的侍衛。壁上掛著弩，右側有四人似在相互施禮，最右側則有一樹，樹下有一馬。建築物頂部的兩側有持規矩的伏犧和女媧。兩闕上則有人用魚竿釣魚。

　　這裡須要注意的是上方一橫列的人物和車馬。車馬由東向西而行。車馬之前有持矛的導騎三人，導騎之前有戴尖頂帽步行持刀的胡卒，正阻止

33　調查此墓的王思禮先生認為題記使我們知道了這一墓葬的絕對年代，並認為畫像的風格和邊飾與孝堂山石祠相似。雕刻技法確實都是所謂的平面陰線刻，風格亦與孝堂山石祠的相近。但是根據現在比較多的資料，可以確定此墓顯然是利用早期祠堂的石材所建造，時代應較晚。這兩方內容相近的畫像都是漢代祠堂後壁的典型畫像，拆下後，一方成了墓的前室頂蓋，一方成了前室的東壁。

圖 9　作者線描圖

西行的馬車前進。馬車之後跟隨著魚車和鹿車，最後跟隨一位騎鹿帶羽的仙人。魚車上的人物應是河伯。[34] 換言之，這是人與神仙組成的車隊。車隊之前，也就是在畫像左端有三位正彎弓相向，阻止或欲攻擊車隊的胡兵。

　　同墓出土的另一石的下半截，有基本相同的樓闕布局（圖9）。但樓闕下方中央出現朝左行，由三車和前導後從騎兵組成的的隊伍。樓上雖有人鼓瑟，樓下中央卻出現一位正面朝前，背上有簑衣，雙手扶雙刃鍤，頭戴斗笠的人物。右側有二人向他作揖，左側有一人一手舉一錘，另一手似正準備椎殺一隻仰首的狗。樓外右側屋簷下有一人跪坐在一似為磚砌的臺階上，另一人站在臺前，向之施禮；樓外左側屋簷下有一持鳩杖者，與另一人相對而立。

34　三魚所拉魚車上的河伯圖可見於有「何（河）伯」榜題，河南新野出土的「天公行出樂未央」銅鏡，參劉紹明，〈「天公行出」鏡〉，《中國文物報》，486 期（1996.5.26）。

這是祠堂後壁畫像中罕見的畫面。畫面的關鍵很清楚是中央那位手扶鍤並頭戴斗笠的人物。幸而這類造型的人物在漢畫中並非僅見。造型類似的例子最少可在江蘇銅山縣苗山、山東臨沂白莊、沂南任家莊的漢墓石刻中找到（圖 10-12）。過去有學者認為這位人物是神農或炎帝，[35] 但缺少榜題的支持。嘉祥武梁祠古聖王圖榜題明確，其中題為夏禹的人物，正是頭戴斗笠，手持雙刃鍤（圖 13）。莒縣東莞出土的畫像，在戴同式斗笠人物的身側也清楚題著「夏禹」二字（圖 14）。由此幾可推定欒鎮村這一畫像中的人物應是夏禹。[36] 為何將夏禹安排在祠堂後壁中央，通常是祠主所居的位置呢？這是一個費解，卻不能不解釋的問題。下文將再作討論。

這裡須要進一步談的是樓闕上方同樣有一橫列的車馬和交戰的胡漢兵卒。和前一石一樣，右端有一隊向左行進中的車馬隊伍，不同處是這個隊伍中沒有河伯、鹿車或仙人。隊伍之前則有各自下馬，以弓箭、刀和勾鑲對峙的胡漢騎。胡兵身後，還有一朝右前進的胡人步卒和一位正從奔馬上轉身而射的胡騎。從構成上說，這是習見的胡漢交戰圖，其下方也有很常見的狩獵圖。

山東平邑所出皇聖卿東西闕和功曹闕（功曹闕一對只存其一）形制相似，四面分層布滿畫像。可貴之處是其上有銘題和明確可辨的年代資料。皇聖卿西闕銘題之「元和三年」（西元 86 年），功曹闕「章和元年」（西元 87 年）等字清晰可辨。[37]

35　如《徐州漢畫像石》編委會，《徐州漢畫像石》（北京：中國世界語出版社，1995），圖 34、35 說明認為是炎帝（頁 85）；也有人認為是神農，如夏亨廉、林正同編，《漢代農業畫像磚石》（北京：中國農業出版社，1996），頁 20；蔣英炬，〈漢代的起土工具臿和籠——兼釋漢畫像石「負籠荷臿」圖像及耒耜臿的演變〉，《故宮學術季刊》，11：4（1994），頁 81-91。

36　夏禹造型的來源似與漢代一般的農夫有關。1977 年四川峨嵋雙福鄉出土一石雕農夫立像，頭戴斗笠，雙手扶鍤與夏禹造型十分類似。參中國歷代藝術編輯委員會編，《中國歷代藝術》雕塑篇（臺北：臺灣大英百科公司，1995），圖 54。

37　這三件宋代趙明誠《金石錄》即曾著錄的闕不太有學者利用。一個原因可能是過去一直缺乏較完整的著錄，也因為三闕石質不佳，出土日久，畫像頗多漫漶，研究不易。É. Chavannes 書最早著錄（*Misssion Archéllogique dans la Chine Septentrionale*: *planches*, Paris: 1909），但

圖 10　作者線描圖　　　　圖 11　劉曉芸線描圖　　　圖 12　劉曉芸線描圖

圖 13　劉曉芸線描圖

圖 14　作者線描圖

　　這三闕特別珍貴之處除了有明確紀年，更因為許多後期山東地區漢畫
的母題和表現特徵在這三闕上都已出現。[38] 三闕提供了時間上的定點，和
前述肥城欒鎮村的畫像比對，對了解這些母題的來源、構成和發展極有幫
助。胡漢交戰和獻俘圖就是這些母題之一。在可辨識的部分中，皇聖卿西
闕從上端數來第二層是一連四面相關的戰爭和獻俘圖（圖 15），功曹闕第二

僅著錄三幅圖及其中一圖之局部（圖 154-157）；大村西崖《支那美術史雕塑篇》（1915）僅
著錄四幅（圖 95-98），關野貞《支那山東省に於ける漢代墳墓の表飾》（1916）僅收羅振玉
原藏拓本一幅（圖 207）。其後著錄即見於傅惜華《漢代畫像全集》初編。可惜初編未完整
收錄三闕。《中國畫像石全集》第一冊雖完整收錄（圖 4-15），可是拓製時間明顯較晚，畫
面多已不堪。我閱讀史語所傅斯年圖書館藏拓，發現其中有些較初編本為好。畫面或殘損較
少，或較清晰，有些甚至比初編本多出一、兩層的畫像。例如皇聖卿西闕南面畫像，史語所
本較清晰；東闕南面畫像，初編本（圖 211）只有上兩層半的畫像，史語所拓本有四層半的
畫像；東闕北面畫像，初編本（圖 214）只見上四層，史語所拓本有四層半；東闕東面和西
面畫像，初編本（圖 215、216）只見上四層，史語所拓本有四層半。史語所拓本較差的部分
是皇聖卿西闕北面和東面畫像的最下一層缺的部分較多，但上四層畫像較初編本為好。《中
國畫像石全集》第一冊刊出三闕畫像（圖 4-15），雖最為完整，但拓製時間較晚，部分畫面
已不如史語所藏本清晰。1992 年夏我曾去平邑縣立第三小學參觀。當時保存在校園內一間
專屬的平房中，風化剝蝕的情形十分嚴重。現存畫像已明顯不如傅惜華初編收錄的拓本。三
闕在 1950 年代的情形可參劉敦楨，〈山東平邑縣漢闕〉，《文物參考資料》，5（1954），頁
29-32。

38 如功曹闕東面上層的西王母，北面上層的孔子見老子和項橐，西面二層出現的大象和駱駝，
三層和南面三層相連的鼓樂百戲圖，下層的泗水撈鼎，皇聖卿東闕北面四層的泗水撈鼎，五
層的河伯，南面上層由中央某神抱在一起的伏羲和女媧，東面上層的風伯和雷公等；皇聖卿
西闕北面三層的庖廚圖，下層和西面相連的狩獵圖，西面上層雙頭雙身相連的神獸。

層東、北、南三面是相關的胡漢騎兵交戰圖（圖16）。以下即談談這兩部分。

皇聖卿西闕第二層四面是連續相關的畫像。保存較好的是南面和西面。南面畫像除左側有些漫漶，其餘部分都清晰可識。上半部描繪懸吊四個首級的架子，架子下有橫臥在地，無頭的屍首三具。下半部左端有一位身形較大，朝右而坐的漢代官員，漢卒正押解著頭戴尖頂帽，雙手反綁的胡虜前來晉見。相鄰的東面第二層漫漶殘泐十分嚴重，大致上可以看見有奔馳中的兩騎，是胡是漢已無法辨識。北面第二層殘泐也十分嚴重，大致上有二人相對施禮，二人似乎都戴著尖帽，似是前文所說胡吏晉見胡王的場面。西面第二層情況稍好，可以較明確的看出有兩對胡漢步兵正捉對廝殺；其中左側的一對，胡兵彎弓而射，漢兵手中則拿著勾鑲，是否執有其它兵器已看不出來。另一對較模糊，右側漢兵正以長矛刺向胡兵。第二層這四面雖然有部分不夠清楚，大致上可以肯定這四面既可相互獨立，也可相互關聯，構成胡漢戰爭圖的四個主要場面。這四個場面在後來山東地區的胡漢戰爭圖中反覆出現。例如類似構成的獻俘圖即見於嘉祥五老洼第十二石（圖17.1-4），也見於孝堂山石祠西壁（圖1）。

功曹闕東、北、南三面的第二層也是相連的胡漢戰爭圖。較奇特的是西面竟是大象和駱駝圖。[39] 東、北、南三面以南面保存稍好，東面最差。南面還可以看出六名朝右奔馳的騎兵。左端三名頭戴平巾幘的漢騎尚可辨識。右端上方一名頭戴尖帽的胡兵奔逃，遭漢騎以長戟追擊，正從馬背上後仰翻下。右端下方有一騎，馬匹尚清晰，但馬上人物漫漶，已分不清是漢或胡騎。這種胡兵受漢騎攻擊而從馬背上後仰翻下的構圖方式，不但見於孝堂山石祠的胡漢交戰圖，也常見於山東其它地區的畫像（圖1、3、16、17、21、35）。東面和南面畫像相連，不過東面已相當漫漶，僅見一漢騎追

---

39 相同的大象和駱駝出現在皇聖卿西闕的西面第三層，和同層其它的畫面的關係不明。大象和駱駝在漢畫中有時單獨出現，有時同時出現，有時被乘騎，有時被追獵，其意何在？皇聖卿闕和功曹闕上大象駱駝不同的布局，又意味著什麼？須另文討論。

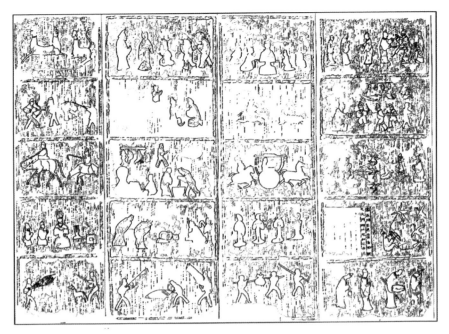

圖 15　皇聖卿西闕，作者線描圖。

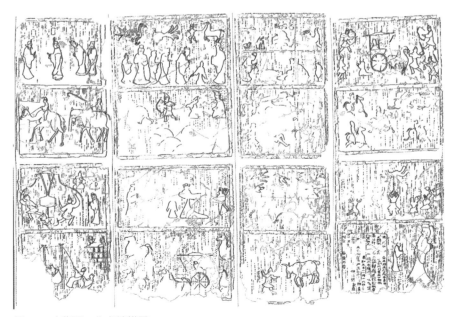

圖 16　功曹闕，作者線描圖。

圖 17.1 劉曉芸線描圖

古月集：秦漢時代的簡牘畫像與政治社會
——卷二 畫像石、畫像磚與壁畫

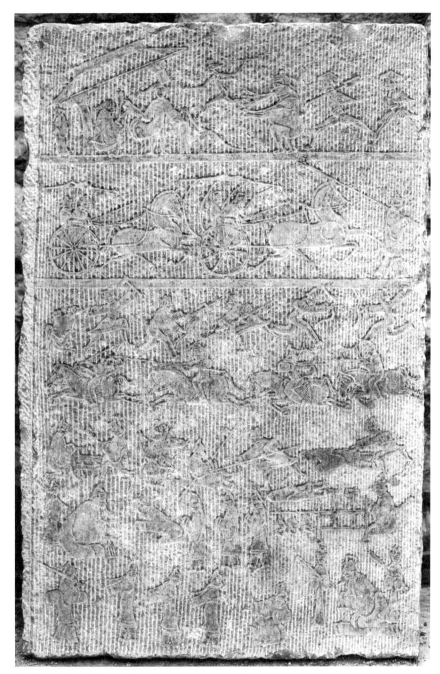

圖 17.2　1992 年作者攝於山東省石刻藝術博物館

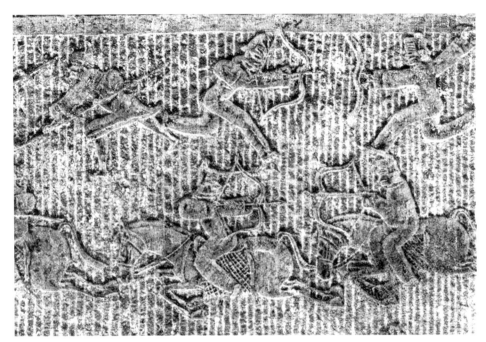

圖 17.3　前圖局部

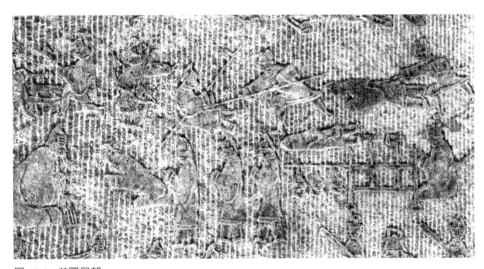

圖 17.4　前圖局部

　古月集：秦漢時代的簡牘畫像與政治社會
　　　　──卷二　畫像石、畫像磚與壁畫

殺一胡騎，胡兵手中有弓，遭受攻擊之後，也正從馬背上翻下。其餘隱約可見一步兵，一躺臥在地只有下半身可識的人和一騎的後腿和半截尾巴。北面下半截漫漶難識，似有一些由半圓弧線構成的山頭，十分像是孝堂山胡漢交戰圖右端的山頭，但無十分把握；上半右側則可見戴尖帽的胡吏謁見胡王。右端一人身形較大，和孝堂山胡漢交戰圖右端的胡吏拜謁「胡王」部分的構圖極為類似。上半中央有一戴尖帽朝左而行的胡人步卒，正持弓而射。他的前方似有一背對朝左而行的人，惜已漫漶，身分不明。

就研究胡漢戰爭畫像而言，新野樊集三十七號墓畫像磚和濟寧蕭王莊石槨畫像時代較早，肥城欒城鎮祠堂畫像、平邑皇聖卿闕和功曹闕有明確紀年，提供了構圖發展的時間線索：

（1）在這些畫像中可以找到孝堂山石祠等東漢中晚期以降許多胡漢交戰圖構成的元件及構圖形式的淵源如：戴尖帽的胡人、戴平巾幘的漢兵、山頭、漢騎以長戟追殺胡騎的表現形式、以胡人首級懸於架上、倒地的無頭屍體和反綁的胡虜晉見漢官以示漢人的勝利、胡吏晉見胡王、樂舞慶功等；

（2）新野樊集三十七號墓畫像磚左端有山頭，濟寧蕭王莊石槨中間一格有建築，平邑三闕的幾幅畫像除了疑似的山頭，沒有其它表現空間的背景描繪。可知早期的胡漢交戰圖背景較簡單或甚至完全沒有背景。背景的增添應是較後期的發展；

（3）東漢初的胡漢交戰圖如在肥城欒城鎮祠堂畫像中所見，已和其它性質的構圖元件（鹿車、仙人、河伯……）交雜在一起，其具有的意義似已多重化，不可能只是為了表現單純的胡漢交戰。

（4）就平邑三闕各面及各層畫像的布局而言，一大特色是彼此缺少聯繫，沒有明顯構圖上的邏輯性和整體性。以胡漢交戰相關的各畫像而言，或同一層四面相連續，或三面相連續而間雜關係不明的其它畫像。功曹闕南北東三面胡漢交戰圖相連續，西面卻是駱駝大象圖。在皇聖卿西闕西面最下層有一典型的狩獵畫像（圖15），但和同一闕上胡漢交戰的畫像並不發生關聯。孝堂山石祠裡的胡

漢戰爭畫像已沒有這樣的情形，構圖和布局顯得較為完整和成熟。

三 胡漢戰爭圖的類型

以上討論畫像的構成，主要是分析表達畫像寓意的必要構圖元件；如果缺少這些元件，就無法傳達胡漢戰爭的基本寓意。事實上目前可考的胡漢戰爭圖，畫面上因加入了種種次要或屬於裝飾性的構成因素而顯得複雜多變。就細節而論，甚至可以說沒有那兩幅胡漢戰爭的描繪完全相同。然而，在複雜變化之中，依然可以歸納出幾種基本的類型。

依構圖的布局和繁簡，約略可分為「基本型」和「複合型」兩大類。基本型是指戰爭圖或獻俘圖在布局上單獨構成畫面，或者即使與其它的圖連成共同的畫面，彼此仍可以清楚地分割開來。複合型是指戰爭圖、獻俘圖和狩獵圖三者中的任何兩者或三者交錯整合而形成一較複雜的整體結構。基本型和複合型又可因布局和背景的有無，分別作進一步的分類。以下我們先從基本型入手，嘗試釐清胡漢戰爭畫像可能有的類型。各類基本型又可大致分為無背景和有背景的兩種情況。

一、基本型
1. 交戰圖

無背景描繪的交戰圖就布局和內容又可粗分為以下三型。就布局而言，這三型共通處是胡漢左右對陣，完全沒有任何顯示空間的背景描繪；就內容言，則有（1）騎兵對陣、（2）步卒對陣、（3）步兵和騎兵皆有的三型：

(1) **胡漢騎兵對陣**，如山東汶上孫家村一石（圖3）。此石分上下三層。三層間以橫線清楚分隔。三層在內容的意義上雖互有關聯，但在畫像構成上無疑清楚分為三部分。下層為狩獵圖，中層為獻俘圖，上層則是交戰圖。上層右端為奔逃的兩胡騎，一人反身而

射，一人被追上的漢騎以戟刺中，正要翻身落馬。左端另一漢騎則正於馬上張弓而射。左端還有兩名持戟步行的漢卒。漢步卒偏在左端，布局無疑是以四名胡、漢騎兵對陣為主。

(2) **胡漢步兵對陣**，如山東汶上先農壇一石（圖18）。此石分上下四層。最下一層為交戰圖。這幅交戰圖雖無隔線，但從畫面構成無疑可清楚分為上端的獻俘和下端胡漢交戰的部分。胡兵持弓箭在左，漢兵或持戟，或持刀盾在右，相互對壘。最大的特色是雙方都是步卒。另外稍有不同但亦可歸入此類的是嘉祥洪山村出土的一石（圖19）。此石下層右端為胡人向憑几而坐的胡王跪拜，左端為交戰圖，其間亦無間隔，但布局可以清楚分為左右兩部分。交戰圖表現的形式不是胡漢分成對壘的兩陣營，而是描寫兩對胡漢步卒正以刀劍相互攻擊。左側的一對胡漢步卒正在以刀劍搏擊，右側則描繪漢卒刺中胡卒腹部，胡卒不支，正要倒下。這種胡漢步卒捉對廝殺的布局方式已見於皇聖卿闕西面第二層，也見於嘉祥五老洼畫像第八石（圖20）。從嘉祥五老洼第八石和第十二石的畫像布局去推斷，我懷疑嘉祥洪山村一石可能並不完整，下端應還有一層（如五老洼第八石第三層，五老洼第十二石下層）描繪漢吏帶胡虜晉見漢官才是。

(3) **胡漢步騎對陣**，如嘉祥五老洼畫像第十二石（圖17）。此石有隔線分為上下三層。最下一層上層為交戰圖，下層為獻俘圖。上下層之間未見隔線，似有意使觀者對這一部分產生整體感。上層的交戰圖有上下三排。上排是左右三對分以弓箭和長戟等武器相互攻擊的胡漢步卒，中排則是兩對分別以弓箭和長戟相互攻擊的胡漢奔騎。下排右側有胡漢步兵捉對廝殺，左側有胡人烤肉。下層獻俘圖分上下二排：上排右端有懸首級的架子，左端為胡吏晉見胡王。下排則是漢吏引導三名反綁的胡虜晉見右端坐著的漢官，其左右各有一人持金吾侍立。

圖 18　作者線描圖

圖 19　作者線描圖

　古月集：秦漢時代的簡牘畫像與政治社會
　　——卷二　畫像石、畫像磚與壁畫

圖 20　劉曉芸線描圖　　　　　　　圖 21.1　劉曉芸線描圖

　　搭配背景的胡漢交戰圖甚多。除了交戰的胡漢兵士，還以山、橋、立柱或門闕呈現戰爭發生的空間景觀：

（1）以山為背景

　　結構較簡單的如嘉祥宋山第二批畫像第二石（圖 21.1-6）。畫像上端有向右奔跑的騎士四人。前方戴尖帽的兩胡騎正企圖逃走，但一人遭追上的漢騎以長戟刺中，正從馬背上翻落，另一漢兵則正張弓瞄準另一奔逃中的胡人。畫匠在右側利用一波浪狀向左斜下的線條象徵起伏的山頭，[40] 山頭之後有將奔出山的馬頭及隱入山後而露出的馬後肢；山右則有相對的戴尖帽的兩胡人。畫面下方則是獻俘圖。一漢朝官員一手用繩索牽著遭反綁的

40　相同的山頭畫法也見於嘉祥蔡氏園出土的一幅狩獵畫像，見《全集》初編，圖 169。

圖 21.2　2016.8.17 作者攝於山東省博物館

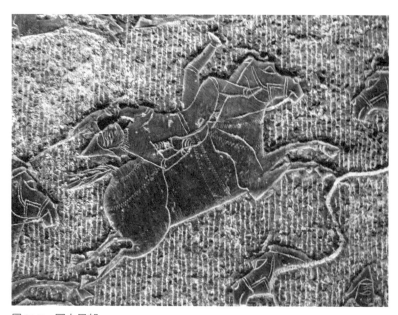

圖 21.3　同上局部

古月集：秦漢時代的簡牘畫像與政治社會
　　──卷二　畫像石、畫像磚與壁畫

圖 21.4　同上局部

圖 21.5　同上局部

圖 21.6　同上局部

兩胡人來到相對坐著的長官的面前。交戰與獻俘圖之下則是另一意義上無關的畫面，朱錫祿稱之為「斬蛇圖」，姑且不表。宋山第二批畫像第三石（圖22），也可歸入此類。上層畫面殘損近半，仍可見自山後探出頭，戴著尖帽的胡人，以及右側進攻中的漢軍步兵。殘存的部分看來畫面結構似乎更為簡單。

（2）以橋為背景

可以蒼山前姚村所出一石（圖23）為例。畫面中央是一中間拱起有欄杆的橋。從右向左，有馬車及騎士持武器過橋，橋下有人乘船渡河及捕魚。橋的左端則有持刀盾的漢軍步卒與戴尖帽，張弓而射的胡人進行戰鬥。

（3）以立柱或闕為背景

這類胡漢戰爭圖過去似較少人注意，在山東參觀時我無意中發現。其中一例是1990年在山東省博物館舊址的迴廊上見到（圖24），2004年再見於新館。此石分上下

圖22　劉曉芸線描圖

圖23　作者線描圖

兩層，上層是蔣英炬曾介紹過有「案（晏）子」、「孔子」和「老子」榜題的孔子見老子和項託圖。[41] 下層中央為一座有頂簷的闕形建築。建築將畫面分割成左右兩半。左半較漫漶，仍可看出是六位騎士手持弩向右奔馳，右半則很清晰有六位頭戴尖帽的胡騎反身張弓向左奔馳。

　　值得注意的是在畫面的最右端，在一匹體形較大的馬上有一人似也張弓與胡人相對而射。此人形象已漫漶不清。此石右端明顯殘斷，本無法判斷畫像的整體布局到底如何。2002 年 12 月鄭岩先生告知這一斷石的右側還有寬窄、大小、風格、雕刻技法和石材質地完全相同，可以接續的另外兩段殘石。2004 年 7 月底，有幸在山東省博物館親自見到。這三石因殘損，畫面已不能完全密接，但殘存的畫像毫無疑問是連續的（圖 25）。右側二石上半有「子貢」榜題和一排朝左而立的弟子，和左端上半可以形成連續的畫面。下半畫面也殘為三段，畫面已非完整，但最少可知下半左右兩端相接以後，殘畫左側是表現胡騎在中央遭左右的漢騎夾擊，右側則是一位持刀的漢吏，押解著三名雙手反綁，頭戴尖帽，高鼻深目的胡虜，走向上下兩排披

圖 25　作者線描圖

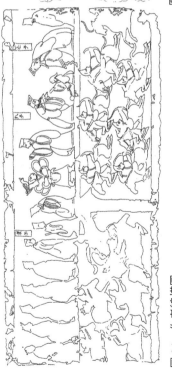

圖 24　作者線描圖

41　蔣英炬，〈晏子與孔子見老子同在的畫像石〉，《中國文物報》，1998.10.14。原石藏山東省博物館。

圖 26.1　1992 作者攝於臨沂博物館

圖 26.2　作者線描圖

甲執刀擁盾的漢兵。從布局推斷，斷石最右端或許還有正等待晉謁，憑几
而坐的漢朝官員吧。

　　另一例見於臨沂市博物館。臨沂市義堂鎮埠北頭村出土一件方形畫像
石（圖 26.1-2）。此石畫面已十分漫漶，石面中央由一支有斗拱的立柱分隔
為左右兩半。約略可以看出左側是十分密集，頭戴尖帽，正張弓向右而射
的胡人，右側則是與胡人相向，手持刀戟和盾的漢軍。帶斗拱的立柱或闕
應和山或橋一樣，應是提示交戰發生的場所。但為何以這樣的柱或闕為背
景？柱或闕是否是某種建築物的局部，而以局部象徵某一特定空間？下文
再作討論。

2. 獻俘圖

　　獻俘圖在內容上有「胡虜晉見漢官吏」和「展示首級」兩個主要組成
的部分。前者可單獨存在也可和後者同時出現，但還不曾見首級展示單獨
出現的例子。此外，還有一個部分可稱之為「胡吏晉見胡王」。這個部分
有時與前二者同時出現，也不曾見有單獨出現的。

　　（1）**胡虜晉見漢官吏**，如嘉祥宋山第二批畫像第二石（圖 20）。此石分
　　　　上下三層。層與層之間無隔線，但畫面可清楚分為三部分。中間
　　　　一層，左端有一端坐的漢官，和他相對有一漢吏一面向主官奏

古月集：秦漢時代的簡牘畫像與政治社會
──卷二　畫像石、畫像磚與壁畫

報，一手牽著兩名頭戴尖帽反綁著的胡虜。全圖僅由四人構成。前引汶上孫家村一石之中層構圖相同，只是人物多達九人，外加一匹馬。

（2）**胡虜晉見漢官吏和展示首級**同時出現的例子很多，如濟寧城南張漢墓出土一石（圖27.1-2）和五老洼畫像第十二石（圖17）。1970年濟寧城南張漢墓出土一批極具特色的畫像石，現藏濟寧市博物館。我於1990、1998、2010年曾三度參觀原石。其中一石分上下層，兩層之間有格線。上層為以導騎和兩羊車、兩鹿車為主組成的車隊。下層右端為百戲圖，左端為獻俘圖。這兩圖在畫面結構上是分開的，在意義上卻可以相互關聯。這裡僅先說結構。獻俘圖左端有漢兵正舉刀要砍胡虜的首級，其下有已去首級的屍體和置於几上的人頭，人頭還戴著尖頂胡帽。右端則有華蓋下坐著的漢代官員，正在接受由漢兵押解而來，雙手反綁，跪著的胡人俘虜。這位官員形體特別大，兩側各有六至八位拱身陪著晉見的屬官。

（3）**胡吏晉見胡王**，在構圖形式上和漢吏晉見漢官相近。胡王和胡吏都戴尖帽，胡王如漢官一般憑几而坐，胡吏相對站或跪見，狀似報告軍情。其例見五老洼第十二石（圖17）。此石上層為交戰圖，前文已及，下層為獻俘圖。這幅獻俘圖稍複雜。右上端有兩名胡兵被漢兵殺死，橫陳在地，另一名胡兵也正被另一名漢卒刺中，正要倒下，下方有一人看守著懸著三個胡虜首級的架子。其左側描繪兩名對坐的胡人正在烤肉串；三名站立及一位跪著的胡人向左，進謁一位坐著的胡王（烤肉串及晉見胡王也見於孝堂山西壁的胡漢交戰圖），最下一層則是一名漢兵押解著三名反綁的胡虜向右，由一名跪著的漢吏帶頭，晉見右端由兩名衛士護衛，坐著的漢代官員。

一件較特殊的獻俘圖見於陝西綏德四十里鋪出土的一件墓門橫額石上（圖4）。橫額左端為清楚的獻俘場面，但內容和一般在山東地區所見頗有不同。一大不同是獻俘場面右端有占據五分之四畫面，由廿七騎組成的龐

圖 27.1 劉曉芸線描圖

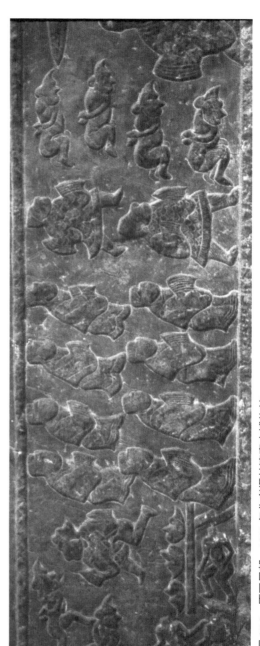

圖 27.2 原石局部 1992 年作者攝於濟寧市博物館

古月集：秦漢時代的簡牘畫像與政治社會
　　——卷二 畫像石、畫像磚與壁畫

大騎兵隊伍。這些騎士戴著最少三種不同的冠或頭盔：或戴尖頂盔，盔上有纓，或戴一種未見著錄的尖帽，帽尖朝前，帽後似有飄帶。還有一種則近似平巾幘。他們騎在馬上都帶著弓箭，朝左或奔馳或徐徐而行。他們和左端獻俘場面的關係不容易肯定。畫面上左右可以看成具有連續性，但左端的獻俘場面也未嘗不可看成是獨立的。

就左端獻俘場面本身而言，另一大不同是此圖中的「胡」或「漢」無法從山東地區常見的格套形式去分辨。這一部分人物的頭飾大約分為兩種。一種頗似秦始皇陵陪葬坑出土士兵俑所梳的高髻，另一種則戴著前述那種帽尖朝前，帽後有繫帶的尖帽。畫面最左側有一梳高髻的人手持華蓋，華蓋下坐著一位戴著有帶尖帽的人物。他的帽子較特殊的地方在尖頂上多了一柱向前彎的纓。這位坐著的人物應是在接受獻俘。在他面前，有人朝他跪拜，也有梳高髻的兩人以雙手捉著一個倒臥的俘虜。他們的右後方則有兩名戴著有帶尖帽的人押解一個雙手反綁，頭梳高髻的俘虜。俘虜被雙手反綁的表現形式常見於山東地區的獻俘圖，因此我們可以推斷這應該也是獻俘。他們的上方有兩名梳高髻的人手上似捧著某種物品，跟隨在一位戴著有帶尖帽人的後面。由於這些頭飾或帽式不曾在它處見過，不易辨別誰是漢，誰是胡。

這種有帶尖帽也出現在綏德白家山出土的一墓門橫額上（《綏德》圖65，上石）。橫額上右端的騎士和走在山坡上的馬車中各戴著同式的帽子。有趣的是其它馬車中的人物則戴著清楚前高後低的進賢冠！戴這種尖帽人的身分有兩個可能：他們或是邊塞的漢代官員，因沾染胡風，也戴起了有胡味的尖帽，但在頂上加了纓，以表示較高的身分。類似加纓的尖頂頭盔也曾見於山東諸城前涼台漢陽太守孫琮墓的畫像（《選集》圖554）以及和林格爾壁畫墓墓門甬道北壁和前室至中室北壁著名的寧城圖（《和林格爾漢墓壁畫》頁105、133）；他們或許是助漢守邊的胡人。東漢邊塞這樣的胡人很多，因此在邊區的漢畫中出現了胡漢雜糅的騎兵隊伍和馬車中的胡漢官

員。[42] 四十里鋪所出土漢墓的墓主身分未見報導，不得而知。不無可能是胡人。但從畫像墓的形式可知，即使是胡人，也應是採用了漢式墓葬，是一位降漢或漢化了的胡人，因此才會出現如此特異的獻俘場面。圖中雙手反綁和倒臥的俘虜都梳高髻（或是所謂的椎髻），他們似乎只可能是胡人，而接受獻俘的則是一位助漢守邊的胡將。由於綏德地處東漢的上郡、西河邊地，當地的人有較直接的機會見到胡人，比較可能較真實地去描繪胡人的形象而不必完全依賴固定的格套。類似的情形在內蒙古鳳凰山一號漢墓也可見到。鳳凰山一號漢墓的壁畫裡出現了許多戴圓簷插羽帽的人物，他們的族屬身分仍然是謎。不過這些帽或冠的樣式離模式化的表現較遠，比較可能接近真實。[43]

配有背景的獻俘圖有以下兩種情況：

（1）以蘭錡為背景

如嘉祥五老洼畫像第八石（圖20）。此石第三層為獻俘圖。右端有一漢官朝左憑几而坐，身後立一持戟衛士，其前有一吏相對跪謁，引導一名頭戴尖帽反綁著胡虜，胡虜之後則有一名負責押解持刀盾的兵卒。畫面中央上方有一刻畫清晰，供放置武器的蘭錡。

（2）以建築為背景

如孝堂山石祠西壁胡漢戰爭圖的左端有雙層建築，建築內有官員朝右憑几而坐。建築右側內外有立和跪著的官吏向他拜謁，而他們的身後則有掛在架子上的胡虜首級和反綁跪著的胡虜。前文提到濟寧蕭王莊石槨畫像的中央也有端坐在建築中的官員，反綁的俘虜正被漢兵和車馬押解前來謁見官員。另一例如滕縣龍陽店所出一石（圖28），此石右端為交戰圖，左端畫像漫漶但可看出有一建築，建築前有戴尖帽的胡人朝左跪拜，上方有三個懸著的戴尖帽的胡虜首級。

---

42 參拙文，〈東漢的胡兵〉，《國立政治大學學報》，28（1973），頁143-166。

43 魏堅編，《內蒙古中南部漢代墓葬》（北京：中國大百科全書出版社，1998），頁161-175，彩色圖版參、伍、陸。

圖28　作者線描圖

以上看起來是兩種不同的背景，其實象徵的意義很可能一樣。以部分象徵全體的手法常見於漢畫。以一或數株柏樹象徵墓地即常見之例。山東地區漢畫像的建築中經常見到蘭錡或懸掛著的弓弩。前例似乎是以蘭錡象徵整個建築而將整個建築省略。

3. 狩獵圖

狩獵圖在漢畫中出現的極多，有很多單獨存在，和胡漢戰爭圖沒有必然的關係。這類單獨的狩獵圖我們暫不討論。本文僅討論和胡漢戰爭畫面同時出現的狩獵場面，它們在意義上和胡漢戰爭圖的可能關聯將於下文交待，此處先作類型上的探討。

和胡漢戰爭圖可能有關聯的狩獵圖，多見於今山東地區，基本上只有畫面繁簡之不同，沒有構圖上的變化，因此我們不作進一步的分類。其基本構圖仍可以前引汶上孫家村一石（圖3）為代表。孫家村一石的下層為狩獵圖。圖右端有四人持畢向左行進，左端有二人控制獵犬，中間則有奔逃的鹿和正遭獵犬追逐的兔子。這可以說是山東地區最常見，也最基本的狩獵圖畫面。較繁複的例子則可以孝堂山西壁胡漢戰爭圖下方的狩獵圖為代表。其基本構圖也是獵人在兩側，呈現圍獵的景況。繁複之處在於人物和禽獸眾多，畫面中有人坐在牛車中射獵，也有人搏虎。不論繁簡，這兩例都沒有山嶺或樹木等背景的搭配。

另外必須說明的一件是陝西綏德白家山漢墓前室西壁橫額上所見的戰爭圖和狩獵圖。兩圖畫面相連，但戰爭雙方不能分出胡漢（圖29.1-2）。這橫額石上的刻畫是想要表現什麼呢？是不是有整體性的主題？或僅

圖 29.1 右

圖 29.1 左

圖 29.2 作者線描圖

是若干主題的拼湊？因為缺少其它的參照，尚難解索。因為其中有一部分是騎射的戰爭畫面，特別一提，是希望能引起較多人的注意，共同來思考它可能具有的意義。[44] 此外，因為圖中胡漢的身分不能明確分辨，這樣的圖只好暫時排除在目前所要討論的胡漢戰爭圖之外。

---

44 此石刊布於《綏德漢代畫像石》。《綏德漢代畫像石》收錄有白家山出土中柱石（圖 123），據柱上題刻，墓主名為張文卿，造於東漢和帝永元十六年（西元 104 年），惜無法得知是否為白家山同一墓所出。2001 年 8 月 25 日參觀綏德漢代畫像石展覽館，有幸在館中見到原石。原石保存十分良好，雕刻精美。橫額上刻畫的內容和整體結構不但不見於其它地區，即使在綏德也僅此一見。整個橫額上的刻畫固然可以拆成幾個部分，但畫面沒有明顯的分隔，全圖視為一個整體也未嘗不可。畫的右端有或坐或站的人物數對。其中三對人物姿勢各不相同，意義不明。下方中間的一對較清楚，是一男一女，正相擁接吻交媾。就在這對男女的左上方，羊群中也有兩隻羊正在交媾中。在畫面中還有四匹大小的馬匹和騎在雙峰駝上的兩個戴尖帽的胡人。陝北漢畫中雖不乏動物交媾的描寫，但這樣的組合卻屬僅見。接著在左方有相對而立的兩人，一人似正將手中握著的東西交給另一人。據西壁內側立柱下層所刻的二人角觝圖，可以發現裸體角觝的兩人身旁各有造形完全相同的東西。我猜想它們是有著兩個窄袖筒的衣服。這兩件衣服在原石上比印出的拓本清晰。兩人脫去衣服而後角力，左側有兩人觀戰。如果角觝圖中表現的是衣服，則橫額上兩人所授受的也應是一件同式的衣服。這是誰的衣服呢？兩人右側有一失去主人的鞍馬，而左側的戰爭圖中有一死者橫臥在地，首級被握在騎士揚起的手中。這件衣服似乎應該是自死者身上剝下的。衣服和馬匹都是戰利品。整體看，約略在橫額中央的部分，描繪著一群向左奔馳的騎士，或張弓，或持戟，除了前面提到的一人手中高懸一首級，其前方有一橫臥在地無首的屍體。又有一騎士背中一箭，仍在馬上，身體前傾。面對著奔騎，在山邊上有射手兩人，正張弓對準來騎而射。從中箭的騎士和倒臥的屍體及首級可知，這裡描繪的是一場真正的戰鬥，表現的形式和山東孝堂山石祠西壁所見有類似之處。不過對陣雙方的身分從畫面服飾上難以分辨出來，因此不敢稱它是胡漢交戰，只能說是戰爭圖。山頭右邊是戰爭圖，左邊卻變成了山巒間的狩獵圖。騎士追射著奔逃的狐狸、鹿等野獸。最左端的山頭上有樹，樹上有鳥，樹下則有羊和帶角的鹿。這樣的狩獵場面在陝北漢畫中常見，但這樣和戰爭圖的組合卻不見於它處。和好友劉增貴談到這個問題，劉兄認為狩獵和胡漢戰爭同時出現可能是象徵昴、畢二星，蓋《史記・天官書》謂昴，胡星也；畢，為邊兵，主弋獵。昴、畢又以天街為界，分主西北象陰的胡貉和東南象陽的中國。漢畫中狩獵和胡漢戰爭同在，應是天象的投射。其說有一定道理，附錄之，供大家參考。

二、複合型

前文已經提到複合型是指同一畫面中除了胡、漢交戰，還有獻俘或狩獵的場面，這些畫面不只是二或三個場面簡單地並存，而是相互交雜構成一個較大和較具整合性的結構。有些時候，兩、三種場面雖出現在同一畫面中，其結構仍較為簡單。例如前文已提到的嘉祥洪山村畫像（圖 19）有交戰和獻俘兩圖並排，汶上孫家村出土的畫像（圖 3）則有交戰、獻俘和狩獵三圖分上下層並存。這些我們都當成是基本型的並列湊合，不當作複合型。

以下將舉幾件複合型「戰爭圖」的代表作。第一件是河南新野樊集三十七號漢墓出土的胡漢戰爭畫像磚（圖 6）。前文已論及，不再重複。第二件見於山東長清孝堂山石祠西壁（圖 1）。石祠建於順帝以前。其西壁龐大繁複又細緻的胡漢戰爭圖可以說是這一類畫像中的傑作。西壁畫像的內容，基本上可分為三部分：

（1）頂端山牆的部分是以西王母為中心的神仙世界，

（2）其下有兩排朝右行進中的車馬隊伍和一排可分為三組，相互作揖行禮，共二十九位持牘戴冠的人物。

（3）西壁下半幾近一半的畫面則是以胡漢交戰、獻俘和狩獵畫面為主體的胡漢戰爭圖。

在整個畫面布局上，設計者有意使整個西壁布滿畫像，分布則大致緊湊而均勻。畫像內容雖可大致分為上下三大部分或三大層，但每層之間並未僵硬地以橫線分隔開。有一部分應屬中層的對揖人物（位在下層左端建築的右上方）甚至突入下層胡漢戰爭的畫面空間。這似乎是設計者有意打破常見的畫面上的死板分層。同樣的用意也見於下層交戰、獻俘和狩獵三者之間的畫面關係。三者雖可清楚分出交戰在畫面右側，獻俘在左側，狩獵則在兩者之下，左右橫貫，但三者畫面都有局部交疊和相互打破分層的現象。交戰圖左端兩名騎兵的馬尾和背對反綁的胡虜交疊；狩獵圖裡牛車上的人物持戟而立，也突破到上層的獻俘畫面中去。這些局部交疊使戰爭圖

的三個部分一方面保持各自畫面的獨立，另一方面又相互關聯，多少呈現出畫面的整體性。以下接著分析一下三部分的具體內容。

戰爭圖右端是山東地區常見典型的胡漢交戰圖。最右端有許多頭戴尖帽持弓箭的胡兵，有步有騎，自山巒間冒出。山巒左側下方有戴同式尖帽，持弓的胡兵三人，持牘的胡吏一人正面對憑几而坐的「胡王」奏事。他們左側又有兩位相對而坐，正烤著肉串的胡人。[45]

畫像上憑几而坐的人物旁有榜題「胡王」二字，也在提醒觀者畫中人為胡人的身分。交戰圖的主體則是相互衝鋒的胡漢騎兵。胡騎頭戴尖帽，皆邊馳邊彎弓而射；漢騎頭戴平上幘，或射箭或以戟為兵；畫面上方有一漢騎正以戟刺中奔逃的胡兵，胡兵正從馬背上翻下。畫面上還有敗倒在地的胡兵，也有已失去首級的胡人屍體。漢軍的勝利在畫面上表現得十分清楚。

交戰圖左側是獻俘圖。左端有一棟雙層建築。樓上有一排五人，男女無法明晰分辨。樓下中央有一位頭戴進賢冠，腰繫綬帶，形體稍大的官員，憑几朝右而坐。其前後各有兩人或立或跪著，建築外另有兩人持牘或笏拱身而立，似正待入內奏事。他們的右側身後有一持刀的兵卒正看守著懸有兩首級的架子，其上方則有一名漢吏監看著三名跪著，雙手反綁，戴尖帽的胡虜。這些或生或死的胡虜無疑是勝利的戰果。建築中坐著的官

---

45 這兩組畫面的意義，還難以明白，似乎是在向觀賞畫像者表明「胡」是一群有君長，但以畜肉為生的異族。《史記·匈奴傳》提到匈奴的飲食，特別強調「少長則射狐兔，用為食」，「自君王以下，咸食畜肉」。《後漢書·竇固傳》注引《東觀記》提到竇固受羌胡愛戴是因為「羌胡見客，炙肉未熟，人人長跪前割之，血流指間，進之於固，固輒為啗，不穢賤之」。這裡清楚提到「炙肉」是羌胡的佳餚。肉如何炙？從畫像上可知，其中一個方法應是將成塊的畜肉串成串，在火上燒烤。但是從「人人長跪前割之，血流指間」的描述，竇固所食更可能是烤全牲，即漢人所謂的「貊炙」。他能「略依其俗」（梁商語，見《後漢書·西羌傳》），不避其穢，吃下帶血的烤肉，使羌胡「愛之如父母」。不論那種烤法，烤肉應該是令漢人印象深刻，頗能代表胡人的文化特色，因此納入了畫面。詳見拙文〈貊炙小考——漢代流行烤肉串，還是烤全羊？〉，收入《勞貞一先生百歲冥誕紀念論文集》（《簡牘學報》，19，2006），頁 213-231。本卷，頁 465-481。

員，應象徵著主人，正聆聽著屬吏告捷。

在以上兩圖的下方是左右橫貫一氣的狩獵圖。其構圖和前述狩獵圖的基本型一致，人物和禽獸較為繁多。左右兩側是持罼和獵犬的獵人，左側有一人手上還架著獵鷹。較特殊的是有一人乘牛車張弩而射，前方有鹿應箭仰倒於地，畫面中央處有一人正持戟與一張牙舞爪的猛虎搏鬥。狩獵畫面的下緣頗有殘損，但仍可看見許多鹿、狐、兔、野豬等動物。

其次一件複合型作品是鄒城市郭里鄉高李村出土的胡漢戰爭畫像石（圖 30）。[46] 其內容不外交戰、獻俘和狩獵，布局上更為交錯，與前述孝堂山者頗不相同。此石長條形的畫面分為上下兩層，中有橫線分隔，但左端層層堆疊的山巒，從長條石上端堆到底端，打破了上下分隔。山巒間是頭戴尖帽的胡人，山巒邊緣有躍出的馬頭，暗示遮在山後的胡騎正要出現。上下層布局最大的特色是將交戰、獻俘和狩獵的場面，可以說任意地交錯在一起。上層左端有向山巒奔逃的胡騎，其中兩人尚騎在馬上，一人已隱於山後，僅露出馬的後半身。一人正從奔馬上翻落，另一馬成了空馬，主人已喪生沙場或已

圖 30　作者線描圖

46　1990 年出土，著錄見《山東漢畫像石精萃‧鄒城卷》圖 23，現藏鄒城孟廟漢畫館。1998 年參觀孟廟，有幸得睹原石。

被俘。畫面右側是上下兩排雙手反綁跪著的胡虜，面向三名手持刀、盾、勾鑲的漢軍步卒。步卒右側是兩名朝左前進持環首刀和盾牌的騎兵。有趣的是他們後面跟著的不是戴幘巾的士卒，而是頭上梳髻，持戟和張弓而射的獵人，地上躺著一頭四腳朝天，頗大且有花斑的熊或野豬。狩獵、俘虜和交戰場面於是間雜出現在同一畫面中。下層左端有胡騎以弓和持長戟和弓弩的兩漢騎相對峙，在胡漢騎之間有一跪倒在地，反綁著的胡虜；另一漢騎的馬腳下，有兩具已失首級橫躺著的屍體。下層右端則是兩輛朝左行的馬車和跟著的兩騎。整體來看，畫面雖分為上下二層，卻形成一個內容關聯的整體。

　　複合型的第三例是山東滕縣萬莊村出土，現藏山東省博物館的一石（圖31.1-3）。此石亦為長條形，中央一分為上下兩層，交戰和獻俘畫面同樣交雜，布局大同小異但左端的山巒和胡兵僅在上層。下層成串的車馬行列和上層可以完全分離。上層畫面左半有眾多以弓箭互射的胡漢騎兵（圖31.2），交戰畫面的特色在於騎與騎之間的空隙處有交互飛馳的箭矢和倒臥的屍體，表現出戰爭的激烈。另一特色是在奔騎畫面的中央安排一門樓，樓下有二人拱手而立，樓上也有二人手持不明物，似在左右觀看，樓的右側上方則有三個懸著的胡虜首級（圖31.3）。在畫面右端又有三名反綁跪著的胡虜。他們前方有人正拱身，迎接一輛朝左而來的馬車。有趣的是此人身後有一馬匹，馬背上有人表演倒立。從其它獻俘圖看來，這應該是以最精簡的手法表現獻俘時的百戲場面（詳見下文）。簡單而言，此石是利用單層的畫面交雜地呈現出交戰、獻俘、展示首級和意義待考的門樓。

　　複合型「獻俘圖」可以山東諸城前涼台漢墓和內蒙古和林格爾漢墓壁畫所見者為代表。這兩件獻俘圖最大的特色在於都有陣容浩大的獻俘和百戲融而為一的場面；不同處在前者毫無背景襯托，後者則以整個縣城——寧城為背景。

圖 31.1　作者藏拓局部

圖 31.2　作者藏拓上半局部，左端為對戰的騎兵和交互飛馳的箭矢，右端為門樓。

圖 31.3　作者藏拓上半局部，左端門樓旁上方有懸掛的首級，右端為獻俘。

（1）山東諸城前涼台東漢孫琮墓畫像

孫琮墓於 1968 年出土。[47] 1992 年到諸城博物館參觀，有幸得見原石（圖 32）。此墓石刻上原有完整的題記，原石題記部分在出土後殘損。幸好

47　相關考古報告及研究見任日新，〈山東諸城漢墓畫像石〉，《文物》，10（1981），頁 14-21；
　　黃展岳，〈記涼台東漢畫像石上的"髡笞圖"〉，《文物》，10（1981），頁 22-24；王恩田，〈諸
　　城涼台孫琮畫像石墓考〉，《文物》，3（1985），頁 93-96。

圖 32　林蕙敏據作者藏拓重新線描

王恩田先生發表了 1967 年調查時所作的記錄，根據記錄中的題記，可知墓主孫琮是漢陽太守。[48] 這一點對理解畫中的胡人身分極為重要。畫像中有一幅被定名為髡笞圖，原在進入墓室的甬道上。畫像的下半部是漢畫中常見的樂舞百戲，上半部的上端及右側外圍有一圈頭戴進賢冠，持笏或牘而坐的官員。他們的面前放著酒樽和耳杯等物；左側外圍站著兩排拱手持牘的官吏。中間則有一群或站或坐或跪披髮的人。有些披髮人的頭髮正被兵士抓著，似乎是要被削去頭髮的樣子。因此過去有學者認為這是進行髡刑的「髡笞圖」。王恩田加以修正，正確地指出這些披髮的人應是《後漢書・西羌傳》中所描述以被髮為俗的羌人。東漢明帝永平十七年（西元 74 年）以後，今甘肅天水一帶的天水郡改稱漢陽郡，三國曹魏以後復稱天水。[49]因此孫琮任漢陽太守必在曹魏之前，東漢中晚期羌患正烈的時代。如果將此圖和以下將提到的和林格爾護烏桓校尉墓中的獻俘壁畫對比，就不難發現它們在細節上或有不同，但都是透過百戲、飲宴圍觀俘虜的場面去歌頌主人的武功。圖中的俘虜應該就是羌人。他們受髡刑，除去長髮，其中有三人頭髮已削，露著光頭。

（2）和林格爾漢墓前室至中室甬道北壁和中室東壁連續壁畫（圖5）

這一壁畫在甬道轉角處的兩壁，內容是一整體，即有榜題說明的寧城圖。圖中展現一群光頭垂首的人，魚貫由城外進入城內，兩側有成排手持戟或刀劍的官兵以及成排的武器。光頭垂首的人由幕府南門進入以後，由兩官吏押解至墓主之前。他坐在一敞門的建築（應是官府的堂）內。門前正有百戲表演，四周有圍觀的官吏和持戟的士兵。由於我們確知墓土身分是護烏桓校尉，這群俘虜很可能就是烏桓。完全相同髮式和造型的人物也見於墓門入口甬道的北壁。[50] 他們的光頭特徵在畫中表現得十分清楚，與《後漢書》所說烏桓髡頭之俗十分相合。[51]

48　同上，王恩田文，頁 93。

49　天水郡建置沿革可參李曉杰，《東漢政區地理》〈濟南：山東教育出版社，1999〉，頁 144-147。

50　前引《和林格爾漢墓壁畫》，彩圖「幕府大廊」，頁 50 及壁畫位置示意圖之一。

51　《後漢書・烏桓鮮卑傳》：「烏桓者，食肉飲酪，以毛毳為衣……以髡頭為輕便。」

這一壁畫值得注意的另一點是以縣城和城裡護烏桓校尉的幕府建築為背景，這對我們推想其它獻俘圖中的建築性質無疑具有啟發性。此畫以三度空間的立體透視呈現出城裡城外戰俘魚貫而入以及漢朝官兵圍繞著俘虜，以百戲和飲宴慶功的情景。這應該是漢代獻俘慶功儀式較為完整的反映。前述新野樊集出土的畫像磚、濟寧蕭王莊石槨、城南張漢墓以及滕縣萬莊村所出的獻俘畫像石，或受限於空間，都是以較精簡的手法去表現獻俘和百戲之間的聯繫，在更多的例子裡百戲甚至被省略。

複合型的胡漢戰爭圖通常又會以較繁複的背景為襯托，使畫面較基本型更要熱鬧和豐富。這些背景有時雖被省略，但是否即意味著它們一無意義呢？並不盡然。有些顯然具有意義，有些意義則難以考索。以下依背景搭配的不同，再作分類。以目前可考者來說，最少有：(1) 山、橋同時出現，(2) 山、樓闕同時出現，(3) 山、敞門建築（堂）同時出現的三種情形：

(1)**山、橋同時出現**的最佳代表就是沂南北寨漢墓墓門橫梁上的胡漢交戰圖（圖33）。畫面中央是一座中央拱起有欄杆的橋，橋右端有正待上橋的馬車；橋上則是列隊而前，手持刀盾、斧鉞的兵士。橋下照例有渡船和捕魚的人。橋左端有戴尖帽，或騎或步的胡兵。他們或騎馬持刀、彎弓，或張弓步射。在左端橋頭甚至可以看見胡人不敵被殺，一顆滾落的胡人頭顱。左端最值得注意的是以細線清楚表現出層層的山巒。這是迄今我所親見漢畫中描繪山頭最明確無誤的一例（圖34）。[52] 如果我

---

52 信立祥曾舉孝堂山石祠為例，認為胡漢戰爭圖中的山頭為「帳篷」。信立祥，《漢代畫像石綜合研究》，頁129。

圖33 作者線描圖

圖 34　前圖左端局部拓本

們細看沂南畫像左端山巒的刻畫法，就可以發現石工有意以富於變化的線條表現山峰的高低起伏，其次又在各山形輪廓內部，以細線呈現前後堆疊的山巒。新野樊集 37 號墓所出畫像磚上左端的山也不難辨識。三座圓弧狀的山，山的邊緣又有小的圓弧，山間有奔馳中的騎士。其它胡漢戰爭圖中的山簡化並規則化成堆疊的圓弧，看起來像是信立祥所說的帳篷，其實應是山頭。漢人認識中的胡人乃是翻山越嶺而來，山東和河南漢畫常描寫胡人自山頭間出現，漢代軍隊則似乎是渡河過橋去和他們對抗。

（2）**山、樓闕同時出現**的例子可見於山東滕縣西戶口（圖 35）、滕縣萬莊村（圖 31.1-3）以及棗莊市博物館（圖 36）所收藏的三石。西戶口一石左端有山頭，右端有樓闕，樓闕上有士兵在瞭望。戴尖帽的胡人自山後出來，胡漢騎兵在畫面的中央以弓箭及長戟相對廝殺。萬莊村一石分上下兩層。下層是車馬出行；上層左端有山頭戴尖帽的胡人自山間及山後冒出，胡漢騎兵彎弓互射，箭如雨下。在畫面中央有樓闕。樓上及樓下都有人，樓上右側甚至有懸掛的胡人首級。畫面右側則有反綁跪在地上的胡人，面對迎面而來的馬車。馬車中人物應是接受獻俘的對象。棗莊市博物館一石，我於 1998 年參觀時得見。此石於 1986 年出土於棗莊市中區齊村鎮王山頭。左端有長篇題記，惜泰半漫漶，唯延光三年（西元 124 年）等字尚可辨識。[53]

53　《中國畫像石全集》2 圖 141 解說曾錄有題記釋文，釋文不可通讀之處不少，意義難明，有待另文處理。

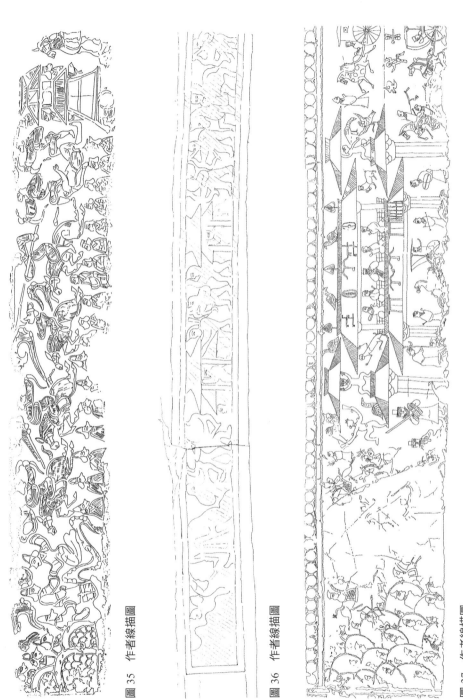

圖 35　作者線描圖

圖 36　作者線描圖

圖 37　作者線描圖

右側畫像亦甚漫漶，不過仍可看出左端有山頭，戴尖帽的胡人從山頭後出來有人持弓箭向右，右側則有漢軍步騎持武器前進。在對峙的雙方人馬中間夾雜兩處有雙簷，像是闕的建築，闕中各有一人作揚手狀。闕的兩側則有懸掛著的胡人首級。

（3）山、敞門建築（堂）同時出現的例子見孝堂山石祠、1968 年鄒城市師範學校附近出土，現藏於孟廟之一石（圖 37）和莒縣東莞所出「方穿碑闕」上層有「隸胡」二字榜題的畫像（圖 38.1-3）。

孟廟所藏一石中央有雙層的樓闕建築，樓下有馬車，樓上有正襟危坐的祠主，左右各有二人隨侍。值得注意的是樓上樓下都放置有盾、弩、刀劍和置戟的蘭錡。一般以為漢畫中這一類建築是供奉祠主的祠堂。但從前述和林格爾漢墓壁畫表現有闕觀和敞門大堂的縣城建築來看，所謂的祠堂是否也有可能是地方官寺？祠堂的建築形式即模仿官寺的堂而來，它們形式上的共同特點就是敞門無前壁，也就是所謂的「堂」或「堂皇」。[54] 這意味著為官的祠主，死後仍能居於類似的建築，繼續官宦的生涯。在建築右側有前來的馬車，左側則是胡漢交戰的場面。這一部分風蝕較為嚴重，張弓持劍的漢軍騎士還能勉強看見若干，左端的胡人部分較為清楚。戴尖帽並騎馬的胡人自山間露出頭來，有些胡騎已自山間奔出，以弓箭與漢軍對抗。畫面中並沒有獻俘的場面，但似乎藉著建築內放置的刀、盾等武器以顯示左側的戰爭和主人的關係。

孝堂山石祠則很清楚是藉由獻俘場面將畫像右端的胡漢戰爭描繪和左端坐在建築裡的祠主聯繫起來。孝堂山畫像的右端有戴尖帽，張弓的胡人自山頭間出來，有「胡王」榜題，使觀賞者明確知道這些戴尖帽者的身分。畫面中央胡漢騎士相互廝殺，胡騎或遭攻擊自馬背翻落，或已跌落在地，或已被取去首級。勝利明顯屬於漢軍。在戰爭場面和左側建築之間，可以看見遭反綁跪姿的胡俘，以及懸在架上胡虜的首級。其旁的官員則正向建築內的主人報告戰果。

54　參邢義田，〈說「堂皇」〉，《今塵集》卷 3（臺北：聯經出版公司，2021），頁 191-202。

圖 38.1　劉曉芸線描圖

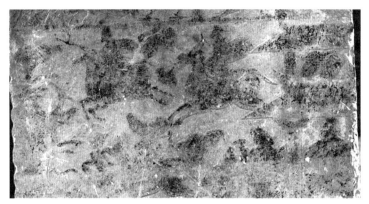

圖 38.2　1998 作者攝於莒縣博物館

圖 38.3　局部拓本

　　莒縣東莞「方穿闕」上的胡漢交戰畫像見於方穿以上的部分。其構圖格局和孟廟者十分相近。右側有雙層建築，樓上有一弩，樓柱中有榜題「隸胡」二字。樓下有朝左的主人正接見由官吏帶領來見，跪著且雙手反綁的胡虜二人。樓旁則有持戟和弓盾的漢騎正朝左攻向左側自山巒中奔出戴尖帽的胡騎和射手。在圖上方兩漢騎之間，則有倒臥的胡人無頭屍首。

　　以上的分類只是一個大概，並非周全。不過，我們已可看出場景的描繪不是必要元件，可有可無。其次，場景中的山、橋、樓闕或官寺可以同時出現在同一個畫面空間裡。在現實中明顯不會如此。這是工匠有意將不同空間發生的事安排在同一個空間中，使它們彼此產生視覺和意義上的聯

繫，使觀眾自然而然將建築物中的主人和戰爭的勝利聯繫起來，藉以表彰主人的戰功。孝堂山石祠和和林格爾壁畫墓的場面表現得最清楚。前者在畫像左側，身軀較大的主人朝右憑几坐在建築的下層，其前方在建築的內外有四人或站或跪向他拱手，報告戰果。緊接在他們背後的，即是懸掛在架上的胡人首級和被反綁跪著的胡俘。後者則描繪魚貫而入的胡虜來到端坐大堂之上主人的面前。這樣安排畫面，除了誘導觀眾去想像主人的戰功，不太可能有別的更好的解釋。

然而，本文必須強調，除了個別特殊的情況（如前述孫琮墓、和林格爾護烏桓校尉墓畫像），胡漢戰爭圖是一種格套化的畫像產品。它們出現在墓葬或祠堂中，並不表示其主人生前真有如畫像中描繪的那樣的戰功。這就好像東漢墓葬畫像中經常有陣容龐大的官員出行車隊，並不表示墓主在世時真正擔任過某一特定秩級的官員。造墓者或祠堂的家人子孫不過是依照當時流行的價值觀和習慣，以「應有」的排場和「合乎理想」的畫像內容去頌讚死者。

為何以立柱、樓闕、橋等建築為背景？還不易找出確切的答案。這裡提供幾個可能性，以供思考。先以立柱和簡單的樓闕來說，它們很可能只是以建築物的局部象徵一幢完整的建築。和林格爾漢墓壁畫將整個寧城描繪出來是漢墓畫像裝飾中極少見的例子。河北安平東漢墓中右側室北壁西側著名的建築圖也只描繪了城的鼓樓和城壁的一角。[55] 漢畫中較常用的表現手法是以建築物局部的屋簷代表整體。這類例子在山東地區的漢畫中很多。較常見的例子是以祠堂屋簷的一角象徵整座祠堂。祠堂前有持盾拱身的門衛；門衛正迎接著朝前而來的車隊。一個更精簡的手法就變成以一個刻畫極簡單的闕或柱子代表全體。在武氏祠荊軻刺秦王的畫像中即可清楚見到以一立柱象徵秦王宮殿的例子（《全集》二編，圖156、183）。

這種局部建築物所象徵的建築，可隨相異的主題脈絡而有不同，可以象徵秦王宮殿，也可以象徵官寺、祠堂或其它建築。在胡漢戰爭畫像的脈

---

55 河北省文物研究所編，《安平東漢壁畫墓》（北京：文物出版社，1990），圖 50-51。

絡裡，則比較可能象徵著官寺和官寺所在的城。如果城或官寺在畫面中只以闕或門樓象徵，會造成得以鋪陳熱鬧的獻俘場面的空間減少，如此就只能簡單地以幾顆懸掛的首級來示意了。漢代常將斬獲的外敵，懸首示眾。昭帝元鳳四年（西元前 117 年），傅介子斬樓蘭王首，「馳傳詣闕，縣首北闕下」（《漢書·西域傳》鄯善國條，頁 3878）；元帝建昭三年（西元前 36 年），陳湯誅匈奴郅支單于，上疏請懸其頭於京師槀街蠻夷邸（《漢書·陳湯傳》，頁 3015）。東漢時班超斬焉耆和尉黎二王首，「縣蠻夷邸」（《漢書·西域傳》焉耆條，頁 2928），李恂為使持節領西域副校尉，北匈奴數斷西域之路，「恂設購賞，遂斬虜帥，縣首軍門」（《後漢書·李恂傳》，頁 1683）。不論軍門、蠻夷邸或廷闕，應該就是漢畫中這類於門闕上懸胡人首級畫法的來源。因此，胡漢戰爭圖中的門闕、立柱、整棟建築，甚至一座城的表現形式，繁簡儘管不同，象徵的意義應是一致的。

以山為背景則可能有較複雜的淵源。一是從春秋戰國時代開始，戎狄即與山有密切的關係，「山戎」之名即為明證。戰國時代北邊諸國與胡人或戰或和，接觸極多，不難想像描繪胡漢之間戰爭的畫像在這個時代很可能已經出現。依我過去的研究，不少漢畫的構成和元素可以在戰國找到淵源。我懷疑胡漢戰爭圖中胡人自山頭之間冒出這樣的表現手法可能淵源久遠。司馬遷在《史記·匈奴傳》裡記述戎狄分布的情形，特別提到戎狄雖不同，卻「各分散居谿谷」：

> 晉文公攘戎翟，居于河西圁、洛之閒，號曰赤翟、白翟。秦穆公得由余，西戎八國服於秦。故自隴以西有緜諸、緄戎、翟、獂之戎，岐、梁山、涇、漆之北有義渠，大荔、烏氏、朐衍之戎，而晉北有林胡、樓煩之戎，燕北有東胡、山戎，各分散居谿谷，自有君長。往往而聚者百有餘戎，然莫能相一。

這種概括性的認識和印象形成甚早。不論胡、狄都被看成是山戎的一種。[56]

---

56 《史記·晉世家》〈正義〉引《風俗通》謂：「《春秋傳》曰：『狄本山戎之別種也，其後分居，號曰赤翟、白翟。』」《史記·匈奴傳》〈索隱〉同樣引《風俗通》，則說：「胡者，謹案：

這樣的通識影響了圖像藝術的表現，自然而然將戎狄描繪成出沒於山谷之間的民族。另一個可能是漢代與匈奴對抗，陰山是漢與匈奴或者說游牧與農業世界之間一個主要的界線。漢、匈奴對陰山曾發生極劇烈的爭奪。漢樂府古辭〈古胡無人行〉有「望胡地，何嶮巇」之句。[57]「望胡地，何嶮巇」言胡人所居之地，山勢險峻。在漢人的印象裡，入侵的胡人常來自山外或山後；因此，畫像中的胡就和山聯繫在一起了。

　　胡漢戰爭畫像裡的胡人或自山巒間冒出，漢軍或渡河過橋去和胡人交戰。山、橋可能另有象徵性的意義，不過本文要強調的是，習於依樣葫蘆的畫工不必然了解這些原意。在他們手上，這些都可以變成純然使畫面熱鬧的裝飾而已。以橋來說，漢畫中的橋常常只是用以表示場所的一種元件，可以出現在不同的母題脈絡中，而不必然有確定的意義。除了單純的車馬過橋圖（山東、四川和江蘇徐州都有不少例子），七女為父報仇、胡漢戰爭都可以以橋為場景。山東鄒城北宿鎮曾出土一件車馬過斷橋，橋下有龍探頭向上的石槨畫像，[58] 鄒城孟廟藏有一件鄒城臥虎山郭里鎮出土西漢末或東漢初墓的石槨畫像，南槨板外側左格裡刻繪有車馬過斷橋，橋下有人溺水、游泳，其旁有兩人似正在阻擋一名手握刀劍的人。[59] 車馬為何過斷橋？橋下為何有龍或人？臥虎山墓的發掘報告認為是豫讓刺趙襄子的故事，[60] 劉敦愿早先也曾指出山東蒼山蘭陵鄉出土的一件過橋圖（《選集》圖420）是描繪豫讓刺趙襄子。[61] 但石槨上為何要刻畫這樣的故事？不見解釋，其意義實待探索。[62] 河南南陽甚至有建鼓百戲、撈鼎在橋上或橋下進

　　《漢書》：『山戎之別種也。』」參王利器，《風俗通義校注》，頁 489。

57　逯欽立，《先秦漢魏晉南北朝詩》（北京：中華書局，1982），頁 290。

58　《山東漢畫像選集》，圖 100；《中全》2：78。

59　1998 年 9 月 4 日見於鄒城孟廟漢畫館。《中全》未收錄。出土報告參鄒城市文物管理局，〈山東鄒城市臥虎山漢畫像石墓〉，《考古》，6（1999），頁 43-51。

60　同上，〈山東鄒城市臥虎山漢畫像石墓〉，頁 47。

61　劉敦愿，〈漢畫像石未詳歷史故事考〉，《美術考古與古代文明》，頁 368-370。

62　按：我已嘗試提出解釋，請參前引《今塵集》卷三，〈「豫讓刺趙襄子」或「秦王謀殺燕太子」？——山東鄒城南落陵村畫像的故事〉一文，頁 203-218。

行的畫像磚。[63] 和林格爾漢墓中室東壁甬道門上方有以橋為主體的壁畫，榜題曰：「使君從繁陽遷度關時」、「居庸關」。名為關，畫的卻是一座外形和七女為父報仇圖中幾乎一模一樣，不折不扣的橋。過去學者或視「過橋圖」為一類，或視橋為陰陽界的象徵，過橋為跨越生死之界。也有學者認為橋或渭橋乃「象徵牽牛織女相會的天橋」。[64] 現在看來，橋和斷橋在不同的脈絡裡可以有不同的實質或象徵上的意義，或二者兼具，應該分別看待。

山、橋、樓闕等背景的來源或許如此。這些一旦成為習慣性的表現法或格套，畫匠和觀賞者不見得人人都了解其原意。為了畫面的需要，有時山和橋，或山和樓闕就被隨意搭配在一起。搭配是否合理，是否具有確定的意義，變得似乎反而不如使畫面豐富多變的裝飾意義更重要。

當然還應該注意到地域風格的問題。這些背景搭配也可以是地區藝術表現風格的一部分。例如已有學者注意到以橋為背景的戰爭畫像迄今只見於蒼山和沂南等臨沂地區。[65]

就過去已刊布或出土的胡漢戰爭畫像而言，以上對畫像元件構成和類型的分析也許就足夠了。不過，自從 2000 年《中國畫像石全集》第一次公布了山東平陰實驗中學出土的兩方畫像，加上已刊布的有紀年的肥城欒鎮村的兩方畫像，使我認識到「胡漢戰爭」或「胡漢交戰」這樣的名稱有不盡合適之處。因為在這些例子裡，「胡漢戰爭」只是在一個顯然不同的主題下，一個更為複雜的畫面構成中的一部分。這個畫面應該不在於表現所

---

63 參南陽文物研究所編，《南陽漢代畫像磚》（北京：文物出版社，1990），圖 139-143。

64 例如 A. Bulling 即將「過橋」（the crossing of a bridge）當作一類，認為過橋象徵死者靈魂進入另一世界，見所著"Three Popular Motives in the Art of the Eastern Han Period: the lifting of the tripod, the crossing of a bridge, divinities," *Archives of Asian Art*, 20（1966-67），pp. 25-53; Wu Hung（巫鴻），"Where are they going? Where did they come from?-Hearse and 'soul-carriage' in Han dynasty tomb art," *Orientations*, 29: 6（1998），pp. 22-23.牽牛織女天橋說見楊愛國，〈山東蒼山縣城前村畫像石二題〉，《華夏考古》，1（2004），頁 45-59。

65 見杉原前引文，頁 232。這樣說的一個前提是我們必須承認和林格爾壁畫墓、安徽褚縣石祠、山東長清孝堂山石祠等前人理解為戰爭圖的畫像不是戰爭圖，而是七女為父報仇或其它意義的畫像。

謂的胡漢戰爭，而很可能是被挪用以表現其它的意義。

四 胡漢戰爭圖的多重寓意

　　漢墓或祠堂中出現的胡漢戰爭圖，幾無例外，都在表現漢人如何擊敗胡人，贏得勝利；獻俘圖則在彰顯勝利的成果。二者意義一貫，可分可合。不論分合，它們都是透過一種格套化的圖像，表現一些當時人共同的期待和心理。這一題材像其它的題材一樣，應有它創作時原本的意義，但在時間的過程裡，因人因地，衍生和附加的意義可以不斷增加而多重化，甚至可以因過於流於形式，特定的寓意變得模糊，裝飾的意味反而變得較重。我傾向於贊成林巳奈夫所說，胡漢戰爭圖原本是反映飽受邊患和徭役之苦的華夏之人對戰勝胡人，天下太平，得免於徭役的普遍期望。[66] 可惜目前找不到較早具體的材料可以證實這一點。從已有的西漢末至東漢初的材料看，這時胡漢戰爭圖的內涵已相當複雜，有了更多衍生的意義。其一是被用來象徵掃除升仙或進入死後世界旅途上的障礙，其二是用來歌頌死者在「武」的一面，符合允文允武的官員典型。[67] 而兩者都可能是這類畫像會出現在墓或祠堂中的理由。

一、「胡虜殄滅天下息」願望的投射

> 「酒泉彊弩與敦煌，居邊守塞備胡羌，
> 遠近還集殺胡王，漢土興隆中國康。」
> ——《急就》卷四——

66　林巳奈夫，《石に刻まれた世界》，頁84。

67　關於允文允武的官員典型，見拙文，〈允文允武：漢代官吏的一種典型〉，《中央研究院歷史語言研究所集刊》，75：2（2004），頁223-282。本書卷三，頁291-353。畫像中還有別的部分則在彰顯死者「文」的一面，如所謂的講經圖、養老圖、官員謁見圖等，本文暫時不論。

今本《急就》末兩章之尾有上引這四句。[68] 據王應麟等考證，末兩章應是東漢人所補。這幾句強調了「備胡羌」，「殺胡王」和對「漢土興隆中國康」的期望。類似的期望也見於《急就》的前幾章：「萬方來朝，臣妾使令，邊境無事，中國安寧。」《急就》相傳為西漢元帝時，黃門令史游所作，是兩漢除《蒼頡》之外最重要且最普遍的識字讀本。抄寫《急就》的殘簡不但曾在居延和敦煌等邊塞大量出土，《急就》的文句也被一遍一遍地書寫在今河北安平和望都東漢晚期的墓壁，此外還曾見於河南洛陽出土的漢磚上。[69] 這種最基本的字書，由書師教授於閭里之間，散布深遠，應可以反映出當時人們一種較為普遍的心態和期望。

自武帝出塞征討，用兵四方以來，漢代百姓飽受生離死別，喪命沙場和賦役轉輸之苦。從武帝到王莽，再從王莽到東漢末，與外夷爭戰及戍役之苦可以說少有停息。兩、三百年中一個普遍的心聲就是希望從這種苦痛中解脫出來。哀嘆征人戍邊不歸的樂府詩歌，「漢并天下」、「四夷盡服」和「單于和親」等內容的瓦當銘文都強烈反映這一點。[70] 另一個反映心聲的重要憑藉就是生活中不可或缺的銅鏡。據同事林素清的蒐集，傳世與出土銅鏡中有「某某作竟〔鏡〕四夷服，多賀國家人民息，胡虜殄滅天下服（復），風雨時節五穀熟……」這類銘文的，多達近七十件。其中考古出土時代較明確的鏡子，在時間上從西漢末至東漢末；在出土地點上，遍及今天四川、陝西、河南、湖北、江西、廣西、浙江和江蘇。[71] 林巳奈夫曾引用大英博物館所藏一件有「胡虜殄滅天下復」銘的漢鏡，說明和討伐北方

68　曾仲珊點校，《急就篇》（長沙：岳麓書社，1989），頁 325-326。

69　北京歷史博物館、河北省文物管理委員會編，《望都漢墓壁畫》（北京：中國古典藝術出版社，1955），頁 9；河北省文物研究所編，《安平東漢壁畫墓》（北京：文物出版社，1990），頁 8-13；急就刻銘也曾出現在洛陽出土的東漢磚上，見北大圖書館金石組編，《北京大學圖書館藏歷代金石拓片菁華》（北京：文物出版社，1998），頁 52，圖 34。

70　如東漢末秦嘉，〈贈婦詩〉，《先秦漢魏晉南北朝詩》（北京：中華書局，1982），頁 186-187；〈古詩三首〉，頁 335-336。

71　請參中央研究院歷史語言研究所文物圖像研究室，《簡帛金石資料庫》，〈兩漢鏡銘集錄〉：http://saturn.ihp.sinica.edu.tw/（2008.2.10）。

「夷狄」的關係。鏡上除了有東王公、西王母,還有戴尖帽持弓箭的胡騎和持刀、盾、矛的漢騎戰鬥的畫面。[72]

　　胡漢戰爭畫像應該是這樣一個社會普遍期待的反映和環境下的產物。林巳奈夫認為戰爭圖反映了漢代人普遍的心聲。相對於其它說法,我相信這個說法比較有道理。任何一種漢畫母題,儘管可以因創作者或觀賞者而發生意義理解上的變化,甚至被附加上多重的意義,但是都應有它創作時原本的用意,或者說初義。戰國時中國北方的燕、趙、秦等國和新崛起的各類胡即有頻繁的接觸和戰爭。因此,此時很可能已出現某些形式與胡人戰爭的畫像。戰國青銅器上頻頻出現的戰爭紋飾,綏遠出土胡人騎射銅像和齊國臨淄瓦當上所飾之騎馬胡人都是重要的線索。[73] 春秋戰國典籍中不斷出現「啟先王之遺訓,省其典、圖」[74],「人主結其德,書圖著其名」,「豪傑不著名於圖書,不錄功於盤盂」以及「故圖不載宰予,不舉六卿;書不著子胥,不明夫差」[75] 這樣的記載。人主、豪傑如果立功、立德或立言,則圖繪其形或書之竹帛以揚其名。春秋時不斷「攘夷」,戰國時不斷滅胡,這些背景都足以促使戰爭和獻俘為主題的繪畫或雕刻出現。在相同的背景下,青銅器這時開始流行以狩獵和戰爭為圖飾,就絕不是偶然的現象。

　　「胡虜殄滅天下息」這樣的社會期望,在武帝連年征戰以後應該達到高潮。值得注意的是漢代鏡銘迄今從不曾出現「匈奴」、「羌」或其它特定外族的名稱,而籠統稱之為「胡虜」。這和畫像中將外族籠統名之為「胡」的情形頗為一致。[76] 換言之,就漢代一般人的感受而言,外胡的族屬似乎

72　林巳奈夫,〈畫像鏡の圖柄若干について〉,《漢代の神神》(東京:臨川書店,1989),頁117,圖21。從本文的角度看,此鏡內涵似乎從崑崙之旅去理解較為合適,詳見下文。

73　參前引拙文〈胡人外貌〉,頁39-40。

74　《國語·周語下》謂「若啟先王之遺訓,省其典圖刑法而觀其廢興者」,韋昭:「典,禮也;圖,像也。」又參顧頡剛,《顧頡剛讀書筆記》(臺北:聯經出版公司,1990)卷八上,頁6030。

75　分見《韓非子》〈用人〉、〈大體〉和〈守道〉三篇。

76　參前引拙文〈胡人外貌〉,頁69。

並不重要，重要的是能夠消滅他們或使之歸服，天下太平，百姓因而能休養安息，免除賦役的負擔。要實現這樣的希望，除了聖君賢相，更要有文武兼備和恩威並用的大小官員。現在可考的，有胡漢戰爭畫像的漢墓或祠堂主人，絕大多數正是大大小小的地方官員，而好的地方官員也正以此為己任。

不過，這裡必須強調漢墓或祠堂並非為了直接反映普遍的心聲而去描繪胡漢間的戰爭，而是為了歌頌某位特定的死者，讚揚其行誼能符合這樣普遍的社會期望。

二、泰山或崑崙之旅：寓意的挪用

前文提到的肥城欒鎮村和平陰實驗中學出土的畫像，其基本構成和風格都十分近似，原本應該是四件祠堂後壁的畫像。畫中雖然有常見的胡漢交戰場面，整體上卻在呈現墓主一段前往泰山或崑崙的旅程。胡漢交戰被挪用以表現旅程的艱難險阻，而漢人的勝利則象徵著長生或升仙旅程的成功。這樣的圖如以胡漢交戰或胡漢戰爭名之，欠妥。

這裡要談談風格和內容和前述兩石都十分類似的另外兩方平陰實驗中學出土的畫像。兩石雕刻技法都是平面陰線刻，基本布局也是下半部以樓闕人物車馬為主體，上半部有朝左的車隊和胡漢交戰的場面。從主體內容看，這兩方無疑也是祠堂後壁的畫像。主體格局雖一致，仔細比較內容，卻發現二者繁簡差別不小。

內容較簡單的一件（圖39），其卜半部樓闕中的人物較少。樓上坐著正面朝前戴冠的人物三人，右側一人較漫漶，樓下有左前的導騎一，馬車一；樓外與兩闕之間各有一隻麒麟。[77] 樓頂有龍鳳，右側樓闕之間還有一鳥首背有羽的神仙。樓闕上則是構圖簡單的胡漢交戰圖：左側三胡卒正跨步，張弓而射；右側有三漢步卒相對，一人持刀盾，二人彎弓，正迎上前

---

77 畫像中的獸似鹿，角作短柱狀，徐州燕子埠漢墓墓上有一同形獸（《中全》4:138），有榜題曰「騏驎」，是知此類獸為麒麟無疑。麟一角，參《論衡·異虛》，頁217及《春秋感精符》。

圖 39　作者線描圖

去對抗。右端有二人相對。右側一人戴進賢冠，腰佩綬帶；左側一人亦戴冠，似正與右側者言語。和前述兩石比較，此石沒有狩獵的場面，也見不到河伯、鹿車、伏犧和女媧等。

　　相較而言，實驗中學另一件畫像的內容則可以說是四件中最複雜的（圖 40）。此件上下部之間有一分隔的橫線；上層約占三分之一，下層三分之二。這樣比例的上下分隔和其它三件並無不同，這件特別之處是在用刻劃清楚的橫線分出上下而已。下層中央仍然是樓闕、人物和車馬，但畫面遠為複雜。樓變成了三層，上層有二婦女，兩側各有持便面的侍者，中層是二人憑几而坐，下層則有行進中的車騎。樓頂上除了一對一對的鳳鳥，還有猴子、釣魚者、雙頭同身兩腳的神怪人物和朝左豎立的鹿（？）。在樓闕外圈，自右至左，描繪有人首蛇身者二人，似是伏犧和女媧，兩位持刀和勾鑲比武者，乘坐船上由魚拖著的河伯，持罼圍獵的場面，樂舞表演，搗藥的玉兔，一雙相對而揖的神獸，神獸間還橫躺著一隻似是狗的動物。

　　橫線之上大致上有雙列人馬。上排是一列朝左而行的車隊。車隊之前有三人拖曳，坐在車上打鼓的雷公。雷公之前有一人乘在怪獸上，手中牽

圖40　作者線描圖

著彎曲像是帶子的東西，彎曲的帶子下有二人雙手上舉。他們是誰？不能
確定。曲帶如果是象徵閃電，應是電母。武氏祠後石室畫像有類似舉飄帶
的二女，林巳奈夫認為是持電光之女。[78] 孝堂山石祠東壁畫像在雷公之
後，有雨師，也是二人雙手上舉，唯捧著的東西與此不同（圖41）。在雷公
（或電母）、雨師之前，也就是畫面的最左端有一人拱身迎著前來的隊伍；
他們之後有一人向右拱身，迎接徐徐前來的車隊。車隊中拉車的都是鹿。
鹿車所載的人物有一位很可能是泰山君。山東滕州曾出一石，石上有乘魚
車的河伯和乘鹿車並有榜題的「泰山君」。泰山君所乘的鹿車和本圖所見
相似。[79] 除了泰山君，據漢樂府詩，仙人王子喬也乘坐鹿車。此圖無榜，
無由確認。下排是由十八人構成的胡漢交戰圖。持刀盾或戟的漢步卒和騎
士由右向左行，戴尖帽的胡騎和步卒持弓箭由左向右。交鋒之下，胡人有
二人下跪投降，一人被斬去首級，最前方持刀盾的漢卒的盾牌上中了三枝

78　參林巳奈夫，《漢代の神神》（東京：臨川書店，1989），頁164。

79　我過去以為「東王父」三字榜題是其旁河伯的誤題。2001年4月曾去考察原石的陳秀慧小姐
　　告知，河伯旁另有漫漶不清的東王父畫像，因此河伯是河伯，東王父是東王父，並非誤題榜
　　題，特此更正。此石拓本已刊布於《山東漢畫像石精華——滕州卷》，惜所拓榜題不清。

箭，表現出戰鬥的慘烈。

　　平陰實驗中學出土的兩石沒有出土報告，也沒有任何榜題可以告訴我們其時代。不過平陰和肥城相去不遠，以上四石的雕刻技法和表現的風格都極其相似，幾乎可以推定平陰兩石的時代應和肥城欒鎮村者相去不遠，甚至同時，換言之也在東漢建初時期（西元 76-84 年）。

　　如果以上的時代定位是正確的，這四方畫像帶來許多認識東漢初期畫像的新啟示。第一，讓我們充分認識到畫像確實是由若干「元件」組合而成，而這些元件如何組合布局，最少在東漢初，甚至順帝以前（西元 126 年以前），工匠曾享有相當大自由發揮的空間。著名的孝堂山石祠畫像就是一例。《中國畫像石全集》第一冊公布了孝堂山石祠東壁完整的畫像拓本，我們作了摹本（圖 41）。現在終於有機會看見整個畫面是如何由若干主題畫像「拼湊」而成。有些主題的元件甚至可以被「塞」在壁上不同的角落。例如前文提到的風伯、雷公、雨師都出現在頂端的山牆，但是坐在魚車上的河伯卻出現在東壁的左下角（詳見後文）。在上層山牆的眾天神和下層的河伯之間夾雜著不相干的庖廚等畫面。另一個畫面拼湊的證據見於河伯右端有台階的建築。建築的位置約略在東壁下段中央偏右。建築的右端是一個主題畫面，左端有背對的車馬和人物，是完全不相干的另一畫面；這幢居於畫面中間的建築硬生生只刻畫了一半，完全不顧畫面的完整和連續性。平陰和肥城欒鎮村的畫像也有類似的現象。

　　其次，就「胡漢交戰」畫像而言，西元 80 年左右在山東地區已經出現或者說已分化出了頗不相同的組合方式，用以傳達可能頗不一樣的寓意。在這樣的挪用和衍生意義產生之前，胡漢交戰圖如同其它的漢畫主題一樣，應該有它更早的源頭。

　　信立祥認為源出漢代宗廟，不無可能。漢代宗廟是一個皇帝、宗室、中央百官和地方郡縣長吏，甚至是歸順的外族每年定期聚會的場所。皇帝在此要聽取地方計吏的上計報告，將天下治亂的情況透過祭祀，上達於列祖列宗，並祈求祖先的福佑。漢代宗廟四壁像屈原所見的楚國宗廟一樣，很可能也有反映和激勵人心的畫像，「胡虜殄滅天下息」不失為一個合理

圖 41　劉曉芸線描圖

古月集：秦漢時代的簡牘畫像與政治社會
　　　　——卷二　畫像石、畫像磚與壁畫

的畫像主題。

然而出自宗廟只是可能之一。也有可能出自西漢宮室，甚至漢代以前。我們完全沒有漢代宗廟裝飾的資料，但是西漢未央宮明確有圖畫功臣的麒麟閣。宣帝甘露三年（西元前 51 年）曾下詔圖畫霍光等十一人於此。在此之前，司馬遷曾見過開國功臣張良的畫像。可見宣帝並不是最早為功臣畫像的。盧碩《畫諫》謂漢文帝曾於未央宮承明殿畫屈軼草、進善旌、誹謗木、敢諫鼓和獬豸等圖像。此外北宮有畫堂，桂宮明光殿「畫古賢烈士」。[80] 更值得注意的是武帝時的甘泉宮。武帝好仙，方士「文成言曰：『上即欲與神通，宮室被服不象神，神物不至。』乃作畫雲氣車，及各以勝日駕車辟惡鬼。又作甘泉宮，中為臺室，畫天、地、泰一諸神，而置祭具以致天神。」[81] 甘泉宮除了有諸神之畫飾，還有金日磾之母和李夫人的畫像可考。金日磾以降虜親信於武帝，後來他和母親的故事竟然變成孝道樣板，出現在武氏祠和和林格爾護烏桓校尉墓的壁畫中。[82] 這樣的線索使我們不能不考慮漢墓畫像在來源上和西漢宮室的關係。以胡漢戰爭而言，除了可能出現在宮室中，也可能有先漢的淵源，前文已及，不再重複。

第三，從胡漢對陣的場面和鹿車、魚車、河伯、雷公、雨師、帶羽仙人、泰山君、大禹等一起出現可以知道，這類畫像的用意應該並非單純的胡漢戰爭。胡漢戰爭原本是單純人世間的事，怎會和河伯、雷公、雨師等信仰中的神仙共同出現呢？就構圖看，胡漢交戰的場面出現在一長列人神交雜的車馬隊伍之前，畫面上這一長列隊伍明顯相互關聯，不能切割。稱呼這樣的畫像為胡漢戰爭或交戰圖，只表面地顧及局部，不能適切表達全圖的涵義。

這樣的圖是想要表達什麼呢？由於缺少榜題，目前並沒有確切不移的答案，只能從格套和若干文獻作些合理的猜測。我懷疑這可能是描繪墓主

80　以上請參拙文，〈漢代壁畫的發展和壁畫墓〉，收入《秦漢史論稿》（臺北：東大圖書公司，1987），頁453-455。本書，頁 11-59。

81　《史記‧孝武本紀》，頁 458；另見〈封禪書〉，頁 1388。

82　同注 80，頁 455。

死後，在風伯、雨師、雷公、河伯、大禹、泰山君等的帶領和護衛下，前往泰山或崑崙的一段升仙的旅程，姑且名之為「泰山或崑崙之旅圖」。東漢以後崑崙的信仰似乎更受歡迎，大部分東漢中晚期出現的這類畫像，反映的更可能是崑崙升仙之旅。[83]

在漢人的想像中，升仙不易。升仙過程中會遭逢各種阻撓。武帝時的方士公孫卿曾對武帝說：「黃帝且戰且學仙……百餘歲後得與神通」（《史記‧封禪書》）。他以黃帝為例，說他一邊戰蚩尤，一邊不忘學仙，希望武帝要有耐心，不要因忙於南征北討，求仙屢屢不得而放棄；只要不放棄，長久之後也能像黃帝一樣「得與神通」。傳說中黃帝曾大戰蚩尤，靠天女、西王母之助，最後才破了蚩尤的法術而後殺之。[84] 蚩尤是令黃帝不克成仙的障礙，「且戰」意味著克服阻撓，倘若堅持不懈並獲得天女之類的助力，終必成功。胡人猶如蚩尤，被用來象徵這些阻撓的力量，打敗他們則象徵克服升仙途中的困難，而後才能成仙或進入仙界。

由於上述畫像中風伯、雨師、河伯、大禹的形象大致可以辨認，我們不妨從他們和泰（太）山或崑崙的關係著手，以辨析整個畫像可能的意義脈絡。在缺少榜題的情況下，掌握畫像各元件的意義，再將它們綜合起來，不失為找到整個畫像大致意義的一個方法。各元件可以出現在不同的意義脈絡中，例如大禹可以是歷代帝王圖中的聖王大禹（如武梁祠所見），也可以是漢人所深信充滿神異，而為「縉紳先生」所不取的《禹本紀》這類書中的大禹。如果一組畫像多數元件的意義，可以在某一個或某一類意義脈絡中找到交集，則不妨假設由這些元件組成的畫像，其意義應離這樣的意義脈絡不遠，或就在這類意義脈絡之中。這個方法雖不足以完全確認一組畫像的寓意，但多少可以揣摸到寓意所在的範圍。

83　關於泰山和崑崙信仰的消長以及和升仙的關係，請參劉增貴，〈天堂與地獄：漢代的泰山信仰〉，《大陸雜誌》，94：5（1997），頁 1-13。

84　《龍魚河圖》謂：「玄女出兵符，付黃帝，制蚩尤。」助黃帝的還有其它的神如西王母，參《太平御覽》卷 736 引〈黃帝出軍訣〉（臺北：商務印書館景印宋刊本，1997 年 7 刷），頁 3395。

以下試著找出以上風伯、雨師、泰山、大禹等「元件」可能的共同意義脈絡。一個較早的相關說法見於《韓非子·十過》：

〔晉〕平公問曰：「清角可得而聞乎？」師曠曰：「不可。昔者黃帝合鬼神於西泰山之上，駕象車而六蛟龍，畢方並鎋（轄），蚩尤居前，風伯進掃，雨師灑道，虎狼在前，鬼神在後，騰龍伏地，鳳皇覆上，大合鬼神，作為清角。今主君德薄，不足聽之。聽之，將恐有敗。」（相似而詳略不同的描述又見《楚辭·遠遊》、《淮南子·原道》、《風俗通義·瑟》）

師曠和晉平公的問答雖關乎清角之音，可注意的是師曠描述黃帝駕著龍車，合鬼神於西泰山。畢方與黃帝並駕，蚩尤、風伯和雨師等都擔任前驅，為黃帝驅除在前之虎狼。照《山海經·大荒北經》的說法，風伯、雨師原來都聽命於蚩尤，與黃帝戰於冀州之野。後來黃帝以天女魃破除風伯和雨師的法力，雨止，殺蚩尤。在司馬相如的〈大人賦〉裡，故事有不同的版本：

使靈媧鼓瑟而舞馮夷（《漢書音義》曰：「靈媧，女媧也。馮夷，河伯。」）。時若薆薆將混濁兮，召屏翳（〈正義〉應劭曰：「屏翳，天神使也。」韋云：「雷師也。」）誅風伯而刑雨師。西望崑崙之軋沕洸忽兮，直徑馳乎三危。

在這個版本裡，在西望崑崙，馳往三危以求長生的路上，是以女媧、河伯、屏翳（天神使或雷師）為助，風伯和雨師是路上的障礙和被誅殺的對象。相關的傳說故事在文獻裡還有不同的記載，這裡不細說。總之，不論那個版本，泰山主管人之生死，乃鬼神群仙會聚之地，是漢代人想像中神仙世界的通路或死後世界的都城。求仙，則須東往泰山或西向崑崙。不論那條路，旅程都不平順，或有虎狼，或有風雨為阻。這就須要神仙的協助。如有掌風雨的風伯和雨師為助，由他們開道，等於化解了升仙之途的阻力。

再來看看大禹。大禹是傳說中治水的英雄。其妻乃塗山氏之女，名女媧。[85] 劉向《列女傳》有啟母塗山氏之傳。漢人普遍相信禹娶塗山氏而生

---

85 禹娶塗山見《尚書·皋陶謨》。《史記·夏本紀》〈集解〉引《系本》曰：「塗山氏女名女媧。」

啟，而塗山氏又是始祖神女媧！在漢人眼中，禹不單單是人間治水的聖王。他為治水，曾溯河源，到過西王母所居的崑崙山，甚至以西王母為師。[86] 因此，要往崑崙求仙，禹是最有資格的領路人。

禹和不死之藥或西王母的關係在西漢時已然建立，東漢時更是深入人心。武帝曾遣「候神方士、使者副佐、本草待詔」祀夏后啟母石（《漢書·郊祀志》，頁 1258），無非是相信並期待這位大禹的妻子能招來神仙或不死之藥。山東微山夏鎮青山村出土西漢末的石槨側壁畫像也可為證。石槨側壁有一連三格畫像。右端一格在同一個畫面中出現吹風的風伯，戴斗笠持耒的大禹，側身的西王母以及伴隨的三足烏、玉兔、九尾狐、蟾蜍、牛首人和雞首人等（圖 42.1-2）。[87]

這裡的大禹和西王母毫無疑問是在共同的意義脈絡之中。其中九尾狐是構成共同意義脈絡的另一個重要聯繫元素。《吳越春秋》成書或晚，但是保留了一個可能早有淵源的故事：

> 禹三十未娶，行到塗山，恐時之暮，失其制度。乃辭云：「吾娶也，必有應矣。」乃有白狐九尾造于禹。禹曰：「白者，吾之服也，其九尾者，我之證也。塗山之歌曰：『綏綏白狐，九尾庬庬，我家嘉夷，來賓為王，成家成室，我造彼昌，無人之際，于茲則行，明矣哉。』禹因娶塗山女……」（《吳越春秋·越王無餘外傳》）

九尾狐和西王母的關係無須多說，牠又是禹娶塗山女的「瑞應」，如此禹和西王母又多了一層關聯。東漢王充以「疾虛妄」著稱，但他為駁斥成仙

《帝繫》云：「禹娶塗山氏之子，謂之女媧，是生啟。」《睡虎地秦墓竹簡》（北京：文物出版社，1990），〈日書〉甲種，頁 208：「禹以取梌山之女」，圖版：二背壹，頁 103。

86　《淮南子·墜形訓》：「禹乃以息土填洪水，以為名山，掘昆侖虛以下地……河水出昆侖東北陬，貫渤海，入禹所導積石山。」焦氏《易林》有「禹將為君，北入崑崙」之說，見焦氏《易林》（叢書集成新編本）卷一，大有之第十四，頁 63；卷四，異之第五十七，頁 269。《荀子·大略》和《韓詩外傳》卷五列舉諸先聖之所從師，都曾提到「禹學於西王國」。西王國為何？聚訟紛紜。頗疑「國」應作「母」，形近而訛。《論衡·無形》謂：「禹、益見西王母」可證。

87　2004 年 7 月承楊建東先生好意，得見於山東微山縣文物管理所。相關考古報告見微山縣文物管理所，〈山東微山縣近年出土的漢畫像石〉，《考古》，2（2006），頁 35-47。

圖 42.1　2004.7.30 作者攝於微山縣文物管理所

圖 42.2　作者線描圖

生羽之俗見，曾以「禹、益見西王母，不言有毛羽」當論據（《論衡・無形》），可見禹、益見西王母，對他而言非虛妄，一般人之深信也就可想而知。

文獻和畫像中還有一些太史公所不取的神異之事。例如緯書《河圖玉版》說禹有不死之草，曾以不死之草治穿胸氏。[88]《淮南子・地形》高誘注：「穿胸，胸前穿孔達背」，孝堂山石祠西壁的山牆上有二人分由二人抬著，抬桿即洞穿胸背。此畫像之意義甚難了解，疑即與《河圖玉版》之說有關。又如前引江蘇銅山出土的一方畫像上，禹一手持鍤，一手牽著一隻雀鳥，其上則畫著有玉兔和蟾蜍居中的月亮。前引山東肥城欒鎮村出土的漢畫上，在一般祠主所在的樓闕中立著大禹，其旁有一人舉手持椎似正要椎擊一狗。這些狗和雀鳥何所指，顯然須要從《禹本紀》這類太史公所不取而漢代一般人卻普遍接受的傳說中去尋找解釋。

依據同事劉增貴對出行禮俗的精湛研究，欒鎮村的畫像或許可以作如下的解釋。增貴兄認為漢代並不是以禹為行神，而是出行者自己模擬為禹，以便藉禹之名和他莫大的法力役使鬼神，以清除旅途中的險害。[89] 在馬王堆西漢初三號墓中出土的「太一將行」帛畫上，除了有將行的太一，從殘榜看還有風伯、雷公、青龍、黃龍和「先行」的禹。[90] 胡文輝先生認為「禹先行」和睡虎地或放馬灘日書中所說的「先為禹除道」、「為禹前除」意思相當，是出行時讓禹開路保平安。[91] 欒鎮村一石在通常墓主畫像的位

88　安居香山、中村璋八編，《重修緯書集成》（東京：明德出版社，1978），卷6，頁86-87：「防風氏之臣，以塗山之戮見禹，使怒而射之，迅雷風雨，二龍昇去。二臣恐，以刃自貫其心而死，禹哀之，乃拔其刃，療以不死之草，是為穿胸氏。」

89　參劉增貴，〈秦簡日書中的出行禮俗與信仰〉，《中央研究院歷史語言研究所集刊》，72：3（2001），頁523。

90　殘帛右緣有殘文：「……奉（承）弓，禹先行，赤包白包，莫敢我鄉（向），百兵莫敢我（當）……」，接著是出行時之祝語，釋文參周世榮，〈馬王堆漢墓的「神祇圖」帛畫〉，《考古》，10（1990），頁928；陳松長，〈馬王堆漢墓帛畫"神祇圖"辨正〉，《江漢考古》，1（1993），頁89。

91　胡文輝，〈馬王堆《太一出行圖》與秦簡《日書・出邦門》〉，《中國早期方術與文獻叢考》（廣

置上，將墓主畫成了禹，似乎是為了表現已模擬為禹的墓主。其旁有人舉手椎狗，正是描繪祖道儀式中所用的犬祭。祖道之祭用犬，在《周禮・犬人》和包山楚簡中都有記載。增貴兄已詳論，此處不贅。[92] 欒鎮村的畫像描繪墓主模擬為禹，正完成以犬為祭的祖道儀式，準備登上升仙的旅途。其旁另有兩人對墓主拱手作揖，似乎正向上路的墓主告別，而下方西向的車隊似正要載墓主上路。

　　墓主在畫像中以禹的形象出現，有其它的證據嗎？目前沒有。不過這樣的人神形象轉換，在漢代墓葬藝術中並不罕見，而墓主以可以辨識的天神形象出現，也有例可循。陝北漢墓門楣中央或墓室壁上常有墓主夫妻坐在單或雙層建築中，建築兩旁或有闕或觀，闕觀兩側又有車馬、樂舞百戲、牲畜或狩獵等畫像（參《中全》5：68、84、157、160、161、176）。在完全相同的位置上，有些卻畫成了戴勝的西王母和憑几的東王公，或有玉兔、九尾狐、蟾蜍等相伴帶羽的西王母和東王公（參《中全》5：35、46）。這樣安排的用意除了讓觀賞者去想像死者夫妻成仙，他們與象徵生命源頭的東王公和西王母合而為一，或幻化成為祂們之外，還可能是什麼呢？

　　禹能役使鬼神，夷平險阻，另見於焦氏《易林》。《易林》說：「戴堯扶禹，松喬彭祖，西過王母，道里夷易，無敢難者。」[93] 這個說法意味著兩件事：一是朝西往崑崙見西王母的路途危險，充滿險阻。[94] 二是如果得

州：中山大學出版社，2000），頁 152-154。他甚至認為太一出行圖中央的那位神應是社神，也就是禹，是為太一當開路先鋒的。近年，我改而贊同「太一出行圖」應正名為「社神圖」，參〈「太一生水」、「太一將行」和「太一坐」的關係〉，《今塵集》卷三（臺北：聯經出版公司，2021），頁 57-92。

92　劉增貴，前引文，頁 531。

93　焦氏《易林》卷一，蒙之第四，頁 27；師之第七，頁 31；離之第三十，頁 139；卷三，損之第四十一，頁 192；夬之第四十三，頁 199；卷四，歸妹之第五十四，頁 254。同書卷一，坤之第二，頁 7 又有「稷為堯使，西見王母，拜請百福，賜我善子」之說。如此，堯和稷也和西王母有關。

94　《易林》一書不斷提到「弱水之西，有西王母，生不知死，與天相保，行者危殆」或「弱水之西，有西王母，生不知死，與天相保，不利行旅」這樣的話。見卷一，蒙之第四，頁 25；卷二，臨之第十九，頁 86；卷四，既濟之第六十三，頁 295。

到赤松子、王子喬或彭祖的幫助，則路途變得平順，無人敢於留難。「戴堯扶禹」的「戴」和「扶」都是動詞，其義為堯戴之，禹扶之。出行者一旦得到堯、禹、赤松子、王子喬、彭祖等的扶助，或模擬為堯、禹，即可得到他們的法力；如此一來，「道里夷易，無敢難者」。畫像中沒有出現赤松子、王子喬或彭祖，[95] 據緯書《感精符》堯乃「翼之星精」，[96] 翼為二十八宿之一；據睡虎地《日書》甲種，值翼，「利行」，也就是說星精堯當值則利於出行。[97] 如此，「崑崙之旅」的畫像中出現禹或堯也就可以理解了。

　　河伯的意義也須要解釋。河伯乃水神。《漢書・王尊傳》謂：「投沉白馬，祀水神河伯。」照漢代緯書的說法，河伯為河精，曾以河圖授禹，而後「退入於淵」。[98] 或許因為如此，孝堂山石祠東壁和平陰實驗中學出土的畫像（《中全》3:203）都特別將河伯安排在天神隊伍之外，畫在畫壁的底層。但也有不少例子，將河伯置於升仙的隊伍中（《選集》472）。因為河伯

95　或許曾出現，如騎鹿或駕鹿車者可能為王子喬，也可能有赤松子和其他的仙人，惜無榜題，難以確辨。孫作雲曾考王子喬作人首鳥身狀，惜無確證。參所著，〈洛陽西漢卜千秋墓壁畫考釋〉，《文物》，6（1977），收入《孫作雲文集——美術考古與民俗研究》（開封：河南大學出版社，2003），頁208-210。又河南鄧縣曾出土南朝畫像磚墓中有吹笙仙人榜題作王子喬，與浮丘公相對。如此造形的王子喬在漢畫中還找不到可靠的例子。參楊泓，〈鄧縣畫像磚墓的時代和研究〉，《漢唐美術考古和佛教藝術》（北京：科學出版社，2000），頁111。漢樂府古辭有〈王子喬〉一首，起首即說：「王子喬參駕白鹿雲中遨。」畫像中騎在鹿上或駕鹿車者即有可能是仙人王子喬。又〈隴西行〉提到：「卒得神仙道，上與天相扶。過謁王父母，乃在太山隅。離天四五里，道逢赤松俱。攬轡為我御，將吾天上遊。」赤松子可為遊天求仙者駕車。唯畫像中無相關榜題，也無赤松子形象的文獻資料，難以比對確辨。又曹植〈仙人篇〉謂「韓終與王喬，要我於天衢，萬里不足步，輕舉凌太虛……驅風遊四海，東過王母廬……」，這裡又出現一位仙人韓終，其形象和赤松子一樣無由分辨。參逯欽立，《先秦漢魏晉南北朝詩》上，卷9，頁261-262、267、434。天衢據《晉書・天文志》，在房四星南北各二星之中間：「南間曰陽環，其南曰太陽；北間曰陰間，其北曰太陰。」（頁300）天衢象徵南北陰陽界線的意義和下文將提到的昂、畢之間象徵胡漢界線的天街十分相似，值得注意。

96　《春秋公羊傳》宣公三年傳疏引。

97　《睡虎地秦墓竹簡》簡九四正壹，頁192。

98　記載甚多，參安居香山、中村璋八編，《重修緯書集成》（東京：明德出版社，1975），卷2引《尚書中候》等，頁79-80、99。

也被想像為天上雲漢或天河之神。從前引《漢書音義》可知,河伯名馮夷。《淮南子‧原道》:「馮夷,大丙之御也,乘雲車,入雲蜺」,《水經注》河水引《括地圖》:「馮夷恆乘雲車,駕二龍」,《孝經援神契》:「河者水之伯,上應天漢」(《緯書集成》五,頁29)。在漢人的想像中河伯正可以駕著雲車在天上。徐州銅山洪樓出土東漢石祠屋頂坡面上即曾出現河伯乘雲車畫像,徐州白集出土畫像中甚至有河伯乘雲車駛向有金烏在其中的太陽。[99] 山東臨沂郯城縣楊集鄉出土石棺壁上有朝向同一方向的虎車、龍車和魚車畫像,這些車的車輪都以雲紋象徵。[100] 河南新野沙堰鄉出土銅鏡銘文提到「天公行出」,鏡外緣則有河伯坐在魚車上,旁有「何(河)伯」題銘;也有乘坐龍車,有「天公」題銘的天公圖像。在地為魚,在天為龍。魚龍常為一事。總之,河伯也可以出現在天上,和天公一起出巡。[101]

　　河伯之所以與升仙或死後世界有關,一方面如前引〈大人賦〉所說河伯和女媧等可助人西往崑崙,另一方面是傳說中祂與泰山府君有關。前文提到山東滕縣出土的一方畫像上,一側是乘坐鹿車的泰山君,和泰山君相對的則是東王父和乘坐在魚車上的河伯。河伯據說是泰山君的女婿。《搜神記》有一個漢末人胡母班的神奇故事。故事中胡母班曾為泰山府君帶信給府君的女婿河伯。[102] 這個故事雖出現在時代較晚的《搜神記》裡,但河伯為泰山君女婿的說法可能早已存在。滕縣畫像上河伯和泰山君同時出

99　《中全》4,圖41;後者似尚未刊布,1998年9月10日見於白集漢墓博物館。

100　臨沂市博物館編,《臨沂漢畫像石》(濟南:山東美術出版社,2002),圖264。圖76另有一方出土於五里堡漢墓之殘石上有雲輪魚車和雷公車、龍車等一起出現在天上。

101　劉紹明,〈「天公行出」鏡〉,《中國文物報》,486期,1996.5.26。

102　《三國志‧袁紹傳》裴注曾提到胡母班見太山府君及河伯事,見於《搜神記》。今本《搜神記》卷4(袁珂校注本)胡母班條:「胡母班⋯⋯泰山人也。曾至泰山之側,忽于樹間逢一絳衣騶,呼班云:『泰山府君召。』班驚愕,逡巡未答。復有一騶出,呼之。遂隨行數十步,騶請班暫瞑。少頃,便見宮室,威儀甚嚴。班乃入閣拜謁。主為設食,語班曰:『欲見君,無他,欲附書與女婿耳。』班問:『女郎何在?』曰:『女為河伯婦。』班曰:『輒當奉書,不知緣何得達?』答曰:『今適河中流,便扣舟呼青衣,當自有取書者。』班乃辭出。昔騶復令閉目,有頃,忽如故道。遂西行,如神言而呼青衣。須臾,果有一女僕出,取書而沒。少頃復出,云:『河伯欲暫見君。』婢亦請瞑目,遂拜謁河伯。」(頁44-45)

現，應不是偶然。

風伯、雨師都是極古老的星宿或天神。相關記載很多，面貌很不一致，這裡無法細說。[103] 僅舉兩條說明祂們和崑崙的關係：

1. 召屏翳誅風伯而刑雨師，西望崑崙之軋沕洸忽兮，直徑馳乎三危……（《史記‧司馬相如傳》錄〈大人賦〉）

2. 赤松子者，神農時雨師也。服冰玉散，以教神農。能入火不燒。至崑崙山，常入西王母石室中，隨風雨上下。炎帝少女追之，亦得仙，俱去。至高辛時，復為雨師，遊人間。今之雨師本是焉。（《搜神記》卷一）

以上這些天神和傳說中神化的古帝王，或與崑崙西王母，或與泰山有關，不論各自扮演的角色為何，他們共同相關的意義脈絡似乎只可能和漢人期盼的升仙不死或平安地進入死後世界有關。

如果這一點可以成立，那麼出現在這個意義脈絡下的「胡漢交戰」場面就必然不是表面上的胡漢交戰，而是被挪用來象徵其它的意義了。

胡，象徵通往仙界或死後世界途中的障礙。為什麼胡會被借用來象徵一種障礙呢？巫鴻和信立祥曾提出一個在目前看來比較合理的解釋。胡在中國的北方和西方，依漢人的觀念，北方屬陰。《史記‧天官書》謂：「中國於四海內則在東南，為陽……其西北則胡貉月氏諸衣旃裘，引弓之民，為陰」（頁1347）；又曰：「昴曰髦頭，胡星也……昴、畢閒為天街，其陰，陰國；陽，陽國。」（頁1305-6）；《漢書‧天文志》：「七年，月暈，圍參畢七重。占曰：『畢、昴間，天街也；街北，胡也；街南，中國也。昴為匈奴，參為趙，畢為邊兵。』」《漢書‧晁錯傳》：「夫胡貉之地，積陰之處也」（頁2284）；《易林》也說：「胡蠻戎狄，大陰所積」。[104] 胡人象徵積陰之處的陰界，頗為順理成章。

---

103 相關資料可參呂宗力、欒保群編，《中國民間諸神》（石家莊：河北教育出版社，2001），風伯、雨師條，頁138-144。

104 焦氏《易林》卷一，師之第七，頁33；卷四，震之第五十一，頁240；卷四，既濟第六十三，頁294。

地上的胡漢之界在漢人看來和天上星宿的方位相對應。西方畢、昴二宿之間的天街正當胡漢華夷之界，其分野相當趙地或冀州。昴又稱髦頭或胡星。《史記‧天官書》正義：「天街星北為夷狄之國，則昴星主之，陰也。」《晉書‧天文志》進一步說：「昴西二星曰天街，三光之道，**主伺候關梁中外之境。**」（頁297）由此不難看出胡漢戰爭圖，尤其是以橋或立柱為背景的，有可能是漢人想像中天界的投射。橋和立柱象徵著渡越陰陽、胡漢或中外之界的關和梁。不論天上的天界，地下的陰界，其實都是人間的投射。因此人死之後，不論到天上或陰界去，其旅程中可能的遭遇，在想像中和人世間的旅行是類似的。

死者在風伯、雨師、禹、河伯和泰山君等神的護送下往崑崙或泰山而去；遇到障礙，死者或自己模擬為禹，或由眾神護持，沿途代為掃除，最後終能達到目的地。這就好像人世間的胡漢戰爭，漢軍在期望中是必然勝利的一方。這種必成必勝的期待和心理，使原本屬於人世間且意義單純的胡漢交戰有了被轉化的基礎和可能，用以象徵克服障礙，升仙必成或順利進入死後世界。

或許也因為如此，墓室或祠堂裡的胡漢戰爭圖，不論有無風師、雨伯等神仙在畫面之中，它都可能有雙重的意義：一方面是針對現實世界，反映對人世間「胡虜殄滅天下息」的期待；另一方面也可以是針對想像中的世界，希望人死之後，在諸神的協助下，逢凶化吉，順利成仙上天或平安進入死後世界。前者應是胡漢戰爭圖的初義（當它出現在西漢宮室或宗廟時），後者則可說是據之而來的意義變奏。

不過，不可忘記這樣的意義變奏也有可能只是區域性的。因為到目前，這樣的崑崙或泰山之旅圖只見於肥城和平陰一帶。我們並不能說其它地區的胡漢戰爭畫像，不論有無風師、雨伯等神仙在畫面之中，都必然有這樣的雙重寓意。

最後還須要補充一點：這樣由諸神護佑的升仙之旅，固然是為死者所安排，在漢人的觀念裡並不是只有死後的旅程才須要諸神的保護。人世間

的旅行即充滿了危險和不確定。為了旅途平安，除了要消極地遵守各種出
行的禁忌，如在秦漢《日書》裡所見到的，更須要積極卜問良辰吉日，禱
求諸神的保護。[105]《太平御覽》卷七三六引漢末蔡邕所作祖餞祝詞有云：

> 令歲淑月，日吉時良，爽應孔嘉。君當遷行，神龜吉兆，休氣煌煌。著卦
> 利貞，天見三光。鸞鳴噰噰，四牡彭彭。君既升輿，道路開張。風伯雨
> 師，灑道中央。陽遂求福，蚩尤辟兵。倉龍夾轂，白虎扶行。朱雀道引，
> 玄武作侶。勾陳居中，厭伏四方。君往臨邦，長樂無疆。

從「君當遷行」、「君往臨邦」的措詞可知，祝詞是為官員升遷就任新職，
臨行上路而作。祝禱之中，能保護他們一路平安的諸神，和墓葬或祠堂升
仙行旅圖中見到的雖稍有不同，大體類似。風伯、雨師、蚩尤前文已及，
不多說。陽遂與求福或富貴有關。[106]倉龍、白虎、朱雀、玄武四神習見於
漢墓和祠堂圖飾。四神加上勾陳乃《六韜・龍韜》所謂的「五行之符」，
為「佐勝之徵，成敗之機」。[107]這樣的符號體系用在旅行祝詞中，其用意

---

105 參劉增貴，前引文，頁 503-541。

106 山東嘉祥宋山三號墓永壽三年（西元 157 年）卒史安國祠堂題記和四川彭山漢墓磚銘有「陽
遂富貴」之語，傳世也有延熹四年的「陽遂富貴」墓磚銘。參永田英正，《漢代石刻集成》
圖版釋文篇，76，頁 128-129；龔廷萬、龔玉、戴嘉陵編，《巴蜀漢代畫像集》（北京：文物
出版社，1998），圖 463；趙超，《漢魏南北朝墓誌彙編》前言引《千甓亭古磚圖釋》卷一，
頁 8。陽遂富貴之語又見漢「大吉宜用富貴陽遂」洗，見容庚，《秦漢金文錄》（臺北：中研
院史語所，1992 影印再版），卷 5，頁 53 下；「令人陽遂貴豪富」銘銅鏡，洛陽孟津鐵爐出
土，見洛陽博物館編，《洛陽出土銅鏡》（北京：文物出版社，1988），圖 36，圖版說明，頁
6 及林素清輯，〈兩漢鏡銘集錄〉，史語所文物圖像研究室資料庫 http://saturn.ihp.sinica.edu.
tw/（2008.2.10）。

107 《六韜・龍韜》（《武經七書》本）五音：「往至敵人之壘，去九百步外，持律管當耳，大呼
驚之。有聲應管，其來甚微，角聲應管，當以白虎，徵聲應管，當以玄武，商聲應管，當以
朱雀，羽聲應管，當以勾陳。五管聲盡不應者，宮也，當以青龍。此五行之符，佐勝之徵，
作敗之機也。武王曰：善哉！」《淮南子・天文》有「凡用太陰，左前刑，右背德，擊鉤陳
之衝辰，以戰必勝，以攻必剋」的話。馬王堆帛書《刑德》謂：「左青〔龍而右〕白虎，前
丹蠱而後玄武；招搖在上，□□在下，乘戴戴斗，戰必勝而功（攻）必取。」（見陳松長，《馬
王堆帛書刑德研究論稿》，臺北：臺灣古籍出版公司，2001，頁 240。）

不外祈求化險為夷,一路平安。

　　墓葬和祠堂畫像的描寫可以說是祖餞祝詞的形象化。生前出行上路,有祖的儀式;人死,棺柩離家就墓,也要「祖於庭」(《禮記‧檀弓上》)。《周禮‧喪祝》「及祖飾棺乃載御」條,鄭司農云:「祖於庭,象生時出則祖也。」孔疏:「以其生時出有祖,故死亦有祖。」喪儀有象徵生時出行之祖,可見漢人想像中到死後世界去的確有一段旅程。[108] 沈約《宋書‧律曆志中》曾引崔寔《四民月令》扼要概括了從漢至南北朝時人的想法:

> 崔寔《四民月令》曰:「祖者,道神。黃帝之子曰累祖,好遠遊,死道路,故祀以為道神。」嵇含祖《道賦序》曰:「漢用丙午,魏用丁未,晉用孟月之酉。日莫識祖之所由。」說者云祈請道神謂之祖,有事於道者。君子行役,則列之於中路,喪者將遷,則稱名於階庭。[109]

因此,我們有理由相信上述畫像是一種旅程的描寫。對東漢末的官吏而言,在世之時,他們往來奔波在仕宦的道路上;來到人生的盡頭,仍然期待在同一批神靈的保護下,平安步上以泰山或崑崙為終點的旅程。

三、允文允武——對死者格套化的歌頌

　　胡漢戰爭圖不但被用來象徵墓主在眾神的協助下掃除障礙,順利往崑崙仙山或平安進入以泰山象徵的死後世界,也變成一種格套化的視覺語言,用來歌頌墓主能以漢軍殺「胡王」,「興漢土」,符合古來百官「允文允武」的典型。

　　目前可考的胡漢戰爭畫像,除了少數的例外,都以一定的格套呈現。這些格套在新莽時代河南新野樊集的畫像磚、山東濟寧蕭王莊石槨以及東漢初山東平邑的皇聖卿和功曹闕上已可見到,此後沿用到東漢末。在約兩

---

108 陸機〈太山吟〉:「梁甫亦有館,萬里亦有亭,幽塗延萬鬼,神房集百靈。」赴梁甫或萬里的幽途上,有館有亭,亦可為證。參逯欽立,《先秦漢魏晉南北朝詩》,卷 5,頁 660。
109 見沈約,《宋書‧律曆志中》,卷 12,頁 260。

百年中，可以說幾乎沒有一件作品是以人物、戰場、裝備特徵或以其它方式去呈現一場和墓或祠主有關的特定戰役。東漢時代面對的「胡」，雖有匈奴、羌、烏桓、鮮卑和西域諸胡的不同，但在畫像中他們以幾乎籠統一致的形象出現；漢軍官兵，不論步騎，在面貌上也一無個性可言。交戰的場面裡，或有背景陪襯，但這些背景也是格套化的。因而可以肯定地說，畫像的委造者和製作者都沒有企圖藉此展現死者生前的實際經歷。即使墓或祠主生前曾與胡人作戰，立有戰功，一種格套式的戰爭畫像，一般而言，已足以滿足他們在飾終之典上歌頌死者的要求。

飾終之典的要求是什麼呢？基本上要能表彰墓主或祠主一生的道德和事功。在道德上，符合忠孝等儒家的倫理，在事功上兼具文武，符合官吏的典型，成為後世追念的模範。當時齊魯一帶的地方官吏以大體類似的畫像去裝修墓葬，反映了這一階層的集體價值和心態。從這樣的脈絡去理解，不但胡漢戰爭和狩獵圖可以得到解釋，一些其它內容的戰鬥圖如雙人比武圖，甚至畫像中常常單獨或在場景中搭配出現的兵器架（蘭錡），都應該和用來表現墓主或祠主「文武兼備」中「武」的一面有關。山東省博物館那一方上層為孔子見老子，下層為胡漢交戰的畫像（見前圖24、25），雖然不知其原屬祠堂或墓室，但無疑具有一文一武象徵的意義。在制度上，漢代文武早已分途；但是當時官僚階層的價值和心態上，自商周封建時代以來允文允武的君子（貴族），似乎還是多數官僚士人認同的典範。關於這個典範已另有專文發表，這裡不再多說。[110]

---

110 詳見前引拙文，〈允文允武：漢代官吏的一種典型〉，本書卷三，頁291-353。

五 結論

　　本文大致就一般所謂的胡漢交戰或戰爭圖作了構成、類型和意義的分析。在分析的方法上，基本延續我過去在〈射爵射侯圖〉、〈七女為父報仇圖〉兩文中所作的嘗試，[111] 希望能夠證明這個方法的有效性。

　　它的有限性也很顯然。以本文討論的戰爭圖來說，有些戰爭畫像中的胡漢分辨不出來，這些材料被放到一邊。這樣雖暫時保證了方法的「有效」，但同時也就表明了方法的有限。好在我並不認為目前有什麼方法可以作出「全盤」的解釋，因為目前對漢畫背景的掌握和對漢畫複雜性的認識都還有限。全盤的認識和全盤有效的解釋都還太奢侈。

　　其次，我們也必須認識到漢代並沒有「一套」成系統的死後世界觀或升仙觀。各地墓葬或祠堂畫像反映的也不會是一致或「成套」的觀念，其中存在著矛盾或難以解釋之處，一點也不奇怪。神仙或死後世界出於人們的想像，漢人的想法本不一致。例如在漢人的想像裡，人能成仙，也很可能歸於黃泉、蒿里或其它名目的幽冥世界。在期待中，人生旅程的終點固然可以是泰山或崑崙仙界，但真正的終點無人知道。也沒有人能預知自己真正會走上那一條路。或許正因為如此，最好的策略就是將凡能保護升仙上天或進入幽冥的天神地祇都納入保護神的行列。如此一來，畫像描繪和文獻中的記述紛然雜沓，不盡相同，乃是十分自然的事。千百年後，我們將殘存的文獻和不同時期或地區的墓葬和祠堂材料合在一起討論，其間有扞格矛盾也是意料中事。如果試圖化解所有的歧異和矛盾，建構出「一套」合理完滿的解釋，反而會陷入更大的錯誤。

　　由於缺少榜題，本文又試著從釐清元件的意義，去勾勒由這些元件組成的畫像可能是存在於怎樣的共同意義脈絡之中。尋找意義脈絡，或許可

---

111 參拙文，〈漢代畫像中的「射爵射侯圖」〉，《歷史語言研究所集刊》，71：1（2000），頁 1-66；〈格套、榜題、文獻與畫像解釋——以一個失傳的「七女為父報仇」漢畫故事為例〉，收入邢義田主編，《中世紀以前的地域文化、宗教與藝術》（臺北：中央研究院歷史語言研究所，2002），頁 183-234。本書本卷，頁 111-159。

以算是畫像研究的一個輔助方法。這個方法的功效當然也有限制。誰能找出完整的意義脈絡？如何能證明這些元件必然同構一個意義脈絡？又如何能證明這個或這些脈絡的存在，不是出自研究者從有限的認識出發，所作的拼湊和再建構？本文對胡漢戰爭畫像意義的理解，因此顯然有其限度。我們不能排除任何其它意義的存在，也不排除在不同的時期和不同的地區，當時的人可以有更單純或更豐富的想像和解釋。

照目前的理解，胡漢戰爭圖幾無例外都在表現漢人如何擊敗胡人，贏得勝利。獻俘圖在彰顯勝利的成果。狩獵圖則受古老傳統的影響，用以歌頌墓主之習於武事。三者可分可合。不論分合，戰爭圖是墓室或祠堂以一種格套化的圖像讚頌墓主「允文允武」的一部分。漢代制度上官吏固已分為文武，然而古風猶存，理想上他們仍然要像封建時代的貴族，兼擅文武。東漢墓室和祠堂畫像像墓碑一樣，一大功能即在歌頌死者的文治和武功。不過，這裡要再一次強調，墓或祠堂中出現的戰爭畫像，除了某些例外，與其說是反映死者真實的戰功，不如說是地方官僚共同心態和價值的投射，投射出他們心目中官吏的典型。

另外一方面，誠如林巳奈夫所說，胡漢戰爭圖也反映了漢人對四夷盡服，天下太平和免於苦役的普遍期望。這樣的期望可能曾促使這類畫像出現在兩漢的宮室或宗廟，但不會是出現在漢墓或祠堂中的直接原因。東漢墓葬和祠堂不過是挪用這個題材去達成其它的目的：一則藉以歌頌墓主允文允武，符合官吏的典型，一則用以象徵墓主能在諸神的護佑下，克服險阻，逢凶化吉，順利進入期盼中的死後世界——泰山或崑崙。

88.9.19/94.7.14

後記

本文在寫作過程中得到很多朋友的協助和指教。劉增貴、陳秀慧、丁瑞茂、陳彥堂、楊建東、石敬東、鄭岩、楊愛國及學棣游秋玫都曾惠示高見或在資料上提供協助，尤其是秀慧、瑞茂、鄭岩兄和兩位審查人細讀全稿，提出許多重要的建議，謹在此表示最大的謝意。唯文中一切錯誤，由

作者自負全責。本文所附線描圖部分由我自繪，有些煩勞學棣劉曉芸代繪，胡漢戰爭圖資料一覽表由游秋玫代製，謹此致謝。

原刊《國立臺灣大學美術史研究集刊》，19（2005），頁 63-132。
97.2.27 訂補；105.2.13 再訂，111.2.10 三訂

附錄：胡漢戰爭圖資料一覽表

編號	名稱	出土時間地點	現藏地
1	孝堂山石祠西壁胡漢交戰畫像	長清孝堂山	山東省長清縣孝里鎮孝里鋪村南孝堂山上（長清縣文物管理所）
2	孫家村畫像	汶上縣孫家村	日本天理大學 天理參考館
3	獻俘畫像	綏德四十里鋪	綏德漢畫館
4	寧城圖	1972-73 年和林格爾縣新店子鄉境內惲河北岸	墓已回填
5	河南新野樊集吊窯三十七號墓胡漢戰爭畫像磚	1986 年河南新野樊集吊窯	鄭州河南博物院
6	凱旋圖	1997 年濟寧市北郊蕭王庄村東北石槨墓	濟寧市博物館
7	建初八年（83）戰爭、樓閣雙闕，樂舞百戲畫像	1956 年山東省肥城市欒鎮村	山東省博物館
8	戰爭、車騎、樓閣雙闕畫像	1956 年山東省肥城市欒鎮村	山東省博物館
9	戰爭獻俘圖	1932 年由山東平邑縣平邑鎮八埠頂遷移至平邑鎮小學內	平邑縣文物管理所
10	胡漢騎兵交戰圖	1932 年由山東平邑縣平邑鎮八埠頂遷移至平邑鎮小學內	平邑縣文物管理所
11	嘉祥五老洼第十二石風伯吹屋、車騎、胡漢交戰圖	1981 年嘉祥縣城東北五老洼	山東石刻藝術博物館藏
12	山東汶上先農壇	汶上縣城關公社先農壇發現	汶上縣文化館
13	西王母、作坊、胡漢交戰圖	1954 年嘉祥縣城東北洪山村	中國歷史博物館
14	嘉祥五老洼第八石風伯、胡漢交戰、獻俘場面	1981 年嘉祥縣城東北五老洼	山東省石刻藝術博物館
15	宋山第二批畫像第二石胡漢交戰、戲蛇畫像	1980 年嘉祥縣滿硐鄉宋山	山東省石刻藝術博物館

採集／傳世／出土	壁畫／石刻	在祠堂／墓葬中之位置	著錄或資料出處	附圖索引
傳世	石刻	孝堂山石祠西壁	《中國畫像石全集》，1.43	附圖 1
	石刻		《漢代畫像全集》二編，圖 89	附圖 3
出土	石刻	墓門橫額	《綏德漢代畫像石》，圖 69	附圖 4
出土	壁畫	和林格爾中室北壁和東壁連續壁畫	《和林格漢墓壁畫》，圖 34、35	附圖 5
出土	石刻	西側門楣	《南陽漢代畫像磚》，圖 144-147、154-156	附圖 6
出土	石刻	M1 石槨北側外壁	《漢畫像石》，p.51	附圖 7
出土	石刻	祠堂後壁	《中國畫像石全集》，3.213	附圖 8
出土	石刻	祠堂後壁	《中國畫像石全集》，3.214	附圖 9
傳世	石刻	皇聖卿闕西闕第二層畫像	史語所拓片；《中國畫像石》，1.4-7	附圖 15
傳世	石刻	功曹闕第二層東、北、南三面	史語所拓片；《中國畫像石》，1.12-15	附圖 16
出土	石刻	祠堂東壁	《嘉祥漢畫像石》，圖 96；《中國畫像石全集》，2.140	附圖 17
出土	石刻	祠堂東壁	《山東漢畫像選集》，圖 205	附圖 18
出土	石刻	祠堂西壁	《山東漢畫像選集》，圖 181；《中國畫像石全集》，2.94	附圖 19
出土	石刻	祠堂東壁	《嘉祥漢畫像石》，圖 92；《中國畫像石全集》，2.138	附圖 20
出土	石刻		《嘉祥漢畫像石》，圖 52；《中國畫像石全集》，2.102	附圖 21

編號	名稱	出土時間地點	現藏地
16	宋山第二批畫像第三石	1980 年嘉祥縣滿硐鄉宋山	山東省石刻藝術博物館
17	胡漢戰爭畫像	1973 年山東蒼山縣向城鎮前姚村	石存當地
18	孔子見老子、胡漢交戰圖	山東嘉祥	山東省博物館
19	胡漢交戰畫像	臨沂市義堂鎮埠北頭村	臨沂市博物館
20	出行、獻俘、樂舞畫像	1970 年濟寧市喻屯鎮城南張	濟寧市博物館
21	胡漢交戰畫像	滕州龍陽店	
22	狩獵、交戰、放牧畫像	綏德白家山	綏德漢畫館
23	胡漢交戰畫像	1990 年鄒城市郭里鄉高里村	鄒城孟廟
24	胡漢交戰、車騎出行畫像	滕州市馮卯鄉萬莊村	山東省博物館
25	前涼台墓獻俘畫像	1967 年山東省諸城市前涼台村	諸城市博物館
26	胡漢戰爭畫像	1954 年山東省沂南縣北寨村	沂南北寨漢畫像石墓博物館
27	胡漢交戰畫像	1958 年滕縣桑村鎮西戶口村	滕州市博物館
28	東漢安帝延光三年（124）胡漢交戰畫像	1986 年棗莊市市中區齊村鎮王山頭	棗莊市博物館
29	樓闕、胡漢交戰畫像	1968 年鄒城市師範學校附近	鄒城孟廟
30	戰爭、七女、捕魚畫像	1993 年山東省莒縣東莞鎮東莞村	莒縣博物館
31	戰爭、樓閣畫像	山東省平陰實驗中學	平陰縣博物館
32	戰爭、樓閣、狩獵畫像	山東省平陰實驗中學	平陰縣博物館

採集／傳世／出土	壁畫／石刻	在祠堂／墓葬中之位置	著錄或資料出處	附圖索引
出土	石刻		《嘉祥漢畫像石》，圖 53	附圖 22
出土	石刻		《山東漢畫像選集》，圖 418；《中國畫像石全集》，3.113	附圖 23
出土	石刻		*Recarving China's Past*, p. 262	附圖 24、25
出土	石刻		《中國畫像石全集》，3.68	附圖 26
出土	石刻		《山東漢畫像選集》，圖 152；《中國畫像石全集》，2.7	附圖 27
出土	石刻		《山東漢畫像選集》，圖 253	附圖 28
出土	石刻	白家山漢墓前室西壁橫額	《綏德漢代畫像石》，圖 29	附圖 29
出土	石刻		《中國畫像石全集》，2.64；《山東漢畫像石精粹・鄒城卷》，圖 23	附圖 30
出土	石刻		《中國畫像石全集》，2.183	附圖 31
出土	石刻	墓甬道側	《中國畫像石全集》，1.126	附圖 32
出土	石刻	沂南漢墓墓門橫額	《中國畫像石全集》，1.179；《沂南古畫像石墓發掘報告》，拓片第一幅	附圖 33
出土	石刻		《山東漢畫像選集》，圖 225；《中國畫像石全集》，2.219	附圖 35
出土	石刻		《中國畫像石全集》，2.141	附圖 36
出土	石刻		《中國畫像石全集》，2.90；《山東漢畫像石精粹・鄒城卷》，圖 9	附圖 37
出土	石刻	西闕背面	《中國畫像石全集》，3.138	附圖 38
出土	石刻	祠堂後壁	《中國畫像石全集》，3.204	附圖 39
出土	石刻	祠堂後壁	《中國畫像石全集》，3.203	附圖 40

漢畫解讀方法試探
——以「撈鼎圖」為例

　　在秦漢史研究的領域裡，研究政治、社會、思想、制度、經濟史的學者和研究圖像藝術或藝術史的，基本上極少交集。這種情況令人十分遺憾。我相信古人留下文字或圖畫，是以不同的形式和語言在傳達所思、所感；其信息之豐富多彩，並無不同，其易解與難明，圖文各有優劣，難分軒輕。後人要了解古代的人事和社會文化，不能圖、文兼用，僅憑「隻」眼，不論閉上那一隻眼，都將無法「立體」呈現那個時代。這些年，陸續讀了不少和漢代畫像有關的中外論著。他們的解讀和論證有些不免捕風捉影，難以捉摸。因而逐漸明白為何「正宗的」秦漢史學者不輕易使用圖像材料，也難以接受畫像研究者提出的解釋。

　　因為我從來不曾受過藝術史和考古學訓練，如何利用文獻以外古代存留的各式各樣圖像或視覺性材料，成為一個不小的挑戰。我一直試圖找出一套令自己心安，也足以說服他人的圖像解讀方法。近二十年前，剛接觸漢代畫像時，受到姚師從吾「學騎馬，騎到馬背上，學游泳，跳到河裡去」名言的影響，覺得方法無待外求，就在具體的材料之中，因此沒有求助於汗牛充棟的中外藝術或圖像學理論，而是一頭跳進畫像的大河。在接觸材料和面對問題的漫長歲月裡，摸著石頭，一點一滴分析歸納，琢磨出一條自以為可以過河的方法。

　　我的目的不在於圖像藝術風格的辨析或重建，不在美學意義的優劣評價，也不在某些藝術大師或流派作品的賞析，而在於如何解讀圖像背後蘊含的思想、經濟和社會文化脈絡。古代工匠在構形和敷色中流露的巧思、

美感和《史記》的文字之美，都令我感動；可是除了賞玩其美，圖像也如同《史記》，允許我們從設色走筆或字裡行間，讀出背後的各個時代。換言之，圖像不僅僅是美學或欣賞意義下的藝術品，更是等待發掘和認識的文化史料。其史料意義，對我而言，與文字殊無二致。

為什麼我的目的和不少藝術家或藝術史家有異？一方面是訓練的局限，一方面也因為秦漢時代，企圖展現創作者個人品味和才華的藝術家尚未出現。這時富於色彩和圖飾的遺物，可以說絕大多數是無名匠人的心血。他們一切的塑造和刻畫，正如巫鴻所說，幾乎都是所謂的「禮儀美術」（ritual art），「反映的是集體的文化意識而非個人的藝術想像。它從屬于各種禮儀場合和空間，包括為崇拜祖先所建的宗廟和墓葬。」[1] 這些年來，我所留意的漢墓和祠堂畫像，正屬於這個範疇；背後的集體文化意識，簡單地說，正是關懷的焦點。

不過，話說回頭，這些都不是絕對的。關懷焦點有異，並不是說藝術家或藝術史家不關懷集體文化意識，或者說我就反對風格分析、美學評論或藝術欣賞。特定的風格、美學標準和品味表現都大有助於了解所謂的集體文化意識，也大可幫助我們判斷時代、地域、社會階層或民族文化的差異。因為又有那一個社會、民族或文化少得了美感經驗？少得了與之相伴的好惡品味和表現品味的特有形式和風格呢？

一 漢畫寓意解讀的方法：回顧和反省

接觸漢代畫像稍多以後，察覺出畫像表現存在著一定的套數。1990 年 5 月 5 日在中央研究院歷史語言研究所講論會上宣讀〈東漢孔子見老子畫像的構成及其在社會、思想史上的意義〉，第一次提到了格套，並試著依據格套和榜題，從眾多的母題中，找出所謂的孔子見老子畫像。在這篇迄

1　請參巫鴻著，鄭岩等譯，《禮儀中的美術》（北京：三聯書店，2006），上卷，作者序，頁 2。

今未正式發表的小文裡，有一段對格套的說明：

> 在造型藝術上，所謂格套可有多層意義。第一，以畫像石、磚或壁畫而言，利用模印、模板重複刻製，或利用粉本圖譜，依樣葫蘆，都造成格套。最近戴應新、魏遂志報告陝西綏德黃家塔四座東漢畫像石墓，即清楚發現石匠利用模板在石上打樣，同一石刻畫面在不同墓出現的現象。格套的另一層意義在特定造型的使用。例如特定身分的人物，必以特定的造型表現。這種造型不必針對某一個人，而是某一類人，例如老者、亭長、儒生、小兒、婢僕、胡人、武士等，以十分一致的衣著裝束、動作或姿勢特徵，表現身分。也有個人的特殊造型，例如四目的倉頡，手持植物或耒耜的神農，和下文將說到戴雞冠佩猳豚的子路。這些造型的定型和重複出現即構成一種格套。格套的第三層意義在一定形式的畫面結構。為了顯示某一特定的畫像內容，以一定的畫面要素（人物、車馬、建築、器物……），以大致一定的要素間的相對位置，構成象徵特定意義的畫面。本文討論孔子見老子圖的格套，主要是就這幾種意義而說。

這是初生之犢一個很膚淺的認識。用以辨析孔子見老子畫像，可想而知，其結果必甚粗淺。幸好，後來證明格套似乎還算有用。它像秦漢時代的諺語一樣，是了解漢代社會通俗智慧和心態的一把鑰匙，可以打開一窺漢畫寓意的門徑。

十年後（2000）發表〈漢代畫像中的「射爵射侯圖」〉。[2] 由於分析此圖，獲得了不同於成說的新解釋，使我信心增加，曾在文中以較多的篇幅，較為細緻地提出對格套和榜題的看法。這篇小文指出根據榜題和格套，使得我們可以依據漢人的提示，從當時人的角度，去理解他們創作的旨意。在方法上，以榜題為據以及解析格套，可以說是解讀畫像寓意較為可靠的出發點。榜題是畫像製作者用來幫助觀眾掌握畫像內容的一種方式。借助榜題，觀賞者得以較為準確地掌握製作者意欲傳達的信息，免於無謂的猜測。如果能先清理榜題，從榜題和畫像的對應關係中找出規律，這不僅有

2　見《中央研究院歷史語言研究所集刊》，71：1（2000），頁 1-66。

助於確立榜題的可靠性，可以在較可靠的據點上，去推斷那些沒有榜題的作品。

　　就探索畫像寓意的角度來說，解析格套可從確立圖像構成的單元（unit），分析構成圖像單元的元件（elements），區分其中必要、次要和非必要的部分入手。所謂必要，是指關乎畫像母題寓意的核心元件，缺少即不足以顯示圖像的用意。核心元件也是一個畫像單元成立的要件，無之則不能構成某一具有獨立意義的單元性畫像。所謂次要，是指與母題意義有關，但其作用主要在使母題更為突顯周延，無之並不會使基本母題無法呈現，也不會使其單元性喪失。非必要部分則是一些可有可無，為豐富視覺效果而作的增飾。有些增飾有時也會延伸出新的涵義。

　　這一次嘗試中也覺察到漢代畫像格套運用的靈活性、寓意的多重性和墓葬和祠堂畫像的拼湊性，最重要的是注意到這一套方法的有限性。我曾總結性地談到圖像藝術的形式和內涵會隨著時代而變化。某一個畫像傳統和母題有可能綿延甚久，但很難一成不變。畫匠或石工一方面追隨典型，墨守成規；一方面在不同的需求和風尚下，一點一滴增刪變易。同一個格套經過變化增減，可以保有其基本寓意，也可能改變或蘊含了更多樣的意義。漢代畫像的製作者在多重多樣的意義範疇內，依據自己和需求者的認知去製作。

　　此外，從辨識射爵射侯圖，使我體會到漢墓及祠堂畫像的構成，固然有其整體性，畫像之間意義上的有機聯繫須要注意，可是如果將原本有獨立母題寓意的畫像一味地貫串起來解釋，有時反而誤入歧途。事實上，漢墓或祠堂畫像除了少數經過刻意經營，多半無非受到一時一地流行風氣的左右，由若干格套式的畫像湊合而成。其排列組合或有約略的規律，也有不少並無章法。在這種情況下，刻意探求墓室或祠堂畫像的整體性結構和意義，有時不免緣木求魚或求之過深。

　　這篇小文使用的方法並不能解決所有漢畫理解上的問題。它的限制十分明顯：第一，漢畫中有很多沒有榜題，造型獨特，或不易歸納出格套的。這些只能用其它的方法去探求其寓意。第二，類似的格套在不同的地

域、時代，不同工匠的手中，或不同需求者的心中是否必然有一致的寓意呢？製作或需求者的用意和觀賞者的領會也許不必然一致。因此拙文雖然作了寓意一致的假設，實際上除非起古人於地下，又能從製作者、需求者與觀眾等多方面去考察，恐怕很難得到真正的答案。反過來說：如果我們不假設某種程度的一致性，而如某些學者所主張一切「文本」的意義全隨當世觀眾或後世讀者而浮動，那麼所有窺探古人心意的努力都可能歸於虛幻。

　　運用同樣的方法，我在牽涉更廣的題材上作了不同的嘗試。同一年（2000），發表了〈古代中國及歐亞文獻、圖像與考古資料中的「胡人」外貌〉一文。[3] 這一嘗試使我覺悟到「格套」在藝術呈現上所可能造成的圖像與事實，圖像與文獻之間的差距，以及與集體記憶之間的關係。從春秋戰國到秦漢，中國儘管曾面對種種裝束和面貌都不相同的外族，但是大約從戰國開始，一種頭戴帽尖微向前彎尖頂帽，身穿窄袖短衣和長褲，高鼻深目的胡人變成中國圖像藝術中胡人外貌的典型。到了漢代，除了少數例外，大多數的畫工依循職業中的傳統，世代相傳，不斷翻版著可能自戰國時代即漸形成的籠統化和模式化了的印象中的胡人。多數畫工似乎無意以他們具備的寫實技巧，描繪出個別胡人的真實形貌。漢畫胡人形象的格套化，使得胡人的真實面貌反而只能在少數較特殊的情況下被保留下來。

　　這也使得漢代造型藝術傳統中的「胡人」形象，和由士人掌握的文獻傳統所呈現的有了一定的差距。文獻傳統較注意衣襟和髮式，偶爾提到衣服的質料，面容上僅提及某些胡人（如大宛以西民族）有高鼻深目，多鬚的特徵。漢代造型藝術中呈現的胡人外貌雖說形形色色，不過除了體質上大眼或深目高鼻或多鬚的特徵，服飾上除了改穿漢服或裸體的，最主要的特色在於那頂文獻從來不提的尖頂帽。此外，漢代文獻雖然繼續以「被髮」、「椎髻」、「左衽」形容非漢民族或胡人，可是漢畫似乎並不刻意以此為特徵去描繪他們。

3　見《國立臺灣大學美術史研究集刊》，9（2000），頁 15-99。

由此可以推知，在代代相傳的工藝傳統內，畫師工匠似乎較不受儒家「被髮左衽」經典權威的左右。他們依循自身職業的傳統（例如世傳的圖譜、作坊師徒家傳的行規）和圖像呈現的需要（例如圖像上必須突顯胡、漢在外觀上的差異，也必須使這樣的差異定型化，令觀眾易於辨識），去塑造「胡人」的形象。這樣的形象不一定於事實無據，也不一定完全貼合事實，卻符合漢代社會集體記憶中的胡人，令當時僱請他們的人能夠接受和滿意。

在方法上，較新的進展見於 2002 年發表的〈格套、榜題、文獻與畫像解釋——以一個失傳的「七女為父報仇」漢畫故事為例〉。[4] 第一，這篇小文再一次檢討了格套和榜題的關係，分析漢畫榜題的作用，並對榜題類型作了初步分類。其次，從畫像的「空間」和「時間」因素，討論了漢代藝匠的創作空間。我指出當時的藝匠雖受格套的規範，卻仍擁有相當大在創作上求變化的空間。首先同一個故事在空間上，可以被安排在祠堂或墓室不同的位置。以七女為父報仇畫像為例，在空間上一個共有的元件僅是一座居於中心位置的橋，其餘元件的多少和空間安排皆可由石工或畫匠頗為自由地調整變化。其次，在畫像故事的時間選擇上，畫工可以集中呈現故事最精彩的一刻，也可以選擇故事中不同的片段。胡元壬祠、鄧季皇祠、和林格爾和吳白莊墓畫像可歸為同一組，表現七女正攻擊尚坐在車中的長安令；東莞畫像闕、安陽曹操墓畫像、武氏祠和孝堂山石祠中的則將焦點集中在攻擊開始，馬車受驚，車主落到橋下，遭受圍攻的一刻。

此外，比較重要的則是指出畫工藝匠傳統和文字傳統之間可以有疊合，也可以有不同。我提到今人研究畫像多喜以文獻比對畫像，強畫像以附合文獻。文獻的重要性無庸置疑。可是，不可不注意畫工石匠創作時所依據的，可能並不是由士大夫所掌握的文字傳統，而較可能是縉紳所不言的街巷故事。個人深信在一個讀書識字是少數人專利的時代，除了文字傳統，應另有民間的口傳傳統。兩者不是截然兩分或互不相涉，但傳聞異

4　見邢義田主編，《中世紀以前的地域文化、宗教與藝術》，中央研究院第三屆國際漢學會議歷史組論文集（臺北：中央研究院歷史語言研究所，2002），頁 183-234。

辭，演變各異應該是十分自然的事。七女為父報仇之事不見於傳世文獻，卻廣泛流播於齊魯豫和邊塞。荊軻的故事在文獻中版本不一，其畫像分布則自齊魯到巴蜀，面貌有同有異。這證明七女報仇和荊軻刺秦王等應是漢代報仇風尚中不分社會階層、地域，全民共享的文化資產；文字、口傳和圖畫都是對同一資產的不同形式的表述。

「多重寓意」和「脈絡意義」之說則是在 2005 年〈漢代畫像胡漢戰爭圖的構成、類型與意義〉一文中正式提出。[5] 這是〈胡人外貌〉一文的姊妹篇。這一篇遇到解釋上最大的難題是：在一無榜題可據的情形下，如何理解胡漢戰爭畫像中出現的風伯、雨師、雷公、河伯、泰山君、大禹等一類的人物？因而提出所謂尋找「脈絡意義」的輔助方法。我嘗試從上述畫像中風伯、雨師、河伯、大禹等和泰（太）山或崑崙的關係著手，以辨析整個畫像可能的意義脈絡。在缺少榜題的情況下，我相信掌握畫像各元件的意義，再將它們綜合起來，不失為找到整個畫像大致意義的一個方法。各元件可以出現在不同的意義脈絡中，例如大禹可以是歷代帝王圖中的聖王大禹（如武梁祠所見），也可以是漢人所深信充滿神異，而為「縉紳先生」所不取的《禹本紀》這類書中的大禹。如果一組畫像多數元件的意義，可以在某一個或某一類意義脈絡中找到交集，則不妨假設由這些元件組成的畫像，其意義應距離這樣的意義脈絡不遠，或就在這類意義脈絡之中。這個方法雖不足以完全確認一組畫像的寓意，卻多少可以揣摸到寓意所在的範圍。

基於這樣的認識，使我相信所謂的胡漢戰爭圖或有它較早期，意義也較單純的淵源，但是在幾百年變化的過程裡，它承載了人們愈來愈多的想像和期望，蘊含著愈來愈複雜或多重的寓意。寓意可能增添、淡化、強化或挪移堆疊。

此外，對過去常見的一些看法也有方法上的反省。我指出我們必須認識到漢代並沒有「一套」成系統的死後世界觀或升仙觀。各地墓葬或祠堂

5　見《臺灣大學美術史研究集刊》，19（2005），頁 63-132。

畫像反映的也不會是一致或「成套」的觀念，其中存在著矛盾或難以解釋之處，一點也不奇怪。神仙或死後世界出於人們的想像，漢人的想法本不一致。例如在漢人的想像裡，人能成仙，也很可能歸於黃泉、蒿里或其它名目的幽冥世界。在期待中，人生旅程的終點固然可以是泰山或崑崙仙界，但真正的終點無人知道。也沒有人能預知自己真正會走上那一條路。或許正因為如此，最好的策略就是將凡能保護升仙上天或進入幽冥的天神地祇都納入保護神的行列。如此一來，畫像描繪和文獻中的記述紛然雜沓，不盡相同，乃是十分自然的事。千百年後，我們將殘存的文獻和不同時期或地區的墓葬和祠堂材料合在一起討論，其間有扞格矛盾也是意料中事。如果試圖化解所有的歧異和矛盾，建構出「一套」合理完滿的解釋，反而會陷入更大的錯誤。

　　承認和面對古人思想和藝術呈現之間的不統一和矛盾，不強作「一套」解釋，可以說是這篇習作在解讀方法上較大的收穫。不過，也不要以為漢墓和祠堂畫像完全沒有設計，或沒有可以尋繹的理路。畢竟，格套的存在不論在題材或表現形式上，都曾發生相當程度統一面目的作用。如果比較漢和魏晉以後的磚石刻畫或壁畫，漢代畫像整體的風貌特色仍然十分鮮明。

　　以上這些觀察和方法的反省都是從一件一件漢畫具體研究個案中歸納出來。可是總體來看，以上這些方法都有明顯的局限，無法解開許多仍然解不開的謎團。例如一個膾炙人口，眾說紛紜，卻令我始終不知如何面對的漢畫母題——「泗水撈鼎」，就無法從以上的方法得到較為圓融的解釋。這迫使我不得不進一步去思索解讀的可行方案。以下是一點小小思考的結果，請方家大雅指正。

二 寓意解讀方法的新思考

　　目前山東、江蘇、河南和四川等地出土可考的漢畫撈鼎圖共有三十餘

件，絕大部分集中在山東西南，也就是泗水流域的地區。傳說中的九鼎，不知何故，也不知在何時，更不知確實有幾件，沒入或「飛入」了泗水。秦始皇曾命千人沒泗水求鼎，不獲。長久以來絕大部分的學者都稱這幅撈鼎圖為「泗水升鼎」或「泗水撈鼎」，並且認為描述的就是秦始皇的故事。

這幅被認定和秦始皇相關的圖，為什麼會廣泛地出現在漢代墓室、祠堂，甚至石槨的畫像裡？寓意何在？則有許多不同的說法。[6]這些說法令我一直惴惴不安。要比較妥善地解讀撈鼎圖和其它漢墓或祠堂畫像，我以為不能不把握以下幾個基本考慮：

首先，漢代整個墓園建築包括牆垣、門闕、神道、祠堂、石人、石獸、水池、墳墓等是刻意建構出來，具有明確特定整體功能的場域。這個場域透過建築、繪畫、雕刻、陪葬物品、儀式進行時的禮器、音樂、參加

6　中國學者主要有諷刺始皇之不應天命，不合人心和求升仙二說。不論那一派說法，基本上似無人否認撈鼎畫像中的主角是秦始皇，表現的是撈鼎於泗水的故事。例如黃展岳（豐州），〈考古雜記〉，原刊《考古與文物》，3（1983），收入《先秦兩漢考古與文化》（臺北：允晨文化出版公司，1999），改題為〈漢畫升鼎圖〉，頁579-582；楊愛國，《不為觀賞的畫作》（成都：四川教育出版社，1998），頁93-95；張從軍，《漢畫像石》（濟南：山東友誼出版社，2002），頁61、149；王寧，〈九鼎‧泗水取鼎——漢畫像石「泗水取鼎」故事考實〉，《故宮文物月刊》，261（2004），頁112-119；黃瓊儀，《漢畫中的秦始皇形象》（臺灣大學歷史研究所碩士論文，2006），頁9-11；巫鴻著，柳揚等譯，《武梁祠——中國古代畫像藝術的思想性》（北京：三聯書店，2006），頁111-112。日本學者有升仙和百戲等不同看法，可參尾崎直人，〈秦始皇の升鼎圖〉（上、下），《日本美術工藝》，488、489（1979），頁62-70、62-68；鶴間和幸，〈秦始皇帝諸傳說の成立と史實—泗水周鼎引き上失敗傳說と荊軻秦王暗殺未遂傳說—〉，《茨城大學教養部紀要》，26（1994），頁1-23；出川春海，〈漢代畫像「升鼎圖」畫題考〉，武田恒夫先生古稀記念會編，《美術史の斷面》（大阪：清文堂出版株式會社，1995），頁169-192；歐美學者很早即有人將升鼎圖視為百戲者，如 A. Bulling, "Three Popular Motives in the Art of the Eastern Han Period: The Lifting of the Tripod, The Crossing of a Bridge, Divinities," *Archives of Asian Art*, 20（1966-67），pp. 25-53; "Historical Plays in the Art of the Han Period," *Archives of Asian Art*, 21（1967-68），pp. 20-38; Jean James 則指出應從畫像脈絡考慮，懷疑É. Chavannes 所提升鼎乃諷刺始皇說，但無法解釋此圖為何會如此受漢人歡迎，參 Jean James, "Interpreting Han Funerary Art: the Importance of Context," *Oriental Art*, n.s.vol. 31, no. 3（1985），pp. 283-292; "The Iconographic Program of the Wu Family Offering Shrines（AD151-ca.170），" *Artibus Asiae*, vol.49, no.1/2（1988/1989），pp. 39-72.

儀式的人眾和相關活動（例如《鹽鐵論・羨不足》說：「歌舞俳優，連笑伎戲。」）等等，創造出一個既聯繫又分隔生人和死者、今世和死後、事實和理想、記憶和期待、過去和未來的特殊儀式空間。秦漢人一般相信，生死兩隔，生人和死人是存在於有類似生活，卻又地上地下相隔的兩個世界。

陵園裡的墓葬和祠堂則是生死兩界的連接處。在這裡，按照一定的儀式，生人將過世的親人送入死後世界；在墓地旁的祠堂裡，每逢特定的祭日，又希望已入幽冥或升仙的親人能憑依木主而顯靈，接受獻上的犧牲，傾聽上祭者的祈願並庇佑子孫後人。為創造這樣一個象徵性生死連接的空間，墓葬和祠堂裝飾的共通特色是將原本分隔的天上、人間和地下世界巧妙地連接在一起。在漢人的想像中，人死或下黃泉、入蒿里，或赴泰山，或登崑崙而升仙。可是人死究竟何去，無人能夠確知。要連接生死兩界，可行的辦法是透過象徵性的圖畫，虛構一個天上、人間和地下既有區分，又可相互溝通的世界。在這個虛構的世界裡，不論天上的仙人神獸，地下或升仙的先祖，或在世的孝子順孫，甚至歷史上的典範人物或故事，在畫面上可以超越時空，交織成一片（例如墓主參拜西王母、墓主夫婦和孔子等聖人或《列女傳》中的典範婦女並列、孝子順孫拜見墓主……）。畫像上帶紋飾的分格框欄、雲氣、飛鳥、天門、鋪首或原非人間所有的奇禽異獸等等，一方面標示了不同世界之間的界限，卻又表明這些界限可以穿越打破。

這樣的設計特色不僅存在於靜態的祠堂、墓室等地上或地下建築物以及畫像裝飾的本身，也存在於動態的喪禮和周期性的上墳祭祀活動裡。例如祭祀舉行時，為了使被分隔的生人與死者溝通，平日收藏起來的木主會被供奉在神座上，祠堂如果有門，門也被打開（例如沂南北寨漢墓前室西壁所見的祭祀圖），透過儀式以禱祝招來先人魂靈，也以祭品、音樂和歌舞百戲取悅他們。參加祭典的人更須遵守禁忌，諸如刑徒不可上墳，上墳時不可哭，不可帶刀劍之類，這樣才不會驚走來享的鬼魂。[7]

其次，這個特殊空間的建構受當事人自己、其家屬親友、社會階層、

7　參劉增貴，〈禁忌：秦漢信仰的一個側面〉，《新史學》，18：4（2007），頁38-41。

財富、品味、流行風氣和工匠或作坊傳統的左右，常常是特定地域和特定時間下的模式化產物，反映出他們的集體心態、品味和價值；換言之，比較缺乏個性。個別例外當然存在，例如趙岐。他自造墳塋，以自己的畫像和子產等古賢並列；或許正因為其舉動不尋常，才被特別記載下來。

第三，以現在可考的上萬座漢墓而言，有壁畫或畫像石、磚等裝飾的不過數百（壁畫墓約五十六座、畫像石墓兩百餘座、畫像磚墓甚多，但缺少較準確的統計）。[8] 可考的祠堂和石闕不過數十。這數百墓和數十祠堂或石闕的主人，又絕大部分是西漢中晚期至東漢末的地方官吏和富豪。因此依據這些所能有的理解，不可避免僅僅局限在特定時期內的特定人群。撈鼎圖如同其它畫像的母題，基本上都是上述這些棺槨、墓室或祠堂裝飾的一部分。解讀其寓意似乎不能脫離這麼一個整體而又有限的意義脈絡。

第四，前節曾指出，不宜過分依賴現存的文獻去理解出土的畫像，尤其不可對號入座，強行比附。出土的畫像和存世的文獻是不同的文本，有些固然指涉同樣的事（如荊軻刺秦王），有些看似類似，卻來源有異，可以有不同的寓意和解釋。例如早有學者注意到《水經注》是最早提到撈鼎畫像中的龍。因此試圖以酈道元在《水經注》中所說的「稱樂太早」，去解釋畫像上龍張口咬斷撈鼎繩索的意義。《水經注》提到這句話，是引用曾經流行的一種說法（語曰），認為撈鼎得寶，不意鼎中竄出咬斷繩索的龍，使寶物得而復失，因此提醒大家凡事不可樂得過早。即使此說流行，石槨、墓室和祠堂為什麼要用這樣意義的故事畫像作為裝飾呢？仍然不好理解。更何況酈道元接著批評這個說法「當是孟浪之傳耳」，畫像原意應非如此。可惜他並沒有多說兩句什麼才不是孟浪之傳。

第五，前節曾回顧榜題對認識漢代畫像寓意的重要，有些想法還沒有說透。這裡先作補充，以便於後文的討論。漢代畫像是否加上榜題，除了

8　信立祥，《漢代畫像石綜合研究》（北京：文物出版社，2000），頁 13；賀西林，《古墓丹青——漢代墓室壁畫的發現與研究》（西安：陝西人民美術出版社，2001），頁 2；蔣英炬、楊愛國，《漢代畫像石與畫像磚》（北京：文物出版社，2001），頁 175。

提示或填補空間，應該還有其它方面的功能值得考慮。明確的榜題無疑會發生較明確的限定畫像解釋範圍的作用。例如同樣是秦始皇的故事，荊軻刺秦王畫像會有極明確的榜題「荊軻」、「秦王」、「秦武陽」、「樊於期」等。當委造畫像的喪家或負責製作的石工畫匠為畫像加上這些榜題，應該是刻意要觀者依照榜題的提示去理解畫像的內容。觀者本身，除非文盲，不免會順著榜題去讀畫，最少在觀賞的當下，聯想的可能和範圍無形中都會受到局限。

如果同意以上所說，恐怕就難以相信石槨、墓室和祠堂畫像裡的撈鼎圖是為了譏刺秦始皇升鼎不得，恥笑他行暴政而失去了天命。大家都知道司馬遷寫《史記》，是以繼《春秋》，行褒貶為職志。他在〈秦始皇本紀〉中藉撈鼎一事，譏刺始皇，完全可以理解。可是西漢中晚期的一般地方官吏或富豪並不是司馬遷。他們為什麼要將這樣一個具有譏刺意味的故事，刻畫在自己的槨室內外呢？如果留意一下石槨上其它的圖飾內容，就更會感覺到「譏刺始皇」這樣的解釋，和其它圖飾的用意可以說格格不入。[9] 尤其不可思議的是所有可考的撈鼎圖，居然沒有一件有「秦王」或「秦始皇」榜題。為什麼其它秦王的故事會出現秦王榜題，偏偏撈鼎圖幾十件中只有一件模糊地提到「大王」，其它完全沒有榜題？

前節曾指出，漢代畫像的寓意隨著時間和地區，可以有多重、增減、挪移、重疊或重組等不同形式的變化。這個說法多少意味著變化是在被動的情形下逐漸出現的。本文試圖換個角度思考，說明寓意的改變或挪移也可能出於主動有意的設計。撈鼎圖沒有明確榜題或根本沒有榜題，都可能是有意設計的結果。喪家在委造或石工畫匠在選擇製作某些畫像故事或母題時，為了使畫像的意義更切合需要地呈現出來，可以採取多樣的調整手

9　巫鴻在討論到四川石棺上的白猿畫像時，曾說：「對完整石棺上畫像的結構分析表明，這些單體構圖不僅僅是具有獨立意義的畫面，而且是構成一個更大圖像體系的因素。因而，如果我們考慮到它們的設計是有意識地服從於喪葬的禮儀目的，我們就會以一種不同的眼光來考察它們的意義。」我十分同意這樣的看法。因此也就無法接受撈鼎圖是用以譏刺始皇之說。參巫鴻，《禮儀中的美術》，頁195。

段。例如在畫像構成上加入新的元素，在布局上調整焦點和非焦點元素的位置，造成主角轉換；或在榜題上有意留白，或用語意較為模糊的榜題，以創造出可供想像或「另說故事」的空間等等。泗水撈鼎是秦漢時人，尤其是魯西南一帶人們十分熟知的故事。故事有些部分為人們所喜愛，有些則否。要將這個故事刻畫在石槨上，不能不作些巧妙的調整。於是秦始皇主角的身分從一開始就被刻意模糊化了。工匠又以抽梁換柱，增刪元素和轉移焦點的手法，讓故事有了新的主角和意義。

三 從一件有「大王」榜題的撈鼎畫像說起

這必須從迄今所知唯一有榜題，也是迄今可考時代較早的一件撈鼎圖說起。1981 年山東兗州農業技術學校出土一座西漢中晚期雙室墓，墓中石槨上有刻畫極為簡略的撈鼎圖（圖 1.1-3）。[10] 圖中央有二立柱，立柱兩旁各有三人正用繩索升鼎，鼎口上方有已不清楚的刻畫，從刻畫的姿態可以推定應是龍頭。鼎旁左側有一人憑几而坐，其前有榜題「大王」二字。其身後及畫面上方共有圍觀者五人。鼎旁右側另有一似龍又似虎的動物，和鼎中伸出的龍頭遙遙相望。

這墓的形式和石槨本身有兩個特點值得注意：

1. 此墓石槨長方形，長 252 公分，寬 197 公分，高 101 公分。石槨中間以一塊隔板將石槨分為左右大小均等的二室，底部有石塊鋪墊，頂部有兩塊條石封蓋。這樣的石槨在西漢中晚期，普遍出土於今天的山東西南地區。

---

10 張從軍《漢畫像石》（濟南：山東友誼出版社，2002）一書說是 1988 年發現，但賴非，〈山東漢代畫像石榜題〉，收入南陽市文化局編，《漢代畫像石磚研究》（《中原文物》1996 年增刊），頁 124 及《中國畫像石全集》2（濟南：山東美術出版社，2000），圖版說明頁 6-7 卻著錄為 1981 年出土，疑以後者為是。又此墓畫像和出土資料迄今未見較正式或完整的報導。較詳細的報導見張從軍，前引書，頁 56-64。

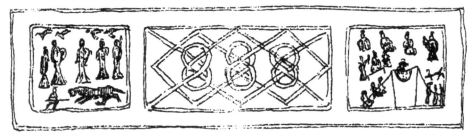

圖 1.1　採自張從軍，《黃河下游的漢畫像石藝術》（以下簡稱《黃河下游》），頁 167。

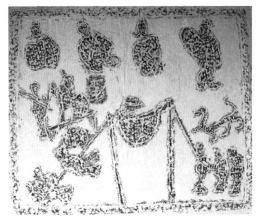

圖 1.2　撈鼎圖拓本，楊愛國提供。

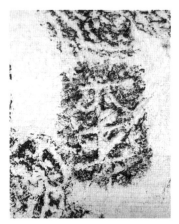

圖 1.3　大王榜題 楊愛國提供

　　2. 畫像出現在中間隔板兩側和左右側板以及南北檔板內側。而山東西南一帶同一時期石槨板上畫像，或僅出現在石槨內側，或外側，或內外側同時都有，情況不一。[11]

　　內外不一的圖飾位置，應該和豎穴土坑的墓葬形式有關。石槨外側堆土，因此裝飾刻畫一般出現在石槨內側。有些內外側都有畫像，這或許是因喪家財力較為雄厚，一方面使石槨看起來更為華麗，另一方面也可利用槨面較多的空間去描繪墓主和喪家企圖表達的期望。

　　此墓右槨室的裝飾畫像內容和形式，則有以下特點：第一，它和這時

11　參張從軍，《漢畫像石》（濟南：山東友誼出版社，2002），頁 56；《黃河下游的漢畫像石藝術》（濟南：齊魯書社，2004），第三章，頁 28-52。

期這一地區的石槨裝飾形式一致，除了前後檔石，側壁都是分為左、中、右三個帶邊框紋飾的方框，中央一框稍長而呈長方形；第二，畫像內容以生活中的場景如建鼓樂舞、宴飲、車馬出行、謁見、狩獵或搏獸等為主，前後檔板上則是極常見的墓樹和穿璧（附表一）。

附表一　右槨室左右兩內側、兩檔石板題材對照表

（左內）搏虎（？）圖	十字穿環	撈鼎圖
（南）墓樹		（北）穿璧
（右內）孔子、雲氣、怪獸、其他人物	宴飲圖、雲氣	老子、雲氣、怪獸、其他人物

　　這個槨室較特殊的是左右側板各有三幅畫像，其中三幅居然有榜題。左側板自右至左，畫像內容分別是「大王撈鼎」，有「大王」二字榜題、十字連環穿璧和搏虎（？）圖。右側板自右至左，分別是雲氣鳥獸人物，其中一個人物身側有榜題可能是「孔子」二字（迄今著錄都釋作「孫武」，從字形看，疑應作「孔子」）[12]，中央是宴飲圖，也有雲氣，左端又是雲氣人物和無以名之的怪獸，人物身後有「老子」榜題（圖2.1-5）。

12　賴非，〈山東漢代畫像石榜題〉一文頁 124 最早提到榜題「孫武」，並謂其為隸書有濃厚篆意。張從軍《漢畫像石》頁 59，《黃河下游的漢畫像石藝術》頁 144 和《中國畫像石全集》2 圖版說明頁 6 都從之，釋為「孫武」二字。如果細讀《中國畫像石全集》2 的圖版（圖版 18）和《黃河下游的漢畫像石藝術》頁 144，發現榜題第一字右側筆劃較簡單，不像「孫」字的右旁，反較像「孔」字。第二字兩種拓本都不清楚，看來似像「武」，但如果拓片上「武」字中「弋」的部分不是筆劃而是椎拓時石面紋路所造成，則此字也不排除是「子」字。日前承楊愛國兄寄下原石照片，比對照片，證實「弋」的部分果然是石面裂紋。但「子」字部分，原石表面已破損嚴重，難以確辨。孔子見老子是泗水一帶常出現的畫像母題，前後脈絡清晰可考。孫武和老子則難以聯繫。總之，這個榜題本文暫時主張應釋作「孔子」。又據楊愛國兄來信告知，賴非先生仍主張是孫武，唯當時未曾拍照或製拓片。2010 年 7 月 4 日隨楊愛國兄親去兗州博物館考察原石，原石裂紋與筆劃交雜，我在日記中寫道：「所謂『孫武』一榜，『孫』字之『子』十分清楚，右側之『系』只能看見上端一橫筆，我猜想仍然比較像『孔』字。下一字猛一看似乎像『武』字，因為似有一向右的斜筆，但整個字實在不易辨識。又撈鼎圖上的『大王』二字，應可確認。」在此對楊愛國兄的協助，敬謹誌謝。

圖 2.1　採自《中國畫像石全集》（以下簡稱《全集》）2，圖 18。

圖 2.2　楊愛國提供原石照片

圖 2.3　榜題「孔子」，
2010.7.4 作者攝。

圖 2.4　《黃河下游》，頁 154。

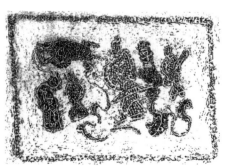

圖 2.5　《全集》2，圖 18。

以上右槨室內側左右側板上的畫像彼此是否關聯？還不能回答。因為有些部分，例如所謂的搏虎（？）圖，是不是搏虎？意義為何？還不敢說，更不知和其它的部分是否有關。目前只能說這件石槨畫像的一大特點是以兩個有歷史淵源的故事為裝飾，並刻寫榜題，以提示畫中人物的身分。這樣的榜題不見於任何其它的石槨。以可理解的部分來說，它們無疑經過有意的選擇，表達類似的寓意。要解讀它們，一方面須作較整體的考慮而不宜分別對待，一方面又要能符合這一地區和這一時期墓葬文化的特色。左思右想，唯一的可能應是升仙。

四 棄鼎得仙──為「撈鼎圖」進一解

一、特殊的時空因素

要理解西漢中晚期魯西南石槨上出現的撈鼎圖，必須注意泗水流域特殊的地緣因素，也要注意西漢武帝以後，整個上下層社會的風氣。簡單來說，就地緣因素而言，泗水一帶是孔子的故鄉。漢高祖在位時曾到曲阜參拜孔子，以太牢祠之。武帝時司馬遷到曲阜，曾親身感受到鄒魯之士對孔子的尊崇和當地特殊的禮樂文化。[13] 出土畫像石槨的兗州，正在曲阜西南，是緊鄰曲阜的縣份。石槨上出現受到尊崇的孔子，並不意外。此後一直到東漢末，泗水一帶有關孔子的故事畫像遠遠多過其它地區，也絕非偶然。[14] 以黃瓊儀蒐集的三十三件撈鼎畫像來說，除四川一件，河南四件，其餘二十八件全部出自魯西南包括緊鄰的蘇北一帶。漢畫像石磚或壁畫出土較多的陝北、河北、山西、安徽等地竟然一無撈鼎畫像可考。可見這個母題具有較明顯的地域性。

13　《史記·貨殖列傳》：「鄒魯濱洙、泗，猶有周公遺風，俗好儒，備於禮。」
14　邢義田，《畫外之意──漢代孔子見老子畫像研究》（臺北：三民書局，2017；上海：三聯書店，2020）。

就時間因素來說，自戰國以來，君王求仙求長生不死之風大盛，秦皇、漢武為此，先後遠赴今天山東地區多次。上有所好，下必甚焉，齊魯言神仙之術的方士大為興盛。求仙風氣必然影響到武帝以後的士大夫，甚至平民階層。生活在秦末漢初的陸賈曾說道：「凡人則不然，目放於富貴之榮，耳亂於不死之道」，[15] 又說時人「苦身勞形，入深山，求神仙，棄二親，捐骨肉，絕五穀，廢詩書，背天地之寶，求不死之道。」[16] 漢初以後，除了武帝，文帝和宣帝都著迷於神仙，淮南王劉安曾召賓客方術之士數千，著述數十篇，其《中篇》八卷，記載的就是「神仙黃白之術」（《漢書·淮南衡山濟北王傳》，頁 2145）。宣帝時，劉向曾獻淮南《枕中鴻寶苑秘書》。董仲舒據說曾為武帝身旁紅極一時的方士李少君寫有《李少君家錄》（《抱朴子內篇·論仙》，頁 19）。孔安國的《秘記》則已佚失，其內容有部分與神仙有關（《抱朴子內篇·至理》，頁 113）。哀帝建平四年正月，關東和關西的百姓不分官民，陷入一陣西王母行詔籌的狂潮，相互傳書，號稱「母告百姓，佩此書者不死」。這些都說明求仙或求不死，在西漢中晚期變成了自天子以至庶人的共同追求。[17] 這是從此以後，神仙圖像（包括西王母）大量普遍出現於墓葬的重要背景。

二、秦始皇撈鼎故事寓意的轉化

克州石槨畫像的特色正如張從軍先生指出，其上沒有西王母，但是明確以榜題標示出一側的「孔子」、「老子」和另一側的「大王」撈鼎。如何在石槨兩側刻畫的故事裡找到寓意的統一性，而且是統一在升仙的母題之下？這或許應先考慮以下幾點：

第一，克州石槨上的畫像並不是要呈現秦始皇的泗水撈鼎。漢代畫像描述秦始皇時，一般稱他為「秦王」，例如嘉祥武氏祠荊軻刺秦王或藺相

15　《新語·思務》，中華書局新編諸子集成本，頁 165。

16　《新語·慎微》，頁 93。

17　對各種神仙文獻極為熟悉的葛洪甚至說「是以歷覽在昔，得仙道者，多貧賤之士，非勢位之人」，參王明，《抱朴子內篇校釋·論仙》（北京：中華書局，1985），頁 19。

如拒秦昭王，完璧歸趙畫像，都有明確的「秦王」榜題。在漢畫裡，從不曾見「秦始皇」或「始皇」榜題。兗州石槨不稱始皇為始皇、秦王而稱「大王」，又完全不提撈鼎的地點，應是有意淡化或模糊化撈鼎人物和地點的明確性。

其次值得注意的是，兗州石槨畫面的焦點在鼎。鼎被安排在畫面幾乎中心的位置。鼎中之龍探頭向上，而在龍頭上方有一人，正面朝前而坐。其右有一人或站或跪，側身向他拱手，其左又有一人側身而坐，向他拱手。依據較晚的漢畫布局習慣，這位在上方，近乎中央位置的人物應該才是畫像企圖呈現的主角。有趣的是上方一排共有四位人物。近乎中央這位人物的造型又和最左側的一位十分接近。這無疑使他的主角地位又陷入某種程度的模糊。更有趣的是那位原本應是主角的大王，憑几而坐，又有隨侍和榜題，反而出現在立柱的左側，和上方坐著的二人以及身後的隨侍、下方兩位拉縴者擁擠在一起。以這樣的畫面布局而言，大王已偏離焦點的位置，而顯得邊緣化了。換言之，在這幅畫像裡，大王雖邊緣化和模糊化，卻還沒有完全走下舞台；新主角已然登場，新主角的中心地位卻也帶著幾分曖昧，沒能完全獨占舞台。或許應該說，這正是移花接木過程中會出現的過渡現象。從本文的角度看，兗州石槨畫像的重要性即在揭示了這一過渡——舊主角淡出，新主角漸入，造成曖昧交疊的景像。

此後直到東漢末，以可考的三十餘件撈鼎畫像而言，沒有一件提到準確的地點，連不具時間標示意義的「大王」二字也不再出現，主角則完全由墓主所取代。另一個有趣的現象是，撈鼎的地點原本在河邊，河中有水，有魚，有船，河岸兩邊有人拉縴升鼎，可是在山東的一些畫像裡，主角被描繪成在屋宇之下觀看撈鼎（圖3、9.1-2）。看起來似乎這一切都發生在一座搭建在河旁或河上的建築物之下。建築物可以模糊化，或者說容易造成觀賞者一種視覺上的錯覺，以為故事不完全發生在原本的河邊。這些可以說都是刻意改變或模糊化原有的故事主角、時代和空間脈絡的另一種手法。

話說回來，泗水一帶必然曾經流傳秦始皇撈鼎不獲的故事。當地人不

圖3 採自《全集》2，圖56。

可能不知道秦始皇才是故事的主角。當畫工想要借用這個眾人熟知的故事為其它的目的服務時，一個簡單的手法就是保留關鍵元素，例如撈鼎；增添新元素，例如龍；去掉或模糊化不須要，或不想那麼清楚呈現的部分，例如秦始皇。齊魯百姓對秦始皇的印象想必不佳，他追求的神仙卻是人人嚮往。於是將故事的主角秦始皇模糊成大王，使期待升仙的墓主進入畫面，再在鼎中加入始皇撈鼎故事中原來沒有的龍。這不是偷天換日，十分自然而簡單的手法嗎？

在古人的想像裡，龍和升仙有關，淵源極早。長沙子彈庫戰國楚墓出土人物御龍帛畫，清楚表明御龍可以升仙或升天。《莊子‧逍遙遊》描寫神人：「不食五穀，吸風飲露，乘雲氣，御飛龍，而游乎四海之外。」這裡所說的神人和漢代方士眼中的仙人實無二致。武帝時，齊方士公孫卿以黃

帝鑄鼎，騎龍升天，鼓動武帝求仙的故事，大家耳熟能詳，無須多說。兗州石槨描繪撈鼎，鼎中出現一龍，無疑是藉助龍，轉移故事的焦點。[18] 更關鍵的轉移是將主角由「大王」變成墓主。整個撈鼎畫像的性質因而從一個歷史性的故事，蛻變成象徵意義較濃的升仙祈願圖，其寓意也從描述秦始皇撈鼎失敗，轉化成象徵墓主的「棄鼎得仙」。怎麼證明原本的始皇撈鼎不獲，其寓意轉變成了墓主的棄鼎得仙呢？

鼎原本象徵著世俗的權力。[19] 依秦始皇原來的故事，他追求周代九鼎，在意的就是它象徵的統治權力。戰國方士神仙之說興起後，鼎多了一層神仙色彩。[20] 漢武帝在政治上，即曾因求鼎得鼎，為之改元「元鼎」；在私人的追求上，他更渴慕因鼎而升仙。方士公孫卿對武帝所說黃帝鑄鼎成，龍至，騎之上天的事應曾流傳開來，時人不免受到鼓舞，更加相信鼎可以引來上天之龍。依方士傳述，此鼎非周鼎，而是由黃帝鑄於荊山之下，是得龍的一種工具。鼎所引來的龍才是真正被期待的對象。換言之，撈鼎以得龍；龍至，則鼎棄之可也。武帝聽公孫卿之說後，曾感嘆道：「嗟乎！誠得如黃帝，吾視去妻子如脫屣耳。」（《漢書‧郊祀志》）這不禁使我聯想到畫像中的龍將繩索咬斷。咬斷繫鼎的繩索是一個象徵性的動作，象徵著升仙之前，必須先切斷世俗權力和富貴的牽絆。[21] 畫像裡繩斷鼎沒，

18　黃展岳先生在一雜記中曾以「移花接木」形容。參黃展岳（豐州），〈考古雜記〉，原刊《考古與文物》，3（1983），收入《先秦兩漢考古與文化》（臺北：允晨文化出版公司，1999），改題為〈漢畫升鼎圖〉，頁 579-582。本文深得黃展岳先生雜記的啟發。黃先生從升仙去理解撈鼎圖，是一大發明，也是我贊同的。但經較全面的清理和思考，本文也有些看法不同。請詳見本文結論部分。

19　戰國時，策士張儀曾大言：「據九鼎，案圖籍，挾天子以令於天下。」（《史記‧張儀傳》，頁 2282）

20　可參巫鴻，《禮儀中的美術》上卷（北京：三聯書店，2005），頁 45-69。

21　升仙和世俗富貴、名位、權力的衝突可參王明，《抱朴子內篇校釋‧論仙》（北京：中華書局，1985），頁17-19：「夫求長生，修至道，訣在於志，不在於富貴也。苟非其人，則高位厚貨，乃所以為重累耳。何者？學仙之法，欲得恬愉澹泊，滌除嗜欲，內視反聽，屍居無心，而帝王任天下之重責，治艱掌之政務，思勞於萬幾，神馳於宇宙，一介失所，則王道為虧，百姓有過，則謂之在予。醇醪汨其和氣，豔容伐其根荄，所以翦精損慮削乎平粹者，不

龍騰而出；在旁或在上觀看和等待的主人，遂得如願，騎之上天。

　　因此從畫面看，人們真正等待的似乎不是鼎而是龍；龍來，則騎龍而升仙。這麼理解的一個旁證是，約略在同一時期曾出現一種沒有鼎，卻有墓主端坐於堂內，堂室之頂有雙龍或雙鳳的畫像。這樣的畫像不但見於西漢中晚期石槨，也見於呈現墓主的墓室和祠堂。[22] 換言之，自西漢中晚期以後，為表達升仙的願望，不一定非借用撈鼎的故事，也可以直接借助龍鳳。鼎根本不必出現在畫面上。例如在山東濟寧蕭王莊村一號墓出土的石槨上，南北側板中央有畫面結構類似的墓主夫婦，端坐在堂室之中，南側堂室的頂上有雙龍，北側之頂有雙鳳（圖4）；[23] 山東高廟一件散存的畫像上出現堂室內正面端坐的夫婦，堂室頂上有相對張口的雙龍（圖5）。堂室頂有雙龍也見於濟寧師專十號石槨東壁畫像（圖6）。微山兩城鎮永和六年（西元 141 年）祠堂後壁的墓主畫像裡，墓主夫婦端坐堂內，堂室之頂有相對的雙鳳，雙鳳之前各有羽人餵食珠玉或仙丹一類的東西（圖7）。這類的

圖4 蕭土莊漢墓石槨拓片，楊愛國先生提供。

　　可曲盡而備論也。蚊嚙膚則坐不得安，虱群攻則臥不得寧。四海之事，何衹若是。安得掩翳聰明，歷藏數息，長齋久潔，躬親爐火，夙興夜寐，以飛八石哉？」「夫有道者，視爵位如湯鑊，見印綬如縗絰，視金玉如土糞，睹華堂如牢獄。豈當扼腕空言，以僥倖榮華，居丹楹之室，受不訾之賜，帶五利之印，尚公主之貴，耽淪勢利，不知止足，實不得道，斷可知矣。」

22　如山東濟寧師專 M10 石槨東西側板、濟寧蕭王莊村 M1 石槨南北側板、山東高廟、微山兩城鎮畫像等。

23　關於墓葬出土資料，參張從軍，《漢畫像石》，頁 49-55。

　古月集：秦漢時代的簡牘畫像與政治社會
　　—— 卷二　畫像石、畫像磚與壁畫

圖 5　傅惜華《初編》，圖 180。

圖 6　濟寧師專十號石槨東壁，《全集》1，圖 104 局部。

墓主畫像，我相信只可能表現同一個意義，即墓主夫婦在龍鳳的協助下升仙。本文不擬多談鳳，不過洛陽昭宣時期卜千秋墓壁畫中墓主夫婦分乘龍（或曰騰蛇）鳳，奔向西王母（圖8），已十分清楚地表現了龍（或曰騰蛇）鳳的作用；[24] 1990 年鄒城市郭里鄉高李村出土東漢中晚期的一石上，有形體特別高大的墓主，站在橋上，觀看撈鼎，其兩側各有成組的羽人餵食鳳鳥（圖9）。這一畫像十分鮮明地呈現了畫像的主題在於墓主得仙而非得鼎，也明確顯示撈鼎、龍或鳳這些元素，不論同時出現或分別出現，它們是屬於同一個升仙的意義脈絡。

　　以上僅僅是據畫面作分析，如果從象徵意義上看，鼎和龍則不一定互斥。對絕大部分漢代儒生而言，一生追求的是以鼎為象徵的權力和富貴，到老則期望御龍升仙而不死，能兼得二者，豈不最妙？不可得兼，才捨鼎以求龍。此外，東漢末道教出現，鼎不再僅僅象徵俗世的權力和富貴。在道教中它是鍊丹的工具，也象徵著長生不死；因此，也有無龍的撈鼎圖（詳後文）。

　　總結而言，秦漢以後，鼎的意義多重化了。文帝、武帝和王莽時都有不少和鼎相關的神奇故事。[25] 照《史記》的說法，秦始皇撈鼎一事發生在始皇二十八年（西元前 219 年），到武帝（西元前 140-87 年）以後的西漢中晚期，也就是畫像石槨或畫像石墓開始流行的時代，已有百年以上。這上百年之中，始皇撈鼎一事，一方面就像荊軻刺秦王故事一樣，在民間出現種

---

24 乘龍鳳者為墓主夫婦參孫作雲，〈洛陽西漢卜千秋墓壁畫考釋〉，《文物》，6（1977），頁 18-19；賀西林，《古墓丹青》（西安：陝西人民出版社，2001），頁 30-31。關於畫中所繪是龍或是騰蛇，騰蛇與龍的關係，請參賀西林此書，頁 31。對於此圖也有不同的解讀，例如林巳奈夫認為二人不是夫婦，一是墓主，一是侍者。參氏著，〈洛陽西漢卜千秋墓壁畫に對する注釋〉，《漢代の神神》（京都：臨川書店，1989），頁 281-285。個人較贊成孫、賀等人之說。

25 除了傳世文獻，漢未央宮前殿遺址出土王莽時代記瑞應的殘木簡中即有數條和鼎有關，參胡平生，〈未央宮前殿遺址出土王莽簡牘校釋〉，《出土文獻研究》，第 6 輯（2004），頁 219、225、226。

圖 7　採自《全集》2，圖 52。

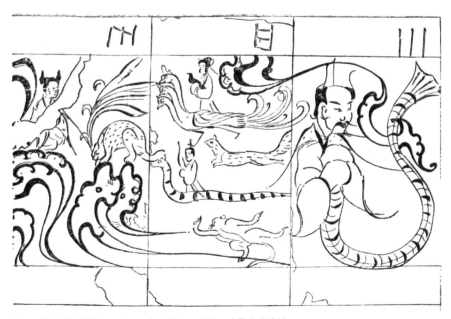

圖 8　採自《文物》，6（1977），頁 10，圖 33（摹本局部）。

圖9　山東鄒城市郭里鄉高李村　採自《全集》2，圖60。

種不同於《史記》的流傳版本，[26] 另一方面這百年中又有文帝、武帝和王莽種種和鼎有關的故事可供民間石匠畫工借取，新舊故事在他們手中不免揉雜，故事元素不免增刪、縮小、擴大、強化或淡化，而出現轉化利用的現象。

　　轉化利用的一個明顯現象是觀看撈鼎的，不再是兗州石槨上的大王，而是墓主。在較兗州石槨為晚的其它石槨或祠、墓畫像裡，不僅不再出現大王榜題，經常見到的布局方式是墓主或在橋上，或在岸邊，或在屋宇下，或坐或立，觀看眾人利用轆轤和繩索打撈水中的鼎。這時鼎中有龍頭冒出，將繩索咬斷，拉繩的眾人為之摔倒。這樣的例子很多，這裡不一一解說，請參本文所附各圖，即可明白（圖10.1-21）。

　　為什麼敢篤定地說觀看的人是墓主呢？原因很簡單。因為稍稍注意本文附圖11-17所舉各例，可以很清楚見到畫中的觀看撈鼎者和其旁的人物，無論服飾、姿勢、道具或布局結構，和西漢晚期以後流行的墓主謁見

26　參邢義田，〈格套、榜題、文獻與畫像解釋——以一個失傳的「七女為父報仇」漢畫故事為例〉，收入邢義田主編，《中世紀以前的地域文化、宗教與藝術》（臺北：中央研究院歷史語言研究所，2002），頁215-219。

圖中的墓主和謁見者幾乎完全一樣。包括墓主在內的這些人物頭戴進賢冠（也有一二戴通天冠，詳下），彼此或立或跪而對揖，墓主常憑几答禮的姿勢，和祠堂後壁墓主謁見圖中所見到的幾無二致。這是一證（請參附表二：觀撈鼎者與墓主謁見構圖對照表）。

附表二：觀撈鼎者與墓主謁見圖構圖對照表

	觀撈鼎者	備註：資料來源
撈鼎圖		本文附圖 12.2 局部
		本文附圖 13 局部
		本文附圖 14 局部
		本文附圖 15.1 局部
		本文附圖 16 局部
	墓主謁見	
祠堂墓主圖	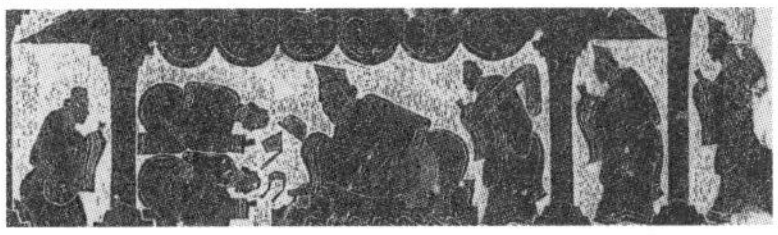	《中國畫像石全集》一，圖 92 局部
	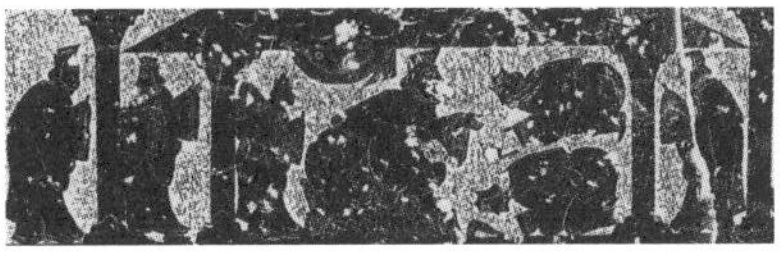	《中國畫像石全集》二，圖 104 局部
		《全集》二，圖 136

其次，河南出土的畫像磚上，常見車馬過橋、擊建鼓和撈鼎畫像結合在一起的例子（圖19-21）。橋上車馬中的人物，如同其它漢畫車馬出行圖主車中的人物，無疑都象徵著墓主。漢代工匠在刻畫撈鼎的觀者時，居然照搬謁見圖或車馬出行圖中墓主的格套形式，應該可以證明這樣的撈鼎觀者非是墓主不可。

三、從一個共同的寓意框架看撈鼎和孔老畫像

接著必須指出，兗州石槨另一側的孔子和老子被刻畫在左右不相連的方框中，這也絕非僅僅表現文獻中津津樂道的孔子「問禮」於老子。孔子早年遊歷諸國，晚年返回故里授徒著述，其一生可以用圖畫描述的故事極多，為何偏偏挑選孔子和老子有關的故事？而且這個故事為何從此成為幾乎所有漢代孔子畫像的主要母題，甚至是唯一的母題？以迄今可考的案例而言，這種情況從一開始就是如此，這會是一種偶然嗎？

應該不是偶然。撈鼎和孔老畫像出現在兗州石槨的兩側，看來是有意的設計，而且有多重意義。簡單地說，鼎象徵著今世的權力和富貴，孔子是成聖的典範。這是墓主一生服膺和追求之所在。鼎象徵權力，前文已及。「鼎食」在漢代則是富貴的代名詞。[27] 孔子在齊魯一帶備受尊崇，是公認的聖人。他教人學而優則仕，成仁成聖。可是絕大多數的士子儒生真能富貴，位極三公的極少，能成仁成聖的更少。到了晚年，他們回顧一生所求，豈能沒有幾分失落？例如「仕數不耦」的王充在人生最後，深深感嘆命運和生死之無奈，轉而作《養性》之書，「閉明塞聰，愛精自保」，「服藥引導」（《論衡‧自紀篇》）。這是一位相信人必有死，不信神仙，不信來世者晚年的作為。王充自視不同於流俗。由此可知，流俗之輩臨老將歿，不僅希求「性得養，命得延」，一般不免將最後的希望寄託在王充所抨擊的升仙或不死之類的事物上。龍和老子意味著升仙和長生久視，正符合他們

---

27 最有名的例子莫過於武帝時，主父偃說：「臣結髮游學四十餘年，身不得遂……大丈夫不五鼎食，死即五鼎烹耳。」（《史記‧平津侯主父偃列傳》，頁2961。）

圖 10.1　1992 作者攝於鄒城孟廟（反白照片）

圖 10.2　鄒城孟廟撈鼎圖，作者線描。

圖 11　山東長清孝堂山石祠，作者線描圖

圖 12.1　天理大學參考館藏山東
汶上　孫家村畫像石，1992 年參
考館提供照片。

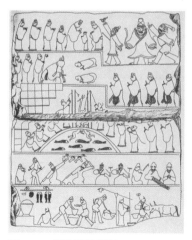

圖 12.2　楊依萍線描圖

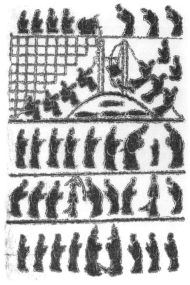

圖 13　山東嘉祥，採自《全集》
2，圖 139。

圖 14　山東嘉祥五老洼，採自《全集》
2，圖 137。

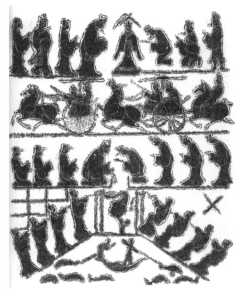

圖 15.1　山東嘉祥五老洼，採自《全集》2，圖
135。

圖 15.2　上圖原石局部，1998.8.16 作者攝自
山東石刻藝術博物館。

古月集：秦漢時代的簡牘畫像與政治社會
　　 ——卷二　畫像石、畫像磚與壁畫

圖 16　山東嘉祥劉村洪福院，　　　圖 17　山東嘉祥紙坊鎮，敬老
採自《全集》2，圖 123。　　　　院採自《全集》2，圖 115。

圖 18　史語所藏武氏祠左石室拓片撈鼎圖部分

漢畫解讀方法試探　　453

圖 19　河南南陽畫像磚，採自《世界美術大全集東洋編秦・漢》小學館 1998，圖 98。

圖 20　河南南陽畫像磚，《南陽漢代畫像集》圖 139。

圖 21　河南南陽畫像磚，《南陽漢代畫像集》圖 141。

的期待。

　　在這樣的心理狀態和時代氣氛之下，許多傳說甚至歷史中的人物，例如黃帝、張良、東方朔和淮南王劉安等都被神仙化，漢武帝曾與仙人六博，預知壽數。[28] 孔子和老子被神仙化並不出奇。兗州石槨上的孔子和老

28　參王利器，《風俗通義校注・正失》，頁 65-116，「封泰山禪梁父」、「東方朔」、「淮南王安

子分別出現在不相連的左右畫框中，畫面結構頗為類似。他們身旁各有鳥，有似龍似虎或無以名之的異獸和嬝繞的雲氣紋（這樣有雲氣紋的孔子老子畫像，也見於 1992 年山東滕州市官橋鎮車站村出土東漢石槨及河南博物院收藏的畫像磚（圖 22、23）），也各有身形較矮小，不能明確分辨身分的人物二人。熟悉漢代裝飾藝術的人都知道，鳥、異獸和雲氣是漢人用以描繪或襯托祥瑞、天上、非現實世界或神仙世界不可少的元件。[29] 被這些襯托著的老子無疑已被視為神仙中人，而有類似襯托的孔子，恐怕也不再是凡夫俗胎。

　　徵之西漢中晚期開始大為流行的讖緯圖書，這時的孔子被某些人神仙化，應屬自然之事。東漢末至魏晉時代的牟子《理惑論》甚至說：「道家云：『堯、舜、周、孔、七十二弟子皆不死而仙。』」[30]《理惑論》出現時代甚晚。不過《理惑論》所引錄的道家之說，應該不是憑空虛構。齊地本

圖 22　採自《全集》2，圖 203。

神仙」條。

29　關於祥瑞和雲氣意義的討論可參巫鴻，《禮儀中的美術》，頁 152-156。兗州石槨除了左右兩端分有老子和孔子的兩框內有雲氣紋，中間一框內也有同樣形式的雲氣。中框畫像的意義，我仍無法了解。不過，透過雲氣的表現，左中右三框畫像可以說取得了某種程度表現和意義上的一致性。

30　參周叔迦輯撰，周紹良新編，《牟子叢殘新編》（北京：中國書店，2001），頁 23。

是方士的故鄉。齊魯相連,這一帶如果曾經有搢紳不言,司馬遷不錄,與孔子相關的奇譚異說,一點不足為怪。在前文所舉山東汶上孫家村(圖12)、嘉祥紙坊敬老院(圖17)和滕州官橋鎮後掌大(圖24)的例子裡,都有頗為明確的孔子、孔門弟子(包括形象明確的子路)見老子的場面。這個場

圖23　1994 作者攝於河南博物院

面又恰恰出現在撈鼎圖的上方。這可以說是一個頗富技巧的畫面安排。畫面中俯首作揖的孔子、老子和諸弟子和墓主一樣,似乎或近或遠,都正望著下方的撈鼎。如此,不論在視覺上和在某些人的想像裡,期待得鼎成仙的彷彿不只是墓主,也包括孔子和身旁的弟子了。[31]

　　老子神仙化的資料較為豐富。據說劉向作《列仙傳》,老子即在其中。

圖24　滕州官橋鎮後掌大,採自《全集》2,圖177。

31　當然也有其他的例子(圖12、13),安排撈鼎圖在上,孔子見老子或周公輔成王圖在下。從觀看的角度來說,這樣的畫面就比較不能帶給觀者墓主、孔子、老子和諸弟子都在等待鼎中之龍的聯想。

將老子當仙人或知長生不死之術者看待，早在劉向之前。最少司馬遷寫《史記》時，老子已經是一位知脩道養壽，或言二百歲，「莫知其所終」的神祕人物。東漢以後，黃帝和老子在當時許多人心中，都是掌握長生之術的人。《論衡・道虛篇》說：「世或以老子之道可以度世……夫人以精神為壽命，精神不傷，則壽命長而不死。成事：老子行之，踰百度世，為真人矣……或時老子，李少君之類也，行恬淡之道，偶其性命亦自壽長。」世人以老子為李少君之類，是認為老子乃知神仙術的方士；稱他為度世的真人，則明明視老子為神仙。桓帝延熹八年祀老子，並不是因為崇拜老子的治術，而是如《續漢書・郊祀志》所說因「好神僊事」。

老子除了被認為是知仙術，或長生不死的神仙，甚至是超越神、人之上，與道俱化的宇宙主宰。對此，邊韶《老子銘》序說得最清楚。[32] 不過他在銘辭中接著說老子「出入丹盧，上下黃庭，背棄流俗，舍景匿形，苞元神化，呼吸至精。世不能原，卬其永生。」又說：「羨彼延期，勒石是旌」，透露出時人所重似乎仍然在於老子永生或成仙不死的一面。邊韶作銘在桓帝延熹八年（西元 165 年）。這正處於漢末各種畫像最流行的階段。較邊韶為晚，靈、獻時代的高誘，注釋《呂氏春秋・不二》篇時說：「關尹，關正也，名喜，作道書九篇，能相風角，知將有神人，而老子到。喜說之，請著上至下經五千言而從之遊也。」高誘引關尹，以神人稱老子，可見老子在東漢，最少在好道者的心中，是以神人、真人或仙人的姿態存在。邊韶銘和高誘注應可說明為何漢代人喜歡以老子入畫像。回顧西漢中晚期以後流行的孔老圖，其象徵意義因而最少有一部分應從老子乃神人或仙人，知長生不死這一角度去理解。

神仙和凡人最大的不同在凡人必有死，神仙乃超脫於生死之外。以孔

32　洪适，《隸釋》卷三《老子銘》序：「其二篇之書稱天地所以能長且久者，以不自生也。厥初生民，遺體相續，其死生之義可知也。或有浴神不死，是謂玄牝之言。由是世之好道者，觸類而長之。以老子離合於混沌之氣，與三光為終始，觀天作讖〔下缺〕降斗星，隨日九變，與時消息，規矩三光。四靈在旁，存想丹田，大一紫房，道成身化，蟬蛻渡世。自羲農以來〔下缺〕為聖者作師……」（北京：中華書局，1985，頁 36-37）。

子為代表的儒家，基本上重視生，對死採取存而不論的態度。孔子說：「未知生，焉知死？」（《論語‧先進》）死後是否有知？是古人常提出的疑惑。這個問題，從漢人的記載看來，孔子也是有意避開不談。《說苑‧辨物》有一段子貢問死後是否有知的故事：

> 子貢問孔子：人死，有知將無知也？孔子曰：吾欲言死人有知也，孝子妨生以送死也；吾欲言死人無知也，恐不孝子孫棄親不葬也。賜欲知人死有知將無知也，死徐自知之，猶未晚也。

類似的問答也見於《論衡‧薄葬》和《孔子家語‧致思》。為了維繫今世的孝道，儒家固然可以避開死後世界的問題不談，可是這就不能減輕人們面對死亡時的恐懼，也不能滿足人對未來的疑惑。

被視為神人，蟬蛻度世的老子，在安慰死者和死者親屬的作用上，要較孔子和他的學說高出多多。此外須要一提，漢儒固重成仁成聖，修身經世，事實上也好講養生。《韓詩外傳》卷一謂：「君子……以治氣養生，則身後彭祖；修身自強，則名配堯舜。」《春秋繁露‧循天之道》一篇說的更完全是養生之術。王充反神仙，但在晚年，也養氣自守，著《養性》之書，「庶冀性命可延，斯須不老」（《論衡‧自紀》）。如此一來，深明生死大義和長生養壽之術的老子，其魅力實在難以抵擋。在漢儒的經典中，孔子本曾「問禮」於老子，在普遍心理的需求和民間工匠巧妙的挪移之下，孔子何嘗不能因「問仙」、「問道」、「問長生」、「問生死」於老子而沾染神仙的色彩？漢代棺槨、墓室或祠堂中的孔子老子圖，我相信正是這一心理需求的部分投射，其意義絕不限於問禮。[33]

這樣的孔老畫像在上述西漢中晚期的兗州石槨上已見雛形，在約略同時的鄒城臥虎山出土的石槨畫像上可以看得更清楚（圖25、附表三）。[34]

---

33 邢義田，《畫外之意——漢代孔子見老子畫像研究》（臺北：三民書局，2017；上海：三聯書店，2020）。

34 鄒城市文物管理局，〈山東鄒城市臥虎山漢畫像石墓〉，《考古》，6（1999），頁43-51。張從軍，《漢畫像石》，頁73-83。

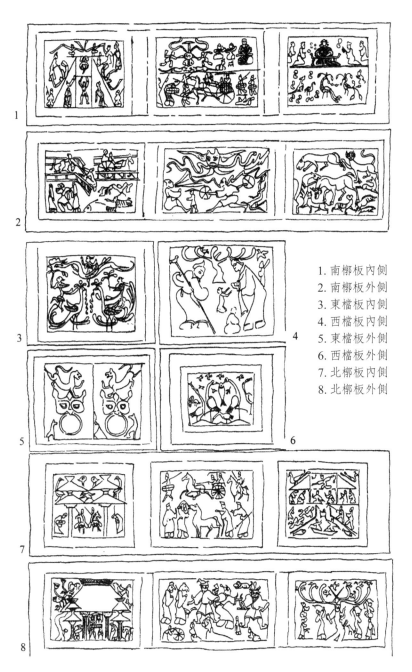

1. 南槨板內側
2. 南槨板外側
3. 東檔板內側
4. 西檔板內側
5. 東檔板外側
6. 西檔板外側
7. 北槨板內側
8. 北槨板外側

圖 25　鄒城臥虎山漢墓石槨畫像摹本，採自張從軍，《黃河下游》，頁 126。

附表三：鄒城臥虎山石槨南槨室石板內側題材對照

（北內）車馬臨闕	車馬出行	撈鼎圖
（西） 孔子見老子		（東） 鳳鳥銜珠、羽人
（南內）西王母	樂舞、車馬出行	百戲樂舞

這具石槨的西檔板內側，刻畫著二人對揖，左側一人手中持鳩杖，兩人中間有樹，有兩位身形較小的人，其中一人跪向右側，伸出雙手。對照時代較晚的孔子見老子圖的畫面結構（如二人對揖，中間有身形較小的人物）和人物造型特徵（如老子持鳩杖或曲杖），雖稍有出入，卻十分相近，應該就是孔子見老子畫像。孔子見老子畫像中常有小童項橐同時出現，其寓意並不單純，已另有專書討論。[35] 以下僅簡單指出一點，即西漢中晚期石槨上撈鼎和孔老畫像同在的現象，在魯西南一帶的東漢祠堂或墓室畫像裡仍然繼續。前引嘉祥（圖12）、嘉祥紙坊鎮敬老院（圖17）、嘉祥五老洼（圖13、14）和滕州官橋鎮後掌大出土的畫像（圖24）都是最好的例證。這種現象如果不從這兩個題材原本曾有某種意義上的聯繫是不好解釋的。

從魯西南一帶撈鼎和孔子見老子兩個漢畫母題同在的現象，也可以看出這樣的題材具有強烈的地域性。因為這樣同在的現象，幾乎完全不見於漢代其他地區的墓葬裝飾。兩漢人期望升仙，可以說不分地域和階層。反映這樣期望的藝術表現方式和母題極為繁多，而最能反映的應該說是幾乎無處不在的西王母。大體而言，撈鼎或孔子見老子畫像不論是可考的數量或地域分布都遠非西王母之匹。西王母出現在魯西南，並沒有取代撈鼎或孔子見老子這樣地域性的母題，而是共存共榮。

35　邢義田，《畫外之意——漢代孔子見老子畫像研究》（臺北：三民書局，2017；上海：三聯書店，2020）。

五 解釋的限制：代結論

以上試著為漢畫撈鼎圖作了一些解釋。大致上我比較同意黃展岳先生以為撈鼎畫像旨在「由龍負墓主效黃帝升仙」的基本想法，[36] 但論證不同。一大不同是黃先生認為將漢畫中有龍的升鼎圖「斷為泗水升鼎，基本可信」，如此主角就是秦始皇。他又指出「升鼎圖上鼎中昂出龍首的古怪形象，可能是這一故事竄入『泗水撈鼎』傳聞中的產物」。[37] 我推測故事自西漢中晚期以後，即已摻雜因文帝、武帝等尋方士，求神仙而起的種種傳言，而被巧妙地轉化，主角先模糊化成為大王，再轉化為墓主。畫像中的河流也沒有榜題可以確定為泗水。換言之，這時委造畫像墓或石槨的人和工匠從一開始就無意刻畫一幅意義明確的始皇泗水撈鼎畫像。他們心目中的鼎並非始皇嚮往的周鼎，而是西漢方士口中的黃帝之鼎；撈鼎的目的不在得鼎，而在鼎中之龍。當然對某些人而言，也可以說雖然事實上難以兼得龍和鼎，卻總希望兼得二者。畢竟多數人難以割捨俗世的富貴和權力。另外一點不同是黃先生僅處理撈鼎畫像，本文將撈鼎畫像和石槨、墓室等其它相關的畫像聯繫在一起，特別指出和孔老圖經常一起出現，應有相通的寓意存在。

此外，本文無意提出一個普遍性的解釋，也就是說以上的解釋或許可以適用於今天山東、河南和蘇北從西漢中晚期至東漢末的墓葬、祠堂和石槨畫像，卻不見得適用於例如今天四川地區出土的漢代石棺。舉例來說，成都江安桂花村一號石室墓一號石棺上的畫像，[38] 左側是荊軻刺秦王圖，右側則是構圖頗不同於山東、河南和蘇北的撈鼎圖，撈者只有一人，龍在

---

36 黃展岳，《先秦兩漢考古與文化》，頁581。

37 同上，頁579。

38 參羅二虎，《漢代畫像石棺》（成都：巴蜀書社，2002），頁94-98及圖96；龔廷萬、龔玉、戴嘉陵編，《巴蜀漢代畫像集》（北京：文物出版社，1998），圖243。此石棺高文標作二號，或有誤，參高文、高成剛編，《中國畫像石棺藝術》（太原：山西人民出版社，1996），頁98。

鼎外，咬斷繩索（圖26）。這樣兩個畫面不加區隔地放在一起，其主角很可能即歷史上的秦王或秦始皇。石棺上為何出現這樣的歷史故事？其理由必須另外尋找。

　　整體來說，巴蜀出土的漢畫像石和畫像磚不論風格或內容，都較自成體系，不同於東方豫、魯等地所產。過去我在分析射爵射侯圖時，即深感以豫魯畫像為主要材料的射爵射侯解讀，並不適於解讀四川畫像磚上的漁獵射鳥場面。[39] 撈鼎畫像亦復如此。在四川彭州和瀘州等地甚至曾出現沒有龍，沒有旁觀者，單純的撈鼎畫像。[40] 在這些畫像裡，完全看不出撈鼎的失敗，而且明顯以獲鼎為目的。傳世銅洗中有不少以「群山和鼎」、「朱雀和鼎」或「蟾蜍、神仙（？）和鼎」為母題並有「蜀郡嚴氏或某氏造」的銘題，其上鼎的造型（尤其是雙耳高聳直角曲折和鼎身的類似雲紋的紋飾特徵）和蜀地畫像磚上出現的鼎極為相似（圖27.1-2）。[41] 這些特點使我傾向於認為蜀地有一個不同於其它地區，較為獨特的造型藝術傳統，最好獨立對待。

圖26　成都江安桂花村一號石室墓一號石棺，採自龔廷萬、龔玉、戴嘉陵編，《巴蜀漢代畫像集》，圖243。

39　邢義田，〈漢代畫像中的「射爵射侯圖」〉，《中央研究院歷史語言研究所集刊》，71：1（2000），頁21。

40　龔廷萬、龔玉、戴嘉陵編，《巴蜀漢代畫像集》，圖239、240；高文、高成剛編，《中國畫像石棺藝術》，頁46、49、53。

41　參容庚，《秦漢金文錄》（臺北：中央研究院歷史語言研究所，1992年景印一版），卷5，頁65上、66上、下；卷7，頁19下。

圖 27.1　彭州出土畫像磚，採自《巴蜀漢代畫像集》，　　圖 27.2　嚴氏造吉洗，採自《秦漢
圖 238。　　　　　　　　　　　　　　　　　　　　　　　金文錄》卷五，頁 65。

　　這和前述山東地區有些畫像有龍無鼎的情形，正好相反。四川石棺和
銅洗上的鼎該如何理解呢？武帝時，方士李少君即以識齊桓公時銅器，又
倡以丹沙化黃金，獲武帝信用。雖不知少君是否曾以鼎鍊丹，從淮南王遺
書可知黃白鍊丹術曾大盛於武帝時期。巴蜀在漢世以盛行道家之學和道教
著名。漢末出現所謂的《黃帝九鼎神丹經》，據陳國符考證，即出自蜀地
道教之主——張陵。[42]《抱朴子內篇‧金丹》大談九鼎丹藥，可見鼎和仙
丹的關係密切。在巴蜀石棺和銅洗上出現不同於豫魯，沒有龍，沒有觀者
的撈鼎畫像或鼎單獨出現的母題，換個角度看，或許也就可以理解了。

　　除了適用地域的限制，本文提出的解釋也受到目前材料性質的限制。
本文主張撈鼎畫像的主角和寓意「從一開始」即已被刻意模糊化和轉化。
這「一開始」三字受到目前可考材料的局限。局限有兩方面：一是目前較
早的撈鼎畫像多見於石槨，沒有絕對的年代資料可以依據。考古報告通常
僅簡略記述墓葬和石槨的形制，將時代籠統歸為西漢中晚期或晚期，難以
排比各筆資料的先後，因此不易準確說那一石槨一定是目前可考石槨的
「一開始」。另一方面是今後隨時可能有更早的資料出土，結論不得不隨之
修正。

42　參陳國符，《道藏源流攷》（北京：中華書局，1963），頁 375。

由於材料難以準確斷代，因此不得不簡單地將主角由始皇刻意模糊化為大王，再刻意不加榜題，轉換主角為墓主，視為一個依照時序前進單線的發展。情形很可能遠比本文描述的複雜。舉例來說，雖不再有大王榜題，漢代工匠可利用漢世所熟悉的王者服飾來呈現撈鼎故事裡的王。前文所舉的例證中，有些觀撈鼎者明確頭戴進賢冠，不過也有戴著前有金博山的通天冠（圖12、16）。[43] 這些例子多屬東漢，可惜難以準確排出時代先後。可見當新的轉變出現時，舊的表現手法不一定就完全被取代，新舊並存十分可能。再如，在可考的撈鼎畫像中，除了添加龍、鳳這些元素，在某些例子裡，還出現撈鼎拉縴的人被刻意描繪成有男有女，甚至懷抱孩童（圖8）。這應如何解釋？目前還沒有答案。我相信撈鼎畫像在演變的過程裡，一定有了更多今已失傳，其它意義上的添加、挪移和堆疊。由此可知，本文獲得的結論，絕非全面，也有待時間和材料的考驗。

後記

民國 94 年夏臺大史研所黃瓊儀寫碩士論文，曾蒐集了「泗水撈鼎圖」的資料，也討論了種種解釋。那時，在我腦中飄浮的想法還沒能夠凝聚成形，也沒能提供給瓊儀參考。她口試時，我靈機忽動，在紙條上簡單記了幾筆，也隨口說了一下想法，不意得到口試委員劉增貴兄的贊同，鼓勵我寫出來。口試後，因赴居延考察，忙碌其它，遷延將近一年，至今才得動筆。本文得以完成，要特別感謝好友劉增貴兄的鼓勵，楊愛國兄的大力協助，好友丁瑞茂的指正和學棣黃瓊儀的碩士論文、游秋玫和匿名審查人的意見。

95.9.11/106.9.16/111.2.11 再訂

---

43 進賢冠和通天冠形制之別參林巳奈夫，《漢代の文物》（京都：京都大學人文科學研究所，1976），頁 59-64；孫機，《漢代物質文化資料圖說》（北京：文物出版社，1991），頁 229-232；〈進賢冠與武弁大冠〉，《中國古輿服論叢》（增訂本）（北京：文物出版社，2001），頁 161-168。

貊炙小考
——漢代流行烤肉串，還是烤全羊？

一 燔、炙、炮

　　燔炙畜肉，也就是烤肉，中國自古有之。所謂「或燔或炙」、「燔之炙之」見於《詩經》〈楚茨〉、〈瓠葉〉。什麼是燔？什麼是炙？燔炙是否為同一回事？歷來注家意見不同。〈楚茨〉鄭箋云：「燔，燔肉也；炙，肝炙也。」〈瓠葉〉毛傳曰：「炕火曰炙。」〈正義〉：「炕，舉也。謂以物貫之而舉於火上以炙之。」依〈正義〉之說，炙和今人將肉類串起來置於火上炙烤幾無不同。《說文》：「炕，乾也。」段玉裁引之以為「炕火謂乾之於火。〈生民〉傳：貫之加於火曰烈。烈即炙也。燔與火相著，炙與火相離。」[1] 孫詒讓《周禮正義》〈夏官·量人〉綜理各家，而主鄭箋孔疏之說：

> 詒讓案：《禮運》云：「醴醆以獻，薦其燔炙。」此即從獻之燔也。彼注云：「燔，加於火上。炙，貫之火上。」是炙即《毛詩》〈生民〉傳所云：「貫之加於火曰烈」，與燔本小異。故《詩》〈楚茨〉「或燔或炙」，鄭箋云：「燔，燔肉也。炙，肝炙也。皆從獻之俎也。」又〈行葦〉箋云：「燔用肉，炙用肝。」並以燔炙別訓。〈楚茨〉孔疏云：「燔者，火燒之名。炙者，遠火之稱。以難熟者近火，易熟者遠之，故肝炙而肉燔也。」案：孔述鄭義尤明析。近火亦與《詩》〈生民〉傳「傅火」之義正合。然散文則燔炙二者同為火孰肉物，義得互通，故〈少儀〉注云：「燔，炙也。」（中華書局，頁2382）

---

1 段玉裁，《毛詩故訓傳》（臺北：藝文印書館景印學海堂本《皇清經解》），卷621，頁6下，總頁6779。

燔、炙或小異，以離火之遠近別之，或因是否易熟，而有燔肉、炙肝之別。燔炙或竟無別，皆為火熟肉類，義得互通。從漢到清，說者紛紜，意見不外如此。齊魯韓三家詩不可知，《毛詩》始見於漢河間獻王。毛〈傳〉所謂炕火或貫之加於火，疑就後世之俗以說古制。《毛詩》孔疏謂：「燔亦炙，為爓而貫之以炙于火，**如今炙肉矣**。故量人制其數量。注云數多少長短若非爓而炙之，何有多少長短之數量乎？故知燔亦爓而貫炙之。」這裡就明明說是從當時的炙肉去推想古代的燔炙，並明確說是「爓而貫之以炙」，畜肉切開，貫串起來去烤，像是今日所謂的烤肉串，而非貫串整隻牲畜，像今日的烤全羊或烤全雞。孔疏以今揣古，毛傳、鄭箋又何嘗不然？

除了「貫之以炙」，古代文獻還提到「炮」或「炰」，《周禮・地官・封人》：「歌舞牲，及毛炮之豚」，鄭玄注：「毛炮豚者，爛去其毛而炮之，以備八珍。」《禮記・內則》：「炮，取豚若將，刲之刳之，實棗於其腹中，編萑以苴之，塗之以謹（墐）塗，炮之。」鄭玄注：「炮者以塗燒之為名也。將，當為牂，牂，牡羊也。」《說文》火部謂炮：「毛炙肉也。」這是將帶毛的豬或羊，清除內臟後，以棗實腹，再用帶草的泥包裹，置於火上烤。這樣的烤全豬或烤全羊，應是傳統的烤法，或可上溯到《楚辭・招魂》裡所說的「炮羔」吧。特色之一在於以棗填塞牲腹，二在牲體外裹泥。對此，古注頗為一致。孫機先生曾作詳考，謂「類似近代花子雞的做法」，這裡不贅。[2]《鹽鐵論・散不足》賢良謂：「古者燔黍食稗，而捭豚以相饗……今民間酒食，殽旅重疊，燔炙滿案。」（王利器校注本，頁204）捭豚，據王利器校注，即焷豚，也就是炮或炰豚。[3] 賢良將「捭豚」歸於古者，而將燔和炙肉列為民間時尚。其實西漢仍有炮豚。洛陽燒溝金谷園一號西漢墓出土陶甕上有朱書：「炮豚（豚）一鍾」，內有殘獸骨。獸骨未見鑑定報

---

2 孫機，《漢代物質文化資料圖說》（北京：文物出版社，1991），頁339-340；又可參揚之水，〈說勺藥之和〉，《古詩文名物新證》（北京：紫禁城出版社，2004），頁418-424。

3 王利器，《鹽鐵論校注》（臺北：世界書局，1970），頁220；孫機，《漢代物質文化資料圖說》，頁340。

告，但從此類陶甕（第二型第一式）大者高 37.5、腹徑 46.8 公分，小者高 8.5、腹徑 12.9 公分推之，這樣的甕不可能裝下整豬，只可能是烤乳豬或象徵性盛裝烤肉塊而已。[4]

二　貊炙始於何時？

本文要特別討論的不是上述這樣的炮（炰），而是一種由胡地傳入中土，以「全體炙之」為特色的貊炙。《宋書・五行志》服妖條：「晉武帝泰始後，中國相尚用胡床、貊盤，及為羌煮、貊炙，貴人富室必畜其器，吉享嘉會，皆以為先。」（中華點校本，頁 887）《晉書・五行志》服妖條略同（頁 823）。貊炙必不同於傳統裹泥實棗的炮或炰，否則不必以貊炙名之，也不必特「畜其器」。依《宋書》，這種貊炙似於西晉武帝泰始以後流行於中國。

可是也有記載說是始於漢武帝太始時期。《太平御覽》卷八五九引《搜神記》云：「胡床、貊槃，翟之器也；羌煮、貊炙，翟之食也。自太始以來，中國尚之。貴人富室必畜其器，吉享嘉賓，皆以為先。戎翟侵中國之前兆也。」《北堂書鈔》卷一四五〈羌煮條〉：「戎狄之食，太始尚之。」可見所謂羌煮、貊炙原是指戎狄之食，自漢武太始以後，為中國所尚。如此，貊炙流行於中土的時間就有了漢武帝和晉武帝兩種不同的記載。

「泰」與「太」通。古書輾轉傳抄，很容易就將漢武帝的太始和晉武帝的泰始相混。《鹽鐵論・散不足》論古今風俗之異，有云：「今熟食徧列……熱粱和炙。」王利器〈校注〉云：「『和炙』疑當作『貊炙』，《釋名・釋飲食》：『貊炙，全體炙之，各自以刀割，出於胡貊之為也。』楊樹達曰：『《御覽》八百五十九引《搜神記》云：「羌煮貊炙，翟之食也。自太始以來，中國當之。」』然則正當時俗尚之物。」[5] 如王、楊二先生所考正確，

4　洛陽區考古發掘隊，《洛陽燒溝漢墓》（北京：科學出版社，1959），頁 109、110、156。

5　王利器校注，《鹽鐵論・散不足》（臺北：世界書局，1970），頁 226。

所謂太始應是漢武之太始，非晉武之泰始。

　　也就是說，漢武帝太始以後，中土除了有將肉類切成塊或條，貫而炙之的吃法，又有不切條塊，牲畜整體以火烤之，猶如烤全羊卻不裹泥實棗這樣的吃法開始流行。從「貴人富室必畜其器」看來，烤時應有一定的器皿工具，惜不可考。唯吃時，各自用刀割或削肉，此《釋名》所謂「全體炙之，各自以刀割」也。或因整體火炙，不易熟透，《後漢書·竇固傳》注引《東觀記》提到竇固受羌胡愛戴是因為「羌胡見客，炙肉未熟，人人長跪前割之，血流指間，進之於固，固輒為啗，不穢賤之」。肉未熟透，割之則血出，而流於指間。如為肉串，手可握籤串而食，或將肉自籤串拿下，食之以箸，不至於血流指間。由此，或可旁證羌胡與竇固所食，應非肉串而為烤全牲，因此也不是所謂的「羌煮」。羌煮，顧名思義當是隔火以器皿盛水而煮的一種吃法。但《東觀記》提到羌胡以肉待客，明明是炙而非煮。如此，所謂羌煮，或為晚於竇固時代之俗，或羌人食肉本有煮、炙的不同。羌人以牧羊為生，煮或炙之肉似當以羊為主。

　　王、楊二氏考證，向稱精審。依二氏所考，則貊炙自漢武帝開始流行於中國似乎確鑿無誤。然而參證兩漢畫像及出土器，即不難發現從西漢到魏晉，較流行的似唯有「貫而炙之」的烤肉串，而非「全體炙之」的貊炙。

■三 兩漢魏晉畫像中的烤肉串

　　東漢魏晉畫像石、畫像磚和壁畫中描繪烤肉的頗多。較早的例子見於洛陽燒溝六十一號西漢元、成間墓後室後山牆上的壁畫。《洛陽漢墓壁畫》一書有這樣的描寫：「最右一人乳紅色面孔，黑髮，瞪目看著一人烤肉。其上身穿紫色短衣，下穿赭色窄長褲，足登黑靴，左手持長叉，右手蒙頭頂。第二人跪爐旁，裝束略同第一人，唯穿長衣，赭色袖口。他手持長

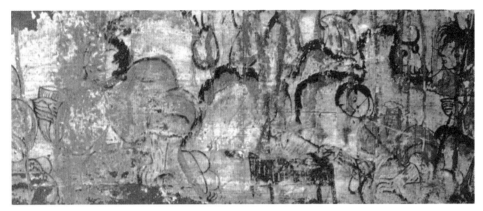

圖 1　《洛陽漢墓壁畫》頁 87

叉，正挑一牲腿肉置于黑色四足爐上燒烤。」[6]（圖 1）如果稍微多注意一下，即可發現這位烤肉的人物，有鬍鬚，身上穿的衣服為左衽。其左側的人物有鬍鬚，右手則持一角杯。這種角杯雖已見於新石器時代的中原，也是草原游牧民常用的飲器（圖 2.1-5）。[7] 左衽、長褲和長靴都是當時胡服的

6　洛陽市第二文物工作隊、黃明蘭、郭引強，《洛陽漢墓壁畫》（北京：文物出版社，1996），頁 87。

7　孫機曾詳論角形獸首杯，以為洛陽西漢墓壁畫上的角杯角底無流或泄水孔，和古代從希臘到中亞流行的來通「不屬同一器類」。但他也指出來通樣式多種，日本正倉院所藏金銀平文琴上畫的飲酒胡人所持的角杯，底部無流，飲者飲時須翻轉角杯，器口朝下。這一例為時甚晚，但和胡人有關，其早期淵源仍值得注意。參孫機，〈瑪瑙獸首杯〉，《中國聖火》（瀋陽：遼寧教育出版社，1996），頁 178-194。孫先生所論瑪瑙獸首杯是唐代之物，出土於西安南郊何家村窖藏。2004 年 7 月 20 日參觀陝西歷史博物館，曾見展出之唐三彩角形杯，題名為龍首杯，未標出土地。形制特點為底部無流，底部較正倉院者更為捲曲而與上部寬口沿相連。中央研究院歷史語言研究所藏有一件河南安陽西北岡 1022 祭祀坑出土的商代青銅夔龍紋角形器。角底無流，寬圓口有蓋。參史語所歷史文物陳列館編，《來自碧落與黃泉》（臺北：中央研究院歷史語言研究所，2002 增訂一版），圖 26。類似無流的角形飲器又見於西元前七到四世紀烏克蘭草原出土斯基泰人的石刻人像。這些配帶刀弓的武士常雙手握著角杯。王博、祈小山著《絲綢之路草原石人研究》（烏魯木齊：新疆人民出版社，1995）蒐集有大量資料，其中南俄草原出土屬西元前七至四世紀者即有四件（頁 98-103），又參李零，〈讀《絲綢之路草原石人研究》〉，《入山與出塞》（北京：文物出版社，2004），頁 70-83；Viachevslav Yu Murzin, "Les Scythes en Ukraine," *Les Dossiers d'Archéologie*, 266（2001），p. 58-59（*Les Dossiers d'Archéologie* 由學棣施品曲提供，謹謝）；此外，北周安伽墓具有粟特人特色之石

圖 2.1-3 *Les Dossiers d'Archéologie*, 266（2001），p. 59.

圖 2.4 《世界美術大全集》，東洋編 15，頁 57。

特色。[8] 因此有理由相信，烤肉者、用角杯飲酒的人和最右側的站立者應都是胡人。胡人烤肉的類似場面另見於東漢順帝以前的孝堂山石祠西壁。西壁右側描繪有戴尖帽的胡人就爐烤肉，手持的籤上串有肉塊（圖 3）。此外，也見於嘉祥五老洼出土畫像第十二石（《嘉祥漢代畫像石》，圖 96）。

　　漢畫像裡烤肉串的不必然都是胡人；從衣著看，也有漢人。例子可見於山東微山夏鎮西漢晚期石槨側壁庖廚畫像（圖 4）、諸城涼台東漢墓（圖 5）、臨沂五里堡

圖 2.5 *Les Scythes*, p. 180.

刻畫像上也可看見手握角杯的人物，見陝西省考古研究所編，《西安北周安伽墓》（北京：文物出版社，2003），圖版 58。

8　參邢義田，〈古代中國及歐亞文獻、圖像與考古資料中的「胡人」外貌〉，《國立臺灣大學美術史研究集刊》，9（2000），頁 15-99。

圖 3　劉曉芸線描圖局部

東漢墓畫像（圖 6）、河南密縣打虎
亭東漢墓（圖 7.1-2）和嘉峪關酒泉魏
晉十六國墓群之壁畫等。（圖 8）[9] 不
論胡漢，一無例外描繪的都是在長
方形的火爐上，以籤貫串畜肉而烤
之。在諸城涼台畫像中我們甚至可
以看見宰殺魚、雞、羊、牛等、切
肉、以籤串肉和烤肉一連串的過
程。

圖 4　2004.7.30 作者攝照片局部

　　貫串畜肉的籤叫「弗」，《說文》
「炙」字段玉裁注和孫機都曾言之。籤有歧兩頭者叫「兩歧籤」，見《齊民
要術・炙法》引《食次》；兩歧鐵籤實物則曾出土於武威雷台東漢墓，也
見於山東微山夏鎮出土西漢晚期石槨側壁和臨沂五里堡漢墓畫像。[10] 鐵籤

9　河南省文物研究所，《密縣打虎亭漢墓》（北京：文物出版社，1993），頁 132，圖 107、113；
　　《山東漢代畫像選集》（濟南：齊魯書社，1982），圖版 231，圖 549、550；臨沂市博物館編，
　　《臨沂漢畫像石》（濟南：山東美術出版社，2003），圖 57、58；張寶璽編，《嘉峪關酒泉魏晉
　　十六國墓壁畫》（蘭州：甘肅人民美術出版社，2001），頁 194、201-203。微山夏鎮石棺出土
　　於 2001 年 10 月。2004 年 7 月走訪微山，承楊建東先生引導得見，謹謝。
10　孫機，《漢代物質文化資料圖說》，頁 338；賈思勰原著，繆啟愉校釋，《齊民要術校釋》（北
　　京：中國農業出版社，1998），頁 618，注 12；臨沂市博物館編，《臨沂漢畫像石》，圖 57、

圖 5　林蕙敏線描圖

圖 6　楊愛國贈五里堡漢墓畫像拓片局部

古月集：秦漢時代的簡牘畫像與政治社會
　　——卷二　畫像石、畫像磚與壁畫

圖 7.1　包華石贈密縣打虎亭漢墓畫像照片局部

圖 7.2　《密縣打虎亭漢墓》，圖 113。

圖 8　《嘉峪關魏晉一號墓彩繪磚》，頁 15。

也有三歧者，見於前述魏晉十六國時期河西的壁畫以及下文將提到的西漢南越王墓。[11] 東漢末之前，貊炙已傳入中土，因此劉熙《釋名》才會提及。但真正流行或在漢末及漢末以後。

　　這裡要徵引一段過去學者不曾引錄的材料，即唐起居郎劉貺的〈武指〉。劉貺兩《唐書》有傳，為劉知幾長子，博通經史，著述甚豐。其〈武指〉謂：「東漢魏晉，樂則胡笛箜篌，御則胡床，食則羌炙、貊炙，器則蠻盤。」[12] 其說無疑本於《搜神記》。文淵閣《四庫全書》所收宋代葉庭珪《海錄碎事》卷四上「胡牀羌炙」條所記和前引〈武指〉全同。[13] 他們所說的時代很明確都是東漢魏晉，而非漢武太始。其次，前引竇固的故事表明貊炙是羌人之俗，竇固能「略依其俗」；換言之，東漢時漢人已接觸到貊

58。

11　見張寶璽編，《嘉峪關酒泉魏晉十六國墓壁畫》，頁 194、201-203。

12　見《通典》卷 200〈邊防〉16 引（商務印書館〈十通〉本，頁 1087 中）。《文獻通考》卷 348〈四裔〉25 引，同（頁 2727-3）。《全唐文》卷 378 錄〈武指〉「食則羌炙、貊炙」一句作「食則貊炙」。

13　這條資料是據文淵閣四庫全書電子資料庫。

炙，不過當時人明顯視之為羌俗，非中原固有，〈竇固傳〉才會特別提上一筆。

由此可見，晉泰始後流行羌煮和貊炙之說，未必不確。最少在魏晉以前，從山東到河西的畫像中最常見的是烤肉串，找不到貊炙，也找不到傳統文獻中所說裹泥實棗的烤全豬或烤全羊的證據。此外，寫於北魏的《齊民要術》卷九〈炙法〉一篇，專談炙肉之法二十餘種也值得注意。〈炙法〉只有第一種炙豚法，用乳下豚，也就是今天所說的烤乳豬，算是烤全牲。其餘肉類（蚌殼之屬在外）都是切開後才烤，而且不見帶毛包泥的烤法。

四 春秋以來出土烤器與相關文獻

烤肉串或烤全牲須有相應的不同烤器。此二法，如為華夏舊制，自可期待有相應的烤器出土。商周青銅和陶製烹飪器出土已不少，用於蒸、煮、煎者皆有，迄今卻不見有宜於烤全牲的。

春秋戰國烹飪器中有若干煎烤器。江西靖安出土一件春秋時代的徐國器，自銘為「盧（爐）盤」。[14]（圖9）爐盤是一種可煎可烤之器應無疑問。一是湖北隨縣戰國早期（約西元前 431-400 年）曾侯乙墓出土的一件由上盤下爐兩部分組成的烹飪器。（圖10）盤淺腹圓底，口徑 39.2 公分，下有四足立於爐的口沿，

盤腹兩側各有一對環形耳，

圖9　《中國青銅器全集》第 11 冊，圖 159。

14　陳彥堂，《人間的煙火——炊食具》（上海：上海文藝出版社，2002），頁 96。相關資料皆由陳昭容小姐示知借閱，謹此致謝。此器又見《中國青銅器全集》第 11 冊，圖 159。

耳內套接環形提手。爐亦作
淺盤形，口徑 38.2 公分，敞
口平底，下有三足。出土
時，盤內盛有魚骨，盤底有
明顯的煙炱，而爐內尚有十
幾塊未燃的木炭。這兩器如
為烤器，其烤法有兩個特
點：一是畜肉置於盤內，不
直接就火；二是就器形及大
小可知，畜肉應先切片或
塊，除了適當大小的魚以
外，大概不可能是「全體炙
之」，也不太像是將肉先串起
來再置於盤上。

圖 10　《人間的煙火——炊食具》，頁 96。

圖 11　《西漢南越王墓》，彩版廿七 a。

　可以用來烤肉串的烤
器，現在可以見到的實物似
以西漢南越王墓出土的銅方盤三件和兩件鐵叉為最早。[15] 其中一件（C53）
出土於西耳室，平面近方形，邊長各約 27 公分，腹壁垂直，器裡寬平，唇
外每邊有三根圓柱，腹壁每邊正中飾一鋪首，其中兩壁各有兩對方扣，可
以插物於其中（圖 11）。另兩件同出土於墓之後藏室西北角。其中一件
（G40）長寬各約 27 公分，有四個鴞形足，在稍長的兩側面近足處有鑄有小
豬四頭，豬嘴朝天，中空，用以插放燒烤用具。據報導，「出土時，爐上
放置一捆用絲織品包紮的鐵鏈和鐵籤。爐表面還散落一些青蚶和魚骨，應
是放有食品的器物翻倒掉落的。」[16]（圖 12）可以想見爐上兩側或有可插上

15　見廣州市文管會、社科院考古所、廣東省博物館編，《西漢南越王墓》（北京：文物出版社，
　　1991），頁 78-79，圖版 35.2；頁 281-284，彩版廿七。
16　同上，頁 281。

的架子，供串起的畜肉置於火上炙烤。由於烤爐長寬不到 30 公分，除了小魚和肉片或肉塊，這種爐子不可能用來「全體炙之」。另一件（G41）較大，長 61、寬 52.5 公分，呈長方形，器形與前者約略相

圖 12　《西漢南越王墓》，彩版廿七 b。

近，底設四個帶軸輪的足，可移動，其餘形制不細說。[17] 更重要的是在後藏室還出土了兩件鐵叉，一為二股，一為三股。（圖 13）叉後有桿，桿由幾節鐵條扭結環扣而成，桿端各有一圓環。桿長分別為 60、62 公分，叉殘長 13 公分。[18] 報告中沒有說這兩叉的用途。據前文所考，這無疑是烤肉用的兩歧籤和畫像上常見的三歧籤。

同墓後藏室還出土一件鐵煎器。（圖 14）上下兩層，上層大，長 19.5，寬 15.8 公分；下層小，長 17.6，寬 14.8 公分。平面皆為長方形淺盤狀。底有四個扁方形短足。兩爐盤間由四根曲尺形片條相聯，底有煙炱。[19] 雖沒有出土炭，但不難想見和前述曾侯乙墓所出者用途相類。

另一件則是時代更晚的上林方爐。（圖 15）此爐出土於陝西西安延興門村。器分上下兩層。上層是長槽形爐身，其底部有數條條縷孔而形同箅子，下層為淺

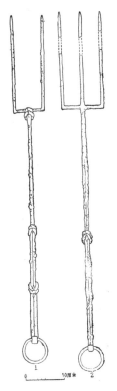

圖 13　《西漢南越王墓》，圖 206。

17　同上，頁 281-282。

18　同上，頁 293，圖 206，圖版 195.4。

19　同上，頁 281，圖 199.1，圖版 187.1。

盤式四足底座，爐身也有四足。上層爐身有銘知其長二尺，寬一尺，重三十六斤，鑄造於甘露二年（西元前 52 年），為弘農宮之物，初元三年（西元前 46 年）徵至上林苑使用。其器形和河南密縣打虎亭和山東諸城涼台漢墓畫像所見一致。陳彥堂說這樣有鏤孔的烤器已見於新石器時代之馬家濱文化。[20] 果如此，華夏舊法似以置畜肉於器物之上，隔火烤之者為多。這和直接就火的烤肉串或烤全牲並不一樣。

圖 14　《西漢南越王墓》，圖版 187.1。

圖 15　《人間的煙火——炊食具》，頁 137。

陝西歷史博物館藏有一件徵集來的長方形綠釉陶烤爐，長 25 公分，寬 17 公分，高 8 公分，四壁有走獸圖案，爐底有條狀漏灰孔。兩條烤架上各塑有四個橢圓形物，學者一般認為是蟬。[21] 由於此器出土地和時代較不明確，這裡不多說。2004 年 7 月 13 日參觀河南博物院，見到一件河南濟源漢墓出土的釉陶烤器，烤架上也有兩排蟬。烤蟬是否有特殊意義，須另文詳考。[22]

此外必須一提的是湖北江陵張家山二四七號西漢初墓出土竹簡《奏讞書》中有一個幸人進炙肉於君，炙中有髮長三寸的案例。案例中負責調查

20　陳彥堂，《人間的煙火——炊食具》，頁 137。

21　周天游編，《尋覓散落的瑰寶》（西安：三秦出版社，2001），頁 40，圖 4。

22　關於烤蟬，揚之水《古詩文名物新證》曾引證陝西博物館同一烤器，但對烤蟬一事無說，參其書，頁 423-424；關於捕蟬、食蟬則可參鄭岩，〈捕蟬畫像辨識〉，《民俗研究》，2（1992），頁 83-85。

的史猷曾詳述如何切肉，又如何炙之：

> 臣謹案說所以切肉刀新磨（？）甚利，其置枹（庖）〔俎〕。夫以利刀切肥牛肉枹（庖）俎上，筋骹盡斬，炙膊大不過寸，而髮長三寸獨不斷，不類切肉者之罪。臣有（又）診炙肉具，桑炭甚美，鐵盧（爐）甚磬。夫以桑炭之磬鋏□而肉頗焦，髮長三寸，獨不焦，有（又）不類炙者之罪。……[23]

這個故事如注釋者指出，和《韓非子・內儲說下》晉文公時「宰人上炙而髮繞之」之事相近，[24] 可見炙肉之俗早已見於中土。其法為將肉切塊，置於炭爐上烤之。此頗可與出土戰國烤器相印證。值得注意的是案例中沒有提到串肉用的「叉」或「籤」，提到了「鋏」。原簡鋏字十分明晰（簡165）。鋏也就是鋏子。《說文》謂鋏「可以持冶器鑄鎔者」，這和叉、籤的用法完全不同。從此鋏字可知，當時烤肉的一個方式應是用鋏子挾起肉塊置於爐盤之上，就炭火而炙；炙久而肉焦，則用鋏提起翻動。又所烤肉塊或肉條長不過寸，頗像今天韓國式的銅盤烤肉。但是鋏也可以是籤之類。沅陵虎溪山一號漢墓出土《食方》簡56云：「☒☒縣令般（盤）炙之，熟，解去其筴，進之」，簡98：「……以竹筴貫其膋炙之，熟，和酒鹽叔醬汁朱臾以芮」。[25]《食方》所說的「解去其筴」和「以竹筴貫肉」，筴應釋作策，竹策為竹籤之類，不同於一般理解的鋏子。有趣的是這樣用筴貫起的肉是放在盤中烤，而不是直接就火。烤好後要脫去竹籤，將肉置入沾醬中。

　　這和漢畫中所見，由人手持雙歧或三歧叉串肉，直接在火爐上烤肉的方式大不相同。漢畫和《韓非子・內儲說下》所說炙肉法則十分接近：「切肉肉斷」，「援錐（各本錐字作木，王先慎《韓非子集解》引《藝文類聚》、《意林》

23　張家山247號漢墓竹簡整理小組，《張家山漢墓竹簡〔247號墓〕》（北京：文物出版社，2001），頁225-226。

24　類似故事相傳甚久，又見於周天游，《八家後漢書輯注》（上海：上海古籍出版社，1986），《謝承後漢書》卷6，陳正傳，頁196。此外，《藝文類聚》卷55讀書條引北周薛真撰《西京記》也有同一個故事。

25　參湖南省文物考古研究所編著，《沅陵虎溪山一號漢墓（上）》（北京：文物出版社，2020），頁145-153。

改木為錐）而貫臠」，又說：「奉熾爐炭，肉盡赤紅」云云，可見這比較像是以尖銳的竹、木質或其它質地的籤或叉，貫串切開的肉塊，在炭火爐上直接炙烤。

不論用那種方式，自春秋戰國以來烤肉無疑早已深受歡迎。著名的長沙馬王堆漢初一號墓的遣冊上有「右方牛、犬、鹿、豕、雞炙四合……」，竹笥的籤牌上又有「鹿炙笥」。這些烤肉放置在竹笥之內，可見不是烤全牲。昭帝時，鹽鐵會議上儒生批評當時民間酒食，「燔炙滿案」（《鹽鐵論·散不足》）；1999 年湖南沅陵虎溪山漢初長沙王吳陽墓所出《食方》竹簡中列有「狗干（肝）炙方」和「鶃脩炙方」，也提到牛炙、牛脅炙、牛乘炙、犬其脅炙、犬肝炙、豕炙、鹿炙、雞炙等。26《食方》簡三百枚的釋文如今已公布，對我們認識漢初貴族如何享用各種食物和吃烤肉，極有幫助。就殘文看，除了魚和雞，沒有烤炙其它畜類如牛、羊、豬或鹿等全牲的證據。27

五 結語

遠古之時，狩獵有得，如非生食，直接置於火上炙烤是最簡單方便的方式。《禮記·禮運》謂：「昔者先王……未有火化，食草木之實，鳥獸之肉，飲其血，茹其毛……後聖有作，然後脩火之利……以炮以燔，以烹以炙。」後聖脩火之利，掘地為爐，以竹木貫肉，以泥包裹，或炮或燔或炙，無勞器皿，遂了無遺痕。沒有遺痕，後人只能懸想。目前只能說三代以上熟食牲畜，或直接火烤或置於器皿之上，都已經存在；三代以降，禮制建立。依禮用牲，或生或熟；熟者不論燔炙，疑多用烤器，是否直接就

26　參胡平生，《長江流域出土簡牘與研究》（武漢：湖北教育出版社，2004），頁 384、386、449、594。

27　參湖南省文物考古研究所編著，《沅陵虎溪山一號漢墓（上）》（北京：文物出版社，2020），頁 145-153。

火，尚少直接證據。

其後從戰國以迄魏晉，游牧之民將較原始的烤肉串和烤全牲帶入中土。烤肉串最遲自戰國至西漢初，烤全牲至遲於東漢時進入中土，魏晉以後成為流行。貊炙異於炮或炰之處，或在腹不塞棗，外不裹泥，烤器也不相同。劉貺〈武指〉說東漢魏晉「食則貊炙」如果可信，則貊炙始於漢武帝太始年間和以為《鹽鐵論·散不足》之「和炙」乃「貊炙」之訛，就不必然。從戰國迄兩漢出土的實物和畫像只能證明烤肉串之流行，不見貊炙之痕，似亦可旁證貊炙流行較晚。當然這也可能因畫像拘於格套，出現滯後，未能及時反映貊炙已流行於漢世，最少已流行於東漢的事實。

數千年後，本文依文獻與出土物遙揣古制，不免陷入和毛、鄭類似的困境；毛、鄭見之，必呵笑不已。總之，王利器和楊樹達皆校勘大家，校勘一向以文獻對勘為主。今以出土圖、器、文獻論貊炙之始，不過是另闢思路，不敢言必。說有易，說無難。不妥處，請方家指正。

後記

本文是研究漢畫胡漢戰爭圖的附產品。在山東地區的胡漢戰爭畫像中常有烤肉的場面，不解其義。稍作董理，牽引出烤肉方式的問題，因離戰爭圖主題較遠，遂獨立成篇，以為附錄。

92.6.4 端午及六四紀念日／93.11.5 再訂／94.12.7 又訂

原刊《勞貞一先生百歲冥誕紀念論文集》（簡牘學報 19 期，2006），頁213-231。111.2.28 再訂

趙津女娟渡趙簡子？
——河南安陽曹操墓「津吏」畫像考釋

　　近幾年河南安陽曹操墓出土若干畫像石，或全，或極殘，其內容有習見者（如七女為父報仇），也有為過去所不知者（如有題榜「首陽山」、「紀（杞）梁」、「越王」、「宋王車」等），十分重要。有些內容可確認故事，有些則頗費思量。以下僅談由警方追回，原應出自曹操墓的一方畫像石。其上兩面有畫，其中一面有如下的內容（圖1-7）：

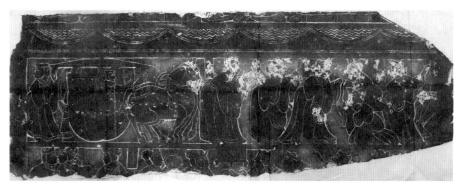

圖1

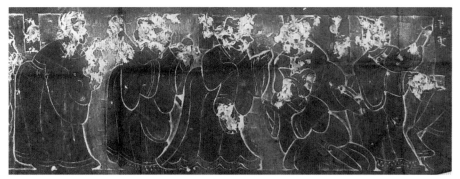

圖2

圖3

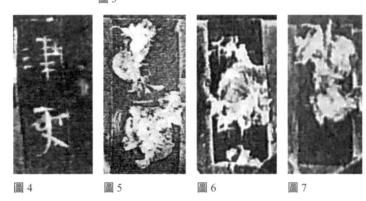

圖4　　　　圖5　　　　圖6　　　　圖7

圖1-7　潘偉斌拓片及局部，作者攝於河南省考古所2012.8.9。

　　此石下層尚有殘存不多的畫面，可見原石應分多層，目前僅餘最上層。幸好上層邊框具在，畫面大致完整，唯畫面上的榜題和人物面部多被刻意鑿壞。這種情形也出現在曹操墓內出土的石材上，很多鋪地的畫像石甚至整片被有意鑿刻破壞，用無刻畫的一面朝上鋪地。舊墓石材或畫像石再利用的情形在東漢末至三國魏晉的墓葬中常見，不足為奇。曹操墓也如此，令人感覺有點意外。可是曹操以節儉著稱，遺令其墓一切從簡。我們面對墓中舊材，只能接受曹操節儉到此地步的可能性。

　　這方畫像石左側為一朝右的馬車，馬車之右有朝右站立的人物三人，有三榜，惜皆殘損難釋。從殘筆看，最左一榜疑為「侍郎」二字，中間兩榜，全不可識。和此三人相對的有朝左並排的一男一女，女子在前跪地，

手中各握一槳。此二人之右又有戴進賢冠面朝左，雙手朝右的一吏。最右側上方有榜題「津吏」二字，字劃完整清晰。唯津吏沒有被完整刻畫出來，畫面僅見未著鞋履的一腳。僅用一腳代表津吏，可見畫面呈現的重點不在津吏本人，而在其它人物，也就是畫面馬車之右約居中央，相對一立一跪的人物。這樣的畫面構成不曾見於它處。它描述什麼故事？因榜殘，久久不得其解。

不意十年前偶翻《湖南省博物館館刊》第六輯（2009），得見王子今〈說長沙東排樓簡所見「津史」〉一文，靈機忽動，頓悟此圖所繪應即劉向《列女傳》趙津女娟渡趙簡子故事。《列女傳》卷六〈辯通〉：

> 趙津女娟者，趙河津吏之女，趙簡子之夫人也。初簡子南擊楚，與津吏期，簡子至，津吏醉臥，不能渡，簡子怒，欲殺之，娟懼，持檝而走，簡子曰：「女子走何為？」對曰：「津吏息女。妾父聞主君東渡不測之水，恐風波之起，水神動駭，故禱祠九江三淮之神，供具備禮，御釐受福，不勝巫祝，杯酌餘瀝，醉至於此。君欲殺之，妾願以鄙軀易父之死。」簡子曰：「非女之罪也。」娟曰：「主君欲因其醉而殺之，妾恐其身之不知痛，而心不知罪也。若不知罪殺之，是殺不辜也。願醒而殺之，使知其罪。」簡子曰：「善。」遂釋不誅。簡子將渡，用檝者少一人，娟攘卷摻檝而請，曰：「妾居河濟之間，世習舟檝之事，願備員持檝。」簡子曰：「不穀將行，選士大夫，齊戒沐浴，士大夫，齊戒沐浴，義不與婦人同舟而渡也。」娟對曰：「妾聞昔者湯伐夏，左驂驪，右驂牝靡，而遂放桀。武王伐殷，左驂牝騏，右驂牝驤，而遂克紂，至於華山之陽。主君不欲渡則已，與妾同舟，又何傷乎？」簡子悅，遂與渡，中流為簡子發河激之歌，其辭曰：「升彼阿兮面觀清，水揚波兮查冥冥，禱求福兮醉不醒，誅將加兮妾心驚，罰既釋兮瀆乃清，妾持檝兮操其維，蛟龍助兮主將歸，呼來櫂兮行勿疑。」簡子大悅曰：「昔者不穀夢娶妻，豈此女乎？」將使人祝袚，以為夫人。娟乃再拜而辭曰：「夫婦人之禮，非媒不嫁。嚴親在內，不敢聞命。」遂辭而去。簡子歸，乃納幣於父母，而立以為夫人。君子曰：「女娟通達而有辭。」詩云：「來遊來歌，以矢其音。」此之謂也。頌曰：趙簡渡河，津吏醉荒，將

欲加誅，女娟恐惶，操檝進說，父得不喪，維久難蔽，終遂發揚。

從這一石的畫面看來，畫面應在呈現趙津女娟「操檝進說」的場面。畫面中跪著操檝者明顯是一位梳髻的女性，相對站立的應是趙簡子，可惜這關鍵性的一榜殘損，不可識。古來凡關津之處皆有掌理者，關有關嗇夫，津則有津吏。津吏應該是一種泛稱。《里耶秦簡（壹）》有簡 8-67+8-652 提到津吏和津徒：

卅五年八月丁巳朔己未，啟陵鄉守狐敢言之……問津吏、徒，莫智（知）……

津吏之存在從戰國、秦而至漢，當無問題。東漢墓畫像石和壁畫中頗多和《列女傳》有關的故事，唯津吏女渡趙簡子畫像是過去不曾辨識過的，十分珍貴。

傳世文獻裡有很多趙簡子賢能、知諫、仁慈的故事。除《呂氏春秋》〈愛士〉、〈達鬱〉、《史記·趙世家》、《說苑·尊賢》和《列女傳》，近年新刊布的《清華大學藏戰國簡（柒）》也有篇〈趙簡子〉。《說苑·尊賢》有趙簡子和舟人古乘之間的對話故事，但和這方畫像石描寫的似乎無關。這方畫像石所畫應以津吏女娟救父而和趙簡子對話為焦點。《宋書·樂志四》錄陳思王鼙舞歌五篇中有一〈精微篇〉提到幾個關東賢女的故事，其中即有津吏女女娟渡趙簡子：

簡子南渡河，津吏廢舟船，執法將加刑，女娟擁檝前。妾父聞君來，將涉不測淵，畏懼風波起，禱祝祭名川。備禮饗神祇，為君求福先。不勝釃祀誠，至令犯罰艱。君必欲加誅，乞使知罪愆。妾願以身代，至誠感蒼天。國君高其義，其父用赦原。河激秦中流，簡子知其賢。歸娉為夫人，榮寵超後先。辯女解父命，何況健少年。（頁 628）

陳思王曹植筆下的津吏女救父，無疑源自《列女傳》。所不同的是曹植在同一篇中還描述了《列女傳》所沒有的緹縈救父的故事。可見這些故事在漢魏時期應十分流行，也才會出現在畫像裡。

趙津女娟的故事因《列女傳》在後世傳頌不絕。例如唐李白詩〈東海有勇婦〉即明白說「名在列女籍，竹帛已光榮。淳于免詔獄，漢主為緹縈。津妾一棹歌，脫父于嚴刑。十子若不肖，不如一女英」句。明代呂

坤、黃希周撰《閨範》也有這個故事和插畫（圖8）。[1] 這類材料太多，不具錄。從這方畫像石的榜題看，故事應還有些其他的人物和情節，可惜畫榜和畫面殘損而無法知道了。

圖8　明呂坤《閨範》卷四，趙津女娟插圖。

101.8.24/103.2.12 再訂

1　黃希周《閨範》參葉淑慧，〈天上人間—儒釋道人物版畫圖繪展件精選〉，《故宮文物月刊》，310（2009），頁82-93。

赫拉克利斯（Heracles）在東方
——其形象在古代中亞、印度與中國造型藝術中的流播與變形

　　過去在文化傳播論流行的年代，中外學者喜歡將中國古代文化的來源追到遙遠的西亞，甚至埃及。例如認為中國的文字來自兩河流域或埃及的象形文，伏羲、女媧就是亞當和夏娃。[1] 這些說法雖然已經不再流行，中西文化交流仍然是中外史學界熱衷的課題。許多奇談怪論，依然時常可見。譬如近年有人倡說西元前一世紀曾有羅馬軍團士兵一百餘人，戰敗被俘至漢代邊郡，在今天甘肅永昌附近建了一座驪靬城，為漢朝守邊，他們的後裔至今仍在永昌。[2] 2006 年美國「發現」（Discovery）電視頻道為此製作了特別的節目，2015 年著名影星成龍甚至據此拍了部電影——《天將雄師》！

　　這些說法都是證據不足的附會。要建立具有說服力的文化交流史，鄙意以為最好能滿足以下兩個條件：（1）具體舉出文化傳播的過程和路線證

1　參 Edwin J. van Kley 原著，邢義田譯，〈中國對十七八世紀歐洲人寫作世界史的影響〉，《西洋古代史參考資料》（臺北：聯經出版公司，1987），頁 427-468。

2　參邢義田，〈漢代中國與羅馬帝國關係的再檢討（1985-95）〉，《漢學研究》，15：1（1997），頁 1-31；〈從金關懸泉置漢簡和羅馬史料再探所謂羅馬人建驪靬城的問題〉，宣讀於 2001 年 8 月長沙百年來簡帛發現與研究及長沙吳簡國際學術研討會，刊於會議論文集（北京：中華書局，2005），頁 361-379；張德芳，〈漢簡確證：漢代驪靬城與羅馬戰俘無關〉，見胡平生、張德芳編撰，《敦煌懸泉漢簡釋粹》（上海：上海古籍出版社，2001），頁 222-229。本書卷一，頁 267-297。

圖 1　西安洪慶武士俑　　　圖 2　洛陽唐武士俑

據；（2）說明是什麼力量或媒介促成文化的傳播。如果僅僅羅列類似物品、信仰、藝術造型或現象等等的時代先後，就說中國的源自西方，或者說西方的來自中國，都有所不足，也難有較大的說服力。

2001 年 8 月遊西安，適逢陝西歷史博物館舉行陝西省新發現文物精品展。承館長周天游先生熱心接待，並以精品展圖錄《三秦瑰寶》一冊相贈。展品中有一件唐三彩武士俑特別引起我的注意（圖 1）。這件武士俑於 1990 年從西安東郊洪慶出土，高 88 公分，保存完好，現藏於西安市文物保護考古研究所。這件俑身著鎧甲，與一般唐武士俑無異，特殊處在其頭戴獅或虎皮頭盔。獅虎形頭盔頂上耳、眼、鼻分明，盔底利牙分在武士面額的前方兩側，獅或虎的兩爪交叉繫於武士頷下。較不容易分辨的是到底

是獅或虎，雖然中國學者一般習慣上都認為是虎，稱之為虎頭帽或盔（詳下）。類似的陶俑在河南洛陽也曾出土（圖2）。[3] 2004 年 8 月 2 日參觀上海博物館又見到一件唐代石刻武士像，頭上也戴著十分清楚的虎或獅皮盔，唯出土不明（圖 3.1-2）。

　　這些不免使人聯想到中國古書中常說的虎賁之士。可是從古代文獻和注解看，所謂「虎賁」是以虎形容其勇，無關服飾。商周以降的青銅、陶、石、壁畫或其他造型藝術中不乏武士的形象，卻從來不見有戴獅或虎皮頭盔的。漢有虎賁，著虎文單衣，但頭戴以鶡尾為飾的鶡冠。鶡尾的武士冠最少延續到隋唐之世。[4] 獅或虎頭冠既無本土淵源可尋，不禁使我疑

3　河南洛陽出土者，參河南博物院編，《河南古代陶塑藝術》（鄭州：大象出版社，2005），圖149。

4　《周書‧牧誓》有「虎賁三百人」，孔安國傳曰：「勇士稱也，若虎賁獸，言其猛也。」《尚書正義》曰：「《周禮》虎賁氏之官其屬有虎士八百人，是虎賁為勇士稱也。」關於西周虎賁或虎臣之研究可參張亞初、劉雨，《西周金文官制研究》（北京：中華書局，1986），虎臣條，頁14-15。《後漢書‧光武帝紀》李賢注引《漢官儀》：「虎賁千五百人，戴鶡尾，屬虎賁中郎將。」又《後漢書‧順帝紀》李注引《漢官儀》：「書稱虎賁三百人，言其猛怒如虎之奔赴也。孝武建元三年初置期門，平帝元始元年更名虎賁郎。」《續漢書‧輿服志》武冠條謂：「武冠，俗謂之大冠，環纓緌無蕤，以青系為緄，加雙鶡尾，豎左右，為鶡冠云。五官、左右虎賁、羽林、五中郎將、羽林左右監皆冠鶡冠，紗縠單衣。虎賁將虎文綺，白虎文劍佩刀。虎賁武騎皆鶡冠，虎文單衣。襄邑歲織成虎文云。」（中華點校本）從此可知漢虎賁頭戴鶡冠，以類雉之長羽為冠飾。這種鶡冠最形象的證據見於河南鄧縣出土之東漢畫象磚（《南陽漢代畫像磚》，北京：文物出版社，1990，圖23-24）。畫象中的武士佩劍執笏，頭戴加雙鶡尾之武冠，鶡尾豎在冠之左右，唯衣袴佩劍並無虎文。所謂虎文單衣和褲，明白是襄邑所織之紡織品，而非天然之虎皮。《宋書‧百官志下》虎賁中郎將條：「虎賁舊作虎奔，言如虎之奔走也。王莽輔政，以古有勇士孟賁，故以奔為賁。」又《宋書‧禮志》謂虎賁中郎將之裝束「武冠。其在陛列及備鹵簿，鶡尾，絳紗縠單衣。鶡鳥似雉，出上黨，為鳥強猛，鬥不死不止」。是至劉宋，虎賁以鶡尾為冠飾似一仍漢舊。北魏、北齊之鶡尾冠，李淞已加考證，參氏著，〈略論中國早期天王圖像及其西方來源〉，2002 年 7 月麥積山石窟藝術與絲綢之路佛教文化國際學術研討會論文，頁 10。此文承榮新江兄見示，謹謝。隋唐之制請見《隋書‧禮儀志六》：「鶡冠，猶大冠也，加雙鶡尾，豎押兩邊，故以名焉」，《舊唐書‧張說傳》：「臣聞勇士冠雞，武夫戴鶡」，又《新唐書‧儀衛志上》：「凡朝會之仗，三衛番上，分為五仗……四曰翊仗，以翊衛為之，皆服鶡冠，緋衫袂。」關於唐代鶡冠之兩式，其詳可參孫機，〈進賢冠與武弁大冠〉，《中國古輿服論叢》（北京：文物出版社，2001），頁

圖 3.1　2004.8.2，作者攝　圖 3.2　前圖局部
於上海博物館。

心：地中海古代最受歡迎的神話人物赫拉克利斯的造型難道歷經千餘年，
跋涉千萬里，輾轉傳到了中古中國？

　　從西安回臺北不久，剛巧我的羅馬史老師施培德（Michael P. Speidel）教
授來信告知他正在寫關於羅馬披獅皮戰士（lion-skin warrior）的論文，[5] 問我
中國古代是否有類似裝束的戰士。我很高興地告訴他在西安所見。他建議

　　177-181。唯近人解經也有以為係虎皮為衣者。如《禮記·玉藻》：「君之右虎裘，厥左狼裘。」
　　孫希旦《禮記集解》卷廿九曰：「虎裘、狼裘，象其威猛以衛君也。」揚之水認為所謂君之
　　左右即虎賁氏、旅賁氏之屬；虎狼之皮為衣，本來古制。參揚之水，《詩經名物新證》（天
　　津：天津教育出版社，2012），頁 341。孫希旦僅說虎裘和狼裘，「象其威猛」，並沒說裘用
　　虎、狼之皮。又《南齊書·魏虜》提到勇士著斑衣虎頭帽，是否為虎皮所製，或僅具其形，
　　不明。

5　其書已出版，參 Michael P. Speidel, *Ancient Germanic Warriors: Warrior Styles from Trajan's
　　Column to Icelandic Sagas*（London and New York: Routledge, 2004）.

何不蒐羅更多的資料寫成論文，以見東西文化交流之一斑。受到他的鼓勵，開始注意材料，越找越多，幾至不可收拾。

在找材料的過程中，才知道好友謝明良兄早已論及唐武士俑和希臘藝術之間可能有的關係，並在 1997 年發表了文章。[6] 謝文蒐羅豐富，論證有力，結論十分謹慎。2002 年李淞先生在一次麥積山石窟藝術的研討會上談早期天王圖像，指出天王造型有西方希臘和羅馬的淵源，並明確指出和赫拉克利斯的關係。日本學者有類似看法的也不少。[7] 其他中國學者如向達、段文傑和李其瓊等先生對塑像和壁畫中的虎皮帽或虎皮盔則有完全不同的看法，認為是源自吐蕃武士的裝束。[8]

既有不同的意見，我就試著蒐尋和查閱材料，希望能澄清希臘神話裡的英雄──赫拉克利斯，究竟是否曾以不同的身分，在中古中國的石刻、壁畫、泥塑、金銅和陶俑藝術中留下身影。所謂留下身影，不是指和他相關的神話本身，而是他的角色形象和造型特徵，以一種變化後的形式和身分出現在中古中國的視覺藝術裡。本文目前的結論是變形後的赫拉克利斯的造型元素和角色形象的確曾隨著佛教傳入中古中國；吐蕃武士的「大蟲皮」或「波羅皮」在淵源上和佛教造像裡的執金剛神、天王等可能有關，和希臘的赫拉克利斯則有較間接的關係。

赫拉克利斯在希臘和羅馬神話中是一位形象和角色都十分清晰的英

6　謝明良，〈希臘美術的東漸？從河北獻縣唐墓出土陶武士俑談起〉，《故宮文物月刊》，15：7（1997），頁 32-53。本文許多資料得力於謝兄此文，謹此表示最大的謝意。

7　李淞，前引文，頁 10-14；日本學者例如栗田功已指出犍陀羅藝術中的佛陀守護神在造型上和希臘的赫拉克利斯有關，見其所編《ガンダーラ美術 II：佛陀の世界》（東京：二玄社，1990），解說，頁 298-301；又東京國立博物館，《シルクロード大美術展》（東京：1996），圖版 173、181 的解說都指出獅皮盔受希臘赫拉克利斯影響。其他日本學者指出佛教造像和希臘藝術有關的研究甚多，栗田功的前引著作、宮治昭的《涅槃と彌勒の圖像學》（東京：吉川弘文館，1992）和田邊勝美的《毘沙門天王像の誕生》（東京：吉川弘文館，1999）可為代表。

8　向達，《蠻書校注》（北京：中華書局，1962），頁 208；段文傑，《敦煌石窟藝術論集》（蘭州：甘肅人民出版社，1988），頁 262、305、316-317；李其瓊，〈論吐蕃時期的敦煌壁畫藝術〉，《敦煌研究》，2（1998），頁 1-19。

雄。在神話傳說中，他為了成神不死，憑藉半人半神（semi-god）般超人的勇力和智慧，為人類救災解厄，據說曾完成十二件艱鉅的任務（twelve labors）。在希臘和羅馬的藝術品中，他也有十分明確造型上的特徵。由於特徵明確，要追索他在形象上的流播與變化都比較有把握。形象特徵在流播的過程裡，會保留，也會變化、增添或丟失。在不同的文化脈絡裡，形象特徵更會被其他身分的「人」或「神」所全部或部分借用，最後「形象擁有者」原來的身分甚至可以消失，而以完全不同的身分再現。

由於赫拉克利斯的故事眾所周知，研究也多，[9] 本文盡可能略人所詳，詳人所略，除了略述赫拉克利斯在希臘、羅馬世界的原型，在中亞和印度的流播，重點將集中於他在中國的變形和再現，尤其集中在謝、李二氏談的較少的棍棒和獅或虎皮帽的區別。

一 希臘和羅馬世界中的赫拉克利斯

赫拉克利斯（希臘文 Ἡρακλἑης，轉寫為 Heracles、Herakles 或拉丁文 Hercules）的故事在希臘世界流傳甚廣，版本極多。一般流行的版本都說他完成的第一件任務是征服一頭刀槍不入的獅子。成功勒死牠以後，剝下皮，披在自己的身上。獅子頭成了他的頭盔。[10] 他擁有許多神賜的武器，其中最著名的是以野橄欖木製成的棍棒（club）。自西元前六世紀中期，棍棒和獅皮（lion skin）成了赫拉克利斯的造型特徵，出現在數以千計的希臘、羅馬陶瓶、壁畫、錢幣、銅、石雕像甚至飾物上。[11] 概括地說，他的造型特徵有

---

9 有關赫拉克利斯的原始史料和研究，可從以下賓州大學網站找到西文之專書和論文數百種之多：http://www.sas.upenn.edu/~ekondrat/heraklesbiblio.html（2003.2.2）

10 故事有很多不同的版本，本文不予細論。請參 C. Kerényi, *The Heroes of the Greeks* (London: Thames and Hudson, 1959, 1978), pp. 125-143; Pierre Grimal, *The Dictionary of Classical Mythology* (N.Y.: Basil Blackwell Publisher, 1986), pp. 193-207; H.A.庫恩原著，秋楓、佩芳譯，《古希臘的傳說和神話》（北京：三聯書店，2002），頁 129-171。

11 關於赫拉克利斯造型的演變可參 Frank Brommer, *Heracles: the Twelve Labors of the Hero in*

幾點特別值得注意（圖4、5）：

圖4   圖5

1. 赫拉克利斯裸身，肌肉粗壯結實，有鬍鬚；也有不裸、無鬍鬚或穿著鎧甲的例子（圖6）。

2. 完整的獅子皮連頭帶腳甚至還有尾巴，或披在赫拉克利斯的身上，或拿在他的手上；有時只見他頭上戴著獅頭盔，有時身上披著獅皮，不戴頭盔。

3. 野橄欖木製的棍棒在外形上最大的特色在手握的一端較窄小，末端較粗大；其次，棍棒表面不平滑，四周有許多枝椏削去後，根部殘留的突起。

圖6

Ancient Art and Literature（N.Y.: Aristide D.Caratzas, 1986），pp. 65-67; Peter F.B. Jongste, *The Twelve Labours of Heracles on Roman Sarcophagi*（Roma:《L'ERMA》di Bretschneider, 1992）; Mark W. Padilla, *The Myth of Herakles in Ancient Greece*（Lanham, New York, and Oxford: University Press of America, 1998），pp. 3-6. 根據 F. Brommer 的蒐羅，僅是和赫拉克利斯故事相關的希臘陶瓶即達八千件，以他和獅子搏鬥為題的陶瓶最多，有數百件。參 Mark W. Padilla, op.cit., p. 42. 這些書承舍妹幼田寄下，謹謝。

4. 羅馬時代的赫拉克利斯雕像一般多模
   仿希臘作品。赫拉克利斯或將棍棒扛
   在肩上，或身體稍傾，撐在一端著地
   的棍棒上。棍棒的外形和希臘的殊無
   二致。（圖7）較特別的是一、二世紀
   時，獅頭盔成為羅馬軍團（legiones）軍
   旗手（aquilifer）正式的裝束。軍旗手和
   一般軍團士兵一樣身穿鎧甲，但模仿
   赫拉克利斯頭戴獅頭皮，和獅頭皮相
   連的兩前爪交叉繫於胸前（圖8）。[12]

5. 獅皮和棍棒這兩件赫拉克利斯最主要的
   外形標幟，不一定同時出現。由於還有
   其它人物或景物的搭配，只要有其中任
   一項標幟即足以辨識赫拉克利斯的身
   分。赫拉克利斯甚至有若干典型的姿
   勢，或坐或立，或舉手整冠，或垂手斜
   倚棍棒，專家從殘像的姿勢即能判斷其

圖7

圖8

12　原圖見 http://cheiron.humanities.mcmaster.ca/~trajan/buildtrajanpage.cgi?452 .

身分，甚至時代。[13]

■二 亞歷山大大帝和羅馬皇帝東征與赫拉克利斯形象的流潘

　　西元前四世紀亞歷山大大帝（Alexander the Great，西元前 356-323 年）的東
征和西元前後一世紀羅馬帝國在地中海東部的擴張，都促使赫拉克利斯和
其他的希臘神話傳遍中亞和中亞以東各地。[14] 赫拉克利斯在歐亞大陸上千
年的流播，活生生見證了一頁形象和身分變形的歷史。

　　赫拉克利斯和其它希臘神話故事或人物在地中海以東地區的傳播並不
始於亞歷山大，最少可以回溯到波希戰爭發生的西元前六和五世紀。[15]
1935 至 37 年，美國芝加哥大學考古隊在今伊朗，古代波斯王大流士
（Darius the Great，西元前 520-515 年）所建的首府波西伯里斯（Persepolis）進行
遺址發掘，曾在遺址第三十八號廳（Hall 38）出土一件高不及七公分，寬不
及四公分的殘石雕像。殘像頭部已失，身體部分還有一手、一腿和半個胸
腹部。從殘存的部分可以看出上身裸體，有一獅爪垂在頸項下的胸前，左
手臂之後也有下披的東西（圖 9）。[16] 雕像過於殘缺，不能百分之百的認定。
不過如果這確是一尊赫拉克利斯的雕像，它在波斯的出現就比亞歷山大早
約一兩百年。

13　這類例子極多，舉例言之可參 David M. Robinson, "A New Heracles Relief," *Hesperia*, 17: 2
（1948），pp. 137-140; C.C. Vermeule, "Herakles Crowning Himself: New Greek Statuary Types
and their Place in Hellenistic and Roman Art," *Journal of Hellenic Studies*, 77（1957），pp. 283-
299.判斷時代之例如 Robert Weir, "Nero and the Herakles at Delphi", *Bulletin de correspondance
Hellénique*, 123: 2（1999），pp. 397-404.這些論文承張谷銘兄代印，謹謝。

14　可參 John Boardman, *The Diffusion of Classical Art in Antiquity*（Princeton: Princeton University
Press, 1994），chapter 4.

15　Ibid., chapter 2, pp. 21-48.

16　Erich F. Schmidt, *The Treasury of Persepolis and other Discoveries in the Homeland of the
Achaemenians*（Chicago: The University of Chicago Press, 1939），pp. 67-69, fig. 48.

不過，無人能夠否認亞
歷山大東征，在東方各地廣
建亞歷山大城，積極推動希
臘與東方各民族融合，才是
使希臘文化大量和快速東傳
的力量。[17] 亞歷山大帝國崩
潰以後，進入所謂希臘化的
時代。其部將各據帝國一隅
達百餘年，希臘的文化因子
從此深深植入中亞和印度的
土壤，並逐漸散播到鄰近的
中國和其它地區。

圖 9.1-2　原件及作者摹本

在諸多希臘神話人物中，是英雄又是神的赫拉克利斯和亞歷山大有十
分特殊的關係。亞歷山大和他的家族深信他們是赫拉克利斯和阿奇利斯
（Achilles）的後裔。希臘和羅馬時代的貴族追溯自己家族的譜系到某些傳說
中的神或英雄，是極其常見的事。據古代亞歷山大傳記最主要的作者阿里
安（Arrian，約西元 95-175 年）說，亞歷山大一生是以模仿甚至超越其祖先為
職志。[18] 希臘人相信赫拉克利斯不但曾完成十二件艱鉅的任務，更曾以無
與倫比的力量征服許多怪物並解除人類無數的災難。阿奇利斯則是荷馬史
詩中的主角和英雄，帶領希臘人攻打特洛伊城。不論阿里安或近代研究亞
歷山大的學者都認為，這種模仿和超越的企圖是亞歷山大成就功業的重大
動力。研究亞歷山大十分著名的德國史家韋爾肯（Ulrich Wilcken）曾這樣描
述亞歷山大和上述兩位希臘神話人物的關係：

17　W.W. Tarn, *Alexander the Great*（Boston: Beacon Press, 1948, 1956）一書十分稱揚亞歷山大東
　　征，宣揚天下一家和四海之內皆兄弟的理想（the unity and brotherhood of mankind），甚至認
　　為漢統一中國曾受到亞歷山大的啟發（原書頁 143），所說未免過頭。

18　Arrian, *The Campaigns of Alexander*（trans. By Aubrey de Selincourt, Penguin Classics, 1958,
　　1976），III. 3, IV. 8, 11.

亞歷山大尊赫拉克利斯和阿奇利斯為先祖。就父方而言，他是赫拉克利斯的後裔，就母方而言，他是艾阿西得（Aeacid）家族的一員，也就是阿奇利斯之後。如果說亞歷山大後半生主要受到赫拉克利斯的影響，早年鼓舞他的則是典範性的年輕英雄阿奇利斯。亞歷山大自認他和兩位英雄有極深極切人格上的親緣關係。這個想法是他許多非理性和本能的動力之一。捨此不論，即完全無法了解亞歷山大。[19]

亞歷山大東征，常常因傳說中赫拉克利斯曾如何，因此他也要如何，甚至嘗試去完成赫拉克利斯做不到的事。例如，根據隨侍亞歷山大的史家卡利斯塞尼斯（Callisthenes）的記述，亞歷山大征埃及時曾特別去求取阿蒙（Ammon）的神諭。他這樣做，是因為傳說中赫拉克利斯和荷馬史詩中另一位英雄蒲爾修斯（Perseus）曾經去求過神諭。[20] 亞歷山大打到印度，有一個地方叫歐拉（Ora），傳說中赫拉克利斯無法征服此地。這激起亞歷山大偏要試試，終於順利攻下。[21] 後來他的部將不願繼續東征，亞歷山大以攻下歐拉為例，證明自己比赫拉克利斯更有能力征服全亞洲，以激勵士氣。[22]

亞歷山大為了突顯自己和赫拉克利斯的關係，刻意以赫拉克利斯化身的形象出現。他常將自己裝扮成一位頭戴獅皮帽的赫拉克利斯，用為錢幣和雕刻造型。[23] 這類的例子太多，以下僅各舉一件。西元前 325 年，亞歷山大在敘利亞（Syria）打造的銀幣上，一面以坐著的宙斯神（Zeus），另一面以自己的側面頭像為造型。他像赫拉克利斯一樣頭戴獅頭盔，兩獅爪交

19　Ulrich Wilcken, *Alexander the Great*（NY: W.W. Norton and Co, 1967），p. 56.

20　Ibid, p. 122-123. 其它的例子可參同書，頁 179、197-198。此事原見 Arrian, III. 3.

21　Arrian, IV. 28-30.

22　Ibid., V. 26.

23　據學者研究，將亞歷山大裝扮成赫拉克利斯的是其宮廷藝術家賴息帕斯（Lysippos），而賴息帕斯為赫拉克利斯所做的雕像也成為此後赫拉克利斯雕像最主要的藍本之一，參 J.P. Uhlenbrock, "The Herakles Motif in Classical Art," in J.P. Uhlenbrock ed., *Herakles: Passage of the Hero through 1000 Years of Classical Art*（N.Y.:Caratzas Publishing Co., 1986），p. 7-17. 賴息帕斯和亞歷山大的關係可參羅馬史家蒲魯塔克（Plutarch）著，吳奚真譯，《希臘羅馬名人傳》上冊（臺北：臺灣中華書局，1971 臺二版），頁 183、198、228 等。

叉於頷下（圖10）。[24] 幾乎完全相同的造型
也出現在他所做的一個石棺上（圖11）。
這個石棺發現於西登（Sidon），據說是西
元前 320 年左右，亞歷山大為他的盟友西
登國王所造，現藏於伊士坦堡考古博物館
（Istanbul Archaeological Museum）。[25] 學者考
證石棺一側刻畫的是亞歷山大在伊索思
（Issus）擊潰波斯軍隊的一幕。頭戴獅皮盔
的亞歷山大在坐騎上，手舉武器正攻擊一
位逃避不及的波斯騎士。

圖 10

　　亞歷山大是無數羅馬皇帝崇拜和模仿的對象，從共和時代的安東尼
（Marcus Antonius，約西元前 83-30 年）和凱撒（Julius Caesar，西元前 100-44 年）
到四世紀的皇帝裘里安魯斯（Julianus，西元 361-363 年），幾乎無不夢想成為

圖 11

---

24 見 Elizabeth Errington and Joe Cribb eds., *The Crossroads of Asia*（Cambridge: The Ancient India and Iran Trust, 1992）, plate no. 11.

25 Robin L. Fox, *Alexander the Great*（London: Futura Publications, 1973, 1975）, plate 4.

亞歷山大第二。安東尼、凱撒、圖拉真
（Traianus，西元 98-117 年）曾在事功上模仿
亞歷山大，企圖東征印度。圖拉真一度打
敗安息，攻下其首都，將帝國的版圖向東
推展到兩河流域。據說他曾說：「如果我
還年輕，一定要越過印度河。」[26] 結果他
未能如願，令他無比遺憾。不過，在圖拉
真的戰爭紀功柱上可以看見羅馬軍團的軍
旗手這時模仿赫拉克利斯和亞歷山大，一
律戴著獅皮頭盔（見前圖 8）。[27] 帝國的第一
位皇帝奧古斯都以亞歷山大像做成自己的
戒指。[28] 也有羅馬皇帝模仿亞歷山大，將
自己裝扮成赫拉克利斯的模樣，二世紀末

圖 12

的康摩多士（Commodus，西元 177-192 年）是最有名的例子。羅馬伊葵尼奴
斯山（Mons Equilinus）曾出土一件作於 191-192 年間康摩多士的大理石像。
他頭戴獅皮盔，一手持棍棒，一手拿著三粒金蘋果，模仿完成最後一件任
務的赫拉克利斯（圖 12）。[29] 三世紀時有一位羅馬皇帝塞維‧亞歷山大
（Severus Alexander，西元 222-235 年），他因崇拜，也為了抬高自己的身分和贏

---

26 *Dio Cassius*（羅馬古典文獻一律用 Loeb Classical Library 本），LXVIII. 29.1. 關於羅馬人對亞
    歷山大的迷戀，可參 Diana Spencer, *The Roman Alexander: Reading a Cultural Myth*（Exeter:
    University of Exeter Press, 2002）.

27 更多圖拉真紀功柱上軍旗手的圖像資料可參青柳正規編《世界美術大全集》西洋編第 5 卷
    （東京：小學館，1997，1998 第二刷），圖 193、195。

28 Suetoinus, *Divus Augustus*, L.

29 另一位將自己打扮成赫拉克利斯的羅馬皇帝是二三世紀間的卡拉卡拉（Caracalla, 198-217），
    其銅像收藏於波士頓美術館，見 J.P. Uhlenbrock, op.cit., plate. 46. 自康摩多斯開始，不少皇帝
    除了將自己扮成赫拉克利斯，還將赫拉克利斯的像打造在錢幣上，可參 J.P.C. Kent, *Roman
    Coins*（London: Thames and Hudson, 1978），nos. 358, 364（Commodus），477（Aemilian），
    494（Gallienus），547（Probus），583, 584, 595（Maximian），586（Constantine I），602
    （Severus），612（Maxentius）.

得尊敬，乾脆改名為亞歷山大。[30] 在羅馬皇帝的推波助瀾之下，亞歷山大的先祖赫拉克利斯始終是最受歡迎的神話英雄和崇拜的對象。在帝國東方以及更往東的中、西亞都曾留下很多崇拜的痕跡（請參下節列表）。

三 赫拉克利斯在中亞和印度

自從亞歷山大以赫拉克利斯的形象出現，經過羅馬皇帝的推波助瀾，從西元前三世紀到西元後二、三世紀，希臘半島以東至大夏（Bactria），無數希臘北部、貴霜、大夏、斯基泰的王國都受到影響。他們或模仿亞歷山大將自己裝扮成赫拉克利斯，或者將手持棍棒和獅皮的赫拉克利斯打造在自己的錢幣上。[31] 赫拉克利斯的銅像或石刻以及有其頭像的錢幣在這個區域內發現的極多。我目前能掌握的只是極其少數。謹將所知表列，以見一斑：

---

30 他得名的故事和對亞歷山大的崇拜見 *Scriptores Historiae Augustae*（*SHA*），Severus Alexander, V. 1-5, XIII. 1-5, XXV. 9, XXX. 3, XXXI. 5, XXXV. 1, 4, XXXIX. 1, L. 3-5.

31 參 Elizabeth Errington and Joe Cribb, op.cit., plate nos. 12, 20, 34, 69, 70, 71, 72, 73, 75, 76-78.

附表一：錢幣

	錢幣	時代	打造地點	出土地點	說明及出處
1	Alexander the Great 銀幣	約西元前 325 年	Myriandrus, Syria	Taxila 曾出土同類型銀幣	一面為戴獅頭盔的亞歷山大側面頭像，另一面為坐著的宙斯神 *CA*, nos. 10-11
2	大夏 Diodotus I Euthydemus Agathokles 銀幣	約西元前 250-230 年 約西元前 230-200 年 約西元 190-180 年		Bukhara, Uzbekistan	一面為國王頭側面像，一面為手持棍棒身披獅皮之赫拉克利斯坐像 *Uzbekistan*, figs. 44, 45
3	大夏 Euthydemus I 銀幣	約西元前 230-200 年	Bactria		一面為 Euthydemus I 頭像，另一面為手持棍棒身披獅皮之赫拉克利斯坐像（圖 13） *CA*, no. 70
4	Demetrius I 銀幣	約西元前 200-190 年			一面為 Demetrius I 頭像，另一面為手持棍棒及獅皮的赫拉克利斯（圖 14） *CA*, nos. 20, 71
5	Thasos 銀幣	約西元前 130 年	希臘半島北部 Thrace 海岸外島嶼	傳在阿富汗發現	一面為酒神頭像，另一面為手持棍棒及獅皮的赫拉克利斯 *CA*, no. 69

	錢幣	時代	打造地點	出土地點	說明及出處
6	斯基泰王 Spalahores 和 Vonones 銅幣	約西元前 75-60 年	Punjab, India		一面為雅典娜像，一面為手持棍棒及獅皮之赫拉克利斯 *CA*, no. 72
7	斯基泰王 Spalyrises 和 Spalagadama 銅幣	約西元前 60-50 年	Punjab, India		一面為國王騎馬像，另一面為手持棍棒赫拉克利斯坐像 *CA*, no. 73
8	貴霜王 Hermaeus 銅幣	約西元 30-75 年			貴霜早期錢幣，一面為 Hermaeus 頭像，另一面為手持棍棒及獅皮之赫拉克利斯立像 *CA*, nos. 34, 75
9	貴霜王 Huvishka 銅幣	約 126-163 年	Bactria		一面為國王騎象像，另一面手持棍棒及獅皮之赫拉克利斯立像 *CA*, nos. 76-78

附表二：銅像

	銅像	時代	出土或發現地點	說明及出處
1	赫拉克利斯立像	約西元前四世紀	Ai Khanum, Afghanistan	赫拉克利斯裸身，右手上曲至頭側，左手持棍棒 *SA*, p. 316
2	赫拉克利斯立像	約西元前二至一世紀	阿富汗西部	赫拉克利斯裸身，右手扶腰，左手扶棍棒 *CA*, no. 102
3	赫拉克利斯立像	約西元前二至一世紀	Nigrai, Peshawar Valley, Pakistan	赫拉克利斯裸身，右手扶腰，左手外伸，原應靠在棍棒上，痕跡仍在但棍棒部分佚失 *CA*, no. 104
4	赫拉克利斯立像	約西元前一世紀至西元後一世紀	阿富汗西部，據傳與前一件同出一地	赫拉克利斯兩臂兩腿張開，一臂折斷，原或手持武器，一臂搭著獅皮 *CA*, no. 103

	銅像	時代	出土或發現地點	說明及出處
5	赫拉克利斯立像	約西元二世紀	Hatra, Syria	赫拉克利斯裸身，右手持棍棒，左手持獅皮 *The Parthians*, plate 59
6	色拉皮斯一赫拉克利斯（Serapis-Heracles）像	約西元二至三世紀	Begram, Afghanistan	希臘色拉皮斯與赫拉克利斯結為一體之像，裸身，頭為戴冥府之冠的色拉皮斯，右手持赫拉克利斯之棍棒（圖15） *ACAW*, fig. 108

附表三：石雕像

	石雕像	時代	出土或發現地點	說明及出處
1	疑似赫拉克利斯殘石像	約西元前五至四世紀	Persepolis, Iran	赫拉克利斯裸身殘像只剩一手、半身、半腿，胸前殘有獅爪 *TP*, fig. 48
2	赫拉克利斯立像	約西元前四世紀末至三世紀前期	黑海西岸 Chaika, Bulgaria	赫拉克利斯裸體，右手持棍棒倚於右肩，獅皮掛於左手臂（圖16） *Popova, E.A* fig. 1

	石雕像	時代	出土或發現地點	說明及出處
3	亞歷山大騎馬像	約西元前320年	Sidon, Lebanon	亞歷山大為 Sidon 王所造石棺側描繪亞歷山大頭戴赫拉克利斯式獅皮頭盔，騎在馬上正在攻擊一位波斯騎士 *AG*, plate 4
4	赫拉克利斯臥像	約西元前三至二世紀	今伊朗德黑蘭（Tehran）附近	刻在崖壁上的赫拉克利斯裸身橫臥，右手撐地，持一殘損的蘋果，左手搭在左腿上，棍棒置於身後 *SA*, pp. 434-435
5	赫拉克利斯與 Antiochus I of Commagene 握手像	西元前 69-34 年	Arsameia on the Nymphaeus, below Nemrud Daği, Turkey	赫拉克利斯裸身，右手與國王握手，左手持棍棒，獅皮垂在左手後（圖 17）
6	赫拉克利斯坐像	西元前 69-34 年	Nemrud Daği, Turkey	位於 Nemrud Daği 東壇。變形後的赫拉克利斯頭戴波斯式尖頂冠，左手握著棍棒（圖 18-20） *Nemrud Daği*, figs. 60, 87, 90

	石雕像	時代	出土或發現地點	說明及出處
7	赫拉克利斯坐像	西元前 69-34 年	Nemrud Daği, Turkey	位於 Nemrud Daği 西壇。變形後的赫拉克利斯頭戴波斯式尖頂冠，左手握著棍棒，與東壇者造型基本相同 *Nemrud Daği*, figs. 155-156
8	赫拉克利斯立像	約西元二世紀	Side Museum, Turkey	赫拉克利斯立像，右腿殘，左手撐在棍棒及獅皮上 見於網站 1
9	赫拉克利斯立像	約西元二世紀	Gate of Heracles, Ephesus, Turkey	兩門柱上有裸身身披獅皮之赫拉克利斯像 見於網站 2
10	赫拉克利斯立像	約西元二世紀	Hatra, Syria	赫拉克利斯裸身，左手殘，右手扶棍棒，頸項有項鍊狀飾物（圖 21） *DAK*, fig. 142

縮寫說明：*ACAW* ＝ *Afghanistan Crossroads of the Ancient World*, British Museum, 2011

AG ＝ Robin L. Fox, *Alexander the Great*, 1973

CA ＝ Elizabeth Errington and Joe Cribb eds., *The Crossroads of Asia*, 1992

DAK ＝ John M. Rosenfield, *The Dynastic Arts of the Kushans*, 1967

Nemrud Daği ＝ Donald H. Sanders ed., *Nemrud Daği: The Hierothesion of Antiochus I of Commagene*, vol. 2, 1996

Popova，*E.A.* ＝ E.A. Popova and S.A. Kovalenko, "New Find of A Relief with a Depiction of Heracles in the North-west of the Crimea," *Ancient Civilizations from Scythia to Siberia*, vol.V（1998）, pp. 99-105

SA ＝ Robin L. Fox, *The Search for Alexander*, 1980

The Parthians ＝ Malcolm A.R. Colledge, *The Parthians*, 1967

TP ＝ Erich F. Schmidt, *The Treasury of Persepolis*, 1939

Uzbekistan ＝ Johannes Kalter and Margareta Pavaloi, *Heirs to the Silk Road: Uzbekistan*, 1997

網站 1 ＝ http://www.side-tr.com/museum.htm

網站 2 ＝ http://arcimaging.org/GeisslerRex/EphesusGateHeracles20001.jpg

在這些地區流行的希臘神話人物當然不是只有赫拉克利斯。阿波羅（Apollo）、宙斯（Zeus）、酒神（Dionysius）、海神（Poseidon）等等不一而足。到西元前二世紀，隨著羅馬人主宰地中海世界，許多帶有羅馬色彩，變形後的希臘─羅馬神祇信仰在西元前後一世紀流播到地中海以東的區域。[32]這些神祇進入中亞或印度，有些保留原有的形象，有些則更進一步和當地原有的神祇相結合，出現了更多更為複雜的變形。以下僅舉一二例，說明不同的情況。

以前表二第六件為例，阿富汗貝格鸞（Begram）出土，屬於西元二、三世紀的「塞拉皮斯—赫拉克利斯」青銅像就是一尊典型羅馬時代的神像（圖15）。[33]

塞拉皮斯原是埃及托勒密王朝時代一位與冥府之神歐西瑞斯（Osiris）和阿庇斯公牛（Apis Bull）有關的神。據說托勒密一世為創造一位埃及和希臘人都能接受的神，遂將 Osiris 和 Apis 相合，造出 Serapis 的神名。祂相當於希臘人相信的冥府之神——哈笛斯（Hades）。祂的功能與宙斯和醫神艾斯克利皮烏斯（Aesclepius）也有關，掌健康和人的生死。塞拉皮斯神原只流行於埃及和一部分希臘地區。 、二世紀時，因羅馬皇帝的偏愛，在羅馬勢力所及之區大為盛行，尤其在帝國的東半部。貝格鸞出土的這尊塞拉皮斯像，頭上戴著象徵冥府的頭飾，手上卻拿著赫拉克利斯的棍棒。這證明鑄像者結合兩神，合二神為一神。能這樣結合二神，很可能是因為傳

---

32 曾有人研究進入東方地區的希臘神祇有多達二十四種可考，參 Ladislav Stanco, *Greek Gods in the East*（Chicago: University of Chicago Press, 2012）.

33 Rosa M. Cimino ed., *Ancient Rome and India: Commercial and Cultural Contacts Between theRoman World and India*（New Dehli: 1994）, pp. 214-219.

說中赫拉克利斯完成的十二件差事中，曾有一件是去冥府帶回那隻助哈笛斯看守冥府之門的狗塞耳薄魯斯（Cerberus）（圖22），這使得赫拉克利斯和掌生死的塞拉皮斯產生了聯繫。這類諸神角色、功能和造型相互結合的情形，在古代地中海世界的宗教信仰中十分普遍。這不過是一例而已。

圖 22

　　赫拉克利斯是以半人半神的大力士姿態出現在中亞，具有超人的勇氣和力量為人類除災。亞歷山大標榜自己是其後裔，模仿其行為和形象。後來中亞的統治者受到影響，或標榜自己是亞歷山大的後裔，或以赫拉克利斯的造型出現。西元前一世紀在今土耳其東南的康梅根王國（Commagene）的國王安提庫斯一世（Antiochus I，西元前69-34年）即為一例。他為自己和先祖在王國內的寧祿·達奇（Nemrud Daği）建了一座占地二萬六千平方公尺的陵墓和神殿（hierothesion）。殿的核心是依山勢而成的圓錐形巨塚；塚的東西兩側各有結構相似，以成組的建築和巨石雕像形成的神壇。從雕像底座背面的希臘文銘題可以知道，安提庫斯自稱是亞歷山大的後裔，而神殿是安提庫斯和列祖列宗安息並與諸神共同接受崇拜和祭祀的地方。[34] 東西神壇雕像的內容和排列基本相同，包括安提庫斯自己以及宙斯（Zeus）、阿波羅（Apollo）、擬人化的康梅根神和赫拉克利斯（圖17-18）坐像。雕像融合了希臘、波斯和康梅根當地的藝術風格。例如赫拉克利斯蓄鬚，手持棍棒，改穿上波斯式的衣服和尖頂冠（圖19）。在同地又發現兩件形式基本相同的赫拉克利斯浮雕（圖20）。浮雕上

34　Donald H. Sanders ed., *Nemrud Daği: The Hierothesion of Antiochus I of Commagene*（Winona Lake: Eisenbrauns, 1996）, pp. 176-182.

的赫拉克利斯裸身蓄鬚，手持棍棒，身後有獅皮，和一位戴頭冠的人物握手。學者對他們的身分認定意見不一。有些認為安提庫斯一世是以赫拉克利斯的外形現身，和太陽神米特拉（Mithras）握手。[35] 有些認為左側的那一位是安提庫斯一世，正和手持棍棒，身披獅皮的赫拉克利斯握手。[36] 有些又認為和赫拉克利斯握手的不是安提庫斯一世本人而是他的父親。[37] 還有學者指出這些希臘神如阿波羅或赫拉克利斯等雖仍然保持若干外形的特徵，身分上卻不再是單純的阿波羅或赫拉克利斯。阿波羅與米特拉結合，而赫拉克利斯和希臘戰神阿瑞斯以及當地信仰中的其它類似的神祇合而為一，而應合稱為 Heracles-Artagenes-Ares。[38] 不論如何，赫拉克利斯在中亞地區的身分和外形都明顯變形，可是他的造型特徵——「棍棒和獅皮」仍然十分清楚地被保留下來。[39] 這種情形也見於受佛教影響的犍陀羅藝術。

四 犍陀羅藝術中的「變形赫拉克利斯」

印度河西北的犍陀羅地區（Gandhara）處在歐亞大陸和印度次大陸各方文化往來的交口，在西元前後受到斯基泰、印度—希臘（Indo-Greek）、安息和貴霜王國的先後統治。西元一世紀以後，此地佛教藝術如眾所周知，受到希臘化文化的強烈影響。[40] 變形的赫拉克利斯只是其中一個小小的例證。

35　Stewart Perowne, *Roman Mythology*（London: The Hamlyn Publishing Group, 1969, 1973），pp. 98-99.

36　Ibid., pp. 102, 107, 119, 182-184, 441-442.

37　John M. Rosenfield, *The Dynastic Arts of the Kushans*（New Delhi: Munshiram Manoharlal Publishers, 1967, 1993），p. 166.

38　Donald H. Sanders , op.cit., pp.100-101.

39　但也有不是那麼容易辨識的，參 K. Fischer, "Icons of Heracles and Alexander in the Eastern part of the latter's Empire" in G. Pollet ed. *India and the Ancient World*（Leuven: Department Oriëntalistiek, 1987），pp. 59-65.

40　有關犍陀羅藝術和考古研究的著作極多，以下這一網站收錄相關西文資料十分豐富，值得參

正如《亞洲十字路口》（*The Crossroads of Asia*）一書的編者所說，古典希臘藝術在大夏（Bactria）所建的希臘王國中尚能保持相當純正的希臘風格（圖 23），但是在犍陀羅和印度卻發生了形變，許多希臘神話人物被迫改頭換面，幸運之神（Tyche/Fortuna）變成了生育守護神訶犁帝（Hariti），赫拉克利斯變成了守護佛主釋迦牟尼的執金剛神（Vajrapani）。[41] 這類資料和研究都很多，以下僅舉幾個例子說明赫拉克利斯在外形和身分上，如何從較「純正的希臘典型」轉變成為佛教中的執金剛神。

圖 23

第一個例子是一件日本私人收藏的充滿犍陀羅風格的赫拉克利斯石雕立像（圖24）。[42] 他裸體站立的身軀略向右斜，左腿向外斜伸，身體的重量置於右腿。姿勢是希臘式的，但肌肉的表現不再呈塊狀，不再具希臘式的寫實風格，而流露出犍陀羅式的柔和與豐腴。頭部的表情、臉形和頭髮也都距典型的犍陀羅式較近，而離希臘典型較遠。不過，赫拉克利斯右手扶著豎在地上的棍棒，棍棒表面明顯有突起，上端較小，下端粗大，左手曲於胸腹之間，左手臂上搭著獅皮，這些造型仍基本上繼承了希臘的標準樣式。他站立在一小龕之中，小龕的右側殘，左側有立柱。從殘存的圖像，無法判定他是否立於佛主之側，扮演著護法的角色。但他立於小龕中，這本身就是犍陀羅式的。

看：http://mlucom6.urz.uni-halle.de/orientarch/ca/gand/gandhara.htm（2003.2.6）

41　Elizabeth Errington and Joe Cribb eds., *The Crossroads of Asia*, p. 37; F.B. Flood, "Herakles and the 'perpetual acolyte' of the Buddha: Some observations on the iconography of Vajrapani in Gandharan art," *South Asian Studies*（London）, 5（1989）, pp. 17-27.

42　栗田功編著，《ガンダーラ美術 II：佛陀の世界》，頁 300，插圖 25。

另一個典型的例子是 1973 年阿富汗哈達（Hadda）的塔帕‧肖特耳（Tapa Shotor）寺廟遺址出土的佛主與「赫拉克利斯—執金剛神」塑像（圖 25、26）。此像明顯已轉化成執金剛神，卻又一眼可看出是赫拉克利斯。[43] 這位「赫拉克利斯」式的執金剛神在佛主身旁，保有十分清楚希臘式的面孔和裸露的塊狀寫實的肌肉，左肩上搭著獅頭皮，右手的棍棒卻變成了不折不扣的金剛杵！這一帶出土的各式赫拉克利斯塑像或雕像甚多（圖 27），[44] 這一件約屬一世紀初，在造型上最可以清楚證明犍陀羅藝術確實是從希臘化的大夏藝術（Hellenized Bactrian art）直接發展而來。[45]

圖 24

以下再談日本和英國收藏的兩件執金剛神頭像。日本鎌倉絲路研究所藏有一件西元二至三世紀帶彩泥塑執金剛神頭像（圖 28），[46] 大英博物館收

43　遺址報告見 M.Z. Tarzi, "Hadda à la lumière des trios dernières campagnes de fouilles de Tapa-è-Shotor（1974-1976），" *Comptes rendus des séances de l'Académie des inscription et belles-lettres*（Paris, 1976），pp. 381-410.

44　Klaus Fischer, "Einer Shiva-Buddha-Herakles Stein von Soazma Kala. Neue Funde und Forschungen zur indischen Kunst in Arachosien, Baktrien und Gandhara," *Archäologischer Anzeiger des deutschen archäologischen Instituts*（Berlin, 1957），p. 420. 以上兩文承紀安諾教授寄下，謹謝。

45　Chaibai Mustamandy, "The Impact of Hellenised Bactria on Gandharan Art," in R. Allchin, Bridget Allchin, N. Kreitman, E. Errington eds., *Gandharan Art in Context: East-West Exchanges at the Crossroads of Asia*（New Delhi: Regency Publications, 1997），pp. 17-27.在佛主另一側的則是希臘風格濃厚的幸運女神（Tyche），也可以證明希臘藝術的影響。較清晰的圖版可參 M.Z. Tarzi, op.cit., figs. 9,12,13.

46　東京國立博物館，《シルクロード大美術展》，圖版 173。同一展覽圖錄中還收有一件法國

圖 25

圖 26　作者線描圖

圖 27

圖 28

藏一件約略同時代的犍陀羅執金剛神浮雕石像。（圖29）[47] 從這兩件可以清楚看出赫拉克利斯原本的希臘特色如何漸漸消褪而犍陀羅－印度式的色彩轉趨濃厚。日本鎌倉的泥塑頭像戴著幾乎和希臘赫拉克利斯一模一樣的獅皮頭盔，和頭相連的兩前爪交叉繫於頸下。神像面孔保留著濃厚的希臘人氣味，連腮的鬍鬚不長，連滿了兩腮。左右肩及前胸衣褶清晰，不再像赫拉克利斯一般地裸體。另一個明顯的改變是手中的金剛杵取代了赫拉克利斯的棍棒。

圖29

　　大英博物館的殘石像只剩長方形浮雕的右半部，其上尚有浮雕人物四人，四人目光全朝向他們的右側，右側中央的人物應是佛主釋迦。殘石上排有一君王之類的人物，其側是一位身著袈裟光頭的僧人。其下方有另一僧裝束相同。這一僧人的旁邊則是本文關切的主角執金剛神。執金剛神以輕鬆的姿態站立著，身體微傾，身體的重量放在左腿上。頭上戴著獅皮盔，和頭相連的兩前爪交叉繫於頸下。這樣的頭盔無疑借自希臘的赫拉克利斯，但他的招牌棍棒消失。取代的是握在右手中的金鋼杵和左手握著的長劍。在面貌上，赫拉克利斯的濃密大鬍子不見了，而變得像印度人，只在唇上留著兩撇小鬍子。執金剛神裸露的上身、手臂和收縮的小腹表現出結實有力的肌肉和微傾的站姿，仍然保留著希臘赫拉克利斯立像的特色。和這件造型十分類似的執金剛神也出現在中國新疆的克孜爾石窟。

　　吉美（Guimet）博物館收藏的四至五世紀，Tumshuq 一號小寺院址出土的泥塑天部頭像（圖174），頭上戴著獅皮頭盔，面孔較像印度人。

47　Elizabeth Errington and Joe Cribb eds, *The Crossroads of Asia*, plate 134; W. Zwalf, *A Catalogue of the Gandhāra Sculpture in the British Museum*（London: British Museum Press, 1996）, no. 293, pp. 230-231.

五 變形後的赫拉克利斯出現在中國

1. 四～六世紀

克孜爾石窟在今天新疆庫車和拜城縣之間克孜爾鎮東南木札提河北岸，是古龜茲境內最大的佛教石窟群。宿白先生曾指出它「處在蔥嶺以西阿富汗巴米安石窟群和新疆以東諸石窟群之間，它所保存早期壁畫的洞窟的數量，遠遠超過了巴米安，而其第一階段的洞窟的具體年代至少要早於新疆以東現存最早的洞窟約一百年左右」。[48] 克孜爾石窟在佛教藝術傳播上的關鍵地位於此可見。其中第一七五窟的時代屬於四世紀末至五世紀，其主室正壁

圖 30　《中國新疆壁畫全集 5》

上的執金剛神壁畫，和前述大英博物館所藏雕像的造型十分相似（圖 30）。[49]

48　宿白，〈新疆拜城克孜爾石窟部份洞窟的類型與年代〉，《中國石窟寺研究》（北京：文物出版社，1996），頁 37。關於巴米安（Bamiyan）石窟較新的研究及斷代可參 Marylin M. Rhie, *Early Buddhist Art of China & Central Asia*, vol. I（Leiden, Boston, Köln:Brill, 1999），pp. 210-234.宮治昭和樋口隆康等估計巴米安第 155 窟或東大佛之年代在四至六世紀間，M.M. Rhie 估計在四至五世紀初，其餘 24、129、130、140、152、165 窟更早在三至四世紀間。相似斷代評估亦見於 Japan Center for International Cooperation in Conservation, National Research Institute for Cultural Properties, *Protecting the World Heritage Site of Bamiyan*, Tokyo, 2004, p. 17.

49　此窟年代也有學者認為應晚到六世紀中葉至七世紀上半葉，參廖暘，〈克孜爾石窟壁畫分期與年代問題研究〉，《藝術史研究》，3（2001），頁 348。本文暫從宿白先生的定年，參宿

第一七五窟是一座中心柱窟。前室不存，主室殘長 230 公分，寬 320
公分，通高 360 公分，縱券頂，中脊繪天象，兩側繪菱格因緣和本生故
事。主室正壁上方繪有俯身向下的兩身伎樂飛天和三身飛天，正壁龕頂的
左右側各有一天部護法人物。右側者頭戴多角形氈帽，身著鎧甲，斜舒一
腿坐於一束腰高座上。本文關注的是左側這一位。他頭戴和上述大英博物
館藏執金剛神幾乎一模一樣的獅或虎皮盔，連頭的兩前爪交叉繫於頸下。
左手朝上持一法器，右手持一金剛杵。[50] 從壁畫著色可知他裸露上身，唯
胸前有自兩肩和兩脅交叉於胸前及自頸部垂下的瓔珞和飾帶。

頭戴幾乎同式獅或虎皮盔的護法天王另見於離克孜爾石窟不遠，約略
同時代的森木賽姆石窟第廿六窟和稍晚的第四十一窟（圖 31、32）。[51] 這樣
的帽式由此東傳，最遲在北周時代（西元 561-581 年）到了天水麥積山石窟
的第四窟。第四窟前廊正壁有天龍八部浮塑。其中一位天王下半身已殘，
上身及頭部完好。他頭戴獅或虎頭盔，獅或虎的兩眼和鼻十分分明，交叉
繫於頸下的兩前爪不見了。他也不再裸身，穿著鎧甲，右手作手足縵網
相，左手殘損，只依稀可以看出左手在小腹之前，似握著一柄垂豎於地的
長劍（圖 33）。[52] 這一塑像和克孜爾一七五窟執金剛神像相對照，在外形上
唯一可以聯繫起來的線索只剩下頭上的獅或虎頭盔了。同樣的情形也見於
一般認為開鑿於北魏末期或六世紀初的河南鞏縣石窟第四窟。第四窟中心
柱四面基座有護法神王，其中北面有一獅子神王。這位獅子神王造型上的
特色在於頭上戴一頂獅皮盔，並且有兩爪交叉於頷下。另一個特徵是背後

白，〈克孜爾部分洞窟階段劃分與年代問題的初步探索——代序〉，《中國石窟·克孜爾石窟》
一（北京：文物出版社，1989），頁 10-23。

50　參《中國石窟·克孜爾石窟》三（北京：文物出版社，1997），圖版 14-18。圖版說明（圖版
17、18，頁 215）將左右兩護法顛倒，敘述也有些和畫面不符，已加修正。

51　參《中國新疆壁畫全集》5（遼寧美術出版社、新疆美術攝影出版社，1995），圖 10、46。
又據謝明良兄示知，在香港徐展堂先生的收藏中有一對北魏的彩繪陶騎士俑，頭戴虎或獅皮
帽。如確為真品，這是迄今所知戴虎或獅皮帽武士最早的標本。參《漢唐陶瓷藝術—徐展堂
博士捐贈中國文物粹選》（香港：臨時區域市政局，1998），頁 70。謝兄以此書見示，謹謝。

52　參《中國石窟·麥積山石窟》（東京：平凡社，1988），圖 224-229。

圖 31　《中國新疆壁畫全集 5》　　圖 32　《中國新疆壁畫全集 5》摹本

左右各有羽翅（圖 34）。[53]

　　乍然一看，希臘赫拉克利斯的造型特色似乎越往東走，丟失、增添和
變化的情形越多。當他在犍陀羅地區化身為執金剛神即丟失了棍棒；由西
域進入中國河西之地，不再全然裸體，被迫先以瓔珞或飾帶略作遮掩或乾
脆穿上鎧甲，獅或虎頭盔的兩前爪也失去蹤影。取而代之的是越來越東方
式的面孔，和佛教造像關係較密切的姿勢（如斜舒一腿的坐姿）、羽翅、手足
縵網相或金剛杵等法器。

　　事實恐非如此。因為赫拉克利斯的兩大造型特徵：棍棒和帶爪的獅皮
頭盔，或完整或分散，仍十分醒目地保存在南北朝的佛教造像和隋唐時代
不同地區的武士陶俑身上。這些造像和陶俑出土的地點就目前所知，遍及
四川、陝西、山西、河南和河北。似乎遺失的棍棒，其實仍在南朝佛造像
護法力士的手中，也見於約屬西元 500 年左右的克孜爾石窟第七十七窟。
以下大致依時序，先談一下克孜爾第七十七窟（圖 35）。[54]

53　參《中國石窟‧鞏縣石窟寺》（北京：文物出版社，1989），圖版 176。
54　東京國立博物館，《ドイシ‧トルフアン探險隊西域美術展》（東京：東京國立博物館等，
　　1991），圖版 12。

圖 33　2004 年作者攝　　圖 34

　　第七十七窟是一個中心柱窟，主室的前壁、窟頂和側壁大部分都已損
壞。殘餘的側壁上有佛說法圖或說因緣圖的描繪。現在收藏在德國柏林印
度博物館的牧牛人壁畫，即是此窟側壁佛說法圖的一部分。據載，頻婆娑
羅王請佛陀和僧眾安居說法。牧牛人難陀日日送乳酪給佛陀，王甚嘉之，
令見佛陀。難陀遂見佛陀，以牧牛之事相問，佛舉十一事以說牧牛之法。
難陀為之心生恭敬，出家為佛弟子。[55] 殘圖描繪牧牛人難陀正在聆聽佛主
說法。在他的右邊還可看見一部分佛主的頭光和蓮座。站著的難陀雙手扶
著一支棍棒。他背後腳下有臥牛兩隻。有趣的是他手中棍棒的造型和身後

55　牧牛或放牛難陀的故事見《大正藏》卷 2，鳩摩羅什譯〈佛說放牛經〉，頁 0546a-0547b；
　　卷 37，〈無量壽經連義述文贊〉，頁 0133c；卷 37，〈阿彌陀經義疏〉，頁 0358b；卷 38，
　　〈維摩經略疏垂裕記〉，頁 0728c；卷 52，〈北山錄〉，頁 0626c；卷 54，〈翻譯名義集〉，頁
　　1088b。據《佛光大辭典》七，頁 6722，亦見於〈無量壽經會疏〉卷一。唯此經為日本僧人
　　峻諦（1664-1721）所著，為時甚晚。

的牛明顯都和希臘的赫拉克利斯有關。

　　幾乎不相前後，同樣造型的棍棒也出現在五世紀末至六世紀初的南朝佛造像的護法力士手中。1990 年 6 月在四川成都商業街施工時發現四尊風格相近的石造像。[56] 其中兩尊分別有齊建武二年（西元 495 年）和梁天監十年（西元 511 年）的紀年題記。其中編號 90CST〔5〕：1 一石，僅存下部。原報告謂：「造像石兩側各浮雕一天王，殘，雙手握一金剛杵」（原報告頁 5）。報告僅附有原石側面的線描圖（圖 36），從線描圖看，由於上半身全殘，下半身所描線條十分簡單，看不出浮雕的是力士或天王。再者，他們雙手所握的明顯是一支棍棒，並不是報告所說的金剛杵。這只要比較一下

圖 35

同出編號 90CST〔5〕：5 殘石同一側，同一部位力士所持的金剛杵造型（見原報告頁 7，圖六）就可知道。

　　辨識上的相同錯誤又見於編號 90CST〔5〕：7 一石。此石保存極為完好。正面為一佛四菩薩，其側面據報告說：「左右兩側面各浮雕一神王像。神王面目猙獰，跣足立於平地上，頭戴風帽，身著短袍，腰束帶，雙手於胸前拄一金剛杵。」（原報告頁 11）同樣地，只要比較一下同石正面兩側力士所持的金剛杵，即知側面神王所持的並非金剛杵，而是表面有凹凸，上端較小，下端較寬的棍棒！從線描圖看，他頭上所戴的也不是所謂的風

56　張肖馬、雷玉華，〈成都市商業街南朝石刻造像〉，《文物》，10（2001），頁 4-18。

圖 36　成都商業街出土佛造像殘石

圖 37　成都商業街出土佛造像殘石

帽，而應是皮或金屬製的頭盔（圖 37）。

　　報告描寫較正確的是編號 90CST〔5〕：9 的一石。此石殘損嚴重，正面為一佛二菩薩，其側面原報告謂：「造像兩側各雕一神王，赤足立於平台上，卷髮中分，窄袖短袍，腰束帶，雙手於身前拄一杵棒狀器。」（原報告頁 15）從線描圖看（圖 38），上端小，下端大，棒身因有突起物而呈左右

彎曲。

這三件持棍棒的力士或神王，共同的特色是都位居造像的兩側。他們的棍棒造型嚴格說並不一樣。一件較平滑，一件有突起而呈左右彎曲，另一件棒身的凹凸顯得較均勻對稱。其共同點是上端小，下端較粗大。應可斷言其造型基本上乃脫胎於赫拉克利斯的棍棒。他們頭上戴的盔帽，一件因殘不明，一件有中分卷髮，一件則為明顯的皮或金屬的頭盔。

四川省博物館藏萬佛寺的石刻造像中也有持完全同型棍棒的力士。[57] 例如梁武帝普通四年（西元 523 年）釋迦造像（編號 WSZ41）背面的兩側，中大通五年（西元 533 年）造像背面的兩側和編號 WSZ50 造像碑的右側。又四川大學博物館收藏的兩尊梁中大通四年（西元 532年）和太清三年（西元 549 年）石造像兩側，也都有持同式棍棒的力士（圖 39.1-4）。[58] 2002 年

圖 38　成都商業街出土佛造像殘石側面

12 月 30 日在川大博物館館長霍巍先生的協助下，有幸得見這兩件造像原物，從側面可以清楚看見不僅棍棒的兩側，正面也有刻意的凹凸。

最近雷玉華、李裕群和羅進勇又公布了四川汶川縣原來可能是唐代仁壽寺供奉的四件屬南朝梁武帝初期及普通年間或稍後的石造像。[59] 其中一尊三佛造像的左右兩側也有手持曲形棍棒的力士（圖 40.1-3），造型上和前述萬佛寺所出者十分相近，這裡不再多說。

在五、六世紀的中國西北和西南的佛教藝術中，約略同時出現如此類

57　袁曙光，〈四川省博物館藏萬佛寺石刻造像整理簡報〉，《文物》，10（2001），頁 19-38。

58　霍巍，〈四川大學博物館收藏的兩尊南朝石刻造像〉，《文物》，10（2001），頁 39-44。

59　雷玉華、李裕群、羅進勇，〈四川汶川出土的南朝佛教石造像〉，《文物》，6（2007），頁 84-96。

圖 39.1

圖 39.2

圖 39.3

圖 39.4

圖 40.1　汶川出土石刻造像

圖 40.2　汶川出土石刻造像線描圖

似的棍棒，應非偶然。因為同一形式的棍棒幾乎絲毫
不差地保留在此後唐武士俑的手裡（詳見下文）。「赫
拉克利斯式的棍棒」自西元前二、三世紀以來，可以
說已經成為整個中亞和周邊地區藝術表現的格套化語
言之一，不一定非用在赫拉克利斯本人身上。這正如
同希臘造型藝術中宙斯神手中象徵其權威的雷電
（thunderbolt）和海神所持的三叉戟（trident），到了中
亞即被中亞君王所借用，握於自己的手中。[60] 如果進
一步分析，可以發現這樣的棍棒改握在牧牛人的手中
也非毫無因由。只要稍查赫拉克利斯的故事，即知赫
拉克利斯完成的十二件任務中最少有兩件和牛有關。
一件是他受命去活捉那隻代宙斯誘惑歐羅巴女神
（Europa），又受到海神詛咒而發瘋的克利特牛（the

圖 40.3　造像側面

60　E. Errington and J. Cribb, op.cit., plates 39-44, 47.

圖 41

Cretan Bull）（圖 41）；另一件是他受命去取得三頭巨人革律翁（Geryon）所飼
養的牛群。[61] 在故事裡，赫拉克利斯就是用他的棍棒打死幫革律翁看守牛
群的狗和革律翁。有這樣的故事為背景，他的棍棒輾轉落入牧牛人手中就
不是毫無緣故了。

　　此外，赫拉克利斯的獅皮盔也沒有真正遺失，還可在克孜爾石窟第九
十七和二二四窟見到。第九十七和二二四窟兩窟的時代約屬南北朝至隋代
（西元 420-617 年）之間。不久前，姚士宏先生很細心地將九十七窟一幅佛降
伏外道六師圖中的密迹金剛的真正裝扮辨識出來（圖 42）。[62] 原壁畫由於煙
薰變黑，密迹金剛一直被誤認為頭戴披帽，實際上是戴著虎皮帽。姚士宏
先生說：「仍可窺見畫出虎的兩隻豎耳和闊鼻。虎皮披至肩加寬，表示向
前後兩邊延伸的樣子，因僅繪出小半身，背後情況不明，只看到正面部分
逐漸由寬變窄成帶狀，結於胸口，露出一張雙眉高挑，眼耳鼻比較集中的
龜茲式圓臉。上身袒露，雙臂繞飄帶，腕處戴鐲，左手執金剛杵舉至胸
前，右手執拂塵高舉過頂，作目視六師狀。」[63] 二二四窟前室門東側壁上
的戴虎皮帽的護法，帽式和九十七窟者極為相近，但畫面只有一頭部，在

61　參 C. Kerényi, *The Heroes of the Greeks*, pp.158-159, 163-171.

62　《中國石窟‧克孜爾石窟》二（北京：文物出版社，1996），圖版 80。

63　姚士宏，〈關於新疆龜茲石窟的吐蕃窟問題〉，《文物》，9（1999），頁 68-70。

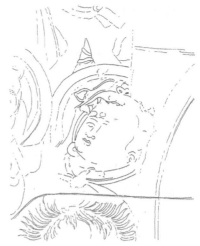

圖 42　姚士宏,〈關於新疆龜茲石窟的　　圖 43　作者線描圖
吐蕃窟問題〉。

佛主左側,應該是天部的一位護法金剛(圖 43)。[64]
姚士宏先生所說的虎皮帽,實際上並不能真正辨
別是虎或獅。這個問題將於下文詳說。

　　獅或虎皮帽除了見於此時的石窟壁畫,也見
於北京故宮博物院藏的一件隋代(西元 581-618 年)
武士俑(圖 44)。此俑高 49 公分。《中國美術全集》
雕塑編(4)在著錄中說:「此俑頭戴獸頭盔,身著
甲胄,下著長裙。手握器械已失。」[65] 所謂獸頭
盔,從其眼、鼻、牙可以清楚分辨應為虎或獅。
比較奇特的是盔頂有柱狀的突起。由於無法見到
原件側面,從圖版一時還無法說清這突起物到底
為何。不論如何,這件收藏品的帽式可以和以下
隋唐時期類似的出土品相互印證,證明赫拉克利

圖 44

64　《中國石窟‧克孜爾石窟》三(北京:文物出版社,1997),圖版 220。
65　《中國美術全集》雕塑編 4(北京:人民美術出版社,1988),圖版 33,頁 11。

斯的頭盔和棍棒在變形之後，可以分開存在，也可以一起出現。

2. 七～九世紀

以下先談棍棒和獅或虎皮盔相互脫離，單獨存在的情況。唐武士俑出土的極多。以下列表的這些手中或握劍，或空手，共同特色是都戴著獅或虎皮盔，都沒有持棍棒：

附表四：戴有虎頭盔的唐代武士俑表

	出土地	時代	俑式特色	資料出處
1	河北定縣南關	唐前期	獸面形盔，束帶，右手扠腰，左手握於胸前，似原持有兵器，由於兵器木質秘腐朽不存，手握處僅留一圓孔。俑全身施彩，盔、披肩及腿部桔紅色，面部及其他處褐色。	《文物資料叢刊》6（1982），頁 111，圖 14
2	陝西昭陵尉遲敬德墓	顯慶四年（659）	戴虎頭帽，虎眼、耳、鼻、牙分明，著淡藍色明光鎧，胸前兩圓護為紅色，左手貼胯間，右手屈腹前，呈持兵械狀。	《昭陵文物精華》，1991，頁 46
3	河北南和縣侯郭村	垂拱四年（688）	戴虎頭形兜鍪，虎耳直立，張口露齒，虎面猙獰，武士雙目圓睜，八字鬚上翹，滿臉濃鬚，肩圍披膊繫結於前，身著鎧甲，腰束帶，腿著裙，足穿圓頭靴。左手扠腰，右臂曲肘，右手置於胸前，手中有孔，原持物已失，左腿直立，右腿略屈膝向外。	《文物》6（1993），頁 22，圖 3
4	河北南和縣賈宋鄉東賈郭村	同上	11 號俑僅存頭部，戴虎頭兜鍪，雙目圓瞪，耳直立，張口露齒，落腮鬚，怒目而視。	《文物》6（1993），頁 29，圖 3 左
5	河北元氏縣大孔村	同上	完整陶俑頭戴虎形頭盔，虎面猙獰，張口露齒，從虎口中露出武士面部，兩肩披膊，身著鎧甲，右手扠腰，左手於胸前握一柱狀短棒，腰繫帶。右腳微屈，一腳直立。	《河北省出土文物選集》，圖 328

	出土地	時代	俑式特色	資料出處
6	河北安國市梨園村	垂拱四年左右	頭戴虎頭形兜鍪，虎面猙獰，張口露齒，從虎口中露出武士的面部。武士蹙眉睜目，高鼻大口，唇上留有八字鬍鬚，頷下留直鬚，表情威嚴。身穿鎧甲，花瓣紋圓護，肩披護膊，膊上繫巾，雲頭結。下半身殘缺。	《文物春秋》3（2001），頁28，圖九：4
7	河北獻縣東樊屯村	唐中期	頭戴虎頭形兜鍪，虎面猙獰，張口露齒，從虎口中露出武士面部，高鼻大口，橫眉立目，身披鎧甲，兩肩披膊作虎頭形，腹部製成一女子面部，細眉彎曲，眉間有痣，圓鼻厚唇，雙頰豐滿。武士束腰帶，下著腿裙，左手扠腰，右手握拳貼於右胸，右腿外屈，足登圓頭靴。	《文物》5（1990），頁28，圖版肆：1
8	河北天津軍糧城	唐	僅存頭部，從殘存的部分看，身形高大，頭上冠以虎頭帽	《考古》3（1963），頁148，圖版八：8
9	陝西西安東郊洪慶	唐	完整三彩武士俑。頭戴虎頭盔，虎面猙獰，張口露齒，從虎口中露出武士面部，連頭雙爪交叉繫於頷下。身著鎧甲，兩肩披膊作虎頭形，右手扠腰，左手前伸，原應握有武器，足著靴	《三秦瑰寶》，頁88
10	河南洛陽市	唐	完整三彩武士俑。頭戴虎頭盔，身著鎧甲，兩肩披膊作虎頭形，左手扠腰，右手前伸，原應握有武器，足著靴。右腳微曲，踏在一蹲伏的牛頭上，左腳直立，踏在牛身上。	《中國陶瓷全集》七，圖82
11	河南洛陽	唐	三彩武士俑，隻手殘斷。頭戴虎頭盔，虎面猙獰，張口露齒，從虎口中露出武士面部。身著鎧甲。	《河南古代陶塑藝術》，圖149
12	出土地不明，首都博物館藏	唐	完整三彩武士俑。頭戴虎頭盔，虎面猙獰，張口露齒，從虎口中露出武士面部，武士鬍鬚俱全。身著鎧甲，右手曲於胸前，原似握有武器，左手扶著一柄長劍，立於身前。右膝微屈，一腿直立。	《中國陶瓷》，圖3

以上十二件俑只是整個唐代出土武士俑中極少的一部分，而且大半出現於河北。這是否意味著特殊的地緣因素？例如這樣特殊的帽式是否隨著在唐代仍暢通無阻的草原絲綢之路而進入中國北方？[66] 這是一個值得繼續思索，一時卻還難以回答的問題。本文打算繼續深入討論的是這樣一頂單獨出現的帽或盔，或單獨出現的棍棒，如何能有力地證明它們可追溯到遙遠的希臘呢？

要證明文化傳播中某一「單一」因素之間的關係，常常容易流於武斷。如果是「一組」因素同時出現，說服力則可大大的加強。非常幸運，除了以上單獨出現的棍棒和獅或虎皮盔，棍棒和獅或虎皮盔二者一組同時出現的例子也找到了。第一例見於 1975 年河南安陽市舊城西南一座有墓誌的唐初夫婦合葬磚室墓。[67] 墓主楊偘生於隋開皇五年（西元 585 年），卒於高宗永徽五年（西元 654 年），妻開皇十六年生，高宗上元二年（西元 675 年）卒。因墓室遭地下水淹沒，墓頂塌陷，隨葬品均已散亂。其中武士俑有六件。出土簡報將這些俑分為三式。其中 I、II 式特別值得注意。原簡報有這樣的描述：「I 式高 0.575 米，頭戴虎頭盔，圓目怒視，露二門齒，頷下短鬚，披紅鎧，戴護項，鎧上畫有甲片黑色線痕，腰繫紫紅帶，足烏靴，右手拳握胸前，左手按劍。II 式，高 0.575 米，首微低，戴頭盔，披紅甲，戴護項，腰繫綠帶，足烏靴，左手卡腰，右手按一長杖（杖長 0.36 米），右臂殘缺。以上二件可能是墓中四神之二，當壙、當野。」（原簡報，頁 130）

簡報附有以上二種形式俑的圖版（原圖版伍-1、3）。圖版印製不夠清楚，但已足以修正簡報敘述不夠準確之處（圖 45、46）：第一，所謂 I 式「左手按劍」，仔細看圖版即可發現，左手按的其實是一頭較細，末尾較粗大

---

66 感謝這次會議中齊東方先生的指教，並請參看他在會中宣讀的相關研究，〈伊斯蘭玻璃與絲綢之路〉，《古代中外關係史：新史料的調查、整理與研究國際學術研討會論文匯編》，2002. 11. 15-16，頁 225-231。關於這一條草原絲路之存在，鄭岩在論河西和高句麗壁畫墓時也曾提出，參其所著，〈河西魏晉壁畫墓初論〉，見巫編主編，《漢唐之間文化藝術的互動與交融》（北京：文物出版社，2001），頁 415-417。

67 安陽市博物館，〈唐楊偘墓清理簡報〉，《文物資料叢刊》，6（1982），頁 130-133。

圖 45　作者線描圖　　　　圖 46　作者線描圖

的棍棒，並不是劍。可惜圖版不夠清楚，無法看出棍棒表面的狀態。第
二，簡報謂 II 式俑「戴頭盔」，沒有說清楚戴什麼式樣的頭盔。如果和 I
式比對，不難看出其實也是虎頭盔，虎眼、虎鼻俱在，只是頂上的雙耳失
去了左邊的一隻。因此，兩俑都戴同式的虎頭盔，而且都扶一棒在手；一
棒在右手，較短，一棒在左手，較長。II 式俑的長棒上細下粗，表面更刻
意表現出有許多突出物。簡報中將盔稱為虎頭盔。可惜無法仔細查看原
物，從圖版無法判別是獅或是虎頭。不論何者，赫拉克利斯的兩樣「註冊
商標」竟然共同出現在唐代武士俑的身上。這能說是偶然嗎？簡報作者細
心地指出「戴虎頭盔拄杖的武士俑形象與山西地區出土的相同」（頁 133）。
所謂山西地區，是指以下山西長治北石槽出土的唐墓。

1961年山西長治縣東郊北石槽出土兩座唐磚室墓。[68] 二墓形式相同，相距百餘公尺。二號墓有墓誌，墓主於武則天時代長安二年（西元702年）葬於州城之東。三號墓時代相近。三號墓墓門左右側出土武士俑各一件。出土報告謂：「墓門左側的一件，穿紅色鎧甲，微帶綠色，項下有兩個圓紐。腰束帶，足穿烏靴。左手扶腰，右手按一長杖，高五十八釐米。墓門右側的武士俑，戴虎頭盔，上用紅、綠、藍三色繪成雲紋圖案。鎧甲為草綠色，肩上披一紅巾，足穿烏靴，雙手按一長杖。」（頁66）除了以上簡單的描述，報告附有不很清楚的圖版（原圖版捌-1、2，本文圖47、48）。這兩件俑立姿頗不相同，頭盔形式也不一樣。有趣的是兩人都扶著一枝和前述克孜爾七十七窟中所見相類的棍棒。[69] 更引人注目的是墓門左側的那一件，不但手中有棒，頭上還戴著獅或虎皮盔。棍棒和獅虎頭形盔同時出現，可以證明這較不可能是工匠偶然的創意，而應該有一定的來歷。

這樣的造型特徵幾經輾轉到了中原，恐怕已少有人可以了解其來歷。可是我敢大膽地說，追本溯源，這和希臘的赫拉克利斯脫不了關係。其次可以注意的是棍棒和獅皮盔在赫拉克利斯造型中原有的關係已經相互脫離，可以各自單獨成為不同身分人物的配件。將以上這幾件俑和前表提到的十二件放在一起考查，有些現象值得注意：

第一，這些唐墓裡的俑基本上都是所謂的武士俑。從出土位置較清楚的幾件可以推知，它們多被放置在墓道或墓門的兩側，以威武的姿態，手持武器，無疑象徵著保衛陵墓。它們的角色很像佛窟壁畫或塑像中擔任護法的執金剛神或乾闥婆。由此可見，赫拉克利斯在進入中國以前雖然早已改頭換面，他作為勇士和保護者的形象仍然不變。[70]

68　山西省文管會、山西省考古所，〈山西長治北石槽唐墓〉，《考古》，2（1962），頁63-68。

69　在香港徐展堂先生捐贈的隋唐陶俑中有一件唐彩繪武士俑，頭戴和長治北石槽墓門左側俑十分相似的頭盔，手中握著上端像劍柄，較細；下端較粗，刻意左右扭曲像棍棒之物。如果此俑確為真品，很可以顯示當時的工匠已不知棍棒的原意，而將隋唐以來武士俑最常見手中握著的長劍和典型的棍棒結合在一起了。參前引《漢唐陶瓷藝術——徐展堂博士捐贈中國文物粹選》，頁122。

70　這種保護者的角色現在知道最少在十世紀至十四世紀高昌回鶻時期的吐峪溝第66窟的佛寺

圖 47　作者線描圖　　　　　圖 48　作者線描圖

　　第二，保護者的角色不變，地位卻下降。在希臘、羅馬和中亞，赫拉克利斯和亞歷山大、羅馬皇帝或安息和貴霜國王等統治者的形象必然結合在一起，有著無比尊崇的地位。在佛教藝術的脈絡裡，他變形成為佛主釋迦的眾多護法金剛、神王、力士之一或天龍八部的乾闥婆，不但失去了唯我獨尊的地位，更從主位降為陪侍，出現的位置甚至從造像的正面移到側面。他那支神聖和無堅不摧的棍棒，在變形為護法金剛或力士後，或仍保持，或由金剛杵所取代；在克孜爾石窟壁畫裡，棍棒則淪落成為身分低賤

壁畫中還可見到。參社科院考古所邊疆民族考古研究室、吐魯番學研究院，〈新疆鄯善縣吐峪溝西區中部回鶻佛寺發掘簡報〉，《考古》，4（2019），頁 63 圖 12、13。發掘簡報敘述第 66 窟主室門道右側天神「手中似握劍鞘」（頁 62），可是查看附圖明確可知應是典型的赫拉克利斯棍棒而非劍鞘。

的牧牛人的手中之物。只有赫拉克利斯的獅皮頭盔始終受到珍惜，繼續披在勇士的身上。

第三，在山西和河南武士俑的身上，獅皮盔和棍棒或者同時出現，或者只有其一；陝西和河北迄今只有戴獅皮盔者可考，未見有持棍棒的。四川則只見棍棒，不見有戴獅或虎皮盔者。可見獅或虎皮盔和棍棒已成為可以單獨存在的造型元素，可以被不同身分的人所借用，而其原有標示特定人物身分的意義已經喪失。

第四，河南洛陽市出土的武士俑腳下踏一伏牛。這不能不使人聯想到克孜爾石窟的牧牛人難陀以及曾征服瘋牛的赫拉克利斯。除了牛這一相關的造型元素，河北獻縣出土的武士俑胸前有似希臘女妖美杜莎（Medusa）的圖飾，謝明良已大量徵引，作了詳細的考證。[71] 我可以補充的一點是在赫拉克利斯的第十一個任務中，他曾在冥府大戰女妖美杜莎，發現美杜莎只是一個虛幻的影子。[72] 據希臘神話之說，凡直視美杜莎者會化為石頭。女神雅典娜曾用她的頭像裝飾自己的盾牌，亞歷山大則將美杜莎裝飾在自己的胸甲上。佛教毘沙門天王的鎧甲上也曾出現美杜莎。這些原曾和赫拉克利斯故事相關的人物或造型元素竟然如此頑強，以清晰可識的姿態出現在唐代壁畫、陶俑和塑像的身上，確實令人驚異。

此外，須要強調的是頭戴虎或獅皮

圖49　多寶窟，李玉珉提供照片。

71　見謝明良，前引文，頁 41-50。

72　C. Kerényi, *The Heroes of the Greeks*, pp. 180-181; Pierre Grimal, *The Dictionary of Classical Mythology*, p. 201.

帽的武士除了出現於墓中，仍繼續以天龍八部乾闥婆之姿出現在盛唐的佛
教石窟中。墓中虎或獅皮帽武士的造型無疑是借自佛祖旁的乾闥婆。在本
文修改期間，多承故宮李玉珉小姐慷慨賜贈她在四川廣元所攝盛唐佛窟照
片。廣元千佛崖多寶窟和皇澤寺大佛窟中都有頭戴虎或獅皮帽的乾闥婆。
從石窟正面朝裡看，多寶窟和大佛窟的乾闥婆都緊挨在佛主塑像的右後
側。多寶窟後壁以淺浮雕刻畫的乾闥婆頭上戴著獅或虎皮帽（圖49），獅或
虎的鼻、眼和獠牙都清楚可見，可惜帽側的鬃毛不夠清楚，難以分辨是獅
或虎。兩爪則自頭後方分別伸到胸前，唯未交叉相繫。乾闥婆的雙手出現
在胸前，並沒有握任何物件。大佛窟的乾闥婆戴著較清楚的獅皮帽（圖
50）。帽兩側鬃毛捲成許多小捲，清楚表現這應是獅頭帽。胸前清楚有兩爪
交叉。他的左手顯然握有一件非棒狀的法器。

最後還想討論一下唐代執金剛神、乾闥婆或武士俑頭上戴的是虎皮盔
或獅皮盔的問題。中國學者自向達和段文傑以降幾乎一律將之稱為虎皮
盔、虎皮帽或虎頭形兜鍪，也幾乎都引用唐代樊綽《蠻書》、《新唐書‧南

圖50　大佛窟　李玉珉提供照片

詔傳》、《唐書・吐蕃傳》和敦煌莫高窟一四四窟「大蟲皮」的題記，認為
虎皮帽為吐蕃武士之服，源自吐蕃。[73] 1998 年李其瓊討論吐蕃時期的敦煌
壁畫藝術時，指出頭戴虎頭帽，身披虎皮衣的天王和力士「是根據吐蕃武
士模樣塑造的佛國衛士」。[74] 1999 年，姚士宏為了解決龜茲石窟的吐蕃窟
問題，曾特別細心蒐集了帽式的資料，並重新肯定向、段和李等先生的說
法，認為「這是按照吐蕃有戰功武士模樣塑繪的，是吐蕃武士榮譽服制的
反映。」更進而論定「莫高窟、榆林窟以虎皮為衣帽的護法神只有在吐蕃
占據河西後才可能出現，並隨著吐蕃統治告終而消失，具有鮮明的民族和
時代特徵。」[75]

　　虎皮衣飾源自吐蕃有相當的根據。《唐書・吐蕃傳》說得很清楚。[76] 受
吐蕃影響的南詔，也有類似的服飾，[77] 在《蠻書》〈蠻夷風俗第八〉裡也有
可靠的記載。[78] 安西榆林窟第十五窟壁畫中的力士，身披有明顯虎斑的頭
盔，身後還有清晰繪出虎紋帶爪的虎腿和虎尾（圖 51）。因此毫無疑問可以
論定這位力士披著虎皮，戴著虎頭帽。這樣明確可以辨識的虎頭帽，還見
於大英博物館藏唐代彩繪絹畫毘沙門天與乾闥婆殘片（圖 52）。[79] 畫中乾闥

73　向達，《蠻書校注》（北京：中華書局，1962），頁 208；段文傑，《敦煌石窟藝術論集》（蘭
　　州：甘肅人民出版社，1988），頁 262、305、316-317。

74　李其瓊，〈論吐蕃時期的敦煌壁畫藝術〉，《敦煌研究》，2（1998），頁 1-19。

75　姚士宏，前引文，頁 70。

76　《新唐書・吐蕃傳》：「坡皆丘墓。旁作屋，赭塗之，繪白虎，皆虜貴人有戰功者，生衣其
　　皮，死以旌勇」（頁 6103）。

77　南詔和大理國著虎皮帽或虎皮服之武士及國王圖像資料有日本京都有鄰館藏〈南詔圖傳〉和
　　臺北故宮藏〈張勝溫畫卷〉（或稱之為〈大理國梵像卷〉）可參。著虎皮帽之國王見〈張勝
　　溫畫卷〉末尾之「十六國王眾」部分，著虎皮服之武士見〈南詔圖傳〉開端「武士名群矣」
　　題榜左側及「建國觀世音菩薩」榜題下武士。參李霖燦，《南詔大理國新資料的綜合研究》
　　（臺北：國立故宮博物院，1982），頁 106、122、129。李霖燦先生一書出版已久，蒐尋不
　　獲，承李玉珉小姐慷慨借閱，謹謝。

78　向達，《蠻書校注》蠻夷風俗第八：「貴緋紫兩色。得紫後有大功則得錦。又有超等殊功者，
　　則得全披波羅皮。其次功則胸前背後得披，而闕其袖。又以次功，則胸前得披，並闕其背，
　　謂之大蟲皮，亦曰波羅皮。」（頁 208）。

79　Roderick Whitfield 原著，上野日文翻譯，《西域美術》（東京：講談社，1982），圖 111。

圖 51

圖 52　作者線描圖

圖 53

婆清楚戴著繪有虎斑的虎頭帽，虎尾自身後由腳下露出。十分類似裝扮的
乾闥婆另見於柏林印度博物館藏八、九世紀間吐魯番石窟的彩繪絹畫乾闥
婆頭部殘片（圖 53），[80] 以及大英博物館藏有開運四年（西元 947 年，實為五
代後漢天福元年）紀年的紙本版畫（圖 54）。[81]

　　不過，有趣的是在唐代石窟和紙本版畫中也有極清楚戴著獅皮帽的。
這些應非本於吐蕃而有其它的來源。一個例子是安西榆林窟第廿五窟主室
北壁彌勒經變圖中的乾闥婆（圖 55）。[82] 第廿五窟屬唐代，畫極精美清晰，
畫中乾闥婆只有頭部，頭戴獅皮帽。這頂帽上有眼耳鼻，兩爪交叉繫於頜
下，完全不見虎紋或虎斑，反而在帽的兩側以清晰的線條明確繪出只有獅
子才有的鬃毛。《中國石窟・安西榆林窟》的圖版解說將之解釋為虎皮帽，
是先入為主，未仔細分辨獅虎不同的結果。[83] 同樣繪出鬃毛的獅皮帽也明
確見於大英博物館藏有龍紀二載（西元 890 年）紀年的紙本版畫（圖 56）。[84]
版畫上的乾闥婆立於北方毘沙門天王之右，雖然已有殘缺，但頭戴獅皮
帽，獅有鬃毛十分清楚。前文提到四川廣元皇澤寺大佛窟屬盛唐時的乾闥
婆也是一例，不再重複。

　　以目前可考的例子來看，除了以上明確可辨的，大部分壁畫、塑像或
陶俑所戴的到底是獅或虎皮，或因發表的圖版不清，或因原畫、塑或陶像
即未明顯區分，都無法真正分辨清楚了。執金剛神、天王或乾闥婆在唐代
藝術中有戴虎皮帽，披虎皮在身的例子，也有明顯戴獅皮帽或盔的例子，
而且都不是孤例。如此一來，第一，我們即不宜將這一類的帽或盔一律稱
之為虎皮帽、虎皮盔或虎頭形兜鍪，應該分別名之；第二，前述克孜爾第
一七五窟和麥積山第四窟中執金剛神或天王所戴的盔帽不論是獅或虎皮，

80　東京國立博物館，《シルクロード大美術展》，圖版 181。

81　松本榮一，《敦煌畫の研究》圖（東京：東方文化學院東京研究所，1937），圖版 120 右。

82　《中國石窟・安西榆林窟》（東京：平凡社，1990），圖 12、26。

83　見該書圖版解說，頁 255。

84　松本榮一，《敦煌畫の研究》圖，圖版 122a。

圖 54　作者線描圖

圖 55　作者線描圖

圖56　作者線描圖

其時代都在所謂的吐蕃窟之前數百至百餘年前，[85] 因此，將這種帽式歸之
於吐蕃武士服，不妥。這裡有幾個可能的情況必須考慮：

一是隨著赫拉克利斯在佛教藝術中轉化成執金剛神，他原來的獅皮有
可能在犍陀羅造像中即轉變成了虎皮。[86] 因為一時無法考察實物，也沒見
到相關的專門研究，還無法判斷這樣的可能性是否存在或多大。

二是這樣的轉變在犍陀羅藝術中或許並未完成，形成獅和虎皮盔都
有，但其間分別趨於模糊。例如，前引法國吉美博物館所藏一件阿富汗
Toqquz-sarai（Tunmshuq）小寺院一號遺址出土，四至五世紀之泥塑天部頭

---

85 李其瓊是以建中二年（781）吐蕃陷沙州，大中二年（848）敦煌人張潮議收回河西十一州之
間的 67 年為吐蕃時期，這時期所修的佛窟為吐蕃窟，見其前引文，頁 1。

86 Bergram 出土一世紀的彩繪玻璃杯上有明確的獵虎圖案，可知此地確實有虎。參 F. Hiebert
and P. Cambon eds., *Afghanistan: Crossroads of the Ancient World*（London: the British Museum,
2011），pp. 198-199.

圖 57.2 謝明良提供照片　　　　　　圖 57.1 謝明良提供照片

像就是如此。天部頭上戴著清楚有眼、鼻、耳、口和獠牙的獸頭帽。這個獸頭帽的面部可以是獅，也可以是虎，從側面看不見鬃毛或虎斑，已無法真正分辨其為獅或虎（圖 57.1-2）。[87] 因此在中國從一開始即有可能出現獅皮和虎皮兩種盔帽，或戴著難分獅虎之帽的執金剛神。

　　由於我對犍陀羅藝術和中國佛教造像都缺乏真正的研究，不敢妄作論斷。不過，大家似乎應該思索吐蕃和南詔武士披大蟲皮的習俗又是從何而來？如果考慮到中亞和印度已有的佛教藝術，又注意到吐蕃和這些地區在文化上的交流以及後來的佛教化，似乎不能排除吐蕃的大蟲皮武士乃是模仿自這些地區的可能性。[88] 只是目前對吐蕃和西藏早期文化的認識還嫌薄

---

87 見東京國立博物館，《シルクロード大美術展》，圖 174，頁 159。謝明良兄曾親見此像，攝有正側面照片，承其慷慨贈予照片，我才有辦法看清頭像的側面。在此向謝兄謹致最大的謝意。

88 有關吐蕃的早期文化，三至七世紀間祆教的傳入和七、八世紀之佛教化，參王小甫，《唐‧吐蕃‧大食政治關係史》（北京：北京大學出版社，1992），頁 10-17；謝繼勝，〈金剛乘佛教傳入吐蕃與藏傳佛教雙身圖像的歷史考察〉，《華林》，2（2002），頁 215-226。又據霍巍對西藏西部佛教石窟壁畫中供養人像服飾的研究，基本肯定匈牙利學者西瑟爾‧卡爾梅的看法，這些十一世紀供養人的服飾為時雖晚，卻很可能淵源於西亞和中亞。參霍巍，〈西藏西部佛教石窟壁畫中供養人像服飾的初步研究〉，收入四川大學歷史文化學院考古學系編，《馮

弱，許多問題還不到作結論的時候。

五 結論

　　追索中西文化交流的痕跡，稍不謹慎即易流於附會。過去一兩百年，中外學者依據越來越多的出土文物，為交流的樣貌勾勒出越來越清晰的輪廓。[89] 但是資料畢竟有限，認識仍多不足，附會之說，此起彼落。本文因偶然的機緣，試圖尋繹唐武士俑造型的外來文化因子，追到千餘前年，數萬里外的希臘，難免也是附會。誰能相信唐武士俑頭上的獅或虎皮帽和手中握的棍棒，原產地竟是地中海世界的古希臘呢？私意以為論中西文化交流，要能令人信服，有必要盡可能排列出交流中從西到東，或從東到西的關鍵環節、途徑和證據。其次，還應說明促成交流的動力和媒介。

　　本文即試圖依據不同的時代所留下的片斷線索，說明赫拉克利斯的藝術造型特徵一步步東漸的過程以及在不同文化脈絡裡的存留與變形，也特

漢冀教授百年誕辰紀念文集》（成都：四川大學出版社，2001），頁 411-432。西藏早期和中亞的文化關係更有力的證據似為西藏曲貢石室墓發現約屬春秋戰國時代的帶柄銅鏡和西藏西部阿里地區壁畫中發現的執帶柄銅鏡人物。帶柄銅鏡流行於古代中亞，也曾流入新疆。參霍巍，〈再論西藏帶柄銅鏡的有關問題〉，《考古》，11（1997），頁 61-69。

不過其它的可能性也不是完全沒有。例如《新唐書·吐蕃傳》謂吐蕃「本西羌屬」，又謂「坡皆丘墓。旁作屋，赭塗之，繪白虎，皆虜貴人有戰功者，生衣其皮，死以旌勇。」（頁 6103）《南齊書》卷 59 提到宕昌羌種「俗重虎皮，以之送死，國中以為貨。」（頁 1033）如此，吐蕃以虎皮旌勇之俗似非完全不可以找到本土的淵源。然「生衣其皮」之淵源如何，是否也是羌人之俗？這個問題還有待專家深入追查。

89　例如可參《十世紀前的絲綢之路和東西文化交流》（北京：中國社會科學，1992）；新疆文物考古研究所，《新疆文物考古新收獲（1979-1989）》（烏魯木齊：新疆人民出版社，1995），《新疆文物考古新收獲（續）（1990-1996）》（烏魯木齊：新疆美術攝影出版社，1997）；孫機，《中國聖火》（瀋陽：遼寧教育出版社，1996）；林梅村，《西域文明》（北京：東方出版社，1995）、《漢唐西域與中國文明》（北京：文物出版社，1998）、《古道西風》（北京：三聯書店，2000）；榮新江，《中古中國與外來文明》（北京：三聯書店，2001）；張廣達，《文書典籍與西域史地》、《圖像與文化流傳》（桂林：廣西師範大學出版社，2008）。

別注意說明它們是如何在亞歷山大和羅馬皇帝有意的鼓動下，傳遍中亞和印度，又如何隨著佛教藝術的傳播而進入了中國。

由於犍陀羅藝術所受希臘的影響，早經學者長期較全面的研究，得到普遍承認，本文僅僅簡略帶過，而將重點放在犍陀羅藝術進入中國以後，赫拉克利斯造型特徵在佛教造像、墓葬和壁畫中的再現。獅皮帽或改變後的虎皮帽可以在從五世紀以後到唐代的天王、神王和乾闥婆的圖像中見到；棍棒和獅或虎皮帽更可以同時出現在山西和河南出土的唐武士俑的身上。這兩種特徵集中再現，證明它們較不可能是中國本地藝匠偶然的創作，而較可能是輾轉受到外來的影響。

具有這些特徵的人物，一方面不再是原來的希臘英雄赫拉克利斯，一方面地位似乎也越來越低。然而不論是執金剛神、護法天王、神王、力士、乾闥婆或今世凡人墓中的衛士，他們象徵性的角色——勇士和保衛者——仍然和赫拉克利斯在希臘神話中原本的角色相當一致。赫拉克利斯的獅皮頭盔固可「入境隨俗」變成虎皮盔，他的棍棒竟然歷經千年，旅行千萬里，頑強不改其一貫特色，實在令人驚異。過去有較多的學者注意到獅或虎皮帽，本文特別論證這一支不起眼的棍棒，或可為今後的討論多提供一個話題。

既然傾向於認為赫拉克利斯的造型特徵棍棒和獅皮帽是隨著佛教藝術以變形後的姿態進入中土，自然必須追問進入中土的媒介、路線和時代。這須要從佛教宗派藝術的傳播、區域間粉本、作坊和品味好尚的流動和變化去作全面性的掌握。這已不是這篇小文所能處理。石窟造像和墓裡的陪葬陶俑又畢竟屬於不同的藝術場域。脇侍佛主的護衛是在什麼機制之下進入地下，轉化為凡夫俗子的墓中守衛？魏晉十六國時期的河西佛教已然流行，墓葬中卻沒有明確和佛教因素相關的痕跡。[90] 五、六世紀以後，新疆

---

90 對此學者有不同意見，我較贊同鄭岩之說，請見其〈魏晉河西壁畫墓初論——河西與中原文化關係的一個視點〉，收入巫鴻主編，《漢唐之間文化藝術之互動與交融》（北京：文物出版社，2001），頁 387-422。

克孜爾石窟、天水麥積山石窟和四川成都一帶的佛造像差不多同時出現了棍棒或獅（虎）皮帽的蹤影。四川成都有棍棒卻似乎沒有獅（虎）皮帽。到了隋、唐，陶俑造型除了山西長治和河南安陽有棍棒和獅（虎）皮帽並存的例子，絕大部分的獅（虎）皮帽見於河北地區（由南而北：南和、元氏、獻縣、安國、定州、天津）和四川廣元石窟造像，兩地卻無棍棒。

　　棍棒或獅（虎）皮帽只是佛教造像圖式中較邊緣性的元素，不過未嘗不可當作傳播關係中的一項指標。目前研究四川地區佛教造像早期淵源的說法可粗分為兩大派，一派認為主要源頭是長江下游的佛教中心——建康。[91] 另一派認為應是通過河南道或青海道，源自河西和西域，甚至受到關中的影響。[92] 河西、關中和建康地區佛教造像中的力士或神王手中是否有棍棒，尚待進一步查考。不論是那一個地區曾出現較早同式的棍棒，對我們判斷四川地區造像的淵源或許都有幫助吧。

91.9.1/92.2.28 增改

後記

　　本文得以完成，要感謝謝明良、羅豐、鄭岩、劉淑芬、顏娟英、陳弱

91　袁曙光，〈成都萬佛寺出土的梁代石刻造像〉，《四川文物》，3（1991），頁 27-32；楊泓，〈四川早期佛教造像〉，收入氏著《漢唐美術考古與佛教藝術》（北京：科學出版社，2000），頁 283-290；羅世平，〈四川南朝佛教造像的初步研究〉，收入巫鴻主編，《漢唐之間的宗教藝術與考古》（北京：文物出版社，2000），頁 397-421；李裕群，〈試論成都地區出土的南朝佛教石造像〉，《文物》，2（2000），頁 64-76；張肖馬、雷玉華，前引文，頁 16-18。丁明夷先生研究四川石窟寺的淵源，認為主要有三條途徑：中原、河西和長江下游。不過他引成都萬佛寺之例，以證由法人色伽蘭提出的建康說，基本上與楊、羅、李等說相近，參氏著，〈四川石窟概論〉，收入《宿白先生八秩華誕紀念文集》（下）（北京：文物出版社，2002），頁 463-466。

92　吳焯，〈四川早期佛教遺物及其年代與傳播途徑的考察〉，《文物》，11（1992），頁 40-50、67；霍巍、羅進勇，〈岷江上游新出南朝石刻造像及相關問題〉，《四川大學學報（哲學社會科學版）》，5（2001），頁 91-99；孫華，〈四川綿陽平楊府君闕闕身造像——兼談四川地區南北朝佛道龕像的幾個問題〉，收入巫鴻主編，前引書，頁 89-137，尤其是頁 122-123 論四川佛教龕像淵源的部分。

水、張谷銘、李玉珉、霍巍、紀安諾（Enno Giele）諸好友及舍妹邢幼田給予的協助。又本文曾在北京大學古代史研究中心召開之「古代中外關係史：新史料的調查、整理與研究國際學術研討會」（2002.11.15-16）中宣讀，承蒙齊東方和榮新江先生指教和提供資料，謹申謝忱。唯文中一切錯誤由作者自負全責。

原刊：榮新江、李孝聰編，《中外關係史——新史料與新問題》（北京：科學出版社，2004），頁 15-47；英譯本 I-tien Hsing, "Heracles in the East: The Diffusion and Transformation of His Image in the Arts of Central Asia, India, and Medieval China"（trans. by William Crowell）, *Asia Major*, vol. XVIII. pt. 2（2005）, pp. 103-154.

98.3.15 增補修訂；105.3.13 再訂

補後記

2012 年在復旦大學演講時曾增補不少材料，後收入《立體的歷史》（2014 年，三民書局；2019、2020 年，三聯書店）。為免重複，本文僅將多數線描圖更換為彩圖。

111.5.20

「猴與馬」造型母題
——一個草原與中原藝術交流的古代見證

　　關於解讀漢代畫像寓意的方法，我曾一再提到榜題的重要。如果沒有榜題，是不是就無法解讀了呢？說起來，漢畫像沒有榜題比有榜題的要多得多，這是研究漢畫不得不面對的現實。在這種情況下，如果我們承認某些母題會跨越時空而存在，解索畫意的一條路似乎是追索不同時空下類似的母題，上溯或下推。母題的表現和意義因時因地雖會變化，卻也可能留下可以辨識的痕跡和線索。也就是說，在魏晉隋唐或宋元明清，或在中原地區以外的造型藝術中，如果辨認出某些母題的造型特徵和意義，那麼就有可能順著持續存在的痕跡或線索推溯出某些漢代畫像或造型藝術母題的特徵和意義。

　　這樣推溯，缺乏直接證據，危險性十分明顯。幸好，中國傳統造型藝術，尤其是工匠所製的工藝品，不論是造型特色、表現手法或寓意都有相當頑強的延續性。這和中國社會文化幾千年來其它方面強烈的延續性，可以說互為表裡。因為延續性強烈，得以稍減回推方法上的危險。本文要討論的一個具體例子，就是漢代石刻畫像和陶、銅、木器上的猴與馬造型母題。這個母題表現的形式不盡相同，寓意也多重多樣，卻延續長達兩千年。

　　我注意到猴與馬這個母題，約在三十年前。1992 年 3 月 10 日參觀滕州市博物館，無意中見到一方漢代石刻畫像。在一樹下，有一人立於馬上，作仰首攀援樹枝狀，其旁有一人仰首彎弓正在射樹上的鳥雀，另一人

立於射手與馬之間，作拱手狀（圖1）。[1] 此石沒有榜題，當時閃過腦際下意識的直覺是：「這是馬上封侯嗎？」拍了照片，卻無法找到任何可以證明直覺的證據。

照片一放十五年，除了曾用來證明這幅畫像中有一部分寓有「射爵」之意，對人立在馬上的部分因無佐證，不敢揣測。[2] 直到 2007 年底，見到河南、陝西和山東出土的三件新資料，才敢較肯定地說「馬上封侯」的畫像和裝飾母題在漢代造型藝術中的確已經存在。不過，再仔細想想，發現它們在表現形式上又不完全相同，是否都能說成是馬上封侯，或有其它意義，須要更多斟酌。因此使我聯想起學界對鄂爾多斯草原小型騎馬銅飾的一項爭議。以下就先從這個爭議說起。

圖 1.1　1992.3.10 作者攝於滕州漢畫像石館

圖 1.2　2010.7.6 作者攝滕州漢畫像石館

1　這件畫像現在已發表於孫桂儉編著的《漢畫石語》（北京：文物出版社，2007），頁 167。

2　邢義田，〈漢代畫像中的「射爵射侯圖」〉，《中央研究院歷史語言研究所集刊》，71：1（2000），頁 18。

一 人或猴騎馬？——鄂爾多斯草原小型銅飾的一項爭議

在鄂爾多斯草原地帶曾多次徵集到一種小型騎馬銅垂飾。王克林、田廣金、郭素新、安忠義、羅豐、韓孔樂等學者都將騎在馬上的人物看成是人，認為是西周至戰國晚期之間草原騎士的形象，稱之為騎馬銅人飾（圖2.1-3）。不過，吉林大學林澐教授引用美國學者艾瑪‧邦克（Emma Bunker）之說，[3] 認為在中國西北和內蒙古各地徵集的這類垂飾或小護身符不是騎馬的騎士，而是猴子騎在馬上，表示「馬上封侯」之意。

艾瑪‧邦克討論的是一件黃銅質地的騎馬垂飾（圖3），原屬盧芹齋（C. T. Loo），後轉由美國賽克勒家族（Sackler）收藏。林澐認為由於「中國在唐代以前是不用黃銅來鑄造護身符的」，因此可以證明這件黃銅飾物年代甚晚，甚至晚到明朝。[4] 他另舉東京國立博物館庫房中所藏這類垂飾以及明代瓷器上畫的猴子騎馬圖為證，支持艾瑪‧邦克晚出之說。最後總結說道：「到目前為止，這種猴子騎馬的垂飾雖然發現數量甚多，但全都是徵集品，從來沒有在墓葬中發掘出來過。所以確切的年代還有進一步研究的必

3　林澐，〈所謂「青銅騎馬造像」的考辨〉，《考古與文物》，4（2003），頁65-66。

4　Sir Harry Garner 早已指出中國商、周、漢代不像羅馬人，基本不用銅鋅合金的黃銅。參所著，"The Composition of Chinese Bronzes," *Oriental Art*, vol. 6, no. 4（1960），pp. 130-135. 這篇論文承許雅惠小姐見示，謹謝。1973 年在陝西臨潼姜寨遺址出土一件半圓形黃銅殘片；此外，山東膠縣三里河遺址曾出土兩件黃銅錐，山東棲霞楊家圈遺址出土黃銅殘片，浙江永嘉永臨區橋下公社西岸大隊修水渠時，發現春秋末至戰國時期青銅器窖藏，其中有「黃銅塊」五十多公斤（見徐定水，〈浙江永嘉出土的一批青銅器簡介〉，《文物》，8（1980），頁16-17）。但這些出土太過零星，是否確為黃銅，還待驗證，似不足以證明中國自新石器時代以降已普遍使用黃銅。相對於紅銅、砷銅和青銅，早期黃銅製品出土可以說最少。較完整的討論可參滕銘予，〈中國早期銅器有關問題的再探討〉，《北方文物》，2（1989），頁8-18；安志敏，〈試論中國的早期銅器〉，《考古》，12（1993），頁1110-1119；白雲翔，〈中國早期銅器中的考古發現與研究〉，收入社科院考古所編，《21世紀中國考古學與世界考古學》（北京：中國社會科學出版社，2002），頁180-203；彭適凡，〈中國冶銅術起源的若干問題〉，收入北京大學考古文博學院編，《考古學研究（五）》（北京：科學出版社，2003），頁312-329。感謝陳健文兄提供資料。

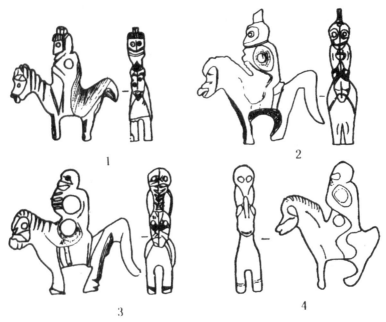

圖 2.1　轉見林澐,《考古與文物》,3（2003）,頁 65。

要。不過,田廣金、郭素新把它們歸先秦時代的鄂爾多斯式青銅器純出誤
會,這是可以肯定的。」[5]

　　艾瑪·邦克和林澐之說如果能夠成立,自然會推翻了大多數學者過去
的看法。但我在閱讀資料時,發現艾瑪·邦克立論的依據竟然有誤:

　　第一,她在其書中編號 277,注明為明代黃銅護身符（amulet）的說明
中,清楚說這一件是盧芹齋舊藏,高 4.8 公分,長 5.7 公分,重 43 公克,
附有圖版,並注明原發表在阿弗瑞德·沙爾孟尼（Alfred Salmony）所著《盧
芹齋藏中國——西伯利亞藝術品》（*Sino-Siberian Art in the Collection of C.T. Loo*,
1933）一書的圖版 35：7。經查阿弗瑞德·沙爾孟尼原書圖版 35：7,赫然
發現它們竟然是十分相似,卻絕非相同的兩件銅飾（參圖 2.3、3）。兩件基
本造型幾乎完全相同,盧芹齋的一件沒有長度和重量資料,高則也是 4.8

5　林澐,〈所謂「青銅騎馬造像」的考辨〉,頁 65-66。

圖 2.2　《鄂爾多斯式青銅器》，圖版 89。

圖 2.3　A. Salmony, 1933, pl. 35.7.　　圖 3　E. Bunker, 1997, no. 277.

公分。可是細審兩件馬尾的長短和形狀，一件有一處鏤空，另一件有兩處鏤空，馬頭下前胸的曲線也有異，即可輕易發現它們絕不是同一件東西。換言之，艾瑪・邦克立論所據的一件，絕不是阿弗瑞德・沙爾孟尼一書圖版 35：7 的那一件。

　　其次，艾瑪・邦克用以判定編號 277 這件護身符為黃銅質地（銅、鋅合金）的證據，並不是這件銅器本身經過科學檢驗，而是根據另一件形制相同，經科學檢驗的護身符（其書原文謂："Scientific examination of an identical amulet has identified the metal as brass, an alloy of copper and zinc."）[6] 換言之，認定

6　Emma Bunker, *Ancient Bronzes of the Eastern Eurasian Steppes from the Arthur M. Sackler*

編號 277 這一件為黃銅質地，是出於間接推定。林澐先生似乎沒有留意到上述這兩點。也就是說，艾瑪·邦克之說本身在材料上就有明顯錯誤，質地檢驗又是間接比對而來；如此，據其說以推翻它說，是不是站得住，就成了問題。

　　要解決兩造的爭議，一時還不太可能。因為除了艾瑪·邦克提到的一件經過科學化驗，證明為黃銅外，其餘銅垂飾或護身符的相關報告都極其簡略，有些根本沒說是什麼質地，或者沒經過質地檢驗；徵集品來源不明，就更不用說了。本文只想指出目前還不宜因艾瑪·邦克之說，而作出田廣金等人的舊說肯定「純出誤會」的結論。不論如何，艾瑪·邦克「馬上封侯」之說有啟發性，值得進一步探究。

■ 四件新出土的漢代「猴與馬」造型母題資料

　　本文的目的是想利用其它時代相對明確的考古出土品，提供另外一個思考的路子。也就是說，如果「猴與馬」的母題已在漢代造型藝術中出現，它應不僅僅出現在石刻畫像裡，應該也可能出現在陶、銅等其它器物的裝飾上。艾瑪·邦克所談的黃銅騎馬垂飾就算確為明代之物，明代瓷器上又常以猴子騎馬圖為吉祥裝飾，這些都無礙於其它非黃銅的「猴與馬」圖飾可以早於明代，甚至可以早到漢代或漢代以前（圖 3.1-2）。[7]

　　前述滕州市博物館的畫像石出自滕州東寺院。該館所藏都是滕州一帶發掘或徵集的文物。這方畫像石無論石質、形制或雕刻風格特徵都和滕州所出東漢畫像石一致，其為漢物，無可懷疑。遺憾的是馬上站立的是猴或是人，因刻畫漫漶，不易分辨。單用這一幅畫像論證漢代的馬上封侯母

Collections, New York: The Arthur M. Sackler Foundation, 1997, p. 298.

7　石田英一郎曾討論歐俄草原出土，時代屬西元前後的猴騎馬垂飾，其造型和鄂爾多斯所見頗為不同。他也曾引一件私人收藏，出土不明，但造型和鄂爾多斯所見極似。參《新版河童駒引考》，頁 171 及封裡圖版。

圖 3.1　石田，《河童駒引考》封裡。　　　圖 3.2　石田，《河童駒引考》封裡。

題，說服力不足。[8]

2004 年夏天我到鄭州河南博物院參觀，在「河南考古成果特展」的展場中見到一件南陽市出土的陶俑（圖 4.1-2）。這是一件在河南經常出土的漢代陶馬，也是一件明確的出土品。有趣的是騎在馬上的不是人，而是一隻不折不扣的猴子。其特徵主要在頭部，突吻大眼，一眼即能認出是猴不是人。猴子左手似乎還抱著一隻小猴，但不是很清楚。目前我還在調查這件陶俑較詳細的出土資料和報告。不論如何，正如展場說明所說，它應是利用諧音，象徵馬上封侯。

第二件見於 2007 年《考古與文物》第二期。這一期報導了陝西西安南郊杜陵邑北側繆家寨漢代廁所遺址發掘成果。發掘簡報認為這個廁所遺址應是西漢晚期杜陵邑內居民建築的組成部分。在這一遺址中出土一件釉陶騎馬俑（圖 5.1-2）。簡報描述如下：「為黃褐色釉陶，捏塑而成，細部簡單刻畫。馬做昂首嘶鳴狀，其上所騎為一猴子，圓眼尖腮，面向左側，似在左顧右盼，極為生動。長 3.9、高 4、最大寬 1.6 釐米。」[9]《考古與文物》

8　按這一件石刻畫像，2004、2010 年有機會再度親見，並用較好的相機拍下較清晰的照片，可證馬上站立的是人，不是猴。請參邢義田，《立體的歷史——古代中國的對外文化交流》（臺北：三民書局，2014），頁 54。

9　陝西省考古研究所，〈西安南郊繆家寨漢代廁所遺址發掘簡報〉，《考古與文物》，2（2007），

圖 4.1　河南南陽市出土陶俑，2004.7.13 作者攝　　圖 4.2　同上，2004.7.13 作者攝。
於河南博物院。

图六　釉陶俑（T1:15，原大）

圖 5.1　西安繆家寨出土《考古與文物》，2　　圖 5.2　同上，線描圖《考古與文物》，2（2007）。
（2007）。

這一期封裡刊有原件的彩圖。從彩圖看，馬上的騎者的確是猴子，不是人。

第三件見於《考古》2007年第三期。這一期刊載了山東東阿縣鄧廟漢畫像石墓出土的畫像石。[10] 其中一號墓前室北面橫額畫像石的左端有一幅和前述滕州極相似，又不全同的馬上封侯圖。報告描述道：「前室北面橫額畫像畫面左側為一連理枝樹，樹上有六隻鳥及二個巢，樹左側立一馬，馬上站立一童子，樹右側立一人一猴」（圖6）。[11] 可以稍作補充的是樹右側一人披髮，和馬上童子髮型相同；所謂的一猴，正在樹下作爬樹狀。此

圖6　山東東阿鄧廟一號漢墓《考古》，3（2007）。

猴面部突吻大眼，和其他兩人造型明顯不同，其為猿猴清楚無誤。這幅畫像中，立在馬上的是人，猴正攀援上樹，表現出「馬上逢（封）猴」的樣子，其寓意為馬上封侯，應無問題。考古報告判定此墓時代屬東漢晚期。

第四件是山東濟陽三官廟漢墓出土畫像石。2019年承楊愛國先生傳下照片（圖7.1-2）。畫像線條大致完整清晰，一隻猴雙目圓睜豎耳帶尾站立在一匹鞍馬背上（圖7.3）。其上下欄各有持笏戴進賢冠的官吏畫像。從其上下畫面脈絡可知其意義在於馬上封侯無疑。

辨識出以上四件石和陶製品，不禁想到另兩件山東微山縣的漢畫像石（圖8、9.1-2）。一件著錄於《山東漢畫像石選集》圖九，另一件見於傅惜華《漢代畫像石集》二編圖廿一。以前論證射爵射侯圖時，只討論了這兩圖樹下射鳥或猴的場面，忽略了樹下兩側騎或立在馬上的人。[12] 傅惜華著錄

頁15-20。

10　陳昆麟、孫淮生、劉玉新、楊燕、李付興、吳明新，〈山東東阿縣鄧廟漢畫像石墓〉，《考古》，3（2007），頁32-51。

11　同上，頁36。

12　邢義田，〈漢代畫像中的「射爵射侯圖」〉，《中央研究院歷史語言研究所集刊》，71：1

圖 7.1　濟陽三官廟出土畫像
石局部

圖 7.2　前圖局部

圖 7.3　前圖拓本，拓本採自
https://daydaynews.cc/zh-tw/
history/577596.html。

的畫像上可以看見樹右側下方，除了有一人仰首射鳥，還有一人立於馬
上；2010 年我拍攝的原石照片可以看得更清楚（圖 9.2）。這和東阿鄧廟、
滕州兩石所刻十分類似。現在已可較完整地了解「馬上封侯」和「射爵射
侯」的兩個畫像部分，寓意相似，可分別出現，也可合在一處。

　　另外一個可能合在一處的例子見河南新密市出土的漢畫像磚（圖 10）。
這塊磚的左側有一位正反身射虎的騎士（虎出現在相鄰的另一塊磚上），右側
有一猴攀在馬背上，最右側有一樹，因刻畫十分簡略，看不清樹上是否有
鳥，樹下則正有人仰首彎弓朝上而射。

　　漢代人喜歡利用諧音討吉利，以前我討論的射爵射侯圖是一例；馬上
封侯可以說是另一例。從山東鄧廟出土的畫像、陝西西安南郊繆家寨、河
南南陽市出土的陶塑和新密市出土的畫像磚，可以證實前述滕州的一件畫
像石和微山縣兩石應該都是將「馬上封侯」和「射爵射侯」圖合而為一。
它們都利用「猴」字的諧音，博取「得爵封侯」的彩頭，或可合而名之曰
「馬上封爵封侯圖」。[13]

　　（2000），頁 1-66。

13　傅惜華著錄一石樹下左側有一婦人懷抱九子，應寓多子多孫之意。這樣的畫像有多件，也常

圖 8 　《山東漢畫像石選集》圖九

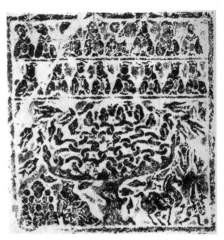

圖 9.1 　傅惜華《漢代畫像全集》二編，圖 21。

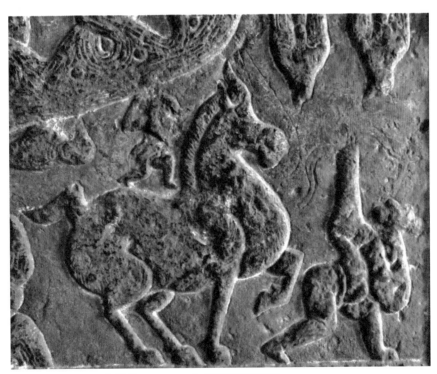

圖 9.2 　前圖原石局部照片，2010.7.3 作者攝於泰安岱廟。

圖 10　《中國畫像磚全集》，河南畫像磚，圖 62。

三 古今漢語中的「馬上封侯」

　　馬上封侯一說要能成立，還必須面對一個問題：漢代已有和我們今日白話中意義相同的「馬上封侯」成語嗎？今天漢語中的「馬上」，有兩義：一指馬背之上，而一般多用為形容副詞，指立即、即刻。今天漢語中的「馬上封侯」，也可以有兩解：一是沿古義（詳下文），指於馬背上立軍功而封侯；一是指能夠即刻或立即封侯。例如艾瑪・邦克在解說那件明代騎馬護身符時，就是依據後一義，將「馬上封侯」譯解為「立即封侯富貴」："*Mashang fenghou*, literally may you immediately be elevated to the rank of marquis, which expresses the hope for prompt promotion and wealth."[14]

　　但明代或更早，已有後一義的「馬上封侯」嗎？宋代黃庭堅詩〈次韵胡彥明同年羈旅京師寄李子飛三章〉曾有「原無馬上封侯骨」句。[15] 這是我所能找到「馬上封侯」一詞最早的例子。此處之「馬上」仍為傳統馬背上之意。如果沒有立即之意的「馬上」，明代或明代以前又怎會出現以「馬

見於漢代陶塑。其意須另文詳說，此處暫時擱下。

14　Emma Bunker, op.cit., p. 298.

15　《黃庭堅全集》（成都：四川大學出版社，2001），頁 1094。學棣游逸飛曾代查黃庭堅和元雜劇資料，謹謝。曾有辭書（例如《辭海》，臺北：中華書局，1980 臺一版，頁 4888）以為元雜劇〈陳州糶米〉第三折張千云「爺，有的說，就馬上說了罷」的「馬上」是立即之意。經查原劇此處前後文，「馬上」清楚是指在馬背上說話，並無立即之意。參《元雜劇選》（臺北：世界書局，1991），頁 537。

上（立即）封侯」為寓意的裝飾之物呢？

在古代文獻裡，「馬上」二字原意毫無疑問是指馬背之上。陸賈說高祖天下可「居馬上得之，寧可以馬上治之？」（《史記・陸賈列傳》）就是最著名的例子。再來看看為時較晚，《三國志・阮琳傳》和《魏書・高祖孝文帝紀》裡的兩個例子：

> 太祖嘗使〔阮〕瑀作書與韓遂。時太祖適近出，瑀隨從，因於馬上具草。書成呈之，太祖攬筆，欲有所定，而竟不能增損。（《三國志・阮琳傳》裴注引《典略》，中華點校本，頁 601）
>
> 〔孝文帝〕好為文章，詩賦銘頌，任興而作，有大文筆，馬上口授。及其成也，不改一字。（《魏書・高祖紀》，中華點校本，頁 187）

這兩個例子裡的「馬上」無疑都是指馬背之上。阮瑀隨太祖出，馬上具草，當是指起草文稿於馬背之上；魏孝文帝於馬上口授文辭，情形相同。有趣的是這裡的「馬上」多少隱喻了他們具有捷才，能成文於片刻，又快又好，無須改訂。新、舊《唐書》在描述唐代薛收的捷才時，也是說他「言辭敏速，還同素構，**馬上即成**，曾無點竄」（《舊唐書》，中華點校本，頁 2587）或「為書檄露布，或**馬上占辭**，該敏如素構，初不竄定」（《新唐書》，中華點校本，頁 3891）。在這兩個例子裡，「馬上」也應作馬背之上解，但同樣也多少以此形容薛收的敏捷。今天白話中文裡「馬上」意為立刻，應即淵源於此。

這些都是後話。我們必須回到漢朝的語言環境去了解這些造型藝術母題可能具有的寓意。漢代陶俑作猴騎馬之狀，或石刻中的人立或騎於馬背上，應該是象徵著兩個相互關聯的語言意義：一是指馬背上，一是喻指因軍功或武力成為治人者或進入統治階層。高祖於馬上得天下，是以武力得天下之治權，成為最高的治人者。自秦孝公變法開始，秦代規定官員百姓的衣飾、車馬、田宅等須有等級，漢高祖更曾禁止商人不得衣絲、持兵器、乘車或騎馬（《漢書・高帝紀》，中華點校本，頁 65）。漢初秩一百六十石以上的官員有車可乘；無車者，乘馬。漢代為官為吏，須有一定的貲產，

其貲產須足以自備車馬衣冠；貲產不足，會失去為吏的資格。[16] 在漢代，車馬是官吏身分和地位的重要象徵。造型藝術中的猴或人騎馬，應是單純喻指「馬上有猴（侯）」或「馬上逢（封）猴（侯）」，並無立即、即刻之意。這和元明以降或今天漢語中的「馬上（立即）封侯」有所不同。

漢代這些表現馬背上逢猴或有猴的造型藝術品，以可考的例子來說，表現的形式可約略分為兩大類：一類是人立於桂（貴）樹下，或騎或立於馬上，樹上有雀（爵）或有猴（侯）正要攀援而上；一類是猴騎在馬上。馬上有猴，隱喻乘馬為官的人，可望進爵封侯。在漢代，這些無疑都是用於表達為官封侯的願望。

可是在不同的環境裡，猴也可以就是猴，用原義，而不用諧音義，其寓意也會有所不同。這是本文特別要說的寓意的多重或多樣性。

四 對草原小型騎馬銅飾製作時代的再思

回頭看看鄂爾多斯草原上徵集的騎馬小型銅質垂飾。現在已有較明確的證據可以證明其出現的時代可以遠遠早過明代，甚至早到漢至戰國。

第一，寓有「馬上封侯」意義的裝飾母題在漢代，如前文所說，證實已經出現在陶俑和石刻上，因此也有可能出現在這一時期的銅器上。

第二，現在已有了較多的證據可以證明草原地區出土的銅飾，誠如艾瑪‧邦克所曾論證的，有不少出自華夏工匠之手。[17] 這些戰國至秦漢的中

16　參江陵張家山漢墓竹簡《二年律令》簡 470-472 及邢義田，〈張家山漢簡《二年律令》讀記〉，《燕京學報》，新 15（2003），頁 8 及注 15；〈從居延漢簡看漢代軍隊的若干人事制度〉，《新史學》3：1（1992），頁 111-116。

17　Emma Bunker, "Dangerous Scholarship: On citing unexcavated artifacts from Inner Mongolia and North China," *Orientations*, June 1989, pp. 52-59, esp. 58-59; "Gold Belt Plaques in the Siberian Treasure of Peter the Great: Dates, Origins and Iconography" in Gary Seaman ed., *Foundation of Empire: Archaeology and Art of the Eurasian Steppes*（Los Angeles: University of Southern California Press, 1992）, pp. 201-222.

國工匠固然可以投游牧民之所好，製作有草原藝術風格的金、銀或銅飾，有時不免會將中原藝術的母題融入作品，「猴騎馬」這樣的造型或許就是其中之一。

以下先以一件艾瑪‧邦克將年代定為漢代的「騎士」造型衣鉤為例（圖 11）。這一件小巧的青銅鑄造衣鉤長 4.4 公分，寬 2.9 公分，重 16 公克。艾瑪‧邦克描述衣鉤形式「是一匹近乎側面的馬，其上坐著一位正面朝前的騎者」。在形式上，艾瑪‧邦克認為「它

圖 11　E. Bunker, 1997, no. 269.

是典型中國式的衣鉤。但是由於以騎士為主題，它也曾被認為具有草原游牧藝術風格，歸於中國北疆文物之林。同樣大小的衣鉤曾在內蒙古出土，雖然造型不同。這些小衣鉤是否是中國為北方市場所造，不能確定。」[18]

這裡要強調的是：第一，它被認定屬於漢代，第二，它為青銅質地，第三，它表現一位騎士騎在馬上。艾瑪‧邦克雖不能確定它是否是中國為北方市場所造，不過她說它是「典型中國式的衣鉤」（typical Chinese garment hook），多少暗示了它的原產地應為中國。那匹側面的馬，不論馬頭和腿腳，在表現風格上，的確和漢代可考的陶、木、石馬相近，而和斯基泰式風格有一定的距離（圖 12.1-4）。艾瑪‧邦克認為它是中國式的，可以接受。不過那位「騎士」在造型上顯得十分奇特。第一，他的頭呈圓形，和身體相比，頭顯得特別大。頭頂左右各有微微突起半圓形之物，似有兩髮髻。這樣的髮型很難說是中國式的。類似這樣大圓頭的小銅人或銅人騎馬飾，反而西從高加索中北部的庫班文化（Kuban culture），東到西伯利亞和鄂爾多斯草原都曾出土（圖 13.1-5）。第二，騎者臉部雖不完全清楚，可以看清其左右各有一隻大眼，兩眼占據面部幾乎三分之一的空間，這也不是漢

18　Emma Bunker, *Ancient Bronzes of the Eastern Eurasian Steppes from the Arthur M. Sackler Collections*, p. 294.

圖 12.1-2　M. Rostovtzeff, *Iranians and Greeks*, p. 41 圖 21，黑海北岸 Kuban 出土，冬宮博物館藏。

圖 12.3　V. Schiltz, 1994, p. 352. Mongolie 出土，西元前五至三世紀。

圖 12.4　《內蒙古長城地帶》，圖八十五，頁 134。西伯利亞出土騎馬金飾（左）及石刻線描（右）。

1　　　　　　2　　　　　　3

圖 13.1-3　《鄂爾多斯式青銅器》，圖版 9。

圖 13.4　《內蒙古長城地帶》，圖 88 頁 142。西伯利亞出土。

　古月集：秦漢時代的簡牘畫像與政治社會
　　　　—— 卷二　畫像石、畫像磚與壁畫

代或漢代以前華夏諸國藝術中人物造型的「典型」。[19] 其鼻吻部不突出，甚至似乎是以凹入剔雕的方式刻出嘴角上彎的嘴部；他是胡人或漢人，不易確定。最重要的是這種形制的衣鉤應不是漢代一般男女衣裳的配件，比較像是草原游牧民衣物上的東西。也就是說，這應是一件具有若干中原華夏風格，也有若干草原特色，為草原游牧民製作的青銅衣物配件。

圖 13.5　E. Bunker, *Animal Style*, p.45 plate 27, 9-7 Century BC.

　　1997 年艾瑪・邦克出版其書時，她還不能確定這件青銅配件是否為中國工匠所造。兩年後，1999 年在西安北郊北康村出土了一座戰國鑄銅工匠墓（M34），使得中國工匠為北疆市場鑄造金銅飾物之說增添了有力的證據。這座墓裡出土一批鑄銅陶模具、陶器、銅器、鐵器、漆器和石器，其中有二十五件泥範和鄂爾多斯式青銅飾牌和其它器物構件有關。據發掘者報告，從葬式和墓中器物可以推知墓主無疑是中原漢族的鑄銅工匠，而其鑄造用的泥範有人物紋飾牌、馬紋飾牌、雙羊紋飾牌、雙馬紋飾牌、鷹虎搏鬥紋飾牌模等（圖 14.1-3），這些都和鄂爾多斯式青銅牌飾類似，甚至和中亞出土斯基泰式飾牌頗為相似（圖 15），可以相當明確地證明在鄂爾多斯草原帶出土或徵集的這類飾牌，最少有一部分是中原的產

19　中國境內出土的騎士造型銅器目前可追溯到內蒙古寧城南山根三號墓出土，屬於西元前九至八世紀夏家店上層繁榮期文化的一件銅環。環邊鑄出兩位騎馬追兔的騎士和一隻兔子。這兩位騎士的頭部都並不特別大。參烏恩岳斯圖，《北方草原——考古學文化比較研究》（北京：科學出版社，2008），頁 83，圖版 54.9。戰國青銅器中的騎士也是如此。例如綏遠出土的一件青銅射箭騎士及傳為洛陽金村出土銅鏡上的搏虎騎士，都沒有特別突顯頭部或眼部的情形，參江上波夫，《ユウラシア古代北方文化》（東京：山川出版社，1950 再版），圖版四（其線描圖參邢義田，〈古代中國及歐亞文獻、圖象與考古資料中的「胡人」外貌〉，《國立臺灣大學美術史研究集刊》，9（2000），頁 95，圖 80）；梅原末治，《洛陽金村古墓聚英》（京都：小林寫真製版所出版部，1937）。

物。[20]

　　林澐教授認為這些鄂爾多斯的銅質騎馬垂飾上的騎者不是人，而是猴。這個結論完全正確（參圖 2.1-2）。如果這一點確定，那麼從戰國到秦漢時代，中原工匠為草原游牧民鑄造小型銅飾，將中原漢人喜歡的「猴騎馬」母題帶入銅質垂飾的造型中，可能性就存在了。尤其是這個造型母題包含了草原游牧民生活中最親近和喜歡的馬。如果能進一步分析相關出土品是青銅或黃銅，當更有助於判斷它們製作的時代。

五 「猴與馬」造型母題寓意的轉變或多重化

　　草原地帶出土這麼多「猴騎馬」的垂飾，我們不禁要問：這樣的造型形式和寓「馬上封侯」之意的造型畢竟有異，單純猴騎在馬上的造型的原產地在那兒？它是創自中原，而後傳入草原？或正相反，由草原傳入中原？也必須一問：這個裝飾母題在不同的地域或社會中，是否曾有意義或功能上的轉變？或者說是否會在原有的寓意和功能之外增添新的寓意和功能？

　　草原游牧民對「猴騎馬」垂飾應該曾有自己的理解和接受的理由，但不排除同時也曾接受這一母題其它的寓意。因為從漢文帝以後，匈奴和其他草原游牧民歸順和接受漢王朝封號和印綬的不計其數。他們經常接受漢王朝的賞賜，不免受到漢人某些象徵符號和語言文化的影響。換言之，在文化交流的情形下，類似的藝術母題在不同的環境裡，可以同時蘊含多重或不同的意義。

　　有什麼其它的意義呢？據石田英一郎研究，伊朗、印度和中西亞草原

20　陝西省考古研究所，〈西安北郊戰國鑄銅工匠墓發掘簡報〉，《文物》，9（2003），頁 4-14；陝西省考古研究所，《西安北郊秦墓》（西安：三秦出版社，2006），頁 120-133。其它相關證據可參注 16 及 Katheryn M. Linduff with Emma Bunker and Wu Wen,"An Archaeological Overview," in Emma Bunker, *Ancient Bronzes of the Eastern Eurasian Steppes*, pp. 52-53.

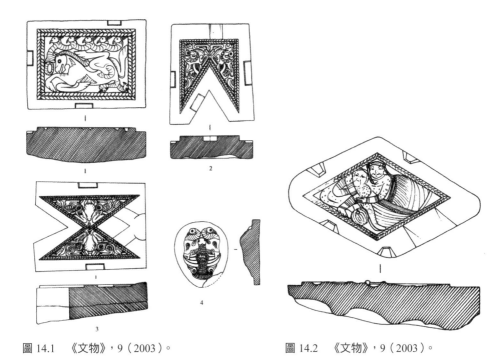

圖 14.1　《文物》，9（2003）。　　　　　　圖 14.2　《文物》，9（2003）。

圖 14.3　《西安北郊秦墓》，彩版一。　　　圖 15　V. Schiltz, p. 252，中亞 Touva 出土，
　　　　　　　　　　　　　　　　　　　　　　西元前五至三世紀。

地帶的游牧民普遍相信猴子能治或防止馬、牛、羊等牲畜的疫病。石田曾
廣泛蒐集中國、印度和中亞文獻及相關出土文物，羅列不少資料。[21] 例如

21　石田英一郎，《新版河童駒引考》（東京：東京大學出版會，1966），頁 153-173 引

印度的故事集《五卷書》中有一個「猴王復仇記」的故事。故事中提到印度古代有一部獸醫著作《舍利護多羅》，宣稱「馬受了燒傷，用猴子油可以治好」。[22] 又如干寶《搜神記》曾提到西晉永嘉年間將軍趙固愛馬忽死，郭璞利用猿猴使死馬復活：

> 趙固所乘馬忽死，甚悲惜之，以問郭璞。璞曰：「可遣數十人持竹竿，東行三十里，有山林陵樹，便攪打之，當有一物出，宜急持歸。」於是如言，果得一物，似猿。持歸。入門見死馬，跳梁走往死馬頭，噓吸其鼻，頃之，馬即能起，奮迅嘶鳴……[23]

這個故事也見於《晉書·郭璞傳》和《搜神後記》等書，乍看似乎和猴防馬疫之說無關，但宋洪邁《夷堅志》辛集卷四「孟廣威獼猴」條提到徽宗時陝人孟廣威好養馬，「常畜獼猴於外廄，俗云與馬性相宜」，[24] 又北宋許洞《虎鈐經》卷十「馬忌」條說：「養獼猴於坊內，辟患并去疥癬。」[25] 南北宋之間的朱翌《猗覺寮雜記》卷下「死馬醫」條引錄郭璞故事並謂「故養馬家多畜猴，為無馬疫」。[26] 此外，明代陳仁錫《潛確類書》卷一百十一說「沐猴宜馬」，[27] 又明代謝肇淛《五雜俎》卷九明白說「置狙于馬廄，令

Pantchatantra, bk. 5, no.10: Benfey（tr.），1859, 2. Theil, SS. 346-352, bes. 348-349.本文所引其它資料多得力於此書。劉欣寧在京都大學代為找到據梵文英譯的另一版本，Arthur W. Ryder, *The Panchatantra*, University of Chicago Press, 1925, pp. 454-462. 謹謝。另感謝許雅惠在電子版伊朗百科全書（*Eycyclopaedia Iranica*）「猴子」條中，代為找到印度傳說中猴子有治馬傷的能力。參 *Eycyclopaedia Iranica,* "Buzina" 條，頁 587。http://www.iranica.com/articlenavigation/index.html（2008.3.27）百科全書引用的資料出自 A. de Gubernatis, *Zoological Mythology or the Legends of Animals*, 2 vols, London, 1872, II, p. 105, n. 2。

22 季羨林譯，《五卷書》（北京：人民文學出版社，1979 再版），頁 385-391；又見季羨林譯，《五卷書》（臺北：丹青出版社，1983），頁 504-507。承劉欣寧告知，謹謝。

23 干寶，《搜神記》（臺北：里仁出版社，1982），卷 3，頁 37。

24 洪邁，《夷堅志》（臺北：明文書局，1982），辛集卷 4，頁 1417。

25 參文淵閣《欽定四庫全書》卷 10，頁 13 下（電子本），迪智公司授權中央研究院歷史語言研究所使用。

26 朱翌，《猗覺寮雜記》見《叢書集成初編》（北京：中華書局，1985），卷下，頁 54-55。

27 陳仁錫，《潛確類書》（臺北：中央研究院歷史語言研究所傅斯年圖書館藏崇禎三至五年（1630-1632）刊本）卷 111，飛躍部八，家畜一，沐猴宜馬條，頁 26 下。

馬不疫」。接著又提到:「《西遊記》謂天帝封孫行者為弼馬溫,蓋戲詞也。」[28]《本草綱目》卷五十一下〈獼猴〉條李時珍也明確指出「養馬者廄中畜之,能辟馬病。胡俗稱馬留云,梵書謂之摩斯咤。」[29] 類似的信仰和習慣也見於十三、四世紀以降的日本。在鎌倉時代的繪卷中有馬廄旁畜猴的描繪(圖 16.1-2)。[30] 北京大學考古系教授王迅在日本學者研究的基礎上,作了進一步論證。他舉出唐末五代時韓諤《四時纂要》所載:「常繫獼猴於馬坊內,辟惡消百病,令馬不患疥。」以及《西遊記》中玉皇大帝封孫悟空為弼馬溫(與「避馬瘟」諧音)等證據。[31]

有無更早的證據呢?稍作查考,即發現《四時纂要》之說其實是抄自北魏賈思勰的《齊民要術》。據繆啟愉校釋本,《齊民要術》有這樣的記載:「《術》曰:常繫獼猴於馬坊,令馬不畏,辟惡,消百病也。」[32]《齊民要術》所引的《術》,不知何書,《齊民要術》曾多次徵引。繆啟愉依據徵引的內容,指出《術》當是雜錄辟邪厭勝之術而成的書。[33] 賈思勰既然引自其時已存在的書籍——《術》,畜猴以避馬病之說就有可能再往前追溯。前述郭璞的故事可以說是一個可上推到晉的線索,由此或可再上追到漢代。

---

28 謝肇淛,《五雜俎》收入李肇翔等編,《四庫禁書》(北京:京華出版社,2001)第 10 冊,卷 9,頁 7539。以上資料原見石田英一郎,《新版河童駒引考》,頁 166-168。本文稍有增補。

29 文淵閣四庫全書《本草綱目》卷 51 下〈獼猴〉條,時珍曰(臺北:臺灣商務印書館景印本),第 774 冊,頁 516。

30 增田精一,《日本馬事文化の源流》(東京:芙蓉書房,1996),頁 116-128。猴可防馬病的信仰在日本的情況還可參網站 A to Z Photo Dictionary: Japanese Buddhist Statuary http://www.onmarkproductions.com/html/monkey-koushin-p3.html#three-monkeys(上網日期:2008.1.28)。

31 王迅,〈鄂爾多斯猴子騎馬青銅飾與《西游記》中弼馬溫的由來〉,《遠望集——陝西省考古研究所華誕四十周年紀念文集》下冊(西安:陝西人民美術出版社,1998),頁 431-434;張勃,〈「弼馬溫」與避馬瘟〉,《民俗研究》,1(2000),頁 174-176。張勃文由丁瑞茂兄提示,謹謝。

32 繆啟愉,《齊民要術校釋》(第二版)(北京:中國農業出版社,1998),卷 6,頁 406。

33 同上,卷 4,頁 270,注 18。

圖 16.1　日本鎌倉時代「一遍上人繪傳」中的馬廄和猴，小松茂美，《日本繪卷大成》27，中央公論社，1978。

圖 16.2　日本鎌倉時代「石山寺緣起」繪卷第十七紙，小松茂美，《日本繪卷大成》18，中央公論社，1978。

上追到漢，目前僅有若干旁證。第一是東漢王延壽〈王孫賦〉曾長篇形容猴子的形貌，棲息的環境和動作特色，並於賦末提到「遂縻絡以縻羈，歸鎖繫于庭廡」。[34] 賦中沒有說繫猴於庭廡有防疫的作用，但可旁證東漢應有繫猴於庭廡這樣的事。

　　另一個旁證是漢代居延金關出土的猴與馬木板畫。1973 年在甘肅金塔縣漢代居延肩水金關遺址出土了一件木板畫，畫的主題是猴、馬和人（圖17）。在長 25.5 公分，寬 20 公分拼接而成的木板左側，以極為簡率的筆觸，畫有一樹，樹下有一繫馬，馬背上方有一隻描畫極簡，兩手攀援在樹枝上，兩腿分開的猴子，另有兩隻姿態類似，但較小的猴子攀援在左右側的樹枝上。畫面右下方站立一人，一手執鞭，像是養馬的人。過去一直不見有人解釋這方木板畫的意義。如果考慮畜猴避馬病之說，漢代邊塞多養馬以及金關邊塞經常接觸草原游牧民，猴與馬的木板畫在金關發現，其意義不難由此猜得三分。有猴的地方固可畜猴於廡，沒有猴子的北方和西北，或即以畫代之。這是漢代的一種厭勝方式。

圖 17　居延肩水金關遺址出土木板畫，大阪府立近つ飛鳥博物館《シルクロードのまもり》，1994，圖 38。

34　參嚴可均，《全上古三代秦漢三國六朝文》（京都：中文出版社，1981），卷 58，頁 791，王延壽條引《藝文類聚》卷 95、《初學記》卷 29、《太平御覽》卷 910。

第三個旁證是四川成都曾家包包出土的東漢墓畫像石。畫像上出現馬車和繫馬，其旁有一隻攀於立柱上的猴子，立柱下放著餵馬料的槽（圖18）。由於整幅畫面還有織布、製酒、汲井、燒灶和牛車載物等十分生活化的場景，馬和猴部分應該也是生活中的一部分描述。

第四件旁證是河南密縣打虎亭一號漢墓南耳室西壁石刻畫像描述馬廏有四、五匹馬正在吃著馬料（圖19）。「四匹馬的前面都有一根拴馬椿和一個馬槽」，「有的拴馬椿上刻有猴等形象，姿態甚為生動」。[35]

第五件旁證是新近陝西考古研究院刊印的《壁上丹青——陝西出土壁畫集》收錄陝西旬邑百子村東漢墓前室南壁西側壁畫。[36] 壁畫左下方，據發掘人尹申平先生的描述：「黑色拴馬椿頂端蹲踞一黃色小獸。拴有兩匹黑馬，右側下方繪一豬，肥碩健壯，其前方墨書『□苑』」（圖20）。這方壁畫過去雖也曾刊布過，不過此書刊出了局部，畫面更為清晰。在拴馬的立柱頂上的確有一塊形狀已不易辨識，約略呈立狀，微微向左彎傾的黃色塊。尹先生謹慎地形容色塊像「蹲踞一黃色小獸」。徵之以上四川和河南兩例，輔以「□苑」榜題，[37] 我敢大膽地說，這個蹲踞在廏苑拴馬柱頂端的小獸必是一隻猴子！只可惜其面目已完全殘損。

以上這些雖不能直接證明畜猴以防馬病之說的存在，但猴與馬的畫像一再出現於今天的內蒙古、陝西、四川和河南，絕非偶然，這意味著畜猴防馬疫習俗存在的可能。因為自漢文帝和武帝在北和西北疆廣置養馬苑，大事養馬以後，曾利用擅長養馬的游牧民代為養馬（武帝時用匈奴降人金日磾為馬監，就是最著名的例子）。[38] 游牧民防止馬、羊等疫病的技術或信仰，不

---

35 河南省文物研究所，《密縣打虎亭漢墓》（北京：文物出版社，1993），頁 99、102-103，圖七十七、七十八。

36 陝西考古研究院編，《壁上丹青——陝西出土壁畫集》（北京：科學出版社，2009），頁 125。

37 《壁上丹青——陝西出土壁畫集》頁 124、125 兩圖（一為全圖，一為局部）從榜題文字可知，印刷時正反面顛倒。頁 158「畫師工等」一圖也正反顛倒。本文附圖已加改正。

38 例如敦煌懸泉簡中有不少驪靬苑的資料，其中即可能有胡人為苑奴，為漢人養馬。參邢義田，〈從金關、懸泉置漢簡和羅馬史料再探所謂羅馬人建驪靬城的問題〉，《古今論衡》，13（2005），頁 52-58。

圖 18　《中國畫像石全集》7，圖四十三。

圖 19　《密縣打虎亭漢墓》，圖七十八。

圖 20　《壁上丹青——陝西出土壁畫集》上，頁 125。

免隨之傳入中土。

　　不同文化之間接觸，交流常是雙向的。漢代造型藝術中，原寓「馬上封侯」之意的圖飾會出現在中原工匠為游牧民製作的垂飾上；同樣地，漢代人也不免受到游牧民族信仰的影響，開始相信畜猴可以消馬百病。同一個猴與馬藝術母題以不同的形式，在漢代中國或草原游牧民之間流播。它可以有相同，也可以有不同或者說多重的意義；多重意義的比重對漢人和對游牧民而言，不必相同。

　　如果承認草原民族有猴防馬疫的信仰，而這樣的信仰又曾傳入中土，就比較容易理解為何在草原和中原，都曾出現單獨猴子造型的銅飾和帶鉤。產猴的地區如巴蜀或河南固可畜猴於馬廄，不產猴的地區如西北邊塞或草原，則可利用圖畫、佩戴垂飾或帶鉤等等不同的方式，以厭勝和象徵的方式達到相同的目的。盧芹齋舊藏一件青銅猴垂飾（圖 21.1），出土與時代不明。阿弗瑞德・沙爾孟尼認為它屬於西元前第二千紀，並提到俄國學者拉德洛夫（W. Radloff）在阿爾泰山墓葬中曾發現時屬漢代的母子雙猴骨

雕，指出猴子母題在草原存在極早極久。[39] 在艾瑪·邦克登錄的私人收藏中，另有一件屬西元前四至三世紀鑲嵌綠松石的猴形青銅帶鉤（圖21.2）。艾瑪·邦克指出在東周末至西漢初的青銅飾品中，經常可以見到猴子母題而猴形帶鉤在公私收藏中都有。這一件鑲嵌綠松石的猴形帶鉤和山東曲阜魯國故城出土約屬西元前四世紀的銀質猴形帶鉤造型十分相似（圖21.3）。[40] 這些銅飾和帶鉤如果佩戴或用在騎馬者的身上，應可同樣發揮防馬百病的作用。

圖 21.1　A. Salmony, *Sino-Siberian Art*, 1933, plate 35.9.

　　如果這一推想能夠成立，則猴防馬病之說的流入中土又可自漢代上推到西元前四世紀的戰國甚至春秋時代。除了一些疑屬戰國較不明確的傳世品，[41] 有不少齊故城臨淄出土的半瓦當紋飾可以證明樹下有馬、牧馬人或騎馬人，樹上有鳥和猴的母題在戰國時已流行於齊地（圖22.1-4）。[42] 內蒙古和林格爾盛樂古城曾出土紋飾非常類似，春秋時代的瓦當。全瓦當中央有棵樹，樹兩旁有兩隻鳥，樹榦兩側爬有兩隻

39　A. Salmony 認為其時代可以上溯到西元前第二千紀，實可疑。參 A. Salmony, *Sino-Siberian Art in the Collection of C.T. Loo*, p. 83.

40　E. Bunker, *Nomadic Art of the Eastern Eurasian Steppes*, p. 146.

41　在美國收藏家的藏品中有一件上漆木質器，造型和魯國故城出土的銀質猴形帶鉤極為相似，也被認為是戰國末至西漢製品。參 Donald Jenkins, *Mysterious Spirits, Strange Beasts, Earthly Delights, Early Chinese Art from the Arlene and Harold Schnitzer Collection*, Oregon: Portland Art Museum, 2005, pp. 54-55.感謝同事陳昭容女士提供此書。此外，還有一件傳源自湖南長沙戰國墓葬的帶彩漆木杖，全杖長 58 英寸，杖端為一帶角羊頭，羊頭頂蹲坐一隻猴子。這件羊與猴為母題的杖飾也值得注意。參 A. Salmony, "A Ceremony Wand from South China," *Artibus Asiae*, vol.15, no.1/2（1952），pp.129-136; E.C. Bunker, C.B. Chatwin, A.R. Farkas, *"Animal Style"Art from East to West*（N.Y.: The Asia Society, 1970），p.97, plate 77.

42　參關野雄，《半瓦當の研究》（東京：岩波書店，1952），圖版 20、21-39；李發林，《齊故城瓦當》（北京：文物出版社，1990），頁 21-47；傅嘉儀，《中國瓦當藝術》下冊（上海：上海書店，2002），頁 751-772。

圖 21.2　E.Bunker, *Nomadic Art*, 2002, p. 146, no. 122.

圖 21.3　《大黃河文明の流れ—山東省文物展》（日本山口縣西武美術館，1986），頁
107，圖 61。

猴。樹下兩側各有一隻羊。[43] 這些很可能是漢代山東地區畫像中類似母題
的淵源。[44] 很可惜我們無法知道這些瓦當屬於那些建築（人的居室或馬廄），
我懷疑它們可能已寓有猴防馬病或馬上封侯的意義。至於那種意義出現較
早？目前還不敢遽然論斷。

43　內蒙古自治區文物考古研究所編，《考古攬勝——內蒙古自治區文物考古研究所六十年重大
　　考古發現》（北京：文物出版社，2014），頁 112。

44　安立華先生已指出這一點，個人完全贊同。參安立華，《齊國瓦當藝術》（北京：人民美術出
　　版社，1998），頁 10。

圖 22.1　　　　　　　　　　　　　　圖 22.2

關野雄，《半瓦當の研究》（岩波書店，1952），圖版 20、34。

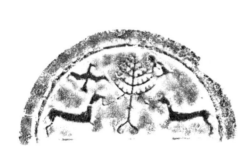

圖 22.3　傅嘉儀，《中國瓦當藝術》（上海書
店，2002），圖 1321。

圖 22.4　《考古攬勝——內蒙古自治區文物考
古研究所六十年重大考古發現》（文物出版
社，2014），頁 112。

六　結論

　　總之，本文無意斷言鄂爾多斯出土或採集到的銅質騎馬小型垂飾都是
漢代或漢以前之物。這須要更進一步檢驗垂飾的質地，並了解相伴物品的
年代。本文僅僅希望證明在漢代造型藝術中已存在著「馬上封侯」的母
題，戰國至漢代的華夏工匠有可能曾為草原游牧民製作猴騎馬小型垂飾。
因此還不宜一口咬定這些銅飾都屬晚期，甚至是明代以後之物，或者說它

們僅僅表示馬上封侯而已。因為它們也可能另寓畜猴以避馬百病的意義和作用。

本文仍有些問題不能解決：即使承認草原游牧民普遍相信畜猴可以防馬百病，造型藝術品會以怎樣的形式表現這樣的信仰呢？如何確認猴騎馬的造型就是反映這一信仰？說實在，沒有直接證據。再者，單獨的猴形銅飾或帶鉤、猴騎馬和樹下有人立於馬上或有猴攀樹，樹旁有馬的造型是否可能有其它的意義？應各作解釋？都還沒有完全確切不移的答案。

第三，以上這些和猴與馬母題相關的不同造型，彼此之間關係如何？那些源自中原本土？那些源自中土之外？目前只能暫作揣測。從目前可知的資料時代先後看，有些草原地帶的猴騎馬銅垂飾要早於河南、陝西等地出土的猴騎馬陶俑，也早於居延出土樹上有猴，樹下有馬的木板畫和山東、河南、四川出土的「馬上封侯」或馬廄畜猴的東漢畫像石、磚。因此不無可能戰國時代的中原工匠即開始為草原游牧民族製造原寓猴防馬病意義的銅飾，隨著游牧民族和華夏農業社會的接觸，善於養馬的游牧民不免將他們相關的技術和信仰帶入中原。這樣的母題進入中原以後，有些保持了大體相似的造型特色和寓意，有些則發生了像山東畫像石上那樣的造型和寓意上的變化。寓馬上封侯之意的裝飾也可因華夏工匠的製作，再傳回草原，而為草原民族所接受。這是一個頗為複雜的互動過程，情形到底如何？有待更深入的研究。本文旨在拋磚引玉，期待方家指教。

96.10.30

後記

撰寫過程中承蒙好友劉增貴、陳昭容、陳健文、許雅惠、丁瑞茂和學棣劉欣寧、游逸飛的指正和協助，謹此致謝。寫成後，心不自安，求教於謝明良兄。明良兄又提供了很多有用的材料。其中南方熊楠著，欒殿武譯，《縱談十二生肖》（原名《十二支考》，北京：中華書局，2006）頁451、475-479曾談及中外以猴防馬疫的種種記載，值得參考。在此特別謝謝他。唯一切錯誤，仍由作者自行負責。

98.8.4/105.2.14 訂補

補後記

　　本文僅作小幅度的刪修。有些新材料已發表在《立體的歷史——從圖像看古代中國與域外文化》（臺北：三民書局，2014；北京：三聯書店，2019）一書，這裡不再重複；有些見於《立體的歷史》出版以後，則增補於此。

111.2.12 再訂

資料與評論

中央研究院歷史語言研究所藏漢代石刻畫像拓本的來歷與整理

　　民國 17 年（1928），歷史語言研究所創立。第二年 8 月，成立中央研究院歷史博物館籌備處，由朱希祖任籌委會委員長，傅斯年、陳寅恪、李濟、裴善元、董作賓、徐中舒為委員，開始蒐求各種金石文物。

　　當時藏品來源甚為複雜，以贈送、交換、自行椎拓和購買四途為主。據可考的檔案資料，民國 19 年 6 月本所曾獲北平故宮博物院贈送帝后像、印譜、拓片廿四件，又得散盤、嘉量二器拓片四種（史語所檔元 294-8、10、11；以下僅標檔案編號）。同年 8 月故宮與我所建立拓片等藏品及出版品交換之約（元 294-12）；12 月史語所即依約以所藏銅器、石刻拓片一全份回贈故宮（元 294-14、15）。此為交換之例。20 年 1 月 21 日，徐鴻寶（森玉）先生曾贈送史語所其所集拓熹平石經殘字二百五十餘紙（元 370-7-136，圖 1）。21 年 7 月，徐中舒先生到上海訪善齋劉體智（晦之）先生，劉先生遂贈史語所善齋藏器全形拓片四百三十種，又拓片一百餘紙（元 370-7-6）。民國 30 年，黃旭初贈傅斯年顏真卿題「逍遙樓」榜書拓本、平蠻三將題名、元祐黨籍碑、曾公巖題記拓本，傅先生又轉贈史語所。此為獲贈之例。

　　史語所研究人員也自行椎拓。民國 22 年 7 月，董作賓先生原擬往山東滕縣安上村調查當地發現的銅器，奈何阻於土匪，只好在縣城附近調查漢畫，得拓片數十幅。此外在發掘滕縣曹王墓時，得到不少碎畫像石及王獻唐所贈此墓畫像拓片。[1] 同年 8 月，董先生轉往河南南陽草店調查漢墓畫

1　見董作賓，〈山東滕縣曹王墓漢畫像殘石〉，《大陸雜誌》，21：12（1960），封面及頁 6、11、28。

像，發現畫像二十石，三十四幅（圖2）。石璋如先生編《考古年表》又謂「其餘城鄉散存畫石亦甚多」。[2] 在傅斯年圖書館保存的一張由重慶沙坪壩（寄件人不詳）寄昆明靛花巷史語所的牛皮郵包紙上，曾註記南陽畫像一三八幅的出土地：五中學校、阮堂廟、栗河橋、新店鎮、城東泰山廟、南河廟、鄂城寺、石橋鎮、江黃村、百里頭墓等。其中新店、南河和石橋仍可在現今地圖南陽附近找到，這些應皆在所謂「其餘城鄉」之列，也是董先生曾蒐羅過

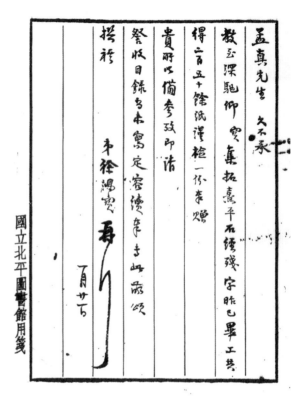

圖 1　元 370-7-136

畫像的地點。本所現藏滕縣和南陽畫像頗有出於一般著錄之外者，當由此而來。此為自行椎拓之例。民國 28 年，本所曾與北平圖書館合作椎拓昆明左近漢魏至宋元碑銘。合作辦法是北平圖書館任椎拓之事，我所出資購買（昆 7-115～121）。

　　價購的來源有書商，圖書館，也有個人。民國 20 年 2 月 2 日，馬衡因聽說琉璃廠有薛尚功《歷代鐘鼎彝器款識法帖》末卷求售，索價六百，特致傅斯年一信謂「薛書拓本見存者多數皆歸貴所。此卷雖係石鼓，與鐘鼎無關，究係首尾完全之一卷，且可與流出東鄰之三宋拓石鼓相參證，貴所

2　石璋如編，《考古年表》（楊梅：中央研究院歷史語言研究所，1952），頁3。

圖2　董作賓河南南陽草店調查漢墓畫像

收之，最為相宜。不審兄有意乎？」傅先生於信末親作注記「已電之代購」（元 314-2-1）。另從徐中舒留給傅斯年的一便條（元 325-7，圖 3）可知，當時傅先生還曾請徐中舒及趙萬里代為鑑定，並討價還價。徐氏便條云：

> 薛氏鐘鼎法帖讓價三百四十元，須早日付款，愈早愈好。今日取所藏三殘片對看，前後互相銜接，墨色紙張亦無稍異，斷是「一個本子」。趙斐雲（按：萬里）說此為棗木板，似不可靠。觀其破損處，全無木紋。蓋拓墨法經過千年，定有許多改革，不能以今之拓法斷定此本墨色非石拓，不知以為如何？留上
> 孟真先生　　　　　　　　　　　　　　　　　　　　　弟中舒

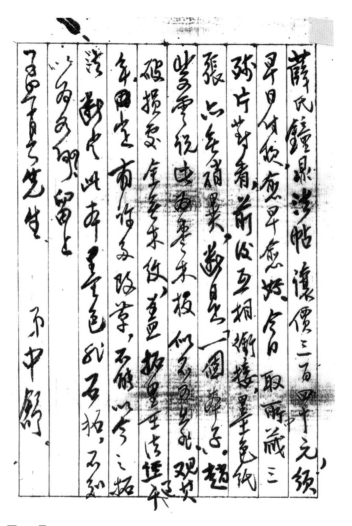

圖3　元 325-7

傅先生後來接受徐氏的建議，買下法帖。信中所謂「三殘片」是指民國 18
年史語所在內閣大庫檔中所得之宋拓殘頁，[3]後與新獲之十六頁合而於民國

3　見徐中舒，〈宋拓石本歷代鐘鼎彝器款識法帖殘葉跋〉，《中央研究院歷史語言研究所集刊》
　　2 本 2 分（1930），頁 161-170；〈宋拓石本歷代鐘鼎彝器款識法帖殘本再跋〉，《中央研究院
　　歷史語言研究所集刊》2 本 4 分（1932），頁 468-470。

21 年影印百部行世。這是本所購藏薛尚功《法帖》殘本經過的點滴。又 20 年 9 月山東省立圖書館擬拓濰縣高鴻裁（翰生）藏磚瓦，即《上陶室磚瓦文攗》十二冊，預售 111 元。史語所很快即匯錢訂購一部（元 310-5-2、3、16）。此為購自圖書館之一例。21 年 10 月 15 日有名沈維鈞者，以個人藏宋天文圖、地理圖、宋刻帝王紹統圖和宋平江圖舊拓要求交換史語所出版之《秦漢金文錄》和《敦煌劫餘錄》。時任史語所秘書的徐中舒 10 月 19 日迅即代決，復信同意交換（元 358-3、5）。此得之於個人藏品之一例。傅斯年亦曾函容庚代為蒐購拓片。容氏介紹孫壯（伯恆、雪園）藏品，似因價格不合，傅未回信，容氏為之一再催問（元 74-15～17）。本目錄第 275-301、342 號則係 1998 年購自濟南山東省石刻藝術博物館。

當時蒐求文物金石善本之事，由傅斯年先生主其事。協助他的主要有徐中舒、余遜、徐鴻寶、裘善元、趙萬里等先生。勞榦（貞一）也曾參與其事。勞先生回憶說：

> 在搜購時，係傅孟真先生親自參與。當書商攜拓片到所的時候，我也時常被邀去看，甚至有時傅先生外出，有些書商來找我，然後轉達傅先生。

（82.3.9 勞先生致作者函 圖 4）

在一封年代不明，余遜致傅斯年的信中曾提到「貞一兄昨寄來石刻目一紙，囑照單購買。生近數日方整理帳目，俟帳單寄出後，即當招碑估來送拓本，議價值也」（元 37-1）。這當是勞先生代傅先生傳旨，余因而回覆傅先生。

北平琉璃廠的書商可以說是本所拓片最主要的來源。他們向全國各地舊藏家收購，再轉售我所。本所檔案中有不少商購拓片的往來函件。例如北平古光閣曾函傅先生，擬售孫壯藏三代秦漢陶器磚瓦封泥等拓片二百十七品，傅先生在信末親批「買一份」（元 309-3，圖 5）。可惜此信年代難以確定。有往來記錄可考的碑估還有經古舍文玩法帖莊、翰茂齋等。民國 23 年 12 月曾向經古舍購拓本三十六種，價洋三十九元，清單及付款收條俱在。翰茂齋則曾一次售本所拓片七十張。

從 18、9 年至 26 年抗戰爆發前夕，短短七、八年間，本所即建立了頗

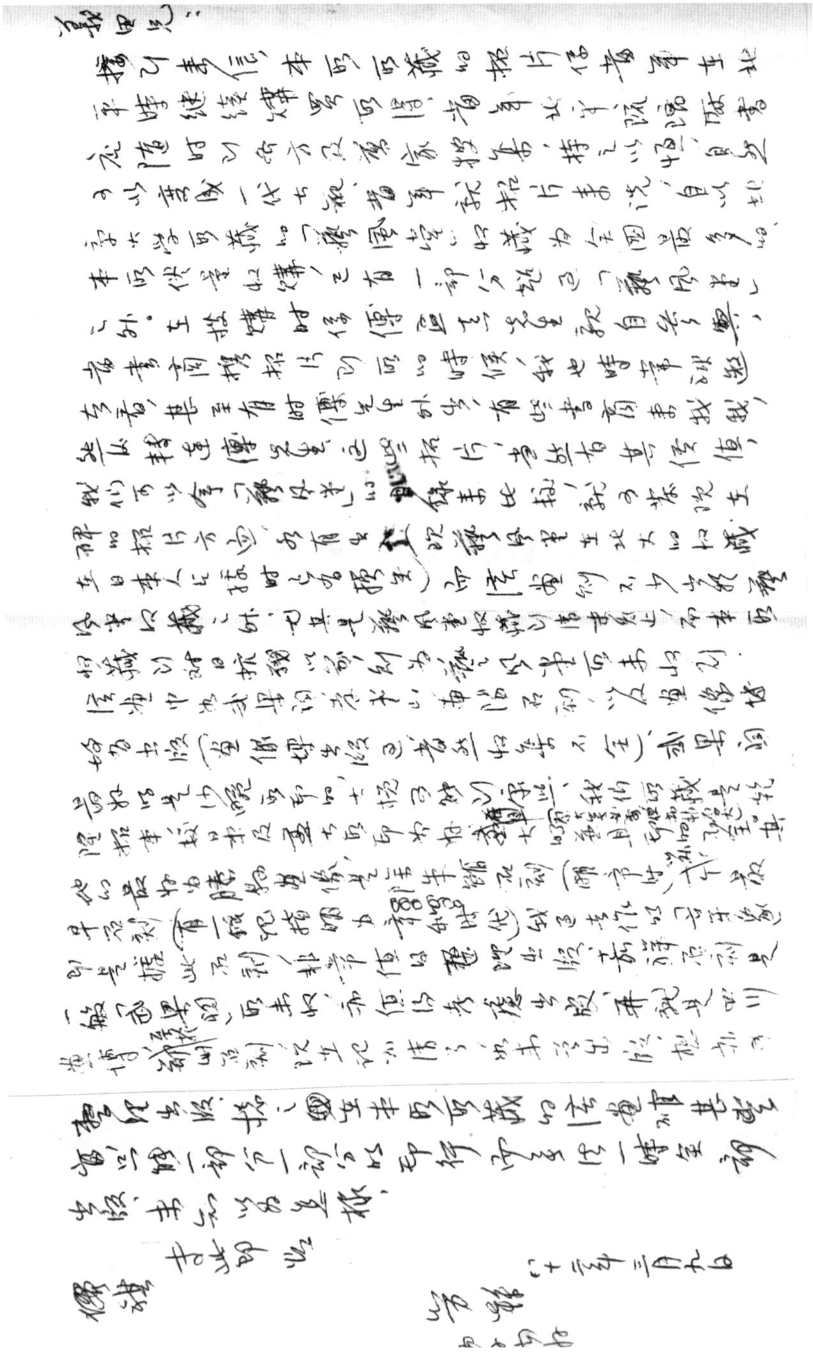

圖4　民國82年3月9日勞先生致作者函

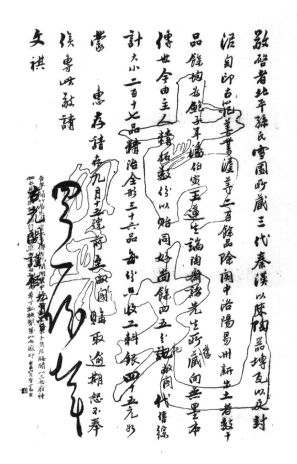

圖5　元309-3

為豐富的收藏。勞榦先生曾作這樣的評價：

> ……就拓片來說，自以北京大學所藏的「藝風堂」收藏為全國最多的。本
> 所儘量收購，已有一部分超過「藝風堂」之外。……而漢畫則不少出於藝
> 風堂之外。尤其是藝風堂收藏到清末為止，而本所收藏到對日抗戰以前，
> 則為藝風堂所未收到。漢畫中如武梁祠、孝堂山、南陽石刻，以及畫像磚
> 均有出版（畫像磚出版過，當然收集不全）。武梁祠最好的是沙畹所印的，大概
> 可能到康熙。我們所藏是乾隆拓本，較日本及燕大所印為好。燕大的並且
> 印得不全。其他的最好為滕縣畫像，是除朱鮪石刻（明帝時）以外，一個最

早石刻（有一銘記指明為章和時代）。我過去作的「六牙象」即是據此石刻，非常值得整理出版。嘉祥石刻是一般「武梁祠」所未收，亦值得考慮出版。再就是四川畫磚。至於鄭州石刻，現在記不清了。如未曾出版，想亦可整理出版。總之，在本所藏的漢畫確甚豐富。（82.3.9.勞先生致作者函）

勞先生當年釋讀居延漢簡完畢，曾受傅斯年之命，在北大校讀藝風堂碑（元 6-5，勞致傅函）。繆荃孫藝風堂藏拓以豐富精審著名，民國 12 年歸於北大國學研究所。因此勞信中不免以藝風堂與本所藏品比較，並盼整理出版。今天漢畫拓片能有目錄及精選集出版，想必是勞先生所樂見的。

　　為了進一步了解本所相關藏品的精麗真偽，民國 86 年我又曾修書請教勞先生。勞先生在回信中提供了若干畫像來源的消息，也說明了他對真偽的判斷：

大致漢畫出土各地相當多，取得拓本亦甚易，若偽造漢畫成本極高，而且亦難盡如原作，故墓志或偶有偽作，而漢畫則從無偽本，只有拓工精確與否以及拓本時代先後。譬如武梁祠從乾隆本、光緒本以及民國本，其清晰程度即大不同，而價值亦自迥異。……武梁祠拓本全屬真物，絕無偽託。只其中不少應分為兩部分。其中一部分為北京某賞鑒家（好像姓陸）所藏（其名氏在原包裝上，現在記不得了）。另一部分為本所另外購買者。某氏原藏者較舊，另外購買者較新。至於弟所題字者為其中某一部分，現在已無從記憶。不過從前弟確曾用本所所藏的武梁祠刻石與通行各本一一校過。其中以沙畹所印的為最好。與本所所藏各有短長，只是沙畹本更好些。其他如日本所印以及國內所印都相差很多。（86.5.20.勞先生致作者函）

勞先生親自參加蒐購，又曾利用藏拓寫過論文，是了解本所收藏的前輩之一。數十年後的回憶雖不免有些出入，[4] 卻已提供了十分珍貴的線索。勞先生提到陸姓賞鑒家，證明就是金石名家陸開鈞（和九）。我很幸運在圖書館

4　勞先生兩信皆說沙畹本最好，應係記憶有誤。勞先生批註我所拓片時，多次注明我所拓片勝於沙畹本之處，請見《中央研究院歷史語言研究所藏漢代石刻畫象拓本精選集》（以下簡稱《精選集》）編按。我們在比對拓片時，發現不少我所拓片確實優於沙畹本，亦請參考《精選集》編按部分。

找到原包裝武梁祠畫像拓片的青布硬殼封匣。封匣裡有陸氏墨筆親書的校記。這青布硬殼封匣應即勞先生所說其名氏所在的「原包裝」。校記實為一拓片目錄，以另紙黏貼在封套裡（圖6）。其文云：

漢武氏石室舊拓本

重修記九紙　　　　東峰拓本有木刻題籤

　　　　　　　　　乃東峰手拓，朱文方印可證

武梁祠三紙　　　　祥瑞圖二紙

前石室十四紙　　　武氏闕十四紙另有細目

　　　　　　　　　　　　　　寫在背面

左石室十紙　　　　武宅山四紙

後石室十紙　　　　武斑碑二紙

總計畫像闕碑梁柱及重修記共陸拾捌紙

為最全拓本　丁亥（按：光緒十三年，1887）正月沔陽陸和九檢校記

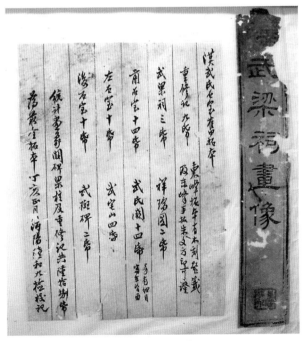

圖6　武梁祠畫像拓片 陸和九手題目錄

東峰當為著名拓手，封面題籤上如陸氏所說確有「東峰手拓」四字朱印。東峰為何人，猶待查考。陸氏於光緒十三年檢校，並名之為「舊拓本」，可知這批拓本應早於光緒。因為拓本與青布包裝匣分開，我們已無法分辨藏本中那些屬於這批六十八紙的舊拓。不過，我們的確發現一批拓片拓工極精，畫像極其清晰，榜題殘泐較少，遠較光緒本為佳，勞先生曾以紅筆在若干幅背側親筆批註，很可能即他所說的乾隆本。按乾隆五十一年黃小松訪得之初拓本甚佳，其後再監拓者榜題已有殘泐。[5] 再者，民國 37 年 11 月，傅斯年曾轉贈本所武氏祠畫像拓片五十四張。加上來歷不明者多套，本所遂有此祠拓片精粗不等五、六種之多。其中同一石少則一幅，多則九幅。這是本所漢畫拓本來歷較清楚的一例。其餘自收藏印及原封套可知，頗多來自膠西柯昌泗、山陰周星詒。還有很多一無題跋、收藏印或其它記錄，淵源已難追索。

這批材料到臺灣後，存於傅斯年圖書館。其中相當大一部分曾據屈萬里先生手訂的分類，經過初步整理，編有目錄。但是還有很多整包整包未曾拆封。民國 79 年，我為寫有關孔子見老子畫像的論文，到圖書館拓片室翻找材料，無意中見到一包包既未裱褙，也未編目的拓片。隨手拆閱若干，大開眼界。於是起意糾集同志，加以清理。然而時日遷延，直到民國 82 年 11 月才成立了歷史圖象資料整理計劃，由蒲慕州先生主持。

民國 84 年文物圖象研究室成立，拓片整理成為研究室計劃的一部分。為更有效推進工作，佛教造像拓片整理交由顏娟英負責，漢畫部分初由蒲慕州，後由我承乏。參加拓片整理工作的所內外人員，先後有蒲慕州、顏娟英、劉增貴、林富士、賴鵬舉、王正華、李建民、黃銘崇、劉淑芬、陳昭容、李貞德、柯嘉豪（John H. Kieschnick）、呂敏（Marianne Bujard）、紀安諾（Enno Giele）等。

大家每星期工作一次，將尚待整理的各式拓片五十餘包，逐一拆開、定名登記、編目、裝裱。原包裝紙和紙上注記的資料加以保留。前後編目

5　方若著，王壯弘增補，《增補校碑隨筆》（臺北：新文豐出版公司，1986），頁 150-151。

共約二千九百餘件，其中不少為漢以後者。漢畫部分整理的重點是找出原已有目錄及裝裱過的舊拓，再將凡同一石之新舊拓片分別集中，接著與既有的著錄如《漢代畫像全集》、《山東漢代畫像石選集》、《魯迅藏漢畫像》、《南陽漢畫像彙存》、《南陽漢代畫像石》等比對，一方面登記著錄情形，一方面比較、記錄各本優劣、尺寸、收藏印、題跋等。工作至 87 年 2 月16 日，終於將一千四百餘件，近七百種漢畫拓片比對查看一過。

在比對的同時，我們將各筆資料輸入電腦建檔。因為圖書館已有上萬拓片經過裱褙，並編號裝筒保存。為了管理上以及攝影上的需要，這些新打開的拓片也陸續裝裱。裝裱後擇最優者拍照。有時優劣互見，則就較勝部分，攝取多張，掃描建立電腦圖象檔。《中央研究院歷史語言研究所藏漢代石刻畫像拓本目錄》（以下簡稱《目錄》）、《中央研究院歷史語言研究所藏漢代石刻畫象拓本精選集》（以下簡稱《精選集》）即根據這些照片而成。其中武氏祠圖象檔已納入文物圖象研究室電腦網路資料庫，供大眾檢索使用。這兩書出版後，書中資料也將納入上述資料庫，在網路上開放，讀者可以全文檢索，或據圖檔編號查索。

《目錄》共收六百九十六種。每種附拓影及相關基本資料。《精選集》則是擇其較精者四十七種和未見發表者六十八種，共一百一十五種刊布。除刊出原拓全形，有些也附局部放大。

拓本善惡在乎拓製先後、拓工精麤、拓本之殘缺或完整。以下僅舉三、四例，其餘讀者校讀諸本，自能判別。

《精選集》圖 6，為武氏祠前石室第六石。《校碑隨筆》王壯弘增補云：「黃小松監拓本前石室第六石第七榜『功曹車』三字雖損尚存，後拓僅存『車』字少許。」[6]容庚《漢武梁祠畫像考釋》於「功曹車」、「尉卿車」二榜云：「同治本泐前榜，今拓本復泐後榜」（頁 27）。我所藏本有「功曹車」三字清晰完整者。又右端下方自橋奔下一騎，騎士頭部沙畹本已缺，我所拓本未殘（圖 7.1-2）。圖 7，前石室第七石榜題「王發」我所拓本未泐；圖

---

6   同上，頁 151。

圖 7.1　史語所藏本局部

圖 7.2　沙畹本局部

古月集：秦漢時代的簡牘畫像與政治社會
　　—— 卷二　畫像石、畫像磚與壁畫

8，前石室第八石「此秦王」榜題亦明晰完整。據王壯弘說，此皆「舊拓也」。除了榜題，這批藏本拓製精美，畫像上的陰刻線條纖毫畢露，遠遠超過已刊布的中外圖錄。

此外，《精選集》圖20出自山東嘉祥焦城村。沙畹（É. Chavannes）《北中國考古記——圖版篇》（*Mission Archéologique dans la Chine septentrionale: planches*, Paris, 1909，圖151）、大村西崖《支那美術史雕塑篇》（圖209）、關野貞《支那山東省に於いて漢代墳墓の表飾》（圖189）、傅惜華《漢代畫像全集》初編（圖162）、《魯迅藏漢畫像》（二輯，圖77、143，同一件誤為不同地所出之兩件）、朱錫祿《嘉祥漢畫像石》（圖3）皆曾著錄。此畫像上有重要的榜題「此齋主也」。本所拓本字劃清晰完整。自阮元《山左金石志》誤釋為「此齊王也」，《金石索》、《漢代畫像全集》、《魯迅藏漢畫像》等皆沿襲其誤。《支那山東省に於いて漢代墳墓の表飾》則作「此齋王也」，引發無數畫像解讀上的是非。[7] 此石從中斷裂為二，左半斷石之右下端缺一角。右半斷石之左上角大村、關野本不缺，但從拓片可知，拓製時此角已斷，裂痕清晰。沙畹本、傅本、朱本此角全缺。我所拓本乃在此角未斷前所製，無裂痕，時代最早，也最為完整。原石據云現藏日本東京書道博物館，不知如今情形如何。

《精選集》圖50出江蘇寶應射陽。Käte Finsterbusch《漢畫目錄與主題索引》一書（*Verzeichnis und Motivindex der Han-Darstellungen*, Wiesbaden, 1971，圖551、552）曾著錄，但一石兩面，一面所收為摹刻本；《魯迅藏漢畫像》（圖248、249）也曾著錄，但沒有收錄包世臣的題記。我所拓本有精麗五份，有些較魯迅本為好。[8] 其餘未見著錄之本，《精選集》中皆注明，不再贅言。

最後我要感謝所有曾參加工作的朋友，以及圖書館裡曾協助工作的人

---

7 這些是非待信立祥而獲得釐清，參信立祥，〈論漢代的墓上祠堂及其畫像〉，《漢代畫像石研究》（北京：文物出版社，1987），頁180-203。

8 其詳參邢義田，〈中央研究院歷史語言研究所藏寶應射陽石門畫像拓本記略〉，收入南陽市文化局編，《漢代畫像石磚研究》（鄭州：《中原文物》1996年增刊，1996），頁56-63。本書卷二，頁589-599。

員，尤其是自始至終擔任助理的林明信先生。幾年來整理的準備工作以及最後目錄的編輯都由他擔任。圖書館主任吳政上先生和編輯會蔡淑貞、陳靜芬小姐分別校訂出不少錯誤。在最後校稿期間，臺北藝術大學藝術史研究所的陳秀慧小姐又義務幫忙，不但補正了很多原石收藏現況，又找出不少稿中的失誤。《目錄》和《精選集》的封面由張子鈴小姐精心設計。《目錄》出版後，丁瑞茂先生除協助正誤，更重新查核《精選集》的部分。因而我們調整了《精選集》收錄的件數和內容，選刊的拓本也有少數和《目錄》所選者不同。沒有以上這麼多人幫忙和合作，這兩本書不可能出版。當然還要感謝前任所長管東貴、杜正勝和現任所長黃寬重先生。沒有他們的同意和支持，這項計畫不可能進行。　　　　　　　　　　邢義田　92.5.8

原刊《中央研究院歷史語言研究所藏漢代石刻畫象拓本目錄》（2002）、《中央研究院歷史語言研究所藏漢代石刻畫象拓本精選集》（2004）。

97.2.12 訂補

中央研究院歷史語言研究所藏寶應射陽孔子見老子畫像拓本記略

　　寶應射陽孔子見老子圖是一幅心儀已久，在大陸沒見到，卻意外在史語所傅斯年圖書館見到它的拓本。我第一次知道這一畫像的存在是讀翁方綱《兩漢金石記》卷十四。《金石萃編》卷廿一也曾著錄。不過，這些書都不附拓影，其真面目一直無緣得見。法國漢學家沙畹（È. Chavannes）所著《華北考古記》（*Mission Archeologique dans la Chine Septentrionale*, Paris, 1913）曾轉錄 1907 年《國粹學報》上一失真頗大的摹刻本（pl. DIII）；摹刻本完全忽略了畫上的榜題。此外，在歐洲著名的漢學刊物《通報》（*Toung P'ao*）1913年第 14 期上曾有穆勒（Herbert Mueller）〈漢代雕刻芻議〉（Beiträge zur kenntnis der Han-skulpturen）一文，發表了射陽石門畫像兩面的拓片（圖版六，圖 12）。但不知何故，1966 年芬斯特布賀（Käte Finsterbusch）所編《漢代圖象藝術彙目及主題索引》（*Verzeichnis und Motivindex der Han-darstellungen*, Wiesbaden）一書，雖注意到穆勒曾發表拓片，卻收錄上述失真的摹刻本和僅僅原石一面的拓片（圖 551、552）。穆勒拓片受期刊版面限制，縮印之後，畫面細節不容易看清楚。較早收錄此畫的日本著錄則是 1915 年大村西崖的《支那美術史彫塑篇》（圖 263、264）。我後來在日本京都大學旁的朋友書店見到北京魯迅博物館與上海魯迅博物館合編之《魯迅藏漢畫像二》（上海人民出版社，1991），才第一次目睹畫像清楚的拓影（圖 249）。這書在日本售價極昂，捨不得買，後來到中國大陸沒想到竟遍尋不獲。黯黯然回臺灣。

　　回台後與南京博物院的張浦生先生聯絡，因為我知道南博所編《東南文化》上有尤振堯先生著文介紹這一畫像石。當時很冒昧地請張先生代為

影印尤文及魯迅一書中的拓片影本。不意就在張先生熱心寄來文章和影本的同一天中午（1993年1月13日），我到中央研究院活動中心吃飯，遇見剛自傅斯年圖書館退休的余壽雲先生。余先生負責館中善本書數十年，對館中藏書極為熟悉。他在聊天中提到館內尚未整理的漢畫像拓片極多。下午，承他好意帶我至圖書館庫房一觀。他自一包包緝紮未裱的漢畫中，隨意抽出一包，打開一看，無巧不成書，第一張竟然就是寶應射陽的畫像！當時的興奮，難以言表。因為我從尤振堯先生的論文裡得知，這一石刻原石已不存，而存世的拓片也不多，傅斯年圖書館能有一份，十分珍貴。

有關射陽畫像的著錄，尤振堯先生在〈寶應射陽漢石門畫像考釋〉（《東南文化》1985年第1期，頁62-69）一文中記述甚詳，不贅。以下略記史語所圖書館所藏的拓片。拓片曾經裝裱，背面有黃花底標籤「漢寶應射陽故城孔子畫像」，下署「包安吳諸名家題」（圖1）。按：包安吳即包世臣。包世臣安徽涇縣人，涇縣古名安吳。標籤旁有朱砂印「首都經古舍」，右上角有另一朱印「京內政部斜對面卅五號」。「京」指國民政府首都南京，卅五號是經古舍的地址，拓片是由他們出售。打開拓片，拓片右上角有另紙標籤，云：「江蘇特產，江寧縣，第35號」。拓片正上方有陰書橫題「漢射陽石門畫像」（圖2）。拓片是將兩石及包世臣的題記並列裱在一起。包世臣題記在最左側，這一點和尤振堯所見題記裱在中間的拓本即有不同。在並列兩石中，左側的一石左下角有朱印「江甯張啓桂所拓金石文字印」（圖3）。尤振堯所錄題記與我所見稍有出入，今再迻錄如下（圖4）：

> 石門舊在寶應縣射陽故城。乾隆五十年江都拔貢生汪中异歸。道光十年夏，其子戶部員外喜孫移置寶應學宮。涇包世臣、儀徵劉文淇、吳廷颺、涇包慎言、江都梅植之，同觀。世臣記。

關於畫像內容，尤振堯文記述甚詳。下文只作若干補充並談談我一些不同的觀察。兩拓片大小相近，左側上有鳳鳥的一件，高1.18公尺，寬0.41公尺；右側有孔子見老子畫像的一件，高1.19公尺，寬0.45公尺。

左側一幅有邊框，無紋飾；畫面均分為上下三層，每層幾近正方形。（圖5）最上層為頭朝右，展翅欲飛的鳳鳥；中層為戴三山冠的獸面鋪首銜

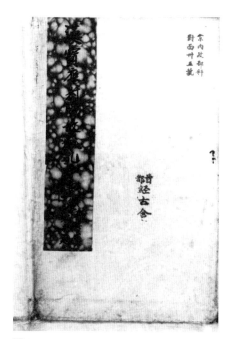

圖 1

圖 2

石門舊在寶應縣射陽故城乾隆五十年江都拔貢生汪中昇歸道光十年夏葬于戶部員外郎孫鏐

置寶應學宮涇兒世臣儀徵劉文淇吳廷颺汪兒慎言江都梅植之同觀並記

圖 4

圖 3

圖 5

環；下層是一位右手舉刀，左手持長方楯，頭戴平巾幘，身著短衣、長褲，作朝右前進狀的門吏或武士。

右側一幅有邊框，左右邊有菱形花紋，上框有水波狀加圓點及弧線花紋，下框有三角花紋。框內均分為上下三層，層與層之間也有不同花樣的裝飾：上、中層之間花紋較不清楚，似為菱形格紋；中、下層之間為狀若絞線之紋飾。畫像內容上，最上層為孔子見老子圖（圖6）。畫像上緣有一橫列幃幔狀邊飾。其下有人物三，自左至右在各人右上方有隸書榜題「老子」、「孔子」、「弟子」。三人皆戴進賢冠，弟子手中持簡冊，孔子和老子相對拱手，但兩人身體幾乎完全正朝前，畫面左側下端稍有剝泐。這一幅孔子見老子畫像的特色在於布局上：（1）沒有居中的小童項橐，（2）孔子居中央位置。

中層畫面較為漫漶，應是以擊建鼓為主的百戲圖（圖7）。畫面主題是一建鼓，鼓有座，兩側有人揚棰擊鼓，鼓上兩側有彎曲下垂的飾物（這樣的飾物又見徐州睢寧雙溝一畫像上的建鼓，參《徐州漢畫像石》，江蘇美術出版社，1987，圖247）；鼓上立柱的頂端有朝前蹲坐，兩手旁伸的獻藝者一人，其旁左右又各有一位站立的人物；左側一位已難以看清，右側一位戴冠，側身，拱手。

下層為清楚的庖廚圖（圖8）。畫像上端從左至右懸有一兔、一犬、一豬頭和一豬腿。其下右側有一人站在灶前以長杆添柴，灶上有鑊，蒸煮的熱氣正騰騰而升。灶身有穿壁紋飾，其端有突，正裊裊而上。左側有一人持刀，在俎上料理一尾魚，和他相對的一人站著持一圓盤，兩人上端圓案上有六個耳杯和四雙箸。

以上兩件畫像無論在雕刻技法和表現風格上的差異，可以說一眼就可以看出來。右側一圖為平面陰線刻，線條十分圓滑成熟；左側一圖上兩層也是平面陰線刻，但陰線刻痕相當粗且深，減地也甚深，成為淺浮雕。減地後，地未完全磨平，鑿痕仍可見。最下層技法似有不同，部分線條非凹下之陰線，而是突出的陽線（圖9）。我觀察幾份不同的拓片（詳後文），最下層陽線的情形都相同，可見這似乎不是拓製不良，而是原石刻法上下層

有差異。

在表現風格上，兩拓片可以說完全不同。右側一圖邊飾極為繁複多變化，左側一圖的邊框幾乎一無紋飾。畫面的布局和表現，右側也是極為繁複，幾不留任何空白；反之，左側除一鳳、一鋪首銜環和一持刀盾門吏，其餘畫面都留白，畫面十分清爽。尤振堯先生大作討論技法和風格將兩面視為一體，未作區分，須要再作斟酌。

由於未作區分，尤文自然不會討論刻法和藝術風格大不相同的畫像是否可能在同一石的兩面出現的問題。過去一直有兩幅畫像分屬兩石或屬一石之兩面的不同著錄和爭論。這一點須要先加澄清。最早著錄這兩幅畫像的王昶和翁方綱，以及稍晚的洪頤都說是「二石」（見《兩漢金石記》、《金石萃編》、《平津讀碑記》）。翁、洪是否見過原石不見記載，王昶所見據《萃編》的著錄，確知是其門人汪中送他的拓片而已。據阮元《廣陵詩事》，知汪中從射陽取歸江都的其實只有一石，另一石「為寶應縣令沉之水中，不知其處」（見張寶德輯，《漢射陽石門畫像彙攷》，金陵叢刻本，頁 5 上）。較明確的證據是汪中之子汪喜孫為射陽畫像所作的跋尾。汪中過世，喜孫繼續保有畫像原物，其跋中提到「此石蒼黑色，質甚堅，叩之其聲清越」，從這樣的描寫可證他曾親見原石。跋中又云此石「高五尺五寸，闊二尺三寸，刻象二面」（跋見《彙攷》，頁 6 上），跋中所記二面的刻象正是我們所見的兩幅拓片的內容。曾親見原石的劉寶楠和朱士端也都曾明確辨正翁、王著錄為二石的錯誤（見《彙攷》，頁 8 上 - 13 下）。

因此這兩幅畫像原屬同一石的兩面應無疑問，尤先生也這樣認為。他推測這方石刻應屬墓內石門性質，並據畫像的方向以為這石是石門的左扇，有鳳鳥畫像的一面朝外，有孔子見老子的一面朝內（〈考釋〉，頁 68）。這是非常正確的看法。不過，我想進一步追問的是：為什麼同一石的兩面畫像會有這麼大雕刻和風格表現上的差異？

漢畫像石兩面有畫的情形很多，尤其是墓門和有隔間作用的石材上，經常是兩面刻畫。兩面刻畫的風格，據我所知，一般都頗為一致，還不曾見到像射陽這樣兩面相異的情況。舉例來說，在安丘縣博物館所復原的董

圖 6

圖 7

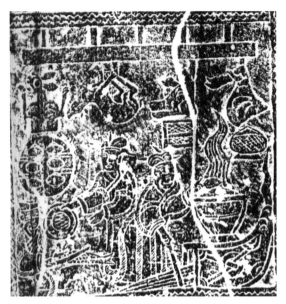

圖 8

圖 9

古月集：秦漢時代的簡牘畫像與政治社會
　　── 卷二　畫像石、畫像磚與壁畫

家莊漢墓及商丘博物館所藏永城縣固上所出兩面刻鋪首銜環的墓門，兩面的雕刻手法和風格可以說完全一樣，顯然都是一個石匠的手藝。因曾親見這些墓門，印象特別深刻，我不禁因而懷疑射陽石門風格的差異，會不會是後人利用了前人墓的石材，因不喜歡某一面的內容，將其中一面重雕，卻保留了另一面所造成的。以風格言，兩面的刻法都見於東漢晚期；有孔子見老子的一面；從榜題的書法看似乎要更晚一些。由於原石已失，整個墓葬情況不明，以上所說都不過是有待驗證的猜測而已。

　　這兩幅畫像的各別內容和布局，幾全可以和其他漢墓畫像相聯繫。鳳鳥、鋪首銜環和門吏是漢墓石門最常見的內容；建鼓百戲和庖廚圖在山東地區也十分普遍，無勞舉例。只有孔子見老子的部分最具特色，在布局上可以說自創一格，尚不見於其他漢墓。它有什麼特殊意義，還值得更進一步研究。

82.2.21/85.5.17

補記

　　本文寫成後，3 月 19 日同事劉淑芬小姐告知，她發現在傅斯年圖書館已裝裱的拓片中，有編過號的寶應射陽畫像，並以編號見示。我大喜過望，第二天即到圖書館調閱，果然又找到不同的拓本共三張。現在補錄如下。

　　（1）一份登記號為 02896，有拓片兩張，分別是石門兩面的畫像。一張登記標題作「漢射陽石門孔子見老子畫像并陰」，裝裱邊緣有「史語所藏金石拓片之章」朱印。拓片上端及左右上端邊緣略有破損，餘尚完好。拓片左側邊緣中段空缺處有朱印二：「周星貽」、「季睨」。據余壽雲先生說，周星貽為民國初年人，史語所有不少拓片購自周氏。拓片紙長 1.26 公尺，畫像上下邊框之間 1.20 公尺；寬 0.488 公尺，左右邊框之間 0.455 公尺。拓片內容上層為孔子、老子、弟子；中層為百戲，下層為庖廚圖。拓片在拓製上只拓畫像本身，不拓減地部分，因此畫像本身較為明晰突出，不過中層百戲圖因而也有部分失拓。

（2）另一張登記標題作「漢射陽碑陰畫像」，有同樣史語所藏拓朱印。拓片上端邊緣，左側邊緣及畫像上部鳳鳥腳部稍有破損，餘完好。拓片右側邊框空缺處有同樣周氏二印。拓片背面邊緣有墨書「寶應畫像弍門畫像二張 三〇」字樣的註記殘文。拓片紙長 1.22 公尺，畫像上下邊框之間 1.19 公尺；寬 0.45 公尺，左右邊框之間 0.41 公尺。內容上層為鳳鳥，中層為鋪首銜環，下層為持盾門吏。

（3）另一份登記號為 03013，只有拓片一張，登記標題為「漢射陽孔子見老子畫像」。裝裱邊緣有史語所藏拓印朱印，拓片本身右上角有長形「漢射陽石門畫像」篆字朱印。拓片上端及右上端邊緣稍損，餘尚完好。拓片紙長 1.23 公尺，畫像上下邊框之間 1.21 公尺；寬 0.485 公尺，左右邊框之間 0.45 公尺。內容為上層孔子見老子及弟子，中層百戲，下層庖廚圖。這一拓本拓製方式與經古舍一拓相同，除畫像本身，減地部分亦拓出，清晰程度大體相近。

總體而言，經古舍拓本所拓邊緣紋飾最完整，拓片本身破損最少，又有包世臣題記，是上述拓片中最好的一份。

82.3.22/85.5.17

再補

1995 年 5 月 20 日承中央圖書館善本室主任盧錦堂先生賜贈所編《國立中央圖書館拓片目錄——金石部份》（1990）。閱讀目錄，才知央圖竟也藏有射陽石門畫像。著錄云：

> 漢射陽石門畫像四幅　隸書　漢無年月　江蘇寶應　墨拓本　有清包世臣
> 等人題記（一）113x43（二）119.5x44.5（三）14x68（四）111x10　　（頁 195）

我於是於 7 月 24 日前往一觀。著錄四種，包括兩方畫像、包世臣題記和「漢射陽石門畫像」標題拓本。此一拓本頗有殘缺，拓工亦較我所所藏為粗糙。其中有孔子見老子圖一幅，拓痕線條模糊，紙背無拓製應有之凹凸痕，疑為印本而非原拓。

85.5.17

原刊南陽市文化局編，《漢代畫像石磚研究》（鄭州：《中原文物》1996 年增刊），頁 56-63，原題〈中央研究院歷史語言研究所藏寶應射陽石門畫像拓本記略〉，今稍改。

97.4.15

漢代畫像項橐考

　　漢代畫像孔子見老子圖中經常見一披髮小兒立於孔子與老子之間。學者早已正確指出此小兒應即文獻中提到的七歲神童項橐或項託。雖然如此，卻一直沒有可靠的榜題可以證實這一點。

　　近年因山東石刻藝術博物館的楊愛國先生的幫助，得見幾種尚未刊布的山東畫像，又得讀日本京都大學金文京教授精彩的論文〈孔子的傳說──《孔子項託相問書》考〉，[1] 覺得時機已較為成熟，可以榜題為據，較有把握地確認漢代畫像中項橐的身分。

一　項橐榜題新考

　　關於畫像中項橐身分的考訂，必須從和林格爾東漢墓壁畫中殘存不全的項橐榜題說起。1990 年 5 月當我寫第一篇有關孔子見老子畫像的論文時，曾反對《隸續》、《山左金石志》、《金石索》、《金石萃編》、《漢碑錄文》和《漢武梁祠畫像考釋》等比定畫像中小兒乃《史記‧孔子世家》隨孔子適周之豎子的說法，而贊成近代學者提出的項橐說，卻苦於缺少項橐身分的確證。我在這篇至今未刊的文稿中曾說：

　　和林格爾壁畫上的小童有榜題殘跡，可惜壁畫圖版與摹本俱非清晰，不敢

1　收入《中央研究院歷史語言研究所傅斯年圖書館俗文學學術研討會論文集》，2006.12.8，頁 3-22。

斷言為何字。今後如有新畫像出土，相信可以證實以上小童為項橐的說法。沒想到 2004 年夏，因朋友的幫助得見和林格爾墓壁畫十分清晰的摹本照片。依據照片，壁畫小兒旁的殘榜可以確認應有三個字（圖1）。

　　這三個字都殘，尤其頭兩字殘缺太甚。第一字只剩一橫筆的左半部，第二字剩左側部分，唯第三字除上端一角，基本完整。依據殘劃，仍然無法有把握地和文獻中提到的「項橐」或「項託」聯繫起來。榜題第三字雖像橐字（省去下方的木），但文獻提到的名字畢竟只有兩字而非三字。這是怎麼一回事？仍然令我困惑。

　　這個困惑直到一兩年前楊愛國先生陸續賜下若干新畫像石的照片，近日又讀到金文京教授的論文才撥雲見日，豁然開朗。金教授的前述論文曾十分詳細地考證了幾乎所有和孔子、老子和項橐相關的歷代文獻，尤其重要的是檢討了《戰國策‧秦策五》「夫項橐」和《史記‧甘羅傳》「大項橐」的出入，並考證出「大項橐」之說最少在唐代即已存在。此外，他以《淮南子‧說林》、《淮南子‧修務》和《新序‧雜事第五》提到的「項託」和「項橐」為證，證明項託就是項橐，「按託、橐同音，此一人物的原名應為項橐，因『橐』筆劃繁多，後被『託』字所取代。」[2] 接著他引《論衡‧實知篇》，指出項橐即寫作項託。更重要的是他注意到洪适《隸釋》卷十著錄山東濰州東漢靈帝光和四年的〈童子逢盛碑〉。此碑是為一位十二歲的兒童所立，碑中提到「才亞后橐，當為師

圖1

圖1　榜題放大

2　前引文，頁8。

楷」，此后橐據洪适《隸釋》卷十引《漢書・趙廣漢傳》考證，即指項橐。[3]
《趙廣漢傳》：「又教吏為缿筩」，蘇林曰：「缿音項，如瓶，可受投書」。
洪适說：「后、缿偏旁相類，缿有項音，故借后為缿，又借缿為項也。」[4]
不過，金文京教授沒有說明東漢中晚期的王充既然已經以項託代項橐，為
何時代更晚的逢盛碑仍用橐字，稱之為后橐？

現在幸而有了更多畫像榜題，可以揭開謎團。楊愛國先生知道我研究孔
子見老子畫像多年，十分慷慨地提供了幾種尚未刊布的畫像榜題資料，供我
參考。[5] 經過一年多的思索，終於讀出這些畫像榜題或者作「太（大）后託」
或者作「大后橐」，它們就是漢末碑銘中的后橐，也就是項託或項橐。

首先請先看山東平陰博物館所藏原石及拓片的局部：（圖2、3.1-2）

圖2　平陰博物館藏原石全貌

3　前引文，頁8。
4　洪适，《隸釋》（北京：中華書局，1985），卷10，頁114。
5　按：承楊愛國先生書示，才知山東平陰實驗中學出土畫像石已刊布，參喬修罡、王麗芬、萬
　　良，〈山東平陰縣實驗中學出土漢畫像石〉，《華夏考古》，3（2008），頁32-36、157-161。

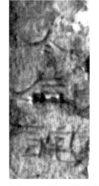

圖 3.1　拓片局部　　　　　　　　　　　　　　　　　　圖 3.2　原石榜題放大

　　這一石最上層右端有十分完整清晰的「老子」榜題，左側有「太（大）后詫（託）」，接著更有榜題「孔子」和「左丘明」。這一畫像的布局和人物造型無疑都是東漢孔子見老子圖的典型之作。姑不論此圖第一次出現了重要人物左丘明，小兒上端的榜題完整清晰，為我們提供了最好的證據，證明小兒的身分。

　　無獨有偶，楊愛國先生提供了十分類似榜題的另一石拓片（圖 4.1-2）。這一拓片據說是山東巨野周建軍先生的藏品。

　　這石上雖沒有孔子或老子榜題，其布局和人物造型也說明無疑是孔子

圖 4.1　　　　　　　　　　　　　　　　　　　　　圖 4.2　拓片榜題反白放大

古月集：秦漢時代的簡牘畫像與政治社會
——卷二　畫像石、畫像磚與壁畫

見老子圖。小兒上方榜題三字，像是「北同橐」、「代同橐」，又像「大同橐」。我一度為此困惑不已。現在知「北」、「代」實應釋作「大」，「同」或為「后」字的誤書，多了右側一豎（這一豎筆也有可能是石面裂紋所造成，因手頭沒有原石照片，還不能完全判定），而下方的橐字正像和林格爾東漢墓壁畫中的橐字，都省去下方的「木」。這應是橐字的省寫。《史記・酈生陸賈傳》《索隱》引《埤蒼》云：「有底曰囊，無底曰橐。」裘錫圭先生曾分析古文字的省形字，以囊、橐為例。囊、橐等字在篆文裡，形旁都作 𣝑，「象所以盛物時需要縛住兩頭」。「囊有底，其字初文應作 𣝑，象一個束縛上口的有底袋子（商代金文有 𣝑 字，象盛有貝的囊）。」[6] 漢代石工當然不會有什麼清楚的文字學知識，不免誤將無底的橐字省寫成像囊字的初文。也有另外一個可能，既然畫像榜題三件的橐字不約而同，都將下方的構字部件「木」省去，可能橐字在東漢本來就有這樣的省形寫法。有了這樣的認識，現在幾乎可以確定和林格爾墓壁畫的殘榜就是「大后橐」三字。

換言之，在東漢的碑銘、壁畫和石刻畫像上出現了「后橐」、「大后橐」和「太（大）后詫（託）」，在傳世文獻中則有「大項橐」、「大項託」、「項託」和「項橐」歧異的說法。「託」、「橐」和「后託」、「后橐」的不同寫法和說法可以說幾乎同時存在。項與后音通，前引洪适《隸釋》引《漢書・趙廣漢傳》已加考證。又《說文》卷五下：「𦈡，受錢器也，從缶，后聲。」《論衡・實知篇》：「夫項託年七歲教孔子」，黃暉曰：「……《隸釋・童子逢盛碑》：『才亞后橐，當為師表』，『后、項』、『橐、託』，音近假借。」[7] 這應是項託、項橐又寫成后託、后橐的原因。傳世文獻中的「夫項橐」則明顯是「大項橐」的訛誤；「太項」或「大項」的太、大本互通，隋唐文獻中或稱項託為「大項」（隋《玉燭寶典》四月部分）、「太項」或「太項橐」（金教授論文引唐吳筠《宗玄集》卷下〈高士詠五十首〉其廿三〈太項橐〉條），證之漢代畫像，可謂都有來歷。又從敦煌卷子看，書作項託或項橐的也都有。例

6　裘錫圭，《文字學概要》（北京：商務印書館，2001），頁 164-165。

7　黃暉，《論衡校釋》（北京：中華書局，1990），頁 1076。

如大家熟知的〈孔子項託相問書〉抄本十餘種書作「託」，但〈讀史編年詩卷上‧七歲二首〉「謝莊父子擅文雅，項橐師資推聖賢」又寫作「橐」，[8]可見異寫一直並存，不好說是因橐字太繁，才簡化為託。

總之，現在幾乎可以確定不論怎麼寫法，它們都是同一神童──項橐或項託的異名。

▣二 項橐手中的鳩車

地不愛寶，今年（2009）《文物》第二期刊布了陝西靖邊楊橋畔出土的一座東漢壁畫墓，墓中前室東壁上層左側有十分典型的孔子見老子畫像。[9]較完整的圖版則見於陝西考古研究院所編《壁上丹青──陝西出土壁畫集》（北京：科學出版社，2009）。前室東壁上層壁畫雖粉底已有不少班駁脫落，畫面大致完好。畫中共有人物七人，線條勾勒細緻，色彩鮮麗（圖 5-6）。人物眉目容貌和衣飾除局部剝損，大部分清晰可辨。雖無榜題。從構圖一望可知，老子手持曲杖，居最左側，孔子在右，拱手與之相對，其後跟隨著手持簡冊的弟子四人。本文關切的是在孔子和老子之間，有一位小童──項橐。而最有意義的是項橐手中牽引著一輛描繪極為清晰的鳩車，進一步證實其他漢畫中項橐所持狀如車輪之物，的確就是鳩車。

宋代《宣和博古圖》早有漢魏鳩車的著錄，近年也有實物出土。[10]許多學者都推測孔子見老子圖裡項橐所持著即鳩車，奈何他所持之物，過去

8　例如任半塘主編，《敦煌歌辭總編》（上海：上海古籍出版社，2006），卷 3，〈三臺〉十二月辭卜天壽寫卷，頁 596；徐俊纂輯，《敦煌詩集殘卷輯考》（北京：中華書局，2000），〈七歲〉二首，頁 525。其它十餘種敦煌抄本殘件〈孔子項託相問書〉作項託，見王重民，《敦煌變文集》（北京：人民文學出版社，1957）。相問書大家比較熟悉，不贅引。

9　陝西省考古研究院、榆林市文物研究所、靖邊縣文物管理辦公室，〈陝西靖邊東漢壁畫墓〉，《文物》，2（2009），頁 32-43。

10　參王子今，〈漢代兒童的游藝生活〉，《秦漢社會史論考》（北京：商務印書館，2006），頁 1-4。

圖 5　前室東壁

圖 6　孔子、老子和項橐

在絕大部分畫像中都被簡單地描繪成一個帶柄的車輪狀物品（參圖3）。到底是不是鳩車，缺乏更明確的證據。

這次靖邊漢墓壁畫中的鳩車形象明確清晰完整，可以百分之百證明過去的推測是正確的（圖7）。畫中身形較為矮小的項橐，身穿紅色衣裳，正面朝前，

雙手下垂，左手以繩索牽引著一隻帶輪的鳩鳥。鳩鳥有喙，有頭，有眼，有身，有尾，完整而清楚，和河南南陽出土的青銅帶輪鳩車實物（圖8-9），完全一樣。

由於這一鳩車得以確認，徐州地區邳州龐口村出土的漢代畫像石上有一小兒手推一車輪上站立一鳩，鳩車的形狀雖稍有不同，應該也是鳩車（圖10）。龐口村畫

圖7　局部放大

像上的推車者如果是項橐。那麼和他相對，拱手而立，頭戴進賢冠的應是孔子。孔子身後有一弟子，但畫面中沒有出現老子。由此可知，孔子見老

圖8　河南鞏義新華小區出土東漢銅鳩車，2004年作者攝於河南博物院。

圖9　同上

圖 10　徐州地區邳州龐口村漢代畫像石

子圖可以有項橐立於中間，也可以僅有孔子和項橐出現，卻沒有老子的情形。這樣的圖或許應該另外命名為「孔子項橐問難（辯）圖」。

靖邊壁畫的出土可以說對確認漢代孔子見老子畫像中的鳩車和認識孔子見老子畫像的構圖類型都有很大的幫助。　　　　　　　　　97.5.8/98.7.20

本文第一節原刊香港《九州學林》6 卷 3 期（2008），頁 210-216。第二節據新刊布資料增補。　　　　　　　　　　　　　　　　98.7.21

後記

更多增補見邢義田，《畫外之意——漢代孔子見老子畫像》（臺北：三民書局，2017；上海：三聯書店，2020）下編附錄一、二，不再重複。

漢畫像「孔子見老子圖」過眼錄
——日本篇

　　孔子見老子和孔子以七歲的項橐為師，是兩個大家熟知的故事。這兩個故事從先秦到兩漢有很多記載。較早的如《莊子》、《戰國策》、《呂氏春秋》、《禮記》、《韓詩外傳》，較晚的如《史記》、《淮南子》、《新序》、《論衡》等。先後有這麼多記載，反映出其受歡迎的程度。在流傳中，故事有不少有趣的增添變化。其中孔子和項橐（或項託）的故事似乎更受歡迎，在敦煌變文中或加油添醋，或改編，抄本甚多，甚至還有吐蕃時期的藏文譯本！這個故事據王重民等先生研究，後來又見於明本《歷朝故事統宗》卷九〈小兒論〉和明本《東園雜字》。民國時期，北京打磨廠寶文堂同記書鋪還在販售內容大同小異，鉛印的《新編小兒難孔子》。

　　除了以上流傳不絕的文獻，漢墓的壁畫、畫像石或畫像磚上也出現很多以孔子見老子、項橐，甚至周公或晏子為題材的畫像。在東晉高句麗幽州十三郡太守的墓室裡，甚至出現「周公相地，孔子擇日，武王選時」這樣的墨書題記。過去我們對孔子的印象主要都是從儒家經典和經學家的口中得來。這些圖像和墓葬裡的材料呈現出一位和儒經裡很不一樣的孔子，可以幫助我們從不同的角度去認識孔子的形象和變化。

　　老子可以說是道家和道教的代表人物，孔子是儒家的代表。從儒、道並存的戰國到儒學日盛的漢代，為什麼人們津津樂道孔子問禮於老子或以老子為師的故事？孔子以七歲小童項橐為師，甚至被他刁難，又代表什麼意義？兩個故事在漢代畫像中經常合而為一，為什麼會如此？一連串的疑惑引起我追根究柢的興趣，並促使我在十幾年前即寫了〈漢代孔子見老子

畫像的構成及其在社會、思想史上的意義〉一文，試圖找出一些初步的答案。

　　文稿雖成，不敢發表。因為內心的疑惑與不安並不曾稍解。當時所能掌握的資料僅限於已經出版的。當時出版物附載的拓片圖版有些尚依稀可辨，有太多模糊難識。1990 年夏有緣到大陸旅行一個月，發現尚未發表的資料多的超乎想像。原以為得意的答案，只好暫時擱下，等待機會作進一步的考察和蒐集。

　　1992 年 8 月 1 日至 10 月 27 日，終於找到機會到日本京都、東京、天理和中國大陸山東、江蘇、河南各地走訪漢代畫像石和畫像磚。這次訪察特別注意以孔子見老子為主題的畫像。由於得到許多朋友的幫助，收穫意外豐富。許多過去看不清或被我忽略的畫像，這次見到了。才發現孔子見老子畫像的結構類型，比過去想像的要複雜很多。較為遺憾的是 1992 年到濟南，適值山東省博物館遷館，有些孔子見老子畫像已裝箱待運，未能見到。此外，徐州銅山白集的一方孔子見老子畫像，仍在白集原地，因時間不及也沒能一睹廬山真面目。

　　1993 年 7 月趁赴西安開會之便，再訪碑林博物館，看見不少米脂和綏德出土的畫像石，尤其高興於 7 月 21 日見到綏德出土的孔子見老子畫像原石。1997 年 6 至 7 月間，走訪歐洲。在法國巴黎吉美（Guimet）博物館見到那張有「周公」、「顏淵」、「子露（路）」等榜題的孔子見老子畫像拓片，卻始終打聽不出另一件曾經著錄，應在德國柏林的孔子見老子畫像原石。1998 年 9 月再訪徐州。9 月 10 日終於在白集漢墓博物館見到祠堂壁上的孔子畫像原石。今年初承山東省博物館好友協助，意外拼了一件不見於它處的孔子見老子和晏子畫像。以下僅就這十餘年所曾寓目之孔子見老子畫像原石或拓片略作記述，聊以備忘，並饗同好。本篇先談兩件今藏日本東京和天理的畫像原石。

1. 東京國立博物館藏山東嘉祥孔子見老子畫像

　　1992 年 8 月 14 日上午參觀上野公園內著名的東京國立博物館東洋

館。在二樓見到兩排羅列的漢代畫像石、磚。畫像磚來自河南，畫像石來自山東長清孝堂山、嘉祥、魚台、晉陽山慈雲寺天王殿、沂州等地。孝堂山者出自孝堂山下石祠，共三石，於明治四十一年（1909）由日人藏田信吉發掘並攜至日本，原藏東京帝國大學工科大學，今歸東京國立博物館。2007 年 4 月初，趁與家人赴日賞櫻之便，又往東京國立博物館一觀。原石在較好的條件下集中展出，十五年中有緣再度欣賞到這方孔子見老子畫像，並拍下較好的照片。

有關此石祠最早的報導見關野貞，〈後漢の石廟及び畫像石〉（《國華》19 編（1909），頁 195-199）。晉陽山者出自濟寧西北三十里慈雲寺天王殿內外壁，共六石，以紋飾為主，報導見關野貞同一文（《國華》20 編，1909，頁 107-108；關野貞，《支那山東省に於ける漢代墳墓の表飾》〔以下簡稱《關野》〕，1917，頁 76-78；傅惜華，《漢代畫像全集》二編，圖 35-39）。魚台縣畫像有一石，以舞樂雜技為內容，其著錄見上引《關野》一書，頁 97。又沂州一石，為羅振玉所贈，內容為羊頭與人物，其著錄亦見《關野》，頁 104。

我最注意的是出自嘉祥的孔子見老子畫像。1992 年 8 月 15 日曾再到東洋館，仔細觀賞，並作筆記。回京都後，透過永田英正教授協助，向博物館申請，得到此石全石及局部照片各一張（圖 1.1-1.2）。這是我注意漢代畫像以來，親自見到的第一種孔子見老子畫像原石。完全沒有想到竟是在日本，十分意外和興奮。

有關此石較早的著錄應為大村西崖，《支那美術史——雕塑篇》（以下簡稱《大村》，1915，圖 257）及上引《關野》書（頁 101-102）。《大村》謂此石為內堀維文所藏。石高三尺一寸五分，闊二尺三寸二分（頁 80-81）。《關野》將此石列在東京帝室博物館藏畫像石之第四石。據其著錄，此石高三尺一寸四分，廣二尺三寸三分，微有不同。

此石缺左下一小角，畫面保存仍相當完整良好。全石以豎線刻紋為底，不完全平整。雕刻技法是在不平整的石面上，以陰線凹下刀法整平畫面主體；邊緣部分刻的稍深，並以平滑的弧度向中央轉淺，使主體略略有些立體感。畫面主體的細節另以陰線刻出。全石畫面平均分為上下四層，

圖 1.1

古月集：秦漢時代的簡牘畫像與政治社會
——卷二 畫像石、畫像磚與壁畫

圖 1.2

每層以橫線隔開，每層各有主題。

　　最上層以西王母為主題；西王母戴勝居中端坐，右側有面向西王母，拱手跪姿人物二，人首獸身怪獸一；左側有面向西王母，同樣姿勢人物二，鳥首背羽人身怪獸一；這些人物和怪獸手中都捧有植物類的東西，狀似仙草。下一層為出行圖，人物車馬皆左向，前有徒步扛戟前導二人，單馬軺車上有二人，馬車後有從騎一人，從騎似受驚作前足躍起狀（馬作前足躍起狀之構圖又見《漢代畫像全集》初編，圖184、193）。最下一層為狩獵圖。左側有一人牽一獵犬向右，右側有一人扛捕獸器（或稱畢）左向，另一人持杖（或稱殳），二人之前有二往左奔之獵犬，中間有三隻向左奔逃的兔子。

　　第三層畫像左右有兩個主題，右側為周公輔成王；左側為孔子見老子。周公輔成王圖共由三個人物組成：成王身材較矮小，居中，戴山形王冠，面朝前拱手；右側一人側面朝成王，手中捧牘；左側一人側面向成王，手持華蓋。孔子見老子圖由四個人物組成：老子在左側側面向右，戴進賢冠，有鬚，身微拱，拱手，有曲杖在手；老子之前有昂首披髮拱手面向右小童一人。孔子側面面向左，身軀微拱，較老子稍高大，戴進賢冠，拱手，手中有一鳥；孔子身後有弟子一人，身軀大小與老子相若，戴進賢冠，拱手，手中有牘。

　　這一石非經科學發掘，缺少出土資料可以查考。《大村》說出土於濟南府附近，《關野》說出於嘉祥縣，確實地點已難查考。可是從石刻技法看，這石與《中國畫像石全集》第二冊（山東美術出版社，2000），或《山東漢畫像石選集》（齊魯書社，1982）所收嘉祥縣嘉祥村所出一凹面線刻畫像（圖2）或1983年於嘉祥紙坊鎮敬老院出土一石十分接近（參《中國畫像石全集》第二冊，圖125）。嘉祥村一石分上下五層，上兩層為西王母及怪獸，其下兩層為車馬出行，最下一層為狩獵圖。這一狩獵圖和東京博物館者在構圖上幾乎完全一致，稍不同處在前者只有右側最邊一人所持者似為弩而非杖（殳）。兩石之時代應該十分接近。東京博物館的說明標示時代為後漢，二至三世紀，應是不錯的。又此圖和《漢代畫像全集》二編（1951）所收晉陽山慈雲寺天王殿一石（圖34），無論在內容（西王母、車馬出行、狩獵）和

刻法上也十分接近。

　　東京這一幅孔子見老子圖最特殊之處,是在將周公輔成王的畫面和孔子見老子的畫面置於同一層。以我所知,這樣處理的,這幾乎是唯一的一件。1983 年嘉祥縣紙坊鎮敬老院出土兩石,兩石上分別有構圖極為類似的孔子見老子、項橐以及周公、召公輔成王畫像。更重要的是其上分別有「老子」、「孔子」和「周公」、「召公」、「成王」的榜題(《中國畫像石全集》第二冊,圖 114、115。圖 3、4)。這不但明確無誤地證實畫像的內容,更可以從構圖和技法上推證東京這一石應來自嘉祥。

圖 2

圖3

圖4

古月集：秦漢時代的簡牘畫像與政治社會
　　——卷二　畫像石、畫像磚與壁畫

2.天理參考館藏山東汶上孫家村孔子見老子畫像

　　1992 年 8 月 9 日從京都趕往心儀已久的天理參考館。先乘近鐵到奈良，再轉車到奈良縣所轄的天理市。出站遇雨，雨中步行約兩公里到天理參考館。天理教主諸教合一，曾廣蒐世界宗教文物。有關中國的收藏十分豐富。不巧遇上參考館因薰蒸殺蟲，閉館。只得於 29 日再去一趟。在參考館二樓收藏中國文物的陳列室外的走廊上，見到從漢代到隋唐時代墓室畫像石、磚及造像碑十餘件（圖 5）。漢代的畫像磚有河南所出以雙馬、鳥、樹為內容的空心磚，千秋萬歲方磚，五銖錢紋方磚。另一重要的收藏為山東滕縣董家村所出，曾為清金石大家端方所有，《漢代畫像全集》二編曾收錄（圖 54），但題為「今不知所在」的苕子管仲畫像。此石之重要在有清晰的榜題「管仲」、「管仲妻」、「苕子母」、「苕子」、「大鴻臚（臚）」等。

　　在此最引起我注意的當然還是山東汶上孫家村所出的孔子見老子畫像。此畫像中腰橫向斷裂為二，傅惜華《漢代畫像全集》二編曾收錄上下拓本各一，注明拓本一長 57.5、寬 92.5 公分，另一拓本長 57、寬 92 公分，並於八十八號石附說明云：「此拓本與第八十七號，原為一石，今斷二方。」據《全集》所收錄，與此二石同出的，應還有圖八十九的一方。據協助我取得這些畫像照片的佐原康夫教授告知，這三方畫像石都在日本。其中相連的兩方藏在天理參考館，另一方在東京某私人收藏家手中。目前這相連的兩石上下相接置於一處展出。佐原請天理參考館的小田木治太郎先生幫忙，為我取得天理此石全部及局部照片（圖 6.1-2）。以下說說我觀察原石所得的印象。

　　天理所藏兩石呈黃褐色。石之四周和中腰斷裂的邊緣都略有殘損，右下角有一稍大的殘缺，唯畫面主體大致完好。在雕刻技法上，此石和前述嘉祥一石相同，都屬凹面線刻，並以陰線刻出細部；唯一不同在這石的底完全平整，底上沒有豎線刻紋。這石的一個重要特點在畫面布局。它不像一般山東畫像石作橫向平行的畫面分隔；上兩層在近中央處，將分隔的橫線變化成階梯狀，一方面以適合安排畫面，另一方面也使得整個畫面不至於因一律平均分隔而顯得死板單調。

圖 5

　　畫像石的最上層，以階梯為界分為兩部分，右側在較矮的階梯上有三人，居中一人身形較魁梧，正面朝前，頭戴不知名之冠，兩眼圓睜，髭鬚四張，衣衿右，兩腳著長靴及膝，兩手持一彎曲物，部分似藏於身後，其狀若蛇。左右各一人，面容與居中者相似而冠形不同；二人皆右手高舉，左手低垂，作奔走狀；右側一人左手握一柄，柄上為何，因石殘不可知，似為有柄武器；右側一人腰配長劍，右手持一鳥。總之，這三人著短衣，持武器，身分似為力士或武士。

　　較高的階梯上則由七人組成孔子見老子圖。老子在最右側，側面向左，拱身，戴進賢冠，手持一曲杖。和老子同向的是一身形較小，昂首拱手的童子；和童子相對的是孔子。孔子身軀較老子略大，側面向右，戴進賢冠，微微拱身，拱手，手中有一鳥。孔子身後有同方向側面弟子四人。緊跟在孔子後，身材較矮小的是顏回，其餘三人造形相同，一律捧牘在手，拱身拱手，戴進賢冠。

　　下一層占據的畫面最大，也以階梯橫線分成兩個主題畫面。其上部似

圖 6.1

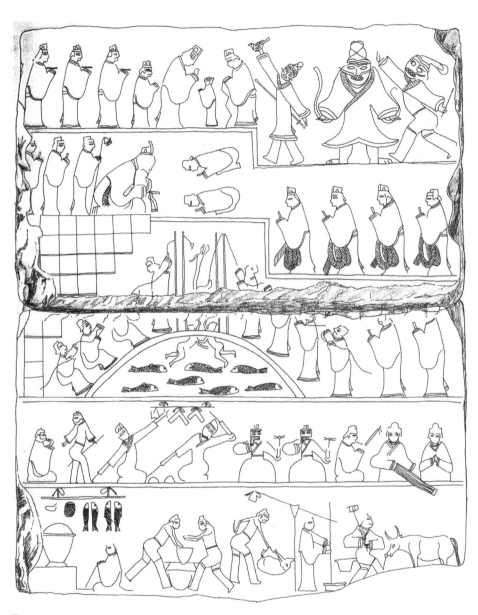

圖 6.2

為進謁圖。圖中主角是左側面向右,身形較其他人都大,戴冠憑几跽坐的主人,他身後有三位站立而侍的侍者,其二人持牘,一人持長杖,杖端有一物不識為何。面對主人的是兩位持牘跪拜中的人,他們之後還有同方向,在階梯下站立,戴進賢冠,腰佩綬帶,拱手持牘,等待進謁的人物四位。階梯下則為升鼎圖。在一拱橋上,兩側各有四人正合力拉繩索,繩索繞過立於橋中央的轆轤,繫在從水中上升的鼎,鼎中有一龍頭伸出,咬斷了一邊的繩索。橋下有二裸身游泳的人,仰頭伸手正協助將鼎抬起,水中則有兩尾左向,五尾右向游水的魚。最右側有二側面向左持牘的人物,似正在觀看這撈鼎的一幕。由於布局的巧妙,龍頭上方,兩位跪拜的人物和受拜的主人,似乎也正在觀看撈鼎。左側有七乘九形成的倒階梯狀方格,這一形式在山東許多升鼎圖中都曾出現,例如孝堂山石祠,和有章和元年題記的南武陽功曹卿闕(分見《漢代畫像全集》初編,圖 15,210)。但它代表的意義,尚難確定。有人以為這是表示岸邊。

再下一層是橫向一字排開的舞樂圖。共有舞者和樂者九人,自左至右,有吹塤的,有舞短棍的(?),有擊磬的,有雙手持短棍擊地上兩半圓形樂器的,有吹排簫,持手鼓的兩人,有吹竽的,有鼓瑟的,最右一人持何樂器不明,似為吹笛。

最下一層為庖廚圖。共有人物六人。最左側一人,正面對灶上的釜甑,手持一杖,觀看火候;上懸有倒掛的魚兩雙和其他不明的肉食,其右有兩人相對正在糟床上瀝酒,再右有一人持刀宰豬,再右一人正以桔槔入井打水,最右側一人則舉椎椎牛,其身後有一準備盛血的盆。

這幅孔子見老子畫像在整個畫像石的左上角,雖在最上層,卻似乎並不居於整個畫面的主體。占據畫面最多的反而是升鼎的場面,這是值得注意的地方。此外,孔子見老子部分,居中的小童並不像其它畫像,手中沒有持一玩具車,東京國立博物館的一石也沒有。上層力士造型和《漢代畫像全集》初編收錄,嘉祥劉村洪福院所出一石極為類似(圖 7.1-2)。中間力士所握的彎曲物,在洪福院一石上是完整刻畫在力士的身前,看來似乎像弓,實際是蛇。這可以從《南陽漢代畫像磚》圖 185 所錄一磚上之力士一

圖 7.1

古月集：秦漢時代的簡牘畫像與政治社會
—— 卷二　畫像石、畫像磚與壁畫

圖 7.2　前圖最上層左側局部放大

手握蛇頭，一手握蛇尾的清楚刻畫得到證明。這一石的下層也有構圖相近的升鼎圖，不多述。山東畫像石中常見庖廚圖，這石的庖廚場面十分典型。例如其中瀝酒的場面即見於《漢代畫像全集》初編，圖 163、170、171；二編，圖 6；《山東漢畫像石選集》，圖 88、135、144 等。

研究漢代畫像石以來，第一次見到原石不是在畫像石的原鄉——中國，而是在異域日本，內心有一種興奮，也有一縷莫名的傷感。這些先祖的傑作不是該在中國嗎？為何流落他鄉？回首上個世紀中原大地上的一波一波浩劫，又不免為這些流落，卻逃過劫數的文化瑰寶感到慶幸。畢竟因此，於世紀之末，我們得以相見。在《中國畫像石全集》和《中國畫像磚全集》相繼出版以後，我們是不是應該考慮蒐集流落海外的畫像石和畫像磚，集中出版？

82.1.28 初稿；86.5.16 改稿；92.10.2 三稿

原刊《九州學刊》2：2（2004），頁 313-325；97.2.23 改訂

武氏祠研究的一些問題
——巫著《武梁祠——中國古代畫像藝術的思想性》和蔣、吳著《漢代武氏墓群石刻研究》讀記

作者：巫鴻（Wu Hung）

書名：*The Wu Liang Shrine: The Ideology of Early Chinese Pictorial Art*

出版：Stanford University Press, 1989

頁數：412 頁

作者：蔣英炬、吳文祺

書名：漢代武氏墓群石刻研究

出版：山東美術出版社，1995

頁數：170 頁

　　有關漢代畫像石、畫像磚的出土、出版和研究，近十幾年都有十分明顯的增加。1995 年深圳博物館出版一本《中國漢代畫像石畫像磚文獻目錄》（文物出版社）。該目錄蒐羅的文獻以大陸地區為主，至 1993 年為止，其中有七成左右發表於 1980 年以後。近代歐美和日本學者研究漢代畫像有長遠的歷史，近十年成績尤其斐然。日本的林巳奈夫、曾布川寬、土居淑子，佐原康夫；歐美地區的巫鴻、Michael Loewe、Jean James、Patricia Berger、Martin Powers、Audrey Spiro 等在這十年裡，都有重要的專書或論文出版。眾多的研究中，武氏祠畫像始終是一個重要的焦點。葉昌熾曾稱許武梁祠畫像為第一（《語石》卷 2），幾十年來漢畫出土倍增，其地位仍不

可動搖。

　　武氏祠石刻在宋代即曾著錄，到清代受到中外學者普遍地注意和研究。由於祠堂已毀，殘石散亂，造成不少認識上的錯誤。乾隆年間，黃易首先將殘石歸為武梁祠、前石室、左石室和後石室四組並加編號。其後瞿中溶、容庚、關野貞和沙畹都有重要的考察、著錄或考釋。1941 年，美國的費尉梅女士（Wilma Fairbank）依據殘餘的畫像石和實地調查，復原三座祠堂，使散亂的畫像歸位。[1] 她的復原因不克查考畫像石的背面和測量殘石的外緣，不免仍有若干配置上的錯誤，但三座祠堂的大體面目在她手上重建出來，為進一步研究奠定了基礎。

　　1989 年巫鴻出版《武梁祠——中國古代畫像藝術的思想性》（以下簡稱《武梁祠》）；[2] 1995 年蔣英炬與吳文祺出版《漢代武氏墓群石刻研究》（以下簡稱《石刻研究》）。蔣、吳一書出版在後，成稿在先。二人自 1979 年底至 1981 年 6 月進行武氏祠的實地考察，1981 年發表〈武氏祠畫像建築配置考〉，[3] 1985、86 年左右完成書稿，卻因出版環境的限制，蹉跎至 1995 年才得問世。[4] 不論如何，由於兩書在材料、觀念和方法上都遠遠超越前人，兩書的出版使武氏祠的研究邁入了一個新的紀元。它們對今後武氏祠甚至一般漢畫的研究，勢必造成深刻重大的影響。

1　Wilma Fairbank, "The Offering Shrines of Wu Liang Tz'u," in *Adventures in Retrieval*（Harvard University Press, 1972）, pp. 43-86.

2　按此書已出中譯本《武梁祠——中國古代畫像藝術的思想性》（柳揚、岑河譯）（北京：三聯書店，2006）。本文原將書名譯作《武梁祠——中國古代圖像藝術的意識型態》，今改從中譯本。評介仍以英文本為主，參以中譯本。

3　見《考古學報》，2（1981），頁 165-184。

4　蔣英炬先生寄贈其大作，封頁裡有如下題箋：「該稿寫成于近十年之前，付印時也未作修改，只是省費而刪去了些圖版。」蔣、吳兩氏考察武氏祠的時間，據蔣先生 1997.6.12 函。信函中謂主要考察工作是在 1980 年春夏間進行的。

一 內容簡介

《武梁祠》一書是由作者的博士學位論文擴充而成，可以說是迄今討論武氏祠畫像較全面、較徹底的一本著作。全書共分兩部分：第一部分「上千年的武氏祠研究」，主要是檢討武氏祠殘存的材料、年代、復原以及中外學者過去相關的研究。這一部分共近七十頁。在七十頁中，作者相當細緻且有系統地交代了既有的成果，也提出了方法和觀念上的己見和對他人的評論。

在這一部分裡，作者結合文獻和考古的材料，徹底檢討漢代墓葬和祠堂的關係，並從漢代家族型態的轉變，重新考慮武氏家族墓和祠堂的結構性關係。他最主要的一個觀察是東漢以降，家族成員合葬於多室墓，墓中共有一享堂的情形似乎漸增。他以徐州白集東漢墓、安徽亳縣曹操宗族墓（巫書誤為山東，頁 33、35）等為例，輔以《水經注》的記載，說明同一家族的成員共有大片的墓園，墓園分若干的區域，其中同一房支的幾代成員，或葬在同一座大型多室墓的若干側室中，或葬在由若干小墓構成的塋域內。同一房支的成員共享一個祠堂，不同房支的則有不同的祠堂。雖然武氏家族墓未曾發掘，作者「不排除這些墓的一部分或全部是容納一代人以上的多室墓」。[5] 他推測現存的左石室、前石室、武梁祠和第四室可能是由武始公、武景興、武梁和武開明代表的武氏四房的祠堂（頁 32-37），並繪製了一幅武氏墓園由雙闕、神道、碑、四座墓和四座祠堂構成的結構假想圖。這是作者在第一部分中富於新意的一個重要看法。

本書另一個重心在於對畫像內容的解釋，也就是第二部分「武梁祠畫像：圖像的宇宙」。這一部分長達一百三十餘頁，以構成祠堂的三部分——屋頂、山牆和祠壁，分為三章，分別討論各部分畫像的意義。在這一部分，作者將一位藝術史家的能耐發揮到了極致，不僅解析個別的畫

5　原文如下：「we cannot rule out the possibility that some or all of the tombs were multi-chambered and housed members of more than one generation」（頁 37）。

像，更提出了一套自成系統，整體全面性的看法。這套看法將於下文再作評介。除了上述兩部分，本書還有四個附錄：「榜題、畫像和相關文獻資料」、「武氏祠相關研究年表（1061-1985）」、「武氏祠畫像著錄表」、「漢代年表」。

依照巫鴻的分類，蔣、吳合寫的《漢代武氏墓群石刻研究》，應該算是一本偏於考古學取向的論著。蔣、吳二氏都是經驗豐富的考古學者。最近蔣氏還擔任山東長清雙乳山一號漢墓發掘工作的領隊。兩人過去對山東漢畫石刻藝術曾長期投入心力，作過普查，編輯出版過《山東漢畫像石選集》（齊魯書社，1982）。他們的工作中具有深遠意義的莫過於對山東現存的漢代祠堂（武氏祠、孝堂山石祠、宋山小祠堂）所作的調查和復原工作。《石刻研究》可以說是他們調查和研究的總結報告之一。

《石刻研究》除緒言，共分九章：第一章〈武氏墓群石刻的歷史概況〉簡單介紹武氏墓群的地理環境、武氏祠的修建過程和年代以及石刻的發現和現況。第二章〈石闕與石獅〉、第三章〈武氏諸碑〉、第五章〈祠堂畫像內容〉基本上是對石闕、石獅、碑和各祠畫像內容作個別描述性的介紹，相關的考證則多見於附註之中。第六章〈對武氏祠畫像的幾點認識〉提出對祠堂畫像布局、畫像題材、祠堂主人以及若干題材如車騎出行、水陸攻戰的新看法。又舉出「楚昭貞姜」故事畫像為例，指出過去由於不注意祠堂結構，所造成對畫像內容理解的錯誤。第七章〈略說武氏墓群石刻藝術〉簡單介紹了武氏墓群石刻的製作過程、雕刻技法和藝術風格。第八章〈武氏墓地的兩座石室墓〉簡略報導了 1981 年在武氏墓群保管所內東南發掘的一、二號墓的情況。從墓葬的時間、方向，可以證明這裡確實是東漢晚期武氏家族的墓園。最後「附錄」收錄武氏祠的其它漢畫像石以及清代為武氏祠所立的碑刻題記。

全書分量最重的是第四章〈祠堂畫像石建築復原〉和第五章〈祠堂畫像內容〉兩章，約占全書之半。建築復原尤其是全書的重心，也是全書貢獻最大之處。沒有他們精細的實地考察，過去黃易、容庚和費尉梅等人在建築和畫像上理解的錯誤即無法糾正；沒有正確的祠堂復原，後來的學者

即無法真正展開進一步全面性的探討。關於祠堂復原也將於下節專論。

　　基本上，本書是將武氏墓群和祠堂當作一個整體看待，而不是偏重某一座祠堂的分析。其次，在方法上，這是一本典型的考古學報告和著作。兩位作者遠較前人細緻地報告了墓地和祠堂的現況，以圖或文字詳細交代了考古報告中應有的各種數據以及對材料應有的描述。

　　《武梁祠》和《石刻研究》兩書在材料整理和對材料的理解上有相近處，也有不少關鍵性的差異。作為漢畫研究的新手，讀畢兩書，除了衷心佩服，仍然有不少疑惑，期待更進一步的討論和釐清。

二 石祠的復原與祠主

　　兩書作者都指出，要正確理解畫像的內容，不能不從對祠堂的整體認識出發。如此，復原石祠，掌握畫像在石祠中原本的位置，就成為理解畫像結構和內容的必要基礎。以下將從評介兩書對石祠復原的見解異同開始，再討論他們對畫像內容的解釋。

　　1980 年，蔣英炬和吳文祺受山東省博物館之命，對殘石的數目、形制特點和尺寸，以及武氏家族墓地、祠堂的現況作了全面清查和記錄。〈武氏祠畫像石建築配置考〉一文和《石刻研究》一書即在這樣的基礎上寫成。巫鴻一書有關石祠重建的部分曾參酌〈配置考〉，對石祠復原的意見大致和蔣、吳一致，但也有些補充和重要的保留。

　　蔣、吳和巫鴻都認為除了石闕，武氏祠目前最少可復原三座。兩書作者又都一致否認過去學者所說「後石室」的存在。他們認為一些無法納入以上三祠的殘石，應該屬於武氏諸祠的另一祠堂，但不是所謂的後石室。巫鴻稱之為「第四祠」（《武梁祠》，頁 23；以下僅註頁碼），蔣、吳則不排除其屬「武斑祠」的可能（《石刻研究》，頁 109；以下僅註頁碼）。

　　蔣、吳在進行實地考察和測量時，發現不少為過去著錄所忽略的資料，例如東西兩闕之間一條橫鋪長 5.7 公尺，中央嵌豎另一石，用於止門

的闕石。又發現未見著錄的殘脊石、供案石、花紋殘石、舞蹈花紋殘石、耳杯盛魚畫像石。除了增補材料，蔣、吳在復原工作上最大的優勢是他們有機會仔細觀察殘石的各面，從殘石的石質、色澤、刻石的技法特色、邊緣的榫卯和背面的構件特徵等，恢復其原本在建築中應有的位置。因此，兩人能夠對前人的復原作出以下重要的修正和補充：

（1）石闕部分

費氏復原僅及祠堂，未及石闕。蔣、吳確立了石闕的位置、方向以及和祠堂的關係，補充了石闕間原有的止門裝置一閫。

（2）前石室部分

費氏將東西兩壁的畫像石安置顛倒。蔣、吳將「前石室六」攻戰圖安置在西壁下部，將「前石室七」宴飲庖廚圖安置在東壁下部，重建其應有的位置。其次，刻有車馬出行的長條「前石室四」石，應放在東西山牆之後，而不是如費氏所說夾於兩山牆之間。再者，費氏受關野貞誤導，將「前石室九」、「前石室十二」兩石推斷為階步石，放置在後壁小龕之下作基石。其實這兩石應是石祠的挑檐枋石，應配置在前檐下，一在東，一在西，承托屋檐。

在補充部分，蔣、吳將一方過去為人忽略的供案石，配置在小龕後壁下。更重要的補充是重建了前石室的屋頂。蔣、吳發現過去認為的「後石室四」、「後石室五」兩石，正是前石室的屋頂前坡。

（3）左石室部分

費氏因為不能掌握各石邊緣、背面以及各石在建構銜接上而有的榫卯等構件特徵，造成配置上的錯誤，左石室的錯誤尤其嚴重。和前石室一樣，東西壁下段兩石應互調。後壁小龕兩側畫像石以及小龕內東西兩壁之石，蔣、吳都根據石材背面及邊緣的構件特徵、畫像花紋及內容的連續性，指出費氏配置的不可能，十分適切地將各石調整到它們原本應屬的位

置上去。各石如何調整，兩書有圖文可以覆按，為省篇幅，不細說。

最主要的補充也是屋頂。費氏沒有復原屋頂。蔣、吳認為「後石室二」、「後石室三」兩石是左石室屋頂的前坡，「後石室一」石是屋頂後坡的東段。前文提到未曾著錄過的殘脊石則是左石室的脊頂石。

不過，巫鴻對這一屋頂的復原表示懷疑（頁 17-18）。[6] 他懷疑的理由有三：

(1)「後石室一、二、三」石太短，組成前坡的二、三石長 336.5 公分，但左石室的長度，依他的計算卻有 426 公分。長度相差甚多，二、三石之長不足以覆蓋屋頂。構成屋頂前坡的二、三石寬度也不一致。蔣、吳雖曾說明因這三石的「無畫糙邊被後人打去」（頁 46；或〈配置考〉，頁 178-179），變得較短，但巫鴻質疑為何會破壞得如此整齊，其中一、二石剛好都是 167.5 公分，三石為 169 公分？

(2) 這三石畫像的內容不連續，也不協調。第一、二石的內容以人物、飛禽、走獸、浮雲等為主體，和第三石刻畫為四層在內容和結構上不連續，也不相干。第三石的四層結構卻和蔣、吳認定為前石室屋頂的「後石室四、五」石相似。

就第一點來說，蔣、吳在書、文中一再表明，現在所見的殘石有很多都遭到後人的切削鑿打，不是原來應有的長度或寬度。尤其許多沒有畫面的邊緣多遭損毀。作為屋頂的 R2、R3 即非完整。蔣、吳在左石室的建築配置圖上，清楚以虛線表示 R2＋R3 並非屋頂的全長（詳見下引〈配置考〉原文），在〈配置考〉的畫像石一覽表於 R2、R3 的備註中，分別註明「右邊殘，可見到一卯的痕跡」、「左、下兩邊殘」（頁 181），因此其長度自然無法覆蓋全屋頂，寬度也不一致。

關於為何會遭破壞和破壞得如此整齊的問題，巫氏書中的原文是：

6　按此書中譯本《武梁祠》頁 24-26 仍保持原意見，認為蔣吳所做的左石室屋頂的復原缺乏說服力。

Jiang and Wu recognized these problems, postulating that the blank edges of these two stones, as well as that of the third stone（R.1; which had formed half of the back slope of the roof）, had been "cut off by later people." Why, however, did these "later people" cut these stones and why did they cut them into such a uniform shape? The length of R.1, R.2, and R.3 are 167.5, 167.5, and 169 cm, respectively.（p.17）

《武梁祠》中譯本頁 24-26 的譯文如下：

> 蔣英炬和吳文祺認識到這些問題，因而假設這兩石以及組成屋頂後坡之一的「後石室 1」的無畫部分都被「後人打去」。但問題是「後人」為何要打去無畫部分？又為何將三石打成如此統一的形狀——後 1、後 2 及後 3 的長度分別是 167.5、167.5 釐米和 169 釐米？

我們看看〈配置考〉原來是怎麼說的：

> 「後石室二」、「後石室三」二石相接又組成一面屋頂。這兩塊石頭形制一樣，皆刻有神怪靈異的畫像，背面刻瓦壟。「後石室二」左邊上有半個卯孔，左側面有凸凹接槽，右上部糙面上的卯被後人打掉，仍留痕跡；「後石室三」右邊上有半個卯孔，右側面有凸凹接槽，左上部糙面上的卯被後人打掉，此石的下邊也有殘缺。二石左右扣接後，正覆蓋在左石室屋頂前坡上，其畫面總寬等於後壁長，畫面高度等於山牆的前坡長，卯榫無不相合。「後石室一」也刻神怪靈異畫像，右邊（《石刻研究》此處增一「上」字）有半個卯孔，左邊無畫糙邊被後人打去，上面（《石刻研究》改「面」字為「有」字）一卯尚留痕跡，正合覆蓋在後坡的束段……（頁 178-179）

巫氏的敘述一方面將蔣、吳的原文簡單化，一方面似也誤解了蔣、吳的原意。巫氏在敘述中說兩石以及組成屋頂後坡之一的「後石室 1」的無畫部分都被「後人打去」（the blank edges of these two stones, as well as that of the third stone, had been "cut off by later people"），和蔣、吳原文所說「右上部糙面上的卯被後人打掉，仍留痕跡」，「左上部糙面上的卯被後人打掉，此石的下邊也有殘缺」的原意頗有差距。從上引蔣、吳的敘述中，可以清楚知道他們之所以推定二、三石為屋頂，理由在依據構件上的特徵：（1）背面所刻

瓦壟；（2）石側的凸凹接槽；（3）石側不同部位的卯孔，以及二、三石的畫面「總寬等於後壁長，畫面高度等於山牆的前坡長」。巫氏不提這些構件上「卯榫無不相合」和畫面與後壁、山牆相合的證據，而質疑後人為何破壞此兩石，又破壞地如此「劃一」，其實並不相干。蔣、吳在〈配置考〉頁 175 的注 1 中（《石刻研究》頁 51 的注 14 同）曾提到一段武氏祠的石材，其無畫糙邊遭後人鑿打失去的情形：「這些打掉無畫糙邊的新鑿印，是清代修畫像石祠堂時留下的。當時是為了便於砌於牆內而又能多容納畫像石。……『後石室一』、『後石室二』、『後石室三』〔按：也就是巫氏所說的 R1、R2、R3〕等石頭上，也留下了打去無畫糙邊的新鑿印，有些把安置屋頂的卯孔也打掉了。」R1、R2 長度「劃一」，R3 不同，都是清人鑿打的結果。為何鑿打成這樣的長度？顯然和清人進行保存，便於砌在牆上有關。我想這足以回答巫氏提出的質疑。

關於第二點，巫鴻指出蔣、吳復原的左石室前坡東段畫像內容和形式，反與前石室的前坡兩石較類似。這是事實。而依蔣、吳復原的前石室屋頂前坡兩石，無論畫像的內容或形式，確實也是一致的。不過，第一，我們要注意前石室和左石室在石刻鑿紋上的不同。蔣、吳在《石刻研究》裡指出：

> 前、左二室的石頭雖都有混雜在「後石室畫像」一組中，但經過配置以後仔細觀察，兩室的畫像石在減去畫像輪廓外地留下的鑿紋，前石室石細而密，左石室石粗而疏，每石如此，毫不混淆。（《石刻研究》，頁 49；〈配置考〉頁 181 同）

如果確乎每石如此，毫不混淆，屋頂石當不例外，則我們應可將前石室和左石室的石材清楚地分別開來。如果蔣、吳曾將屋頂石的石質和左、前石室其它各石作一比較，並作說明，當可減少不必要的誤解。

其次，畫像內容的異同和整體性問題應注意建築的格局。我們不要忘了左石室和武梁祠在建築格局上有所不同。武梁祠為單開間建築，屋頂前後坡是單一的一個整體，畫像內容在設計上因此也是整體一貫的。左石室是兩開間建築，屋前中央有石柱，屋內中央有山牆，山牆從屋頂將建築隔

為兩間。這種情形和前石室或孝堂山祠堂一樣。因為山牆的存在，屋頂左右分隔，各自獨立，左右兩部分畫像的內容理論上可以作連續，也可以作不連續的設計。可惜漢代祠堂留存太少，而孝堂山和宋山祠堂的屋頂又無畫像，我們缺少更多的材料去了解多開間建築在屋頂設計上的一般規律。如果我們以東漢山東地區石室墓的室頂裝飾作類比的考慮，以安丘董家莊東漢畫像石墓為例，其前、中、後室的室頂或坡壁畫像都是各室自成單元，並沒有連續性。在這種情形下，以武梁祠單開間屋頂設計的特色去質疑多開間的其它祠堂屋頂，是須要更審慎的。

不過，巫鴻的問題也迫使我們要更小心地考慮以下幾點：

（1）大家都同意武氏諸祠不止三祠，還有些殘石屬第四祠；

（2）左石室和前石室的大小和結構類似，因此不能排除第四祠的大小和結構也相類似；

（3）如果三祠（左、前、第四）的大小和結構類似，它們的構件如榫卯也可能相似，如此構件是否可以互用互通呢？換言之，合於左石室榫卯的屋頂構件，也有可能可以合於另兩祠的屋頂。蔣英炬在復原宋山小祠堂的報告中特別提到宋山四座小祠堂的屋頂石「作為建築構件都是一樣的，而且四座小祠堂的大小又相近，疊蓋在那座祠堂頂上都可以用」。[7]

（4）在這種情況下，如果又不排除屋頂的畫像內容應有某種關聯和整體性，那麼我們就得考慮蔣、吳復原的左石室屋頂三石，有可能其中某塊或某兩塊屬左石室，其餘屬前石祠或另一祠。

由於我只能看到復原的平面圖，不曾實際考察，兩書都沒有屋頂石背面和表示結構細部的照片，以上所說不過是一種揣測。真正解決問題，須要更徹底考察原石。如能徹底了解各榫卯的外形、大小和結合的情形，證明各祠石材上的榫卯不能互通互用，而「後一、二、三石」只合於左石室，則可更有力地證明此祠屋頂重建的可靠性。

7　蔣英炬，〈漢代的小祠堂——嘉祥宋山漢畫像石的建築復原〉，《考古》，8（1983），頁 746。

此外，巫鴻提到左石室和前石室正面中央前檐下有一立柱，蔣、吳未加復原。巫氏根據沙畹書所刊兩石柱四方形柱頭的照片，認為應分為左、前石室立柱的柱頭（頁19）。這兩塊所謂的「柱頭」，蔣、吳在《石刻研究》中曾仔細蒐集相關的資料，得出和巫氏迥然不同的看法：「經仔細察看核對，這兩個所謂四邊形柱頭，是雙闕子闕上的兩個櫨斗，脫落後放置存放畫像石屋內。現在這兩個櫨斗都復原配置到子闕上。」（頁50，注6）1992年我到武氏祠參觀時，曾攝下石闕的照片，兩個櫨斗現在的確復原在子闕上。依櫨斗和子闕吻合的情形看，蔣、吳的復原應無問題。沙畹書所刊「柱頭」照片中，疊在上面的一塊應屬東闕子闕，下面的一塊應屬西闕子闕。（參圖1：1992年9月25日攝。照片右側為西闕，左側為東闕。）

圖1　1992.9.25 作者攝於嘉祥武氏祠

　　總結而言，蔣、吳二氏對祠堂和石闕的復原，截至目前還是比較可以信賴的。我曾偷閒將蔣、吳書中的附圖放大影印，再利用保利龍為材料，試作兩座石闕和三座祠堂的小尺寸立體模型，結果可以復原出這些建築原本可能的模樣。

幾座祠堂的祠主為何人？一直眾說紛紜。蔣、吳二氏參酌成說，斷以己意，認為武梁祠屬武梁不成問題，前石室屬武榮也大概無疑。左石室因無榜題，較不易確定，不過可能屬武開明；另一座祠堂則可能屬武斑（頁106-109）。巫鴻以為祠堂雖因某人而修建，卻不完全屬於他個人，而是屬於這一支或這一房幾代人所共享。[8]例如，武梁祠因武梁而修建，他的子孫死後，即在同一座祠堂內分享血食。

巫鴻的這個說法可以說為祠主問題的討論帶入了新的思考。他提出這個推測時，來不及見到蔣、吳在武氏祠東南所作一、二號墓的發掘。這兩座墓的形制，依《石刻研究》的記述和所附的平面圖，很顯然並不能證實其說，甚至排除了一代以上合葬於多室墓的推測。不過，武家林一帶還有很多墓未曾發掘。我在武氏祠參觀時，聽墓群石刻保護單位負責人朱錫祿先生說，不僅在保護單位的院牆內，在院牆外老鄉住屋的下面都有不少墓。形制如何，尚不得而知。巫氏之說因此仍值得注意。基本問題是我們至今不了解東漢家族墓園建立祠堂，到底依據什麼原則？是曾任官的才有祠堂？是一房（支、系）一座祠堂？是依財力而定？還是依死者在家族中的地位和勢力？要真正解決武氏祠堂祠主的問題，恐怕還須要下更多的功夫。

三 畫像的布局與意義

在對石祠復原大致相同的基礎上，雖然巫鴻討論的重點集中在三祠中的武梁祠，而蔣、吳是對武氏墓群作總體性的討論，他們對祠堂畫像布局的意見，頗有類似之處。基本上，他們都認為祠堂畫像的布局是經過整體

8　中譯本將「支」或「房」譯作「系」，中譯作：「如果武氏墓地中埋葬著武家不同輩分的成員，則四座祠堂（左石室、前石室、武梁祠以及「第四石室」）很可能屬於分別以武始公、武梁、武景興以及武開明為首的武氏四系。」（頁43）

性的規劃，有一定的規律。

　　兩書都同意的一個規律是：屋頂的畫像基本上象徵著天上世界；其次一層的東西山牆上，則有東王公和西王母代表的神仙世界或天堂；神仙世界或天堂之下，以分層的形式，描述人間的事，是屬於人的世界。巫鴻開宗明義即認為武梁祠的屋頂、山牆和四壁代表著漢人思想中宇宙構成的三個部分：天（heaven）、天堂（paradise）和人間世界（human world）（頁74）。蔣、吳《石刻研究》第六章表達了幾乎完全相同的意見（頁96）。其次，兩書在個別畫像內容的考訂上，以武梁祠而言，大多一致。例如他們都認為武梁祠畫像中乘坐牛車的處士即是武梁本人。

　　然而兩書對畫像內容的認識，也有一個關鍵性的不同。這個不同造成對整座祠堂畫像解釋的差異。這個關鍵即在三座祠堂後壁下層中央的畫像。蔣、吳認為這個畫像中央的人物是受祭祀的祠主；巫氏不同意此說，認為這個畫像淵源於漢代皇帝的畫像，代表著君主或君權（sovereignty）。

　　其次，蔣、吳認為三座祠堂在畫像內容和布局上雖有若干變化，卻「顯示出一定的規範化和固定化的特點，具有一定的規律性」（頁94）。換言之，蔣、吳並不認為武梁祠的畫像有何不同於其它兩祠的特殊內涵或用意。他們討論武氏祠畫像的意義時，是將三祠一體看待的。巫鴻則明顯強調武梁祠畫像的獨特個性。他以十分繁複的論證，力辯武梁祠是基於武梁本人精心的設計，以刻意精選的畫像內容，表露自己對現實政治的批判，以及一套承自司馬遷的歷史觀。

　　展讀兩書，面對如此不同的畫像解釋，迫使我不得不仔細地將兩書一讀再讀，並對如何運用畫像資料，作更深一層的思考。在談論這些以前，先將巫氏對武梁祠畫像解釋的幾個基本要點，作些介紹：

1. 武梁祠作為東漢普遍存在的祠堂之一，它和當時其它的墓葬和祠堂有共通之處，也存在著特殊性。

2. 武梁祠東壁乘牛車的處士即武梁。他是一位今文經學派的學者，深通讖緯吉凶之學；他像許多東漢的儒生一樣，懂得如何利用祥瑞批判時政，表達抗議。祠堂屋頂繪製祥瑞，用以反諷時主之不

德。這是其它漢代祠堂所不曾出現過的。

3. 山牆上的東王公和西王母反映漢代陰陽相對的觀念。二世紀中葉以前，代表陰陽的由較早的伏羲、女媧，轉變為風伯、女媧和西王母（如孝堂山祠堂所見），到武梁祠則再轉成東王公和西王母。西王母正面朝前的構圖法在西元一世紀出現，這是受到佛教藝術的影響，西王母已被看成是和釋迦一樣的神聖性人物（sacred figure）（頁 134）。[9]

4. 武梁受司馬遷啟發，以圖畫寫史，一方面表現自己對以三綱五常為核心儒家倫常的服膺，另一方面利用圖像，像《史記》一樣，敘述一部自人類之初（伏羲、女媧）開始到當代的歷史。東、西、後壁分層所刻的畫像是石祠裝飾最主要的部分。自右至左，由上而下，有一定的次序；順序觀畫，猶如展讀一件歷史的圖卷。自西牆上層開始的十一位古帝王，東牆上層的七位賢婦、十七位孝子，都是經過精心挑選安排，代表儒家三綱五常的不同典型（頁 142-144）。

   由於受到圖像媒材的空間限制，武梁只能抽選若干類型人物的故事來貫串一部歷史。古帝王的部分相當於《史記》的本紀；列女、孝子、忠臣、刺客等故事畫像相當於《史記》的列傳；武梁本人出現在歷史圖卷的最後，正像司馬遷在《史記》的末尾作序，代表了一位歷史家對古今歷史的論贊。

5. 作者認為祠堂後壁中央畫像裡，樓闕中的那位主人翁相當於皇帝，圍繞在皇帝四周的人物則猶如《史記》世家中的諸侯，也好像二十八宿環北斗而運轉。整體畫像是以皇帝為中心，各種具有典

---

9 以正面朝前方式圖畫神像在中國早已出現，似難認定係受佛教影響。較清楚的例子是長沙馬王堆三號墓殘帛上有榜題「社」字的社神圖，也有學者認為是「太一」，不論是太一或社，其像正面朝前。參傅舉有、陳松長編，《馬王堆漢墓文物》（長沙：湖南出版社，1992），頁 35；邢義田，〈「太一生水」、「太一出行」與「太一坐」：讀郭店簡、馬王堆帛畫和定邊、靖邊漢墓壁畫的聯想〉，《國立臺灣大學美術史研究所集刊》，30（2011），頁 1-22。

型意義的忠臣、孝子、節婦圍繞在旁，這些應是在表現武梁心目中君王政治的理想或理念（ideal of sovereignty）和正確的君臣關係（correct relation between ruler and subject）（頁187）。

這一套解釋還有很多細節，不及一一介紹。總之毫無疑問，這是漢畫研究史上，第一次有人以一整本書的形式，對武梁祠畫像提出龐大、細密、雄辯、動聽的新解。出版以後，在歐美藝術史及史學界造成轟動，讚美之聲不絕於耳。[10] 1990 年更獲得美國亞洲研究學會約瑟夫・列文生獎（Joseph Levenson Prize）。

將《武梁祠》與《石刻研究》兩書對讀之後，不禁仍要問畫像研究上的一個老問題：到底要怎樣才能掌握這些畫像真正的內涵和意圖？兩書都曾檢討過去的說法，提出種種論證，最後卻有迥然不同的解讀。到底那種解讀可以採信呢？幾次細讀兩書，再參酌自己的體會，覺得祠主說仍然比較可信。巫氏強調武梁受司馬遷影響，親自設計安排畫像內容，展現一部特殊的「圖畫《史記》」，以及以祥瑞吉凶批判時政諸說，新鮮有趣，卻因缺乏積極證據，無法令我心安。以下分成幾部分，分別作進一步討論。

一、武梁和武梁祠修建的關係

武梁祠是武氏墓園中武氏諸祠之一。由於有石闕題銘、武梁碑、武開明碑、武榮碑和武斑碑的著錄或殘碑存世，我們得以知道武氏祠堂修建的大致經過。對於這個修建過程，巫氏和蔣、吳的意見幾乎一致。討論武梁和武梁祠修建的關係，最主要的依據不外乎石闕題銘和武梁碑。在諸祠和石闕中，石闕最早修建，在建和元年（西元 147 年）。從題銘可以知道，武梁（即題銘中的綏宗）是和兄始公、弟景興、開明一起參加建闕的工作。又據諸碑，知道武開明死於建和二年（148 年），武梁死於元嘉元年（151 年），

---

10 相關書評可參 *Choice*, v. 27, April 1990, p. 1313; *Times Literature Supplements*, May 18, 1990, p. 530；*Journal of Asian Studies*, v. 49, Nov. 1990, p. 923; *Pacific Affairs*, v. 63, fall 1990, p. 437; *Early China*, 15（1990），pp. 223-235; *Art Bulletin*, v. 75, March 1993, p. 169.

武榮死於桓、靈之際，蔣、吳推測約在建寧元年（168 年）。其餘武家人如兄始公的死年就不清楚了。

要證明武梁祠的修建是基於武梁本人的設計，愚意以為須要滿足以下兩個條件中的任何一個：一是能證明武梁生前曾預修墓藏和祠堂。漢代有生前修墓的習慣。像大儒趙岐預修墓壙，就能按照己意安排畫像的內容；二是曾有遺令，指示子孫如何處理墓地、喪葬。

然而，沒有任何證據可以證明武梁曾於生前修墓或曾有遺令。從開始建闕到武梁死不過四年，我們在石闕題銘中看不出武梁對建闕或修祠堂曾有何種意見。元嘉元年夏，武梁遭疾病死，年七十四歲。武梁碑云：「孝子仲章、季章、季立，孝孫子僑，躬修子道，竭家所有，選擇名石……前設壇墠，後建祠堂。」仲章、季章、季立、子僑都是武梁的子孫，碑中明白說祠堂由他們修建，沒說是否曾遵奉遺令而行事。我們雖然不能因此否定遺令的存在，但是也不能證明子孫修祠時，對畫像的選擇和安排即是完全依照武梁的心意。

以前我曾提出一個粗淺的觀察，認為漢代畫像的完成可能受到墓主本人、墓主家屬、時代流行風尚和實際製作者即石工四方面的影響。[11] 以武梁祠的例子來說，除了上述子孫扮演的角色，石工的角色似乎也應受到特別的注意。武梁碑裡一字未提武梁本人對修祠的意見或指示，卻花了不少文字形容「良匠衛改」如何發揮技巧，雕文刻畫。衛改恐怕不是一位僅僅聽命行事的工匠，而是曾對武梁祠的整個畫像規劃、布局起過相當作用的一個人。[12]

二、武梁祠畫像的獨特性

那麼，巫氏怎樣證明武梁祠是基於武梁本人的心意呢？如果我的理解無誤，基本上是從武梁祠畫像的獨特性立論。他從畫像內容選擇和組合上

11　邢義田，〈漢碑、漢畫和石工的關係〉，《故宮文物月刊》，160（1996），頁 44-59。

12　關於這一點，Jonathan Hay 在書評中也有相同的評論，見 *The Art Bulletin*, 75:1（1993），p.171.

的特色，認為畫像有特定的意圖，而這個意圖只可能是以武梁的心意為依據。例如，巫鴻認為武梁祠屋頂的祥瑞圖在三方面有其特殊性：

(1) 武氏三祠和附近宋山祠堂都出於嘉祥同一個石工作坊，可是只有武梁祠的屋頂上有大規模的祥瑞圖（頁 96）；

(2) 漢畫中雖多祥瑞圖，但在墓葬中像武梁祠這樣以目錄的形式（cataloguing manner）出現的，為東漢祠堂中所僅見（頁 97）；

(3) 漢畫中並不流行描繪不吉之兆，祥瑞第三石上的不吉之兆為上千漢壁畫和石刻中所僅見（頁 97）。

作者接著說：「武梁祠祥瑞圖這些不尋常、不合常態的特點一定是有特殊的意義，而且是為表現某種意念而刻意設計出來的。」[13] 接著作者又引武梁碑為證，認為武梁就是設計者。他以一今文經學者的身分，有意藉由吉凶兆應，諷刺抗議時主之不德，如同孔子之感嘆鳳鳥不至，河不出圖（頁 106-107）。作者在作以上這些論證時，不知是有意還是無意，將他認為是凶兆的「有鳥如鶴」一石（或稱祥瑞第三石）當作是武梁祠祥瑞圖的一部分。[14] 實際上這是嚴重的誤導！因為作者在其書頁 20-21（中譯本頁 27-28）明白提到，他和蔣、吳的看法一樣，也就是認為「王陵母」一石、李克正發現的所謂的「左石室一」石、「何饋」一石和「有鳥如鶴」一石，應屬

13　巫書頁 97 的原文是：「The unusual and unconventional appearance of the omen images on the Wu Liang Ci suggests that these carvings must have possessed a specific significance and been purposefully designed to express some idea.」

14　參中譯本頁 98：「這塊叫做『祥瑞石三』或『有鳥如鶴石』的畫像非常接近武梁祠屋頂圖畫。不同處在於它不但刻有瑞象，而且還有災異之象。……此石的傳統名稱『祥瑞石三』不夠準確，我將它改稱為『徵兆石三』。」這裡原只說它們「非常接近」，但到頁 99 卻說：「它們顯示出這部書（按：指《山海經》）在漢代是災異之象的索引，直接為武梁祠『徵兆石三』的畫像提供了資料。」「徵兆石三」在這一句裡已變成武梁祠的「徵兆石三」！頁 121 也有類似的敘述：「我們因此可以認為，武梁祠上的徵兆圖像不僅表達了韓詩學派儒生對歷史及社會的一般性認識，而更重要的是它們表現了桓、靈時期隱退之儒生對當時政治的批評。」「『徵兆石三』上的災異之兆直截了當地觸及了日益惡化的政治狀況。」（頁 121）中譯十分準確。這樣的語句也足以導引讀者以為「徵兆石三」是武梁祠的石刻。

於可復原的三祠以外的另一祠。[15] 此另一祠，巫氏命名為「第四祠」，其祥瑞畫像和武梁祠十分類似（頁 23-24），但畢竟不屬於武梁祠。如果將這一石剔除，其它屬於武梁祠的兩塊祥瑞石上就完全都是代表吉祥的吉兆！用幾十種吉兆來抗議時政，誠難令人理解。巫氏更曾以為武梁祠的那些吉兆要當成災異之兆來「反讀」，才是它們真正的意思。我們不禁要問：武梁如果真要批評時政，何不乾脆只刻災異之兆，不刻吉兆，豈不更直截了當？如果武梁祠的祥瑞畫像應反讀，內蒙古和林格爾、河北望都和江蘇彭城相繆宇墓裡的祥瑞畫像是不是也都要反著讀？這豈不是太不可思議？武梁用災異之兆批評時政的推論，可以說完全沒有根據。

武梁祠的祥瑞圖據巫鴻自己指出，是根據漢代流行的祥瑞圖譜（omen catalogues）（頁 84），並不是武梁的自創。這些祥瑞畫像在漢墓或祠堂中經常見到，有些規模較大，有些擇取若干，情形很不一律。規模較大的如和林格爾壁畫墓，小的如河北望都漢壁畫墓、江蘇邳縣彭城相繆宇墓。[16] 至於擇取那些，擇取多少，放置在什麼位置上？背後的因素很多。例如墓主或家人子孫的要求、流行的風氣、石工的建議和墓、祠可供利用的空間等因素都會左右祥瑞圖的內容、規模和位置。如果沒有明確的文字證據，今天我們幾乎無法確知其中那一個或那些因素才是關鍵。

漢墓或祠堂中以祥瑞為飾，最少有一部分的用意應該是藉以彰顯或歌

15　巫書頁 20-21 的原文是：「a number of stones, excavated at the Wu site and listed in Appendix C, cannot be integrated into the reconstruction of any of the three shrines reconstructed by Jiang Yingju and Wu Wenqi. These include: the "Wang Ling mu" slab... the first stone of the Left Chamber... and the "he kui" slab and "you niao ru he" slab. In my opinion, these four slabs are parts of another shrine built at the Wu cemetery.」

16　參《望都漢畫壁畫》（北京：中國古典藝術出版社，1955）。前室東西壁上半為郡縣屬吏「追鼓掾」、「門下史」、「門下功曹」、「門下賊曹」、「門下游徼」等圖，下半有「𧈫子」、「芝草」、「鸞鳥」、「白兔」、「鴛鴦」成排連列的祥瑞圖及榜題。江蘇邳縣彭城相繆宇墓後室門口左側畫像上半有成排員吏，榜題有「守閣吏」；下半兩欄有「福德羊」、「騏驎」、「□禽」、「朱鳥」、「玄武」、「青龍」榜題和祥瑞畫像，參南京博物院、邳縣文化館，〈東漢彭城相繆宇墓〉，《文物》，1984：8，頁 22-29。和林格爾壁畫墓的祥瑞圖規模較大，在中室西壁至北壁，參《和林格爾漢墓壁畫》（北京：文物出版社，1978）。

頌墓主的治績。如果稍微注意一下東漢的文獻和碑刻，就可以發現，不只是天子的德政帶來瑞應，郡縣守長如有所謂的德政，也會有甘露、芝草等見於轄境之內的事。[17] 東漢碑刻中最為人知的例子莫過於靈帝時武都太守李翕五瑞摩崖，有圖畫的黃龍、白鹿、木連理、嘉禾和甘露五瑞，圖畫旁題記謂：「君昔在黽池，脩崤嶔之道，德治精通，致黃龍、白鹿之瑞，故圖畫其像」（《隸釋》卷四）。和林格爾壁畫墓、望都漢墓、彭城相繆宇墓和武梁祠的祥瑞圖，雖然有些刻繪在壁上，有的在屋頂上，作用和意義其實並無不同。尤其值得注意的是望都漢墓和彭城相繆宇墓的祥瑞圖都是畫在成列的郡縣屬吏之下，而和林格爾墓更將數十種成列的祥瑞（和武梁祠一樣也是「目錄式」的）畫在中室墓主夫婦畫像的下方，這明顯是要突顯祥瑞和墓主的關係。武梁雖以處士終，但武梁碑明白告訴我們，他曾出任過州郡的「從事」，武梁的子孫或許不能免俗，要以當時流行的方式來歌頌父祖的德政吧。

此外，武梁祠在東、西和後壁表現人間世界的畫像內容，依巫氏之見，也具有特殊性。這個特殊性表現在祠主武梁受到司馬遷的影響，企圖以一部圖畫式的「通史」，表現自己的歷史觀和政治理念。這樣通史式的畫像在漢代畫像中是獨一無二的（頁153）。這部圖畫「通史」的關鍵主題，用巫氏自己的話來說，在於表現「君王政治」（sovereignty）（頁147），其核心人物則是在後壁樓闕中央，那位象徵君王的人物。他認為這一部分畫像「對我們了解武梁祠畫像的整體有非比尋常的重要性」。[18] 因此，我們與其討論這部「通史」，不如檢證一下這位人物到底是誰？

---

17 文獻資料甚多，僅舉一例，《後漢書・循吏傳》秦彭條，秦彭為山陽太守有善政，百姓懷愛，「轉潁川太守，仍有鳳皇、麒麟、嘉禾、甘露之瑞，集其郡境。肅宗巡行，再幸潁川，輒賞賜錢穀，恩寵甚異。」

18 原文是：「the extraordinary importance of the scene to our understanding of the whole program of the Wu Liang Ci carvings」（p.194）。

三、武梁祠後壁中央樓闕中的人物

武梁祠後壁中央樓闕中的人物是誰？過去學者有不同的看法，巫鴻在書中曾一一評介，並舉出理由質疑墓主或祠主說。他認為武梁祠後壁中央樓闕中的人物不是墓主或祠主的理由是：

1. 如果我們同意在畫像角落的處士是武梁，「就不好再認為在同一座祠堂中，武梁又以大權在握的姿態，在群臣及眾姬環繞之下，像一位君王一樣，出現在一座豪華的皇宮中。」（頁 198）

2. 畫像中的「闕」是皇宮的象徵，樓闕中的人物是皇帝。進謁者皆持「笏」，畫面展示的是朝覲的場面。他引孝堂山畫像有類似的樓闕，又有「胡王」、「大王車」等榜題為證（頁 198）。

3. 根據《山東漢畫像石選集》的著錄，山東地區出土的樓闕謁見圖最少有二十三件。這些類似的畫像，巫氏認為都是淵源自一個共同的祖型（prototype）。這個祖型是漢代的皇帝——高祖。由於自西漢初以來在郡國各地修高廟及祖宗廟，巫書頁 209 說：「漢代郡國遍立祖宗廟，必然引起郡國普遍複製皇帝的畫像（nationwide copying of emperors' portraits），這使得地方人民和工匠能夠熟悉這些畫像的形式。」接著他引用《漢舊儀》，指出京師宗廟中有神座，「神座上安置一個竹製的大俑，稱為俑人（large doll made of bamboo called a yongren）。在祭祀時，由這個代表先帝的俑接受祭享。」[19] 同頁他續以趙岐為例，認為「幾乎可以確言，皇帝的圖像或樹立或繪製在祠廟的牆壁上。西漢時，宗廟為木構建築，皇帝之像可能繪在牆上。一世紀中期以後，宗廟以石建造，因而畫像也就以浮雕的形式（form of bas-reliefs）出現了。」

4. 以皇帝朝見圖為範本的畫像多見於山東西南一隅，一方面是因為其餘各地的木構建築易隨日月而消逝，而山東西南多石祠，因此

19　中譯本作：「《漢舊儀》記載，在都城的皇家祠廟中安放有『神座』，其上有竹製的稱為『俑人』的偶像，代表死者接受供奉。」（頁 222）

能夠存留；另一方面也因為在魯南附近的沛縣即劉氏龍興之地，高祖時建有原廟，東漢光武又重修此廟；東漢皇帝或其代表常到原廟行祭禮，因此此地和附近的工匠更有機會模仿皇帝之廟來修建家族的祠廟（頁205-212）。

這是一個極富想像力，也很新鮮的說法。後來作者發表〈徐州的藝術〉一文，仍然力主高祖原廟對沛縣附近，徐州地區藝術的影響。[20] 我過去也曾論證官方圖譜對東漢地方畫像的影響，[21] 如果巫氏之說成立，可為拙說添一證。可惜其說可商榷之處不少：

第一，巫氏在上述第一點的論述裡，似乎有兩點涵義：一是墓主的畫像不應在同一祠堂或墓室中重複出現；如果我們同意畫像中的處士是武梁，那麼「謁見圖」中的人物即不可能是武梁。二是墓主既以處士的形像出現，即不應再出現在群臣、眾姬圍繞，代表世俗權位的圖像裡。處士在漢末是一群遠離甚至是批評世俗權位的人。如果認為謁見圖中的中心人物是墓主，這和認定畫像中的處士即武梁會造成矛盾和衝突。

事實上，在漢墓或祠堂畫像中，墓主常常重複出現。最明顯的證據是墓室或祠堂裡常有描繪墓主生平的畫像，例如和林格爾壁畫墓的壁畫榜題上分別標明「舉孝廉時」、「行上郡屬國都尉時」、「使持節護烏桓校尉」、「行屬國都尉時所治土軍城府舍」、「使君從繁陽遷度關時」、「□□（使君）少授諸先時舍」，使我們明確知道畫像是在述說墓主的經歷。墓主本人或象徵墓主的車馬，是可以在不同階段的畫像中重複出現的。武氏祠即有這樣的情形。例如前石室的車騎畫像中，即有「此丞卿車」、「君為郎中時」、「君為市掾時」、「為督郵時」等榜題。如果依此思路去理解，即使認定武梁祠中的處士畫像是武梁，並不意味他即不能在祠中其它的畫像裡出現。

以巫氏對漢畫認識之深刻，他不可能沒注意到上述這一點。因此，我

20　Wu Hung, "The Art of Xuzhou: A Regional Approach," *Orientations*, 21:10（1990），pp. 40-49.

21　邢義田，〈漢代壁畫的發展和壁畫墓〉，《中央研究院歷史語言研究所集刊》，57：1（1986）；收入《秦漢史論稿》（臺北：東大圖書公司，1987），頁446-489。又參本書，頁11-59。

猜想他真正要強調的是武梁祠是一座精心安排設計的祠堂，不可能讓墓主以「處士」和以皇帝為祖型，象徵世俗權位的兩種相衝突的形像，同時出現。依照作者的理路，似乎順理成章，可以作這樣的理解。然而，祠堂中央樓闕畫像中的主人翁是不是如作者所說，是象徵權位的皇帝呢？這是真正的關鍵。

　　這就牽涉到上述的第二點。的確，如巫氏所說，皇宮和諸侯王的建築前可有闕，笏也是官員見天子時手持之物。不過，正如作者引用 Croissant 女士所作的考證（頁199），東漢時地方官寺之前有亭或觀，其形似闕，而官員相見也持笏或版。[22] 畫像中的雙「闕」或亭觀和笏，並不必然代表皇宮和朝見皇帝的場面，也可以是描寫地方官寺中的官吏謁見。有這類謁見圖的漢墓或祠堂，如孝堂山石祠、武氏祠、諸城涼台孫琮墓等，其可考的墓主幾一律是地方官吏。[23] 因此如果墓主是地方官員，畫像以官員在樓闕中持笏謁見的方式來呈現墓主的身分，正是恰如其分。

　　武梁祠後壁中央以「謁見圖」的形式呈現祠主武梁，或許正可以說明祠堂的設計不全然基於武梁個人的心意。武梁本人雖不屑為吏，寧以處士終，但他畢竟曾任從事之職；他的子孫和參與設計的工匠或許受風氣的影響，仍願表彰他曾任官的身分和功德，因而在祠堂中央最重要的位置上，用習見的謁見圖來呈現他，又在屋頂上畫滿祥瑞，反而將處士安排在畫像

22　按 Croissant 引用《晉書》中官員持笏或版相見的例子為證，這樣的例子在《後漢書·黨錮傳》范滂條、《三國志》卷十一王烈傳、卷十六杜畿傳注引《魏略》、卷十八閻溫傳注中皆有。尤其〈杜畿傳〉注引《魏略》謂：「張時故任京兆，〔杜〕畿迎司隸，與時會華陰。時、畿相見，於儀當各持版」云云最為明確。官寺前有亭或觀，最形像的證據見和林格爾漢墓壁畫中的寧城圖。參內蒙古自治區博物館文物工作隊編，《和林格爾漢墓壁畫》（北京：文物出版社，1978），附圖寧城圖之二。寧城圖之雙亭或雙觀在城門之兩側而與城牆相連，闕則為門前之獨立建築。此為闕與亭、觀之一大不同。畫像建築前的雙闕淵源自天子有雙闕之宮室建築。承劉增貴兄指教，謹謝。

23　孫琮據畫像榜題為漢陽太守，參王恩田，〈諸城涼台孫琮畫像石墓考〉，《文物》，3（1985），頁93；孝堂山石祠雖有「胡王」、「大王車」等榜題，但蔣英炬已清楚考證墓主不是諸侯王，而可能是一位曾任太守和王國相、傅一類官職的人。蔣英炬，〈孝堂山石祠管見〉，收入《漢代畫像石研究》（北京：文物出版社，1987），頁214-218。

末尾，一個不惹眼的角落。

關於第三點，如果查查《漢舊儀》的原文，就可以發現作者的論述或者缺乏論據，或者誤解了《漢舊儀》的原義，或者對原文提到的一些現象，避而不提。從巫書附注可知，作者引用的《漢舊儀》見於中華書局點校本《後漢書・禮儀志下》的李賢注。原文如下：

> 高帝崩三日，小斂室中牖下。作栗木主，長八寸，前方後圓，圍一尺，置牖中……已葬，收主，為木函，藏廟太室中西牆壁埳中，望內，外不出室堂之上。坐為五時衣、冠、履、几、杖、竹籠。為俑人，無頭，坐起如生時。皇后主長七寸，圍九寸，在皇帝主右旁。

對照原文和前引巫書中的敘述，不難發現：

(1)《漢舊儀》並沒有說在「神座」上安置著一個「大」俑。所謂「俑人」的大小，並無記載；俑人是否為「竹」製亦不可知；

(2) 這個俑「無頭」，巫書不提；

(3) 和俑並置的還有五時衣、冠、履、几、杖、竹籠之類日用之物，巫書不提；

(4)《漢舊儀》沒提俑人和衣冠之類是否曾經由實物改變成圖畫而畫在廟壁上；也沒說「坐起如生時」是否即指有其它的俑人在旁，構成一個朝見的場面；

(5)《漢舊儀》沒有明言是否即以無頭俑人代替收藏起來的神主接受祭祀。

巫書不提的無頭俑和五時衣、冠、履、几、杖、竹籠之屬代表什麼意義呢？蔡邕《獨斷》說得很清楚：「廟以藏主，寢有衣冠、几杖，像生之具……故今陵上稱寢殿，有起居、衣冠、象生之備，皆古寢之意也。」蔡邕將廟、寢分開來說，但實際上自明帝遺詔勿起寢廟，藏主於光武廟更衣別室以後，東漢便將許多祖先的神主供奉在一個祖廟裡。[24] 這或許就是為什麼《漢舊儀》記載藏主的廟中竟然出現寢中才有的日常生活之物。如果

24　其詳可參楊寬，《中國古代陵寢制度史研究》（上海：上海古籍出版社，1985），頁37-38。

東漢末的地方百姓或官員，確實可以模仿郡國宗廟中的布置，我們是否可在他們的墓葬或祠堂見到類似的無頭俑或其它的東西，或它們的畫像呢？以我粗淺的印象，無頭俑似未出現過。這又意味著什麼呢？是否意味著天子之制不得任人模仿或僭越？一世紀中期以後，京師的宗廟或沛縣的原廟是否改為石造而有了石刻的畫像？作者完全沒有提出證據。

反之，倒有證據證明從西漢經王莽到東漢，宗廟中使用的祭拜對象一直是木製的神主，從沒有以畫像代替。《漢書‧王莽傳下》謂：地皇「三年正月，九廟蓋構成，納神主，莽謁見」；《後漢書‧光武紀》建武二年正月「……大司徒鄧禹入長安，遣府掾奉十一帝神主，納於高廟。」李賢注：「十一帝謂高祖至平帝。神主，以木為之，方尺二寸，穿中央，達四方。天子主長尺二寸，諸侯主長一尺；虞主用桑，練主用栗。」衛宏《舊漢儀》曰：「已葬，收主，為木函，藏廟太室中西壁坎中，去地六尺一寸，祭則立主於坎下。」這幾句清楚表明神主為木主，祭祀時，收藏起來的神主會重新拿出來立於坎下，成為受祭的對象。《續漢書‧禮儀志下》大喪條：「立主如禮，桑木主尺二寸，不書謚。虞禮畢，祔於廟，如禮」，也是同樣的意思。這些木主顯然不是「俑」，也不曾畫在廟牆上。因此，巫氏一套由木主而俑人而畫像的推演，可以說全與事實不符。[25]

退一步說，如果承認東漢末在山東西南地區出現的謁見圖是淵源於漢初以來沛縣原廟中的高祖畫像，[26] 這是否表示祠堂謁見圖中的核心人物仍

---

25 這並不意味中國古代從沒有作為祭拜對象的人像。《楚辭‧招魂》謂：「像設君室。」蓋楚俗，人死則設其形貌於室而祠之也。顧炎武謂：「宋玉招魂始有像設君室之文，尸禮廢而像事興，蓋在戰國之時矣。」（《日知錄》卷18像設條）《論衡‧解除》說：「禮：入宗廟，無所主意，斬尺二寸之木，名之曰主；主心事之，不為人像。」但他又接著說：「今作形像，與禮相違。」可見其時確有人形之像。《風俗通義》祀典司命條：「今民間獨祀司命耳，刻木長尺二寸為人像」云云，亦可證人像之存在。楊聯陞先生早年曾推測中國以「雕刻人像及塑像為崇拜的對象」，「是後漢以來受了佛教的影響」（見中研院胡適紀念館編，《論學談詩二十年》所收1957年5月27日楊致胡適信件，頁341）。從可考的材料來看，此說已須放棄。在宗廟祭禮中，用木主，不用人像始終未變。

26 我們在沛縣的漢墓畫像中至今未見這樣的謁見圖。請參1987年第二次印刷的《徐州漢畫像石》（南京：江蘇美術出版社），其中收錄有沛縣栖山漢墓及沛縣收集散存的畫像石，但沒有

古月集：秦漢時代的簡牘畫像與政治社會
　　　——卷二 畫像石、畫像磚與壁畫

必代表皇帝或君王之權？我們如何能夠想像漢代人死之後，要在自己的墓室或祠堂最主要的位子上，不安排墓主自己的像，反而安排皇帝的像？巫氏不是不知道這樣解釋的困難，他很技巧地說：「在不排除此圖可用來表現謁見死者的可能性的情形下，我仍要指出山東地區重要的祠堂，包括武梁祠的設計人，都很清楚知道謁見圖原本代表漢天子的原意。」[27] 換言之，作者並不否認這一畫像可能用以代表墓主，他強調的是武梁祠的設計人知道此圖的原意，並以原意來建構整座祠堂的畫像。

武梁是否知道原意，實際上無人能夠證實。這裡要注意的是可以復原的武氏三座祠堂中央，畫像內容和布局大同小異，都是所謂的「謁見圖」。三座祠堂修建的年代相距不遠，如果如作者所說，它們又都出於同一個石工作坊（包括附近宋山的小祠堂），實在難以想像當時前來祭拜的子孫，如何能夠分辨祠堂中同一類型畫像的背後，居然會有不同的寓意。

私意以為武氏三祠後壁或龕中央的畫像應只可能有一個相同的意義，即象徵接受祭拜的祠主。這應是東漢末，山東和蘇北地區這一類畫像共通的意義。蔣、吳在《石刻研究》中主張此說，並有簡明扼要的論證（頁96）。以下僅在蔣、吳所論之外，作點補充。我一直認為榜題是理解漢代畫像一個比較可靠的依據。[28] 巫氏在檢討過去諸說時，曾提到日本學者長廣敏雄以焦城村漢墓出土畫像上有「此齊王也」榜題為證，證明謁見圖表現人民對以齊王為代表的在上位者之崇敬（頁197）。巫氏也曾討論到信立祥的論文〈漢畫像石的分區和分期〉。在這篇論文裡，信氏曾有力駁斥了長廣等學者長期以來對榜題的誤釋，並指出正確的釋讀應是「此齋主也」。巫氏對這一正確釋讀不會不知道，但奇怪的是他在書中完全不提。「齋」即

一幅是謁見圖。如果說沛縣的原廟是謁見圖的起源，在起源地卻不見其例，這是很奇怪的。當然，我們也沒有任何證據可以確定漢代原廟是否存在以皇帝為中心的朝見畫像。

27 原文是：「Without ruling out the possibility that the composition could be used to represent homage to a deceased individual, I would argue that the original meaning of the homage scene as the portrait of a Han emperor was clearly understood by the designers of important funerary shrines in the Shandong area, including the Wu Liang Ci.」（pp. 197-198）。

28 邢義田，〈漢代畫像內容與榜題的關係〉，《故宮文物月刊》，161（1996），頁70-83。

指祠堂，齋主即祠主。我相信這是無可爭議的結論。從這一榜題可確證所謂的謁見圖即是一種祠主圖，中央的人物只可能是受祭拜的祠主。蔣、吳二氏曾舉出嘉祥五老洼祠堂後壁畫像石上有「故太守」的榜題為證（頁96）。我還可補充山東肥城欒鎮村出土的樓闕人物畫像的闕柱上有「建初八年八月成，孝子張文旭哭父而禮，石值三千，王次作，勿敗口」的題記（《山東漢畫像石選集》圖472）。這個題記也可證明樓闕的主角只可能是孝子的父親，不可能是皇帝或皇權的代表。此外，《中國畫像石全集》第四冊收有徐州銅山縣漢王鄉出土謁見畫像（圖11），中央一位人物身旁有「諸亭長樂武君」榜題（圖2），這和「此齋主也」同樣表明其為祠主的身分。[29]

　　墓主或祠主的生平和功德，私意以為一直是漢墓畫像企圖呈現的一個核心主題。漢墓或祠堂畫像表彰墓主的方式有許多，「謁見圖」（homage scene）不過是方式之一。總之，巫氏對此圖淵源的推測雖然有趣，富於想像，但證據不足。其次，武梁祠的設計人是否知道巫氏所認定的原始意義，又是否確實以此原始意義作為畫像的基礎，表現武梁的政治觀和政治評論，也沒有積極的證據。因而《武梁祠》一書以此畫像為核心而來的一大套解釋，不免給我沙上築塔的印象。

圖2　「諸亭長樂武君」原榜題
2010.7.8 作者攝於徐州漢畫像石藝術館

29　關於「諸亭長樂武君」榜題，考古簡報釋作「樂老君、諸離忌」，將同一榜六字點讀分為二人，並認為樂老君即老萊子，實誤。這是一幅漢畫中典型的謁見圖，憑几而坐於中央者只有一人，其旁「諸亭長樂武君」六字寫於同一榜中，明顯是指坐於中央者，不可能分指二人，更不可能是指老萊子。參徐州博物館，〈徐州發現東漢元和三年畫像石〉，《文物》，9（1990），頁65。

四 方法與態度

　　將《武梁祠》和《石刻研究》兩書作較深一層的比較，可以發現它們有不甚相同的方法與態度。正如前文所提到，《石刻研究》在方法上是一本典型考古學取向的著作；在態度上較實事求是，側重遺址和遺物現象的外部觀察，並以對觀察所得作客觀的陳述為主要的任務。《石刻研究》雖也探討畫像的內容和風格，態度上十分節制，無意於大規模的發揮。

　　相較之下，《武梁祠》的作者有十分旺盛的企圖心，在方法上極盡推演之能事，在態度上力圖推陳出新，將武梁祠畫像可供議論或想像的空間推到極至，建構出一套宏大壯觀的解釋。由於作者勇於嘗試，為漢畫研究的確開創出不少新的空間。例如，巫氏將東漢家族型態、墓葬結構和祭祀方式的轉變結合在一起觀察，即十分具有啟發性。過去藝術史的研究較注意藝術風格的類型和變化，較少注意社會、經濟、思想或政治環境和藝術創作之間的關係。近十幾年來，在歐、美、日本這樣的著作雖然漸多，但能像巫氏這樣嫻熟史料的，還不多見。巫氏在《武梁祠》一書的最後，詳細討論漢代的儒者如何參與藝術活動，祠堂在當時社會又如何扮演私人性和公共性的角色，甚至以武梁祠為代表，指出漢代「儒家藝術」（Confucian art）的特色（頁 228-230），力圖為儒家藝術建立一席之地，糾正過去藝術史界喜談佛、道藝術的偏失，這些努力無論如何都值得稱道。

　　總結而言，《石刻研究》是平實的考古報告，忠實報導考古工作的成果，適度提出見解，為進一步研究奠定了必要的基礎；《武梁祠》則是在此基礎上，進一步發揮的著作。今後漢畫工作者，如何探求幽微，如何從小見大，不失於無根浮誇是須要警惕和省思的。其次，從這兩本書可以知道漢墓及祠堂畫像是特殊時空環境下，經歷一個複雜過程後的產品。要了解畫像的意義，不能不注意它原有的時空條件和產生的過程。進一步深入探討這些條件和過程應該是今後畫像研究的一個重點。最後，似乎只有從這些條件和過程的共通性中，才有可能探索深藏在一個時代藝術背後的所謂的「意識型態」或「思想性」。表現時代共通特色的思想或意識型態，似乎比較不容易從一個「與眾不同」的個人意圖中去找尋。換言之，我相

信研究漢代某些地區或階層人物的共通心態（mentality），漢墓和祠堂畫像是十分有用的材料。但要坐實這些畫像是基於某一特定個人的獨特思想和意圖，除非有明確證據如趙岐的記載，否則極容易流於臆測。

86.5.28/11.24

後記

近年又見幾篇重要的評論如劉輝、孫機和揚之水先生的，請讀者自行參考。劉輝，〈嘉祥漢代武氏祠建築復原的再探討〉原見《博雅論壇》2011.3.29，又見《豆丁網》http://www.docin.com/p-191368895.html（2017.10.17上網）；孫機，〈仙凡幽明之間──漢畫像石與「大象其生」〉收入氏著《仰觀集》（北京：文物出版社 2012），頁 165-217；又刊《中國國家博物館館刊》，2013 年第 9 期，頁 81-117；揚之水，〈仰觀與俯察〉，《東方早報·上海書評》，2012.9.23。

原刊《新史學》8：4（1997），頁 187-216；97.4.25 訂補；106.10.17 再訂

信立祥著《中國漢代畫像石の研究》讀記

書名：中國漢代畫像石の研究
作者：信立祥
出版：東京，同成社，1996
頁數：259 頁，145 幅插圖

　　近年來中國大陸學者巫鴻、信立祥不約而同以中文以外的文字，發表了有關漢代畫像石的重要著作。1989 年巫鴻以英文在美國出版《武梁祠——中國古代畫像藝術的思想性》。[1] 全書以武梁祠為焦點，從考古學、藝術史和文化史的角度，企圖揭露漢代畫像背後深層的文化符碼；1996 年受歷史考古學訓練的信立祥，以日文在日本出版《中國漢代畫像石研究》。他從藝術和考古學的角度，不以一時一地或單一的畫像為對象，而是頗全面性地檢視可考的畫像資料，為漢代祠堂和地下墓室的石刻和壁畫內涵提出一套具全面性意義的解釋。

　　信立祥先生是漢畫研究的後起之秀。1970 年畢業於北京大學歷史系。1979 年以後曾多年奔波於四川、湖北、河南、山東、安徽、江蘇、陝西、山西等地，考察漢代畫像。1982 年從俞偉超先生完成碩士學位。其碩士論文〈漢畫像石的分區與分期研究〉，後來收入俞氏所編《考古學的理論與

1　書評請見邢義田，〈武氏祠研究的一些問題——巫著《武梁祠——中國古代圖像藝術的思想性》和蔣、吳著《漢代武氏墓群石刻研究》讀記〉，《新史學》，8：4（1997），頁 187-216。本書卷二，頁 627-654。

實踐》。[2] 學位完成後在北京中國歷史博物館工作。1994-95 年到日本茨城大學講學。這部《中國漢代畫像石研究》即以上課的講義為基礎，增改而成。這部書毫無疑問是目前較新、較全面，也較有研究深度的一部著作，足以代表中國大陸學者在漢畫研究上的新高峰。評者深深希望此書能如作者所願，早日出版中文本。[3] 這對廣大的中文讀者不但是一大福音，對全面提升漢畫研究的水準也將有積極的貢獻。[4]

信書共分七章。第一章共四頁，簡介漢畫像石的研究史。他將上千年的研究分為（1）北宋至清末，（2）清末至 1960 年代，（3）1970 年代至今三期，分別檢討三期的成果與特色。文中雖提到兩、三位歐美學者，實際以中、日學者的成績為主要的檢討對象。在本章末尾，作者說明此書採取圖像學與文獻史料結合的方法，希望避免因過分強調圖像或文獻，而得出牽強附會的解釋。在研究史的回顧上，此章篇幅或許過小，巫鴻一書要寬廣、深入和豐富得多。

第二章〈漢畫像石的區域分布和產生的社會背景〉、第三章〈漢畫像石的藝術表現手法〉也都不長，基本上脫胎於作者早先發表的碩士論文，但作了一些修改和補充。例如在畫像地理分區上，由原來的四區增改為五區；社會背景上，作者指出武帝大事修築茂陵對西漢中期以後社會厚葬風氣的影響；在藝術表現上，認為畫像石、畫像磚原應和壁畫一樣，有豐富絢麗的色彩。至於畫像題材的分類方式，作者維持一貫的主張，認為畫像內容是由畫像所在的建築物（墓室、祠堂、神廟……）的性質所決定，應依畫像本來的意義去分類。

全書的主體在第四章〈祠堂畫像石〉、第五章〈地下墓室畫像石〉及第六章〈墓室和祠堂畫像的關係〉。這三章的篇幅（頁 48-252）幾占全書五分之四。第七章〈各區域畫像石之相互影響〉甚簡短。作者在後記中說，

2　北京：文物出版社，1989，頁 234-306。

3　按：中文本《漢代畫像石綜合研究》已由文物出版社於 2000 年出版。

4　對此書的另一評價見楊泓，〈漢畫像石研究的新成果——評《中國漢代畫像石研究》〉，《考古》，9（1997），頁 93-96。

古月集：秦漢時代的簡牘畫像與政治社會
——卷二 畫像石、畫像磚與壁畫

原打算寫第八章〈石闕和摩崖畫像〉，迫於時間，須待出中文版時再補（按：中文版，已增補）。

作者最主要的看法出現在第四至第六章。以下先簡略介紹作者的主要見解：

一　祠堂畫像石

1. 漢畫像石基本上依建築性質可分為墓室畫像和地上祠堂畫像兩大類。墓室畫像源於祠堂畫像，其間有強烈的延續性和規則性（頁48）。

2. 漢代祠堂稱之為「廟祠」、「食堂」、「齋祠」，乃供祭祀之用的建築，與先秦宗廟建築有密切的關係，又深受漢代皇帝陵園建築的影響（頁50-53）。漢祠堂後壁有龕室是與古代宗廟建築有關的有力證據。北京石景山出土秦君石闕銘文可證明漢代確有墓葬等級制度（頁56）。以木或石建造的祠堂，興起於西漢惠、景之世，武帝以後普及於中、下等階層，有規格大小等級的差別。於祠堂行祭禮時，是在祠堂外而非祠堂內進行（頁56-64）。

3. 祠堂是人間與地下世界聯繫的場所。早期民間祠堂的圖像裝飾多仿自漢室宗廟。這些圖像的原義後來漸漸失去而為新義所取代。例如胡漢交戰圖原來表現胡漢之間的戰爭及漢室的勝利，獻俘原是宗廟中進行的重要活動。早期祠堂（如孝堂山石祠）中的這些裝飾畫像即模仿自宗廟，與墓主的生平並無關係；後來畫中的胡人變成陰間的守護者，交戰圖改為以橋為中心，描繪墓主往來於「奈何橋」，擊敗守護者，渡越生死的界線。狩獵原與古代祭祀與軍事訓練有關，到了漢代變成與軍事無關，僅是象徵子孫射獵犧牲，以供祭祀（頁107-122）。

4. 祠堂後壁的「樓閣禮拜圖」，應非如許多學者所揣測的周天子會西王母圖，或天帝使者禮拜圖，或齊王禮拜圖，而應是墓主受祭祀圖。樓閣旁的車馬是墓主自墓室乘坐來到祠堂的乘具，樓閣旁的「樹木射鳥」

場面則是描寫子孫在墓地林木中射獵，用獵物供祭以示孝心。樓閣雙闕、車馬、樹木、射獵圖構成一有機的整體，顯示子孫的孝順以及墓主得享血食。庖廚圖象徵子孫為墓主備辦祭物（頁 65-85）。

5. 所謂的車馬出行圖可分兩類：一類車馬隊伍是表現墓主生前的經歷，另一類則是表現墓主從地下世界乘坐車馬來到地上祠堂，抵達的情景（頁 93-97）。

6. 祠堂中的歷史故事圖不是由製作者或所有者自由選擇，而是由當時居於支配地位的儒家「懲惡勸善」的道德意識型態所決定。例如武梁祠以忠、孝、節、義為中心的歷史故事，即反映了武梁的政治和儒教思想傾向（頁 98-107）。

7. 從戰國以前到漢代宇宙觀的大變化是在天上與人間世界之間，多了一個仙人世界。漢代石祠畫像的布局即表現了這種新宇宙觀：祠堂頂及左右側壁的最上部，分屬天上世界的上帝、諸神以及代表仙人世界的西王母和東王公。祠堂後壁是墓主從地下世界來到人間世界，接受子孫祭祀的地方。此壁及其餘較下層壁面的畫像則在展示人間世界的各種活動（頁 122-151）。祠堂從頂而下依序展現出漢人想像中天上、神仙、人間和地下四層的宇宙結構。

二 地下墓室畫像石

1. 漢畫像磚、畫像石和壁畫墓都是裝飾墓，它們應有表現形式和題材上的共同淵源。這個淵源可以追溯到西漢初馬王堆出土的帛畫和漆繪（頁 157-163）。山東臨沂慶雲山出土宣、元時期二號墓石槨畫像即可證明和西漢初帛畫、漆繪之間的繼承關係。

2. 人的死亡並不是現世生活的結束，而是在「現世的延長線上」，新的人間幸福生活的開始。以崑崙山為核心的仙人世界即反映人們對一種今世世俗肉體幸福延續的追求（頁 167）。

3. 早期石槨上的雙闕是象徵墓地的墓闕，而不是如日本學者所說象徵西王母所居仙人世界的入口。建鼓樂舞的場面是先祖靈魂到祠堂受祭，使祖靈歡欣的餘興演出，庖廚圖是備辦祭物的情景，而樹木射鳥圖則是狩獵，準備供祭的犧牲（頁 170-177）。

4. 不論是山東、江蘇北部或河南南陽、湖北北部的的畫像，到西漢晚期都有內容豐富化，配置規律化的傾向。木槨墓平頂的限制打破，墓室規模擴大，使漢代畫像藝術的發展進入了成熟期。蒼山元嘉元年畫像石墓題記反映了成熟期畫像的配置（頁 193-199）。

5. 成熟期畫像內容以天上世界、仙人世界、祭墓主場景、歷史故事和墓主生平描述為主（頁 216）。

6. 四川地區畫像中的天門毫無疑問是指西王母和東王公所居崑崙山之門，但不能由此推定漢畫中的雙闕都是象徵仙人世界的入口（頁238）。

7. 總結而言，祠堂畫像淵源於宗廟，墓室畫像淵源於木槨墓的帛畫和漆繪。墓室畫像主要在表現墓主在地下世界的日常生活、上帝及諸神的天上世界、墓主希望進入的崑崙山之仙人世界及墓主在祠堂中接受祭祀等內容。其中尤以對墓主行祭祀是核心母題。其配置則和祠堂畫像一樣反映了漢人的宇宙和生死觀（頁 238）。

三 墓室和祠堂畫像的關係

1. 墓室和祠堂畫像的母題及組合大體類似，都以對墓主之祭祀為核心，因此可以確定兩類建築之性格類似（頁 243）。

2. 墓室與祠堂畫像關係密切，不宜分別當作獨立研究的對象。一個具體的例子即墓室前堂橫梁和祠堂後壁最下部出現的車馬出行圖。墓室堂上的車馬行列是表示車馬從地下墓室走向地上的祠堂，因此配置在墓室位置較高的橫梁上。地上祠堂的車馬行列因表示其來自地下，因此

配置在後壁最下層的部位（頁244）。

3. 墓室是墓主身後永久的居處。祠堂的車馬出行圖中常出現「驛」或「都亭」，這意味著墓主自地下來到祠堂接受祭祀時，祠堂就像「驛」或「都亭」一樣，成為墓主臨時的居處（頁244-248）。

4. 早期祠堂中所見的胡漢交戰圖到東漢晚期為橋上交戰圖所取代。以武氏祠左石室、前石室西壁為例，圖上交戰的雙方不再是胡與漢，而都是漢人的軍隊；交戰的場所也變成在橋的上下和兩端，並和車馬出行圖常常連帶出現（頁250）。

5. 漢人將宇宙分為四部分。人天之間有天河或銀河為界，人仙之間有弱水為界，人鬼之間則有後世所謂的奈河為界。漢代文獻雖乏這樣的記載，但後世以為幽明兩界之間有河為界當是淵源久遠。中國以北方為陰，胡人出北方乃陰界之象徵。胡漢戰爭圖中的胡人乃奈河橋之守護者。墓主率車馬擊敗胡人，過橋渡河，象徵墓主能往來於幽明兩界，自由從地下到祠堂享受子孫的祭祀（頁250-251）。

　　全書有破有立，提出了很多具有啟發性和挑戰性的新看法，也隨處駁斥了不少成說。作者從建築的性質和畫像的內容，有力證明了祠堂後壁畫像是以墓主受祀為主題。作者引證安徽宿縣褚蘭出土石祠後壁帶「墓碑」的畫像，[5] 我認為這是其說顛撲不破的鐵證。這一正確解讀，一舉澄清了穆天子會西王母、天地使者禮拜、齊王或漢天子受朝拜種種牽強附會的臆說。漢畫中出現的樹木，過去中外學者喜歡將它們說成是帶有神秘意義的生命樹、宇宙樹、建木、扶桑樹等，作者力證它們不過是普通的樹木而已。這樣具新意的例子還很多。相信本書在今後相當長的一段時間內，必將成為漢畫研究者不能不參考的重要著作。

　　以下打算談談個人一些粗淺的想法並向作者求教。第一是所謂墓葬和祠堂整體性的問題，第二是墓葬和宇宙觀、生死觀的關係，第三是生人和死者之間的關係，第四是墓葬和祠堂畫像的關聯性，第五是祠堂源於宗廟

5　王步毅，〈安徽宿縣褚蘭漢畫像石墓〉，《考古學報》，4（1993），頁515-549。

說的問題。前四者其實相互關聯，以下也就合在一起先討論。基本上，今天我們對漢代葬俗的認識還不夠全面。這包括時代和地域習慣的差異以及背後一切足以影響埋葬行為的觀念。因此隨著學者切入的角度和掌握、理解材料的不同，許多看法目前仍不免見仁見智。

漢代的宇宙觀和生死觀，誠如作者指出，是了解漢代墓葬文化和墓葬裝飾的一個關鍵（頁45）。作者這方面的看法和巫鴻、蔣英炬等都十分一致。此外，他們也都一致認為必須將祠堂和墓室當作整體，才能真正掌握畫像的內容和布局的意義。巫鴻和蔣英炬都將祠堂各部分的畫像當作一個有意義的整體來看待。信立祥更進一步將祠堂和墓室的畫像內涵合在一起解釋，換言之是將祠堂和墓室當作一個整體。許多漢墓曾有整體性的設計，毋庸置疑，祠堂或墓室在設計上有其本身的整體性也無問題。可以討論的是所謂的「整體」，應包括那些部分？面對並非完整發掘或殘存的漢墓遺址或殘石時，又如何從殘存的材料去確定它原本應有怎樣的整體，去作整體性的解釋？

漢代墓葬建築群的「整體」是由好幾部分組成。除了祠堂和墓室，也包括塋域中的牆垣、神道、碑、石人、石獸、闕等。如果要討論所謂的「整體性」，似也應將建築群周遭的環境關係納入考慮。漢代十分講究圖宅術或宮宅地形（《漢書‧藝文志》〈形法〉、《論衡‧詰術》），也就是後世所說的風水地理。談墓葬和生死、宇宙觀的關係，不將塋域建築的整個布局和風水納入，必有不足。[6] 舉個例子來說，張衡《冢賦》一開始就說：「戴輿戴步，地勢是觀，降此平土，陟彼景山，一升一降，乃心斯安。」[7] 觀地勢升降，就是選擇冢墓的地理風水；找到風水寶地，其心乃安。《水經注》卷廿二記宏農太守張伯雅墓，即明確描述了建築布局和風水的關係：

洧水東流，綏水會焉……東南流，逕漢宏農太守張伯雅墓。塋域四周，壘

6　請參徐蘋芳，〈秦漢魏晉南北朝時代的陵園和塋域〉，《中國歷史考古學論叢》（臺北：允晨出版公司，1995），頁257-272。

7　見嚴可均編，《全上古三代秦漢三國六朝文》（京都：中文出版社，1981），《全後漢文》卷54，頁770。

石為垣，隅阿相降，列于綏水之陰。庚門，表二石闕，夾對石獸于闕下。冢前有石廟，列植三碑。碑云：德字伯雅，河南密人也。碑側樹兩石人，有數石柱及諸石獸矣。舊引綏水南入塋域，而為池沼。沼在丑地。皆蟾蜍吐水，石隍承溜。池之南又建石樓。石廟前又翼列諸獸。但物謝時淪，凋毀殆盡。[8]

張伯雅墓在綏水之側，[9]引綏水從南面入塋域而為池沼。池沼的方位在「丑地」。據《論衡·難歲》避太歲之移徙法，子在正北，丑在東北。換言之，是從南引水到東北建池。石闕建在「庚門」，庚門指方位在庚地之門。例如東漢安帝時葬殤帝於康陵，「陵在慎陵塋中庚地」（《後漢書·安帝紀》李賢注）。中國歷史博物館藏東漢式盤及上海博物館藏六朝晚期式盤的地盤四隅上分別有「戊天門、己鬼門、戊土門、己人門」、「西北天門、東北鬼門、東南地戶、西南人門」這樣的區分。不同的方位有不同的門。依樂浪王旰墓出土漆木式的劃分，庚的方位應在西南。[10]所謂庚地、庚門都應在西南。換言之，張伯雅墓石闕所在的位置正與水池相對。宣帝原廟名樂游，在杜陵西北，廟、陵之間則有曲池。[11]陵、廟、闕和水池的位置都應曾根據一定的風水理論，經過刻意的選擇和安排。

這是因為陵墓建築的方位和山水等環境的關係會影響到墓地的善惡吉凶。《太平經》〈葬宅訣〉說：「宅，地也。魂神復當得還，養其子孫。善地，則魂神還養也；惡地，則魂神還為害也。」（王明，《太平經合校》，頁182）所謂葬宅即墓地，是指整個塋域而言。河南的張伯雅墓園四周有垣牆，其中有冢、石闕、石獸、石廟、碑、石人、石柱、池沼、石隍、石樓。這些構成了塋域的整體。山東武氏祠本身已毀，僅餘殘石。相關的墓

8　陳橋譯復校，《水經注疏》（上海：江蘇古籍出版社，1989），頁1835。

9　安金槐先生認為在綏水之側發現的打虎亭一、二號漢墓即張伯雅夫婦墓，參河南省文物研究所，《密縣打虎亭漢墓》（北京：文物出版社，1993），頁357。

10　參李零，《中國方術考》（北京：人民中國出版社，1993），頁84-114。

11　參徐蘋芳，〈秦漢魏晉南北朝時代的陵園和塋域〉，《中國歷史考古學論叢》，頁263，注34。

葬僅發掘了兩座。[12] 我去參觀時，負責管理的朱錫祿先生說在附近民宅的地下還有不少墓葬。孝堂山石祠現在僅存祠堂的部分。二十世紀初，關野貞曾在石祠前七十尺處發現石垣，再遠則有趙明誠所說的兩「隧道」。[13] 1981 年蔣英炬等再度調查，弄清楚所謂的隧道是兩座堙埋的石室墓。他從當地群眾口中得知在石祠前十餘公尺的地方還曾發現另外兩座墓。[14] 可惜滄海桑田，現在已無法得知這兩處家族墓園的完整規模了。如果它們要表現某種宇宙觀或生死觀，應是表現在（1）所有這些建築本身、（2）建築彼此之間，（3）以及建築與周圍環境的關係上，而不限於今天尚可考見的祠堂或墓室。今天大家受到材料的限制，無可奈何。不過，在據以思考所謂宇宙觀或生死觀之類問題時，不能不警覺其中可能存在的不足和局限。

再舉一個例子來說，祠堂乃是家族子孫對先祖行祭禮，表達孝思、懷念和祝願的場所。表達的工具除了建築、葬具和陪葬的物品，還有建築、葬具及物品上的文字、紋飾或圖畫。文字主要有碑、闕、祠堂和墓中不時出現的題記、竹、木、帛上的遣冊、簡帛文書、書籍和器物上的題銘和鎮墓文等，圖畫則有陪葬品上的彩繪（如馬王堆出土帛畫、樂浪墓出土漆篋上的人物圖）、墓、闕及祠堂中的壁畫或石刻畫像。明器、畫像和文字的形式不同，目的和功能卻應類似，須通盤考慮，整體看待。例如，碑銘中常頌揚或記述墓主的文治武功（如武榮碑和魯峻碑「允文允武」，孔宙碑「擢君典戎，以文脩之」，耿勳摩崖「君敦詩悅禮，家仍典軍，壓難和戎」這一類的話在碑銘中常見）；假使大家同意畫像和碑銘有類似的功能，祠堂或墓室畫像裡的百官謁見圖、胡漢交戰圖或其它的戰爭圖儘管出乎格套，並不能真實反映墓主的經歷，卻很難想像這些和頌揚墓主的文武勳業無關。格套的存在其實更能反映一些較定型的習慣模式，以及當時頌揚先祖的普遍心態。如此整體而觀，信先生書中對胡漢交戰圖的解釋，以為胡人是奈河橋的守護者，墓主

12　參蔣英炬，《漢代武氏墓群石刻研究》（濟南：山東美術出版社，1995），頁 119-127。

13　關野貞，〈後漢の石廟及び畫像石〉，《國華》，19 編 225 號（1909），頁 189-199。

14　蔣英炬，〈孝堂山石祠管見〉，《漢代畫像石研究》（北京：文物出版社，1987），頁 204-209。

率人馬擊敗胡人，過橋渡河，象徵墓主往來於幽明兩界，其說是否正確就有了斟酌的餘地。

　　碑、志、鎮墓文、買地券的作用儘管不同，從其中表現的生人與死者之間的關係來看，畫像中的車馬是否表示墓主往來於墓室與祠堂的乘具，也須要再作考慮。這一看法的前提是死者或死者的靈魂可以來往於生死兩界，而死者的子孫也希望死者或其靈魂能回到祠堂接受祭祀。事實是否如此呢？不盡然。舉例而言，陝西戶縣漢墓出土鎮墓文中有「生死異路，相去萬里」，[15] 夏承碑有「永歸蒿里」，許阿瞿墓志有「下歸窈冥，永與家絕」，鮮于璜碑有「永歸幽廬」，山東嶧縣出土延熹六年封記有「蚤離春秋，永歸長夜」、「悲傷永別」，[16] 山東蒼山畫像石墓題記有「長就幽冥則決絕」，古詩十九首中有「下有陳死人，杳杳即長暮，潛寐黃泉下，千載永不寤」之類的話。這些文字中用「永」、「長」、「絕」等字，意味著當時有不少人認為，死者永遠不會再醒寤，死人去的蒿里或幽冥與生人世界相去萬里，永遠隔絕。

　　在世者甚至並不期待或希望死者或其靈魂回到或影響生人的世界。遼寧蓋縣東漢墓出土帶銘方磚云：「死者魂歸棺槨，無妄飛揚而無憂」[17]，「無（毋）妄飛揚」一語清楚表明不希望死者之魂回歸棺槨後，再從其中出來。1954 年河北望都二號光和五年太原太守劉氏墓出土買田券云：「生死異路，不得相妨。死人歸蒿里戊己，地上地下不得苛止。」（池田溫，頁 222）上田桑鳩舊藏熹平六年買地券有云「生人屬陽，死屬陰。生人□□□無相干□□」（池田溫，頁 220）。像這樣「生死異路」、「生死異處」，「莫相干□」、「不得相妨」、「地上地下不得苛止」的話還有它例，不具錄（池田溫，頁 223、224）。這反映一種既希望先人保佑子孫，又恐懼地下死者為害地上生人的心理。前引《太平經》〈葬宅訣〉也微微透露類似的心理：「葬者，

15　禚振西，〈陝西戶縣的兩座漢墓〉，《考古與文物》，1（1980），頁 46-47；2（1982），頁 88。

16　池田溫，〈中國歷代墓券略考〉，《創立四十周年記念論文集》（東京：東京大學東洋文化研究所，1981），頁 216。

17　許玉林，〈遼寧蓋縣東漢墓〉，《文物》，4（1993），頁 57。

本先人丘陵居處也，名為初置根種。宅，地也。魂神復當得還，養其子孫。善地，則魂神還養也；惡地，則魂神還為害也。」魂神可能復還，或養子孫，或為害生人，由死者所居墓地的善惡而定。生者即使費心擇地修墓，誰又能對其善惡有絕對的把握？於是寧可希望生人和死者永遠隔絕，不相妨，莫相干。這並不是說漢代人都有這樣的心理，但它確實存在，甚至不在少數。[18] 孝堂山石祠的主人（可能是一位二千石），武氏家族曾任執金吾丞的武榮，和望都二號墓的墓主太原太守劉氏或他們的家人，對生死的看法是否類似？我們沒有直接證據。如果武氏和劉氏家族的人有類似想法，盼望生人、死者兩不相妨，就不好說武氏祠畫像中的車馬會是為墓主從地下來到地上所準備的。

換一個角度看，死後世界其實是一個永恆的謎。如何想像宇宙，看待生死，在各時代都可以有居於主導地位或較流行的看法。不過卻也可因階層、身分、性別、宗教、年齡甚至個人信仰（如兩漢有不少士人主張薄葬，無鬼，死後無知）等無數複雜的因素而不盡相同。漢代已知的墓葬遺址上萬。畫像石墓據信先生估計有約兩百座（頁 5），僅是漢墓中極小的一部分。其墓主大部分應是地方官員。[19] 畫像石墓所反映的宇宙觀或生死觀，恐怕只能代表這一小部分人的觀點。漢代被草草埋入土坑的刑徒、平民，藏身極盡奢華陵墓中的諸侯王，或者說巴蜀崖墓或懸棺中的死者與上述地方官員身分的墓主，是否有共同的宇宙觀或生死觀，不是一個容易論斷的問題。即使同樣為地方官員，如前文所說，對生死問題也不一定觀念一致。我們和信先生一樣為資料所限，僅能從一套較大或較籠統的宇宙觀或生死觀去理解所有的畫像石墓和祠堂，無力區別其中可能存在的差異，也難有直接的證據，這是從這一類角度出發立論，目前還難以克服的困難。

18　還有更多的資料可參劉昭瑞，《考古發現與早期道教研究》（北京：文物出版社，2007），頁 85-87。

19　參柴中慶，〈南陽漢畫石墓主人身分初探〉，《漢代畫像石研究》（1987）；山下志保，〈畫象石墓と後漢時代の社會〉，熊本大學《文學部論叢》，37（1991），頁 94-128，中譯節本見〈畫像石墓與東漢時代的社會〉，《中原文物》，4（1993），頁 79-88。

本書另一個重要的觀點是西漢中期以後，漢中央由重廟祭變為重墓祭，開始於陵墓旁修寢廟。這項祭祀制的改變對當時社會各階層的墓葬制造成了影響（頁 52）。民間祠堂的名稱、結構和裝飾都淵源於漢代的宗廟。例如在結構上，祠堂後壁正中有龕，即是源自宗廟大室西壁藏主的坫。胡漢戰爭圖、狩獵圖、獻俘圖等也都原本是宗廟中的圖飾。〈靈光殿賦〉中描寫的靈光殿，信先生以為絕非魯國劉餘家族日常生活的宮殿，而很可能即是魯國的宗廟。靈光殿圖飾的內容無疑與東漢祠堂中所見有淵源上的關係（頁 57）。

姑不論靈光殿是魯國宗廟的推測是否站得住，漢代民間的祠堂建築是否源自漢宗廟或陵園還待商榷。第一，漢初宗廟與陵園原本不在一處。惠帝在長陵以北建原廟，文帝在長安城東南灞水附近建霸陵，城南建顧成廟，陵旁立廟之制才確立。這些建築和陵區的布局如何，目前還不完全清楚。[20] 可以參考的是宣帝杜陵中推測可能是陵廟的八號遺址。這個遺址中央為一夯土台基，台基西北角有一缺口，範圍東西 73、南北 70、深 5 公尺。可惜台基上建築物的地面遭破壞，「已無法了解建築結構」。[21] 如果從台基尺寸推想，其上的建築有可能是方形的。此外，長安城南有一組禮制建築遺址出土。遺址中十一個大小相仿「回」字形建築，據黃展岳先生考證，應是王莽九廟。每一建築的平面布局、建築形制完全相同，都由中心建築、圍牆、四門和圍牆四隅的曲尺形配房所組成。中央建築平面呈方形，每邊長 55 公尺。依《呂氏春秋·月令》之說，中央部分可稱為太室，四隅者為夾室。[22] 黃先生認為王莽九廟的形制應是仿漢宗廟而來。如果其說可信，看來這類建築應是以方形為特色。

其次，在河南永城發掘出西漢梁國王陵及寢園遺址，其中梁孝王的寢

---

20 按：2021 年經發掘確認文帝霸陵在西安市東郊白鹿原的西端，即所謂的江村大墓。其東北約八百公尺為竇皇后陵，西南約兩千公尺為薄太后南陵。

21 社科院考古所編，《漢杜陵陵園遺址》（北京：科學出版社，1993），頁 75。

22 黃展岳，〈關於王莽九廟的問題〉，收入《先秦兩漢考古與文化》（臺北：允晨出版公司，1999），頁 462-473。

園和這裡的討論最有關係。整個寢園遺址呈長方形，南北 110 公尺，東西 60 公尺。寢園內主要建築的四面有圍牆。圍牆內建築房基九座，院落六處，殿、堂遺跡二處、回廊一處、石台階五座。須要注意的是整個房屋、回廊、院落的布局是依照前朝後寢的基本規矩。[23] 這些方形或前朝後寢式的建築，和目前可考的單開間的東漢祠堂，在形制上並不同。可考的祠堂在形式上，只是一間相當於朝的「堂」而已。祠堂之所以稱為「堂」，當是因其主要形制即為堂。大型的祠堂可以有「堂」，也有「內」或「寢」，形成一個完整「前堂後寢」的格局；如果是小型單開間的，只見有堂，不見有寢，或許就將堂後的墓室當作寢了。[24] 古代平民的住屋即是以「一堂二內」為典型（《漢書·賈誼傳》）。睡虎地秦簡中透露的民間住屋結構，可以證實「一堂二內」之說不誣。民間修造祠堂，如果是希望死者的魂靈回來受祭，自然以模仿死者曾生活過，熟悉親切的自家堂室為最合適，也最自然，似無必要去模仿天子的宗廟。

　　從戰國到西漢中期，一般平民無疑都是於墳墓行祭。既行墓祭，可以想像財力豐厚者，或踵事增華於墓旁搭建臨時或較長期性供祭祀用的建築。[25] 關於古代如何由重廟祭轉而重墓祭，以及兩漢政府如何受民間習慣的影響，轉而注重上陵之禮，楊寬《中國古代陵寢制度史研究》一書有十分精彩的分析。他認為武帝以後漢中央漸以墓祭為重，於陵旁修寢殿等，

23　河南省文物考古研究所，《永城西漢梁國王陵與寢園》（鄭州：中州古籍出版社，1996），頁 26-27，圖 15、16。

24　巫鴻認為祠堂即相當於寢，由於陵園外的廟已經取消，有時寢也就具備了廟的功用。參氏著，〈從「廟」至「墓」──中國古代宗教美術發展中的一個關鍵問題〉，《慶祝蘇秉琦考古五十五年論文集》（北京：文物出版社，1989），頁 107。

25　關於戰國以前以及戰國墓上的享堂，參巫鴻，前引文，頁 102。呂思勉、楊鴻勛以為墓祭早已存在於戰國及戰國以前，參呂思勉，《呂思勉讀史札記》（上海：上海古籍出版社，1982），〈墓祭〉條，頁 275-277；楊鴻勛，〈關於秦代以前墓上建築的問題〉、〈關於秦代以前墓上建築的問題要點重申──答楊寬先生〉，收入氏著《建築考古學論文集》（北京：文物出版社，1987），頁 143-152。甘肅天水放馬灘秦簡有「祠墓者毋敢哭；哭，鬼敬（驚）走」之說，也可證墓祭應早已存在於民間。

實是受民間於墓旁建祠堂行祭，即上墓習俗的影響。[26] 如果楊說可取，漢室宗廟陵園之制反可能受到民間習慣的影響，而不是民間祠堂源自漢室的宗廟或陵園了。當然也有學者指出漢代的陵寢制度是承秦的獨立陵園制而來。[27] 這就要另當別論了。

信先生書中零金碎玉，難以盡數。也有一些看法或須進一步斟酌。例如他認為祠堂只是象徵性的建築，祭禮行於祠堂之外，而非祠堂之內（頁64）。目前可考的祠堂如孝堂山石祠、武氏祠、宋山祠堂和安徽宿縣褚蘭石祠都不大，從畫像上看，祭祀也似乎確實在祠堂外舉行。信先生之說不無道理。不過，這並不表示所有的祠堂都如此低矮狹小，無法行禮其中。

從文獻中最少可以找到兩條東漢的材料，證明祭禮在祠堂內行之。袁宏《後漢紀》卷十四，和帝永元十六年條，張酺病困，「敕其子曰：『……無起祠堂，露祭而已。』」此事亦見於《後漢書‧張酺傳》「敕其子曰：『顯節陵埽地露祭，欲率天下以儉……其無起祠堂，可作稾蓋廡，施祭其下而已。』」又《後漢紀》卷十五，殤帝紀延平元年條：「初，宋貴人冢上無祠堂，〔其子清河王〕慶每露祭，未嘗不流涕。」此事《後漢書》未載。這兩條清楚表明如無祠堂，則不免露天而祭。在他們的認識中，祭禮顯然應在祠堂內舉行。張酺遺令其子不起祠堂，卻要他「作稾蓋廡，施祭其下」。《說文》，稾者「稈也」，稈者「禾莖也」；「蓋廡」的「廡」，《說文》謂之「堂下周屋」，《釋名‧釋宮室》以「大屋曰廡」。作稾蓋廡應是指以較簡單的材料如禾麥稈之類，搭建臨時行禮之所。由此可見對上層社會的人而言，祭禮不應露天進行。張酺貴為三公，宋貴人為清河王劉慶之母。如果他們有祠堂，其規模必不同於出土的那些小祠堂，其禮能在堂中行之，一點也不奇怪。《漢書‧霍光傳》說霍光死，「發三河卒穿復土，起冢祠堂，置園邑三百家」。其後霍禹「嗣為博陸侯，太夫人顯改光時所自造塋制而

---

26 楊寬，《中國古代陵寢制度史研究》（上海：上海古籍出版社，1985），頁 30-39。對楊說的批評見巫鴻，前引文，頁 106-107。

27 趙化成，〈從商周「集中公墓制」到秦漢「獨立陵園制」的演化軌迹〉，《文物》，7（2006），頁 41-48。

侈大之。起三山闕，築神道，北臨昭靈，南出承恩，盛飾祠室」。這個祠室就是祠堂。他們的祠堂或祠室不可能小，更擴而大之以後，必不可能小到無法在其中行祭祀。以下再看沂南北寨畫像石墓南壁西段橫梁上的畫像。這幅畫像左端有一棟方形兩進的建築，楊寬和信立祥先生都同意是祠堂（參信書頁 212，圖 125）。諸城涼台漢陽太守孫琮墓的畫像中也有一座最少兩進的祠堂，祠堂中有流水，流水中甚至有人撐船（參《山東漢畫像石選集》圖 556）。可見這兩座祠堂規模都不小。再如所謂的「朱鮪」或金鄉石室，據研究復原後室內高約 3 公尺，面寬 3.96 公尺，深 3.3 公尺，比孝堂山或宋山石祠都高大很多，入內行禮不成問題（圖 1）。[28] 能夠存世的祠堂都是石質的，當時應也有其它材質的祠堂，如果是木構的就可能較石造的

圖 1　山東省博物館展出的「朱鮪石室」殘石，2010.6.30 作者攝。

---

28 Wilma Fairbank, "A Structural Key to Han Mural Art," *Adventures in Retrieval*, Fig. 7. 石室長寬數據陳秀慧曾據費慰梅測繪圖數據換算得出。參陳秀慧，《滕州祠堂畫像石空間配置復原及其地域子傳統》（臺北：國立臺北藝術大學美術史研究所碩士論文，2002），頁 16。目前這一石室殘石已在山東省博物館展出，可見其高大。又參新出版蔣英炬、楊愛國、蔣群著，《朱

高大，可惜無法保存下來。換言之，信先生之說恐須稍作修正：祠堂是供祭祀之用的建築，非僅僅為象徵；其規模有大有小，大者可行禮其中，小者則否。

以下談談一些小問題。

（1）頁 80，1950 年代在山東梁山縣後銀山發現的東漢早期壁畫墓中有「樹木射鳥圖」，經查原報告，除了有樹，有人，有鳥，並沒有射鳥的場面。這樣的圖也名之為射鳥圖是否合適，待商。

（2）頁 107，作者指出「畫像配置有頗強的規則性。通常戰爭與狩獵圖在祠堂的西壁，庖廚圖在東壁。」但作者接著在圖 71、72、73、76 舉出汶上先農壇、嘉祥五老洼、嘉祥村有戰爭獻俘場面的四個例子卻全在東壁而不在西壁。這主要因為作者認定這四例上端的風伯應與西壁的西王母相對，因此判定此四石應屬東壁。矛盾因而產生。其實規則性不是不存在，恐怕不如作者相信的那樣強吧。

（3）頁 107、248，作者認為到了東漢晚期，「早期祠堂所見的胡漢戰爭圖消失，取而代之新出現的就是橋上交戰圖」（頁 248）。兩者的不同在於後者沒有了胡人，場景從原野改到橋上。如果只論祠堂，似乎如此。但如果將祠堂和墓室畫像放在一起看，立刻就發現並沒有這樣的取代關係。沂南北寨畫像石墓年代屬東漢晚期，但墓門橫梁上即有一幅著名的胡漢橋上交戰圖。

（4）頁 108，信書以為胡漢交戰圖中胡人陣地的弧形線是表示帳篷（原書作：テント，英文 tent 的日譯），其實應是山頭。沂南北寨墓墓門橫梁左端的山頭描繪，清晰可見。對此，我在有關胡漢戰爭圖的論文裡曾作詳細討論。[29]

（5）頁 112、116，圖 73、76 應分別是山東嘉祥五老洼祠堂東壁畫像和嘉祥村祠堂東壁畫像，結果誤置為同一圖，這是一個明顯印刷上的錯

鮪石室》（北京：文物出版社，2015），頁 52。

29　見本書，頁 335-417。

誤。

(6) 頁 147 作者因俞偉超先生之說，認為和林格爾墓壁畫「仙人騎白象」
圖為釋迦牟尼，疑心江蘇徐州洪樓祠堂天井石上的騎象人也是釋迦牟
尼（信書圖 91）。其實這較可能是馴象的越童。馴象者手中握一長竿，
竿頭有勾。這種畫像在漢畫中常見，不可能是釋迦牟尼。《論衡·物
勢》謂：「十年之牛，為牧豎所驅；長仞（《集解》劉盼遂案：長仞，《意
林》引作數仞，是也）之象，為越僮所鉤。」越童持勾騎象圖最早似出
現在河北定縣一二二號西漢墓所出的青銅車飾上（見《中華人民共和國
出土文物展品選集》，北京，1973，圖 66）。這個圖出現於佛教入中國之
前，象背上的人無法說是釋迦牟尼。

(7) 頁 175-177，書中對樹木射鳥圖的解釋，我已另文討論，建議定名為
「射爵射侯圖」，這裡不再重複。[30]

(8) 頁 244-248，作者以為車馬出行圖中常見的「都亭」或「驛」，是指祠
堂和寢屋，表示墓主自墓室來到祠堂受祭，於祠堂暫時落腳，就像漢
代行旅於亭或驛落腳一樣。是不是有別的可能呢？陸機〈太山吟〉有
如下說法：「梁甫亦有館，蒿里亦有亭，幽塗延萬鬼，神房集百
靈。」[31] 到地下世界去，古人想像中的確有一段旅途；旅途中有館，
有亭。這些館、亭明顯不是指祠堂。

(9) 頁 250，作者以為人間與地下世界以「奈河」為界。作者承認此說找
不到漢代的證據，不過他相信以河為界應是一個淵源久遠的說法。作
者所引的資料為《太平廣記》收錄的《宣室志》。按《宣室志》一般
認為係唐代張讀所撰，時代甚晚。我覺得作者此說值得注意。古人對
死後去處有很多不同的想像，隨地域和時代而有異。既然可以去泰
山、黃泉、蒿里，很可能會有人想到渡越某一河流而入死亡之地。巫

30　〈漢代畫像中的「射爵射侯圖」〉，《中央研究院歷史語言研究所集刊》，71：1（2000），頁
　　1-66。本書，頁 161-219。

31　逯欽立，《先秦漢魏晉南北朝詩》（北京：中華書局，1983），卷 5，頁 660。

鴻以為西漢帝陵皆在渭河之北，謁陵須渡渭河橋，渭河因而成了死亡的象徵。[32] 這個說法或許可供參考。

總之，本書是近年有關漢代畫像研究中不可不讀的重要著作。本書對前人的成果作了很好的總結，也頗有系統地建構出一套具有新意的看法。以上的討論絲毫不會減損本書的價值。我相信只有透過不同理論、觀點和方法的切磋，材料的檢驗，才能使今後對漢墓以及相關裝飾和概念的整體認識，更上層樓。

88.7.10

89.5.28 修訂

原刊《國立臺灣大學歷史學報》，25（2000），頁 267-281。97.3.25 稍作修 訂：105.2.14 續訂

後記

此文寫於信立祥大著中文本出版以前，讀者請參看中文本《漢代畫像石綜合研究》（北京：文物出版社，2000）。

---

32 Wu Hung, "Where are they going? Where did they come from?-Hearse and 'Soul-carriage' in Han Dynasty tomb art," *Orientations*, 29:6（1998）, pp. 22-23.

陝西旬邑百子村壁畫墓的墓主、時代與「天門」問題

　　因為北京中央美術學院鄭岩先生和德國孟思德大學紀安諾教授（Enno Giele）的介紹和協助，我才有機會很快讀到 2002 年由陝西文物考古研究所和德國美茵茲羅馬—日爾曼中央博物館（Römisch-Germanischen Zentralmuseums）合作發掘，並在德國出版的《考古發掘出土的中國東漢墓（邠王墓）壁畫》（Susanne Greiff, Yin Shenping, *Das Grab des Bin Wang: wandmalereien der Östlichen Han zeit in China*, Harrassowitz verlag, Wiesbaden）一書（以下簡稱《邠王墓壁畫》）。

　　鄭岩在中山大學《藝術史研究》第五期（2004）率先介紹並提出了評論。誠如鄭先生所說，這是近年漢墓壁畫比較重要的一次出土。壁畫內容頗多獨特之處，引發的問題也不少。《邠王墓壁畫》一書使用德文，也有中文翻譯；據紀安諾教授告知，中譯稍有節略，例如略去發掘中遇到的困難，但大體與德文部分一致。2006 年又有一冊考古文物展覽圖錄——《西安：地下的赫赫帝威》（*Xi'an: Kaiserliche Macht im Jenseits*, 2006）出版，其中收錄有尹申平和伊卡·魏塞爾（Ilka Weisser）對百子村邠王墓的考古及壁畫保存的報導。[1] 以下僅就閱讀《邠王墓壁畫》中文部分所見，談談一些想法，就教於先進。

　　一個根本問題是墓主和時代。《邠王墓壁畫》的作者和評論者鄭岩都

1　Yin Shenping（尹申平）, "Das Han-zeithiche Grab des Bin Wang nahe dem Dorf Baizi"（漢代百子村邠王墓）, pp. 222-230; Ilka Weisser, "Die Rettung der Wandmalereien aus dem Grab des Han-zeitlichen Fürsten Bin Wang"（漢代百子村邠王墓壁畫的保存）, *Xi'an: Kaiserliche Macht im Jenseits*, 2006, pp. 231-234.

曾見過原壁畫，他們比我有更好的條件作出正確的判斷。《邠王墓壁畫》的作者根據題記，認定墓主是邠王，並據出土錢幣斷定墓葬年代為獻帝（西元 190-220 年）時期。鄭先生在評論時表示，這一斷代應無太大偏差。又表示在沒有其他線索推考墓主背景的情況下，原報告認為這位「邠王」是東漢末年地方豪右或高官顯貴自立為王，「誠可備為一說」。換言之，對於此墓的墓主和時代，鄭先生基本上，或者說暫時接受了《邠王墓壁畫》作者的判斷。

稍稍閱讀《邠王墓壁畫》的內容和圖版，心中不由得產生了不太一樣的想法。從畫像布局看，第一，這位邠王不一定是自立為王的王；即使是王，也不一定是墓主，壁畫中的郭姓將軍也有可能是墓主；第二，從墓葬形制、畫像布局特徵、男女冠式、髮式和衣裝等方面看，時代上應稍晚於東漢，或屬三國曹魏。

一 墓主

先說墓主。漢末亂世，自立為王，史書失載者，所在多有。《邠王墓壁畫》推斷邠王為王，不是毫無道理。今陝西旬邑即兩漢時扶風之栒邑（參《漢書·地理志》和《後漢書·郡國志》右扶風、扶風條）。栒邑有豳鄉。豳即邠。因此在東漢末，此地曾有人在亂世中自稱「邠王」，不難理解。可惜這一推斷沒有積極證據。

《邠王墓壁畫》作者之所以主張邠王為墓主，稱之為邠王墓，最主要的證據不外兩點：第一，甬道外側有守門的力士題為「邠王力士」，邠王力士保衛的當然是邠王；第二，邠王為王，地位自然比將軍高，邠王與將軍對坐，自然是將軍拜見王，這類似漢祠堂的拜謁圖，受拜者是祠主。遺憾的是《邠王墓壁畫》一書封面上那位「邠王」的榜題已模糊難辨。[2] 在邠

2　最近陝西省考古研究院編《壁上丹青——陝西出土壁畫集（上）》（北京：科學出版社，

王頭冠右側有兩字痕跡，上一字的上半尚可見，唯已不足以判定是否為邠字。下一字更模糊，筆劃都分辨不出來。另外在甬道墓門外側壁上有「邠王力士」榜題，[3] 後室後壁和西壁兩部馬車和御者旁有榜題似為「邠王〔御〕吏」（《邠王墓壁畫》插圖25c），西壁馬車前方人物旁則可稍稍辨識出題記「諸給……邠王……」（《邠王墓壁畫》插圖28b）等字。這些榜題是墓主為邠王的主要證據。可惜發表的圖版上，「邠王力士」四字只有「力」字清晰，「王」字似餘左半，「士」字見一橫筆，關鍵的「邠」字完全不存。「邠王〔御〕吏」和「諸給……邠王……」題記足以證明其旁之車馬和人物是邠王之車和屬吏，但是否即足以證明邠王是墓主？卻不無疑問。此墓從發現到揭取壁畫，不斷受到工程單位的干擾，在極其倉促的情形下進行搶救，在搶救中壁畫不斷遭到破壞。例如《邠王墓壁畫》封面的邠王面部尚完整，但書內刊布的同一邠王，面部竟已全然殘缺。榜題的部分顯然也曾受到不同程度的損壞。因此，《邠王墓壁畫》的作者或許有較原始或更完整的資料可以去判定墓主為邠王，[4] 像我們這樣的讀者卻無法從刊布的資料去判斷墓主必然是誰了。

如果這是一座東漢晚期墓，照當時一般的習慣，墓室壁畫或石刻上的墓主或墓主夫婦畫像形體多畫得較大，二人並排而坐，居於較中心的位置。照《邠王墓壁畫》一書的說法，邠王是指在後室西壁一長排站著和坐著人物中最左側的一位，或者說是在後室西壁最靠外側，最接近後室入口的一位。他側身向右和其旁的郭姓將軍對坐於席上。郭姓將軍的名字在這

2009）刊布了百子村墓壁畫。此書已將「邠王墓」改稱為「百子村東漢墓」。有趣的是《邠王墓壁畫》一書原釋為「邠王」的榜題，在《壁上丹青》圖版41中被改釋為「□□將軍」（頁155）。

3　按力士一詞出現甚早。秦末張良曾得力士以殺始皇即為著例。漢石刻中也有力士榜題，見徐州所發現東漢元和三年（西元86年）畫像石第一石。參徐州博物館，〈徐州發現東漢元和三年畫像石〉，《文物》，9（1990），頁65，圖二。

4　陝西省考古研究院編《壁上丹青——陝西出土壁畫集（上）》刊布了百子村墓壁畫最完整詳細的圖版。許多圖版比德國出版者為佳。可惜此書刊出的圖版仍不足以確辨「頒王」、「邠王力士」榜題。較可確認的唯有「力士」二字。

本《邠王墓壁畫》上比較模糊，《咸陽文物精華》收錄的圖版是壁畫經過修補以前所攝，印製也較為清晰，反而較為可據。[5] 據《咸陽文物精華》的圖版，白粉所書榜題有可能是「郭武將軍」四字。[6] 將軍臉部全殘，頭冠尚在。從黑色頭冠的位置、身體坐姿和雙手拱於腹前，可以知道他是和邠王相對而坐。其右側是一連串立姿，面向朝左，隨侍的屬下「小史」和三位「將軍門下先」。[7] 這位將軍手中既無牘或笏，身後有屬吏隨侍，其姿態比持牘或笏側身面向將軍的邠王更像是畫像中的主角。依東漢拜謁畫像布局的慣例，凡持牘或笏的都是拜謁者而非受拜者；受拜者一般或憑几，或持便面，或僅拱身而坐。邠王持牘或笏，而郭武或郭姓將軍不持，後者比較像是接受拜謁者，因而也比較像是墓主。

初觀後室壁畫時，得到以上的印象。在進一步觀察後，又有了新的體認。體認到後室兩壁的畫像和後室門洞外東西兩側壁上的畫像是連續的，必須連在一起整體合觀。其為整體，最明顯的證據是東壁最右端坐著的女子的裙襬，有一部分畫在後室門洞外東側的壁上。這一點，如果我們仔細看《邠王墓壁畫》插圖十二和卅四，就可看出來。後室西壁和室門外壁的轉角處因殘損過甚，畫面的連續性已較不易分辨，但仍可看見壁畫上端的垂帳紋飾以及垂帳紋上方塗黑的邊框從後室內側東西壁一直連續到外側的東西兩壁上。從兩側壁畫對稱的結構看，後室西壁和西壁外側的畫像也應該相連續。《邠王墓壁畫》的線描圖 C，分別描畫有後室結構和局部圖，唯各部分比例不很準確，線描也有缺漏；如果調整比例和增補缺漏，重新拼

5　咸陽市文物局編，《咸陽文物精華》（北京：文物出版社，2002）。《邠王墓壁畫》發表的壁畫已是加固和修補以後的，加固痕跡十分明顯。

6　前引《壁上丹青——陝西出土壁畫集（上）》圖版 42 榜題較清晰。其中「武」字筆劃極簡省，有些像「氏」字，但「郭氏將軍」不合古語習慣，因此推測或是武字。漢代簡牘上有些「武」字可以寫得極簡而近乎「氏」字（參佐野光一，《木簡字典》，雄山閣，1985，居延簡 40.20、58.13、143.28 等，頁 425）。

7　「門下先」疑即「門下先生」。《史記·袁盎鼂錯傳》有「張恢先」、「鄧先」，徐廣曰：「先即先生。」（頁 2745）又陳直《漢書新證》（天津：天津人民出版社，1979）頁 293-294 引證更為完備，可參。「小史」榜題之上有缺，疑應作「將軍小史」，參注 6。

接，可以得到如圖的畫面（圖 1）。[8] 我們應該根據這整體連續的畫面去理解畫像中各人物所居的位置。

首先，《邠王墓壁畫》已指出後室室內壁畫上男子同在西壁，女子同在東壁，兩壁人物身分有相互對應的關係。如果從整體看，包括門洞外側兩壁也都是男女有別，可證男女分列東西是有意的整體安排。但東西壁男女身分並不是完全相對應。例如郭姓將軍身旁右側的「小史」，其正對面不是小史夫人，而是「侍者」；[9] 小史的夫人反而出現在洞室東壁外側的牆上，其旁有尚可辨識的榜題「〔軍〕小史婦」[10]。《邠王墓壁畫》線描圖 C 的文字說明將坐在小史對面的婦人推定為小史夫人，就是因為將觀察的範圍局限在後室兩壁，沒有考慮到和室外壁畫有連續關係的結果。

又從整體上看，和邠王及郭姓將軍相對應的共有三位坐姿的婦女和坐在中間的兩個孩童。這些人物身旁的壁面破損嚴重，因此已不易確定誰是誰的夫人或小孩。如果要作推測，一個可供推測的依據是他們的坐席。坐席明顯分為兩塊，右側一塊坐著兩婦及一小童，左側一塊坐著一小童和一婦；從對應關係說，不無可能右側的兩婦一童都是邠王的內眷，左側的一童和一婦是郭姓將軍的眷屬。可是事實卻相反。據《咸陽文物精華》較清晰的圖版，兩小童右側婦人的頭頂上方有「將軍夫人」四字隱約可辨。換言之，郭姓將軍和將軍夫人正相對，將軍夫人右側最靠邊的一女則和同樣在邊側的邠王相對。她是不是邠王夫人，惜無榜題可以確認。

其次，東西壁牆上有正好相對的長篇題記。題記內容可惜泰半漫漶，難以釋讀。整體而言，題記明顯不在整體畫面中央而是偏於東西兩壁外側，因而相對應的墓主位置也應在中央偏外側，這和漢墓壁畫或石刻一般會將墓主置於正中央有所不同。東壁題記正下方的人物是兩個小童和兩側

8　可參照《壁上丹青——陝西出土壁畫集（上）》圖版 38。

9　據《咸陽文物精華》和《邠王墓壁畫》插圖 32a，可知《邠王墓壁畫》插圖 29 所釋「侍女」應作「侍者」。

10　參《邠王墓壁畫》插圖 34。「軍」字只下半可見。如果榜題原為「將軍小史婦」，則「小史」榜題上的缺字應是「將軍」。

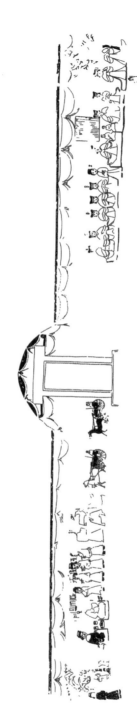

圖 1　作者（2005.7.20）據《邠王墓壁畫》線描圖改繪

古月集：秦漢時代的簡牘畫像與政治社會
——卷二　畫像石、畫像磚與壁畫

的婦女；西壁題記較長，橫跨郭姓將軍和邠王的頭頂。從整體上看，郭姓將軍和邠王都有可能是墓主；但兩人比較而言，郭姓將軍處於更為中心的位置，因此就算不必然是墓主，也有可能是墓主。

再來看看邠王的身分。邠王榜題即使無誤，邠王也不一定是王。理由有二：第一，畫像中邠王的服裝不像是王，和漢畫中常見一般官吏殊無二致。壁畫上的邠王戴進賢冠，著黑衣，腰上有近乎白色的綬帶，手中持牘或笏，是典型文官的裝扮。他的頭冠、服飾和畫中其他人物如「將軍門下先」或「邠王〔御〕吏」相同，完全顯示不出王者的身分。漢代畫像中的王者雖然也有衣飾難別之例，一般則戴形式不同於進賢冠的通天冠或王冠。關於這一點，孫機先生的研究值得參考。[11] 第二，如果是王，或是自立為王，其墓葬規模不大，似乎不太相稱。據報告，這是一座由前室、後室、左右側室構成的十字形穹窿頂墓。從墓道端口到後室距離 24 公尺，兩側室之間距離 11.5 公尺，除去墓道，整座墓磚牆內面積約 39 平方公尺。以前室長寬而言，這座墓前室長寬皆 3.75 公尺，這樣的規模如和同時期陝北的漢墓（如神木大保當的十六座墓前室長寬在 1.68-3.8 公尺之間）相比，[12] 只能算是普通地方官吏如太守這一等級的墓葬。漢代郡守也稱郡將，有些帶將軍稱號。山西夏縣王村東漢壁畫墓即有「安定太守裴將軍」的清楚榜題。裴將軍墓屬桓、靈時期，也是多室券頂，前室呈長方形，南北長 6.84 公尺，東西寬 2.64 公尺，高 2.68 公尺，[13] 這和旬邑百子村壁畫墓規模不相上下。從墓葬規模看，邠王墓不像「王」墓，如果是郭姓將軍的墓，大小倒頗為相當。當然也可以說，時值亂世，身分等級和墓葬規格不能從承平時代的標準去衡量。或正因為其制頗脫離常軌，竟至墓主是誰，也不容易分

11　參孫機，《漢代物質文化資料圖說》（北京：文物出版社，1991），頁 229-232；較詳細的研究則見孫機對進賢冠和通天冠的比較，〈進賢冠與武弁大冠〉，《中國古輿服論叢》增訂本（北京：文物出版社，2001），頁 166。

12　參陝西省考古研究所、榆林市文物管理委員會辦公室編，《神木大保當——漢代城址與墓葬考古報告》（北京：科學出版社，2001），附表一〈墓葬登記表〉，頁 124-128。

13　山西省考古研究所等，〈山西夏縣王村東漢壁畫墓〉，《文物》，8（1994），頁 34-46。

辨。

　　以上從不同的角度討論墓主的問題，僅僅是希望指出此墓不一定是邠王墓，也有可能是郭姓將軍之墓。從目前殘存的壁畫內容、布局和表現形式看，墓主在畫中，並沒有像東漢魏晉時代其它墓之墓主那樣，藉用各種方式被充分突顯出來。這是極其特殊之處，也造成我們今天辨識墓主極大的困難。要真正論斷此墓墓主，還須要更明確有力的資料。因為《咸陽文物精華》曾刊布比較原始，殘損較少，比較清晰的照片，我猜測發掘者或發掘單位或許還有更多較好的資料；如果能刊布出來，就可以有線索去進一步釐清這個問題。

二 時代

　　不論如何，東漢墓墓主夫婦畫像一般以並排而坐的布局為多，墓主夫婦的形體也畫得較大；隨侍人物形體較小，必居於墓主兩側，不會和墓主夫婦並坐。此墓墓主和其他人物並坐，男女分繪在東西兩壁，大小幾乎無別，在布局和表現形式上都不同於漢墓慣例，反而和魏晉南北朝壁畫中男女分列東西的習慣較為相近。[14]

　　其次，墓壁題寫長篇文字的作法也要到東漢晚期甚至魏晉時才較為常

14　關於男女排列問題可參鄭岩，《魏晉南北朝壁畫墓研究》（北京：文物出版社，2002），頁193-194；林聖智曾作較詳細的討論，他指出漢代墓主畫像中男女墓主並坐，相對位置或左或右沒有一定，從嘉峪關六號壁畫墓看，西晉以後出現男主人在西壁，女主人在東壁的現象。參林聖智，〈北魏寧懋石室的圖像與功能〉，《國立臺灣大學美術史研究集刊》，18（2005），頁 21-23。嘉峪關六號壁畫墓男西女東的布局和旬邑百子村墓正同。按：漢墓男女墓主排列除少數例外，似以男左女右為多。徐州漢畫中有人物於建築中對坐者甚多，有些男女對坐，更多的是二男對坐。林文舉徐州銅山畫像（林文原圖 21）為例以證男右女左，但此畫像中對坐者是否為一男一女，十分可疑，私意以為較像二男對坐。男右女左明確的證據反見於河南密縣打虎亭二號墓壁畫。幄帳中並坐的墓主，女在左，男在右側。

見。[15]在東漢晚期的壁畫或石刻上，除了祠堂或石闕如武氏祠、薌他君祠、南武陽功曹闕等，一般也僅見較簡短的榜題；墓中如有長篇題記，題記多和畫像分開，或題於畫像的邊緣或根本獨立存在。像旬邑百子村這樣題寫在主要畫面正上方的，極為少見。可考者有高句麗四世紀中葉安岳三號墳或所謂的「冬壽墓」。在冬壽畫像的正上方有長篇題記，但身為帳下督的冬壽畫像並不位於墓室中心的位置，其是否為墓主仍有爭議。[16] 其次是雲南昭通東晉霍承嗣墓北壁（後壁）畫像。墓主霍承嗣端坐後壁中央，其畫像左側有長達九十餘字有關生平的題記；題記中有東晉孝武帝「太元十囗年」的明確紀年（西元 386-396 年）。[17]

再次是四川中江縣塔梁子三號墓壁畫。此墓時代，原報告以為屬東漢晚期，我認為應晚於東漢。塔梁子三號墓壁原有石刻浮雕，原雕被廢棄，未經鏟平，即又在其上另作彩繪。魏晉人利用漢墓再葬，或利用漢墓石材再修墓的例子十分常見。這座墓的墓壁上有長篇文字題記，幸好整理者作出摹本，並已由學者作了釋讀。[18] 題記內容提到「先祖」為「漢大鴻〔臚〕」，其後有「文君子賓」，又有「子賓子中黃門侍郎」，前後最少三代。東漢及此後都有大鴻臚，這位先祖如在漢末任大鴻臚，其子孫即進入了魏晉時期。因為作題記的子孫時代有所不同，當提到先祖官銜時，特別加上一「漢」字。加不加漢字雖然不是題榜的一個一致性習慣，仍值得作判定年代的一個參考。又題記謂大鴻臚擁眾十萬，「平羌有功」，發掘者以為和安帝至沖帝時期的平羌戰事相關。但羌亂延續極長，一直到魏晉南北朝。王子今和高大倫先生已指出要尋找題記和傳世文獻之間具體的對應關

---

15 關於漢墓題記和榜題由簡而繁的發展可參楊愛國，〈漢代畫像石榜題略論〉，《考古》，5（2005），頁 59-72。

16 參朱榮憲著，永島暉臣慎譯，《高句麗の壁畫古墳》（東京：學生社，1972），頁 125-129。

17 雲南省文物工作隊，〈雲南省昭通後海子東晉壁畫墓清理簡報〉，《文物》，12（1963），頁 1-6。

18 四川省文物考古研究所等，〈四川中江塔梁子崖墓發掘簡報〉，《文物》，9（2004），頁 4-33；王子今、高大倫，〈中江塔梁子崖墓壁畫榜題考論〉，《文物》，9（2004），頁 64-69、73。

係，「有一定困難」。[19] 因此我們很難單單從題記決定壁畫的時代。

魏晉以後墓中之所以出現長篇題記，記述墓主生平，當和魏晉以降禁止立碑有關。漢代墓葬多將墓主生平和造祠墓經過記述於碑闕之上。魏武帝和晉武帝先後禁止立碑，紀念墓主的文字乃漸漸由地上轉入地下。墓誌和墓室長篇題記是在同一背景下出現的。[20] 旬邑百子村墓和中江塔梁子墓的壁畫在時代上因此都可能晚於東漢。

如果分析壁畫本身的特徵，中江塔梁子三號墓壁畫應製作於東漢末以後。證據有二：第一，前文曾提到三號墓壁畫是利用舊有石刻墓壁，捨棄原有內容，另行繪製。原有的石刻風格粗獷，其風格和內容和四川東漢崖墓中所見相似。原石雕畫面中的人物冠飾是前高後低，典型的漢代進賢冠（參〈發掘簡報〉圖二三、彩色圖版一三）。如果原石雕屬東漢時期，在其上改繪的壁畫即較東漢為晚。第二，在改繪的壁畫裡，主要人物的冠飾和漢畫中習見的進賢冠已不同，而有了魏晉十六國時期冠飾的特徵。漢畫中的進賢冠以前高後低，冠頂前端有梁為特色。魏晉時進賢冠名稱仍舊，樣式卻有變化。冠前端高聳的梁在畫中或者消失，或存在但不再被強調，強調的反是冠後端近乎豎直的兩耳（如史語所藏「晉當利里社碑」碑陰社老畫像（圖2）；嘉峪關魏晉一號墓題有「段清」、「幼絜」榜題的魏晉畫像磚（圖3），嘉峪關魏晉六號墓墓室壁畫出行圖 M6.92、94、97，高句麗四世紀中安岳三號墳墓主壁畫和五世紀初德興里古墳壁畫（圖4、5），吐魯番阿斯塔那 13 號墓出土十六國時期紙畫上人物（圖6））。如果我們細看塔梁子墓發掘簡報所附原壁畫和線描圖（圖7、8），就可看出坐在席上的人物，其冠式已不同於漢，而和魏晉碑闕或畫像中所見較相似。但旬邑百子村墓壁畫上的邠王或其它屬吏的冠式仍然比較像漢代的進賢冠。因此單純從冠式看，百子村壁畫墓的時代還略早於中江塔梁子三號墓。百子村壁畫墓雖可晚於東漢，應不會晚太多。

漢畫中有男有女，男女衣裝面容有時可以分別，有時卻難分；如能分

19　王子今、高大倫，〈中江塔梁子崖墓壁畫榜題考論〉，《文物》，9（2004），頁 68。

20　參趙超，《中國古代墓志通論》（北京：紫禁城出版社，2003），頁 49。

圖 2　中央研究院歷史語言研究所傅斯年圖書館藏,「晉當利里社碑」拓片
局部。

圖 3　張寶璽編,《嘉峪關酒泉魏晉十六國墓壁畫》(甘肅人民美術出版社,
2001),一號墓,圖 07。

圖 4　《高句麗文化展》(東京:高句麗文化展實行委員會,無年月),安岳
第三號墳,圖 2。

圖 5　《高句麗文化展》德興里壁畫古墳，圖 21。

圖 6　《新疆維吾爾自治區博物館》（文物出版社，1991），圖 141、142。

古月集：秦漢時代的簡牘畫像與政治社會
　　　——卷二　畫像石、畫像磚與壁畫

圖 7　〈塔梁子發掘簡報〉，圖二一。

圖 8　〈塔梁子發掘簡報〉，圖二二。

別，往往表現在髮型或冠飾上。旬邑百子村墓壁畫上的男女，髮式和衣裝都明顯不同。以榜題明確稱為「夫人」的為例，她們身穿長裙，裙身有多樣色彩構成的條狀紋飾，下襬寬大修長，拖曳於地。這樣的彩條長裙多見於十六國墓壁畫和五、六世紀的高句麗墓壁畫，極少見於東漢墓（目前我還沒找到例子）。其次，這些夫人髮式一致，從正面看，髮頂中央較凹下，兩側高起，高起的頭髮又向下遮覆兩側面頰，前額髮際又橫縛有紅色髮帶（？），髮型整體上有點像馬鞍。這種髮型在兩漢壁畫、石刻、漆器或陶、木俑身上幾乎無例可循，類似者卻見於晉墓出土陶俑（圖9）、前秦或十六國時期出土的陶俑和五世紀下半高句麗水山里墓壁畫（圖10）。[21] 晉墓女俑

圖9　《漢唐絲綢之路文物精華》，香港龍出版公司，1990，圖60。

21　類似髮型也見於陝西咸陽市文林小區前秦朱氏家族墓出土陶俑和咸陽頭道塬十六國墓出土陶俑，參咸陽市文物考古研究所，〈陝西咸陽市文林小區前秦朱氏家族墓的發掘〉，《考古》，4（2005），頁40-63，圖八.18、一二.23、一五.10、一八.9、13、二〇.1、2、二四.5、6；咸陽市文物考古研究所，〈陝西咸陽市頭道塬十六國墓葬〉，《考古》，6（2005），頁43-56，圖一〇.2、3、圖版捌.2。最近刊布的陝西靖邊東漢墓壁畫中婦女的髮型有些類似，但和百子村者有一明顯不同，即髮頂中央並不凹下。參陝西省考古研究院等，〈陝西靖邊東漢壁畫墓〉，《文物》，2（2009），頁32-43，圖12、14。

圖 10　《高句麗文化展》封面

的條紋長裙幾乎和百子村墓壁畫上的諸夫人同式，晉、前秦和十六國時期女俑髮頂中央雖另有較複雜的花樣，但兩側隆起和向下遮覆兩頰的整體造型和百子村夫人的髮型類似；水山里墓壁畫中婦人的髮型和百子村夫人們的就更像了，都是兩側隆起，髮頂中央較凹下。旬邑百子村墓壁畫中這些衣裝和髮式上的特點是推定其時代或稍晚於東漢的另一個理由。

　　就墓葬形制來說，《邠王墓壁畫》對形制的描述較粗略，僅能見其大要，形制特色主要在有斜坡墓道（但是否有台階，未見報導），磚砌，有前後室，前後室之間無甬道，因有兩側室而形成平面呈十字形所謂的穹窿頂墓。各部大小尺寸，部分已見前述。這樣形制的墓葬據黃曉芬研究，已見於屬東漢中期的陝西長安南李王村三號墓、長安三里村永元十六年紀年墓和綏德延家岔二號墓。但類似形制也見於屬東漢晚期河南陝縣劉家渠八號

墓和偃師杏園村壁畫墓，後者在前後室之間已出現了甬道。[22] 前後室之間有甬道的雖然較常見於魏晉墓，但在陝北神木大保當東漢墓中也已相當普遍。[23] 偃師杏園村六號墓形制相似，也有甬道，屬曹魏時期。[24] 更重要的是和百子村墓形制相似的也見於晚到曹魏正始八年洛陽澗西十六工區二〇三五號紀年墓。兩者都是磚砌，有斜坡墓道，左右兩側室，前室穹窿頂，為正方形（百子村 3.75×3.75 公尺，澗西十六工區二〇三五號墓 3.38×3.25 公尺），較不同的是前後室間，一有甬道，一無。[25] 另一不同是百子村有壁畫，澗西墓無。但澗西墓在前室出土供帷帳木架使用的鐵質管狀組件。這說明墓中原有帷帳。這不禁使人想到河西佛爺廟西晉墓中繪製的帷帳（詳下節）。[26]

　　總結而言，旬邑百子村墓的時代從墓葬形制看，可早到東漢中期，也可晚到曹魏。從男女分列兩壁的畫像布局，男女冠式、衣裝、髮式和長篇題記的習慣等幾方面看，較少見於東漢，而有魏晉時期的特色。因此，此墓時代歸於三國曹魏時期似較恰當。

三　「天門」或「牌位」？

　　後室後壁中央有一件前所未見的壁畫。在半圓形的壁面上，頂部有垂帳紋飾，其下中央有以黃色為底色的方框形物，在方框的左右側又有垂帳

22　黃曉芬，《漢墓的考古學研究》（長沙：岳麓書社，2003），頁 130-135。

23　參陝西省考古研究所、榆林市文物管理委員會辦公室編，《神木大保當——漢代城址與墓葬考古報告》，附表一〈墓葬登記表〉，頁 124-128。

24　社科院考古所河南第二工作隊，〈河南偃師杏園村的兩座魏晉墓〉，《考古》，8（1985），頁 721-735。

25　洛陽市文物工作隊，〈洛陽曹魏正始八年墓發掘報告〉，《考古》，4（1989），頁 313-318；關於洛陽澗西 16 工區墓形制和其它魏晉十六國的分區分期比較，可參張小舟，〈北方地區魏晉十六國墓葬的分區與分期〉，《考古學報》，1（1987），頁 19-43。

26　揚之水指出「南北朝是帷帳興盛的時代」，參所著〈帷幄故事〉，《古詩文名物新證》，頁 293。

紋，方框內邊上又有赭紅色長方形的豎框。黃色方框物左側則有一輛左行的馬車，跟隨在西壁另一輛馬車之後。方框右側因殘缺過甚，除了極少的墨線痕跡，已無畫面可以辨識。這中央的方框是什麼？《邠王墓壁畫》的作者認為是天門。[27] 鄭岩認為不是天門，而「更像是一個牌位」。[28] 其說主要是引伸巫鴻虛「位」之說而來。關於虛空的「位」上無畫像，也無文字，卻代表著死者靈魂之所在的說法，下文將再作討論。這裡先僅就旬邑百子村墓後室後壁所見，分析一下它形式上的特徵。

第一，這方框就造型言，一個明顯的特徵是上下黃色橫框稍長，兩側都有超出豎框的部分，因此鄭岩描述它是「工」字形。另一個特徵是黃色長方框內又用較細的赭紅線條描出一個方框，框下另用更細的赭紅線描出一個橫向的框。這樣的造型像門或像牌位？我們可以利用其它資料作比對分析，說明它無論如何不像牌位，應比較像是門，或者就是天門。

第一項資料是內蒙古鄂托克旗巴彥淖爾鄉鳳凰山東漢一號墓壁畫。[29] 此墓平面呈十字形，墓室是所謂「硬山式頂」，後壁正中鑿一弧頂小龕。墓室四壁及頂部繪滿壁畫。我們要注意的是後壁小龕外所繪的工字形方框。方框之上有垂帳紋。這個方框的底部已經損毀不可見，但上部有兩點值得注意：第一，上方橫框長度也超出豎框，而形成所謂的工字形；第二，橫豎方框上有極清晰由描繪而成的木紋，明確告訴我們這是一個仿木框。更有意思的是在上方橫框和豎框相接處，更有繪成立體造型的榫頭（圖11）。這些都明確無誤地表示這是一個門。同式的殘門另外也見於前壁墓門（同上書，圖15，頁171）。

怎麼知道工字形框描繪的一定是門？另一個有力證據是河北滿城西漢中山王一號或竇綰墓中室、後室間之石門（圖12）。此墓鑿山開石而建，中、後室間石門完全仿實際建築的木門而製成。有門框、門扉、門限，兩

27　《邠王墓壁畫》，頁 86-89。

28　鄭岩，〈《考古發掘出土的中國東漢墓（邠王墓）壁畫》書評〉，《藝術史研究》，5（2003），
　　頁 516。

29　魏堅編，《內蒙古中南部漢代墓葬》（北京：中國大百科全書出版社，1998），頁 161-175。

圖 11　《內蒙古中南部漢代墓葬》（北京：中國大百科全書出版社，1998），圖一三，頁 169。

圖 12　河北滿城一號或竇綰墓中後室間石門，《滿城漢墓》（廣州：嶺南美術出版社，2000），
圖 03。

扇門扉上有鋪首，「左、右門框的上端都有方形榫頭插入門楣」，[30] 整個形式和結構與內蒙鳳凰山一號墓壁畫上所見的仿木門框，完全一致。此外，河南密縣打虎亭東漢晚期一號墓東、南、北耳室之門、二號墓中室四向各門的造型都是工字形仿木門帶榫頭的結構（圖 13、14）。[31] 內蒙古包爾陶勒蓋漢墓出土的陶倉模型清楚地模塑出倉門，這個倉門正好也作一模一樣的工字形方框（圖 15）。

此外，一項有趣的資料是陝北綏德四十里鋪出土東漢墓門楣畫像（圖16）。在門楣石的中央有一工字形方框，方框的上下橫框超出豎框兩側，和旬邑百子村墓後壁所見方框外形幾乎一模一樣。四十里鋪墓門楣的方框中更有一清楚的銜環鋪首。鋪首證明這個方框是門無疑。[32] 有趣的是門的右側刻畫的是典型的西王母、三足鳥和玉兔搗藥等圖，門的左側則是習見的墓主拜謁圖。我覺得造墓工匠或許不夠用心。他們沒有細心考慮門楣畫像的整體結構，只是將通常用以表現墓主的格套照搬過來。[33] 他們的用意並不真正在表現墓主接受拜謁，而是藉著大家熟知的畫像格套，讓觀者準確無誤地知道在門楣左側的是墓主而已。整個門楣畫像的核心意涵在表現墓主在門的一側，門的另一側即西王母；墓主通過這扇門即可進入西王母的世界。這裡的門毫無疑問是天門，不太可能有其它意思。漢代〈郊祀歌〉中有這樣一句：「神之㴂（游），過天門，車千乘，敦昆侖（師古曰：「敦讀曰屯，屯，聚也。」）」（《漢書‧禮樂志》，頁 1066）神靈出遊，過天門，前往西王母所在的昆侖，正與門楣畫像的意義相通。這和四川著名的西王母和有

---

30 社會科學院考古研究所、河北省文物管理處，《滿城漢墓發掘報告》上（北京：文物出版社，1980），頁 17、頁 23 圖 14。

31 河南省文物研究所，《密縣打虎亭漢墓》（北京：文物出版社，1993），圖版 17、28、55。

32 另一件完全同樣形式的門見於陝西橫山黨岔村孫家園子出土墓之門楣石，參《中國畫像石全集》（山東美術出版社、河南美術出版社，2000），五.230。

33 前注所引陝西橫山黨岔村孫家園子出土墓之門楣石正是照搬格套的一個例子。在這個例子裡，畫面左端是典型的拜謁圖，右端卻刻畫牽馬、養羊、養牛、以牛犁田和怪獸格鬥等內容。左右兩端之間的門只起了分隔的作用，沒有「溝通」的意義。換言之，帶鋪首的門是格套的一個元素，其意義隨畫象脈絡轉移，並非固定不變。

圖 13 河南密縣打虎亭一號墓南耳室，《密縣打虎亭漢墓》（北京：文物出版社，1993），圖版 17。

圖 14 河南密縣打虎亭二號墓中室，《密縣打虎亭漢墓》，圖版 55。

圖 15 《內蒙古中南部漢代墓葬》，黑白圖版陸。

圖 16　《中國畫像石全集》第五冊（山東美術出版社、河南美術出版社，2000），圖 177。

「天門」二字的銅牌棺飾所欲傳達的意義十分相近，[34] 也和四川著名的滎經石棺和南溪三號石棺側壁上中央有一門，門半開，一人半露，門一側為西王母，另一側為墓主或墓主夫婦的畫像意義一貫（圖 17、18）。[35]

　　由於這些門可以明白無誤的辨認，我們也就有理由認為旬邑百子村墓後壁所見一模一樣的工字形，也應該是象徵天門的門。只是這個門的門框仍在，其餘鋪首或門扉之類都省略了。省略的原因可能是這些壁畫前方原本放置木主或像，為突出前方之物，作為背景的壁畫在視覺上即以簡約為宜。放置木主問題，將於後文再論。

　　如果旬邑百子村後室後壁中央的工字形是「天門」，那要怎樣去解釋整個後室的壁畫呢？這是目前最難以回答的問題。其困難的程度不比將工字形理解為牌位好太多。最大的困難是沒有文獻或其它類似的壁畫可以參照；其次，從出土文物，墓葬形制或壁畫內容難以確認墓主；中心人物不

34　趙殿增、袁曙光，〈天門考——兼論四川漢畫像磚、石的組合與主題〉，《四川文物》，8（1985），頁 3-11；重慶巫山縣文物管理所，〈東漢鎏金銅牌飾的發現與研究〉，《考古》，12（1998），頁 77-86；加拿大安大略皇家博物館也收藏有天門飾牌，可參 Klaas Ruitenbeek, *Chinese Shadows: Stone Reliefs, Rubbings, and Related Works of Art from the Han Dynasty* (*206BC-AD220*) *in the Royal Ontario Museum*, Royal Ontario Museum, 2002, catalogue no. 13a-c, p. 28, 57-59。

35　另四川合江四號石棺一側也有馬車向左，中有天門建築，左有西王母像的畫像，其寓意相同，參《中國畫像石全集》七.178。關於半開門探身人物，近有盛磊詳細的研究，雖無最後結論，但對我所引用的兩件，門之一側為西王母仙境，另一側是和墓主相關的場景意見相同。參盛磊，〈四川「半開門中探身人物」題材初步研究〉，《中國漢畫研究》第一卷（2004），頁 88。

圖 17　《巴蜀漢畫像集》（文物出版社，1998），圖 375。

圖 18　《中國畫像石全集》第七冊，圖 111。

定，整體解釋無以展開。這個問題只得暫時擱下。

　　另外一個問題是天門的顏色。天門為何畫成黃色？這個問題缺少直接的材料可以回答。以下略提幾條，聊供揣測。《後漢書‧獻帝紀》李賢注引《輿服志》曰：「禁門曰黃闥，以中人主之故號曰黃門令。」楊守敬《水經注疏‧睢水》「國府園中，猶有伯姬黃堂基」條，守敬按：「《緗素雜記》：『天子曰黃闥，三公曰黃閤，給事舍人曰黃扉，太守曰黃堂。』伯姬之堂何以稱黃堂？考《演繁露》，雞陂側即春申君子假君所居之地，以數失火，塗以雄黃，遂名黃堂。此黃堂殆亦塗以雄黃而防失火歟？」[36] 楊守敬以塗

36　陳橋驛復校，《水經注疏》（上海：江蘇古籍出版社，1989），頁 2021。按此本將宋黃朝英撰

雄黃防火釋黃堂。雄黃色黃，漢內廷有黃門，禁門稱黃闥，因以雄黃塗門而得名。

此說或不無來歷。宋程大昌《雍錄》卷二〈未央長樂位置〉條，〈說〉之下有不見於它書的一段話：「後漢《輿服志》曰：『黃闥天子門，中官主之。以黃塗門，如青瑣門之用青也。』」[37] 程大昌猶得見宋代猶存而不見於後世的《輿服志》版本，在他見到的版本上有「以黃塗門，如青瑣門之用青也」一句。按漢丞相聽事閣名曰黃閣（《漢舊儀》上），三公聽事名曰黃閣，《宋書・禮志五》解釋道：「三公之與天子，禮秩相亞，故黃其閣，以示謙不敢斥天子，蓋是漢來制也。」（頁412）太守廳事之處則稱為黃堂，其例見《後漢書・郭丹傳》，又見河南陝縣劉家渠十九號東漢前期墓所出「黃堂萬歲」瓦當。[38] 在四十五座漢墓中唯此墓出土黃堂萬歲瓦當四件，發掘者相信這和墓主身分有關。[39] 這些線索有助於說明黃門、黃闥、黃閣、黃閣、黃堂之黃都是指顏色。這些從中央到地方官署的黃色之門正象徵了人間富貴和權力之所在，由此而去想像死後世界天門的顏色，對這些官宦墓主來說，似乎順理成章。

接著談談這空無一物的工字形可不可能是牌位。鄭岩之所以將工字形理解為牌位，主要是受到巫鴻以「位」為象徵說的影響。[40] 鄭岩曾對漢魏晉畫像中留下空白的現象，提出生人畫像禁忌的解釋。但在看到敦煌佛爺

《靖康緗素雜記》，誤標作「緗《素雜記》」。

37 參黃永年點校《雍錄》（北京：中華書局，2002），頁35。

38 參黃河水庫考古工作隊，〈河南陝縣劉家渠漢墓〉，《考古學報》，1（1965），頁107-167，圖版捌.5。

39 同上，頁147。

40 Wu Hung, "A deity without form: The earliest representation of Laozi and the concept of wei in Chinese ritual art," *Orientation*, 34:4（2002），pp. 38-45. 不過巫鴻在較早發表的論文中已提出相同的意見，參所著，〈地域考古與對「五斗米道」美術傳統的重構〉，收入巫鴻主編，《漢唐之間的宗教藝術與考古》（北京：文物出版社，2000），頁431-460。又本文寫完後才讀到新出版的巫鴻著，鄭岩、王睿等編譯，《禮儀中的美術》（北京：三聯書店，2005），相關論文有三篇〈漢代道教美術試探〉、〈地域考古與對「五斗米道」美術傳統的重構〉、〈無形之神——中國古代視覺文化中的「位」與對老子的非偶像表現〉可參，頁455-524。

廟灣西晉卅七號墓東壁（後壁）和一三三號墓前室北側壁龕內所繪空無一物的幃帳後，指出這兩座墓和中原早期的禁忌無關，而「反映了當地某種流行的觀念」。[41] 他並沒有進一步說明某種觀念是什麼。在《邠王墓壁畫》的書評裡，鄭岩則說，從百子村墓的發現看，他自己過去的說法「失於簡單化、絕對化，實際的情形可能更為複雜」。接著引據巫說，認為百子村墓壁畫的工字形「更像是一個牌位。這種虛空的『位』上既無畫像，也無文字，但卻代表著死者靈魂之所在」，「在百子村墓後室的這個牌位之上，有沿著券頂布置的垂帳，使之成為一個具有舞台化的焦點，與佛爺廟灣壁畫有著異曲同工之妙」，「至於這種虛空的『位』的概念和相關禮儀及思想，巫鴻有專門的討論，可以參考。」[42]

　　巫先生之說原本是要回答一個問題：在擬人化的道教諸神出現以前，老子的形象是被如何呈現的？現在所能見到道教造像中的老子，其時代可靠的都在五六世紀以後，而據法琳《辯正論》引《陶隱居內傳》，陶弘景在茅山立佛道二堂，「佛堂有像，道堂無像」。如此不禁要問：作為道教教主的老子原本是以何種面目出現？巫鴻引據文獻和圖像資料，論證在擬人化道教諸像及老子像出現以前，中國本有以「位」以象徵禮拜對象或其靈魂的傳統，而不用具像之人像。他更舉出他認為和五斗米道關係密切的「三段式神仙鏡」為證，說明老子無形，在銅鏡上是以一柄位居中央下有玄武為座的華蓋象徵其位。

　　鄭岩由此得到啟發，引伸其說，而提出虛空的帷帳和空無一物的工字形等可能也是標示「位」以象徵墓主的牌位。這樣的引伸解釋是否合適是一回事，其所依據的說法本身是否能夠成立又是一回事。為追本溯源，我們最好先檢證一下巫鴻之說。

　　首先，必須說巫先生這篇論文有些說法是可信和有貢獻的。例如，傳統中國不論祭祖或在其它的儀式裡，常以木主為祭拜的對象。這個傳統在

41　鄭岩，《魏晉南北朝壁畫墓研究》，頁 176，注 9。

42　鄭岩，〈《邠王墓壁畫》書評〉，《藝術史研究》，5（2003），頁 516。

偶像式神像傳入後仍未中斷，也不曾被偶像完全取代。二者並行，此說完全正確。[43] 但是他對「位」和三段式神仙鏡的解釋，須要商榷。

第一，作者為強調「位」的觀念，全文以「牌位」代替「主」、「木主」、「神主」這些古代文獻中最常出現的詞。稍知中國傳統禮儀的人當然都知道，在儀式中「位」的重要性。所有參加儀式的人和受禮拜的對象，其尊卑高下和彼此的關係，幾乎無不由所居之「位」來彰顯和決定。巫鴻舉《禮記・明堂位》說明「位」之重要，無可置疑；[44] 但我們似不宜反過來說，只要有其「位」，而可以無其「主」。如果利用中央研究院漢籍全文電子資料庫查索，不難發現「牌位」一詞的出現早不過宋代。宋以前文獻多以主、木主或神主稱之，也常合其座，稱為神坐或神座，或說「神主若干座」。[45] 我們未嘗不可由此而說古人原本強調的是主和坐，不是位。據說古代經傳有「廟必有主，主必在廟」的話。[46] 可是有具體的「主」和「坐（座）」，在空間上自然有一定的「位」；主、坐和位三者三而一，不宜分別來看。《續漢書・禮儀志上》注引《謝承書》曰：「明帝嗣位踰年，羣臣朝正，感先帝不復聞見此禮，乃帥公卿百僚，就園陵而創焉。尚書階西祭設神坐，天子事亡如事存之意。苟先帝有瓜葛之屬，男女畢會，王、侯、大夫、郡國計吏，**各向神坐而言**，庶幾**先帝神魂聞之**。」王、侯、大夫和郡國計吏各向神坐而發言，是因為神坐之上有先帝神魂憑依的木主，想像中先帝神魂應會聽見他們的報告。

主、木主或神主是一塊長方形（一說方形）的木牌，長不過一尺二寸，漢高祖的木主一說九寸，一說八寸。木主是安放在一個可以豎立木主的座

43　宋代有巫鴻所說偶像式的神像崇拜，但祖先祭拜仍用木主。一個圖像證據是河南禹州白沙水庫出土北宋時代的石棺畫像上有非常明確清楚帳室內置一供案，上置牌位和供品，左右有男女侍者各一人，參《中國畫像石全集》8 石刻線畫，圖 201。

44　Wu Hung, op.cit（2002），p. 40.

45　東漢建寧二年魯相史晨行祭於孔廟，「拜謁神坐」（《隸釋》卷一，〈史晨饗孔廟碑〉）；《舊唐書・禮儀志六》：「會昌五年八月，中書門下奏：『東都太廟九室神主共二十六座。』」

46　《舊唐書・禮儀志六》：「臣等謹按經傳，王者之制，凡建居室，宗廟為先。廟必有主，主必在廟。」

上，主、座可分可合，兩者也可以說是二而一的。[47] 漢以後習慣在神主木板上題書某祖考或某夫人之神座。神座因而有時成了神主牌的通名。在更早的祭儀中，照禮書的記載，甚至是以一位小孩子當「尸」或「尸主」，作為祭拜的對象。不論木主或活生生的尸主，他們都象徵著祖先的神靈，或是神靈憑依的對象，因此又叫「神主」。《漢舊儀》說：「高帝崩……作栗木主長八寸，前方後圓，圍一尺……皇后主長七寸，圍九寸，在皇帝主右旁。高皇帝主長九寸。上林給栗木，長安祠廟作神主。」（《續漢書·禮儀志下》大喪條，李賢注引，頁 3148）不論八寸或九寸，自高祖至東漢，漢室宗廟中祭拜的對象一直是先帝的木主或神主，不是其位或座。行祭時必先設坐升主。廟中的坐、幄帳、繡裀、曲几、黃金和白銀釦器等一切都是為主而設。神靈所憑依的是主，這也才是先帝先祖真正的象徵。

　　主和座（坐）、幄帳、金銀釦器等的一個不同是木主平常須收藏起來，以笥盛於木或石函中，行祭時才請出，置於座上。這樣的禮儀習慣應是了解西漢滿城劉勝墓有空帷帳實物或漢晉墓室後壁有空虛帷帳畫像的關鍵。《續漢書·禮儀志下》大喪條，李賢注引《決疑要注》云：「毀廟主藏廟外戶之外，西牖之中。有石函，名曰宗祏。函中有笥，以盛主。親盡則廟毀，毀廟之主藏于始祖之廟。一世為祧，祧猶四時祭之。二世為壇，三世為墠，四世為鬼，祫乃祭之，有禱亦祭之。祫於始祖之廟，禱則引主出，陳於壇墠而祭之，事訖還藏故室。」（頁 3199）鄭岩曾正確指出滿城劉勝墓的帷帳中「可能原有牌位與畫像之類可供祭祀的象徵物。」[48] 我十分贊成此說，應必有木主或牌位；畫像即使有，出現甚晚。西漢劉勝墓出土時，

47　主與坐的關係在漢代文獻中不明顯，但後世文獻十分清楚。例如《宋書·禮志》：「太祝令跪讀祝文，訖，進奠神座前，皇帝還本位。博士引太尉亞獻，訖，謁者又引光祿勳終獻。凡禘祫大祭，則神主悉出廟堂，為昭穆以安坐，不復停室也。」（頁 349）《隋書·禮儀志》：「普通七年，祔皇太子所生丁貴嬪神主于小廟，其儀，未祔前，先修坎室，改塗，其日，有司行掃除，開坎室，奉皇考太夫人神主於坐……禮畢，納神主，閉于坎室。」（中華點校本）《新唐書·禮儀志》凶禮，諸臣之喪條「入，開坎室，出曾祖、曾祖妣神主，置於座」也可參考。

48　鄭岩，〈墓主畫像研究〉，《劉敦愿先生紀念文集》（濟南：山東大學出版社，2000），頁 453。

其帷帳前排滿祭器和祭品；可想而知，當年封墓之前，這裡無疑曾設奠行祭。[49] 行祭時，將墓主夫婦之木主置於帷帳中；[50] 祭畢，木主即藏於中山王國的宗廟。西漢初，王國制同中央。因此可以理解為何劉勝墓出土時，僅見空空的帷帳，不見象徵墓主的木主。

巫先生曾十分正確地指出漢代上層貴族之制如何影響了一般地方官員甚至平民百姓。[51] 在地方上，不論佛爺廟灣西晉卅七號或一三三號墓的後室或耳室所繪帷帳前都有一平台，台前都有祭器。百子村墓曾被盜，但後室繪有工字形的後壁之前同樣有台，台前應也曾擺設祭器和祭品。帷帳或工字形誠如巫鴻所說，都是為標示「位」，可以說是標示位或空間的兩種不同形式。如果參照文獻和畫像，用以標示空間的，應還有屏風、坐榻或坐席等。帷帳、屏風、坐榻和坐席都是以實用物標示墓主所在；工字形則是想像中的天門，標示墓主死後之所歸。墓中行祭時，在帷帳中或工字形壁畫前放置木主，[52] 祭拜者跪在祭台前，往台上看，視覺上木主象徵的死者，彷彿即居於帷帳或天門之中。[53] 祭禮完成後，木主被移出，收藏起

---

49 關於墓中設奠行祭，可參李如森，《漢代喪葬制度》（長春：吉林大學出版社，1995），頁 62-63；黃曉芬，《漢墓的考古學研究》（長沙：岳麓書社，2003），頁 92-93、215-217。

50 巫鴻在〈「玉衣」或「玉人」？——滿城漢墓與漢代墓葬藝術中的質料象徵意義〉，《禮儀中的美術》上卷（北京：三聯書店，2006），頁 128-129 指出墓中兩套帷帳即代表兩座神座。

51 Wu Hung, op.cit（2002），p. 42.

52 東漢末魏晉之時，象徵墓主的仍然是木主，但也開始有具體畫、塑或刻的人像。例如《論衡·解除》提到：「禮，入宗廟，無所主意，斬尺二寸之木，名之曰主；主心事之，不為人像。今解土之祭，為土偶人，像鬼之形，何能解乎？神，荒忽無形，出入無門，故謂之神，今作形像，與禮相違。」又《風俗通義·祀典》司命條：「今民間獨祀司命，刻木長尺二寸為人像，行者檐篋中，居者別作小屋，齊地大尊重之，汝南餘郡亦多有，皆祠以豬（豚），率以春秋之月。」桓帝永壽三年（西元 157 年）韓勑孔廟後碑云：「改畫聖象如古圖」，靈帝光和六年（西元 183 年）白石神君碑提到「玄圖靈像，穆穆皇皇」（以上分見《隸釋》卷一、三），可見東漢以降，在某些地區和某些崇拜場合，已有以人偶為祭拜的對象，以人像代先人木主者，則見於武氏祠丁蘭拜母畫像。

53 大家或許會懷疑佛爺廟 37、39、133 號墓在供台兩旁或後室裡都有棺，似有可能對棺行祭而不另設神主或神座。但我找到一個文獻上的例子可以說明即使有棺，也設神座。《三國志·顧雍傳》裴注引《吳書》提到顧悌父致仕以壽終，悌因孫權強令釋服，不得奔喪，「雖以公

來。如何收藏？所謂「廟以藏主」，木主平日應藏於廟，平民無廟則藏於家。為安全計，木主平日應不會放置在無人看管的祠堂裡。[54] 每逢祭祀，再擺出。如何擺出？漢代有上冢之俗，上冢時將木主置於冢旁祠堂中而行祭拜，祭畢則又藏之。[55]

　　漢代祠堂以今天山東地區所見的石祠為例，一般在後壁多刻畫有墓主像，墓主像前有祭台。有墓主像者，是否另置木主？難以確考，學者意見則不一。[56] 私意以為祠堂墓主畫像和木主意義有所不同，應可並行而不悖。漢代冢墓多在家族聚居地的鄰近處。[57] 照鄭岩的說法，墓地和祠堂是一公共空間，他人可以進入遊觀。正因為如此，祠主家人可利用其規模、裝飾以及題記，向觀者誇示自己的財富和孝心，以博名聲。木主則不同。木主用在家人子孫上祠堂祭拜的場合。平日開放的祠堂，在特定的日子裡，因木主的設置而被轉換成一個先人和子孫共有的非開放空間。家人透過祭拜神靈憑依的木主，達成和先人交通的目的。換言之，祠堂畫像長存於壁，具有公共性，其內容十分模式化，無非用以反映或歌頌墓主一生如

義自割，猶以為不見父喪，常畫壁作棺柩象，設神座於下，每對之哭泣。」這雖然是特殊情況，但顧悌於壁畫棺柩以象之，仍設神座其下，值得參考。

54 除了帝陵和孔廟等，一般家族墓似少人看管，因此才會在祠堂題記裡不斷看到呼籲遊觀的士大夫或牧牛羊童子不要破壞，甚至有詛咒破壞者的話。例如史語所傅斯年圖書館藏滕州畫像題記：「永元三年四月……□成，傳於後世，敬白士大夫，願毋毀傷，願毋毀傷。」參史語所漢畫拓本整理小組編，《漢代石刻畫像拓本精選集》，圖 29。永興二年鄗他君石祠題記云：「唯觀者諸君，願勿販傷」，永壽三年安國祠堂題記則有「唯諸觀者深加哀憐……牧馬牛羊，諸僮皆良家子，來入堂，但觀耳，無得□畫，令人壽，無為賊，禍亂及孫子，明語賢仁四海士，唯省此書，無忽矣……」這些題記都已收入永田英正編，《漢代石刻集成》（東京：同朋舍，1994），無非反映祠堂平日無人看管，人人得入，家人因而深懼祠堂遭人破壞。

55 漢代一般家族如何藏主無資料可考。但《通典》引錄東晉安昌公《荀氏祠制》可以參考。《荀氏祠制》云：「神板藏以帛囊，白縑裹盛，如婚禮囊板，板與囊合於竹箱中，以帛緘之。檢封曰祭板。」（頁 1348-1349）神板即指神主之木板。

56 關於是否安放木主問題，前賢長廣敏雄、信立祥和曾布川寬等意見不一，林聖智曾加綜論，可參林聖智，〈北魏寧懋石室的圖像與功能〉，頁 33-35 及注 95-97。

57 關於墓地和居住地的關係，請參拙文，〈從戰國至西漢的族居、族葬、世業論中國古代宗族社會的延續〉，《新史學》，6：2（1995），頁 1-44。

何符合某一階層或地域認同的共同價值和典範；木主平日收藏，只於上冢祭祀之時，出現在子孫等上祭者的面前，具有暫時性與非開放性。畫像有形而木主無形；子孫家人面對無形的木主，以「心事之」（《論衡‧解除》語），祭拜禱祝之中，反而可用較私密性的語言流露較多個人的情感、懷念和期待。

接著不能不一提祠堂和墓室畫像留白問題的複雜性。如山東金鄉祠堂（過去誤以為是朱鮪石室）壁面有部分刻畫，也有空白未刻之處，百子村墓後室後壁和敦煌佛爺廟灣西晉墓的空帷帳，北魏寧懋石室後壁兩側有人物刻畫，中央則完全留下空白。這些留白，情況並不相同，不宜一體視之或從單一的角度去解釋。前文論證帷帳或工字形天門是標示墓主的不同方式，其前原曾放置木主或其它象徵墓主之物，只是可能的解釋之一。這個解釋或許可以用在百子村墓、佛爺廟灣墓和寧懋石室，但不適合金鄉祠堂。[58]金鄉祠堂後壁刻畫的屏風前明顯留有空位，左右兩側都有，不像是用來標示木主之位。鄭岩為此提出了生人禁忌說。又如陝西米脂官莊出土漢墓的門楣石。其中央有一典型建築，通常刻畫有墓主夫婦，但這一門楣的建築中空無一物。我懷疑原來不是沒有，而是有彩繪的墓主像。陝北畫像經常又刻又繪，或刻或繪，手法不一，這彩繪而未刻的墓主像如今已剝落無存。[59] 其它還可以設想的造成空白的原因，不一而足，如吉期已屆，或造祠墓的家族突遭變故，或財力不濟，刻畫不克完成即行埋葬。[60]

---

58 林聖智曾細緻地注意到寧懋石室後壁中央未曾打磨光滑，因此原來可能並沒有畫像，但作為祠堂，可能擺放有憑依神靈的祭祀對象，參林聖智，〈北魏寧懋石室的圖像與功能〉，頁34。

59 《中國畫像石全集5》，圖33。.

60 例如我以前在射爵射侯圖一文中即曾舉泰安岱廟所藏肥城一石為例，說明畫像可能有沒完工的情形。參拙文，〈漢代畫像中的「射爵射侯圖」〉，《中央研究院歷史語言研究所集刊》，71：1（2000），頁18，注50。李銀德和陳永清在討論徐州邳縣燕子埠發現的永壽元年徐州從事墓志時，即據志文「吉位（按：原釋「位」，依字形疑應作「地」）造迫，故徙于茲」，推測志主夫人死後遷葬，是在較為倉促的情形下進行的。參李銀德、陳永清，〈東漢永壽元年徐州從事墓志〉，《文物》，8（1994），頁95。去年（2004）7月26日到山西太原參觀徐

第二，巫鴻在其大作中曾以不少篇幅討論三段式神仙鏡，並以他對此類鏡紋飾的理解，建立他最主要的老子無形和以華蓋為象徵的論點。他首先注意到桓帝遣使祠老子於濯龍，「文罽為壇，飾淳金釦器，設華蓋之坐。」（《後漢書‧桓帝紀》）而三段式鏡上段中央正有一華蓋，因此推論此華蓋即是用以象徵無形的老子。又引霍巍之說，論證三段式鏡和流行於川陝的五斗米道關係密切，鏡銘中提到的「其師命長」，是指五斗米師或天師。

我們不妨先將巫鴻所用四川綿陽何家山一號東漢墓出土的三段式神仙鏡的鏡銘全文錄出（圖19），再看看其上紋飾的意義是否如他所說：

> 余造明〔鏡〕，□□能？容，翠羽秘蓋，靈鵝？臺杞？調（雕）刻神聖，西母東王，堯帝賜舜二女，天下泰平，風雨時節，五穀孰（熟）成，其師命長。[61]

林巳奈夫曾對三段式神仙鏡紋飾中的人物一一作過研究。三段式鏡中段左右側人物特徵明確，分別是東王公和西王母，無可爭議。但林先生認為上段中央的華蓋，是指華蓋星，象徵天皇大帝，樋口隆康和巫鴻都不同意，我也不贊成。過去出土或傳世的三段式鏡從來沒有鏡銘提到上段中央之物為何，只有何家山墓這一鏡明確說是「翠羽秘蓋」。這四字給了我們最可靠的依據去認識這傘蓋狀之物，它無疑就是一種華蓋。鏡銘既然點明傘蓋

顯秀墓壁畫，即發現墓頂的天象圖似乎也沒完工。券頂四周已塗黑，有象徵星辰的白圓點，有隨意塗抹的數道粗線，卻沒有天象圖不可少的太陽月亮。徐顯秀夫婦的眼眉或嘴都有改繪的痕跡。徐顯秀嘴唇有上下三片，其夫人右側眉有上下兩道，右眼有二，上下相疊，一稍大一稍小，臉部輪廓線也有多道。這些明顯的塗改，居然不及掩飾，令人十分納悶（當然也可以有其它的解釋，例如其不妥處原曾敷粉掩蓋掉，時間一久，敷粉脫落，舊底露出，因而出現新舊線條重疊的現象）。徐顯秀夫婦畫像頭部細節可參鄭岩，〈北齊徐顯秀墓墓主畫像有關問題〉，《文物》，10（2003），頁59圖；太原市文物考古研究所編，《北齊徐顯秀墓》（北京：文物出版社，2005），圖16、17。

61　釋文據原出土報告，請參綿陽博物館何志國，〈四川綿陽何家山1號東漢崖墓清理簡報〉，《文物》，3（1991），頁5。《文物》發表銅鏡圖版極其不清，無以覆按鏡銘釋文。幸何志國先生賜下原拓影本，「翠羽秘蓋」四字完整清晰，釋文無誤。可惜「靈鵝？臺杞？」等字不清，仍難準確釋讀。

圖 19　何志國提供拓片影本

狀物為「翠羽祕蓋」，即意味著不論造鏡或使用者，都是從具體實物的角度去理解紋飾中的華蓋，這就好像規矩紋鏡或 TLV 鏡因鏡銘「博局」和「六博」的發現，證明紛爭已久的規矩紋或 TLV 紋其實是六博的博局。[62] 三段式神仙鏡上的翠羽祕蓋是一柄具體的華蓋，它本身並非某一人物的象

---

62 學者長期以來為所謂的規矩鏡或 TLV 鏡的紋飾意義爭論不休。近年因周錚在北京中國歷史博物館中找到有「博局」鏡銘的藏鏡，而江蘇尹灣出土西漢末銅鏡鏡銘中又有「刻治六博中兼方」之句，TLV 或規矩鏡已被正名為博局鏡或博局紋鏡。相關的各種說法可參黃茂琳，〈銅鏡、六博局上所謂 TLV／規矩紋與博局曲道破譯及相關問題〉，《亞洲文明》，3（1995），頁 97-120。

徵或化身，而是用來彰顯華蓋下或旁側人物的身分。如果以何家山墓出土一鏡來說，華蓋兩側的人物可能就是鏡銘所說的堯舜和二女。但孰為堯舜，孰為二女？因無旁證，已不易確指。

實物當然也可以有象徵意義。唯此鏡華蓋雖居上層中央，從布局看華蓋明顯不是周遭人物敬拜的對象。華蓋右側有一帶翼之神正面朝前而坐，其左右兩邊人物或立或跪，或持笏或未持，都以側面之姿朝祂而拜。這帶翼之神無疑才是受敬拜的焦點人物。華蓋只是用來彰顯祂高貴的身分。

華蓋在漢魏之時的作用和意義約略有四：一是林巳奈夫指出的華蓋星，二是傳言黃帝建華蓋以登仙，於是王莽師法之，造華蓋九重，高八丈一尺，載以秘機四輪車。莽出，華蓋車在前，從者群呼「登僊」（《漢書・王莽傳下》，頁4169）。華蓋因此和升仙發生關聯。桓帝「好神僊事」，親祠老子於濯龍，設華蓋之坐。桓帝之舉明顯是視老子為神仙，因而為他設華蓋之坐。在漢代畫像中也常見西王母頭頂上有華蓋或曲蓋，其例甚多，不贅舉。三是華蓋非必與神仙有關，凡神靈皆可有華蓋為儀飾。例如延熹六年，南陽太守立桐柏廟，其碑曰：「開拓神門，立闕四達，增廣壇場，飭治華蓋，高大殿宇。」[63] 此華蓋當是為廟中神靈而設。四是帝王之儀飾。靈帝講武於平樂觀，曾造大小華蓋，進駐其下。（《後漢書・何進傳》，頁2246）東漢周公輔成王畫像中的成王，即必居於一華蓋之下。華蓋甚至是帝王的代稱。魏文帝時，曹植上疏，說自己「執鞭珥筆，出從華蓋，入侍輦轂，承答聖問，拾遺左右」。（《三國志・陳思王植傳》，頁57）這裡的華蓋即指魏文帝。總之，華蓋是一種儀物，可以用在上至神靈，下至帝王甚至官員的身旁。一個例證是山東濟寧城南張漢墓畫像裡有一位形體甚大，憑几而坐的官員正接受進獻胡俘。他和另一執笏或牘晉見的官員分坐在華蓋下的兩側（圖20）。

巫先生又引《抱朴子・雜應》太上老君「以神龜為牀」證明三段式鏡中華蓋以龜或玄武為座，「不可能是一種巧合」，而有特殊的意義，正表明

---

63 永田英正編，《漢代石刻集成》圖版釋文篇82，頁142-143。

「這類銅鏡也可能正是為了進行葛洪所描述的那種『觀像』活動而設計的」。[64] 我們要問：老子或太上老君和龜或玄武之座有沒有必然的關聯？據所能見到的材料，龜或玄武座在漢代並不特別，它和老子或太上老君既無獨特，也無必然的關聯。

以下略舉九件出土品說明這一點。第一件是 1983 年山東平度出土的王舍人碑。此碑碑額尚有「漢舍人王君之」篆書六字，碑身殘損，殘存部分長寬 100×78 公分，厚 90 公分，從碑文知此碑屬光和六年（西元 183 年）。最要緊的是趺座部分是一隻完整清楚的石龜，龜高 33 公分，長 125 公分，寬 90 公分。[65]

第二件是 1996 年在四川成都市青白江區躍進村五號漢墓中出土的陶龜蛙斗拱座（圖 21）。出土簡報對陶座作如下描述：「模製，空心，分三層。最下層為一烏龜，頸部有一圓孔。龜背上立一青蛙，蛙頭上有小圓孔。蛙背上立一斗拱，斗拱上部為平板狀。板面正中有一圓孔。斗拱柱上左右各伸出一獸頭，獸頭上蹲跪兩人，男左女右。斗拱正面有淺浮雕的圖像，中為西王母，坐於龍虎座上，下面是九尾狐，上面有鳳鳥。」[66]

圖 20 據原石照片及拓片摹繪（劉曉芸繪），拓片著錄見《山東漢畫像石選集》圖 152。

---

64 前引巫鴻著，鄭岩、王睿等編譯，《禮儀中的美術》，頁 519。

65 西林昭一著，溫淑惠譯，《中國新發現的書蹟》（臺北：蕙風堂，2003），頁 116 及圖版。因原圖版不甚理想，本文未複製成圖，請參西林書原圖。其餘石碑之玄武趺座在《隸續》卷五碑圖中收錄多件，不贅。

66 成都市文物考古工作隊、青白江區文物管理所，〈成都市

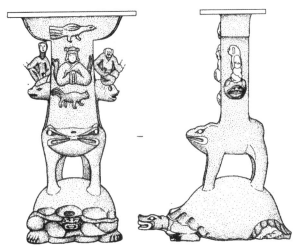

圖21　《文物》8（1999），頁33，原圖三三。

同一墓還出土了陶質虎熊龍鳳座，這裡不去細說。重要的是此墓的時代。
簡報依據墓形為長方豎穴土坑墓和墓底有腰坑等特徵，認為時代下限為東
漢早期。[67] 這樣的龜座上坐著的不是老子，而是身分鮮明的西王母。

　　第三件是 1984 年山西平朔出土西漢時期的青銅龜鎮，長 13 公分，高
7.5 公分。青銅龜背上鑲著大海貝（圖22）。[68] 如果斷代可信，龜作為器座
最遲已見於西漢。[69]

　　第四件是 2004 年安徽天長市安樂鎮紀莊西漢中期偏早墓葬中出土的龜

　　青白江區躍進村漢墓發掘簡報〉，《文物》，8（1999），頁30。

67　同上，頁36。

68　東京國立博物館編，《黃河文明展》圖錄，1986，圖80。本件資料承趙超兄提供，謹謝。

69　饒宗頤先生〈論龜為水母及有關問題〉大文中提到陳仁濤金匱室舊藏有洛陽出土銅玄武筒
　　座，饒先生以為乃戰國時物。如此則以玄武為器座，可上推到戰國時代。饒文見《文物》，
　　10（1999），頁35-37 及其文圖一。傳世之陶質龜座亦見於美國耶魯大學藝術館所藏燈座。
　　龜位於座之底層，其背上有熊，熊上有西王母，西王母之上又有似華蓋之物，華蓋之柱似為
　　重疊之人物立像和坐像。參 Cary Y. Liu, Michael Nylan, and Anthony Barbieri-Low, *Recarving
　　China's Past: Art, Archaeology, and Architecture of the "Wu Family Shrines,"* Princeton University
　　Art Museum, Yale University Press, 2005, 圖42，頁396。

圖 22　東京國立博物館,《黃河文明展》,1986,圖 80。

駄鳳鳥銅燈。簡報對銅燈有如下描述:
「一烏龜四足伏地,仰首,背駄一鳳鳥。
鳳鳥長腿展翅,曲頸仰首,口銜一珠。鳥
首頂著一個環形中空柱,上承一個淺圓
盤。」(圖 23)[70] 第五件是 2002 年山東日
照海曲第一〇七號漢墓出土的一件鳳鳥龜
座銅燈,造型和安徽天長這一件幾乎一模
一樣,不細述。[71]

　　第六、七、八件是 1969 年河南濟源
軹城泗澗溝西漢墓出土的三件陶龜座燈和
博山爐。其中一件陶燈龜座上有熊,熊托
鳳鳥形燈座,高 27.8 公分,另一陶燈形
式簡單,龜座上有立柱,柱上有燈座,高
13.6 公分。龜座上有博山爐者,高 24 公

圖 23　《文物》11(2006),頁 9,
圖九。

70　天長市文物管理所,天長市博物館,〈安徽天長西漢墓發掘簡報〉,《文物》,11(2006),頁
　　5-6,參原圖五、九。

71　參國家文物局編,《2002 中國考古重要發現》(北京:文物出版社,2003),頁 80;謝治秀
　　主編,《山東重大考古新發現》(濟南:山東文化音像出版社,2003),頁 147。

分。三件龜座的龜形都十分明確（圖24.1-3）。[72]

　　第九件是西安龍首原范南村西北醫療設備廠西漢早期墓群中第九十二、一百二十號墓出土的陶製鳳鳥龜座彩色俑兩件（圖25）。兩件形制除頭部有無鳳冠外，基本相同。龜臥伏，頭向上曲伸作張嘴狀，鳳鳥立於龜背，頸部有凹槽，推測應供架鼓之用。[73]

　　從上述陶、銅座、碑座、銅鎮和鼓架就可以知道，以龜為座可見於不同的器類，龜也可以背負不同的人、神或物。老子或太上老君「以神龜為牀」，或三段式銅鏡上的華蓋以龜為座，僅是同一裝飾藝術傳統下的不同表現而已，無法由此推證龜座華蓋和老子或太上老君有特殊關係或為佛道信仰中的「觀像」而設計。

　　綿陽三段式神獸鏡鏡銘末有「其師命長」四字。經查索史語所林素清

1　　　　　　　　　　2　　　　　　　　　　3

圖24.1-3　河南博物院編，《河南古代陶塑藝術》（鄭州：大象出版社，2005），圖36、37、39。

72　河南博物院編，《河南古代陶塑藝術》（鄭州：大象出版社，2005），圖36、37、39。

73　西安市文物保護考古所編，《西安龍首原漢墓》（西安：西北大學出版社，1999），頁121-123、144，圖80、95；陝西歷史博物館，《三秦瑰寶——陝西新發現文物精華》（西安：陝西人民出版社，2001），頁72。

小姐多年前所輯的漢代鏡銘資料庫和孔祥星、劉一曼編《中國銅鏡圖典》，鏡銘出現此四字或相近者（如「與師命長」、「師命長」）有所謂的尚方鏡、放射式四獸鏡、神獸鏡、吾作明鏡和三段式神仙鏡，共得廿七件。其中出土品十五件，分布於四川綿陽（一件）、陝西西安（三件）、湖南祈陽、衡陽、長沙（三件）、浙江紹興、金華、黃岩（七件）和湖北鄂城（一件）。[74] 除了四川綿陽的一件三段式神仙鏡，其餘二十六件的紋飾或鏡銘不見有明確和道教關聯的特徵。[75] 其師之「師」實指作鏡的工師自己。這些鏡銘幾全以「吾作明鏡」、「某作明鏡」或「尚方作鏡」起首而以「其師命長」、「師命長」、「太（大）師命長」、「與師命長」結尾，頗有造鏡者自我祝福之意。也有些鏡銘說：「吾作佳竟自有尚，工師妙

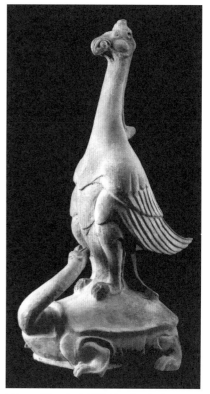

圖 25　陝西歷史博物館，《三秦瑰寶》（西安：陝西人民出版社，2001），頁 72。

像主文章」、「尚方作鏡真大工，上有仙人辟不羊，巧師刻成文章」。這些工師、巧師也就是「其師」的師。浙江上虞出土「青羊」鏡上甚至有「青羊志兮」之銘，湖南常德出土鏡上有「青羊作鏡」，著錄之青羊鏡不少，

74　見中研院史語所文物圖象研究室簡帛金石資料庫，http://saturn.ihp.sinica.edu.tw/~wenwu/search.htm（2005.10.25）。

75　巫鴻雖竭盡所能希望以「地域考古」時空對應等方法，極小心地去勾勒漢代的道教美術，畢竟還是面臨難以區分「道教」和「非道教」文物和難以確切證明的困境。參注 31 所引各文。主要原因是早期道教吸收了很多民間信仰，我們至今無法辨別早期道教本身有那些文字以外，獨特的儀物、象徵符號或符號組合，它們和原本存在的民間信仰符號的區別又在那裡。這個問題牽涉甚多，須要另文詳論。

據學者研究，青羊就是作鏡工師之名。[76] 因為漢魏時，這類鏡已出土於今天的湖北、湖南和浙江，而這些地區出土的數量又遠大於五斗米道流行的四川和陝南（11：4），因此要說「其師」的師是指天師或五斗米師，缺乏說服力。如果堅持四川和陝南是五斗米道盛行的地區，因此一般銅鏡上「其師命長」的「師」在這個地區就有了不同的意義；不是不可能，但須要更積極的證據。

總體而言，要說三段式神仙鏡和五斗米道之間有特殊或密切的關係，證據薄弱，要說三段式神仙鏡上的華蓋即象徵老子，證據更弱。

最後，回到巫鴻開宗明義要問的問題：在五、六世紀受佛教影響，擬人化的老子造像出現以前，視覺藝術中的老子到底以何種形象存在？如果我的理解無誤，巫鴻受到「道堂無像」一說的影響，一直企圖證明老子恍惚無形，無可名狀，因此是以其「位」，其「座」或其它物件如華蓋來象徵。為證明此說，他引用了託名張魯所作的《老子想爾注》。在《老子想爾注》裡，老子就是道，是無形的，巫文曾引述這一段：「道至尊，微而隱，無狀貌形像也；但可從其誡，不可見知也。今世間偽伎指形名道，令有服色名字、狀貌、長短非也，悉邪偽耳。」[77] 誠如巫先生所說，照不少「正統」道徒的看法，老子不應以某種形象出現，但世間「偽伎」竟然讓老子有了具體的形象！巫先生接著說：「不過，當製作老子和其他道教諸神的有形偶像從五世紀開始普及時，被《想爾注》指斥的『偽伎』終於在這本書成書的二、三世紀之後得到廣泛流行。這個轉變的主要的原因，正像法琳早在一千多年前指出的那樣，是來自於佛教的強烈影響。」[78] 這段

---

76 這些不同的鏡銘參前引林素清鏡銘資料庫和孔祥星、劉一曼，《中國銅鏡圖典》（北京：文物出版社，1997 三版），頁 411、417、431、481。成都文物考古研究所的蘇奎先生分析四十餘枚有「其師命長」銘的銅鏡，得到和我幾乎完全相同的結論，即這類鏡和五斗米道無關，參所著，〈銅鏡銘文「其師命長」的考察〉，《考古》，3（2009），頁 64-72。

77 饒宗頤，《老子想爾注校箋》（香港：東南印書館，1956），頁 18。

78 巫鴻原文："Nonetheless, the 'false method' criticized in the *Laozi Xiang'er zhu* became prevalent two centuries later, as making figurative icons for Laozi and other Daoist deities gradually became a conventional practice from the fifth century. A major reason for this change, as Falin pointed out

陳述最少包含幾層可以進一步討論的問題：

第一層，《老子想爾注》本身的成書時代存在爭議。饒宗頤、陳世驤和湯一介等認為是東漢末五斗米道的作品，但嚴靈峰、福井康順、楠山春樹、麥谷邦夫和小林正美等幾乎都認為應晚到東晉末、北魏或劉宋的時代。[79] 早期道教文獻的成書時代一直充滿爭議，除非有新材料，帶來新的線索，恐怕不是誰能夠一言而定。運用《老子想爾注》了解早期道教的一般面貌，無疑十分重要，但以其為據，追溯造像起始，即不免因書本身時代難定而進退失據。

第二層，巫先生以為早期道教所奉的老子不但理論上，事實上也不具形體，只是以「位」或以華蓋來象徵。但前文已論證三段式神仙鏡上的華蓋無法證明就是老子的象徵。前文也說明了在傳統儀式中，漢魏之人不會對一個空無一物的「位」或「座」祭拜；即使沒有「尸」，也會有一個「主」。巫文曾據華盛頓沙克樂博物館所藏一幅清代宮廷道教齋儀圖為證，強調供桌後有一華蓋。在這幅圖裡，除了華蓋，桌上也擺著一個牌位。這個牌位，在漢魏就是主、神主或木主，這才是禮拜的對象。畫中有一個人物背對觀者，正跪在牌位或木主之前，對之行禮，就是明證。巫文也承認這是禮拜的對象。這個牌位的存在其實正好證明，和它並存的華蓋並不作為老子或太上老君的象徵。象徵他的是那個木主或牌位。

---

more than a thousand years ago, was the strong influence from Buddhist art." （p.45）此處中譯用李清泉譯文，《禮儀中的美術》，頁 522。與英文原意稍有出入。

79　各家之說的檢討請參小林正美，〈老子想爾注の成立について〉收入秋月觀暎編，《道教と宗教文化》（東京：平河出版社，1987），頁 81-102。也有贊成饒說者如大忍淵爾，參饒宗頤，〈想爾九戒與三合義〉，《清華學報》，4：2（1964），頁 76。與饒先生幾乎同時著文討論大英博物館藏敦煌想爾注殘卷的陳世驤先生明確指出想爾注為張魯或張陵設教之作，「想爾老經之注語，細譯多為針對漢末當時環境而發。」見氏著，〈「想爾」老子道經燉煌殘卷論證〉，《清華學報》，1：2（1957），頁 41-59。湯一介主張為張魯所著，參氏著，《魏晉南北朝時期的道教》（西安：陝西師範大學出版社，1988），頁 90-111。劉昭瑞則質疑張魯說，認為成書年代仍得不到很好的解決，參劉昭瑞，《考古發現與早期道教研究》（北京：文物出版社，2007），頁 99-116。

老子偶像化成為定則，無疑曾受到佛教藝術的影響，但是中國傳統祭祀本來就以不具人形的木主象徵逝去的先人。具人形的陶木俑自春秋戰國以來幾乎全是身分低下的隨葬侍者，孔子曾說：「始作俑者，其無後乎？」（《孟子・梁惠王上》）巫鴻指出孔子反對人形隨葬品並沒有改變這一以俑代殉的龐大趨勢。[80] 此外，人形俑或人像畫也被用作詛咒壓勝的對象，《戰國策・燕策》秦謂齊曰：「宋王無道，為木人以寫寡人，射其面」；王莽時，劉伯升起兵，莽令「長安中官署及天下鄉亭皆畫伯升像於堲，旦起射之」。（《後漢書・宗室四王三侯列傳》，頁550）這些類似人類學家所說「黑魔術」（black magic）的傳統，應曾減低了以人俑或畫像作為祭祀對象的可能性。兩漢雖常圖畫功臣、孝子、烈女、忠臣等於宮廷、郡縣官寺或學校，這些人物畫像主要是頌讚和瞻仰的對象。東漢初以後則有廟中以圖繪的人像當作祭祀的對象（《後漢書・方術傳》許楊條），武氏祠畫像中更有丁蘭刻母，形如偶像，對之禮拜的例子。[81] 但偶像是否從此流行，是否取代了木主？是否曾受到佛教偶像藝術的影響？則難確考。從《續漢書・禮儀志》和《漢舊儀》等看來，木主並未被取代。明代道教儀式中仍用牌位，其淵源有自。這正證明巫鴻所說，偶像雖然傳入，傳統木主並沒有因此被丟棄或取代，二者角色不同，功能有異，千餘年間並存無礙，即使道教中也是如此。

　　道教中的老子既無形，也可有形。《老子想爾注》曾這樣解釋「道」、「一」和太上老君「散形」或「聚形」的關係：

　　　　一者道也，今在人身何許？守之云何？一不在人身也，諸附身者悉世間常
　　　　偽伎，非真道也；一在天地外，入在天地間，但往來人身中耳，都皮裡悉
　　　　是，非獨一處。一散形為氣，聚形為太上老君，常治崑崙，或言虛無，或
　　　　言自然，或言無名，皆同一耳。今布道誡教人，守誡不違，即為守一矣；
　　　　不行其誡，即為失一也。世間常偽伎指五藏以名一，瞑目思想，欲從求

80　可參巫鴻，〈說「俑」——一種視覺文化傳統的開端〉，《禮儀中的美術》，頁 587-615。
81　參前注 52。

福，非也；去生遂遠矣。[82]

如果「道」就是老子，或者說老子就是「道」、「一」的化身，它可以虛無無名，散而為氣，也可以「聚形為太上老君」。如果說這個有形的太上老君僅存在於「存想」或「存思」之中，並非實際存在，從下文將徵引的《抱朴子》看，存想時仍然須將無形的太上老君、諸神或五藏神「具形化」，賦予他們十分清晰的面目。[83]《老子想爾注》批評世間「偽伎」常「以道附身」或「指五藏以名一」，是說世間之人常透過有形的「人身」或「五藏神」，「瞑目思想，欲從求福」，但「一不在人身」，倘若但見人身，不見真道，則失「守一」之旨。這應是《老子想爾注》批評的重點。

第三層，最晚從東漢初，漢代石刻畫像中的老子一直是具像的，其例甚多，無待贅舉；具像老子的出現本無待佛教的刺激。偶像的出現則是另一回事。要說老子無形，最有力的證據應是苦縣的老子石銘有老子「出入丹盧，上下黃庭，背棄流俗，舍景匿形」（《隸釋》卷三「老子銘」）之語。看來桓帝禮祠的老子應無形象。但桓帝「祠黃、老於濯龍宮」，「設華蓋以祠浮圖、老子」（《後漢書·桓帝紀》），是否黃帝、浮圖有形而老子無形？我們並不真正知道。即使老子真的無形，靈帝時起事的黃巾或張角、張魯組織的道團都是漢廷的反對勢力，他們雖奉老子，但會和漢廷所奉形式相同，不作區隔嗎？奉道教的讀書人或許可以接受老子無形，但一般道眾容易接受一個沒有形象的神嗎？[84] 道團中的老子是何面目？無形或有形？如無形，是否有象徵物？如有形，是偶像或畫像？對此，早期道教各派所思所

---

82 饒宗頤，前引書，頁 13。

83 相關研究可參山田利明，〈道教神像の崇拜〉，《六朝道教儀禮の研究》（東京：東方書店，1999），頁 289-309。山田認為早期道教神像之存在，必須從機能上將神像崇拜和喚起思念二者區別開來，而早期道教神的具體像，只是為了存思，喚起思念，並不作為崇拜的對象（頁 298）。湯一介也認為存想或「觀想的對象可以是具體的」，見前引《魏晉南北朝時期的道教》，頁 98。又巫鴻，前引〈地域考古〉一文頁 444-451 也討論到早期道教神像的問題，可參。

84 劉昭瑞先生指出過分強調「無形象」，並不符合古代中國人長於形象思維的傳統。敝人深有同感。參劉昭瑞，《考古發現與早期道教研究》，頁 184。

為是否一致或有不同？[85] 這些問題，並沒有確切的材料可以回答。劉昭瑞先生曾引敦煌藏經洞所出《太上靈寶老子化胡妙經》，指出該經斥責世間以為天尊無像者乃「世間愚痴之人輩」。[86] 可見天尊應有像無像，意見早有不同。

從蛛絲馬跡看，較保守地說不能排除早期曾有具像老子畫像的存在。首先，《老子想爾注》如真為張道陵或張魯所作，對「世間偽伎」的批評如非虛言，正好證明其時的太上老君或五藏神常常是聚形的（「諸附身者悉世間常偽伎」、「世間常偽伎指五藏以名一」兩句都有一「常」字）。如果我們同意饒宗頤、陳世驤等主張的成書年代，則太上老君之具像化，不必等到《老子想爾注》出現後的兩百年，更不必等到五世紀受佛教刺激後才具像化。如果同意《老子想爾注》晚到南北朝才成書，則仍然可以證明這時道教中的太上老君像也以具像者為常，雖然不少道徒不以具像為然。[87]

其次，不妨再看看和《老子想爾注》時代相去不遠的《抱朴子》是如何描述道教諸神、老子或老君的形象。葛洪這位三、四世紀間仙道的信奉和同情者在《內篇・雜應》曾非常詳細地記述諸神及老君的「真形」：

---

85 早期道教除漢中、巴蜀的五斗米道，最少還有流行青、徐等八州奉黃老的太平道。西晉初咸寧三年（西元 277 年），益州刺史王濬誅犍為民陳瑞，「瑞初以鬼道惑民。其道始用酒一斗，魚一頭，不奉他神。」（《華陽國志・大同志》，任乃強校注本，上海古籍出版社，1987，頁439）陳瑞之鬼道無疑可以視為五斗米道之嫡系，所謂「不奉他神」是不奉其它的神，那麼所奉為何？或根本不奉神，值得注意。又陳國符認為六朝時代今江浙一帶流行的是所謂帛家道。參陳國符，《道藏源流考》（北京：中華書局，1963），頁 277。帛家道的始創者帛和（仲理），「奉如君父」的不是人，而是絹上所繪的五嶽真形圖（《抱朴子・遐覽》）。又有不少學者認為江蘇孔望山摩崖造像中有東漢末的道教老子像，而這個區域屬於太平道流行的範圍。如此，太平道似乎是以老子為崇拜對象。孔望山摩崖造像是否為道教造像，缺少較明確的證據，我對此說仍有所保留。

86 參劉昭瑞，《考古發現與早期道教研究》，頁 184-185。

87 本文發表後才得見劉昭瑞對《老子想爾注》的時代和「道無形象」的討論。劉先生指出成書年代仍是難以解決的問題，而「今世間偽伎指形名道」一句適可證明當時世間確已創造出了具有色形名字、狀貌長短的「道」的形象。此說與私意正同。參所著《考古發現與早期道教研究》，第四章，頁 99-130；第六章，頁 175-210。

用四規（按：指四規鏡，前後左右各施一鏡）所見來神甚多。或縱目，或乘龍駕虎，冠服彩色，不與世同，皆有經圖。欲修其道，當先暗誦所當致諸神姓名位號，識其衣冠。不爾，則卒至而忘其神，或能驚懼，則害人也……或有侍從暐曄，力士甲卒，乘龍駕虎，簫鼓嘈嘈，勿舉目與言也。但諦念老君真形，老君真形見，則起再拜也。老君真形者，思之，姓李名聃，字伯陽，身長九尺，黃色，鳥喙，隆鼻，秀眉長五寸，耳長七寸，額有三理上下徹，足有八卦，以神龜為牀，金樓玉堂，白銀為階，五色雲為衣，重疊之冠，鋒鋋之劍，從黃童百二十人，左有十二青龍，右有二十六白虎，前有二十四朱雀，後有七十二玄武，前道十二窮奇，後從三十六辟邪，雷電在上，晃晃昱昱，此事出於仙經中也。見老君則年命延長，心如日月，無事不知也。[88]

《抱朴子》之所以要如此細緻認真地描述諸神及老君的「真形」，甚至要大家暗誦牢記，是因為唯恐一旦見之，不能分辨就會驚恐而錯失仙緣。據《抱朴子》的描述，諸神及老君不但不是無形，在諦念或存想中，他們的形象十分具體而明確（老君身長九尺，黃色，鳥喙，隆鼻，秀眉長五寸，耳長七寸，額有三理上下徹，足有八卦），他們的真形甚至有《經圖》和《仙經》可據。而這些經圖和仙經無疑存在於葛洪的時代或更早；果如此，《老子想爾注》批評「世間偽伎」所造作的「聚形太上老君」，或許就是早期道教傳統中老子的主要面目吧。

如何聚形，《經圖》不存，並不清楚。太平道、五斗米道或帛家道等等是否都以為老子聚形？所聚之形，異同如何？也無可考。此外，我們也必須承認，《老子想爾注》的作者和陶弘景等人既然不滿世俗老君或老子像的擬人化，也就可能有其他形式，或者說非具像的老子象徵物存在。只是目前不論具形像的道教老子畫像、偶像或是其他形式象徵，都沒有五世紀以前的明確物證。[89]

88　王明，《抱朴子內篇校釋》（增訂本）（北京：中華書局，1985），頁 273-274。

89　雖然有不少學者認為江蘇連雲港孔望山摩崖畫像中有東漢末的道教老子、尹喜等人物像，私

最後，或許還可以注意一下早期道教文獻中所透露的一般對畫像的態度。這裡僅舉王明合校的《太平經》為例。《太平經》卷五十六至六十四提到「夫師，陽也，愛其弟子，導教以善道……二人并力同心，圖畫古今舊法度，行聖人之言，明天地部界分理，萬物使各得其所」。[90] 這裡的「古今舊法度」不知何指，但和卷九十九至一〇一著名的〈乘雲駕龍圖〉、勸善戒惡的〈東壁圖〉和〈西壁圖〉合觀，這些有可能是指延續兩漢道德勸戒傳統而來的一些畫像。對此，大家不陌生，無須多說。[91]

以下特別要談的是人像。《太平經》卷七十二〈齋戒思神救死訣〉有人問天師如何「可除天地之間人所病苦邪惡之屬」？天師的答覆有一段說：

> 四時五行之氣來入人腹中，為人五藏精神，其色與天地四時色相應也；畫之為人，使其三合，其王氣色者蓋其外，相氣色次之，微氣最居其內，使其領袖見之。先齋戒居閒善靖處，思之念之，作其人畫像，長短自在。五人者，共居五尺素上為之。使其好善，男思男，女思女，其畫像如此矣。[92]

這一段應和太平道或五斗米道治病，勸人靜居思過之法有關。所謂「男思

意以為缺乏真正有說服力的證據。參李洪甫，〈孔望山造像中部分題材的考訂〉，《文物》，9（1982），頁 66-70；信立祥，《漢代畫像石綜合研究》（北京：文物出版社，2000），頁 336-348；Liu Yang（柳楊），"Origins of Daoist Iconography" Ars Orientalis XXXI（2001），pp. 31-64. 誠如 Liu Yang 指出早期道教借用了很多中國傳統的圖像形式，現在如果沒有較明確的文字證據，很難單純從圖像分辨道教圖像和非道教圖像之間的界線。私意以為目前東漢道教較明確的遺痕大概是四川長寧七個洞崖墓群第 1 號崖墓門外右側的道符。此墓有熹平紀年，道符文曰「入門見妻」，四字合寫成一字，入字在上，門字在下，見妻二字在門字中，這種寫法合於東漢所見其它道符的合成模式，因此比較可以肯定是道符。這一批崖墓畫象最引人注意的是門上有「勝」，卻完全不見東王公或西王母畫象的蹤影。參羅二虎，〈長寧七個洞崖墓群漢畫像研究〉，《考古學報》，3（2005），頁 279-305。劉昭瑞討論早期道教造像，指出目前可以確認的造像出土品是 1995 年成都市西安路窖藏的九軀石造像，其中一軀為道教造像，年代在西元 490-545 年之間。北朝道教造像則以陝西耀縣藥王山太和二十年（西元 496年）紀年造像最早。參劉昭瑞，《考古發現與早期道教研究》，頁 186-188。

90 王明，《太平經合校》（臺北：鼎文書局影印中華書局本，1979），頁 217。

91 參拙文，〈漢代壁畫的發展和壁畫墓〉，《秦漢史論稿》（臺北：東大圖書公司，1987），頁 453-483。

92 王明，《太平經合校》，頁 292。

男，女思女」，似乎是要男人對著男像，女人對著女像存思。這男女像是什麼像呢？似乎不是一般意義的人像，而是作男女童子形之五藏神像。《太平經》卷十八至三十四〈懸象還神法〉說：「夫神生於內，春，青童子十。夏，赤童子十。秋，白童子十。冬，黑童子十。四季，黃童子十二。此男子藏神也，女神亦如此數。男思男，女思女，皆以一尺為法，畫使好，令人愛之，不能樂禁，即魂神速還。」[93] 由此可知，在早期道教裡，思過治病時，或須面對這類畫像。這類畫像似又有所謂「近人者」與「遠人者」之不同，〈齋戒思神救死訣〉接著有一段說：

> 此四時五行精神，入為人五藏神，出為四時五行神精。其近人者，名為五德之神，與人藏神相似。其遠人者，名為陽歷，字為四時兵馬，可以拱邪，亦隨四時氣衰盛而行。其法為其具畫像，人亦三重衣，王氣居外，相氣次之，微氣最居內，皆戴冠幘乘馬，馬亦隨其五行色。具為其先畫像於一面者，長二丈五，素上疏畫五五二十五騎，善為之。東方之騎神持矛，南方之騎神持戟，西方之騎神持弓弩斧，北方之騎神持鑲楯刀，中央之騎神持劍鼓。思之，當先睹是內神，已當睹是外神也，或先見陽神而後見內神。觀之，為右此者無形象之法也，亦須得師口訣示教之。上頭壹有關，知之者遂相易曰：為其易致易成，宜遠於人，便間處為之。易集近人，必難成也。於其道成曰明大絕反洞者聚之，病形不多，多則吉，少則凶。[94]

這一段不好句讀，也不好理解。「近人者」名為五德之神，其形和人之五藏神相似；「遠人者」名為陽歷，其畫像不同，在兩丈多長的素帛上描繪五方二十五騎之騎神，騎神乘馬，衣三重衣，戴冠幘，又各持不同的武器，粗看之下應該是具像之畫，但又說「入為人五藏神，出為四時五行神精」，「王氣居外，相氣次之，微氣最居內」，「無形象之法」，「須得師口訣示教之」，所畫似乎也可能是氣或精神之類，並無人的形象。或者說五

93　同上，頁22。

94　同上，頁292-293。此段斷句及文字，曾據《正統道藏》第41冊（臺北：新文豐出版公司，1995三版），卷72，頁238-239核校，稍有正誤。

方騎神出入於精神、氣和形體之間，雖可有形，卻無定形；所謂「無形象之法」，或是指無定形，故無定法。如此，如何圖寫，即須遵天師的口訣教示。以上以意揣測，不敢言必，有待方家指正。由於早期道教尊奉老子，運用壁畫傳教，而老子畫像在漢代石刻藝術中又早已存在，道教儀式和裝飾中有某種老子或太上老君像存在應是合理的推測。唯是否成為崇拜對象的偶像，是否有一定形體，又是否曾以不具形之象徵出現，仍然是謎。

後記

本文寫作曾利用中央研究院漢籍全文資料庫、史語所文物圖象研究室簡帛金石資料庫。草稿粗成，頗多不安，幸而好友鄭岩、楊愛國、趙超、劉增貴、林富士、林聖智兄不吝指點。何志國先生提供何家山銅鏡原拓影本，富士兄更借閱大量中日文道教文獻，學棣游秋玫提醒我疏忽了的論文，得以稍補不逮。友朋切磋之樂，莫過於此。特此聲明並誌謝。

94.12.13/95.2.26

再記

本文刊出後，承紀安諾（Enno Giele）教授贈予一冊《西安：地下的赫赫帝威》（*Xi'an: Kaiserliche Macht im Jenseits*, 2006）考古文物展覽圖冊，增訂時能稍作補充，謹此致謝。修訂完後又見洛陽吉利區西漢墓（C9M2441）和貴州清鎮漢墓也有龜座銅燈出土，請分見《文物》，4（2008），頁 33-41；貴州省文化廳編，《貴州文物精華》（貴陽：貴州人民出版社，2006），頁 57。

原刊《故宮學術季刊》，23：3（2006），頁 1-38；98.7.16 增訂

邢義田作品集

古月集：秦漢時代的簡牘、畫像與政治社會

卷二：畫像石、畫像磚與壁畫

2024年9月初版　　　　　　　　　　　　　　　　　定價：新臺幣2000元
有著作權・翻印必究
Printed in Taiwan.

著　　　者	邢	義	田
叢書主編	沙	淑	芬
內文排版	菩	薩	蠻
校　　　對	吳	美	滿
封面設計	兒		日

出　版　者	聯經出版事業股份有限公司		編務總監	陳	逸	華
地　　　址	新北市汐止區大同路一段369號1樓		總編輯	涂	豐	恩
叢書主編電話	(02)86925588轉5310		總經理	陳	芝	宇
台北聯經書房	台北市新生南路三段94號		社　　長	羅	國	俊
電　　　話	(02)23620308		發行人	林	載	爵
郵政劃撥帳戶第0100559-3號						
郵撥電話	(02)23620308					
印　刷　者	文聯彩色製版印刷有限公司					
總　經　銷	聯合發行股份有限公司					
發　行　所	新北市新店區寶橋路235巷6弄6號2樓					
電　　　話	(02)29178022					

行政院新聞局出版事業登記證局版臺業字第0130號

國家圖書館出版品預行編目資料

古月集：秦漢時代的簡牘、畫像與政治社會
　卷二：畫像石、畫像磚與壁畫/邢義田著．初版．
　新北市．聯經．2024年9月．724面．17×23公分
　（邢義田作品集）
　ISBN　978-957-08-7316-0（精裝）

　1.CST：秦漢史　2.CST：文化史　3.CST：考古學
　4.CST：美術考古

621.9　　　　　　　　　　　　　　113002945